가족치료 사례연구

박태영 · 김선희 · 문정화 · 박수선 · 박양진 · 박진영 · 심다연
안현아 · 유웅희 · 유진희 · 이부덕 · 이지하 · 임아리 공저

학지사

머리말

내가 가족치료를 시작한 지 어언 23년이 된다. 지난 23년이라는 세월 동안 최소한 천 가족 이상을 만났다. 그 가족들과 함께 내 인생의 많은 시간을 울기도 하고 웃기도 하였다. 몇몇 가족은 10년, 또는 15년 이상 상담하는 경우도 있었다. 부족한 나를 그들이 이렇게까지 신뢰해 주어서 너무나 고마운 경우도 많았다. 물론 어려움을 가진 가족들에게 내가 상담자로서 도움이 되어 주었기 때문이겠지만, 오히려 내가 내담자와 그 가족들과의 만남을 통하여 개인적으로 배우고 더 성숙해질 기회를 얻기도 했다. 한편으로는, 내담자 가족과의 상담을 통하여 배운 이론을 검증하면서 이론에 대한 확신과 신념이 생기기도 했다. 나와 상담했던 대부분의 가족은 자신들의 상담내용을 논문으로 발표할 수 있도록 허락해 주었고, 그들의 도움으로 나는 현재까지 다양한 가족치료 사례를 학회지에 실을 수 있었다. 그 덕분에 학회지에 실린 논문들을 모아 학지사를 통하여 『가족치료이론의 적용과 실천』(2001), 『가족생활주기와 가족치료』(2003), 『가족치료사례와 질적 분석』(2009), 『질적 분석을 활용한 가족치료 사례연구: 매트릭스와 네트워크를 중심으로』(2012), 『매트릭스와 네트워크를 활용한 가족치료 사례 질적 분석』(2014) 총 5권의 사례집이 출판되었다.

이번 여섯 번째 사례집에서는 2013년부터 2017년까지 출판된 14편의 논문을 포함하였다. 이번 사례집과 이미 출판된 5권의 사례집과의 가장 큰 차이점은 가족치료 관련 국제학술지에 게재된 4편의 논문을 제1부에 실었다는 것이다. 가족치료 사례논문이 국제학술지에 실리는 것이 쉽지 않은 상황에서 최근 들어 몇 편의 논문이 실리기 시작하니, 내가 그동안 해 온 가족치료와 질적 분석 방법에 대한 인정을 받는 느낌이다.

지금 나는 가족치료를 하는 데 있어서 MRI의 의사소통이론과 Murray Bowen의 가족체계이론에서 더 확장되어 대상관계 가족치료이론과 애착이론을 함께 적용하고 있는 중이다. 실제 임상을 하다 보면 이 네 가지 이론이 모더니즘적인 시각의 가족치료이론임에도 불구하고 매우 중요하다는 것을 실감하곤 한다. 아마 이 책에 실린 최근의 내 논문을 읽으면 분석하는 데 있어서 전이와 애착에 초점을 두었다는 것을 발견할 수 있을 것이다. 이 책의 독자들이 가족치료를 하는 데 있어서 모더니즘적인 가족치료이론이 됐든 포스트모더니즘적인 가족치료이론이 됐든 가족치료 사례에 꾸준히 적용하면서 나름의 독창적인 상담 준거틀을 개발하기를 바란다. 또한 자신의 가족치료모델을 개발하는 데 있어서 이 책이 조금이라도 도움이 되기를 진심으로 바란다. 마지막으로 이 책을 출판하게 해 주신 학지사 김진환 사장님과 꼼꼼한 교정을 봐 주신 이영민 선생님께 진심어린 감사를 드린다.

대표 저자
박태영

차례

제 1 부

국외 논문

1장

조현병을 겪고 있는 한국인 아들에 대한 가족치료

박진영 · 박양진 · 박태영

최근 수십 년간 조현병의 치료는 가족 내에 보호자, 지원단체 및 순응요법의 휴식을 강조하며 영향을 받는 내담자와 가족구성원을 유지 관리하는 것에 주로 집중했다. 조현병 진단에 영향을 받은 가족에 효과적으로 개입하기 위한 가족치료모델의 사용은 전문적인 문헌에서는 일반적으로 적다. 이 연구는 조현병을 겪고 있는 한국인 아들을 둔 가족에게 MRI의 의사소통이론과 Bowen의 가족체계이론을 적용한 사례를 분석하였다.

I. 서론

조현병은 정신장애로 세계 인구의 약 1%에 영향을 미치며 매년 약 200만 건이

Park, J. Y., Park, Y. J., & Park, T. Y. (2017). A case study on family therapy for son with schizophrenia. *Australian and New Zealand Journal of Family Therapy, 38*(3), 529-539.

새롭게 보고된다(Harvey & Strassnig. 2012; Kazadi, Moosa, & Jeenah, 2008; Mueser & Jeste, 2008). 인종 및 출생국가에 따른 차이는 있지만 평생 유병률은 대략 0.3~0.7%이다(American Psychiatric Association, 2013). 조현병의 영향은 광범위하며 환자에게는 심리적, 사회적 그리고 실질적인 안녕에 엄청난 결과를 줄 뿐 아니라(Ben-Zur, Duvdevany, & Issa, 2014; Pinkham et al., 2012; Shivashankar et al., 2013) 종종 환자와 그들의 가족에게도 파괴적인 영향을 끼친다(Mitsonis et al., 2012).

조현병을 가진 사람들에 대한 가족 중심의 개입은 증상을 다루고 감소시키도록 하며 환자의 사회 적응을 지원한다. 가족 개입이 조현병 증상의 정도를 감소시키는 데 효과적임을 나타내는 관련 증거가 많이 존재하며(Pilling et al., 2002; Pitschel-Walz et al., 2001), 사회관계, 직업기능, 사회적응에 긍정적인 영향을 미친다(Chien & Chan, 2004). 조현병에 관한 임상시험들은 가족 중심의 개입이 약물 이행 증가, 증상의 정도 감소, 재발의 감소를 포함하여 더 나은 결과를 만들어 낸 것으로 나타났다(Dixon et al., 2010). 가족 중심의 개입 치료에 따른 명확한 효과가 있다는 증거에도 불구하고 연구에 따르면 조현병에 영향을 받은 이들 중 사실상 7% 이하만이 이를 받고 있다고 했다(Mamani et al., 2014).

가족치료와 조현병 문헌과 가장 일반적인 연관이 있는 것은 교육 또는/그리고 1~3회기에서 간단히 제공되는 정신병에 대한 정신의학 교육과 같은 가족 지원 개입이다(McFarlane et al., 2003; Sota et al., 2008). 이러한 교육 치료는 가족구성원들을 정신장애의 진단으로 영향받은 환자들의 전반적인 건강관리에 대하여 중요한 협력자들로 본다(Farmer, Walsh, & Bentley, 1998). 따라서 가족치료는 포괄적이고 효과적인 치료 프로그램의 일부로 모범사례지침 중에 하나이다(Galletly et al., 2016 Lehman et al., 2004). 조현병을 가진 개인에게 일반적으로 알려진 가족치료(교육 또는 가족 지원)에 대한 활용은 더욱 제한되어 있으며, 이는 연구와 사례에 상당한 격차를 갖게 하는 결과를 초래하였다.

이 논문의 목적은 가족사례 사례를 통하여 조현병 증상을 악화시키는 가족관계의 영향과 가족치료를 통한 가족역학의 변화가 증상의 호전과 관련이 있을 수 있다는 것을 탐구하는 것이다. 이 연구는 증상 발달과 치료과정을 지원했던 방식에 있어서의 변화를 이론화하기 위하여 Mental Research Institute's(MRI)의 의사소통이론과 Bowen의 가족체계이론(Bowen's Family Systems Theory: BFST)을 사용했다.

Ⅱ. 치료에 대한 이론적 준거틀

1. MRI소통방식 이론

Bateson은 조현병과 관련된 이중구속 메시지에 대한 의사소통방식과는 대조적인 적절한 의사소통방식이 가족관계에 변화와 융통성을 가져올 가능성이 있다는 것을 주장하였다(Watzlawick, Weakland, & Fisch, 1974). 특히 이중구속 메시지는 더 권위적인 위치에 있는 사람이 다른 이에게 논리적으로 모순되는 두 가지의 금지명령을 동시에 줌으로써 수신자를 모순적인 상황으로 인도하는 것이다(Bateson, 1976). 역설적인 메시지의 수신자는 어떠한 반응도 할 수 없음을 알게 됨으로써 어쩔 수 없이 혼란을 겪는다(Goldenberg, Stanton, Goldenberg, 2017). 같은 혼란을 겪고 있는 가족구성원들에게 역설적인 소통방식은 당사자가 조현병이 있음을 확인하거나 하지 못하도록 확장될 수 있다(Bateson, 1976). 이중구속 메시지는 조현병의 원인으로 보고 있지는 않지만 복잡한 가족 소통방식과 증상에 영향을 미치는 관계를 이해하는 데에 유용하다.

Watzlawick 등(1974)은 해결하려 시도했던 방안들이 가끔 가족문제를 유지하거나 심지어 악화시키는 데에 기여했다고 한다. 즉, 사람들은 어려움을 경험하거나 변화에 저항하는 것이 아니라 오히려 해결할 수 없는 반복적인 부적절한 해결방식들에 갇혀 있는 것이다(Goldenberg, Stanton, & Goldenberg, 2017). 따라서 MRI 상담자는 문제를 일으키는 과거의 경험이나 가족이 어떤 통찰력과 구조조정이 필요한지에 대하여 찾기보다 그/그녀의 행동을 지속시키는 것이 무엇이며 변화시키기 위해 그들이 무엇을 해야 하는지를 발견하고자 한다(Goldenberg, Stanton, & Goldenberg, 2017).

한국사회의 광범위한 변화에도 불구하고 연령별 계층 구조, 성별, 그리고 세대는 여전히 상당한 영향력을 발휘한다(Kim & Ryu, 2005). 부모와 자녀 간 세대 간 경계는 전반적인 삶에 굳게 존재하며 한국 부부들은 현대적인 맥락에서 갈등을 해결하는 데에 경험이 없다(Kim & Ryu, 2005). 그러므로 간접적인 의사소통방식에 대한 어려움들이 존재하는 한국 상황과 MRI의 소통이론은 관련이 있을 수 있다.

2. 보웬 가족체계이론

BFST는 가족을 정서적 단위로 보고 단위 내의 복잡한 상호작용을 기술하기 위해 체계 기반의 사고를 사용한다(Kerr & Bowen, 1988). 이 이론은 원가족(확대가족을 포함하여) 내에 정서적인 연계가 종종 감사하는 것을 실패하거나 최소화하는 방법에 있어서 개인의 삶에 어떻게 영향을 미치는가를 이해하는 데에 포괄적인 개념의 틀을 제공한다. 정서적인 연계는 부모-자녀 및 다른 가족관계의 맥락에서 젊은 사람이 분화되는 것에 영향을 미칠 수 있다. 자아분화는 관계 체계 내에 개별성과 연합성에 대한 개인의 절충을 기술하며 경험에 기여하는 지적 과정과 정서적 과정 사이를 구분한다(Bowen, 1978). Bowen은 자아분화가 더 낮은 수준에 있는 융합된 가족구성원들이 다른 가족구성원들을 개별적으로 보기보다 자신들의 연장선에서 바라보는 경향이 있어 자기 정의를 내리는 것과 개인의 성장 가능성에도 영향을 받는다고 했다. 개별성과 연합성의 경험은 문화적인 맥락에서도 영향을 받는다. 한국문화에서 응집력의 강조는 다양한 장에서의 서양 가정의 관점에 비해 갈등과 문제들을 더 많이 야기시키는 것을 볼 수 있다. 그럼에도 불구하고 개별성과 연합성의 긴장에 대한 이론의 민감성 때문에 BFST는 한국적 상황에서의 가족치료에 꽤 적합할 수 있다.

III. 연구방법론

이 사례연구는 조현병 증상을 악화시키는 가족역학의 영향과 가족치료가 증상을 호전시키는 것을 살펴본다. 이는 상호작용하는 단일사례의 과정을 분석하여, ① 문제 확인하기, ② 인지와 통찰력 발달하기, ③ 기존의 옛 방식 다루기, ④ 변화를 시도 및 유지하기의 네 단계로 과정 분석을 수행하였다(Strauss & Corbin, 2007).

신뢰성을 높이기 위하여 전문가 집단의 자원, 상담기록, 영상 녹화, 상담일지가 사용되었다. 모든 인터뷰는 한국어로 진행되었으며 전문 번역가를 통해 영어로 번역하였다. 치료 참가자들은 개인정보를 보호하기 위해 관련된 중요 정보를 제외하여 연구 목적으로만 그들의 말을 사용하는 것에 동의했다. 사례연구의 상담자는 세 번째 저자인 박태영이다.

Ⅳ. 사례연구

치료과정을 논의하기 전에 먼저 상담의 초기 의뢰를 하게 된 가족의 상황에 대하여 제시되어 있다. 이 사례는 고등학생이었을 때 조현병 진단을 받고 현재는 치료를 위해 입원한 33세 환자가 속한 가정이다. 그의 여동생이 상담을 위한 초기 의뢰를 하였다. 내담자는 집에서 어머니(53세), 아버지(56세)와 거주하였고 여동생은 남편과 함께 그녀의 집에서 거주했다. 환청, 자해, 사회불안이 포함된 내담자의 증상에 대하여 걱정이 되어 가족들이 상담에 참여했다. 내담자는 아버지에게로부터 '이중구속 메시지'를 받고 있었고 부모님의 심각한 갈등을 목격하고 있다는 것이 명백해졌다. 예를 들어, "아버지는 독특한 방식으로 말씀하신다. 늘 '그것'을 가져오라고 하시는데, 아무도 '그것이' 무엇인지 모른다". 그에게 무언가를 가져다 주었을 때 그가 말한 것이 무엇인지 모른다는 것에 대하여 구박한다고 여동생이 말했다. 배우자와 심각한 갈등을 겪은 어머니는 내담자와 남다른 친밀한 관계에 있는 듯하였다. 내담자는 어머니를 따라하는 경향이 있었다. 예를 들어, 어머니가 담배 피우는 것을 목격한 뒤부터 담배를 피우고 어머니의 핸드폰 번호 뒷자리와 그의 것을 똑같이 만들었다. 그러나 내담자는 어머니가 아직도 자신을 아이처럼 취급하는 것에 대하여 스트레스를 받는다고 했다.

내담자뿐만 아니라 온 가족구성원이 아버지의 독특한 표현방식으로 인하여 그를 피했다. 예를 들어, 어머니가 "식사하세요."라고 얘기했을 때 아버지는 "밥 먹을 시간이 없어, 돈 벌어야 해."라고 답변하였다. 또한 아버지는 지속적으로 아들과 부인의 잘못을 지적하며 꾸짖으셨다. 그동안에 내담자의 어머니는 종종 남편과 소통할 때 분노를 참지 못하고 폭발하였다.

고등학교에서 왕따를 당한 후에 내담자는 물건을 파손하고 소리 지르는 공격적인 행동을 보이는 사회공포증을 경험하며 17세에 환청을 들어서 2달 동안 병원에 입원하였다. 내담자는 조현병을 진단받은 후에 약물을 복용하기 시작하였다. 이 상황에서 부모님의 갈등은 증가했다. 또한 내담자는 아동기부터 불안이 있었으며 그는 부모님과 소통이 안 된다고 하였다. 내담자에 의하면, 그의 아버지는 13세 때부터 그를 억압하였고 어머니는 지나치게 그의 삶에 간섭하며 잔소리를 하였다고 했다. 15세가 되었을 때 그는 부모님을 무시하기 시작했다.

치료과정은 개별상담, 2인 상담, 3인 상담, 가족상담회기로 구성되었다. 순환 질문을 통하여 각 가족구성원의 관계적인 관점을 살펴보기 위하여 개별상담이 실시되었다. 더 나아가 인지와 소통의 변화를 촉진하기 위해 2인 상담, 3인 상담, 가족상담 회기로 넘어갔다. 다음과 같이 20회의 상담회기로 분류하였다. 개별(1~6, 8, 10, 17회기), 부모님(7, 9회기), 아버지와 여동생(11회기), 아버지와 내담자(12회기), 어머니와 내담자(13~14회기), 여동생과 내담자(15회기), 부모님과 내담자(16회기), 아버지와 여동생/딸, 내담자(18회기), 어머니와 딸/여동생, 내담자(19회기), 가족 전체(20회기).

가족치료과정은 문제 확인 단계, 인지와 통찰력 발달 단계, 기존의 옛 방식 다루기 단계, 변화를 시도 및 유지하기 단계의 네 단계를 포함한다.

1. 문제 확인하기(1~6회기)

이 초기 단계에서는 상담의 목적과 동기를 확인하며 각 가족구성원이 가족 내 문제에 대한 인식을 포함하여 어떻게 가족 전체를 바라보고 있는지에 대한 것을 확인했다. 이 단계에서는 내담자 증상의 본질과 본 문맥에서 그의 증상에 영향을 미치는 가족 상호작용의 상황을 이해하려고 시도했다. 가족구성원들은 부모님의 불행한 부부생활, 부족하고 혼란스러운 의사소통방식, 정기적으로 화가 나며 해결되지 않는 갈등과 같은 더 넓은 범위의 요인들이 증상에 기여하는 것을 확인하는 데에 이르렀다.

1) 1회기: 내담자의 여동생이 가족을 어떻게 바라보는가

1회기에서 여동생은 가족치료를 하기 이전에 오빠의 상황을 설명하기를 원했기 때문에 먼저 개인적으로 방문하였다. 여동생의 첫 방문 이후에 그녀는 가족구성원들에게 가족치료에 참여하기를 제안했다. 내담자가 증상(조현병)을 보이긴 했으나, 그의 여동생은 부모님의 잦은 갈등으로 내담자가 스트레스를 받고 불안을 느끼는 것을 알고 부모님의 변화에 초점을 두었다. 그녀는 아버지의 소통방식이 모두를 화나게 함으로써 다른 가족구성원들이 그를 배제한다고 설명하였다.

2) 2회기: 내담자의 어머니가 가족을 어떻게 바라보는가

상담자는 어머니에게 아버지의 의사소통방식과 원가족에서 과거 경험들을 고려하여 질문을 하였다. 어머니는 아버지의 의사소통방식과 원가족에서의 과거 경험이 내담자의 증상에 영향을 미치는 것에 대하여 알지 못했다. 그러나 의사소통방식과 과거 경험들을 연결하다 보니 어머니는 점진적으로 내담자의 증상에 아버지가 어떻게 영향을 주고 있었는지 이해하기 시작하였다. 예를 들어, 어머니는 내담자의 어린 시절부터 아버지가 인생에 간섭하며 독설을 하고 이것이 내담자와의 관계에서뿐 아니라 내담자와 다른 가족구성원들의 관계까지도 악화시키는 데에도 적용되었다고 말하였다. 아버지는 자립하기 위해 17세에 집을 떠났고 그의 가족구성원들은 아버지의 어린 시절의 경험이 사람들과의 관계에 영향을 미쳤다고 믿었다. 아버지의 의사소통방식으로 인하여 나머지 가족들은 진정으로 그들의 감정을 표현하는 데에 어려움이 있었다. 내담자의 어머니는 또한 아버지를 자극하는 방식으로 말하였다. 예를 들어, 어머니의 반복적이고 잔소리하는 의사소통방식은 아버지의 비판적이고 잔소리하는 의사소통방식에 기여하여 부부관계를 악화시키고 있는 것으로 보였다.

3) 3~5회기: 내담자의 아버지가 가족을 어떻게 바라보는가

내담자의 여동생과 어머니와 이야기를 하고 나니 아버지가 내담자의 증상에 상당한 영향을 미치고 있다는 가설이 세워졌다. 아버지와 함께한 세 번의 회기에서는 내담자의 증상과 가족관계에 대한 의견을 듣는 것, 그리고 그의 인식과 행동을 바꾸기 위해 상담이 진행되었다. 내담자의 증상과 아버지의 결혼생활, 그리고 가족관계에 대한 아버지의 생각들을 살펴보았다. 아버지는 감정표현을 거의 하지 않고 가족구성원들 또는 다른 사람들과 상의를 잘 하지 않았으며 스스로 결정을 내리거나 판단하였다. 그는 의사소통에서 제한된 경험들이 있었던 것으로 나타났으며 '어차피 현실을 바꿀 수 없는데 내면의 감정을 얘기해 봤자 소용이 없어!' '사람들에게 꼭 내 감정을 표현할 필요가 있어?'와 같은 말들을 하곤 했다. 그 결과 아버지는 다른 사람들과의 관계에서 그가 독단적이고 타인을 고려하지 않는다는 오해가 생겼다. 반면에, 이러한 관계의 방식으로 인하여 그의 장점은 베일에 가려졌다. 어머니 또한 공격적이고 강한 표현을 사용하며 습관적으로 남편과 싸웠다. 그녀의 의사소통방식

은 아버지를 지속적으로 자극하여 그들의 부부갈등을 악화시켰다. 앞서 언급된 것처럼 아버지의 문제는 그의 개인적인 경험에 제한되지 않고 어머니의 의사소통방식 또한 아버지에게 부정적인 영향을 미치고 있었다.

4) 6회기: 내담자가 가족을 어떻게 바라보는가

상담자는 내담자에게 가족에 대하여 어떻게 생각하는지 물었다. 그의 부모 모두 그의 삶에 지나치게 간섭하고 아버지는 그를 자주 무시하거나 공격적인 표현을 쓴다고 생각했다. 그러나 모든 가족구성원들이 분노를 억압하는 것이 익숙하다며 가족관계를 변화시키는 것에 대하여 그의 감정을 표현하는 것을 거의 시도하지 않았다. 한편으로는 그를 향한 부모의 사랑을 느끼고(비록 이는 명료하게 표현되지 않았지만) 아버지의 장점(검소하고 믿음직하며 가족 중심적이고 부지런함)을 알았지만 반면에 그는 부모의 갈등이 그에게 극심한 스트레스와 압박으로 다가왔기 때문에 갈등이 완화되고 관계가 나아지기를 그 무엇보다 바랐다. 따라서 내담자의 증상을 다루는 데에 주요 요소로서 부부관계를 개선하는 것을 회기에서 집중적으로 이끌어 냈다. 그의 관점에 유의하면서 내담자의 증상을 다루는 데에 이어지는 회기들에서, 특히 아버지와 함께하면서 부부관계를 개선하는 것에 집중하고 이를 주요 요소로 두었다.

내담자는 어머니와 아버지 사이의 삼각관계에 갇힌 것으로 나타났다. 여동생이 더 순종적이고 똑똑하였고 그러므로 부모와의 관계가 더 좋았다. 부모는 내담자보다 여동생에 대한 신뢰가 더 컸다. 게다가 한국의 전통적 관점에서 고학력의 여동생으로서는 더 선호되는 잠재성을 갖고 있다. 이러한 요소들은 여동생이 가족관계의 삼각관계에서 영향을 덜 받게 했을 수 있다. 내담자는 편애받는 훌륭한 여동생과 반대되는 자신의 모습에 더욱 스트레스를 받았을 수도 있다. 가정에서 특정 아이가 증상을 보일 수 있는 것에 대하여 설명을 돕는 스트레스 취약성 모델은 유사한 스트레스 요인이 명백히 있음에도 불구하고, 개별적인 유전 취약성은 질병의 발병에 영향을 미치는 것을 보여 준다(Yu et al., 2010). 이 사례는 내담자가 여동생보다 더 취약했기 때문에 증상을 보인다고 제시한다. 순환 질문은 가족구성원들이 다른 문제들을 어떻게 경험했고 이해했는지에 대하여 인지하는 것을 도와주었다. 이 과정을 통하여서 가족구성원들이 내담자의 조현병이 개인의 문제가 아니라 모두가 일부였던 관계 형식의 문맥에서 일어났음을 이해했다.

2. 인지와 통찰력 발달(7~9회기)

이 단계는 가족구성원들이 부부 회기(7~9회기)와 개별 회기(8회기)를 통하여 새로운 관점을 가지게 되면서부터이다. 예를 들어, 가족구성원들은 내담자의 증상이 어떻게 가족구조와 연결이 되는지 이해하게 되었다(내담자가 부모갈등으로 인한 삼각관계에 속한 것과 같은). 7회기에서 "제 아들은 제 부부관계에 너무 민감해요. 제 표정을 읽으면서 그의 기분이 좌지우지되요. 그래서 제 남편이 저의 기분을 상하게 하면 그것이 아들에게로 가서 다시 저에게로 고통이 와요."라고 내담자의 어머니가 말하였다. 부모 모두가 그들이 유지하였던 반복적인 의사소통방식이 문제를 악화시키는 것을 인식하게 되었다. 그들은 문제를 해결하기 위해 부부의 노력이 필요함을 느꼈다. 9회기에서 부모는 스스로 변화의 필요성을 깨달았다.

1) 가족 내에 삼각관계 이해하기

부부, 아버지-아들 관계와 관련된 갈등에서 어머니는 남다르게 가까운 관계를 형성하며 지나치게 아버지와 아들의 관계 사이에 개입하고 있었다. 어머니의 과잉보호와 잔소리로 인하여 내담자가 스트레스를 경험하고 있을 때 그의 아버지가 개입하여 결국 부부갈등으로 이어지곤 했다. 이런 갈등을 목격한 내담자는 죄책감을 느끼며 자신 때문에 부모의 관계가 더 악화된다고 믿었다. 이러한 죄책감은 내담자 내면의 긴장을 축적시키고 환청이나 자해, 사회불안과 같은 증상을 촉발시켰다.

2) 반복적이고 역기능적인 의사소통방식 조명

어머니와 아버지 사이에는 형식적인 의사소통방식이 존재했다. 아버지는 꾸짖듯이 말하는 것(특히 다른 사람들 앞에서 내담자를 부하 취급함), 직접적으로 짜증을 표현하기보다 간접적으로 기분을 상하게 하는 것(불만족스러운 상황에 분노를 억누르고 이를 완전히 다른 상황에서 과도하게 비난함), 과거의 실수를 반복적으로 들추어 내는 것과 같은 세 가지의 형식을 반복하였다. 어머니는 아버지를 무시하는 것, 그녀의 수고를 과장하는 것, 아버지 의견에 늘 반대하는 것, 아버지를 향한 짜증을 억압하다 터뜨리는 것과 같은 네 가지의 형식을 반복하였다. 더 나아가 갈등이 생겼을 때 어머니와 아버지는 서로 탓하며 타협이나 협상이 불가능한 의사소통방식을 사용하였다.

3) 아버지와 어머니의 집단적인 노력의 필요 인지

치료과정을 통해 아버지와 어머니는 이러한 형식들을 알아채고 이러한 것들이 효과가 없음을 보았다. 아들의 증상을 감소시키기 위해서는 그들의 집단적인 노력이 필요하다는 것을 인식하는 단계를 거쳤다. 아버지와의 개인상담회기인 8회기에서 “아들의 감정적인 안정을 위해서 부부관계를 개선해야 할 필요가 있겠군요. 의사소통방식을 바꾸는 것이 노력을 해도 쉽지 않아요. 그래도 애써 노력하고 있어요.”라고 말하였다.

3. 기존의 옛 방식 다루기(10~11회기)

치료과정을 통해서 가족은 문제들을 해결하는 새로운 방법과 문제들을 바라보는 새로운 관점을 얻었다. 그러나 이 과정 이후에도 아버지는 과거의 형식을 반복하며 “나는 문제없어.”라고 얘기했다. 어머니와 여동생이 상담자에게 아버지의 문제를 짚어달라고 요청했다. 그들 대신 행동하기보다는 그녀(여동생) 스스로 나중에 얘기할 수 있도록 아버지와 여동생의 회기를 같이 진행했다. 아버지는 딸과 좋은 관계에 있었기 때문에 그녀가 아버지의 소통방식에 대하여 가지는 관점을 방어적인 태도로 듣지 않기를 바란다. 함께하는 회기가 진행되기 이전에 딸이 아버지에게 하고 싶은 이야기를 하고, 아버지가 가장 잘 듣도록 정보를 전달하는지 고려하는 것을 발전시키기 위해 ‘코칭/지도’ 회기로 그녀를 도왔다. 이는 양쪽에게 모두 도움이 되었다.

4. 변화를 시도 및 유지하기(12~20회기)

가족의 몇 가지 의사소통방식을 성공적으로 해결한 이후에 가족의 변화를 유지하는 것에 대하여 집중적으로 함께했다. 상담자는 상담회기 중 가족구성원들이 상처받은 마음에 대하여 솔직하게 얘기하며 감정을 표현할 때 다른 이들은 정중히 들어 주는 것을 독려하는 새로운 형식의 의사소통방식을 촉진시켰다. 이 과정을 통하여 가족구성원들은 상호작용하는 새로운 방식을 시도하였고, 긍정적인 변화를 경험하여 그들이 배운 것을 유지하려고 노력하였다.

1) 전통적인 방안을 대신할 새로운 접근법

상담자는 가족에게 도움이 되지 않는 의사소통방식을 대신할 새로운 기술들을 가족구성원들에게 소개하였다. 예를 들어, 상담자는 아버지가 불만족함을 느낀 상황에서 침착히 얘기할 수 있도록 지도하였다. 또한 상담자는 어머니에게 아버지를 불필요하게 화나게 하지 않고 아들의 감정을 무시하기보다는 수용하고 그녀의 생각을 명확하고 자세히 얘기하도록 제안하였다.

2) 가족 변화 확인

새로운 의사소통방식을 소개한 후에 가족의 변화가 관찰되었다. 아버지는 더욱 부드럽게 말했고 아마 이 때문에도 어머니는 더 이상 그를 화나도록 자극하지 않았다. 게다가 아버지는 지속적으로 과거에 대하여 언급하는 방식을 사용하지 않았고 부인과 더욱 안정적인 관계를 유지하였다. 부모의 관계가 안정되니 아들의 삶에 간섭했던 어머니의 개입은 감소하였고 아버지 또한 엄마–아들의 관계를 더 이상 공격하거나 비난하지 않았다. 이와 같은 것이 시간이 지남에 따라 전반적으로 일어나며 아들의 증상이 상당히 호전되었다. 어머니는 집에만 있지 않고, 이 외에도 사회생활을 시작하였다. 내담자는 자신의 독립에 기여하고 경험할 수 있는 개별적 활동들을 추구하였다.

V. 논의

조현병에는 지원 시스템 개입과 약물요법이 탁월한 치료방법이지만 가족의 의사소통문제는 조현병 증상을 악화시키는 것과 오랫동안 연관이 있었다. 이 사례연구는 조현병의 증상이 가족적인 요인들로부터 악화될 수 있다는 관점에 의해 진행되었다. 이 연구결과는 BFST와 MRI 가족치료모델의 관점을 적용하여 가족의 의사소통모델이 어떻게 조현병 진단을 받은 사람에 대하여 대처해야 하는지를 보여 주었다. 이 연구결과는 가족 상황 중 부부갈등 내에 삼각관계의 경험, 아버지와의 갈등, 아버지의 어려운 의사소통방식, 어머니의 지나친 간섭이 내담자의 조현병 증상을 악화시키는 요인들로 기여했음을 보여 준다. 한국의 집단주의적 문화가 가족관계에서 강렬한 정서를 기르고 불안감이 증가하는 기간 동안 자신의 가족 내에서 융합된 또는 얽히는 관계를 발전시킬 수 있다(Kim & Ryu, 2005). 이 연구의 과정 분석을 통하여 연구자는 조현병을 가진 내담자 가족에 있어서 문제 확인 단계, 인지와 통찰력 발달 단계, 기존의 옛 방식 다루기 단계, 그리고 변화를 시도 및 유지하기 단계가 존재할 수 있다는 것을 확인하였다.

문제 확인 단계에서는 각 가족구성원의 준거틀로부터 문제와 상호작용들이 표현되었다. 이는 갈등적이거나 혼동되는 의사소통방식을 돕기 위하여 사용될 수 있는 임상적인 방법을 보여 주었다. 각 구성원의 자기인식과 모든 구성원 간에 상호작용을 개선하기 위해 시간이 지남에 따라 가족의 의사소통방식의 지속적인 변화가 보였다.

VI. 결론과 제언

이 질적 사례연구는 불안과 원가족으로부터 전수되었던 의사소통방식뿐만 아니라 이전에 시도되었던 가족 의사소통방식을 적용하는 치료모델의 유용성을 보여 준다. 비록 단일사례로부터 나온 결론으로 제한성을 가지지만, 이 연구결과는 증상 표출 내면에 존재하는 문제를 탐색하는 것이 더 지속되는 변화에 대한 잠재성이 있다는 것을 보여 준다. 또한 부부와 가족의 문제가 내담자의 조현병 증상에 영향을 미칠 수 있다는 것과 원가족의 특성을 인식하고 부모와 자녀들의 의사소통방식을 다루는 것으로 인하여 조현병 증상이 호전될 수도 있다는 것을 보여 준다.

한국 상황에서 드러나는 몇몇의 변화에도 불구하고 성별, 세대, 나이, 계층 구조는 여전히 중요하다. 한국인, 특히 유교에 익숙한 사람들은 전문성과 권위 있는 상담자를 만나기를 기대할 수도 있다. 이러한 이유로 이 연구결과는 MRI와 BFST가 통합된 접근법과 상담자가 전문적인 위치에 있기를 요구하는 접근법을 보여 주었다. 추후 연구에서는 다양한 사회인구학적 집단에 속한 내담자들에 대한 가족치료 역할과 조현병 진단을 받은 사람의 증상을 완화시킬 수 있는 다른 모델과 접근의 활용을 탐색할 수 있는 연구가 진행되기를 바란다.

참고문헌

American Psychiatric Association. (2013). *Diagnostic and statistical manual of mental disorders* (5th ed). Arlington, VA: American Psychiatric Publishing.

Bateson, G. (1976). Toward a theory of schizophrenia. In E. C. Sluzki & D. C. Ransom (Eds.), *Double bind: The foundation of the communicational approach to the family* (pp. 3-32). New York: Grune and Stratton.

Ben-Zur, H., Duvdevany, I., & Issa, D. S. (2014). Ethnicity moderates the effects of resources on quality of life for persons with mental illness living in community settings. *Psychiatric Rehabilitation Journal, 37*(4), 309-315.

Bowen, M. (1978). *Family therapy in clinical practice*. New York: Jason Aronson.

Buchanan, R. W. (2007). Persistent negative symptoms in schizophrenia: An overview. *Schizophrenia Bulletin, 33,* 1013-1022.

Chien, W. T., & Chan, S. W. C. (2004). One-year follow-up of a multiple-family-group intervention for Chinese families of patients with schizophrenia. *Psychiatric Services*, *55*, 1276-1284.

Corbin, J., & Strauss, A. (2014). *Basics of qualitative research: Techniques and procedures for developing grounded theory*. Thousand Oaks, CA: Sage.

Dixon, L. B., Dickerson, F., Bellack, A. S., Bennett, M., Dickinson, D., Goldberg, R. W., & Kreyenbuhl, J. (2010). The 2009 schizophrenia PORT psychosocial treatment recommendations and summary statements. *Schizophrenia Bulletin, 36*, 48-70.

Farmer, R. L., Walsh, J., & Bentley, K. J. (1998). Schizophrenia. In B. A. Thyer & J. S. Wodarski (Eds.), *Handbook of empirical social work practice, mental disorders*(Vol. 1) (pp. 245-270). New York: John Wiley & Sons, Inc.

Galletly, C., Castle, D., Dark, F., Humberston, V., & Tran, N. (2016). Royal Australian and New Zedand College of Psychiatrists clinical praotice guidlines for the management of schizophrenia and related disoroders. *Australian and New Zealand. Journal of Psychiatry, 50*(2), 410-472.

Goldenberg, I., Stanton, M., & Goldenberg, H. (2017). *Family therapy: An overview.* Boston, MA: Cengage Learing.

Granholm, E., Holden, J., & Link, P. C. (2014). Randomized clinical trial of cognitive behavioral social skills training for schizophrenia: Improvement in functioning and experiential negative symptoms. *Journal of Consulting and Clinical Psychology, 82*(6), 1173-1185.

Harvey, P. D., & Strassnig, M. (2012). Predicting the severity of everyday functional disability in people with schizophrenia: Cognitive deficits, functional capacity, symptoms, and health status. *World Psychiatry, 11,* 73-79.

Kazadi, N. J. B., Moosa, M. Y. H., & Jeenah, F. Y. (2008). Factors associated with relapse in schizophrenia. *South African Journal of Psychiatry, 14*(2), 52-62.

Kerr, M., & Bowen, M. (1988). *Family evaluation: An approach based on Bowen theory.* NY: Norton.

Kim, B. L. C., & Ryu, E. J. (2005). Korean families. In M. McGoldrick, J. Giordano, & N. Garcia-Preto (Eds.), *Ethnicity & family therapy* (pp. 349-362). New York, NY: Guilford Press.

Kirpatrick, B., Fenton, W., Carpenter, W. T., & Marder, S. R. (2006). The NIMH-MATRICS Consensus statement on negative symptoms. *Schizophrenia Bulletin, 32*(2), 214-219.

Lehman, A., Lieberman, J., Dixon, L., McGlashan, T., Miller, A., Perkins, D., & Kreyenbuhl, J. (2004). Practice guideline for the treatment of patients with schizophrenia, second edition. *American Journal of Psychiatry, 161*(2), 1-56.

Mamani, A. W., Weintraub, M. J., Gurak, K., & Maura, J. (2014). A randomized clinical trial to test the efficacy of a family-focused, culturally informed therapy for schizophrenia. *Journal of Family Psychology, 28*(6), 800-810.

McFarlane, W. R., Dixon, L., Lukens, E., & Lucksted, A. (2003). Family psychoeducation and schizophrenia: A review of the literature. *Journal of Marital and Family Therapy, 29*, 223-245.

Mitsonis, C., Voussoura, E., Dimopoulos, N., Psarra, V., Kararizou, E., Latzouraki, E., & Kstasnou, M. (2012). Factors associated with caregiver psychological distress in chronic schizophrenia. *Social Psychiatric and Psychiatric Epidemiology, 47*, 331-337.

Mueser, K. T., & Jeste, D. V. (2008). *Clinical handbook of schizophrenia*. New York, NY: Guilford Press.

Mueser, K. T., & McGurk, S. R. (2004). *Schizophrenia. Lancet, 363*, 2063-2072.

Pharoah, F., Mari, J., Rathbone, J., & Wong, W. (2004). Family interventions for schizophrenia. *Cochrane Database of Systematic Reviews, 12,* 98-103

Pilling, S., Bebbington, P., Kuipers, E., Garety, P., Geddes, J., Orbach, G., & Morgan,

C. (2002). Psychological treatments in schizophrenia: I. Meta-analysis of family intervention and cognitive behavior therapy. *Psychological Medicine*, *32*(5), 763-782.

Pinkham, A. E., Mueser, K. T., Penn, D. L., Glynn, S., McGurk, S. R., & Addington, J. (2012). Social and functional impairments. In J. A. Lieberman, T. Stroup, & D. O. Perkins (Eds.), *Essentials of schizophrenia* (pp. 93-130). Arlington, VA: American Psychiatric Publishing, Inc.

Pitschel-Walz, G., Leucht, S., Bäuml, J., Kissling,W., & Engel, R. R. (2001). The effect of family interventions on relapse and rehospitalization in schizophrenia-a meta-analysis. *Schizophrenia Bulletin*, *27*, 73-92.

Shivashankar, S., Telfer, S., Arunagiriraj, J., McKinnon, M., Jauhar, S., Krishnadas, R., & McCreadie, R. (2013). Has the prevalence, clinical presentation and social functioning of schizophrenia changed over the last 25 years? Nithsdale Schizophrenia Survey revisited. *Schizophrenia Research, 146*, 349-356.

Song, S. J. (1997). The differences of collectivism and individualism and the strategies of the Korean family therapy. *Korean Journal of Family Therapy, 5,* 1-26.

Song, S. J. (2001). *Korean culture and family therapy*. Seoul, South Korea: Bummoonsa.

Sota, S., Shimodera, S., Kii, M., Okamura, K., Suto, Kl, Suwaki, M., & Inoue, S. (2008). Effect of a family psychoeducational program on relatives of schizophrenia patients. Survey revisited. *Schizophrenia Research, 146*, 349-356.

Strauss, A., & Corbin, J. (2007). *Basis of qualitative research: Techniques and procedures for developing grounded theory*. Thousand Oaks, CA: Sage.

Watzlawick, P., Weakland, J., & Fisch, R. (1974). *Change: Principles of problems formation and problem resolution*. New York: Norton.

Weakland, J. H. (1993). Conversation-but what kind? In S. Gilligan & R. Price (Eds.), *Therapeutic conversations* (pp. 136-145). New York: Norton.

Yu, S. H., Cheon, D. H., Lee H. S., Seong, J. M., Lee J. H., & Park, G. S. (2010). *Theories of mental health*. Seoul: Yangseowon.

2장

공황장애에 영향을 미친 가족적 · 사회적 · 문화적 요인

심다연 · 이부덕 · 박태영

이 연구는 공황장애를 겪고 있는 내담자가 공황발작을 처음 경험한 시기를 전후로 공황장애 증상의 진행단계와 그 원인을 가족문화, 사건, 문화적 배경을 통해 살펴본 것이다. 연구결과, 내담자의 근본적인 불안을 형성하게 된 원인을 원가족 특성에서 찾아볼 수 있었다. 이 연구에서는 공황장애의 발생 원인과 증상을 유지시키는 요인을 남아선호사상, 학벌 중심 문화, 집단주의 등의 한국의 문화적 배경과 가족관계에서 살펴봄으로써 공황장애에 대한 새로운 시각을 제시하고자 하였다. 이를 통해 가족 내에서의 경험이 공황장애 내담자에게 미치는 영향을 재인식함으로써 가족치료적 접근을 병행할 필요가 있음을 제시하고자 하였다.

Shim, D. Y., Lee, B. D., & Park, T. Y. (2016). Familial, Social and Cultural Factors Influencing Panic Disorder: Family Therapy Case of Korean Wife and American Husband. *The American Journal of Family Therapy, 44*(3), 129-142.

I. 서론

공황장애는 증가하는 신체적(Zaubler & Katon, 1996)이고 정서적인 건강문제(Andrade, Eaton, & Chilcoat, 1996; Kessler, Stein, & Berglund, 1998; Roy-Byrne & Katon, 2000), 손상된 사회적 · 관계적 · 직업적 기능, 그리고 물질남용(Altamura et al., 2005), 자살행동(Weissman et al., 1989) 그리고 공황장애가 없는 개인들보다 의학적 · 정신적 자원을 더 많이 사용하는 것을 포함하여 많은 손상과 관련될 수 있다(Barlow, 2002; Bystritsky et al., 2010; Schmidt, Norr, & Korte, 2014; Zaubler & Katon, 1998).

공황장애의 발생 원인이 무엇인지 아직까지 뚜렷하게 밝혀진 바가 없으나 대체로 생물학적 요인과 심리적인 요인, 그리고 환경적 영향이 복합적으로 상호작용하여 유발된다고 보여진다(Klauke et al., 2010). 공황장애는 심각한 개인적, 사회적, 경제적 비용을 초래한다(Zilcha-Mano et al., 2015). 공황장애의 임상적 증상은 매우 다양하기 때문에 그 원인과 신경생리학적 경로 및 치료방법에 대한 연구 역시 매우 복합적으로 이루어지고 있다(Pattyn et al., 2015). 또한 공황장애 발달과 유지에 기여하는 요소들에 대해서는 치료모델에 따라 다양한 가설들이 존재한다.

인지모델에 따르면 편향된 정보 과정이 공황장애의 발달과 유지에 중요한 역할을 한다고 하였다(Beck & Clark, 1997; Bouton, Mineka, & Barlow, 2001). 또 다른 연구에서는 공황장애를 가진 불안한 개인들이 위협적인 자극에 선택적인 주의력을 집중하는 경향이 있다고 하였다(Lang & Sarmiento, 2004; Reinecke et al., 2011). Wiener, Perloe, Whitton과 Pincus(2012)는 주의력편중과 더불어 불안민감성이 공황장애의 주요 특징이라고 하였다. 불안민감성이란 불안과 관련된 생리적인 단서—예를 들어, 심장이 쿵쾅거리는 것 또는 숨가쁨과 같은 신체적인 느낌—를 해롭고 위협적이라고 인식하는 것을 의미한다(Westling & Ost, 1995; McNally, 2002). 따라서 주의력편중과 불안민감성이 공황장애의 기원과 유지에 중요한 역할을 한다고 볼 수 있다(Wiener et al., 2012). 특히 공황장애에 있어서 주의력편중과 불안민감성이 서로 관련되고, 공황장애를 가진 개인들은 내적 생리적인 느낌에 과도하게 주의력을 집중하며 이러한 느낌을 비극적으로 잘못 해석한다(Lang & Sarmiento, 2004).

공황장애의 원인을 생물학적 이상이라고 보는 입장에서는 공황장애의 치료에 약물을 선택한다. 많은 연구에서 약물치료가 공황장애의 빈도나 불안, 공황 시의 신체증상 등을 감소시켜 주는 효과가 있다(Dannon et al., 2004)고 하였으나 모든 환자들이 약물치료에 좋은 반응을 나타내는 것은 아니며 부작용 등으로 인해 약을 복용하고 싶어 하지 않는 환자들도 있으며 약물에 대한 의존성과 재발률이 높다는 한계점이 있다(Choi et al., 2004).

불안장애의 하나인 공황장애를 치료하기 위한 이러한 방법들은 모두 공황장애의 신체 · 행동 · 인지의 측면을 개선함으로써 현상적 차원에 도움을 주었지만 공황장애의 병리학적 현상의 근저에 있는 불안의 실존적 차원을 다루는 데는 한계를 가지고 있다(이대순, 2011). 또한 공황장애를 유발, 촉진하고 재발시키는 환경적 요인에 대한 접근이 없기 때문에 치료효과의 안정성을 위협하기도 한다. 따라서 환자 주변에서 가장 크고 밀접하게 영향을 미치는 가족에 대한 치료접근법이 절실하지만 이에 대한 국내외 연구는 현재까지 매우 미비한 실정이다. 공황장애의 원인을 생리적 · 심리적 · 환경적 요인의 상호작용으로 볼 때 환경적 요인에 대한 접근 미비는 공황장애에 대한 효과적인 치료접근을 제한하는 요소가 될 수 있다.

Ⅱ. 문헌고찰

1. 한국문화와 가족 가치

한국은 미국이나 일본에 비해 매우 집단주의적인 문화를 가지고 있다(Triandis, 1989). 한국인의 '자기'의 개념에는 부모와 가족이 포함된다(Song, 1997). 따라서 한국인들은 개인 중심이라기보다 가족 중심이며 가족관계는 이들에게 매우 큰 의미를 갖는다. 한국인에게 있어 대를 잇고 세대의 연속성을 보장하기 위해 아들은 매우 중요한 의미를 갖는다. 한국의 어머니들은 첫째 아들에게 특별한 의미를 부여하고 그를 과잉보호하는 경향이 있다(Song, 2001). 여성들은 교육과 고용 상태가 향상되었음에도 불구하고 여전히 성별로 인한 차별을 경험한다. 한국인들은 학력에 높은 가치를 부여하는데, 따라서 부모들의 자존감은 자녀의 학업 성취도 또는 학업 실패에 좌우된다. 이처럼 경쟁적인 한국의 교육 시스템으로 인해 많은 가정에서는 자녀들의 성공적인 교육을 위해 많은 투자를 하고 있다(Kim & Ryu, 2005).

2. 한, 그리고 화병

한국인에게 있어 '한'이란 한 마디로 억울하거나 학대받은 사람이 자신의 억울함을 해결하거나 표현하지 못하여 갖게 되는 지속적인 고통이라고 할 수 있다(Kim & Ryu, 2005). 화병은 '분노장애'로 볼 수 있는데 한국문화와 관련된 증후군이다(Min, 2009). 화병은 일과성 열감, 분노, 불안을 동반하는 가슴통증이 특징이다(Chung et al., 2015). Chiao(2015)는 화병 환자들이 따돌림, 대인관계 손상을 경험하면서도 사회적인 조화를 유지하기 위해 대인관계에서의 분노 억제를 증가시킨다고 하였다. 화병은 일반 인구에서 4.1%의 유병률을 보이고 있다(Min, 2008). 화병은 여성에 대한 억압과 차별이 만연해 있는 가족 공동체주의와 유교를 특징으로 하는 전통적인 한국문화와 사회 안에서 발생해 왔다. 이러한 문화적 요소들이 결합되어 한국 여성들은 자신의 대인관계 혹은 가족관계를 위태롭게 하지 않기 위해 자신의 분노를 억압해 왔다고 볼 수 있다(Lee et al., 2012). 화병의 이러한 증상들은 현제 DSM-V의 '고통의 문화적 개념 용어 해설'에 포함되어 있다(American Psychiatric Association, 2013). 화병의 직접적인 원인은 배우자와의 부부갈등에서 주로 발생하며, 갑작스러운 정서적 쇼크보다는 만성적인 갈등으로 인해 발생한다.

3. 한국인의 기질과 의사소통방식

한국인은 화를 잘 내고, 개방적이고, 관대하고, 사교적이며, 유머러스하다. 또한 대인관계를 매우 중요하게 여기는 정서적인 사람들이라고 할 수 있다(Kim & Ryu, 2005). 미국인들과 비교했을 때 한국인들은 자신의 감정을 공개적으로 솔직하게 표현하지 않는 편이고, 다른 사람들을 폄하할 수 있는 표현들은 피하곤 한다. 한국인들에게는 대인관계가 중요하기 때문에 다른 사람들에게 이의를 직접 제기하지 않는 것이다. 따라서 결혼생활에서도 문제가 발생하면 이를 해결하기 위해 간접적으로 의사소통하려는 경향이 있다(Song, 2001).

4. 공황장애에 관한 치료접근법과 가족의 영향

공황장애에 대한 심리치료로서는 인지행동치료가 가장 유력한 치료접근법으로 각광받아 왔다(Allen et al., 2010; Chase, Whitton, & Pincus, 2012; Foa et al., 2002; Gloster et al., 2011; Heldt et al., 2006; Wiener et al., 2012). Smits, O'Cleirigh와 Otto(2006), Katon 등(2006)은 공황장애 환자들에 대한 인지행동치료와 약물치료의 조합이 효과가 있다고 보고하였고(Smits, O'Cleirigh, & Otto, 2006), Bandelow 등(2002)은 공황장애 환자의 생애 초기 외상사건과 부모의 태도, 가족력 및 출생 시 위험요소에 대한 연구를 실시하였다. 연구의 결과, 부모의 죽음이나 양육자와의 결별, 아동기 질병, 부모의 알코올 중독, 가정폭력, 성폭력과 같은 외상사건들이 공황장애 발병에 유의미한 영향을 미치는 것으로 나타났다(Bandelow et al., 2002). 김종만(1995)은 공황장애를 앓고 있는 30대 부인에 대한 연구에서 부인의 공황장애를 유발시킨 요인을 결혼생활의 잘못된 기능, 즉 남편의 잘못된 인식 및 부부의 잘못된 생활태도를 서로 묵인, 동조, 비난하는 패턴들이라고 보았다(Kim, 1995). Baltas(2013)는 공황장애를 가진 내담자에게 약물치료와 심리치료를 병행하여 실시하였는데 심리치료의 실시과정에서 내담자가 청소년기에 친척으로부터 들었던 부정적인 언어가 저주와 같이 작용하여 공황장애를 유발한 것을 발견하고 이를 인식하게 함으로써 내담자가 공황발작을 멈추고 약물복용을 중단하게 된 사례를 제시하였다(Baltas, 2013).

Ⅲ. 연구방법

1. 사례개요

이 사례연구는 가족치료에 참여한 가족구성원들의 상담내용을 중심으로 분석되었다. 연구대상은 내담자인 부인(34), 미국인 남편(34), 친정모(62), 친정부(63)로 구성되었으며 상담은 2012년 2월부터 5월까지 총 9회기에 걸쳐 이루어졌다(1, 2회기 내담자 상담, 3, 4회기 남편 상담, 5회기 부부상담, 6, 7회기 친정모 상담, 8회기 친정부 상담, 9회기 내담자 상담). 내담자가 호소한 문제는 심장이 두근거리고 항상 불안하다는 것이었다. 내담자는 2년 전에 신경정신과에서 한국의 고유 정신질환인 화병과 공황장애 진단을 받았고 지금은 증상이 더 심해져서 하루에 4번 약을 복용하고 있었다. 내담자는 강인한 성격의 어머니와 예민한 성격의 아버지, 그리고 부모의 잦은 부부갈등으로 형성된 불안한 가족문화에서 성장하였다. 내담자는 미국인 남편과의 결혼식 당일 공황발작을 경험하였는데, 결혼식 이전 아버지의 퇴직과 구속, 외도, 본인의 국제결혼 등의 스트레스 상황을 겪은 것으로 나타났다. 결혼 이후 내담자는 남편과 함께 부모의 집에서 함께 살게 되었는데, 내담자의 불안한 가족문화에 미국인 남편과의 문화적 배경의 차이, 남편과 어머니의 유사한 표현방식이 더해져 부인의 불안감은 더욱 커지고 공황장애 증상도 지속되고 있었다.

2. 연구질문

이 연구에서는 내담자가 공황발작을 처음 경험한 시기를 전후로 공황장애 증상의 진행단계와 그 원인이 된 가족문화, 사건, 문화적 배경을 살펴보고자 한다. 이에 따른 이 연구의 연구질문은 다음과 같다.

첫째, 내담자의 근본적 불안을 형성시킨 가족문화는 어떠한가?
둘째, 내담자의 공황장애 발작을 촉발시킨 사건과 문화적 요소는 무엇인가?
셋째, 내담자의 공황장애 증상을 유지시키고 있는 가족문화는 어떠한가?

3. 분석방법 및 신뢰도 검증

이 연구는 공황장애를 겪고 있는 내담자에 대한 가족치료 사례를 질적 연구방법으로 분석한 것이다. 이 사례의 가족치료 회기에서 내담자가 진술한 내용을 중심으로 연구질문의 요인들을 찾기 위해 반복되는 의미와 개념들을 분류하여 범주화하는 코딩작업을 거쳤다. 이 연구의 신뢰성과 엄격성을 높이기 위해 상담자와 연구자의 토론, 전문가 집단의 피드백을 통한 연구자의 삼각화, 상담축어록과 녹화자료, 상담 메모 등의 사용을 통한 자료의 삼각화를 실행하였다. 또한 연구의 윤리성 확보를 위해 상담내용의 사용에 대해 내담자의 동의를 받았으며 내담자의 사적인 정보를 삭제하였다.

Ⅳ. 연구결과

이 연구는 내담자의 공황장애를 이해하기 위해 공황장애 발병 이전 성장기에 내담자의 근본적인 불안에 영향을 미친 요인으로서 가족문화와 사회문화, 공황장애 발병 시기에 발생한 일련의 사건들과 직장스트레스가 내담자에게 영향을 준 사회문화적 배경을 살펴보았다. 또한 이 연구는 발병 이후 내담자의 공황장애 증상을 유지시키고 있는 새로 형성된 가족문화에 대해 살펴보았다.

1. 내담자의 근본적 불안에 영향을 미친 요인

1) 가족문화

내담자의 가족문화는 강한 어머니와 예민한 아버지의 불균형적인 부부관계에서 형성되었다. 어머니는 완벽주의 성향을 가지고 있어 아버지에게 완벽한 남편의 모습을 기대했지만, 아버지는 심약하고 감성적이어서 그러한 어머니의 욕구를 채워주지 못했다. 부모는 늘 갈등관계에 있었고 갈등상황에서 내담자는 부모가 이혼하게 될까 봐 불안감을 느끼게 되었다. 또한 내담자는 아버지를 닮아 성격이 예민하고 감성적이었고, 어머니는 아버지를 닮은 내담자를 강압적인 방식으로 양육하였다. 그러나 어머니는 자신을 닮은 내담자의 남동생과는 관계가 매우 좋았다. 감성적이고 예민한 내담자는 이러한 어머니의 강압적인 방식과 남동생과의 차별로 인해 어머니와 정서적인 소통을 하지 못한 채 불안감이 증폭되었다. 이러한 내담자의 원가족문화로 인해 내담자는 불안을 느끼고 정서적인 어려움을 해결할 수 없었다.

(1) 모의 완벽주의와 과도한 역할

어머니는 자신의 모친과도 갈등이 심했다. 어머니의 모친은 아들을 편애하였으므로 어머니는 오빠와 남동생을 이기기 위해 스스로 완벽해져야 한다고 생각했다.

그러나 어머니는 한국사회에서 여자로서 완벽하게 성공하기 어려웠기 때문에 남편과 자녀들을 성공하게 만드는 방법밖에 없다고 생각하였다. 따라서 어머니는 집안에서 과도한 역할을 하였다.

내담자: 어렸을 때부터 남편은 이런데 아이들을 본인(엄마)이 다 키워야 됐고 이런 것들이 굉장히 강하시죠.

상담자: 어머니가 과도한 역할을 하셨군요?

내담자: 네, 과도한. (내담자-1회기)

아버지: (아내가) 과도한 역할 정도가 아니라 내 일까지 다 해 버리니까. 근데 그걸 본인은 자기희생이라고 생각하는데 그건 아니죠. (부-8회기)

(2) 부의 예민한 감성과 미흡한 역할

아버지는 학창시절 모친이 암으로 일찍 사망했다. 막내아들로 모친과의 관계가 각별했던 아버지는 모친이 일찍 사망하자 마음 둘 곳이 없어 학창시절 내내 외롭게 지냈다. 아버지는 따뜻한 엄마의 품을 늘 그리워했지만, 어머니는 아버지의 정서적 욕구를 채워 줄 수 없었다. 아버지는 내담자에게 미성숙한 모습으로 짜증을 내거나 투정 부리는 표현이 많아지게 되었다. 어머니가 가정 내에 대부분의 일들을 결정하고 주도했기 때문에 아버지는 가정 일에 관심을 두지 않게 되었다. 또한 아버지도 내담자와 마찬가지로 30대에 공황장애를 경험하였다.

내담자: 감정적인 동요는 아빠가 훨씬 심해요. 한 시간에 up and down이 몇 십번은 바뀔 수 있는 분이거든요. 고요하지 않고 항상 이랬다저랬다 해요. (부부-5회기)

아버지: 근데 나는 이미 그 직장 가기 전에 공황장애가 있었죠.

상담자: 언제 또 있으셨어요?

아버지: 그게 80년대. 굉장히 오래된 거죠. (부-8회기)

(3) 부모의 심각한 갈등

강한 어머니와 예민한 아버지는 처음부터 서로의 욕구를 채워 주지 못했다. 어머니는 남편에게 완벽하고 강한 모습을 원했고 아버지는 아내에게 따뜻하고 자상한 모습을 원했지만, 어머니는 따뜻하지 못했고 아버지는 강하지 못했다. 부모는 신혼 초부터 갈등이 시작되었고 시간이 지나면서 갈등은 더욱 심각해졌다. 부모의 심각한 갈등을 보고 자란 내담자는 부모가 싸울 때마다 부모가 이혼하게 될까 봐 불안감을 느끼게 되었다.

> 아버지: 근데 지금 생각해 보니까 애들 앞에서 지나치게 말싸움한 건 사실인 것 같아요. 막 극단적으로.
>
> 상담자: 두 분이 서로 욕도 하고 그러셨나요?
>
> 아버지: 그렇죠. 욕도 했죠. 물건만 안 부쉈을 뿐이지. (부-8회기)

(4) 부와 유사한 딸에 대한 전이-내담자를 부의 연장으로 봄

어머니는 부가 자신보다 똑똑하지 못하고 다혈질적이며 미성숙하여 남편을 신뢰하지 못하였는데 내담자 또한 아버지와 유사한 성향을 가지고 있었다. 게다가 내담자의 외모는 아버지와 똑같았다. 근본적으로 어머니는 아버지에게 걸려 있던 해결되지 못한 감정을 내담자에게도 경험하였다. 따라서 어머니는 아버지로부터 받은 스트레스를 내담자에게 풀었다.

> 내담자: 본인(엄마)이 가장 싫어하는 아빠랑 너무 똑같으니까 어렸을 때부터 (나한테서) 그런 모습만 봐도 (엄마는) 무조건 싫어했어요. 그게 너무 싫으니까. 저한테 그날 그러시더라구요. 생각해 보니까 아빠 때문에 스트레스받고 그런 정신병자 같은 사람하고 살면서 받은 그 스트레스를 저한테 푼 것도 있다고. (내담자-2회기)

(5) 버림받을 것 같은 불안감

내담자는 아버지를 닮아 예민하고 감성적이었는데 어머니는 내담자에게 완벽한 모습을 기대했다. 내담자는 자신이 완벽하지 못하면 어머니에게 버림받을지도 모른다는 불안감을 가지고 있었다.

내담자: 엄마가 나를 이해해 줄 거라고 생각해 본 적이 한 번도 없어요. (울먹이며) 내가 강하지 않고 공부를 못하면 나는 패배자, 엄마한테 버림받는……. 항상 불안했어요. (내담자-1회기)

(6) 내담자와 모의 관계-조련사와 동물

어머니는 내담자가 중3 때 강제로 스파르타식의 학원에 입학시켜 공부를 시켰으나 그때부터 공부를 전혀 안 하게 되었다. 내담자는 어머니로부터 한 번도 칭찬을 받아 본 적이 없었다.

내담자: 아는 분이 스파르타 학원을 하신다고 저를 거기로 무조건 끌고 가셨어요. 저를 그냥 갖다 넣으시더라구요. 근데 엄마에 대한 불만이 있는데 엄마한테 인정을 못받으니까 더 공부가 하기 싫은 거예요. (내담자-1회기)

내담자: 비유를 하자면 약간 조련사와 동물 같아요. (내담자-1회기)

(7) 모의 폭력성

아버지는 분노조절이 안 되는데도 불구하고 내담자를 때린 적이 없었으나 어머니는 어려서부터 내담자를 폭행하였다.

내담자: 아빠한테는 한 번도 맞아 본 적이 없어요. 엄마한테는 엄청 많이 맞았어요. 싸대기도 맞고……. 어렸을 때부터 엄마가 저를 많이 때렸어요. (내담자-2회기)

(8) 정서적 소통의 부재

내담자는 어머니 앞에서는 불안하고 나약했고 내담자가 그럴수록 어머니는 내담자를 더욱 강하게 대했다. 어머니는 이성적이고 직선적인 성격이라 어머니와 정서적인 의사소통을 할 수 없었다.

어머니: 저는 성격이 자신만만하고 강하고 이렇게 딱딱 자르는 성격이라 딸이 반대로 여리고 예민한데 딸이 그런 얘기를 했을 때 제가 그렇게 따뜻하게 못 받아 줬던 것 같아요. (모-7회기)

2) 한국의 사회문화

최근에는 달라지고 있긴 하지만 한국사회에서는 여전히 딸보다 아들을 선호한다. 어머니도 역시 남자형제들을 편애했던 외할머니와 갈등관계를 가지고 있었다. 그럼에도 불구하고 어머니는 남동생이 내담자에 비하여 공부도 잘하였고 완벽주의적인 성향을 가졌기 때문에 남동생을 편애하였다. 내담자의 남동생은 어머니가 졸업한 좋은 대학에 입학하였고, 내담자는 아버지가 나온 비슷한 수준의 대학을 나왔다.

(1) 남아선호사상(모의 남동생 편애)

어머니는 부족한 자신의 남편을 닮은 딸보다 자기 자신을 닮아 똑똑하고 완벽한 모습을 가진 아들이 더 만족스러웠다. 내담자는 어머니의 마음에 들기 위해 많은 노력을 했지만 늘 남동생을 편애하는 어머니에 대한 서운함이 컸다.

어머니: 아들은 저랑 똑같고 말도 잘 듣고 그러니까 아무래도 편애를 한다는 것보다 그쪽으로 더 가게 되잖아요.

상담자: 편애하시는 거죠.

어머니: 네, 편애한 거죠. 솔직히 얘기해서 편애한 거예요. 지금도 그러고 있고. (모-6회기)

(2) 학력위주의 한국문화

한국의 부모는 공부를 잘하고 좋은 대학에 진학하는 자녀들에 대한 편애가 심하다. 내담자의 경우도 어머니가 한국의 일류대학을 나왔고 남동생 또한 어머니가 나온 대학을 나왔다. 그에 비해 내담자는 아버지가 졸업한 대학과 비슷한 수준의 대학을 나왔기 때문에 어머니로부터 학력으로 인한 차별대우를 경험하였다. 그러나 좋은 학력을 가진 자녀에 대한 편애는 위의 남편과 유사한 딸에 대한 전이와 관련이 있을 것으로 보인다.

내담자: 동생은 공부를 잘해서 엄마랑 같은 학교도 나오고 지금은 카네기에 있는 대학까지 나왔거든요. 공부를 굉장히 잘했어요. 그러니까 엄마는 아들이 너무 자랑스러운 거예요. 근데 제 얘긴 어디서도 안 해요. 칭찬받아 본 적이 없어요. (내담자-1회기)

(3) 집단따돌림의 문화

내담자는 중2 때 따돌림을 당하였고 그 당시 힘들어서 죽고 싶었으나 부모에게 말할 수가 없었다.

내담자: 처음 중학교 때 애들한테 따돌림을 당하고 충격이 너무 컸어요. 학교는 지옥 같은데 집에 와서는 아무렇지도 않아야 하고……. (울먹이며) 그때부터 제 자신이 싫고 죽고 싶고 그때 정말 힘들었어요. (내담자-1회기)

2. 내담자의 공황장애 발작을 촉발시킨 요인

결혼식 전 내담자의 불안감을 증폭시킨 가족 내 사건과 국제결혼에 대한 사건이 있었다. 이러한 사건으로 인하여 내담자는 결혼식날 공황장애를 경험하였다. 내담자가 겪은 사건들의 배경에는 집단주의 성향이 강한 한국문화가 영향을 미치고 있었다. 한국사회는 유교주의 영향으로 개인보다 집단을 중시하고 개인을 '우리'라는 집단의 일부분으로 본다. 내담자는 결혼을 앞두고 부의 복역과 외도, 그리고 국제결혼에 대한 부담감을 겪으면서 불안감이 고조되었다.

1) 가족 내 사건

(1) 부의 복역

내담자의 아버지는 회사 내 비리 사건과 연루되어 2개월간 복역하였다. 이 사건은 가족구성원들에게도 엄청난 충격을 주었다. 가족구성원들은 경제적인 어려움뿐만 아니라 지인들의 시선에 대한 심리적인 고통을 경험하였다. 한국문화는 개인보다 집단이 중요하며, 개인과 가족의 경계가 명확하지 않고 가족의 범죄행위는 개인의 수치심과도 직결된다. 한편, 내담자는 매일 술을 마시며 짜증을 내는 아버지로 인하여 스트레스를 경험하였다.

내담자: 이런 게 꼬이면서 누가 그거(뇌물 사건)를 고자질하면서 그게 폭로가 돼서 아버지가 한두 달 정도 (감옥에) 계셨어요. …… (중략) …… 그런데 나오고 나니까 저희 아버지가 너무 힘들어서 저희 엄마랑 저를 굉장히 많이 힘들게 했어요. (내담자-1회기)

(2) 부의 외도

내담자는 아버지의 핸드폰에서 외도 사실을 발견하게 되었다. 내담자는 아버지의 외도 사실을 어머니에게 폭로했다는 것이 매우 부담스러웠다. 내담자는 외도를 폭로한 사실에 대한 아버지의 분노감을 의식하게 되었다. 한편, 내담자는 자신의 폭로로 인하여 가정의 평화를 깨뜨렸다고 생각하였다. 한국의 집단주의 문화에서 내담자의 이러한 인식은 자신의 정체성을 혼란스럽게 만들었다.

내담자: 제가 그걸 찾아냈어요. 아빠하고 그 여자하고 약간 불필요한 문자가 오고 갔다는 느낌이 들더라구요. 저희 아빠가 그걸 제가 찾아냈다고 원망을 많이 하셨어요. (1회기-내담자)

2) 국제결혼 사건

(1) 국제결혼에 대한 부정적 인식

최근에 국제결혼이 크게 증가하고 있지만, 단일 민족인 한국인들은 국제결혼에 대하여 전혀 수용적이지 못하다. 특히 내담자의 부모 세대에서는 외국인 사위를 가족구성원으로 받아들이는 것에 대한 거부감이 컸다. 외국인 사위에 대한 부모의 거부감과 주변의 시선이 내담자에게 엄청난 스트레스와 불안을 야기시켰다.

내담자: 외국 사람이랑 사귀는데 엄마 아빠를 설득시키기가 되게 힘들었거든요. 그래서 사실은 제가 좋아서 결혼을 했기 때문에 그 모든 상황을 제가 그냥 참아야 되고 남편한테도 뭐라고 할 수 없는 상황. (내담자-1회기)

3. 내담자의 공황장애 증상을 유지시키고 있는 요인

결혼식 이후에도 내담자의 공황장애 증상은 계속되고 있었다. 내담자의 공황장애 증상이 지속되는 배경에는 내담자가 남편과 부모의 집에서 함께 살게 되면서 한국의 집단주의 문화와 미국의 개인주의 문화가 충돌하였다. 한편, 내담자는 문화적 차이, 내담자와 남편의 유사한 가족구조, 해결되지 못한 원가족과의 부부간의 경험, 그리고 역기능적인 의사소통방식으로 인하여 엄청난 스트레스를 받았다.

1) 내담자와 남편의 문화적 차이(한국문화와 미국문화의 차이)

한국문화와 미국문화의 차이점은 집단주의와 개인주의로 구분될 수 있다. 내담자가 원가족과 정서적으로 융합되어 있는 것은 내담자의 원가족의 정서적 특징이기도 하지만 한국의 집단주의의 특성으로 볼 수 있다. 또한 미국인 남편이 이성적으로 대처하는 모습은 남편의 개별화된 가족문화와 미국의 개인주의 문화에서 영향받은 것으로 볼 수 있다.

(1) 내담자의 가족문화(집단주의 문화)

내담자: 부모님이랑 살면서 내가 스트레스 받은 걸 남편한테 주고, 그걸 당연하다고 생각해요. 무의식적으로 남편이 감당해야 할 책임이라고 생각하고 남편도 견뎌야 한다고 생각하는 것 같아요. (남편-3회기)

(2) 남편의 가족문화(개인주의 문화)

내담자: 내가 우리 상황에 대해 화가 나는 이유는 당신은 공부를 하고 있고 내가 견뎌야 할 모든 상황-부모님, 경제적인 문제 모두 다-신경 안 쓰고 너무 차분해 보이고 행복해 보여서야. (부부-5회기)

2) 내담자와 남편의 유사한 가족구조

내담자와 남편의 가족문화적 차이에도 불구하고 두 사람의 원가족은 유사한 가족구조를 가지고 있었다. 내담자의 부가 예민하고 가정 내에서 미흡한 역할을 했듯이 남편의 부도 유하면서도 가정 내에서 미흡한 역할을 했다. 또한 내담자의 모가 완벽주의 성향에 과도한 역할을 했던 것과 유사하게 남편의 모친 역시 집안의 대부분의 일을 결정하고 과도한 역할을 하였다. 공통적으로 내담자와 남편의 부모관계는 스트레스를 받는 관계였으며, 내담자와 남편은 어려서부터 불안하였다. 내담자 역시 강한 어머니를 닮은 똑똑하고 냉정한 남동생이 있었고 남편에게도 어머니와 닮은 강하고 똑똑한 누나가 있었다. 결혼 후에 남편은 강한 장모와 내담자의 모습에서 자신의 강한 어머니의 모습을 보게 되었다.

남편: 미국에 있는 제 가족은 꽤 유사해요. 어머니는 지배적이고 아버지는 수동 공격적이에요. 제 아버지는 완전 수동 공격적이시고 와이프의 아버지도 수동 공격적이라는 거죠. 왜냐하면 공격적인 여자들을 감당해야 하기 때문이죠.

상담자: 장모님, 와이프, 누나가 유사하다는 건가요?

남편: 그들은 모두 공격적이에요. (남편-3회기)

3) 해결되지 못한 원가족과 부부간의 경험-전이

내담자 부부는 부모의 집에서 함께 지내고 있었다. 내담자는 부모와 동거하면서 부모와 여전히 삼각관계에 있었고 어렸을 때 경험하였던 불안이 지속되고 있었다. 남편 역시 원가족에서 내담자와 유사한 불안을 경험하였다. 그러나 남편은 내담자의 정서에 융합되지 않았다. 내담자는 남편의 이성적인 모습에서 어머니와 남동생의 이성적이고 냉정한 모습을 연상하였다. 한편, 남편은 내담자의 모습에서 자신의 어머니와 누나의 다혈질적이고 분노조절이 안 되는 모습을 연상하였다.

(1) 내담자의 전이

내담자: 남편은 항상 절 진정시키고 논리적이고 똑바로 생각하게 하려고 했어요. 우리 엄마가 저한테 항상 그러거든요. 전 이게 무시하고 혼내고 판단하는 것처럼 늘 느껴졌어요. 그럼 바로 화가 나고 폭발하는 거죠. (부부-5회기)

(2) 남편의 전이

남편: 저의 어머니와 와이프의 공통점은 화에요. 제가 그녀를 맞서고 싶어 하는 것 같아 보여요. 저의 어머니와 와이프는 정말 비슷해요. 자기 뜻대로 하거나

항복하거나. 타협이라는 게 별로 없어요. (부부-5회기)

4) 내담자와 남편의 역기능적인 의사소통방식

집단주의 성향에서 집단 내 의사소통은 함축적이고 정서적인 반면, 개인주의 성향에서는 사실적이고 논리적이다. 내담자 부부의 의사소통방식은 이러한 집단주의 성향과 개인주의 성향의 의사소통방식의 차이로 설명할 수 있다. 내담자는 정서적으로 불안정했기 때문에 감정조절이 어려웠고, 자신의 정서를 함축적으로 표현했다. 반면에 남편은 화난 내담자에게 이성적 · 논리적으로 대응하였다. 남편은 내담자가 자신의 누나처럼 이중구속 메시지를 사용한다고 생각하였다. 이러한 서로의 의사소통방식은 문제를 해결하지 못하고 두 사람의 관계를 악화시키고 있었다.

(1) 내담자 및 원가족의 역기능적인 의사소통방식

내담자는 소리를 지르고 위협하는 어머니와 유사한 표현방식과 감정 기복이 심하고 짜증이 많은 아버지와 유사한 표현방식을 모두 사용하고 있었다. 또한 내담자의 부모는 모두 내담자를 통해 우회적으로 의사소통을 하고 있었고, 내담자는 남편보다 어머니와 우선적으로 상의하고 결정하여 남편을 의사결정에서 배제하고 있었다.

남편: 그녀는 제가 항복할 때까지 소리를 질러요. 소리를 지르고 협박을 하고. (남편-3회기)

남편: 와이프의 어머니와 아버지는 와이프를 통해서 다퉈요. 아버지는 와이프를 통해서 어머니에게 말을 하고 어머니는 와이프를 통해서 아버지에게 말을 해요. (남편-3회기)

남편: 와이프는 상담을 받는 것에 대해 저랑 상의하지 않았어요. 그 결정을 어머니하고 내린 거죠. (남편-3회기)

(2) 남편 및 원가족의 역기능적인 의사소통방식

남편은 내담자가 화를 낼 때 이성적이고 논리적으로 대처하곤 했고 이러한 방식은 오히려 내담자를 더욱 화나게 만드는 방식이었다. 또한 남편이 내담자를 가르치려는 방식 역시 내담자로 하여금 자신의 어머니의 방식과 유사하다고 느껴 더욱 폭발하게 만들었다. 남편의 원가족에서는 모가 화를 낼 때 부는 모를 회피하거나 무시하는 방식으로 대처하였다.

내담자: 남편은 이성적이고 논리적이에요. 잔소리하고 가르친다는 생각이 들면 저는 너무 화가 나요. (부부-5회기)

남편: 제가 나이가 들수록 아버지처럼 행동하고 있다는 걸 발견하게 돼요. 와이프와의 관계에서도 제가 아버지한테 보고 배운 것일 거예요. 성공적이지 못했던. (부부-5회기)

V. 결론

이 연구에서는 내담자가 공황발작을 처음 경험한 시기를 전후로 공황장애 증상의 진행단계와 그 원인을 가족문화, 사건, 문화적 배경에서 살펴보았다. 또한 공황장애를 겪고 있는 내담자의 근본적인 불안의 원인을 원가족 경험을 통해 규명하고 현재 가족 내에서 경험하고 있는 문화적 갈등을 조명함으로써 가족요인과 문화적 배경이 공황장애 환자에게 미치는 영향을 밝히고자 하였다. 이를 위해 공황장애를 겪고 있는 내담자의 가족치료 사례를 분석하였고, 내담자의 원가족 경험과 현재 가족문화의 특징적 양상을 찾아볼 수 있었다.

먼저 공황발작을 경험하기 전 내담자로 하여금 근본적인 불안을 형성하게 된 원가족 특성을 살펴본 결과, 내담자는 강한 어머니의 완벽주의와 예민한 아버지의 미성숙함, 그리고 그러한 부모의 부부갈등을 경험하며 어린 시절부터 불안을 형성하게 된 것으로 나타났다. 특히 강압적이고 지배적이었던 어머니의 양육태도는 내담자로 하여금 버림받을지도 모른다는 불안감을 갖게 했다. 엄격한 부모의 양육태도가 공황장애를 포함한 불안장애의 위험을 높인다는 선행연구의 결과에서도 살펴볼 수 있는 부분이다(Bandelow et al., 2002). 또한 내담자의 어머니는 딸인 내담자보다 공부를 잘하고 좋은 대학을 졸업한 아들을 편애하였고 이러한 불공평한 양육태도가 내담자의 부정적인 정서에 영향을 미친 것으로 볼 수 있다. 한국사회는 아들에 대한 선호사상이 강하여 단지 여성이라는 이유만으로 부모에게조차 차별받는 경우가 많다(Kim & Ryu, 2005; Lee et al., 2012). 또한 한국사회에서는 자녀의 학벌이 부모의 자존심이라고 여겨질 만큼 학벌에 높은 가치를 둔다(Kim & Ryu, 2005). 내담자의 모의 이러한 차별은 내담자로 하여금 어머니에 대한 분노감을 갖도록 하였고 오랜 시간 동안 쌓여 온 분노 감정은 한국문화에서 한이나 화병으로 자리 잡게 한 것이라고 볼 수 있다.

내담자는 원가족 경험으로 인해 만성적인 불안감과 두려움을 가지고 있었던 것으로 보이며, 그러다 결혼식 당일 공황발작을 일으켰다. 국제결혼에 대한 부담감은 결혼식 당일 공황발작을 일으키게 한 스트레스 요인으로 생각해 볼 수 있다. 또한 부의 복역과 외도 등은 집단주의 문화의 한국사회에서 정서적 어려움을 겪을 수 있는 강한 스트레스 요인으로 작용한 것으로 보인다.

공황발작 이후 내담자의 공황장애 증상을 유지시키고 있는 요인은 결혼 이후 남편과의 문화적 차이 및 원가족 경험으로 인한 서로의 전이, 의사소통방식의 차이 등으로 설명할 수 있다. 한국사회에서의 집단주의 문화에서는 가족 내의 정서적 융합의 특징이 나타나며 이러한 정서적 융합은 자녀가 결혼을 하고 난 이후까지 원가족과의 밀접한 관계를 맺으며 유지된다(Kim & Ryu, 2005). 내담자의 경우에도 결혼 이후 부모의 집에서 함께 생활하고 있었고, 내담자의 불안의 근원이었던 원가족요인이 결혼 이후에도 작용하고 있었던 것으로 보인다. 뿐만 아니라 미국인이었던 남편과의 문화적 차이 역시 이러한 내담자의 불안정한 정서에 부정적인 영향을 미친 것으로 보인다. 남편은 미국문화인 개인주의 문화의 영향으로 내담자의 원가족에 정서적으로 융합되지 않았고 이성적이고 논리적인 사고방식을 가지고 있었다. 이러한 남편의 모습은 내담자로 하여금 자기 혼자 모든 상황을 감내하는 것 같은 부당함을 느끼게 하였다. 내담자는 남편의 모습에서 어머니의 모습을 연상하여 더욱 폭발하게 되었고, 남편 역시 그러한 와이프의 모습에서 공격적이고 지배적이었던 자신의 어머니와 누나의 모습을 연상하게 되면서 더욱 거리감을 갖게 되었다. 이러한 문화적 차이와 원가족 경험에서 비롯된 전이로 인해 내담자와 남편은 서로를 자극하는 역기능적인 의사소통방식을 사용하게 되었고 이러한 의사소통방식은 두 사람의 관계를 악화시켰다. 부부관계의 악화는 내담자의 증상을 유지시키는 요인으로 작용한 것으로 볼 수 있으며, 부부관계에서의 역기능적인 소통방식이 공황장애를 유발시키거나 유지시킨다고 하였던 선행연구의 내용과 일치한다(Kim, 1995 Kim & Ryu, 2005).

이와 같은 이 연구의 결과는 다음과 같은 의의를 갖는다. 첫째, 공황장애의 원인과 증상을 유지시키는 요인을 가족관계와 문화적 배경을 통해 살펴봄으로써 공황장애에 대한 새로운 시각을 제시했다는 점이다. 기존의 공황장애에 대한 접근은 주의력편중이나 불안민감성과 같은 개인의 인지적 왜곡(Lang & Sarmiento, 2004; Reinecke et al., 2011)에서 그 원인을 찾고 개인의 인지를 수정하거나 불안조절을 위한 복식호흡 및 긴장이완훈련, 노출기법을 통해 공황 증상에 대한 두려움을 감소시키는 방법이었다(Heldt et al., 2006; Allen et al., 2010; Elkins & Moore, 2011; Gloster et al., 2011; Chase, Whitton, & Pincus, 2012; Wiener et al., 2012). 그러나 이 연구에서는 공황장애 증상이 원가족에서 형성된 불안 등의 부정적인 감정에서 시작되며, 가족문화적인 배경으로 인한 강한 스트레스가 공황발작으로 이어질 수 있음을 알 수 있었다. 공황장애가 생물학적 요인 및 인지적 요인뿐만 아니라 환경적인 요소의 영향을 받는다(Zilcha-Mano et al., 2015)는 선행연구의 결과도 이러한 설명을 지지하는 것으로 볼 수 있다.

둘째, 오늘날 공황장애의 치료에서 가장 효과적인 것으로 나타나고 있는 인지행동치료와 약물치료에 있어 가족치료와의 병행이 그 효과를 더욱 높일 수 있는 방법이라는 점이다. 이 연구에서 가족 내에서의 경험이 공황장애의 치료과정에서 매우 중요한 요인으로 작용할 수 있다는 점을 알 수 있었으며, 결혼생활의 만족도가 공황장애의 인지행동치료의 결과에 유의미한 영향을 미친다(Lee, Choi, & Choi, 2004)는 선행연구의 결과도 이러한 설명을 뒷받침한다고 볼 수 있다.

이 연구는 공황장애를 경험하고 있는 내담자의 가족 요소와 문화적인 배경을 함께 살펴봄으로써 가족환경 요인의 중요성을 재인식할 수 있는 견해를 제시하였다. 또한 이러한 인식은 공황장애 환자를 치료하는 데 도움이 될 수 있을 것이라고 기대한다. 그럼에도 불구하고 이 연구는 공황장애를 경험하고 있는 내담자에 대한 가족치료 사례연구이므로 모든 공황장애 환자에 대해 공황장애 발생 원인과 증상을 유지시키는 요인을 일반화시킬 수는 없다. 따라서 후속 연구에서는 공황장애 환자들의 다양한 가족 요소들과 문화적 배경을 살펴보는 연구가 지속되어 공황장애 환자들의 치료에 기여하기를 기대한다. 또한 내담자의 공황장애 증상에 대한 가족체계적 요인들의 탐색이 필요하다. 특히 연구자는 한국의 문화와 의사소통 패턴, 한국인만의 정서(한, 또는 화병)에 대해 인지해야 한다. 공황장애와 관련된 추가연구는 이 연구에 포함되지 못한 심리적인 요인 및 인구사회학적 요인들을 탐색할 필요가 있을 것이다.

참고문헌

Allen, L. B., White, K. S., Barlow, D. H., Shear, M. K., Gorman, J. M., & Woods, S. W. (2010). Cognitive-behavior therapy(CBT) for panic disorder: Relationship of anxiety and depression comorbidity with treatment outcome. *Journal of Psychopathology and Behavioral Assessment, 32*(2), 185-192.

Altamura, A. C., Santini, A., Salvadori, D., & Mundo, E. (2005). Duration of untreated illness in panic disorder: A poor outcome risk factor? *Neuropsychiatric Disease and Treatment, 1*(4), 345-347.

American Psychiatric Association. (2013). *Diagnostic and statistical manual of mental disorder* (5th ed.). Washington, DC: American Psychiatric Publishing.

Andrade, L., Eaton, W. W., & Chilcoat, H. (1996). Lifetime comorbidity of panic attacks and major depression in a population-based study. *British Journal of Psychiatry, 165*(3), 363-369.

Baltas, P. (2013). Family malediction in the background of panic disorder-Case report. *Psychiatry Hungarica, 28*(4), 393-398.

Bandelow, B., & Rüther, E. (2004). Treatment-resistant panic disorder. *CNS Spectr, 9*(10), 725-739.

Bandelow, B., Späth, C., Tichauer, G. A., Broocks, A., Hajak, G., & Rüther, E. (2002). Early traumatic life events, parental attitudes, family history, and birth risk factors in patients with panic disorder. *Comprehensive Psychiatry, 43*(4), 269-278.

Barlow, D. H. (2002). *Anxiety and its disorders: The nature and treatment of anxiety and panic* (2nd ed.). New York, NY: Guilford Press.

Beck, A. T., & Clark, D. A. (1997). An information processing model of anxiety: Automatic and strategic processes. *Behavior Research and Therapy, 35*(1), 49-58.

Bouton, M. E., Mineka, S., & Barlow, D. H. (2001). A modern learning theory perspective on the etiology of panic disorder. *Psychological Review, 108*(1), 4-32.

Bystritsky, A., Kerwin, L., Niv, N., Natoli, J. L., Abrahami, N., Klap, R., & Young, A. S. (2010). Clinical and subthreshold panic disorder. *Depression and Anxiety, 27*, 381-389.

Chase, R. M., Whitton, S. W., & Pincus, D. B. (2012). Treatment of adolescent panic disorder: A nonrandomized comparison of intensive versus weekly CBT. *Child & Family Behavior Therapy, 34*(4), 305-323.

Chiao, J. Y. (2015). Current emotion research in cultural neroscience. *Emotion Review, 7*(3), 280-293).

Chung, S. Y., Park, Y. J., Kim, H. W., & Park, Y. B. (2015). Validation of the Hwa-Byung Scale and its relationships with cardiorvascular autonomic function. *European Journal of Integrative Medicine, 7*, 409-416.

Choi, W. Y., Park, K. H., & Kawk, U. H. (2004). Comparison of the effectiveness. between combined therapy and pharmacotherapy for panic disorder. *Cognitive Behavior Therapy in Korea, 4*(2), 73-83.

Dannon, P. N., Lowengrub. K., Iancu. I., & Kotler. M. (2004). Paroxetine in panic disorder: Clinical Management and long-term follow-up. *Expert Review of Neurotherapeutics, 4*(2), 191-198.

Elkins, S. R., & Moore, T. M. (2011). A time-series study of the treatment of panic disorder. *Clinical Case Studies, 10*(1), 3-22.

Foa, E. B., Jameson, J. S., Turner, R. M., & Payne, L. L. (2002). Context in clinic: How well do cognitive-behavioral therapies and medications work in combination? *Biological Psychiatry, 52*(10), 987-997.

Gloster, A. T., Wittchen, H. U., Einsle, F., Helbig-Lang, S., Hmm, A. O., Richter, J., Gerlach, A. L., Kircher, T., Zwanzger, P., Lang, T., Fydrich, T., Fehn, L., Aplers, G. W., Ströhle, A., Decker, J., & Höfler, M. (2011). Psychological treatment for panic disorder with agoraphobia: A randomized controlled trial to examine the role of therapist-guided exposure in situ in CBT. *Journal of Consulting and Clinical Psychology, 79*(3), 406-420.

Hale, L. R., & Calamari, J. E. (2006). Panic symptoms and disorder in youth: What role does anxiety sensitivity play? In C. M. Velotis (Ed.), *New developments in anxiety disorder research* (pp. 131-162). New York: Nova Science.

Heldt, E., Manfro, G. G., Kipper, L., & Blaya, C. (2006). One-year follow-up of pharmacotherapy-resistant patients with panic disorder treated with cognitive-behavior therapy: Outcome and predictors of remission. *Behaviour Research and Therapy, 44*(5), 657-665.

Katon, W., Russo, J., Sherbourne, C. B., Stein, M., Craske, M., Fan, M., & Roy-Byrne, P. (2006). Incremental cost-effectiveness of a collaborative care intervention for panic disorder. *Psychological Medicine, 36*(3), 353-363.

Kessler, R. C., Stein, M. B., & Berglund, P. (1998). Social phobia subtypes in the National Comorbidity Survey. *American Journal of Psychiatry, 155*(5), 613-619.

Kim, B. L. C., & Ryu, E. J. (2005). Korean families. In M. McGoldrick, J. Giordano, & N. Garcia-Preto (Eds.), *Ethnicity & family therapy* (pp. 349-362). New York, NY: Guilford Press.

Kim, E. H., Hogge, I., Ji, P., Shim, Y. R., & Lothspeich, C. (2014). Hwa-byung among middle-aged Korean women: Family relationships, gender-role attitudes, and self-esteem. *Health Care for Women International, 35*(5), 495-511.

Kim, J. M. (1995). A case study of treatment of a panic disorder patient through family therapy. *Korean Journal of Family Therapy, 3*, 85-117.

Kim, S. H., Park, Y. C., Hong, K. E., Kang, W. C., Lee, S. R., & Jung, I. C. (2012). The effect of Bunsimgi-eum on Hwa-byung: Randomized, double bind, palcebo controlled trial. *Journal of Ethnophamacology, 144*, 402-407.

Klauke, B., Deckert, J. Rief, A., Pauli, P., & Domschke, K. (2010). Life events in panic disorder-An update on candidate stressors. *Depression and Anxiety, 27*(8), 716-730.

Lang, A. J., & Sarmiento, J. (2004). Relationship of attentional bias to anxiety sensitivity and panic. *Depression and Anxiety, 20*(4), 190-194.

Lee, D. S. (2011). A study on existential analysis of panic disorder and possibility of Christian counseling. *Korean Journal of Christian Counseling, 22*, 179-216.

Lee, E. J., Choi, S. M., & Choi, Y. H. (2004). The Influence of marital dissatisfaction on the severity and outcome of Cognitive Behavioral Therapy in patients with panic disorder. *Cognitive Behavior Therapy in Korea, 4*(2), 45-59.

Lee, J., Min, S. K., Kim, K. H., Kim B., Cho, J. J., Lee, S. H., Choi, T. K., & Suh, S. Y. (2012). Differences in temperament and character dimensions of personality between patients with Hwa-byung, an anger syndrome, and patients with major depressive disorder. *Journal of Affective Disorders, 138*, 110-116.

McNally, R. J. (2002). Anxiety sensitivity and panic disorder. *Biological Psychiatry, 52*(10), 938-946.

Min, S. K. (2008). Clinical correlates of Hwa-Byung and a proposal for a new anger disorder. *Psychiatry Investigation, 5*, 125-141.

Min, S. K. (2009). Hwa-byung in Korea: Culture and dynamic analysis. *World Cultural Psychiatry Research Review, 4*, 12-21.

Pattyn, T. Eede, F. V. D., Lamers, F., Veltman, D., Sabbe, B. G., & Penninx, B. W. (2015). Identifying panic disorders subtypes using factor mixture modeling. *Depression and Anxiety, 32*, 509-517.

Reinecke, A., Coopera, M., Favarona, E., Massey-Chase, R., & Harmera, C. (2011). Attentional bias in untreated panic disorder. *Psychiatry Research, 185*(3), 387-393.

Roy-Byrne, P. P., & Katon, W. (2000). Anxiety management in the medical setting: Rationale, barriers to diagnosis and treatment, and proposed solutions. In D. I. Mostofsky & D. L. Barlow (Eds.), *The management of stress and anxiety in medical disorders* (pp. 1-15). Needham Heights, MA: Allyn & Bacon.

Schmidt, N. B., Norr, A. M., & Korte, K. J. (2014). Panic disorder and agoraphobia: Considerations for DSM-V. *Research on Social Work Practice, 24*(1), 57-66.

Smits, J. A. J., O'Cleirigh, C. M., & Otto, M. W. (2006). Combining cognitive-behavioral therapy and pharmacotherapy for the treatment of panic disorder. *Journal of Cognitive Psychotherapy, 20*(1), 75-84.

Song, S. J. (1997). The differences of collectivism and individualism and the strategies of the Korean family therapy. *Korean Journal of Family Therapy, 5*, 1-26.

Song, S. J. (2001). *Korean culture and family therapy.* Seoul, South Korea: Bummoonsa.

Triandis, H. C. (1989). *The self and social behavior in differing cultural contents. Psychological Review, 96*(3), 506-620.

Weissman, M. M. Klerman, G. L., Markowitz, J. S., & Ouellette, R. (1989). Suicidal ideation and suicide attempts in panic disorders and attacks. *New England Journal of Medicine, 321*, 1209-1214.

Westling, B. E., & Ost, L. G. (1995). Cognitive bias in panic disorder patients and changes after cognitive-behavioral treatments. *Behaviour Research and Therapy, 33*(5), 585-588.

Wiener, C., Perloe, A., Whitton, S. W., & Pincus, D. B. (2012). Attentional bias in adolescents with panic disorder: Changes over an 8-day intensive treatment program. *Behavioral and Cognitive Psychotherapy, 40*(2), 193-204

Zaubler, T., & Katon, W. (1996). Panic disorder and medical comorbidity: A review of the medical and psychiatric literature. *Bulletine of the Menninger Clinic, 60*(2 Suppl. A), A12-A38.

Zaubler, T., & Katon, W. (1998). Panic disorder in the general medical setting. *Journal of Psychosomatic Research, 44*(1), 25-42.

Zilcha-Mano, S., McCarthy, K. S., Chmbless, D. L., Milord, B. L., Kunik, L., & Barber, J. P. (2015). Are there subtypes of panic disorder? An interpersonal perspective. *Journal of Consulting and Clinical Psychology, 83*(5), 938-950.

3장

왕따경험과 게임 중독인 성인자녀를 위한 가족치료 사례연구

유진희 · 박태영

이 연구는 가족구성원들과 의사소통이 되지 않아 힘들어하며, 특히 대인관계 어려움으로 사회생활을 하지 않고, 집에서 게임만 하는 아들의 문제로 어머니가 상담을 의뢰하여 개입한 가족치료 사례연구이다. 이 연구는 아들의 대인관계문제에 영향을 미친 요인을 파악하고 개입함으로써 가족치료의 효과성을 살펴보고자 하였다. 이 사례연구는 질적 자료를 분석하기 위하여 연구질문과 관련된 주제들을 비교분석하고 개방코딩하였으며, Miles와 Huberman(1994)이 제시한 매트릭스와 네트워크 방법을 사용하였다. 상담자는 MRI의 상호작용적 의사소통이론과 Bowen의 가족체계이론을 바탕으로 가족구성원들의 관계를 개선하기 위해 문제를 파악하고 내담자와 합의된 치료목표를 설정하여 원가족 탐색, 유사사례들기, 상담자의 자기개방, 중재자 역할, 역기능적인 다세대 전수과정 설명, 새로운 표현방식 제안 등의 개입기법을 사용하였다. 치료과정

Yu, J. H., & Park, T. Y. (2016). Family Therapy for an Adult Child Experiencing Bullying and Game Addiction: An Application of Bowenian and MRI Theories. *Contemporary Family Therapy*, *38*(3), 318-327.

을 통하여 내담자는 자신의 문제를 인식하고 의도적으로 표현방식을 일관성 있게 변화함으로써 개인과 가족관계에 변화를 가져올 수 있었다.

I. 서론

부부는 서로 다른 환경에서 성장하였고, 각자 서로 다른 성격과 고유한 가치관, 태도, 사고방식을 가지고 있으며 동일한 사실에 대하여 상이한 개념을 가질 수 있기 때문에 부부의 상호작용 과정에서 갈등은 당연하다고 볼 수 있다(Lee & Jang, 2002). 하지만 부부가 부부갈등을 잘 해결하지 못하면 불만의 감정이 지속되고 심지어는 싸움, 폭력 등으로 나아가 별거, 이혼 등의 심각한 가족문제로 파급된다(이영실, 1989). 자녀가 태어나 성장하면서 가장 많은 영향을 받는 곳이 가정이다. 하지만 가정 내에서 자녀가 부부갈등을 자주 목격하고 성장하면 정서적 불안정을 경험하게 되며 비효율적인 대처반응을 보이게 된다(Lee & Oh, 2000). 특히 부모의 이혼, 질병, 애정철회, 부부싸움 등은 아동에게 가장 큰 스트레스를 준 사건으로 인식될 수 있으며(Shin & Kim, 1996), 부모의 이혼을 경험한 자녀들은 일반가정의 아동들보다 우울과 불안, 위축과 같은 심리적인 문제를 더 겪게 된다(Wolchik et al., 2002). 또한 부모가 이혼한 자녀들은 도벽, 싸움, 거짓말하기, 반사회적 행동과 같은 외현화 문제행동과 위축행동을 더 많이 보인다(Park & Mun, 2010b; Park & Shin, 2011; Lee, Lee & Min, 2006). 이렇듯 부모의 이혼을 전후하여 발생하는 부모간의 갈등은 자녀들의 문제행동과 밀접한 관계가 있으며, 아동기의 문제행동은 적절한 개입이 없으면 청소년기와 성인기까지 지속될 수 있다.

또한 부부갈등은 남편과 부인의 자아분화 수준에 의해서도 영향을 받는데 자아분화 수준이 낮을수록 부부갈등이 높은 것으로 나타났다(Han, 2007). 부모의 자아분화 수준이 낮으면 부부간의 갈등으로 인해 발생하는 정서적 문제를 자녀에게 투사하게 되며, 자녀 또한 불안정한 자아를 형성하게 되고, 이러한 어린 시절의 자아분화 수준은 성인이 된 후의 대인관계에도 영향을 미치게 된다. 그리고 자아분화 수준이 낮을수록 이성적인 대처보다는 감정 · 행동 표출, 회피 등의 역기능적인 행동이 많이 발생하고, 가족들이 정서적으로 많은 문제를 겪는 것으로 나타났다(Chun,

1994; Lee & Lee, 2009). 이렇듯 분화 수준이 낮은 부부는 관계의 갈등을 해결하기 위해 적극적인 의사소통을 하기보다는 자녀를 끌어들여 삼각관계를 형성하여 그 불안을 해소하려고 하는 경향이 있다(Goldenberg & Goldenberg, 2012).

부부갈등은 가족 내에서 다양한 문제를 표출하는데, 이로 인한 가족관계에서 갈등이 발생할 때 상호관계를 증진시키고 문제를 해결하는 효과적인 의사소통방식의 중요성이 강조되고 있다(Park & Mun, 2010a; Han & Hur, 2005). 부부간의 긍정적인 관계를 위하여 부부 의사소통은 매우 중요한데 그 이유는 가족 내에서 지속적으로 상호작용을 해야 할 뿐 아니라 자녀에게도 미치는 영향이 지대하기 때문이다. 이렇듯 부부간의 의사소통은 배우자를 이해하고 서로 의미를 나누는 이해의 과정으로 원만한 부부관계를 유지하는 데 가장 기본이 되며, 가족관계를 향상시키고 바람직한 인간관계를 갖게 한다(Park, 2005).

가족의 문제 중 가장 두드러진 특징은 의사소통 능력의 부족이며, 의사소통은 부부관계를 유지하고 강화하는 과정일 뿐 아니라 가족구성원들의 행복과 관련되는 중요한 요소이다(Song, 1998). 그러므로 가족관계의 유형과 형태를 설명할 수 있는 중요한 변수인 개인의 자아분화 수준과 부부의 의사소통은 부부갈등을 설명하는 데 밀접한 관계가 있으며, 이는 자녀의 문제행동과도 깊은 관계가 있음을 알 수 있다.

이와 같이 자녀의 문제는 개인의 문제가 아니라 가족체계 내에서 역기능적인 상호작용으로 인해 나타나는 증상이다. 하지만 지금까지 대부분의 연구는 아동 · 청소년기 자녀에게 중점적으로 맞춰져 있고, 성인자녀에 대한 연구는 미흡하다. 따라서 이 연구에서는 왕따경험과 게임 중독이 있는 성인자녀에게 영향을 미치는 가족의 특성이 무엇인지를 살펴보고, 이에 대한 상담자의 개입과정과 개입방법, 치료 후 효과성을 살펴보고자 한다. 또한 이 연구결과가 왕따경험이 있고 게임 중독에 빠져 있는 성인자녀에 대한 가족치료적인 준거틀을 제공할 수 있으리라 기대한다.

Ⅱ. 이론적 배경

이 연구에서 치료와 분석에 적용된 이론적 준거틀은 Bowen의 체계이론, MRI 상호작용적 가족치료모델이다. 첫째, Bowen(1976)의 가족체계이론에서 볼 때 증상은 체계가 감당하기 힘들 정도로 불안이 심할 때 발생한다고 하였다. 불안에 대한 적응적, 역기능적 대처는 분화와 매우 밀접한 관계를 가지고 있는데 분화 수준이 낮은 사람은 낮은 정도의 외부 자극에도 크게 불안을 느끼고 감정 반사적이 되어 역기능적인 패턴을 반복적으로 사용한다. 또한 핵가족 내의 정서과정에 의해 불안은 가족구성원들에게 전달되고 흡수되는데 잘 분화된 가족보다 미분화된 가족에서 만성불안은 더욱 잘 전달된다. 관계 체계가 미분화되어 있을수록 문제를 기능적으로 해결하기보다는 스트레스에 과민반응을 하게 되고 불안은 증폭됨으로써 가족구성원들은 거리두기, 단절 등으로 인한 상호 맞물린 삼각관계를 만들어 내게 된다(Kerr & Bowen, 1988). 따라서 Bowen의 가족치료모델의 치료 핵심은 여러 세대를 통해 반복되고 있는 가족과정과 구조를 파악하여 원가족에서 자기분화를 높여 가족체계를 변화시키는 것이다. 다세대 정서체계에 퍼져 있는 만성불안 유형에서 벗어나기 위해서는 가족구성원의 불안을 경감시키고 자아분화를 촉진하여 삼각관계에서 벗어나야 한다. 이 연구에서는 원가족의 경험이 핵가족 내에 그대로 전수되어 가족 간의 갈등을 야기하고 있었고, 문제의 증상이 개인의 문제가 아닌 가족체계 내에서 발생하는 증상으로 보아 가족체계이론을 중심으로 분석하였다.

둘째, MRI 집단에 따르면 가족의 문제는 문제를 해결하려는 가족의 시도에 의해 오히려 유지되고 있다는 것이다. 인간은 어려움을 잘못 다루거나 문제를 해결하려는 시도의 실패와 똑같은 문제해결방식의 계속적인 사용에 의해 문제를 발달시키게 된다고 보았다(Watzlawick et al., 1974). 또한 어려움을 잘못 다루는 것과 문제를 해결하려는 시도의 실패와 똑같은 문제해결방식의 계속적인 적용, 이 두 가지 방법에 의해 문제를 발달시키는 것으로 본다. 따라서 상담자는 문제해결을 위해 새로운 행동으로 기존의 행동을 대체하거나 지금까지 시도되지 않았던 새로운 해결책을 소개하는 일차적인 임무를 갖는다(Weakland, 1993). 이 연구에서는 지금까지 시도한 적이 없는 새로운 의사소통방식을 사용하게 함으로써 변화를 통해 가족원 간의 갈등을 해소하고 문제를 효과적으로 해결하고자 하였다.

Ⅲ. 연구방법

1. 연구대상 및 상담 기간

이 연구에 참여한 가족은 어머니, 아들 2명으로 구성된 3명으로 상담은 2011년 4월부터 8월까지 총 9회기로 개별상담, 어머니와 형제를 포함한 가족상담으로 진행되었다. (1~2회기: 모, 3회기: 첫째 아들, 4회기: 둘째 아들, 5회기: 모와 첫째 아들, 6회기: 모와 둘째 아들, 7회기: 형제, 8회기: 첫째 아들, 9회기: 모와 형제)

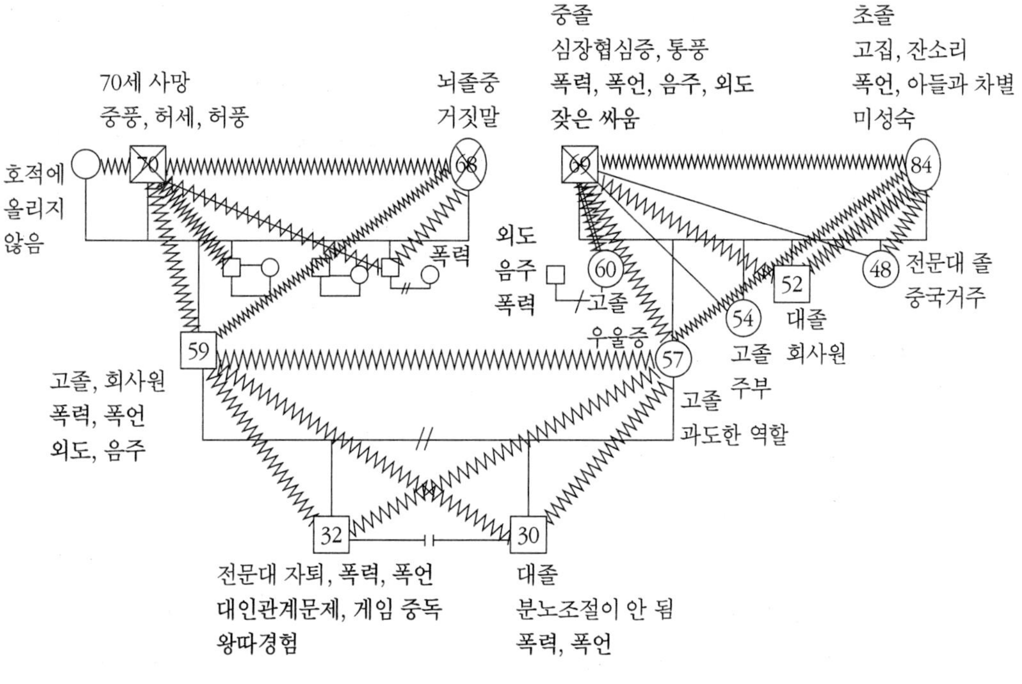

[그림 3-1] 가계도

2. 연구질문

첫째, 내담자에게 영향을 미친 가족의 특성은 무엇인가?

둘째, 내담자의 문제를 해결하기 위한 상담자의 개입방법은 무엇인가?

셋째, 상담자의 개입 후 효과성은 무엇인가?

3. 분석방법 및 신뢰도 검증

이 연구는 축어록을 계속적으로 읽어 가면서 연구질문과 관련 있는 주제들을 자료 속에서 반복적인 내용을 지속적으로 비교하면서 요약하였다. 상담자료를 요약하여 유사한 개념들끼리 분류하여 범주화하는 과정도 거쳤다. 9회기의 상담축어록과 상담 시 기록한 메모를 근거로 해서 형성된 범주들을 Miles와 Huberman(1994)이 제안한 매트릭스와 네트워크 방법을 사용하여 설명하였다. 연구의 객관성과 신뢰성을 높이기 위해 연구분석과 결과에 대해 가족치료와 질적 연구를 수행한 경험이 있는 전문가의 피드백을 통해 연구자의 삼각화와 상담축어록, 상담메모, 상담녹화자료를 사용하여 자료의 삼각화를 실시하였다. 또한 윤리적 측면을 고려하여 가족치료 참여자들에게 상담과정을 녹취 및 그 자료의 학술적 목적으로만 분석하는데 동의를 구했고, 분석과정에서 내담자 가족신분이 노출될 수 있는 개인적 정보는 삭제하였다.

Ⅳ. 연구결과

1. 내담자에게 영향을 미친 가족의 특성

1) 핵가족 내 특성

아버지는 핵가족 내에서 폭력, 폭언, 음주, 외도가 있었으며, 이혼하기 전 10년 동안은 생활비를 단 한 푼도 가져다주지 않았고, 남에게만 친절한 사람이었다. 어머니는 어려서부터 폭력, 음주, 외도가 있는 친정부와 잔소리와 폭언이 심한 친정모의 잦은 부부싸움을 경험하면서 성장하였는데 결혼을 해서 친정부와 유사한 남편의 모습을 보고 심한 스트레스를 받았다. 또한 아버지는 자신을 닮은 둘째 아들을 심하게 편애하였고 어머니를 닮은 첫째 아들에게는 폭력과 폭언을 하였다. 둘째 아들 역시 첫째 아들을 무시하였고 폭언과 폭력을 행사하였다. 이렇듯 가족구성원들은 서로 정서적으로 단절되었고, 서로가 혼자서 생활하는 것을 더 편안해했고 가족 내에서 항상 불안을 가지고 있었다. 특히 첫째 아들은 부에 대한 두려움으로 인한 만성 불안이 생겼으며 어머니와도 대화가 되지 않아 게임 중독에 빠지게 되었다.

어머니: (남편이 때려서) 제가 갈비뼈에 금이 갔었어요. 몇 달을 고생한 적이 있거든요. 그리고 그 전에도 보이지 않는 곳에 멍들게 했어요. (남편은) 이혼하기 거의 십년 전부터 생활비 명목으로 갖고 오는 돈이 없었어요. (남편은) 365일 술을 먹었어요. 그리고 영업 쪽이었기 때문에 출장도 잦았고. 애들이 초등학교 때 여자 문제로 큰아버지한테 불려가서 이혼을 하네 안 하네 하다가 제가 아이들 때문에 일을 하면서 지낸 거거든요. 그런데 출장을 많이 다니는 핑계로 집에 안 들어오는 게 일주일에 거의 반 정도 밖에서 생활을 하거든요. 식당에 김치 납품하는 일을 한다고 그랬는데 그 사이에 식당 하는 사람하고 그런 일(외도)이 있었어요. (모–1회기)

어머니: 저는 저녁만 되면 가슴이 막 두근댔어요. (남편이) 들어올 시간인 9~10시가 되면, 차라리 안 들어오면 왜 안 들어와 하면서 그게 편할 때가 더 많았어요.

첫째 아들: 2시까지 잠 안 자고 가만히 있다가.

어머니: 잠을 못 자죠. 잠은 못 자고 있지만 그 시간이 왠지 나만의 시간인 것 같은 거예요.

첫째 아들: 불안에 떨었던 게 우리한테 보였어. (모와 첫째 아들–5회기)

상담자: 아빠하고 동생의 표현방식, 행동에서 유사성을 느낄 수 있나요?

첫째 아들: 비슷하긴 한데요.

상담자: 어떤 게 비슷한가요?

둘째 아들: 밖에서는 안 그러는데 집에서 뭐가 마음에 안 들면 짜증스럽고 폭력스러운 게 닮아 가는 것 같아요.

첫째 아들: 틀리긴 한데 비슷하긴 해요. 말보다는 주먹. (형제–7회기)

상담자: 아버지하고는 대화가 전혀 안됐을 거 아녜요.

첫째 아들: 전혀 대화한 적이 없죠. (첫째 아들–3회기)

2) 역기능적인 표현방식

아버지는 원가족에서 형제들로부터 왕따를 당했으며, 속마음을 터놓고 대화할 대상도 없었고 기능적인 의사소통방식을 배울 기회도 없었다. 이러한 원가족에서 경험은 그대로 핵가족 내에서도 나타났으며, 아버지는 자신과 닮은 둘째 아들과 완전 밀착관계를 유지하면서 편애하였지만, 어머니와 첫째 아들에게는 폭력적이었고 폭언을 일삼았다. 또한 첫째 아들이 원하는 것을 하지 못하게 강요했고, 남에게 보여지는 체면은 중요하게 생각했지만 정작 본인 가정에는 무책임하였고 소홀했으며, 잦은 외도를 하였다. 특히 폭력적인 아버지는 첫째 아들에게 무섭고 두려운 공포의 대상이었다. 이러한 요인들로 인해 부모는 싸움을 자주 하였으며, 결국 이혼을 하게 되었고 이는 성인자녀인 아들의 문제행동에 영향을 미치는 요인이 되었다.

> 상담자: 큰아들이 아빠에게 어떤 상처가 있을까요?
>
> 어머니: 윽박지르고, 말을 해도 "야 이 새끼야 이리 와 봐." 이런 식으로 항상 그리고 잘못한 것부터 지적을 하는 거예요. 자꾸 지적을 하다 보니까 자신감이 없어지는 거죠. (모-1회기)

(1) 모의 역기능적인 표현방식

어머니는 원가족에서 친정부의 폭력, 음주, 외도와 친정모의 폭언으로 잦은 부모싸움을 보고 성장하면서 늘 불안하였다. 친정모는 결혼을 하고 나서 친정부와 똑같은 모습의 부(남편)로 인해 심한 스트레스를 경험하였고 이는 잦은 부부싸움으로 이어졌다. 부부갈등이 생길 때마다 어머니는 자신의 의견을 표현하지 않고 참았다. 또한 어머니는 첫째 아들이 왕따를 당하고 와서 이야기를 해도 들어 주지 않았고 아버지에게 폭력을 당하거나 회사에서 부당한 일을 당해도 그냥 참고 순종하라고 하였다. 이러한 어머니의 표현방식으로 인해 첫째 아들은 어머니와 대화할 수가 없었고, 외부와 단절하고 혼자만의 세상으로 빠져들었다. 특히 어머니는 무책임한 부로 인해 새벽부터 우유배달, 신문배달 등 힘든 일을 하면서 밤늦게 귀가하는 생활이 반복되었다. 어머니는 힘든 생활로 인해 집에만 있는 첫째 아들을 보면 폭언과 짜증 섞인 표현과 잔소리를 하였다. 이혼 후 어머니는 둘째 아들과 밀착된 관계를 유지하면서 첫째 아들을 더욱더 화나게 하는 자극적인 표현방식을 사용하였다.

상담자: (남편이) 외도하셨을 때 어머니께서 어떤 식으로 대응하셨나요?

어머니: 저는 말을 안 해요. 그래서 한두 달 말을 안 하고 살았죠. (모-1회기)

(2) 남동생의 역기능적인 표현방식

남동생은 어려서부터 아버지와 밀착된 관계를 유지하면서 형이 아버지에게 폭력을 당하거나 혼나고 있어도 전혀 관심을 갖지 않고 혼자 방 안에 있었다. 남동생은 어려서부터 형을 무시하였고, 특히 부모가 이혼 후 어머니와 함께 셋이 생활하면서 아무 일도 하지 않고 게임만 하는 형이 한심하였으며 형으로서 역할을 못 한다고 생각하였다. 아버지를 닮은 남동생이 첫째 아들에게는 공포와 두려움의 대상이었다.

둘째 아들: (형과) 별로 말을 안 해요.

상담자: 대화해 본 적은 있나요?

둘째 아들: 하려고 했었는데 제가 형을 무시하는 게 있는 것 같아요.

상담자: 언제부터요?

둘째 아들: 어렸을 때부터 그랬던 것 같아요. (둘째 아들-4회기)

첫째 아들: 동생은 여자친구를 때려서 형사고발을 당했던 적도 있어요.

상담자: 분노조절이 안 되는군요?

첫째 아들: 네. (첫째 아들-3회기)

2. 내담자의 문제를 해결하기 위한 상담자의 개입방법

이 사례에서 상담자는 성인자녀에게 나타나는 문제를 내담자 개인의 문제로 보지 않고 가족 증상으로 보고 이를 해결하기 위해 가족체계를 변화시키는 데 초점을 두었다. Bowen의 가족체계이론을 적용하여 가계도 작성을 통한 원가족 탐색과 자아분화 수준을 높이기 위하여 역기능적인 다세대 전수과정 설명, 탈삼각관계, 정서체계에 대한 교육을 실시하였다. 그리고 내담자의 통찰을 돕기 위해 상담자의 자기개방, 유사사례들기, 중재자 역할을 사용하였다. 또한 상담자는 MRI의 의사소통모델을 적용하여 가족구성원들 간의 역기능적인 의사소통방식을 파악하였고, 가족구성원들로 하여금 이러한 역기능적인 의사소통방식에 대해 인식할 수 있게 하였다. 상담자는 문제해결을 위한 새로운 표현방식을 가족구성원들에게 제안하였으며, 구체적인 상담자의 개입방법은 다음과 같다.

1) 문제 확인

상담자는 Bowen의 가족체계이론에 근거하여 내담자의 문제를 개인의 문제로 보지 않고 가족체계 내에서 나타나는 문제로 보고 가계도 작성을 통해 내담자 원가족의 가족관계를 탐색함으로서 문제를 확인하였다.

2) 치료적 동맹관계 형성

상담자는 자녀가 느끼는 어려움을 내담자의 입장에서 모에게 대변해 줌으로서 가족구성원들 간의 의사소통이 원활하게 이루어질 수 있도록 하였다. 또한 상담자는 정서적으로 단절된 형제관계에 있어서 중재자 역할을 통해 형제간에 그동안 문제를 해결하기 위해 시도했던 해결책이 문제를 더욱 악화시켰음을 인식시켰다.

3) 내담자의 통찰력 강화

상담자는 내담자 가족들이 문제를 보다 객관적으로 바라볼 수 있도록 상담자의 자기개방을 하였다. 또한 내담자와 유사한 문제를 가진 사례를 들어 줌으로서 가족구성원들으로 하여금 자신들의 문제를 보다 쉽게 이해하고 인식할 수 있도록 하였다.

4) 자아분화의 강조

내담자 가족 내에서 나타나고 있는 문제들은 윗세대에서 전수되어 내려오고 있음을 설명하고 핵가족이 건강하게 성장하고 자녀의 문제를 해결하기 위해서는 자아분화가 이루어져야 함을 강조하였다. 자아분화가 이루어지기 위해서 가족구성원들의 반복되는 패턴을 확인하고 부모 사이에서 중간에 끼어 힘들었을 첫째 아들에 대해 설명하여 탈삼각관계가 이루어지도록 하였다. 또한 가족치료에 대한 교육적 접근을 통해 자아분화와 관련된 책을 소개하고 책을 읽게 함으로서 문제를 이해하고 인식할 수 있도록 하였다.

5) 새로운 표현방식 제안

상담자는 가족구성원들에게 지금까지 가족 내에서 문제를 해결하기 위해 사용하였던 표현방식들은 오히려 문제를 더 악화시켰고 비효과적이었음을 인식시키고 솔직하게 표현하게 하고 주거니 받거니 장단맞춰주기와 같은 새로운 표현방식을 제안하였다.

3. 내담자 가족에 대한 상담자 개입의 효과성

상담자의 개입으로 인한 효과성으로서 왕따경험과 게임 중독에 빠진 내담자 자신의 문제를 인식하고 불안이 줄어들었으며, 바깥출입을 하게 되었다. 가족치료 개입의 효과성에 대한 구체적인 내용은 가족구성원의 의사소통방식의 변화, 인식의 변화, 자아분화가 포함되었으며, 구체적인 내용은 〈표 3-1〉과 같다.

1) 의사소통방식의 변화

표 3-1 내담자 가족에 대한 치료자 개입의 효과성

구분		의사소통방식의 변화	인식의 변화	자아분화
가족 구성원의 변화	첫째 아들의 변화	• 짜증내지 않음 • 속마음을 내놓고 이야기함	• 모를 이해하려고 노력함 • 모에게 미안한 마음을 가지게 됨	• 불안과 두려움이 줄어듦
	모의 변화	• 속마음을 표현함 • 첫째 아들의 이야기를 들어 줌 • 짜증내는 표현방식이 줄어듦	• 마음이 편안해짐	• 자녀의 입장에서 이해 • 밀착된 둘째 아들과의 관계 개선
	둘째 아들의 변화	• 형에게 잘하려고 노력함	• 형을 인정하고 원망하지 않음	• 정서적으로 단절된 형과의 관계 개선
가족 관계의 변화	모자관계의 변화	• 대화의 양이 증가함	• 둘째 아들의 짜증이 감소됨	–
	형제관계의 변화	• 속마음을 표현함	• 동생에 대한 두려움이 감소됨	–

첫째 아들은 어려서부터 왕따를 경험하였고 사회생활을 하면서 부당한 대우를 받고 사람에 대한 신뢰가 깨졌으며, 집에서 게임에만 몰두하였으나, 상담자의 개입 이후 밖에 나가는 것에 대한 두려움이 감소되었으며, 마음이 편안해졌다. 첫째 아들은 밤늦게 귀가하는 어머니에게 짜증을 내지 않고, 자신의 속마음을 솔직하게 내놓게 되었다. 또한 어머니는 지금까지 갈등상황에 놓일 때 속으로 혼자 참고 표현하지 않았는데 가족치료 개입 후 아들과 솔직한 대화를 통해 아들을 이해하게 되었다. 또한 어머니는 과도한 역할로 인해 심한 스트레스를 받았으며 이러한 스트레스를 아들에게 짜증스럽게 표현을 하였는데 이러한 모의 역기능적인 표현방식도 변화하게 되었다. 둘째 아들은 상담 받기 전에는 형을 항상 무시하고 인정하지 않았는데 가족치료 개입 후에 형의 존재를 인정하게 되었다.

(1) 첫째 아들의 변화

- 짜증내지 않음

상담자: 큰아드님도 어머니한테 짜증내는 게 줄어들었나요?

첫째 아들: 예, 저도 (어머니를) 아니까 받아주는 거죠. 일로 인해 힘드니까.

상담자: 아, 그전에는 안 그러셨어요?

첫째 아들: 예, 나 때문에 짜증나서 그러는 줄 알았죠. (첫째 아들-8회기)

- 속마음을 내놓고 이야기함

상담자: 표현에서 어떤 변화가 있나요?

첫째 아들: 속마음까지 얘기를 안 했었는데 얘기를 하려고 하는 편이에요. (모와 형제-9회기)

(2) 모의 변화

- 속마음을 표현함

상담자: 표현에서 어떤 변화가 있나요?

어머니: 아들에게 솔직하게 제 마음을 말하려고 해요. (모와 형제-9회기)

- 첫째 아들의 이야기를 들어 줌

상담자: 엄마가 받아줘요, 요즘에는?

첫째 아들: 예. (첫째 아들-3회기)

• 짜증내는 표현방식이 줄어듦

둘째 아들: 예전에는 일을 하고 들어오니까 방에 형은 계속 그러고 있고, 짜증을 내셨는데 요새는 안 내시는 것 같아요. (형제-7회기)

(3) 둘째 아들의 변화

• 형에게 잘하려고 노력함

상담자: 형은 그렇게 안 느낄지 모르겠는데 형이 일을 하려고 하고, 휴대폰 고치는데 회사를 다닐 때 저는 나름대로 형한테 잘해 보려고 했거든요. (형제-7회기)

2) 인식의 변화

가족구성원들은 지금까지 사용하였던 의사소통방식이 역기능적이었다는 것과 부모의 원가족으로부터 내려오는 정서체계 및 미분화문제를 이해하고 나서 가족구성원들에 대한 다음과 같은 인식의 변화가 나타났다.

(1) 첫째 아들의 변화

• 모를 이해하려고 노력함

상담자: 큰아드님은 상담을 통해서 사람들 관계에서 편해지고, 엄마랑 대화하면서 웃는단 말이에요. 엄마가 내 속마음을 알아주고 맞장구쳐 준다는 느낌은 있어요?

첫째 아들: 예, 저도 엄마한테 바라기보다 엄마를 이해하면서 나아가려고 노력하고 있어요. 엄마도 힘들고 그러니까 엄마는 알아줬으면 한데요. 그래서 알았다고 하고 개선해 보겠다고 해서 요즘에는 그런 쪽으로는 서로 마음이 통해요. (첫째 아들-8회기)

• 모에게 미안한 마음을 가지게 됨

상담자: 엄마에 대한 감정은 어떠세요?

첫째 아들: 단계적으로 얘기하면 예전에는 엄마가 이해해 주길 바랬는데 그게 없으니까 밉기도 했고, 집에 있기 싫었던 적도 있는데 지금은 대화하면서 엄마 입장도 알게 되니까, 엄마한테 미안한 감정도 들고 울타리 같은 느낌이라고 해야 되나? 나를 감싸 줄 수 있는 그런 사람이라는 인식을 하고 있어요. (모와 형제-9회기)

(2) 모의 변화

- 마음이 편안해짐

첫째 아들: 엄마하고 관계도 많이 좋아졌고요. 대화도 많이 하고, 웃는 일도 많아졌고요.

상담자: 어머니도 웃으세요?

첫째 아들: 예, 가정에서 변화는 조금 화목해진 것 같아요 엄마하고 저하고. (첫째 아들-8회기)

(3) 둘째 아들의 변화

- 형을 인정하고 원망하지 않음

상담자: (동생이) 형에 대해서 원망을 하는 건 약해졌죠?

첫째 아들: 예, 지금은 많이 약해졌죠. (첫째 아들-8회기)

3) 자아분화

첫째 아들은 항상 불안을 가지고 있었는데 상담을 통하여 현실을 받아들이려고 노력함으로써 불안이 감소하였다. 또한 어머니도 자녀의 입장에서 이해하려는 태도를 보였다. 첫째 아들은 정서적으로 단절된 형제간의 관계에서도 동생에 대한 두려움이 줄어들었으며, 동생도 형을 이해하고 관계를 개선하기 위해 노력함으로써 변화가 나타났다.

(1) 첫째 아들의 변화

- 불안, 두려움이 줄어듦

상담자: 아직도 (동생에 대한) 두려움을 느끼세요?

첫째 아들: 괜찮아요.

상담자: 많이 용기 내셨네요?

첫째 아들: 도망치는 것보다 낫다고 생각했어요. (형제-7회기)

(2) 모의 변화

• 자녀의 입장에서 이해

상담자: 지금 엄마하고 대화하면 통한다는 생각은 들어요?

첫째 아들: 엄마가 제 얘기를 들어 주고 이해를 해 줘요. (모와 첫째 아들-5회기)

• 밀착된 둘째 아들과의 관계 개선

상담자: 둘째 아드님과의 밀착된 관계는 어떠신가요?

어머니: 큰아들과 덜 충돌하고 관계가 나아져서 둘째 아들과의 관계도 좀 더 건강해진 것 같아요. (모와 형제-9회기)

(3) 둘째 아들의 변화

• 정서적으로 단절된 형제간의 관계 개선

상담자: 지난번에 대화하고 나서 동생에 대한 두려움은 없나요?

첫째 아들: 예, 두려움을 별로 못 느껴요. (모와 형제-9회기)

4) 가족관계의 변화

어머니와 첫째 아들은 서로 주거니 받거니 대화가 가능하게 되었고 상대방을 이해하게 됨으로써 관계가 개선되었다. 또한 동생은 형이 가족 내에서 제대로 역할을 하지 못한다고 생각하여 어려서부터 형을 인정해 주지 않고 무시하였는데 상담 후에 형제관계의 변화가 나타났다. 첫째 아들은 아버지와 유사한 동생이 공포와 두려움의 대상으로서 정서적으로 단절됐었는데 형제가 대화를 함으로써 정서적으로 연결되었고 이로 인해 동생에 대한 두려움이 감소되었다.

(1) 모자관계의 변화

• 대화의 양이 증가함

상담자: 엄마와 관계에서 변한 게 있나요?

첫째 아들: 대화를 많이 하는 편이에요.

상담자: 대화에 깊이가 있어졌나요?

첫째 아들: 예, 서로 이해하려고 노력해요.

상담자: 엄마의 대화방식에서 변화가 있었습니까?

첫째 아들: 예, 많이 부드러워졌어요.

상담자: 그걸로 인해서 자신이 힘이 받는다는 걸 못 느껴요?

첫째 아들: 말을 들어 줄 수 있는 사람이 있으니까 속이 시원하다는 걸 느껴요.

상담자: 엄마하고 충돌하는 횟수와 강도에 변화가 있나요?

첫째 아들: 강도라는 거는 예전에 비하면 많이 약해진 편이에요. (형제-7회기)

• 둘째 아들의 짜증이 감소됨

상담자: 둘째 아드님과 엄마의 관계에서 어떤 변화가 있나요?

어머니: 큰아들과 제가 편안해지면서 둘째도 형에 대해서 나아진 것 같고 나에게도 짜증을 덜 내는 것 같아요. (모와 형제-9회기)

(2) 형제관계의 변화

• 속마음을 표현함

상담자: 동생과 대화하면서 어떤 차이를 느끼세요?

첫째 아들: 속에 있는 얘기를 한다는 거요. (형제-7회기)

• 동생에 대한 두려움이 없어짐

상담자: 아직도 동생이 화내면 두려워요?

첫째 아들: 지금도 조금은 그런데, 거의 느낌은 없어요. 그러나보다 이렇게 생각해요. (첫째 아들-8회기)

지금까지 분석한 치료과정의 전체적인 분석의 네트워크는 [그림 3-2]와 같다.

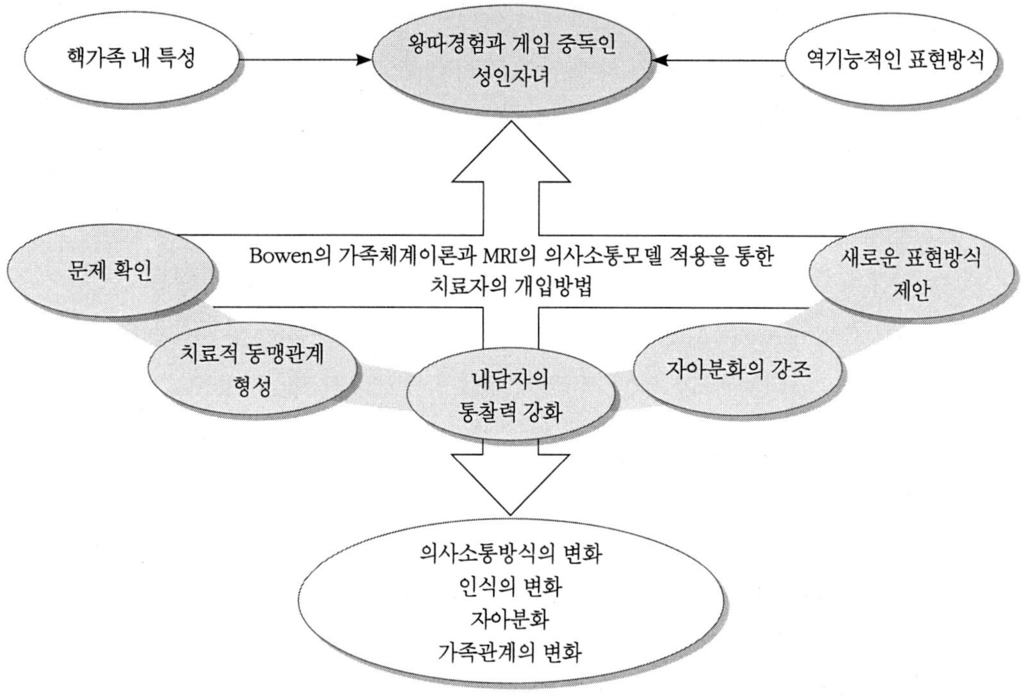

[그림 3-2] 전체적인 분석의 네트워크

V. 결론

이 연구는 청소년기 때 왕따를 경험하고 대인관계 어려움으로 사회생활을 하지 못하고 게임 중독에 빠진 성인자녀에게 영향을 미친 가족의 특성, 문제를 해결하기 위한 상담자의 개입과정과 개입방법, 상담자의 개입 후 효과성을 살펴보았고, 연구 결과는 다음과 같이 요약할 수 있다.

첫째, 게임 중독과 대인관계에 문제가 있는 성인자녀에게 영향을 미친 가족의 특성은 핵가족 내 특성과 가족구성원의 역기능적인 표현방식으로 나타났다. 내담자의 아버지는 폭력, 폭언, 음주, 외도가 있었으며, 이혼하기 전 10년 동안은 모에게 생활비를 가져다주지 않았고, 남들에게는 친절한 사람이었다. 또한 아버지는 첫째 아들이 중 · 고등학교 때 왕따를 당해도 한 번도 아들의 편을 들어 주지 않았다. 자아분화가 안 된 아버지는 자신과 닮은 둘째 아들과 밀착관계를 유지하였고 편애하였으나 모와 첫째 아들에게는 폭언과 폭력을 행사하였다. 이러한 아버지는 첫째 아들에게 무섭고 두려운 공포의 대상이었으며, 부모의 잦은 싸움과 이혼을 경험한 아들은 가족구성원들과 정서적으로 단절되었고 가족 내에서 항상 불안을 가지고 생활하였다. 어머니 역시 원가족에서 친정부의 폭력, 폭언, 음주, 외도를 경험하였는데 아버지(남편)의 모습이 친정부와 매우 흡사하여 많은 스트레스를 받았다. 어머니는 친정부와의 미해결된 정서와 부부간의 역기능적인 의사소통방식으로 인하여 부부갈등이 증폭되었고 결국 이혼하게 되었다. 또한 내담자는 항상 무시하고 폭력을 휘두르는 아버지와 유사한 남동생이 공포와 두려움의 대상이었다. 어머니는 어려서부터 학교에서 왕따를 당하고 집에서 아버지에게 폭력을 당하는 내담자에게 항상 참고 순종하라고 요구하였으며, 어머니는 내담자에게 늘 짜증과 잔소리를 하였다. 이러한 핵가족 내 특성과 역기능적인 표현방식은 성인자녀의 게임 중독과 대인관계에 영향을 미치는 요인으로 나타났다. 이와 같은 결과는 원가족에서의 불안과 미분화된 가족체계가 다음 세대의 핵가족에게 투사되는 과정을 거쳐 심각한 가족증상으로 표출된다는 Bowen의 가족체계이론을 입증해 주는 사례라고 볼 수 있다. 이 연구의 결과는 부모의 자아분화 정도가 낮을수록 부부갈등이 악화되어 자녀의 문제행동에 영향을 미치며(Lee & Lee, 2008), 가정 분위기에 영향을 주어 자녀의 부정적 요소를 야기한다는(Lim et al., 2008) 연구결과와 일치한다. 또한 이는 부모-자녀와의 의사소통방식이 역기능적일수록 자녀의 문제행동이 높게 나타난다는(Park & Ha, 2007) 결과와도 일치한다고 볼 수 있다.

둘째, 문제를 해결하기 위한 상담자의 개입과정과 개입방법으로 상담자는 Bowen의 가족체계이론을 적용하여 가계도 작성을 통한 원가족 탐색과 자아분화 수준을 높이기 위한 역기능적인 다세대 전수과정 설명, 탈삼각관계, 정서체계에 대한 교육을 실시하였다. 그리고 상담자는 내담자의 통찰을 돕기 위하여 상담자의 자기개방, 유사사례들기, 중재자 역할을 사용하였다. 또한 MRI의 상호작용적 의사소통이론을 적용하여 상담자는 부모와 남동생의 역기능적인 의사소통방식을 파악하였고 가족구성원들로 하여금 지금까지 사용하였던 역기능적인 의사소통방식에 대해 인식할 수 있게 하였으며, 문제해결을 위한 새로운 표현방식을 제안하였다.

셋째, 왕따경험과 게임 중독에 빠진 성인자녀에게 개입한 상담자의 개입의 효과성은 가족구성원들의 의사소통방식변화, 인식의 변화, 자아분화가 나타났다. 특히 첫째 아들은 왕따경험으로 인해 대인관계에 대한 어려움과 게임 중독을 경험하였는데, 상담을 받은 후 내담자가 자신의 문제를 인식하게 되었다. 또한 내담자는 상담 후에 불안이 줄었으며, 바깥 출입을 하는 것에 대한 두려움이 없어졌고, 그리고 편안해졌다. 또한 내담자는 일을 마치고 늦게 귀가하는 어머니가 많이 힘들다는 것을 이해하게 되었고, 어머니에게 짜증을 내지 않고 속마음을 솔직하게 표현하기 시작하였다. 이렇듯 어머니와 첫째 아들은 대화가 가능하게 되었고 상대방을 이해하게 됨으로써 모자관계가 개선되었다. 그리고 첫째 아들은 생활하면서 항상 불안을 가지고 있었는데 현실을 받아들이고 수용하려고 노력함으로써 불안을 최소화하였고, 동생에 대한 두려움이 줄어들어 이로 인해 가족관계에 있어서도 변화가 나타났다.

이 연구결과는 게임 중독과 대인관계문제를 경험하고 있는 내담자에게 Bowen의 가족체계이론과 MRI의 상호작용적 의사소통모델을 활용한 개입방법이 게임 중독과 대인관계문제를 감소시키는 효과가 있다는 것을 볼 수 있었다. 그러나 이 연구는 단일사례를 분석한 것이기 때문에 게임 중독과 대인관계문제가 있는 모든 성인자녀와 가족들에게 적용할 수 있다고 일반화시키기에는 한계가 있을 수 있다. 따라서 향후 유사한 사례에 대한 가족치료 사례연구가 이루어져서 지속적으로 가족치료 효과성을 입증하는 연구들이 지속되기를 바란다.

참고문헌

Bowen, M. (1976). Theory in the practice of psychotherapy. In P. J. Guerin (Ed.), *Family therapy*. New York: Gardner Press.

Chun, C. A. (1994). *The effect of couple's differentiation of self and family-of-origin emotional health on marital stability*. Doctoral Dissertation, Ewha Women's University: Seoul.

Goldenberg, I., & Goldenberg, H. (2012). *Family therapy: An overview*. Pacific Grove, CA: Brooks/Cole.

Han, J. L., & Hur, K. H. (2005). The relationships of family communication patterns and off springs' self-esteem, self-disclosure, locus of control, and communication competence. *Korean Journal of Journalism & Communication Studies*, *49*(5), 202-227. Retrieved from http://www.comm.or.kr

Han, Y. S. (2007). A study on self-differentiation, marital conflict and marital satisfaction among couples. *Korean Living Science Association*, *16*(2), 259-272. doi:10.5934/KJHE.2007.16.2.259

Joo, S. H. & Jo, S. W. (2004). Impact of conflict and nurturing factors for the divorced parents on the behavioral adaptation of their children. *Korean Journal of Social Welfare*, *56(4),* 215-238. Retrieved from http://www.kasw.org

Kerr, M. E., & Bowen, M. (1988). *Family evaluation.* New York: Norton & Company.

Kim, B. L. C. (1996). Korean families. In M. McGoldrick, J. Giordano & J. K. Pearce (Eds.), *Etnicity & family therapy* (pp. 281-294). New York: The Guiford Press.

Lee, H. K., & Lee, E. H. (2001). The relationship between the self-differentiation levels of parents and behavior problems in their children: The mediating role of marital conflict and conflict coping behavior. *Korean Youth Research Association*, *22*(3), 43-68. Retrieved from http://www.dbpia.co.kr/Article/NODE01676089

Lee, M. S., & Oh, K. J. (2000). Effects of perceived marital conflicts on children's internalizing and externalizing behavior problems. *The Korean Journal of Clinical Psychology*, *19*(4), 727-745. Retrieved from http://www.koreanpsychology.or.kr

Lee. S. H., Lee, Y. K., & Min, Y. K. (2006). The effects of children's gender, parental divorce, and children's perception of parenting behaviors on children's behavior problems. *Journal of Korean Home Management Association*, *24*(1), 181-192. Retrieved from http://www.dbpia.co.kr/Article/NODE01096393

Lee, Y. B., & Lee, Y. K. (2009). A study on marital satisfaction of women marriage immigrant by self-differentiation. *Korean Journal of Family Welfare, 26*, 63-86. Retrieved from http://www.kafsw.or.kr

Lee, Y. J., & Jang, Y. A. (2002). A study on marital conflict degree and conflict management method, conflict result perceived by the housewives in the early marriage stage. *Korean Journal of Family Welfare*, *7*(1), 79-93. Retrieved from http://familywelfare.net

Lee, Y. S. (1989). *The relationship between marital conflict factors and sexual dissatisfaction of Korean urban wives.* Doctoral Dissertation, Ewha Wonen's University: Seoul.

Lim, S. J., Choi, S. M., & Chae, K. M. (2008). The influence of parents'marital conflicts on children's behavioral problems: Focusing on moderating the effect of coping efficacy. *Korean Journal of Health Psychology*, *13*(1), 169-183. Retrieved from http://www.

dbpia.co.kr/Article/NODE06368752

Miles, B. M., & Huberman, A. M. (1994). *Qualitative data analysis.* Thousand Oaks, CA: Sage.

Park, H. S., & Ha, J. H. (2007). The effects of the parents-adolescents communication level and adolescent's emotional autonomy on anger expression method and juvenile delinquency. *Korean Youth Research Association*, *18*(2), 89-110. Retrieved from http://www.dbpia.co.kr/Article/NODE00873082

Park, T. Y. (2005). Comparative study on marital satisfaction among Korean spouses. The Korean *Journal of Counseling*, *6*(2), 601-619. Retrieved from http://www.counselors.or.kr

Park, T. Y., & Mun, J. H. (2010a). Family therapy with a couple threatening divorce. *Journal of Korean Family Therapy, 18*(1), 27-62. Retrieved from http://www.familytherapy.or.kr

Park, T. Y., & Mun, J. H. (2010b). Using family therapy to treat a child's internal and external problems. *Journal of Korean Family Therapy*, *18*(1), 107-130. Retrieved from http://www.familytherapy.or.kr

Park, T. Y., & Shin, W. J. (2011). Family therapy for a family with an adult child with alcohol problems. *Journal of Korean Family Therapy*, *19*(2), 63-92. Retrieved from http://www.familytherapy.or.kr

Shin, E. Y., & Kim, K. Y. (1996). A study on the stressor, frequency of the stressor, level of the stress perceived by children. *Journal of the Korean Home Economics Association*, *34*(4), 33-47. Retrieved from http://www.khea.or.kr

Song, S. J. (1998). *Family and family therapy.* Seoul: Bobmunsa.

Song, S. J. (2001). *Korean culture and family therapy*. Seoul: Bummoonsa.

Watzlawick, P., Weakland, J., & Fisch, R. (1974). *Change: Problems formation and problems resolution*. New York: Norton.

Weakland, J. H. (1993). Conversation-but what kind? In S. Gilligan & R. Price (Eds.), *Therapeutic conversations* (pp. 136-145). New York: Norton.

Wolchik, S. A., Sandler, I., & Doyler, C. (2002). Fear abandonment as mediator of the relation between divorce stressors and mother-child relationship quality and children's adjustment problems. *Journal of Abnormal Child Psychology, 30*(4), 401-418. doi:10.1023/A:1015722109114

4장

인터넷 중독과 대인관계문제를 겪고 있는 성인자녀에 대한 가족치료 연구

박태영 · 김선희 · 이지하

이 질적 사례연구는 MRI의 상호작용적 모델과 Murray Bowen의 가족체계이론에 근거하여 대인 간 문제를 경험하고 있는 인터넷에 중독된 성인자녀에 대한 치료 효과성을 조사하였다. 이 연구는 지속적인 비교분석과 Miles와 Huberman의 매트릭스와 네트워크 방법을 활용하여 자료를 분석하였다. 이 연구결과 부모의 원가족의 특성과 역기능적인 의사소통방식이 인터넷에 중독된 성인자녀의 대인 간 문제에 영향을 미친 요인으로 나타났다. 문제해결에 영향을 미친 요인들로서, 원가족과 현재 나타나고 있는 문제들 간 관계에 대한 인식, 가족구성원들 간의 향상된 의사소통방식, 그리고 성인자녀의 저항에 대한 극복이 나타났다. 이 연구의 결과는 MRI 모델과 Bowen의 가족체계이론이 대인 간 문제를 가진 인터넷에 중독된 성인자녀를 위한 치료에 효과가 있다는 것을 보여 준다.

Park, T. Y., Kim, S. H., & Lee, J. H. (2014). Family Therapy for an Internet Addicted Adult-Child with Interpersonal Problems. *Journal of Family Therapy, 36*(4), 394-419.

I. 서론

인터넷 중독 또는 문제적 인터넷 사용이란, 인터넷 사용에 대한 과하거나 통제하기 어려운 몰두(집착), 충동 혹은 행동을 뜻하는데, 이는 더 나아가 심리적 손상이나 정서적 고통으로 이어지기도 한다(Shaw & Black, 2008). 2008년에 중국 정부는 인터넷 중독을 '심각한 공중보건문제'라고 발표했다. 한편, 인터넷 중독에 대한 연구가 증가해 왔다는 사실을 통해 인터넷 중독에 대한 학계의 관심이 상승했다는 것을 알 수 있다. 청소년들은 인터넷을 사회화의 도구로 사용하는 경향이 있다. 하지만 병리적인 인터넷 이용은 온라인 활동 시간을 증가시키고 이는 결국 사회적 위축, 자기 무시, 빈약한 식사 그리고 가족문제 등의 결과를 초래하기도 한다(Murali & George, 2007). 게다가 인터넷 중독은 인터넷 이용자의 현실과 가상세계를 구별하는 능력을 저해시킬 뿐 아니라 낮은 학교성적이나 대인관계 형성의 어려움을 야기시키기도 한다(Young, 1998). 인터넷 중독에 대한 연구들은 인터넷 중독과 대인관계문제가 강한 상관관계가 있다는 것을 밝혀 왔다. 예를 들면, 대인관계문제를 가진 청소년들이 인터넷 중독 정도가 높은 것으로 나타났다(Choi & Ha, 2011). 따라서 인터넷 중독과 대인관계문제를 해결하기 위해서 문제를 감소시킬 수 있는 주요 요인들에 대해 폭넓게 이해하는 것이 중요하다.

최근 연구들은 대인관계문제에는 많은 요인들이 연관되어 있다고 보고한다. 부모와 약한 정서적 유대를 형성하고 낮은 자신감을 가진 대학생들은 대인관계를 형성하는 데 문제를 보였다(Cho & Park, 2005). 자기신뢰, 정서조절, 정서표현 그리고 부모와의 정서 유대 등 정서적 요인들은 대인관계문제를 해결하는 데 중요한 역할을 한다. 이러한 정서적 요인들은 가족구성원을 포함한 타인과의 상호작용과 관련되어 있다. 따라서 기능적인 상호작용은 대학생들의 대인관계문제를 해결하는 데 필수적이다(Kim, 2012). Lee(2009)는 부모의 부부관계 개선과 효과적인 의사소통을 통해 인터넷 중독을 예방하거나 감소시킬 수 있다고 하였다. 가족환경 요인이 중요하기 때문에 인터넷 중독과 대인관계문제를 가진 내담자에게 개입할 때에 가족체계 관점이 유용할 수 있다(An, 2008; Kim, 2009; Park et al., 2009; Sim, 2008).

기존 연구들은 인터넷 중독과 높은 상관관계를 가진 대인관계문제와 관련된 변인들을 주로 다룬다(An, 2008; Choi & Ha, 2011; Kim, 2012; Lee, 2008; Lee, 2009; Oum, 2010; Park & Bae, 2012; Park et al., 2009; Sim, 2008). 하지만 인터넷 중독과 대인관계문제를 가진 내담자를 위한 치료나 임상적 개입에 대한 연구는 거의 없다(Hwang & Du, 2011; Moon et al., 2011). 따라서 실용적 개입을 하기 위해(서는) 대인관계문제를 가진 병리적 인터넷 이용자들에 대한 개입의 과정과 결과에 대한 실증연구가 필요하다. 더 나아가 성인자녀들의 인터넷 중독을 예방하거나 감소시키기 위해 가족관계—부부관계, 부모와 자녀 간의 의사소통, 그리고 부모의 자녀양육태도—를 개선시켜야 한다(Park et al., 2009).

Ⅱ. 인터넷 중독과 대인관계문제

1. '인터넷 중독'이라는 용어

DSM-5(American Psychiatric Association, 2013)에는 인터넷 중독에 대한 구체적 진단 기준이 없다. 이 연구에서 '인터넷 중독'이라는 용어는 Sim 등(2012)의 정의를 빌려 '병리적 기술 이용'이라고 정의하고자 한다. 이 연구는 비록 인터넷 중독이라는 용어를 사용하지만 인터넷이나 온라인 환경을 폄하하지는 않는다. Yee(2006)는 가상 환경 속 게임의 긍정적 측면을 발견하였고, 온라인 역할놀이 게임에서 이용자의 동기는 성취, 관계, 몰입, 현실 도피 그리고 조절 등 다섯 요소를 포함한다는 것을 밝혀냈다. 또한 이러한 환경의 가상성에도 불구하고 이용자들은 의미 있는 관계, 정서적 경험, 그리고 심지어 실제 리더십 기술도 경험하였다(Yee, 2006). Yee(2006)에 따르면, 온라인 게임은 순전히 부정적 측면만 가지고 있는 하찮은 게임이 아니라 긍정적 측면을 가진, 상호작용과 협력이 존재하는 의미 있는 세계이다. 그러나 인터넷의 병리적 이용은 이용자에게 부정적인 영향을 미친다. 인터넷 중독은 개인이 인터넷에 과도하게 몰두하여 본인을 통제하지 못하게 되고 약물 중독자와 같이 내성 및 금단 증상(불면증, 불안)을 겪을 때 발생하는데, 이에 따라 사회적 손상을 초래한다(Young, 1998). 게임은 사회적 논란의 중심에 있어 왔다. 그렇지만 가족상담자들은 게임의 긍정적 그리고 부정적 결과를 둘 다 이해해야 하는데, 특히 긍정적 측면을 수용하는 것은 젊은 세대를 위한 치료에서 중요하다(Jordan, 2012).

2. 인터넷 중독의 심리적 요인

인터넷 중독과 관련된 심리적 요인에는 우울증, 불안, 소외, 자기통제 상실(Kim, 2006), 자존감 상실(Lee, 2005) 그리고 부정적 정서표현(Byun & Joe, 2011) 등이 있다. 기존 연구들은 심각한 정서문제를 가진 사람이 인터넷 중독자가 될 확률이 높다고 주장했다(Iftene & Roberts, 2004; Kim & Davis, 2009; Morgan & Cotten, 2003; Park et al., 2009; Young, 1998). 또한 기존 연구(Dimitri et al., 2011; Goel et al., 2013; Romano, et al., 2013; Yang et al., 2013)는 인터넷 중독이 우울증과 연관이 있다고 보고하였다. Wang 등(2013)에 따르면, 문제적 인터넷 사용의 증상의 증가는 자존감의 감소와 우울증의 증가와 관련이 있다. Cho 등(2013)은 아동기의 위축과 불안 또는 우울이 남자 청소년들의 인터넷 중독의 원인으로 작용하고 있다는 점을 강조했다.

3. 가족 및 사회적 요인이 인터넷 중독에 미치는 영향

인터넷 중독과 관련된 다른 요인 중에는 부부관계(Lee, 2009), 부모와 청소년 자녀 간의 의사소통(Kim, 2006; Lee, 2008; Park et al., 2009), 부모의 자녀양육태도(Kim, 2009; Park et al., 2009; Sim, 2008), 부모의 애착(Kim, 2009), 인터넷에 대한 부모의 태도(Sim, 2008), 가족의 지지(Lee, 2005; Sim, 2008), 가족 응집력(Park et al., 2009) 그리고 자녀의 학업 성취에 대한 부모의 기대(Kim, 2009) 등 여러 가족환경 요인들이 있다. 예를 들면, 부모-청소년 자녀 의사소통이 더 역기능적일수록 청소년 자녀가 인터넷에 중독될 확률이 증가했다(Lee et al., 2000). 따라서 인터넷에 중독된 성인자녀가 속한 가족환경에서 부모의 부부관계와 부모-청소년 자녀 관계가 인터넷 중독의 주요 요인이었다(Lee & Lee, 2006).

Tafa와 Baiocco(2009)는 가족체계 특성들로 청소년의 중독행동을 예측할 수 있다는 점을 발견하였으며 중독된 청소년에게 있어 가족기능의 중요성을 강조하였다. Ahmadi와 Saghafi(2013)는 인터넷 중독과 관련된 가장 중요한 요인으로 가족관계를 지적하였다. Yu와 Shek(2013)는 인터넷 중독을 예방하는 비결은 가족기능을 강화하는 것이라고 하였다. 그러므로 인터넷에 중독된 성인자녀의 회복을 위해 가족 개입이 고려되어야 한다(Gunuc & Dogan, 2013; Yan et al., 2013; Yu & Shek, 2013; Zhong et al., 2011).

An(2008)은 가족의 심리적 환경과 대인관계기술이 온라인 게임 중독에 부정적으로 작용한다는 점을 발견했다. 또한 가족의 심리적 환경이 가족구성원의 대인관계기술에 영향을 미친다고 하였다(An, 2008). Kim과 Chung(2004)은 대인관계 인지적 문제해결기술이 공격성 요인보다 사회적 지지에 대한 지각 요인과 더 높은 관련성이 있다고 하였으며 인터넷 채팅에 중독된 청소년들의 대인관계 인지적 문제해결기술을 향상시키기 위해서는 그들의 사회적 지지를 강화해야 한다고 주장하였다.

4. 인터넷 중독이 가족 및 사회적 요인에 미치는 영향

Malygin 등(2013)에 따르면, 컴퓨터에 중독된 모든 청소년들이 자신의 가족에 대해 비조화적인 관점을 가지고 있었다. Yang 등(2013)은 문제적 인터넷 사용은 부모관계와 높은 관련이 있다고 보고하였다. 뿐만 아니라 과도한 인터넷 이용은 사회적 적응력의 하위 요소인 대인관계, 적응력, 그리고 충동성에 영향을 미친다고 하였다(Park & Yun, 2003). Kim(2012)은 인터넷 중독은 사회성 그리고 대인관계 유형의 하위 요소인 우호와는 부정적인 상관관계를, 반항-불신 그리고 지배-우월과는 정적인 상관관계를 가진다고 주장하였다. 더 구체적으로 사회성과 대인관계 유형 중 우호가 높을수록 인터넷 중독 위험이 낮았고, 대인관계 유형 중 반항-불신이 높을수록 인터넷 중독 위험이 높았다(Kim, 2012; Park & Yun, 2003). 이와 같은 선행연구들에서 인터넷의 과도한 이용이 대인관계문제를 발생시킬 수 있다는 것과 한편으로 대인관계문제가 있는 청소년들이 인터넷에 중독될 수 있음을 알 수 있다.

5. 인터넷 중독 내담자를 위한 개입 및 치료

앞서 언급했듯이 가족 및 사회적 요인과 인터넷 중독 간에는 양방향 인과관계가 존재한다. 대인관계문제가 해결되면 인터넷 중독 수준이 감소한다. 반면, 대인관계문제가 심각하면 인터넷 중독 수준이 증가한다. 인터넷 중독 청소년들의 대인관계문제를 해결하기 위해 가족과 또래를 비롯한 타인의 정서적 지지가 요구되며(Kim & Chung, 2004) 또한 가족의 심리적 환경이 중요하다.

Derbyshire 등(2013)은 문제적 인터넷 사용과 관련된 요소에는 낮은 신체적 활동, 낮은 학교 평점, 그리고 높은 우울증 및 스트레스 수준이 있다고 하였다. 그들은 대학생들의 인터넷 사용을 줄이기 위해 부모와 교육자(가족과 학교 체계)를 관여시킬 필요성이 있다고 하였다. 또한 인터넷 중독 대학생들은 심리사회적 문제를 가질 가능성이 높다(Çardak, 2013; Derbyshire et al., 2013). 이러한 문제들을 해결할 방법을 찾기 위해 Kalmus 등(2013)은 과도한 인터넷 이용에 부모가 관여할 것을 강조하였다. Eijnden 등(2010)은 청소년들의 강박적 인터넷 사용을 예방하기 위해 부모의 기능적이고 효과적인 반응이 필수적이라고 제안하였다. Cheng과 Ko(2010)는 청소년들의 인터넷 중독 예방을 위해 예방적 교육이 중요하다고 주장하였다.

인터넷 중독 내담자를 위한 치료에는 중추신경 자극치료(Han et al., 2012), 인지행동치료(Hall & Parsons, 2001; Young, 2011), 가족치료 또는 집단치료와 결합된 인지행동치료(Liu et al., 2012) 그리고 심리극 접근(Kooraki et al., 2012) 등이 있다. Young(2011)의 연구에 따르면, 인터넷 중독을 위한 인지행동치료는 행동 수정-인지 치료-손상교정 치료의 세 단계로 구성된다. Liddle(2013)의 다차원 가족치료는 개인 수준과 환경적 체계 접근을 통합하는데, 가족 기반 개입이 내담자의 문제행동 감소에 긍정적 영향을 미쳤다고 하였다(Liddle, 2010). 또한 Han 등(2012)의 연구에 따르면 가족 응집력이 온라인 게임 중독 치료의 주요 요소들 중 하나라고 하였다.

III. 치료적 모델

이 연구에서 상담자는 Mental Research Institute(MRI) 상호작용 가족치료모델과 Murray Bowen의 가족체계이론을 적용했다. 첫째, 상담자는 MRI의 상호작용 가족치료모델을 통하여 내담자가 새로운 해결책을 시도하도록 돕고자 하였다. 둘째, 상담자는 인터넷 중독과 대인관계문제를 가진 내담자의 문제가 가족의 상호작용으로부터 비롯되었다는 관점을 가지고 Bowen의 가족체계이론을 적용하여 기능적인 가족관계를 위한 치료적 개입을 하였다.

1. MRI의 상호작용 가족치료모델

MRI의 모델은 가족체계 내에 현재 상호작용과 행동 변화에 초점을 맞춘다(Watzlawick et al., 1967). 치료의 주요 기법은 내담자의 의사소통방식을 변화시키는 것이다(Park, 2001). MRI 집단은 내담자가 문제를 잘못된 방식으로 다루고, 그가 문제를 해결하려고 시도한 방식이 문제를 유지시키거나 악화시킨다고 하였다(Goldenberg & Goldenberg, 2012). 따라서 이 이론은 문제를 유지시키는 행동을 적절히 변화시킴으로서 문제를 해결할 수 있다고 주장한다(Watzlawick et al., 1974).

MRI의 상호작용 가족치료모델에 따르면, 상담자의 주요 역할은 내담자와 상호작용하는 사람들에 의하여 반복되어 온 어떤 행동에 초점을 맞추고 내담자의 바람직스럽지 못한 행동을 소개하고 새로운 해결책을 대체시키는 것이다(Park, 2001). 이 사례에서 상담자는 MRI의 상호작용 가족치료모델을 적용시켜 내담자가 이전에 시도한 해결책, 즉 역기능적인 상호작용 방식을 탐색하고 새로운 해결책을 시도하게 함으로서 가족관계에 변화를 유도하였다.

2. Murray Bowen의 가족체계이론

Murray Bowen의 가족체계이론의 주요 개념은 자아분화이다. 이 이론은 가족을 하나의 정서체계로 여긴다. 치료 목적은 미분화된 가족구성원들을 가족자아덩어리로부터 분리시키고 자아분화 수준을 높여 확고한 자아의식을 확립하게 하는 것이다(Bowen, 2008). Murray Bowen은 한 가족구성원이 분화할 때 가족체계에 변화가 일어난다고 믿었다(Park, 2001). 가족구성원의 자아분화 수준을 향상시키기 위해 남편과 아내가 다른 가족구성원을 포함하는 삼각관계에서 벗어나야 한다(Goldenberg & Goldenberg, 2012). 역기능적인 가족은 낮은 자아분화 수준을 가지는 경향이 있는데, 낮은 자아분화 수준을 가진 사람들은 타인과 지나치게 친밀한 관계를 추구하거나 반대로 타인과 지나치게 거리를 두려고 한다(Lerner, 1989).

Ⅳ. 분석방법

이 연구는 인터넷 중독과 대인관계문제를 가진 성인자녀를 위한 가족치료와 관련된 녹화 자료의 원자료를 반복적으로 비교 분석하였고, Atlas.ti 6.1를 이용해 코딩을 하였다. 그리고 Miles, Huberman, 그리고 Saldaña(2014)가 개발한 매트릭스와 네트워크를 활용하여 범주화된 결과를 디스플레이하였다. 매트릭스와 네크워크는 대용량의 원자료로부터 주요 변인을 추출한 연구결과를 보여 주는 것에 적합하다.

Ⅴ. 신뢰성

상담자와 연구자 간의 토론과 질적 연구에 경험이 풍부한 전문가의 피드백을 통해 연구자의 삼각화를 실행하였다. 또한, 상담 노트, 기록, 동영상의 자료의 삼각화를 통해 연구의 신뢰성을 확보하였다. 이 연구는 내담자의 동의하에 기록되었고 분석되었다. 연구 참여자(내담자 가족)의 개인 정보는 삭제되었으며 가명이 사용되었다.

Ⅵ. 사례연구: Jin, Kay, MJ & EJ

1. 연구 참여자

참여자들은 Jin(남편, 50세), Kay(아내, 50세), MJ(첫째 아들, 23세) 그리고 EJ(둘째 아들, 22세)이다. 상담자는 첫째 아들 MJ의 인터넷 중독과 대인관계문제의 해결을 위해 가족치료를 실시하였다. 2010년 12월부터 2011년 2월까지 총 15회의 상담이 이루어졌다.

MJ의 문제는 가족과 친구를 포함한 타인과의 대인관계의 어려움이었다. 그는 제대 후 점점 더 무기력해졌고 낙담에 사로잡혀 빈둥거렸다. 그는 밤새 인터넷을 하는 등 인터넷에 지나치게 중독되어 있었다. 이에 따라 MJ는 외롭고 불안했으며 자존감이 낮았다. 그는 과거의 대인관계문제로 인해 자살을 고려했다. MJ는 그의 남동생 EJ와도 관계가 좋지 않았다. MJ는 어렸을 때부터 그의 감정을 표현할 대상이 없었다. MJ는 생각이나 내면의 감정에 대해 표현하거나 기능적으로 상호작용할 대상이 없었기 때문에 기능적인 표현방법을 배울 수 없었다. 이러한 고립은 그의 대인관계문제를 악화시켰다.

MJ의 의사소통방식은 다른 사람들을 수용할 수 없었고, 이로 인해 그는 의사소통에서 갈등을 경험하였다. MJ는 사람들이 그와는 다른 의견을 표현하면 이것을 자신에 대한 비난과 공격으로 해석하였다. 이는 그의 대인관계를 악화시켰다. MJ는 사람들을 적과 동맹의 두 부류로 나눴고, 그가 적으로 여기는 사람들이 그에게 하는 말은 전혀 받아들이지 않았다. MJ는 다른 사람들이 그와 다른 의견을 표현할 때에만 자신의 생각을 얘기했다. 그는 사람들과 타협하거나 이견을 조율하려 하지 않았다.

MJ의 문제는 그가 가족으로부터 기능적인 의사소통방식을 배우지 못했다는 점을 보여 주었다. 그의 부모는 부부갈등을 겪어 왔다. 가족 성원이 다른 의견을 표할 때 아버지는 대립을 피했지만 궁극적으로는 화를 참을 수 없었고, 어머니는 MJ를 야단치고 잔소리를 하였으며, 동생은 MJ를 피하였고 그에게 솔직하지 못하였다. 결과적으로 이 가족은 효과적으로 의사소통을 할 수도 갈등을 예방할 수도 없었다. 따라서 MJ는 가족을 포함한 타인과 건강한 관계를 형성할 수 없었고, 이러한 비효과적인 의사소통방식으로 인해 그는 인터넷 중독 증상을 보이게 되었다.

2. 인터넷에 중독된 성인자녀의 대인관계문제와 관련된 요인들

1) 부모의 원가족 특성

아버지의 원가족 특성에는 분노조절문제, 폭력성, 알코올 중독이 포함되었다. 친할아버지의 성격이 아버지에게도 나타났다. 그리고 MJ 또한 폭력적이었고 분노조절 능력이 부족했다.

• 아버지의 분노조절문제, 폭력성, 알코올문제

아버지: 제가 어렸을 때 아버지 때문에 화가 났었어요.

상담자: 왜죠?

아버지: MJ가 저에 대해 생각하는 거랑 비슷할 것 같아요. 저희 아버지는 술을 많이 드셨고 어머니한테 잘해 주지 못했어요.

상담자: MJ가 아버님을 싫어하는 거랑 거의 똑같네요.

아버지: 그런 것 같아요. 저희 아버지는 어머니를 때리곤 했었어요.

상담자: 아버님의 원가족에서 아버님의 부모님의 부부관계는 서로 스트레스를 받는 관계였던 것 같네요. 네 아들 모두 아버지랑 관계가 안 좋고, 분노조절을 하지 못 해요. 아버님의 누나를 제외한 자녀들은 전부 스트레스 받는 관계였고, 셋째 형은 이혼하고 재혼했네요. (부-3회기)

한편, 어머니의 원가족 특성에는 의견을 표현하지 못하게 막는 것, 어머니(외할머니)가 자녀들을 차별하는 것, 그리고 부모님(외조부모)의 흑백 사고 등이 포함되었다. 어머니는 강하고 비난하는 표현방식을 사용했고, 그녀의 표현방식은 그녀의 어머니와 오빠의 표현방식과 비슷했다. 이러한 특성들은 핵가족의 MJ에게도 나타났다. MJ는 다른 사람들의 의견을 완전히 무시하였고, 그들을 모욕하며 대화를 끝냈다. 어머니는 그녀의 어머니로부터 매를 맞고 자랐는데, 그녀는 본인이 당했던 것처럼 MJ를 신체적으로 학대하였다. 그리고 어머니는 자신의 어머니가 아버지한테 했듯이 남편을 책망하고 비난했다.

- 어머니는 자신의 어머니에게 말대꾸하면 혼났다. 그녀의 어머니는 그녀에게 욕을 했고 늘 비난하였다.

어머니: 제 엄마는 늘, “어디서 감히 엄마한테 말대꾸를 해! 가만히 조용히 있어!” 이러고, 절 정말 많이 혼냈어요. 그래서 제가 불공평하다고 느낄 때에도 아무 말도 할 수 없었어요.

상담자: 본인의 어머니가 본인이나 형제들에게 썼던 방식이랑 본인이 화났을 때 MJ에게 쓰는 방식에 유사점이 있나요?

어머니: 네, 있어요. 저희 어머니는 욕을 많이 했었는데 전 안 했었거든요. 근데 놀라운 게, 저도 화가 정말 많이 나면 제 아들들한테 욕을 하고 있더라고요. “빌어먹을 놈아, 썩 꺼져 버려.” 말을 막 해요. (모-9회기)

2) 역기능적인 가족 의사소통

이 사례에서 어머니와 아버지는 12년 넘게 갈등을 겪고 있었다. 그들은 일상적인 대화를 할 수는 있었지만, 마음 속 깊이 느끼는 것들이나 성관계에 대한 불만에 대해 표현할 수 없었다. 부부는 모두 역기능적인 의사소통방식을 사용하였다. 어머니는 아버지에게 욕하고 질책하였고, 아버지는 어머니에게 아무런 대꾸도 하지 않거나 간단하게 대응하였다. 그러나 아버지는 밖에서 다른 여자들에게는 친절하고 상냥했다.

어머니는 다른 사람들의 이야기를 먼저 들은 후에 자신의 느낌이나 생각을 전하기보다는 다른 사람이 이야기할 때 말을 끊고 본인의 의견만 얘기했다. MJ는 어머니와 같은 방식을 사용했다. 그리고 어머니는 자녀들을 격려하거나 칭찬하는 적이 없었고 늘 비난하고 책망하기만 했다. 또한 그녀는 누구에게도 절대 굴하지 않았고 끊임없이 다른 사람들을 지배하려고 했다. 그래서 그녀는 자녀들과 의사소통할 수 없었고, 자녀들은 그녀에게 지배당했다. 어머니는 자녀들의 생활방식이 마음에 들지 않아 그들에게 잔소리했다. 하지만 이러한 방식은 그녀가 원하는 대로 자녀들을 변화시키지 못했다. 오히려 그녀는 어머니-아들 관계를 악화시키기만 했다.

어머니와 아들 간의 대화는 역기능적이었고, 그들은 대화할 때 주로 싸웠다. 이것은 양쪽 모두에 짜증과 분노를 일으켰다. 그들이 시도한 방식, 즉 서로를 변화시키려고 했던 것은 효과적이지 않았고 관계를 악화시킬 뿐이었다. 어머니는 자신의 의도를 가족구성원들에게 효과적으로 전달할 수 없었으므로 그녀의 의사소통방식은 역기능적이었다. 특히 그녀는 MJ가 성인임에도 불구하고 그의 자율성과 독립성을 인정하지 않고 그를 지배했다.

아버지의 역기능적인 의사소통방식은 자신이 하고 싶었던 말을 전부 담아 두고 있다가 폭발하는 것, 분노조절을 할 수 없는 것, 신체적 폭력을 행사하는 것, 애정이 없는 것, 아들들과 의사소통이 불가능한 것, 자녀를 차별하는 것, 그리고 대화할 때 너무 강하고 고집이 센 것 등이었다. 아버지는 분노를 조절하지 못했다. 아버지가 어머니를 폭행하는 장면이 MJ의 머릿속에 생생히 각인되어 있었다. 아버지는 자녀들을 혼낸 적은 거의 없었으나, 그가 감정을 쌓아 두었다가 자녀들을 때린 적이 한 번 있었다. 결과적으로 자녀들은 두려움 때문에 아버지에게 감정을 표현할 수 없었다. 하지만 MJ는 아버지와 마찬가지로 분노를 조절할 수 없었고, 상당히 폭력적이었다. 예를 들면, MJ는 다른 것 때문에 화가 나서 화풀이로 그의 강아지 두 마리를 때렸다.

• 분노조절문제와 폭력의 사용

아버지: MJ가 어렸을 때, 어느 날 제가 그냥 짜증이 나서 가만히 있는 MJ를 발로 찬 적이 있어요. 제 화를 못 참았어요. (부-3회기)

한편, 어머니의 역기능적인 의사소통방식은 과거 사건을 되새김질하는 것, 다른 사람들이 하는 말을 무시하고 본인이 하고 싶은 말만 하는 것, 아들들을 비난하고 질책하며 다른 아이들의 편을 들어 주는 것, 융통성 없고 고집스러운 것, 부적절한 관심을 주는 것, 자기주장이 강한 것, 자녀들을 인정하거나 칭찬하지 않는 것, 그리고 아들을 자극해서 화나게 만드는 것 등이 포함된다. MJ는 초등학교 3학년 때부터 콧물을 흘렸고, 그로 인해 그는 친구들에게 괴롭힘을 당했다. 하지만 MJ는 어머니가 그의 반 아이들이 아닌 MJ를 비난할 것이라는 두려움으로 인해 그가 괴롭힘 당한 사실을 어머니에게 말할 수 없었다. 어머니는 자녀들의 편을 들어 주거나 자녀들을 지지하지 않았고 항상 제3자의 입장에서 객관적으로 시비를 가렸다. 결과적으로 MJ는 어머니에게 솔직하게 이야기하지 못했고 그의 자존감은 낮아졌다. 다음 〈표 4-1〉은 부모의 원가족 특성과 역기능적인 가족의사소통을 보여 준다.

• 아들을 자극하여 화나게 하는 어머니

MJ: 엄마는 제가 뒹굴거리고 있는 걸 싫어해요. 저도 제 자신이 기운 없게 느껴져서 싫거든요. 그런데 엄마는 저한테 물건 던지고 때리고 패면서 욕을 하고 짜증을 내요. (내담자-4회기)

표 4-1 인터넷 중독과 대인관계문제가 있는 성인자녀의 가족의 변화 매트릭스

상위범주	하위범주	개념
아버지의 원가족 특성	분노조절문제	내담자의 할아버지, 아버지, 아버지의 형제들은 분노조절문제가 있었음, 아버지의 셋째 형은 부부갈등으로 인해 이혼함
	할아버지의 폭력성	내담자의 할아버지는 폭력을 행사함
	할아버지의 알코올 중독	내담자의 할아버지는 알코올문제가 있었음
어머니의 원가족 특성	상대방이 의견을 표현할 수 없도록 함	내담자의 어머니는 그녀의 어머니에게 말대꾸를 하면 혼났음, 내담자의 외할머니는 내담자의 어머니에게 폭언하고 꾸짖는 것을 일삼음, 외할머니는 외할아버지의 의견을 무시했고 항상 그를 꾸짖음, 외할머니는 어머니를 빗자루로 때리고 뺨을 때렸음, 외할머니는 자녀를 한 번도 칭찬하거나 격려한 적이 없음
	외할머니의 자녀 편애	외할머니는 아들과 손자들을 편애하고 딸들을 무시함
	외조부모의 흑백논리	외할머니와 외할아버지 모두 옳고 그름이 명확함
	역기능적 표현방법의 전수	외할머니, 어머니, 삼촌은 모두 강한 표현을 썼음
가족의 역기능적 의사소통	아버지의 역기능적 의사소통	하고 싶었던 말을 쌓아 두었다가 결국 폭발함, 분노조절문제가 있음, 신체적 폭력 행사, 애정이 없음, 아들들과 의사소통 불가, 자녀 편애, 너무 강하고 고집이 세서 대화를 나누기 어려움
	어머니의 역기능적 의사소통	과거 사건 되새김질, 상대방의 말 무시하고 본인이 하고 싶은 말만 함, 다른 아이들의 편을 들며 자녀들을 탓하고 질책함, 부적절한 관심을 줌, 자기주장이 강함, 자녀를 격려하거나 칭찬하지 않음, 아들을 자극하여 화나게 만듦

3. 개입

상담자는 MJ의 가족을 인지시키기 위해 핵가족에 영향을 미친 부모의 원가족 특성들을 설명하여 가족구성원들의 부모 원가족에 대한 통찰력을 강화시켰다. 상담자는 MJ가 부모의 역기능적 의사소통방식이 원가족으로부터 비롯됐다는 것을 인식할 수 있게 하였다. 상담자는 MJ가 그의 의견을 말해야 하며 누군가 그에게 공격적으로 말할지라도 과민하게 반응하는 대신 타협하는 법을 배워야 한다고 설명하였다. 그리고 상담자는 MJ를 포함한 모든 가족구성원들에게 서로의 말을 끊지 않고 끝까지 들은 후에 본인의 솔직한 의견을 이야기할 것을 권하였다.

표 4-2 인터넷 중독과 대인관계문제를 가진 성인자녀의 가족의 변화 매트릭스

변화의 주체	변화의 내용
아버지	아내에게 취미활동을 함께하자고 제안함
	부부관계의 변화
	퇴근 후 최대한 일찍 귀가하려고 노력함
	큰아들에게 욕이나 거친 표현을 사용하지 않음
어머니	큰아들의 의견을 수용하려고 노력함
	큰아들에게 양보하고 타협하기 위해 노력함
	큰아들에게 잔소리를 덜 함
	두 아들들과의 갈등을 초래할 수 있는 표현 사용을 자제함
큰아들	어머니에게 양보하고 타협하기 위해 노력함
	무작정 화를 내기보다는 자신의 의견을 표현하게 됨
	과민반응을 줄임
	자신의 비효과적인 표현방식을 인식하고 개선하기 위해 노력함
	더 정확하게 표현하기 시작함
	열심히 취업준비를 하게 됨
	동생과 편안한 대화를 나누게 됨
	상담 후 가족관계가 향상되었다고 생각함
작은아들	어머니의 거슬리는 표현방식에 대해 어머니께 솔직하게 말씀드림
	형제간의 대화가 편해짐

상담자는 MJ가 부모에게 자신의 의견을 전달하는 방법을 배우도록 도왔고 부모가 MJ의 생각을 수용하는 적절한 방법을 사용하도록 지시하였다. 상담자는 또한 부모가 기능적인 대화(서로 순차적으로 반응하는 것)를 하는 과정에서 MJ가 이러한 기능적 대화법을 배울 것이라는 점을 부모에게 상기시켰다.

상담자는 어머니에게 그녀가 과거에 시도했던 해결책이 효과적이지 않았다는 것을 인식시켰고 그녀가 새로운 의사소통방식을 시도할 것을 제안했다. 그는 어머니가 MJ의 일에 대한 간섭을 최소화할 것을 제안했다. 또한 상담자는 어머니에게 아들을 지배하지 않기를 권유하였고, 어머니의 과도한 역할을 줄일 수 있도록 아버지가 아들들의 인생에 더 큰 역할을 할 것과 어머니-아들 관계를 중재할 것을 조언했다. 마지막으로, 상담자는 동생에게 MJ와 대화할 때 MJ의 편을 들고 받아 줄 것을 제안하였다.

4. 대인관계문제에 영향을 미친 요인들

1) 원가족과 성인자녀의 증상의 관계 확인

상담자는 어머니에게 그녀의 부모의 관계가 건강하지 않았다는 것을 설명하였다. 그녀의 어머니의 방식은 다른 가족구성원들을 위협하였고 그녀의 오빠도 마찬가지로 건강하지 않은 의사소통방식을 사용했다. 상담자는 이러한 역기능적인 원가족 특성들이 그녀에게 전수되어 그녀가 MJ에게 효과적이지 않은 표현방식을 사용하고 있다는 것을 설명하였다. 어머니의 부모는 흑백논리를 사용하였는데 이는 그녀의 의사소통방식에 영향을 미쳤다. MJ는 그런 어머니에게 영향을 받아 사람들과 대화할 때 이분법적 용어로 이야기했고, 이는 대인관계문제로 이어지게 되었다. 또한 아버지는 그의 원가족에게 영향을 받아 MJ에게 역기능적인 의사소통방법을 사용했다. 따라서 MJ는 부모와 긍정적으로 상호작용할 수 없었다. MJ는 자신의 감정을 표현할 대상이 없었고, 그 누구에게서도 기능적인 표현방식을 배우지 못했다. 이러한 문제들은 대인관계문제로 이어졌고 궁극적으로는 인터넷 중독을 야기시켰다.

2) 가족의 개선된 의사소통

상담자의 개입을 통해서 가족구성원들은 기능적 표현방식을 연습했고, 이는 그들의 의사소통뿐만 아니라 가족관계에도 긍정적인 변화를 초래했다. 상담자의 개입을 통한 가족구성원들의 의사소통방식의 변화는 다음과 같다. 첫째, 아버지는 MJ의 이야기를 듣고 공감했으며 MJ에게 더 이상 폭언하지 않았다. 둘째, 어머니는 MJ의 말을 수용했고, 양보하고 타협하기 위해 노력했고, 잔소리를 덜 하였고, 자녀들과의 갈등으로 이어질 수 있는 의사소통방식을 사용하지 않았다. 셋째, MJ는 자신의 의사소통방식이 효과적이지 않다는 것을 깨달았고, 그것을 바꾸도록 그리고 어머니와 타협과 양보를 할 수 있도록 노력했다. MJ는 과거에 쉽게 화를 냈었지만, 타인과의 대화에서 덜 예민하게 반응하고 더 정확하게 표현함으로서 자신의 의견을 표현하게 되었다. 그렇게 함으로써 그는 동생과 더 편안한 대화를 할 수 있었다. 넷째, 동생은 어머니에게 그녀의 거슬리는 표현방식에 대한 그의 생각을 솔직하게 말할 수 있게 되었는데, 어머니는 이것을 불편하게 느끼지 않고 받아들였다. 게다가 동생은 MJ에게 이야기할 때 불편해하지 않았다. 〈표 4-2〉는 인터넷 중독과 대인관계문제를 가진 성인자녀의 가족의 의사소통방식 변화의 매트릭스를 보여 준다.

3) 성인자녀의 저항 극복하기

가족상담 과정 중, MJ는 본인의 의지와 관계없이 어머니의 의뢰로 인해 상담을 받게 되었기 때문에 상담 초기에 상담자에게 일시적으로 저항을 보였다. 또한 MJ는 부모에 대한 반항과 회의를 부모와 비슷한 연령배의 상담자에게 투사했다. 하지만 치료에 임함에 따라 MJ는 그를 치료하고 의사소통방식 향상을 위한 해결책을 제안한 상담자의 권위를 인정하게 됐다. MJ의 저항이 감소함에 따라 그는 상담자를 신뢰하게 되었다.

이 연구는 Prochaska와 Norcross(2009)의 초이성적 모델과 변화의 단계에 기반하여 MJ의 저항 극복과정을 알아내고자 했다. MJ는 '전인식단계-인식단계-준비단계-행동단계'의 과도기를 겪었다. 첫째, 인식단계에서 상담자가 개입기술로서 MJ의 통찰력을 강화시켰다. 상담자는 부모의 부부관계가 MJ가 상담자 등 다른 사람들을 대하는 방식에 영향을 미쳤다는 점을 MJ에게 인식시켰다. 한편, 상담자는 가족구성원들에게 MJ 아버지의 알코올문제와 외도가 할아버지에게로부터 전수되었다는 사실과 어머니가 아버지와 MJ에게 대하는 방식이 MJ 자신에게 전수되었다는 사실을 이해시켰다. 둘째, 준비단계에서 상담자는 MJ가 기능적인 의사소통방식을 연습하게 도왔다. 셋째, 행동단계에서 MJ는 의사소통방식에서 기능적 변화를 보였는데, 이는 대인관계문제 해결의 촉진과 밀접한 관련이 있었다. 게다가 MJ는 인터넷에 빠지거나 무기력해지지 않고 취업준비에 대해 열정적인 태도를 보였다. 〈표 4-2〉가 보여 주듯이, MJ는 행동 변화와 자기 이해를 보였다.

• MJ의 저항

상담자: 제 생각엔 MJ씨가 메세지를 전달하려는 방식이 의도했던 메시지를 전달하기보다는 오히려 다른 사람들을 화나게 하고 싸움을 일으키는 것 같아요.

MJ: 제가 그렇게 하지 않으면 사람들이 어떻게 이해를 하겠어요? 제가 다른 사람들을 배려할 여유가 없어요. 모든 사람들을 그렇게 대해요, 교수님들조차도요. 저도 모르게 그래요. 어쩔 땐 엄마랑 아빠를 죽이고 싶어요.

상담자: 본인 아버지가 알코올문제랑 외도문제가 있는데, 할아버지도 똑같은 문제가 있었어요. 그래서 부모님 관계가 악화되었죠. 부모님 두 분은 서로 대화가 안 돼요. 문제는 어머니가 MJ를 화나게 했던 그 표현방식을 MJ씨가 쓰고 계시다는 거예요. 본인이 저나 다른 사람들한테 쓰는 이 표현방식이 대인관계문제를 일으켜 왔던 거예요.

MJ: 그렇다면 고치고 싶어요. (내담자-5회기)

• MJ의 상담자에 대한 신뢰

MJ: 솔직히 저는 상담자가 의사소통방식이나 그런 걸 다룰 거란 생각도 못했어요. 이렇게 의사소통방식 변화시키는 것에 대해선 아무도 모르잖아요? TV에선 그런 거 한 번도 본 적 없거든요. 의사소통방식에 대해 들은 건(이 상담을 통해서) 처음이었어요. 제 친구들이, "너, 대화할 때 문제가 있는 것 같아."라고는 하지만 그냥 문제라고만 하지 그걸 어떻게 다룰지는 아무도 몰랐었죠. (내담자-7회기)

- 기능적인 의사소통 연습: 정확한(명료한) 표현

아버지: 의견을 이야기할 때 구체적으로 해야 하는데, MJ는 모호하고 구체적이지 않은 표현을 써요. 너(MJ)가 더 구체적으로 이야기해야 해. 그냥 "나, 기분 나빠."라고 하는 대신에 "나를 노려봐서 불쾌해."라고. 그러면 대화를 더 길게 할 수 있어…….

MJ: 더 구체적으로 얘기하도록 할게요. (부자-8회기)

- 기능적인 의사소통 연습: 다른 사람의 말 안 끊기

어머니: (큰아들이) 좀 더 젊은 세대답게 조금 더 활기차게 살았으면 좋겠고…….

MJ: 근데…….

어머니: 엄마가 말을 할 때

상담자: 아, 잠깐만, 아드님.

MJ: 말을 끊을게요, 진짜.

상담자: 일단 엄마가 얘기할 때 끊지 말고 들으셔요.

MJ: 말을 끊고 싶어요. 진짜, 끊는 거 아는데……. (모자-10회기)

VII. 논의

이 연구는 인터넷 중독과 미흡한 의사소통기술에 대해 포괄적인 그림을 제공한다. 첫째, 부모의 원가족 특성들과 역기능적 의사소통방식은 인터넷에 중독된 성인자녀의 대인관계문제와 관련되었다. 둘째, 이 연구는 문제해결에 영향을 미치는 요인에 원가족과 표출된 문제 간의 관계에 대한 인지, 가족구성원 간의 개선된 의사소통방식, 그리고 성인자녀의 저항 극복 등이 포함된다는 것을 보여 준다. 이 연구에서 MRI 모델과 Bowen의 가족체계이론이 미흡한 의사소통기술을 가진 인터넷 중독 성인자녀에게 유용한 치료틀이 될 수 있다는 점은 주목할 만하다. [그림 4-1]과 [그림 4-2]는 인터넷 중독과 대인관계문제를 가진 성인자녀에게 영향을 미치는 요인들과 이러한 문제들을 해결하는 요인들 간의 인과관계의 네트워크를 나타낸다.

이 사례의 성인자녀의 낮은 자존감, 부모의 거절 및 통제하는 양육 태도, 낮은 가

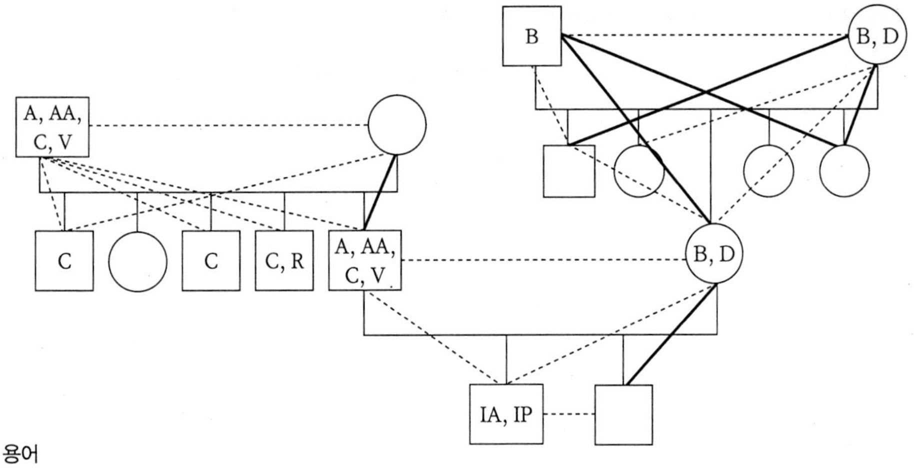

용어

A: 외도, AA: 알코올 중독, B: 흑백논리, C: 분노조절 안 됨, D: 역기능적인 의사소통방식, IA: 인터넷 중독, IP: 대인관계문제, R: 재혼, V: 폭력.

□: 남자, ○: 여자, -----: 갈등관계, ——: 밀착관계

[그림 4-1] 가계도

족 지지 등은 기존 연구결과와 일치했다(Oum, 2010). 자존감, 자기효능감, 자기통제 등 개인적 요소가 낮을수록 인터넷 중독 수준이 높다는 것이다. 또한 거절하고 통제하는 양육방식과 가족의 지지 부족은 인터넷 중독을 유발할 수 있다. 내담자의 부모는 역기능적인 의사소통방식과 비효과적인 양육태도를 보였고, 내담자의 가족은

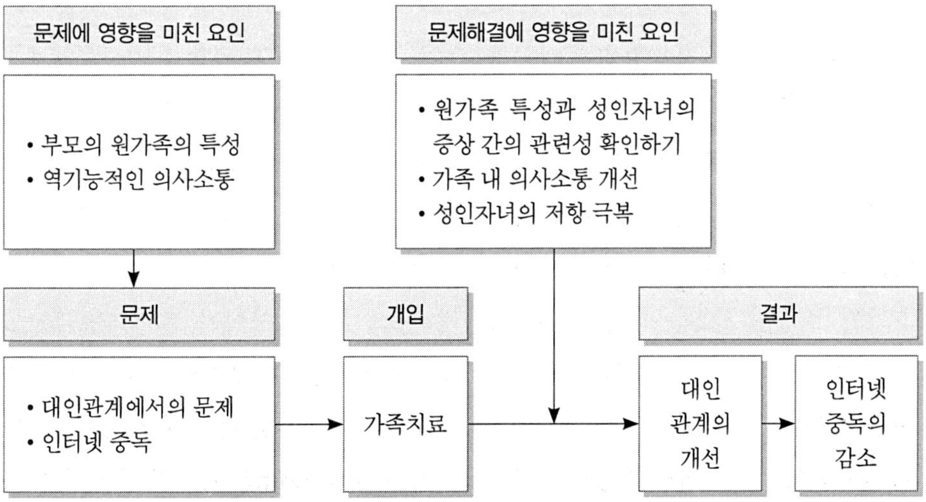

[그림 4-2] 인터넷 중독과 대인관계문제를 가진 성인자녀의 가족치료 효과 네트워크

자녀에 대한 애정, 지지, 응집력이 부족했고 큰아들인 내담자의 학업성취에 대한 기대가 높았다. Lee(2009)는 청소년의 인터넷 중독을 예방하거나 감소시키려면 가족관계 개선과 건강한 부모-자녀 의사소통이 필수적이라고 한다. 이 연구는 내담자 부모의 부부관계가 기능적으로 개선됨에 따라 내담자의 인터넷 중독이 감소했음을 보여 주는데, 이는 치료에서 가족환경 요소의 중요성을 시사한다. 이러한 연구결과는 인터넷 중독과 관련된 가족 요소의 중요성에 관한 선행연구 결과들을 지지한다(Ahmadi & Saghafi, 2013; Gunuc & Dogan, 2013; Han et al., 2012; Lee & Lee, 2006; Yan et al., 2013; Yu & Shek, 2013; Zhong et al., 2011).

상담자의 개입 후, 아버지는 자녀들에게 애정적 태도를 가지게 되었고 어머니는 자녀에 대한 과잉 간섭을 줄였다. 이에 따라 큰아들의 인터넷 중독이 감소했고, 이는 기존 연구결과들과 상응했다(Kim, 2012; Lee, 2001). 거절하고 과잉 간섭하는 양육태도는 인터넷 중독의 위험을 증가시키는 반면, 애정적 태도는 인터넷 중독과 부적인 상관관계를 가진다(Kim, 2012). 한 연구에서는 부모의 과잉 간섭이 대학생들의 인터넷 중독에 영향을 미쳤다고 보고하였다(Lee, 2001). 이 연구에서 아버지가 부정적 양육태도를 가지고 있었던 반면, 어머니는 큰아들의 삶에 지나치게 관여했었다.

이 연구결과가 보여 주듯이 인터넷 중독과 대인관계문제가 있는 성인자녀가 직면한 문제들은 부정적인 경험들이 정서적으로 축적되었다는 점과 성인자녀가 자신을 통제할 수 없었다는 점을 증명한다. 즉, 이는 Bowen의 이론에서 빌려 온 개념인 자아미분화와 감정적 단절을 의미한다. MRI의 상호작용 가족치료모델을 적용하여 성인자녀(내담자)가 표현방법을 개선하고 지속적으로 기능적 표현방식(새로운 해결책)을 촉진하는 것이 중요하다. Park과 Bae(2012)의 연구는 기능적인 표현방식, 즉 부모와 자녀 간의 솔직한 대화가 인터넷 중독 해결에 중요한 요소라는 점을 밝혔다. 따라서 이 사례연구는 부모가 큰아들(내담자)과 솔직하게 의사소통하기 시작함에 따라 내담자의 인터넷 중독이 감소되었음을 보여 준다.

한편, Bowen은 한 가족구성원이 신체적, 정서적 또는 사회적 역기능의 증상을 보이는 것은 그 가족구성원이 핵가족의 모든 구성원들의 미분화된 기능을 전부 흡수하고 있음을 나타낸다고 주장하였다(Kerr & Bowen, 1988). 이 사례에서도 큰아들이 핵가족의 역기능적인 증상들을 흡수하고 있었다. Bowen은 가족의 낮은 분화 수준이 정서적으로 역기능적인 개인을 만들어 내는 반면, 가족의 높은 분화 수준은 가족 내 역기능적 반응의 사용을 감소시킨다고 믿었다. 이러한 역기능적 반응들은 핵가족의 부모가 자신의 원가족에서 어떻게 양육되었는지에 따라 결정된다. 그러므로 이 사례연구가 보여 주듯이, 부모의 원가족의 특성들이 자녀에게, 한 세대에서 다음 세대로 전수됨으로서 자녀의 문제(증상)에 영향을 미치게 된다. 분화가 잘된 가족에서는 가족구성원들이 격하게 반응하지 않고 서로의 요구와 기대에 유연하게 대처하며 상호보완적 관계를 유지하고 가족구성원들의 상이한 의견들을 조정할 수 있다(Kerr & Bowen, 1988). 또한 이 연구결과는 가족치료를 통하여 가족구성원들이 의사소통방식에서 유연하게 변화했다는 것과 가족구성원들의 분화 수준이 향상되었음을 보여 주었다.

문화 차이에 대한 지식은 상담자와 내담자 간의 의사소통을 향상시키므로 그러한 정보에 대해 충분히 설명하는 것이 중요하다. 문화 차이에 대한 정보가 전문가와 내담자 간의 의사소통을 향상시킬 거라는 전제하에 이러한 정보를 상세하게 묘사하는 것은 중요하다. 상담자는 수치심, 간접적 의사소통 그리고 위계질서의 문화적 패턴을 존중할 수 있어야 한다(Richeport-Haley, 1998). 그러나 Haley와 Richeport-Haley(2004)의 전략적 가족치료는 치료에서 변화를 일으키는 필수 요인으로서 인종에 중점을 크게 두지 않는다. Haley와 Richeport-Haley(2004)는 가족의 구조적 변화에 중점을 둔다.

한국문화에서 부모와 자녀 간의 세대적 경계선은 확고하게 유지되어 왔다. 부모들은 자녀를 지지하고 지도해야 하며, 부모들은 과거에 비해 자녀들의 의견을 점점 더 중요하게 받아들이기는 하지만 자녀들은 자신의 나이와 상관없이 부모에게 복종하고 존중해야 한다(Kim & Ryu, 2005: 351). 일반적으로 한국의 어머니들은 아들을 소유하려고 하는 경향이 있다. 특히 특별한 관심과 보살핌을 받는 장남은 자신이 장남의 임무와 의무를 수행해야 한다는 관념을 가지고, 부모들은 이를 당연시하고 기대하여 더 많은 간섭과 요구를 하게 되고 결과적으로 더 많은 갈등을 일으키게 된다(Kim, 2001).

이 연구의 내담자는 한국문화의 이러한 가치 그리고 원가족으로부터 미분화된 어머니와의 관계에서 어려움을 겪어 반항하게 되었다. 또한 체면은 한국인에게 매우 중요한 개념이다. 그러므로 상담자가 내담자에게 중요한 정보에 대해 질문을 하는 것이 내담자의 체면을 손상시킬지에 대해 예견하는 것이 중요하다(Kim & Ryu,

2005). 따라서 이 연구에서 상담자는 부모와 자녀들의 체면을 지켜 주기 위해 그들의 문제가 부모의 원가족으로부터의 미분화문제에서 비롯되었다고 설명하였다. 더불어 상담자는 부모와 자녀들이 문제를 해결하려고 시도했던 방식이 비효과적이었고 부모의 원가족으로부터 전수된 의사소통방식의 결과였다는 점을 분명히 하여 그들의 체면을 지켜 주려고 노력하였다.

전반적으로, 이 사례연구 결과는 인터넷 중독과 관련된 심리적 요인은 불안(Kim, 2006)과 정서표현(Byun & Joe, 2011)이라는 것을 밝혔다. 사례 분석 결과는 정서적 문제를 가진 사람이 인터넷 중독자가 될 확률이 더 높다는 기존 연구결과들(Iftene & Roberts, 2004; Kim & Davis, 2009; Morgan & Cotten, 2003; Park et al., 2009; Young, 1998)과 일치한다는 것을 보여 주었다. 이 연구들과 더불어 다른 연구는 정서적 요인들이 인터넷 중독에 상당한 영향을 미친다는 점을 밝혔는데, 정서적 요인들은 정신 기능뿐만 아니라 사고와 행동을 통제한다(Greenberg & Paivio, 2003). 이 연구에서 내담자는 정서표현에 어려움을 겪었고, 이는 Kwon(2011)이 주장하였듯이 정서표현성과 대인관계문제에는 부적 상관관계가 있다는 점을 시사한다. 그리고 Kim(2012)은 적응적 정서조절 능력이 향상됨에 따라 인터넷 중독의 위험성이 감소한다고 보고하였다. Kim(2012)의 연구결과와 마찬가지로 이 연구결과는 내담자의 정서적 조절능력이 향상됨에 따라 그의 인터넷 사용이 감소하였음을 보여 주었다. 따라서 이 연구결과는 대인관계문제 해결에 있어서 기능적인 정서적 표현방식이 얼마나 중요한가를 보여 주고 있다.

이 연구는 단일사례연구로서 연구결과를 일반화시키기에는 한계가 있다. 하지만 인터넷 중독과 대인관계문제를 가진 젊은 성인에 대한 가족치료 사례연구는 거의 없는 실정이다. 이 질적 연구결과는 부모의 원가족과 부모의 역기능적 의사소통방식이 성인자녀의 인터넷 중독과 관련이 있다는 점을 제시한다(Malygin et al., 2013; Tafa & Baiocco, 2009). 뿐만 아니라 이 연구결과는 인터넷 중독과 대인관계의 문제를 가지고 있는 내담자와 가족구성원들에게 부모의 원가족의 특성을 인식시키고 부모와 자녀들의 의사소통방식을 변화시킴으로서 가족구성원들 모두에게 긍정적인 변화를 이끌어 낼 수 있다는 것을 보여 준다. 또한 이 연구를 통해 내담자가 치료과정에서 저항을 극복할 때 자기인식과 행동의 변화가 일어난다는 점을 알 수 있다.

이 질적 사례연구는 인터넷 중독과 대인관계의 문제를 가지고 있는 내담자에 대한 연구와 개입전략의 잠재적 방법을 조명하였다. 젊은 성인의 인터넷 중독의 예방과 치료 그리고 건강한 관계 형성을 위해 부모 교육, 가족상담, 그리고 의사소통 훈련에 대한 더 많은 연구가 필요하다(Eijnden et al., 2010; Kalmus et al., 2013; Liddle, 2010). 이러한 개입에서 상담자는 가족이 시도했던 해결책을 탐색하는 것과 가족체계적 관점을 유지하며 내담자가 기존의 해결책을 새롭고 효과적인 해결책으로 대체하도록 장려하는 것이 필수적이다. 또한 내담자의 증상 발달과 관련된 가족체계 요인들을 탐색해야 한다(Tafa & Baiocco, 2009). 우리들은 후속 연구를 통해 이 연구에서는 다루어지지 않은 인터넷 중독에 영향을 미치는 다른 심리적 요인들을 연구하고, 인터넷 중독 감소 효과를 매개하거나 중재하는 심리사회적 및 사회인구학적 요인들을 탐색하고, 다른 치료방법을 적용하는 추후 연구를 기대한다.

참고문헌

Ahmadi, K., & Saghafi, A. (2013). Psychosocial profile of Iranian adolescents' internet addiction. *Cyberpsychology, Behavior, and Social Networking, 16*(7), 543-548.

American Psychiatric Association (2013). *Diagnostic and statistical manual of mental disorders* (5th ed.). Arlington, VA: American Psychiatric Publishing.

An, J. Y. (2008). *The relationship between psychological environment of home and internet game addiction disposition on adolescents: the moderate effect of interpersonal relationship skills*. (Master's Thesis, Dongshin University, Jeollanamdo, Korea). Retrieved from http://www.riss.kr/link?id=T11466958.

Bowen, M. (2008). *Family therapy in clinical practice*. New York: Rowman & Littlefield.

Brown University Child & Adolescent Psychopharmacology Update (11th ed.). (2009). USA: John Wiley & Sons.

Byun, S. Y., & Joe, H. I. (2011). 정서경험과 정서표현성 및 이용동기가 인터넷 중독, 휴대폰 중독에 미치는 영향 (The effect of emotional experience, emotional expressiveness, and use of motivation on addiction to internet and cellular phone). 인간이해 (*Understanding People*), *32*(1), 119-133.

Çardak, M. (2013). Psychological well-being and internet addiction among university students. *Turkish Online Journal of Educational Technology, 12*(3), 134-141.

Cheng, S. Y. L., & Ko, A. W. S. (2010). Youth internet addiction: The importance of preventive education. *Journal of Youth Studies, 13*(2), 74-85.

Cho, S. M., Sung, M. J., Shin, K. M., Lim, K., & Shin, Y. M. (2013). Does psychopathology in childhood predict Internet addiction in male adolescents? *Child Psychiatry & Human Development, 44*(4), 549-555.

Cho, Y. J., & Park, J. H. (2005). 대학생의 개체화 유형과 대인관계문제에 관한 연구 (Individuation and interpersonal problems of college students). 인간발달연구 (*The Korean Journal of Human Development), 12*(3), 89-108.

Choi, H. S., & Ha, J. C. (2011). 대학생의 인터넷 중독 유발 요인에 관한 연구 (A study on the factors inducing internet addiction of college students). 한국 데이터정보과학회지 (*Journal of the Korean Data & Information Science Society), 22*(3), 437-448.

Derbyshire, K. L., Lust, K. A., Schreiber, L. R. N., Odlaug, B. L., Christenson, G. A., Golden, D. J., & Grant, J. E. (2013). Problematic internet use and associated risks in a college sample. *Comprehensive Psychiatry, 54*(5), 415-422.

Dimitri, A. C., Megan, M. M., Lauren, J., Mon, T. M., & Chuan, Z. (2011). Problematic internet usage in US college students: A pilot study. *BMC Medicine, 9*(1), 77-82.

Eijnden, R. J. J. M., Spijkerman, R., Vermulst, A. A., Rooij, T. J., & Engels, R. C. M. E. (2010). Compulsive internet use among adolescents: Bidirectional parent-child relationships. *Journal of Abnormal Child Psychology, 38*(1), 77-89.

Goel, D., Subramanyam, A., & Kamath, R. (2013). A study on the prevalence of internet addiction and its association with psychopathology in Indian adolescents. *Indian Journal of Psychiatry, 55*(2), 140-143.

Goldenberg, H., & Goldenberg, I. (2012). *Family therapy: An overview*. Belmont, CA: Brooks/Cole.

Greenberg, L. S., & Paivio, S. C. (2003). Working with emotions in psychotherapy. New York: The Guilford Press.

Gunuc, S., & Dogan, A. (2013). The relationships between Turkish adolescents'Internet addiction, their perceived social support and family activities. *Computers in Human Behavior, 29*(6), 2197-2207.

Haley, J. (1995). *Workshop on directive therapy*. New Orleans.

Haley, J., & Richeport-Haley, M. (2004). The art of strategic therapy. New York: Brumner Routledge.

Hall, A. S., & Parsons, J. (2001). Internet addiction: College student case study using best practices in cognitive behavior therapy. *Journal of Mental Health Counseling, 23*(4), 312-327.

Han, D. H., Kim, S. M., Lee, Y. S., & Renshaw, P. F. (2012). The effect of family therapy on the changes in the severity of on-line game play and brain activity in adolescents with on-line game addiction. *Psychiatry Research-Neuroimaging, 202*(2), 126-131.

Hwang, S. G., & Du, J. Y. (2011). 단일체계설계를 활용한 청소년 인터넷 중독 기숙형 치료학교의 효과성 평가 (The effectiveness evaluation of the residential treatment program for internet-addicted adolescents). **정신보건과 사회사업** (*Mental Health & Social Work), 37*, 145-188.

Iftene, F., & Roberts, N. (2004). Internet use in adolescents: Hobby or avoidance? *Canadian Journal of Psychiatry, 49*(11), 789-790.

Jordan, N. A. (2012). Video games: Support for the evolving family therapist. *Journal of Family Therapy*, doi:10.1111/j.1467-6427.2012.00593.x.

Kalmus, V., Blinka, L. & Ólafsson, K. (2013). *Does it matter what mama says: Evaluating the role of parental mediation in European adolescents'excessive internet use*. Children & Society, doi:10.1111/chso.12020.

Kerr, M. E., & Bowen, M. (1988). *Family evaluation*. New York: Norton & Company.

Kim, B. L. C., & Ryu, E. (2005). Korean families. In McGoldrick, M., Giordano, J., & Garcia-Preto, N. (Eds.), *Ethnicity & family therapy* (pp. 349-362). New York: Guilford Press.

Kim, B. S., & Chung, E. H. (2004). 인터넷 채팅 중독 청소년의 공격성, 사회적 지지 지각 및 인지적 대인문제 해결능력 간의 관계 (The relationships of aggression, perceived social support and cognitive abilities of interpersonal problem solving of adolescents among addiction to internet chatting). **청소년상담연구** (*The Korean Journal of Youth Counseling), 12*(1), 91-99.

Kim, H. J. (2001). **장남과 그의 아내** (*The firstborn son and his wife)*. Seoul, Korea: Saemulgyel Press.

Kim, H. J. (2012). *The effect on adolescent's internet addiction by their parental attitude and cognitive emotional regulation and interpersonal relationship disposition*. (Master's Thesis, Hanyang University, Seoul, Korea). Retrieved from http://www.riss.kr/link?id=T12685671.

Kim, H. K., & Davis, K. E. (2009). Toward a comprehensive theory of problematic internet use: Evaluating the role of self-esteem, anxiety, flow, and self-rated importance of internet activities. *Computer in Human Behavior, 25*(2), 490-500.

Kim, K. S. (2009). *The parents-related factors prediction model for internet game addiction of adolescence*. (Doctoral Dissertation, Chung-ang University, Seoul, Korea). Retrieved from http://www.riss.kr/link?id=T11738045.

Kim, Y. H. (2006). *Construction of a model of internet-addicted adolescents' mental health*. Seoul, Korea: Doctoral Dissertation, Chung-ang University. Retrieved from http://www.riss.kr/link?id=T10348167.

Kooraki, M., Yazdkhasti, F., Ebrahimi, A., & Oreizi, H. R. (2012). Effectiveness of psychodrama in improving social skills and reducing Internet addiction in female students. *Iranian Journal of Psychiatry & Clinical Psychology, 17*(4), 279-288.

Kwon, J. H. (2011). 정서인식의 명확성과 정서표현성 및 대인관계문제와의 관계 (The relationship between emotional clarification, emotional expressiveness, and interpersonal relationship problems). **상담평가연구** (*Journal of Evaluation on Counseling*), *4*(1), 37-49.

Lee, J. H. (2005). *The effect of internet environment variable and mediating variable on internet addiction disposition*. (Doctoral Dissertation, Sookmyung University, Seoul, Korea). Retrieved from http://www.riss.kr/link?id=T10210868.

Lee, K. W. (2001). *The study on internet addiction of adolescent*. (Doctoral Dissertation, Ewha Women's University, Seoul, Korea). Retrieved from http://www.riss.kr/link?id=T8156536.

Lee, M. S., & Lee, K. M. (2006). 인터넷 중독 수준에 따른 부모-자녀 간 의사소통 및 학교 적응 차이 (A study of the influence of internet addiction on parent-adolescent communication and school adjustment). **교육과학연구** (*Ewha Journal of Educational Research*), *37*(3), 1-23.

Lee, S. H., Lee, S. Y., Kim, E. J., & Oh, S. G. (2000). **청소년의 인터넷 중독과 자녀교육** (*Adolescent's internet addiction and the education of children*). Seoul, Korea: Samsung Life Public Welfare Foundation.

Lee, S. J. (2008). 청소년의 심리, 사회적 변인이 인터넷 중독성향에 미치는 영향: 다변량 잠재성장 모형분석 (The study on the interrelations of psychological and social variables with internet addiction among Korean adolescents: Latent growth modeling analysis).

한국심리학회지-학교 (*The Korean Journal of School Psychology*), *5*(2), 175-192.

Lee, Y. S. (2009). *The effects of family relationship on adolescent's internet addiction*. Seoul, Korea: Master's Thesis, Kwangwoon University. Retrieved from http://www.riss.kr/link?id=T11615551.

Lerner, H. G. (1989). *The Dance of Intimacy*. New York: Harper Collins.

Leslie, S. G., & Sandra, C. P. (2003). *Working with Emotions in Psychotherapy*. New York: Guilford Publications.

Liddle, H. A. (2010). Multidimensional family therapy: A science-based treatment system. *Australian & New Zealand Journal of Family Therapy, 31*(2), 133-148.

Liddle, H. A. (2013). *Multidimensional family therapy for adolescent substance abuse: A developmental approach*. Interventions For Addiction, 87-96. Elsevier Inc.

Liu, C., Liao, M., & Smith, D. C. (2012). An empirical review of internet addiction outcome studies in China. *Research on Social Work Practice, 22*(3), 282-292.

Macartney, J. (2008). *Internet addiction made an official disorder in China*. Retrieved June 20, 2013, from http://www.timesonline.co.uk/tol/news/world/asia/article5125324.ece.

Malygin, V., Smirnova, E., Antonenko, A., & Merkurieva, Y. (2013). Communication style in families of adolescents suffering from computer addiction. *European Psychiatry, 28*, 1.

Miles, M. B., Huberman, A. M., & Saldaña, J. (2014). *Qualitative data analysis: A methods sourcebook*. Thousand Oaks, CA: Sage.

Moon, H. S., Kim, O. H., Go, Y. S., & Bae, S. M. (2011). 인터넷 중독 청소년에 대한 해결중심 상담프로그램의 치료효과 연구 (Effectiveness of solution-focused group counseling for adolescents with internet addiction). 한국 가족치료학회지 (*Journal of Korean Family Therapy), 19*(3), 123-140.

Morgan, C., & Cotten, S. (2003). The relationship between internet activities and depressive symptoms in a sample of college freshman. *Cyberpsychology and Behavior, 6*(2), 133-142.

Murali, V., & George, S. (2007). Lost online: An overview of internet addiction. *Advances in Psychiatric Treatment, 13*(1), 24-30.

Oum, O. Y. (2010). 청소년의 인터넷 중독에 영향을 미치는 생태체계 요인에 관한 연구 (A study on eco-systemic factors influencing juvenile's internet addiction). 21세기 사회복지연구 (*Korean Journal of 21Century Social Welfare*), *7*(1), 171-190.

Park, J. K., & Bae, S. M. (2012). 인터넷 사용동기, 부모-자녀 의사소통 및 심리, 정서적 문제가 초기 성인기 집단의 인터넷 중독에 미치는 영향 (The effects of internet use motivation, parent-child communication and psychological/emotional problem on internet addiction for early adults). **한국심리학회지-일반** (*The Korean Journal of Psychology*), *31*(2), 419-434.

Park, K. A., Kim, H. S., Lee, H. J., & Kim, O. H. (2009). 가족과 개인변인이 청소년의 인터넷 중독에 미치는 영향 (The effect of family and personal variable of internet- addicted young adults). **한국심리학회지-건강** (*Korean Journal of Health Psychology*), *14*(1), 41-51.

Park, S. K., Kim, J. Y., & Cho, C. B. (2009). Prevalence of Internet addiction and correlations with family factors among South Korean adolescents. *Family Therapy: The Journal of the California Graduate School of Family Psychology, 36*(3), 163-177.

Park, S. O., & Yun, S. O. (2003). 초등학생의 인터넷 중독과 사회적응력과의 관계 (A study on the relationship between the internet addiction and social adjustment ability of elementary students). **학생생활연구** (*Journal of Student Guidance*), *12*, 110-132.

Park, T. Y. (2001). **가족치료 이론의 적용과 실천** (*Family therapy theories and practice*). Seoul, Korea: Hakjisa Press.

Prochaska, J. O., & Norcross, J. C. (2009). *Systems of psychotherapy: A transtheoretical analysis*. Belmont, CA: Brooks/Cole.

Richeport-Haley, M. (1998). Ethnicity in family therapy: A comparison of brief strategic therapy and culture-focused therapy. *The American Journal of Family Therapy, 26*(1), 77-90.

Romano, M., Osborne, L. A., Truzoli, R., & Reed, P. (2013). Differential psychological impact of internet exposure on internet addicts. *PLOS One, 8*(2), 1-4.

Shaw, M., & Black, D. W. (2008). Internet addiction: definition, assessment, epidemiology and clinical management. *CNS Drugs, 22*(5), 353-365.

Sim, O. N. (2008). *Investigation into variables which affect college students' internet addiction*. Kangwon, Korea: Doctoral Dissertation, Kangwon National University. Retrieved from http://www.riss.kr/link?id=T11205196.

Sim, T., Gentile, D. A., Bricolo, F., Serpelloni, G., & Gulamoydeen, F. (2012). A conceptual review of research on the pathological use of computers, video games, and the Internet. *International Journal of Mental Health & Addiction, 10*(5), 748-769.

Tafa, M., & Baiocco, R. (2009). Addictive behavior and family functioning during adolescence. *American Journal of Family Therapy, 37*(5), 388-395.

Wang, L., Luo, J., Bai , Y., Kong, J., Luo, J., Gao, W., & Sun, X. (2013). Internet addiction of adolescents in China: prevalence, predictors, and association with well-being. *Addiction Research & Theory, 21*(1), 62-69.

Watzlawick, P., Beavin, J. H., & Jackson, D. D. (1967). *Pragmatics of human communication: A study of interactional patterns, pathologies, and paradoxes*. New York: W. W. Norton.

Watzlawick, P., Weakland, J. H., & Fisch, R. (1974). *Change: Principles of problem formation and problem resolution*. New York: W. W. Norton.

Yan, W., Li, Y., & Sui, N. (2013). *The relationship between recent stressful life events, personality traits, perceived family functioning and internet addiction among college students. Stress and Health*, doi:10.1002/smi.2490.

Yang, C. Y., Sato, T., Yamawaki, N., & Miyata, M. (2013). Prevalence and risk factors of problematic Internet use: A cross-national comparison of Japanese and Chinese university students. *Transcultural Psychiatry, 50*(2), 263-279.

Yee, N. (2006). The demographics, motivations and derived experiences of users of massively multi-user online graphical environments. *Teleoperators & Virtual Environments, 15*(3), 309-329.

Young, K. S. (1998). Internet addiction: The emergence of a new clinical disorder. *Cyberpsychology and Behavior, 1*(3), 237-244.

Young, K. S. (2011). CBT-IA: The first treatment model for Internet addiction. *Journal of Cognitive Psychotherapy, 25*(4), 304-312.

Yu, L., & Shek, D. T. (2013). Internet addiction in Hong Kong adolescents: A three-year longitudinal study. *Journal of Pediatric and Adolescent Gynecology, 26*(3), S10-S17.

Zhong, X., Zu, S., Sha, S., Tao, R., Zhao, C., Yang, F., Li, M., & Sha, P. (2011). The effect of a family-based intervention model on Internet-addicted Chinese adolescents. *Social Behavior & Personality: An International Journal, 39*(8), 1021-1034.

제 2 부

국내 논문

5장

가족치료 사례에 나타난 생애주기별 신경성 폭식증의 진행단계와 가족요인에 관한 질적 연구

김영애 · 문정화 · 박태영

이 연구의 목적은 신경성 폭식증을 가진 내담자에 대한 가족치료 사례를 중심으로 생애주기별 신경성 폭식증의 진행단계와 신경성 폭식증에 영향을 미친 가족요인을 살펴보는 데 있다. 이 연구는 총 11회기 동안 내담자와 가족을 대상으로 진행된 상담축어록을 중심으로 질적 분석 방법을 활용하여 주요 개념들을 도출하였다. 이 연구결과 생애주기별 신경성 폭식증의 진행단계는 영유아기 애착불안 형성단계, 아동기 자아의 억압에 따른 심리적 허기단계, 청소년기 스트레스와 심리적 갈등의 증폭단계, 그리고 성인초기 부정적 감정해소를 위한 보상적 행위단계로 분석되었다. 또한 신경성 폭식증에 영향을 미친 가족요인의 특성으로는 만성적 부부갈등과 불안한 분위기, 정서적 미분화와 희생양 역할, 정서적 불안과 불만을 야기하는 어머니의 독단적 의사소통방식으로 분석되었다. 이와 같은 연구결과는 신경성 폭식증은 생애주기에 따라 점진적인 진행단계를 거쳐 발생

김영애, 문정화, 박태영(2017). 가족치료사례에서 나타난 생애주기별 신경성 폭식증의 진행단계와 가족요인에 관한 질적연구. 정신보건과 사회사업, 45(3), 35-63.

하므로 가족치료과정에서 내담자가 생애주기 동안 경험한 유의미한 사건과 문제들을 통합적으로 고려해야 할 필요성을 보여 주었다. 또한 이 연구결과는 신경성 폭식증의 발생요인에 대한 개인적 접근뿐만 아니라 가족체계적 접근의 필요성과 신경성 폭식증으로 어려움을 겪는 내담자와 가족들을 위한 임상적 개입방안을 제시하였다.

I. 서론

섭식장애는 신경성 폭식증과 신경성 식욕부진증 등으로 구분되는 정신질환으로 성인초기 여성에게서 주로 발병하고 미국의 경우 여성의 신경성 폭식증의 유병률이 1~1.5%로 나타났다(American Psychiatric Association, 2013). 우리나라의 정신질환실태 역학조사에서 신경성 폭식증의 유병률은 0.1%로 미국보다는 다소 낮은 편이다(보건복지부, 2011). 그러나 건강보험심사평가원(2013)에 따르면 성별 대비 섭식장애로 진료를 받은 여성은 79.8%로 남성보다 4배가 높고, 진료 환자는 2008년 10,940명에서 2012년 13,002명으로 무려 19%나 증가하면서 사회적인 문제로 대두되고 있다. 섭식장애는 치료가 어려운 신경정신과적 문제로 악화될 수 있는데, 특히 신경성 폭식증 환자에게서 자살위험이 증가하는 추세이므로 문제의 심각성을 예측할 수 있다(권석만, 2003; 민성길, 2015; American Psychiatric Association, 2013).

이처럼 점차적으로 심각해지는 신경성 폭식증의 발병원인은 현재까지 정확하게 밝혀지지 않았지만 개인적 요인, 생물학적 요인, 사회문화적 요인 그리고 가족적 요인이 영향을 미친다고 나타났다(안미경, 최승원, 2012; 김인혜, 이영호, 2014; Melanie et al., 1984; Laliberte et al., 1999; Polivy & Herman, 2002; Tylka & Subich, 2004; Treasure et al., 2008; Treasure et al., 2010).

개인적 측면에서 폭식증 환자들이 폭식과 관련된 일련의 행위를 하는 것은 충동성, 우울, 불안 등과 관련이 있는 것으로 나타났다. 폭식증과 관련된 인지행동적 측면을 강조한 연구에서는 체형과 체중에 대한 왜곡된 인식이 폭식증을 발생시키는 핵심요인이고 완벽주의와 이분법적 사고방식이 증상을 지속시키거나 악화시킨다고 하였다(임소영, 오수성, 2008). 생물학적 측면에서는 신경전달물질과 뇌와 관련된 문제로 폭식증이 발병한다고 보았다(민성길, 2015). 사회문화적 측면에서는 대중매

체에서 비정상적으로 마른 몸매를 이상적인 체형으로 제시하고 외모지상주의를 지칭하는 루키즘(lookism) 현상이 나타나면서 청소년과 젊은 여성들이 극단적인 다이어트를 시도한다고 보았다(Silverstein et al., 1986).

한편, 가족적 요인과 관련해서는 가족력에 근거를 둔 유전적인 문제와 개인의 성장과정에서 경험한 부정적인 경험들이 폭식증에 영향을 미쳤다고 하였다(민성길, 2015). 가족관계적 요인에서는 가족 간의 갈등과 비응집성 등이 섭식장애의 발병과 지속에 영향을 미치는 것으로 나타났다(Kog & Vandereycken, 1989; Grissette & Norvell, 1992). 특히 폭식행동은 부모와 자녀 간의 정서적인 융합과 역기능적인 의사소통방식과 관련이 있다(안미경, 최승원, 2012; Schwartz et al., 1985; Felker & Stivers, 1994; Massing et al., 1994; Wagener & Much, 2010).

섭식장애가 외관상으로는 개인적인 특성으로 발병하는 것 같지만, 개인의 성격을 형성하는 그 기저에는 가정환경과 가족관계적 요인이 중요한 변수로 영향을 미치기 때문에 증상발병의 원인을 개인적인 요인에 초점을 두는 것은 단선적인 접근일 수 있다. 또한 신경성 폭식증이 주로 특정한 시기에 발병된다고 하지만(American Psychiatric Association, 2013), 선행연구에서 섭식장애는 불안정한 애착관계와 관련이 있다고 하였다(김정내, 임성문, 2007). Armstrong과 Roth(1989)의 연구에서 섭식장애자의 96%가 주 양육자와 불안정한 애착관계로 나타났다. 유아는 병리적인 애착관계에서 불안을 느끼고 이것은 개인의 성장과정에 지속적으로 부정적인 영향을 미치면서 스트레스 상황에서 심리적인 안정을 위해 폭식행동을 유발한다. 이처럼 신경성 폭식증은 특정한 시점에서 우연히 발병되는 것이 아니라 일련의 과정을 통해 발현되는 경향이 있다. 그러나 기존의 섭식장애와 관련된 연구는 특정한 발달단계에 있는 대상자의 개인적인 요인에 초점을 둔 양적 연구였다(문소현 외, 2009; 손은정, 2011). 특히 섭식장애 환자를 대상으로 실시한 자기보고식 검사지에 의한 통계자료는 개별화된 연구결과를 기대하기 어렵다(Jacob & Tennenbaum, 1988).

따라서 이 연구에서는 신경성 폭식증이 있는 내담자를 대상으로 생애주기에 따른 신경성 폭식증의 진행단계와 신경성 폭식증에 영향을 미친 가족요인을 탐색하였다. 이 연구결과를 통해 연구자는 신경성 폭식증으로 어려움을 겪고 있는 내담자와 가족을 지원하기 위한 효과적인 가족치료적 개입방안을 모색하고자 하였다.

Ⅱ. 문헌고찰

1. 신경성 폭식증의 특성과 진행단계

신경성 폭식증(Bulimia Nervosa)은 비정상적인 음식섭취와 관련된 정신질환으로서 청소년기와 성인초기의 여성에게서 발병되는 경향이 높다. 신경성 폭식증 환자는 과도하게 음식을 섭취한 후에 체중증가에 대한 심리적인 불안을 해소하기 위해 금식, 이뇨제 투여, 관장약 복용, 과도한 운동 등과 같은 행위를 하는데 대부분의 환자들은 폭식 후에 자기유도로 인한 구토행동을 한다(김율리, 2013). 구토는 폭식으로 인한 불쾌감을 해소하고 체중증가에 대한 두려움을 감소시키는 효과가 있어서 신경성 폭식증 환자들이 빈번하게 사용하는 보상행동이다(이삼연, 2004). 이로 인해 신경성 폭식증 환자는 다른 섭식장애 환자와는 달리 정상체중을 유지하면서 개인적인 공간에서 폭식제거행동을 하기 때문에 주위 사람들에게 쉽게 발견되지 않아서 증상이 지속되거나 악화될 가능성이 높다(이삼연, 2004; Thompson et al., 1987).

신경성 폭식증 환자의 개인적인 특성은 낮은 자아존중감, 높은 자기기대감, 스트레스 그리고 대인관계에서 어려움을 겪는 것으로 나타났다(김하영, 박기환, 2009; 이현지, 하은혜, 2014; Katzman & Wolchik, 1984; Grissette & Norvell, 1992; Wolff et al., 2000; Fairburn et al., 2003; Lilenfeld et al., 2006; Fairburn, 2008).

이러한 연구결과를 통해 일상생활에서 받는 스트레스와 심리적인 문제는 폭식행동과 상호관련이 높다는 것을 알 수 있다(Wiederman & Pryor, 2000). 즉, 신경성 폭식증은 일상생활에서 발생하는 스트레스와 부정적 정서를 초래하는 문제상황을 회피하기 위한 비효율적인 대처기제의 결과라고 볼 수 있다. 그러나 이러한 문제상황에서 사용했던 대처방식은 오히려 부정적인 자기인식을 강화시켜 폭식행위를 지속시키는 악순환을 반복하는 데 영향을 준다(이지영, 권석만, 2006).

한편, 신경성 폭식증은 주로 청소년기에 발병하지만 발달단계적 진행과정을 고려해야 한다는 주장도 있다(Kotler et al., 2001). 선행연구에서 섭식장애는 애착이론과 관련이 있는데(김정안, 2012; Armstrong & Roth, 1989), 어린 시절의 불안정한 애착관계가 섭식장애에 영향을 주었다. 백명은(2013)이 초등학교 저학년을 대상으로 연구한 결과, 부적절한 식습관을 가진 여학생이 다이어트에 대한 관심이 높고, 참여학생 중 44%가 실제로 다이어트를 경험하였다. 이와 같은 연구결과는 아동기 때 형성된 섭식문제가 외모와 체형에 관심이 많은 청소년과 성인초기의 여성들의 심리와 신체적 요인에 영향을 주면서 결국 섭식문제가 심각해질 수 있다는 것을 의미한다. 이처럼 신경성 폭식증은 특정시기에 갑자기 발병되는 것이 아니라 생애주기에 따라 점진적인 진행단계를 거치는 것을 알 수 있다.

2. 신경성 폭식증과 가족요인

섭식장애는 심각한 수준의 혼란된 섭식행동을 주된 특징으로 보이는 심리적 장애로서 초기 연구들에서는 모녀관계에 초점을 두고 연구가 진행되었지만(Ogden & Steward, 2000) 점차 가족요인과 관련된 다양한 연구들이 나타났다. 폭식증 환자의 가족특성은 부모-자녀, 부부 그리고 부모와 조부모와의 관계에서 갈등이 심각했고, 가족들 간에 공격적인 감정표현, 다툼과 불화, 관계단절, 별거와 이혼 등이 잦았다(Diebel-Braune, 1991). 가족 내에서 폭식증 환자는 부모에게서 충분한 관심과 신뢰를 받지 못하고 인정에 대한 욕구가 무시되고(Reich, 2001), 부모에 의해 사생활과 정서가 무례하게 침해당한다고 나타났다(Schwartz et al., 1985).

이처럼 가족요인은 신경성 폭식증에 영향을 미치는 중요한 변인으로서, 특히 가족구성원들 간의 역기능적인 의사소통방식은 환자의 섭식행동과 깊은 관련이 있다(Larson, 1991). 즉, 신경성 폭식증 환자가 있는 가족은 감정표현에서 역기능적인 특성을 보이는데, 특히 정서적인 관여와 원만한 감정표현의 어려움이 나타났다(Felker & Stivers, 1994). Dare와 Eisler(1995)는 신경성 식욕부진증이 자녀를 과잉보호하는 어머니의 양육태도와 자녀와의 분리를 두려워하는 어머니의 심리적 특성과 관련이 있다고 하였다. 이처럼 가족요인은 한 개인의 생애 전반에 직접적인 영향을 미친다는 것을 알 수 있다.

3. 신경성 폭식증과 가족치료

신경성 폭식증의 발병에 영향을 미치는 다양한 원인 중에서, 특히 가족체계의 특성은 신경성 폭식증과 식욕부진증을 포함하는 섭식장애의 생성과 발달에 직접적인 영향을 미치는 주된 요인이라는 것을 알 수 있다. 이는 신경성 폭식증을 개인적인 특성에 의한 병리적 증상으로 국한시킬 수 없으며, 가정환경적 요인이 신경성 폭식증의 근본적인 원인이 될 수 있다는 것을 보여 준다. 이와 같은 내용은 신경성 폭식증의 치료적 개입에 있어서도 가족요인을 심도 있게 고려해야 할 필요성을 시사한다. 실제로 섭식장애와 관련된 기존의 연구들을 살펴볼 때 신경성 식욕부진증을 치료하는 데 가족치료가 매우 효과적이라고 하였다(Le Grange & Schwartz, 2003; Rhodes et al., 2009; Robin, 2003; Dallos, 2001). Minuchin의 구조적 가족치료모델을 적용한 사례에서도 참여자의 85%가 신경성 식욕부진증에서 회복되는 긍정적인 결과를 도출하였다(Minuchin et al., 1975; Minuchin et al., 1978). 이 외에도 이러한 기존 연구들을 통해 섭식장애를 치료하는 데 있어서 가족치료적 개입이 효과적이고(Russell et al., 1987; Eisler et al., 2000), 가족치료의 성공률이 평균 60% 이상이라고 보고하였다(Treasure et al., 2003). Rhodes 등(2009)은 섭식장애 환자가 있는 부모를 대상으로 Maudsley 모델을 적용하였다. 이 모델은 이야기치료에서 파생되었고 상담자는 섭식장애를 가진 새로운 부모와 치료를 마친 부모를 공동으로 면담하면서 가족의 문제를 탐색하거나 해결하는 데 초점을 두는 것이 아니라 두 부모 간에 연대감이 형성되도록 돕는 방법을 사용하는데 이러한 가족치료적 접근방법이 섭식장애를 가진 환자들에게 효과적이라고 나타났다(Lock et al., 2001; Rhodes et al., 2009). 가족치료에서 상담자는 체계적인 관점에 입각하여 섭식장애 환자와 가족 그리고 주변환경에 대한 정보를 수집하여 내담자의 증상에 대한 맥락을 다루고 가족구성원들에게 섭식장애와 관련된 교육과 정보를 제공한다. 이처럼 가족치료는 체계적인 관점에 초점을 두고 치료를 진행하여 섭식장애를 완화시키면서 효과성이 높은 것으로 나타났다.

III. 가족치료의 이론적 준거틀

1. Bowen의 가족체계이론

Bowen은 가족구성원이 정서적으로 융합될수록 감정적으로 행동하기 때문에 미분화된 가족자아에서 분리되도록 자아분화 수준을 높이는 것에 초점을 두었다(Kerr & Bowen, 1988). 자아분화 수준은 결혼생활에 영향을 미치는데 원가족에서 미분화된 사람은 배우자와 정서적으로 융합된 관계를 형성하면서 불안을 감소시킨다(김혜숙, 2008). 그러나 이러한 부부는 인간 안에 공존하는 개별성와 연합성이라는 상충된 욕구로 인해 갈등이 생기면 특정 자녀를 부부관계에 개입시켜 불안한 정서적인 관계에서 안정을 찾는다(김정택, 심혜숙, 1992). 따라서 부모와 삼각화가 형성된 자녀는 부모의 투사대상이 되므로 자아분화 수준이 낮은 경향을 보인다(Kerr & Bowen, 1988). 반면, 부모는 자녀와의 삼각관계와 투사과정을 통해 자신의 감정반사행동을 자녀에게 대물림함으로써 자녀는 부모로부터 내면화된 감정방식을 사용하면서 부모보다 낮은 자아분화 수준을 형성하게 된다(Kerr & Bowen, 1988). 따라서 자아분화 수준이 낮은 사람일수록 부부갈등이 높고 불명확한 의사표현을 하거나 대인관계에서 의사소통을 단절하는 경향이 나타난다(제석봉, 1989; 한영숙, 2007). 한편, 가족체계이론에서는 개인의 부적응행동과 증상은 낮은 자아분화 수준이 원인이므로 대부분의 가족문제는 가족구성원이 원가족으로부터 심리적으로 미분화되었거나 가족체계적인 문제로 발생한다고 본다(이종원, 2013; Bowen, 1985). 따라서 이 사례에서 상담자는 가족체계이론을 근거로 하여 내담자의 핵가족과 부모의 원가족 경험을 탐색하면서 내담자의 신경성 폭식증은 개인적인 문제로 발병된 것이 아니라 만성적인 부모갈등으로 인한 모녀간의 삼각관계와 어머니와 내담자의 정서적 융합 등이 영향을 미쳤다는 것을 알 수 있었다.

2. MRI의 상호작용적 가족치료모델

MRI의 모델은 가족구성원 간의 의사소통방식에 초점을 두고 단기적으로 치료하는 방식이다. 이 모델에서 내담자의 문제가 지속되는 원인은 문제를 해결하기 위해서 사용한 방식이 내담자의 문제를 악화시키기 때문이다(김정택, 1990). 따라서 전략적 상담자들은 문제가 악순환되는 과정을 설명하기 위해 긍정적 피드백 고리라는 개념을 사용하였다(Nichols, 2012). 일반적으로 문제가 발생하면 가족구성원은 상식적인 수준이지만 잘못된 문제해결방식을 사용하면서 문제가 악화된다. 그러나 가족구성원이 새로운 갈등해결방식을 사용하면 부정적 피드백 고리가 단절되면서 문제가 해결된다(Nichols, 2012). 즉, MRI의 모델에서는 내담자가 역기능적인 대처방식을 중단하고 적절한 방식을 사용하면 문제의 심각성과 상관없이 해결된다고 보았다(김정택, 1990).

따라서 이 사례에서 상담자는 MRI의 모델을 근거로 하여 내담자의 증상을 지속시키고 악화시키는 데 영향을 미치는 역기능적인 의사소통방식과 대처방식을 탐색하였다. 즉, 상담자는 내담자가 갈등상황에 직면했을 때 폭식 후 자발적 구토행위와 같은 갈등대처방식에 고착되어 신경성 폭식증을 지속시키고 악화시킨 정적 피드백 고리를 탐색하였다.

Ⅳ. 연구방법

1. 사례개요

이 연구는 신경성 폭식증으로 힘들었던 내담자가 상담을 요청하여 2015년 9월부터 11월까지 총 11회기 동안 내담자와 가족을 대상으로 진행된 상담내용을 분석한 것이다. 전체 상담회기별로 참여한 가족들은 내담자(1~3회기), 첫째 언니(4회기), 둘째 언니(5회기), 어머니(6회기, 8회기, 9회기), 어머니와 내담자(7회기), 부모와 내담자(10회기), 아버지와 내담자(11회기)로 구성되었다.

내담자의 가정은 종교단체의 지인들과 주변 사람들에게 롤모델로 여겨질 만큼 행복한 가정으로 평가되었다. 아버지는 전문직에 종사하면서 인자한 성품을 지녔고 어머니는 주위 사람들로부터 천사라고 인식될 만큼 종교생활에 헌신적으로 활동해 왔다. 자녀들도 공부를 잘하는 편이어서 남들이 보기에는 부족함이 없는 모범적인 가정으로 여겨졌으나 가정 내적으로는 아버지의 외도로 부모갈등이 잦았고 어머니는 시댁과의 갈등으로 어려움을 겪고 있었다. 이러한 상황들로 인해 어머니는 심각한 스트레스를 받았지만 주변 사람들에게 표현을 하지 못하고 오로지 종교생활에 몰입하면서 스트레스를 해소해 왔다. 한편, 어머니는 시댁과의 갈등으로 항상 불안했던 친정어머니와 어린 시절부터 밀착된 관계였다. 이러한 원가족 경험으로 어머니는 내담자와 정서적인 융합관계를 형성했고 내담자를 자신의 분신처럼

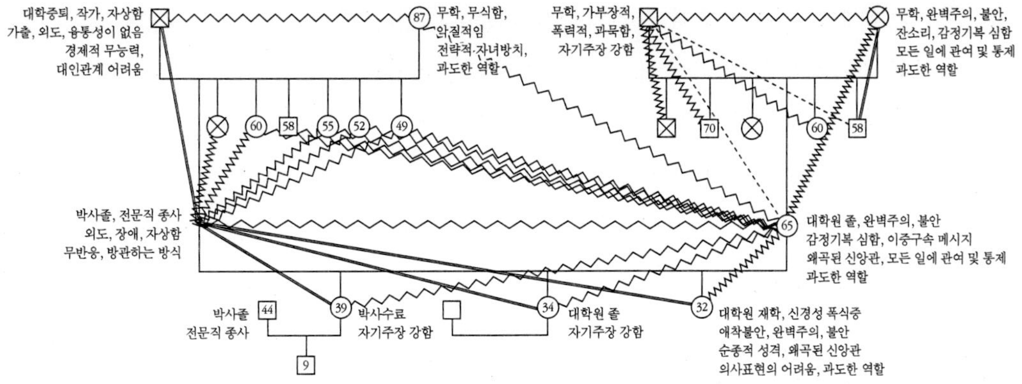

[그림 5-1] 가계도

여기면서 지나치게 간섭하였다.

2. 연구질문

(1) 가족치료 사례에서 나타난 여성의 생애주기별 신경성 폭식증의 진행단계는 어떠한가?

(2) 여성의 신경성 폭식증 발병에 영향을 미친 가족요인의 특성은 무엇인가?

3. 자료분석방법

이 연구는 내담자의 생애주기별 신경성 폭식증의 진행단계와 가족요인의 특성을 살펴보기 위해 질적 사례연구방법을 적용하였다. 사례연구는 특별한 이슈를 가장 분명하게 알 수 있고(Creswell, 2013) 복잡한 사례를 깊이 있게 탐구할 때 유용한 방법이다. 따라서 연구자는 사례연구가 연구주제에 가장 적합한 분석방법이라고 판단하였다. Creswell(2013)은 연구자료를 지속적으로 비교분석하는 것은 사례내용의 유사점과 차이점을 구분하는 데 유용하다고 하였다. 따라서 연구자는 연구의 신뢰도를 높이기 위해 총 11회기의 전사된 축어록을 전체적으로 반복해서 정독한 후에 연구질문에 근거하여 다시 세밀하게 행간의 의미를 파악하면서 상담내용을 분석하였다. 또한 연구자는 유사한 개념들을 하나로 묶은 후에 하위범주로 분류해서 분류된 하위범주들을 다시 상위범주로 재분류하였다. 한편, 연구자는 사례분석과정에서 내담자가 표현한 언어를 있는 그대로 표현하여 내담자의 감정과 실제적인 경험과 느낌을 생생하게 드러내고자 하였다. 또한 연구자는 축어록을 분석하는 과정에서 모호한 의미를 발견할 경우에는 상담비디오와 상담메모 등을 활용하여 분석하거나 SNS와 메일을 활용하여 내담자가 상담과정에서 말한 내용의 정확한 의미를 파악하고자 하였다.

4. 연구의 엄격성 및 윤리적 고려

이 연구에 활용된 사례는 현재 20년 이상 가족상담자로 활동하면서 교수로 재직하고 있는 연구자가 직접 상담했고 현재 현장에서 상담사로 근무 중이고 박사과정에서 가족치료를 전공한 연구자가 관찰자로 참여한 가족상담 사례이다. 다른 공동연구자는 가족치료를 전공한 현직 교수로 7년 이상의 가족상담 경력을 가지고 있다. 사례를 분석하는 과정에서 연구의 진실성과 엄격성을 높이기 위해 연구자들 간에 지속적인 토의과정을 거쳤으며, 이외에도 연구자들은 가족상담 관련으로 임상경험이 풍부한 현직 교수들과 전문가 집단의 자문을 꾸준히 받으면서 연구자들의 주관적인 편견을 최소화하기 위해 노력하였다. 또한 연구자들은 자료의 삼각화를 위해 상담과정에서 상담자가 기록한 관찰 기록지와 상담축어록, 상담 비디오 테이프와 녹음파일 등과 같은 상담 기록물을 활용하였고 전문성을 높이고자 상담에서 진술된 내용들 중에서 연구주제와 관련된 인용문을 본문에 포함하였다.

한편, 이 연구에서는 내담자와 가족들의 윤리적인 이슈를 고려하여 상담 첫 회기에 가족상담자는 상담진행 절차와 상담사례가 연구목적으로 사용될 수 있음을 고지하였고 이에 내담자가 동의하였다. 또한 내담자의 비밀을 보장하기 위해 내담자와 가족구성원의 개인정보와 관련된 모든 사항은 삭제하였고 연구결과에 대해 최종적으로 내담자가 검토하면서 수정을 요청한 부분을 그대로 반영하였다.

V. 연구결과

1. 생애주기별 신경성 폭식증의 진행단계

내담자의 신경성 폭식증은 애착불안 형성단계, 자아의 억압에 따른 심리적 허기단계, 스트레스와 심리적 갈등의 증폭단계, 부정적 감정 해소를 위한 보상적 행위단계를 거쳐 진행한 것으로 나타났다. 이에 대한 구체적인 결과는 〈표 5-1〉과 같이 살펴볼 수 있다.

1) 애착불안 형성단계: 영유아기

신경성 폭식증 진행과정의 첫 번째 단계인 영유아기 애착불안 형성단계에서 나타난 특징은 불안정한 애착관계와 분리불안의 표출로 나타났다.

(1) 불안정한 애착관계

어머니는 내담자가 생후 12개월이 될 때까지 모유수유를 하며 양육하다가 아버지가 미국으로 유학을 가게 되자 자녀들은 비자문제로 어쩔 수 없이 부모와 분리되어 보모에게 양육되었다. 그러나 보모는 유독 내담자를 미워하면서 다른 언니들과 차별하면서 키웠고 일상생활에서도 내담자를 정서적으로 학대하였다. 내담자는 3세 때 부모와 재회했지만 부모를 낯선 사람으로 인식해서 부모와의 접촉을 피했다. 이처럼 내담자는 영아기 때부터 주양육자와 안정적인 애착관계를 형성하지 못하였다.

내담자: 엄마가 저를 12개월 동안 모유수유를 하시고 나서 아빠랑 같이 미국에서 6년 동안 지내셨대요.
상담자: 잠시만요. 본인은 누가 기르셨죠?
내담자: 엄마 친구분이요. (내담자-1회기)

내담자: 지금도 (보모를) 만나면 이모라고 불러요. 그런데 굉장히 사나우세요. 잘못하면 나가라고 하고… (제가) 잘못한 것을 굉장히 혼내셨어요. (내담자-1회기)

표 5-1 생애주기별 신경성 폭식증의 진행단계

생애주기	상위개념	하위개념	개념
영유아기	애착불안 형성단계	불안정한 애착관계	12개월간 모유수유 후에 부모가 미국으로 떠나 6년간 따로 지냄, 3세 때 부모를 알아보지 못함, 보모에게 맡겨져 정서적 학대를 받으며 자람
		분리불안의 표출	모가 외출할 때마다 혼자 울었음, 모가 늦게 오면 찾아다니다가 길을 잃기도 함, 누워만 있던 모가 죽을지도 모른다는 불안감이 컸음
아동기	자아의 억압에 따른 심리적 허기단계	자아상실과 타인지향적 태도	눈치를 너무 많이 보고 순종적임, 무조건 수용하는 방식, 효녀라는 말을 듣고 자람
		정서적 억압과 스트레스	완벽한 가정의 딸 역할, 속상한 감정을 제대로 표현하지 못함
청소년기	스트레스와 심리적 갈등의 증폭단계	비합리적 신념 형성과 내적 갈등	실수하면 안 된다는 완벽주의, 부정적인 감정을 용납하지 못함, 모의 말을 무조건 옳다고 여김, 모의 말을 법으로 받아들임
		누적된 스트레스와 불안	누적된 스트레스를 폭식으로 해소함, 성추행 당한 것을 부모에게 말하지 못함, 학교생활이 무서웠음, 고3 수능시험이 끝난 후 곧바로 진로공부 시작, 목표를 달성하지 못하면 인생이 끝남
성인초기	부정적 감정 해소를 위한 보상적 행위단계	왜곡된 종교적 신념과 심리적 갈등의 증폭	힘든 일은 버티고 당연히 감수해야 함, 화가 나고 억울해도 화내거나 미워하는 것은 죄라고 여김, 타인에 대한 부정적인 감정을 표현하는 대신 자기 탓으로 여김
		신경성 폭식증 발병	폭식과 자발적 구토행위 시작, 공부를 포기하고 자살 계획을 세움

(2) 분리불안의 표출

내담자는 부모와의 불안정한 애착관계로 인해 어머니와의 분리 상황에서 과도한 불안이 표출되는 증상이 나타났다. 특히 어머니의 귀가시간이 늦어지면 내담자는 어머니를 찾으러 다니다가 길을 잃어버린 적도 많았다. 그리고 어머니가 외출할 때마다 내담자는 어머니와 떨어지기 싫어서 울었다. 내담자는 아버지의 외도로 우울증을 앓게 된 어머니가 무기력하게 누워 있는 모습을 볼 때마다 어머니가 죽을지도 모른다고 생각했고 이러한 어머니의 죽음에 대한 불안은 꿈을 통해 표출되었다.

내담자: (엄마가) 외출할 때 늘 저 혼자 울어요. 가지 말라고. 엄마(에게) 가지 말라고 울면 언니들이 "엄마, 나갔다(가) 또 오셔." "근데, 안 가면 안 돼?"(라고 하면서) 울고. (내담자-7회기)

내담자: 꿈을 많이 꿔요. 우리 가족 중에 엄마 혼자 다치고, 엄마 혼자 돌아가시고, 혼자 어디 떠나고……. (내담자-7회기)

2) 자아의 억압에 따른 심리적 허기단계: 아동기

신경성 폭식증 진행과정의 두 번째 단계인 아동기 자아의 억압에 따른 심리적 허기단계에서 나타난 특징은 자아상실과 타인지향적 태도와 정서적 억압과 스트레스로 나타났다.

(1) 자아상실과 타인지향적 태도 형성

어머니는 엄격하게 통제하는 양육방식을 자녀들에게 사용했지만 언니들은 어머니의 양육방식을 맹목적으로 받아들이지 않고 자신들의 의사를 분명하게 표현했다. 그러나 내담자는 언니들과 달리 시댁식구들로 인해 힘들어하는 어머니에게 순종하면서 자신보다는 어머니를 먼저 배려하면서 지냈다. 또한 내담자는 대인관계에서도 타인의 과도한 요구를 거절하지 못하고 자신의 주체성을 상실한 채 타인의 욕구를 우선시하는 타인지향적인 삶을 살았다. 그러나 이러한 행동을 내담자는 바람직한 신앙인의 삶이라고 여겼다.

첫째 언니: 저는 성격이 엄마가 시키는 대로 다 하지 않아요. 하기 싫으면 안 하고. 둘째도 어려서부터 반항하는 기질이 있었는데, 셋째는 신기할 정도로 눈치를 너무 많이 보고, 자기가 기면서 살더라고요. 그걸 어디다가 해결을 못해서. (첫째 언니-4회기)

내담자: 제 의견을 엄마한테 이야기하고, 엄마를 힘들게 하면 안 된다고 생각했기 때문에 굳이 엄마와 갈등상황이 없었어요. 그래서 엄마가 늘 저를 데리고 다

니면서 효녀라고 하셨어요. (내담자-1회기)

(2) 정서적 억압과 스트레스

내담자는 어린 시절부터 어머니에게 "너처럼 이렇게 완벽한 가정에서 자라 온 애가 없다."라는 말을 듣고 자라면서 완벽한 가정의 자녀답게 행동하기 위해 자신의 감정과 욕구를 억제하였다. 게다가 어머니는 내담자에게 부정적인 감정이나 경험을 본인에게만 털어놓고 타인에게는 절대로 표출해서는 안 된다고 하였다. 이와 같은 어머니의 통제적인 양육방식으로 인하여 내담자는 자신의 솔직한 감정을 타인에게 표현할 수가 없었다. 특히 내담자는 완벽한 딸이 되어야만 했기 때문에 어머니에게 부정적인 감정을 절대로 표현할 수가 없었다. 예를 들어, 어머니가 내담자를 야단치는 상황에서 내담자는 감정을 표현하지 못한 채 동물 울음소리를 내기도 했고, 심지어는 성추행을 당한 사실을 가족에게 발설할 수도 없었다.

내담자: 엄마말고 다른 사람들한테는 얘기를 절대로 못 하게 하셨었죠. 너에 대한 안 좋은 얘기, 너가 상처받은 거, 아픈 거, 사람들이 좋을 때는 아팠구나, 힘들었구나 하는데 나중에 상황이 안 좋아지면 이용해서 너한테 상처를 준다고. 니가 그런 걸 경험했으니까, 지금 그러지 하면서 아무한테도 절대 말하지 말라고. (내담자-2회기)

3) 스트레스와 심리적 갈등의 증폭단계: 청소년기

신경성 폭식증 진행과정의 세 번째 단계인 청소년기 스트레스와 심리적 갈등의 증폭단계의 특징은 비합리적 신념 형성과 내적 갈등 그리고 누적된 스트레스와 불안으로 나타났다.

(1) 비합리적 신념 형성과 내적 갈등

내담자는 어머니의 말은 절대적으로 옳다는 신념이 있어서 어머니의 말을 법처럼 지켜야 된다는 강박관념으로 항상 불안했다. 심지어 어머니가 늘 강조한 대로, 자신은 완벽해야 하므로 부정적인 감정을 용납하지 못해서 불안하거나 외롭고 슬픈 감정이 느껴지면 귀신이 들린 것으로 생각하였다.

내담자: 나한테는 불안이 있으면 안 되고, 외로우면 안 되고, 아프면 안 되고, 슬픔이 있으면 절대 안 된다고 생각했거든요. 저는 제가 귀신들린 줄 알았어요. 나 왜 이러지? 난 절대 그런 환경도 아니고 그런 게 있으면 안 되는 사람인데……. (내담자-11회기)

(2) 누적된 스트레스와 불안

내담자는 어릴 때부터 종교단체 지인들로부터 신이 내담자의 직업을 정해 놓았다는 말을 들어서 무슨 일이 있어도 하나님의 뜻에 순종해야 된다고 생각해 왔다. 따라서 내담자는 고등학교 3학년 때 특별전형으로 대학교에 합격하자 곧바로 사촌오빠의 권유로 신이 지정해 준 직업을 갖기 위해 공부를 시작했다. 내담자는 공부를 하면서 교재내용을 제대로 이해하지 못해서 스트레스를 받았지만 맹목적으로 공부에만 전념하였다. 한편, 내담자는 청소년기부터 정서적으로 힘들면 자신의 감정을 솔직하게 표현하지 못한 채 폭식행동으로 스트레스를 해소했는데 이것은 그동안 누적되어 왔던 스트레스와 심리적인 불안이 표출된 결과로 볼 수 있다.

내담자: 제가 어릴 때 불만이 있어도 말 안 하고 버텼어요. 중·고등학교 때, 누구한테 혼나서 억울하거나 성적이 잘 안 나와서 힘들 때는 급식소로 막 뛰어갔어요. 그래서 아줌마한테 밥만 달라고 해서 여기(목까지) 찰 때까지 막 집어넣었어요. (내담자-1회기)

내담자: 학교생활에 스트레스가 굉장히 심했고, 방학에도 안 놀고 계속 공부했고요. 학교 다니는 게 무서웠어요……. (내담자-1회기)

4) 부정적 감정 해소를 위한 보상적 행위단계: 성인초기

신경성 폭식증 진행과정의 마지막 단계는 초기 성인기 부정적 감정해소를 위한 보상적 행위단계로, 이에 대한 특성으로는 왜곡된 종교적 신념과 심리적 갈등의 증폭 그리고 신경성 폭식증의 발병으로 나타났다.

(1) 왜곡된 종교적 신념과 심리적 갈등의 증폭

내담자는 대인관계에서 갈등이 있거나 억울한 일을 당하면 어릴 때부터 어머니로부터 받아 온 신앙교육으로 인해 속상한 감정을 표현하는 것은 잘못된 것이므로 상대방에 대한 부정적인 감정을 억압하였다. 또한 내담자는 평안한 삶을 추구하는 것은 잘못된 것이고 고달픈 삶이 종교적인 삶이라고 여겼다. 이처럼 왜곡된 종교적인 신념은 내담자의 삶을 규제하고 억압하여 심리적인 갈등을 증폭시키는 결과를 초래하였다.

내담자: 제가 힘들거나, 좀 견디기 어려운 거는 오히려 내가 당연히 지고 가야 된다고 생각했었어요. 내가 편하고 내가 좋아하는 거는 욕심이고 나를 힘들게 하고 내가 막 버텨야 되는 게 맞는 거. 내가 힘든 거는 아직 내 욕심이 많기 때문에 그런 거니까……. (내담자–2회기)

내담자: 죄를 안 지으려고. 그거(사감선생님에 대한 억울한 상황)를 일기장에조차도 그렇게 썼더라고요. 일기장이라면 (사감선생님이) '밉다' '싫다' 이렇게 써야 되는데 일기장에다 제가 그렇게 써놨어요. 다, 내 잘못이구나, 내가 잘못했구나. (내담자–1회기)

(2) 신경성 폭식증 발병

내담자는 지방에서 가족과 함께 살다가 대학시절에는 서울에서 혼자 살면서 지역문화의 차이로 또래관계에서 이질적이고 낯선 경험을 하면서 외로운 시간을 보냈다. 또한 내담자는 공부에 대한 압박감으로 심각한 스트레스를 받으면서도 공부에 몰두했지만, 많은 노력에도 불구하고 취업을 하지 못하자 신경성 폭식증이 발병되었다. 그럼에도 불구하고 내담자는 신의 뜻에 순종하기 위해 10년 동안 신경성 폭식증으로 힘들었지만 자신의 어려움을 가족에게 표현하지 못하다가 몸이 만신창이가 되자 공부를 포기하고 신의 뜻을 어긴 자신을 자책하면서 자살을 계획하였다.

내담자: 계속 뭔가 화가 나고 스트레스를 받는 상황이 오면 뭔가 불편한 것은 느껴졌지만 '그럼 그냥 토하면 되지.' 하면서 계속 먹는 것이 습관이 되었어요. (내담자–1회기).

내담자: (공부를) 포기를 했죠. (몸이) 그 정도 되니까 엄마가 올라왔어요. 그리고 '아! 이제 ○○공부, 이 길은 끝났다.' 그래서 나는 이제 신의 눈 밖에 났고, 나는 그 뜻을 이어받을 수 없는 사람이 됐고, 이제 뭘 해야 될지도 모르겠고, 폭식증은 아무리 노력해도 고쳐지지도 않고, 치료(를) 받으려면 부모님한테 말해야 된다는데 죽어도 말은 못하겠고 그래서 내가 없어지면 끝나겠다 싶어서 편지를 써 놓고 산에 올라갈 준비를 했는데……. (내담자-2회기)

2. 신경성 폭식증에 영향을 미친 가족요인의 특성

내담자의 생애주기에 따른 신경성 폭식증의 진행단계를 거치는 과정에서 내담자가 경험한 가족역동은 신경성 폭식증을 발병시킨 주된 요인으로 분석되었다. 내담자가 경험한 가족역동에 대한 구체적인 내용은 〈표 5-2〉와 같이 만성적 부부갈등과 불안한 분위기, 정서적 미분화와 희생양 역할, 정서적 불안과 불만을 야기하는 모의 독단적 의사소통방식과 같은 가족특성으로 분석되었다.

표 5-2 신경성 폭식증에 영향을 미친 가족요인의 특성

상위개념	하위개념	개념
만성적 부부갈등과 불안한 분위기	불안정한 가족 분위기	겉과 속이 다른 가정(쇼윈도 가정), 부의 외도와 모의 불안 증세, 모의 우울증과 이혼 언급
	부모의 만성적인 부부갈등의 표출	배려가 없고 차가운 돌 같음(부), 위로해 주지 않고 방관함(부), 지나친 간섭과 통제로 힘들게 함(모), 비꼬고, 비난하며 비교함(모), 우회적으로 공격함(모)
정서적 미분화와 희생양 역할	모녀간 공생관계를 통한 불안 해소	모를 위로하는 역할을 수행함, 모의 분신과도 같은 딸, 모와의 정서적 융합
	모의 왜곡된 종교적 신념 관여	하나님께 기도만 하면 문제가 해결된다고 생각함, 부(남편)가 하나님께 불순종해서 딸(내담자)의 진로에 문제가 생긴다고 여김, 악한 영에 의해 모녀갈등이 발생한다고 여김, 병이 완치되었다고 믿고 식사를 하라고 강요함

정서적 불안과 불만을 야기하는 모의 독단적 의사소통	정서적 혼란을 야기하는 모의 불일치적 표현방식	혼란스럽게 하는 이중적 메시지, 변덕스러운 모에게 휘둘림
	타인지향성을 부추기는 모의 자기중심적 태도	간섭과 사랑을 착각하는 모로 인한 가족스트레스, 상대방의 말을 끊고 가로채서 자기 말만 함
	모의 공감부재와 비교하기	다른 집 자녀들과 비교하기, 딸들의 입장에 대한 공감 부족, 매일 전화하는 것이 힘들다고 하자 요즘 젊은 세대를 본받지 말라고 함

1) 만성적 부부갈등과 불안한 분위기

만성적 부부갈등과 불안한 분위기의 하위개념으로 불안정한 가족 분위기와 부모의 만성적인 부부갈등의 표출이 나타났다.

(1) 불안정한 가족 분위기

내담자의 가정은 종교적으로 독실한 집안으로 외관상으로는 남들이 부러워할 만큼 완벽하게 보이는 가정이었다. 그러나 외적으로 보이는 모습과는 달리 아버지의 외도문제로 어머니가 우울증을 겪으면서 무기력하게 누워만 있었기에 내담자는 어머니를 기쁘게 해 드리려고 노력하였다.

> 어머니: (남편이) 외도를 하니까. 외도는 안 참아지는데 그래도 외도를 사람들이 알까 봐. 그 여자에게도 말을 못했어요. 같은 종교단체 사람이니까. 친정에도 말을 못하고, 자식에게도. 그래서 그때 혼자 정신과를 다녔어요. 우울증 약 먹고 잠이 오니까 매일 누워 있었고. 남편한테 이혼하자고 했는데 남편이 너무 힘들게 해서 미안하다고……. (모-6회기)

(2) 부모의 만성적인 부부갈등의 표출

어머니는 아버지에게 비상식적인 시댁식구들에 대해 하소연했지만 아버지는 방관만 하였다. 이러한 아버지의 대처방식으로 인해 어머니는 남편을 무시하고 비난하고 지나치게 통제함으로써 부부갈등이 심각해졌다. 부부관계가 점차 악화되면서 어머니는 아버지에게 이혼을 요구했고 내담자도 만성적인 부모의 갈등으로 인해 부모가 이혼하기를 바랐다. 이렇듯 내담자는 부모의 만성적인 부부갈등으로 불안정한 가정환경에서 부모와 분리되지 못한 삶을 살아왔다.

어머니: 시댁식구들 때문에 힘들었을 때 제가 어디 말할 데도 없고 하니까, 그냥 혼자 새벽에 많이 울었거든요. 근데 너무 많이 우니까, 눈의 실핏줄이 터져 가지고 진짜 피눈물이 나더라구요. 근데 뭐 정신과도 갔고, 그래도 상황은 나아지는 게 없고. 그래서 그런 중에 '그래, 이 사람들이 나빠서 그러겠냐, 그냥 나쁜 일의 도구로 쓰인 거'라 생각했고, '그냥 포기를 하고 살아야겠다.'라고 했지만, 남편한테 여러 차례 말했어요. 한국을 뜨자는 것도 아니고, ○○만 좀 벗어나자고. 제가 옆에서 폴짝폴짝 뛰고 다 죽어 가는데 남편은 눈 하나 꿈쩍을 안 해요. 부인이 옆에서 이렇게 다 죽어 가면 생각이라도 해 보지 않을까 했는데, 전혀 움직이지 않고, 그러면서 저한테 사랑한다고 말했을 때 제가 사랑이라고 느껴졌겠어요? ○○ 톨게이트만 벗어나면 살 것 같았어요. 그리고 다른 지방에 갔다가 ○○를 들어오면 죽을 것 같고……. (모-7회기)

2) 정서적 미분화와 희생양 역할

정서적 미분화와 희생양 역할의 하위개념으로 모녀간 공생관계를 통한 불안 해소와 어머니의 왜곡된 종교적 신념 관여가 나타났다.

(1) 모녀간 공생관계를 통한 불안 해소

어머니는 모든 가족구성원들과 갈등관계였으나 오직 자신을 닮은 내담자와 밀착된 관계를 유지했다. 내담자도 어머니에게 위로자의 역할을 하면서 어머니의 분신이라고 할 만큼 정서적으로 융합된 관계를 유지해 왔다. 이러한 모녀관계는 어머니와 친정모와의 정서적인 융합관계가 전수된 것으로 여겨진다. 한편, 어머니는 아버지와의 갈등상황에서 자신의 불안을 해소하기 위해 내담자와 삼각관계를 형성하였고, 이러한 과정에서 내담자는 어머니와 정서적으로 미분화된 것으로 보인다.

상담자: 막내 따님과 관계는?

어머니: 저 애는 저(의) 분신 같은 아이예요. (모-6회기)

상담자: 어머니하고 친정어머니하고 관계가, 막내 딸하고 어머니와의 관계에서 반복되는 듯한 느낌이 드는데요. 어떠십니까?

어머니: 저는 그래서 막내가 좋았어요.

상담자: 그럼 과거에 우리 엄마한테 느껴지던 내 모습을, 또 내가 마치 내 딸에게 친정엄마처럼, 그러한 느낌을 가져 보신 적이 있으세요?

어머니: 네. 똑같아요. 막내 딸이 나랑 똑같이 했어요. 근데 저는 그게 좋았어요. (모-7회기)

(2) 모의 왜곡된 종교적 신념 관여

어머니는 모든 것을 종교적으로 해석했고, 근본적으로 모든 문제는 악한 행위 때문에 발생하므로 하나님께 기도만 하면 문제가 해결된다고 보았다. 따라서 어머니는 내담자의 신경성 폭식증도 완치가 되었다고 믿기만 하면 기적처럼 치료가 된다고 생각하였다. 그래서 10년 동안 지속된 위장장애로 겨우 죽만 먹을 수 있는 내담자에게 어머니는 병이 다 나았다고 믿고 음식을 먹으라고 강요하였다. 이렇듯 어머니의 왜곡된 신앙관은 내담자의 신경성 폭식증에 영향을 미친 것으로 볼 수 있다.

내담자: 저는 시험이 계속 안돼요. 근데 엄마가 모든 걸 다 종교적으로, 아빠가 젊을 때 '65세가 되면 직장을 그만두고 봉사자로 살겠다'고 선언을 하셨었대요. 그 말을 했는데 엄마가 그걸 딱 잡은 거예요. 그거라고. 65세가 다 돼 가는데 당신이 직장을 그만둘 생각도 안 하고.

상담자: 아버지가 하나님의 말을 듣지 않아서 딸의 길이 막힌다고요?

내담자: 네. (내담자-3회기)

내담자: 금단현상 때문에 불안함과 우울감이 극에 달하고 진짜 미친년처럼 매일 뛰어다녔어요. 그거(신경성 폭식증)를 견딜려고. 그러다가 그냥 불 꺼진 (종교) 장소에 가서 그냥 멍하게 앉아 있는 게 하루 일과였고. 먹고, 자고, 싸고. 먹는 것도 엄마는 이제 다 나았다고 믿고 오늘부터 정상식사를 하라고 하는데 저는 하루에 죽 한 끼만 먹고도 위경련이 나서, 그거를, 10년 동안 위가 망가

져 있었기 때문에 그걸 못하는데 엄마가 과잉반응을 보이시는 거죠……. (내담자-2회기)

3) 정서적 불안과 불만을 야기하는 모의 독단적 의사소통

정서적 불안과 불만을 야기하는 어머니의 독단적 의사소통방식은 정서적 혼란을 야기하는 어머니의 불일치적 표현방식, 타인지향성을 부추기는 어머니의 자기중심적 태도 그리고 어머니의 공감부재와 비교하기가 나타났다.

(1) 정서적 혼란을 야기하는 모의 불일치적 표현방식

내담자는 어머니의 변덕스러운 감정과 비일치적인 의사표현방식으로 인하여 정서적인 어려움을 겪었다.

내담자: (시댁에 대해서) 엄마가 막 힘들다고 얘기하고 나서 "근데 미워하지는 마, 이해해야 돼!"라고 그래요. 그러고 다음날에 또 같은 얘기를 해요. 그러면 "아, 미워하지 말라." 그랬으니까 "엄마, 그래도 그 사람들 상황이 있었을 거고." 뭐 이렇게 얘기를 하잖아요. 그러면 '너는 엄마를 이해 못한다'고. '네가 나에 대해서 뭘 아냐?'고 그래요. 뭘 어쩌라는 건지, 그래서 그 다음날에는 또 엄마 편을 들면, '그러지 말라'고, 그거 나쁜 거라고……. (내담자-7회기)

(2) 타인지향성을 부추기는 모의 자기중심적 태도

어머니는 가족구성원들에게 일방적으로 의사표현을 하며 자신의 방식을 강요하였다. 이러한 어머니의 지나친 통제와 간섭은 가족구성원들과의 갈등을 야기시켰다.

상담자: 아빠 입장에서는 이게 엄마가 나에 대한 배려일까? 아니면 나에 대해서 지나치게 간섭을 하고 자기기준에 맞춰서 살게 하진 않나? 아빠 입장에서는 질식할 것 같아요. 입을 닫을 수도 있을 것 같아요.

둘째 언니: 닫으셨겠죠. 왜냐하면 저도 그랬으니까. 저도 엄마가 "널 사랑하니까, 해 주는 거야."라고 했지만 저는 그게 답답하고 죽을 것 같았어요. (둘째 언니-5회기)

(3) 모의 공감부재와 비교하기

어머니는 불만을 표출하는 자녀들의 입장을 전혀 공감하지 못했고, 어머니의 높은 기대치에 자녀들이 부합하기를 원했다. 또한 어머니는 자녀들을 다른 가정의 자녀들과 비교하면서 자신의 요구대로 순응하기를 원했다.

> 내담자: 엄마 주변에 있는 사람들의 자녀들하고 '이번 명절에는 걔네들이 모여서 뭘 했다'더라, '걔는 월급을 받아서 뭘 이렇게 썼다'더라 하면서 꼭 마지막은 "난 그냥 별 뜻 없이 하는 말이야." 그냥 그래요. 근데 그 말을 저희 세 딸들이 다 너무 듣기 싫어하거든요. 그래서 "엄마, 그 말 좀 안 하면 안 될까?" 그러면 "아니 왜 그걸로 스트레스를 받아? 엄마는 그냥 하는 말인데!?"라고 말씀을 하시고. (내담자–2회기)

VI. 결론 및 논의

이 연구는 10년 동안 신경성 폭식증을 앓고 있는 30대 초반의 내담자를 대상으로 진행된 가족치료 사례를 중심으로 생애주기별 신경성 폭식증의 진행단계와 가족요인을 살펴보고자 하였다. 이에 대한 연구결과는 다음과 같다.

첫째, 생애주기별 신경성 폭식증의 진행단계는 영유아기 애착불안 형성단계, 아동기 자아의 억압에 따른 심리적 허기단계, 청소년기 스트레스와 심리적 갈등의 증폭단계, 성인초기 부정적 감정해소를 위한 보상적 행위단계를 거쳐 점진적으로 진행된 것으로 나타났다. 특히 내담자는 영유아기 때 부모와의 분리로 어머니에게서 따뜻한 사랑을 받지 못했고 이러한 불안정한 양육환경에서 기인된 애착불안은 현재까지도 내담자의 심리정서에 영향을 미쳐서 심리적인 불안을 야기시켰다. 또한 어머니가 원하는 완벽한 딸의 역할을 수행하며 순종했던 아동기 시절, 내담자는 자신의 자아를 억압하면서 심리적인 갈등을 경험했다. 내담자는 대학교에 입학하면서 종교단체 지인들의 기대에 맞춰 특정 전문직의 꿈을 실현하기 위해 공부를 하면서 극도의 스트레스를 받자 그동안에 억압되었던 부정적인 감정해소의 보상행위로써 신경성 폭식증이 발병된 것으로 나타났다. 이와 같은 결과들은 신경성 폭식증 환자들의 경우 증상이 발생되기까지의 과정에서 소극적인 감정표현, 가족관계에서 역기능적인 의사소통방식, 감정표현이 힘들 때는 폭식행동으로 대처한다는 연구결과들을 보여 준다(안미경, 최승원, 2012; Felker & Stivers, 1994; Wagener & Much, 2010).

한편, 어머니의 종교적 신념과 삶의 가치관 강요 그리고 일방적인 의사소통방식이 가족갈등을 야기했고, 특히 어머니의 정서적인 불안과 불만을 야기하는 독단적인 의사소통방식이 내담자의 신경성 폭식증에 많은 영향을 미친 것으로 나타났다. 이러한 어머니의 역기능적인 의사소통방식으로 내담자는 부정적인 감정을 표출하지 못하고 내면에 억압했지만 사춘기가 되면서 심리적인 불안을 통제하기 힘들어지자 폭식행동을 통해 일시적으로 스트레스를 해소했다. 그러나 내담자가 시도해왔던 폭식행위가 극도의 스트레스로 인해 폭식 후에 구토라는 동일한 행위패턴이 반복되면서 만성적인 신경성 폭식증으로 악화되었다.

둘째, 신경성 폭식증의 발병에 영향을 미친 가족요인으로는 만성적 부모갈등과 불안한 가족 분위기, 정서적 미분화와 희생양 역할, 정서적 불안과 불만을 초래하는 모의 독단적인 의사소통방식이 나타났다. 내담자는 어릴 때부터 부모의 부부갈등과 시댁식구와의 갈등으로 불안한 가정환경에서 성장했다. 이로 인해 내담자는 심리적인 불안을 해소하지 못하고 어머니와의 융합된 관계에서 희생양이 되어 억압된 삶을 살아왔다. 이 같은 모녀간의 정서적인 융합관계는 내담자의 낮은 자아분화 수준과 부정적 정서(불안)에 영향을 미쳐서 내담자는 어머니에게 의존하고 어머니는 더욱 내담자의 삶을 관여하고 통제하도록 하였다. 이러한 연구결과는 어린 시절부터 부모갈등과 부모와 시댁과의 심각한 갈등을 경험하고(Diebel-Braune, 1991) 일상생활에서 부모의 지나친 간섭과 부모와 자녀가 정서적으로 융합된(Schwartz et al., 1985; Massing et al., 1994) 역기능적인 가족관계에서 성장한 사람에게 섭식장애가 나타난다는 연구결과를 보여 준다(Laliberte et al., 1999; Holtom-Viesel & Allan, 2014). 또한 이 연구결과는 섭식장애가 자녀의 사생활을 침해하고 과잉보호하는 어머니의 양육태도와 자녀와의 분리를 두려워하는 어머니의 심리적 특성과 관련이 있다는 내용을 보여 준다(Dare & Eisler, 1995).

이와 같은 연구결과를 통한 이 연구의 의미는 성인초기 여성에게 발병한 신경성 폭식증에 대해 생애주기적 관점에 입각하여 신경성 폭식증의 진행단계를 구체화시켰다는 점과 그 과정에서 내담자가 경험한 가족역동에 기인하여 신경성 폭식증에 직접적인 영향을 미친 가족요인을 심층적으로 탐색하였다는 점이다. 특히 이 연구는 어린 시절 부모와의 관계에서 형성된 애착불안은 성장과정에 영향을 미쳐서 신경성 폭식증의 유발에 영향을 줄 수 있는 중요한 요인이 된다는 것을 제시하였다. 이에 따라 이 연구는 신경성 폭식증을 치료하는 데 있어서 상담자가 내담자의 생애주기 전반에 대한 탐색과정을 고려해야 하며, 사전에 신경성 폭식증의 발병을 예측하고 예방할 수 있는 치료적 대안을 마련할 뿐만 아니라 발병 이후 가족치료적 개입에 있어서 사례를 개념화하는 데 도움을 제공하였다고 볼 수 있다.

이와 같은 연구결과를 바탕으로 신경성 폭식증으로 어려움을 겪는 내담자와 그 가족들을 지원하기 위한 가족치료적 전략을 다음과 같이 제언하고자 한다.

첫째, 가족치료적 접근에 있어서 신경성 폭식증은 생애주기 전반에 걸친 가족생활과 관련해서 특정 맥락을 고려하여 개입할 필요가 있다. 즉, 상담자는 영유아기 부모와의 애착형성과정, 아동기 부모와 가족들과의 관계에서 자아의 억압과 심리적 갈등 등을 탐색하고 일반적으로 신경성 폭식증이 발병하는 후기 청소년기와 성인초기에 초점을 두고 내담자의 누적된 스트레스와 심리적 갈등을 고려하여 증상 발병의 기인들을 심층적으로 다룰 필요가 있다.

둘째, 가족요인은 신경성 폭식증에 직접적인 영향을 미치므로 상담자가 신경성 폭식증 환자를 치료함에 있어서 개인적인 요인에 국한하지 말고 환자와 가족구성원들을 포함한 가족치료적 접근이 필요하다. 특히 어머니의 낮은 자아분화는 자녀 양육에 부정적인 영향을 미쳤는데 일방적이고 비일치적인 의사소통방식은 어머니와 자녀의 미분화와 증상유발에 직접적인 영향을 준다는 것을 고려할 필요가 있다. 따라서 신경성 폭식증을 가진 내담자의 자아분화 수준을 높이고 의사소통방식을 개선하기 위해 상담자는 Bowen의 가족체계이론과 MRI의 의사소통모델의 적용을 고려해 볼 필요가 있다. 또한 어린 시절에 어머니와의 애착불안은 신경성 폭식증의 발생과 진행 전 과정에 영향을 미치므로 상담자는 애착이론을 적용할 필요가 있는 것으로 보인다.

셋째, 신경성 폭식증 환자들은 자신의 솔직한 감정을 표현하지 못하고 부정적인 감정을 해소하기 위한 보상행위로써 폭식행동을 하는 점을 고려하여 상담자는 내담자와 가족구성원들이 시도해 온 대처방식에 초점을 두고 개입할 필요가 있다. 따라서 상담자는 내담자가 시도하지 못한 새로운 의사소통방식을 사용하게 함으로써 내담자가 억압된 부정적인 감정을 해소하여 가족관계가 회복되도록 도울 수 있다.

넷째, 어머니의 왜곡된 신앙관은 내담자의 비합리적인 종교관 형성과 병리적인 증상을 유발하는 데 영향을 미칠 수도 있다는 것을 연구결과를 통해 알 수 있었다. 따라서 신경성 폭식증을 가진 내담자가 상담을 의뢰할 경우, 상담자는 가족요인과 함께 내담자의 가치관에 영향을 미치는 신앙적 요인도 탐색할 필요가 있다.

이 연구는 내담자의 신경성 폭식증 문제로 가족상담이 진행된 단일사례를 분석해서 연구결과를 일반화하는 데 한계가 있다. 따라서 향후 다중사례연구를 통해 사례 간 신경성 폭식증의 진행과정과 가족요인적 특성을 살펴보는 연구를 통해 의미 있는 결과들이 제시되길 바란다. 더불어 이 연구의 사례는 Bowen의 가족체계이론과 MRI의 모델에 입각하여 치료적 개입이 이루어진 상담축어록을 분석했기에 폭넓은 연구결과를 제시하지 못했다는 한계가 있다. 이에 따라 다양한 가족치료적 모델을 통합적으로 적용한 사례분석을 통해 좀 더 의미 있는 연구가 진행되길 바란다.

또한 이 연구에서는 섭식장애 유형 중 신경성 폭식증만을 다루어서 이에 대한 심도 있는 결과를 도출했다는 데 의미가 있지만 신경성 식욕부진증에 대한 추후 연구를 통해 섭식장애의 두 가지 유형에 관한 구체적인 연구결과들을 제시하여 섭식장애를 가진 내담자와 가족들을 효과적으로 도울 수 있는 임상적인 대안이 모색되길 기대한다.

참고문헌

권석만(2003). 현대이상심리학. 서울: 학지사.

김정내, 임성문(2007). 부모 및 또래애착과 대학생의 섭식장애행동과의 관계: 자의식의 매개효과. 청소년학연구, 14(5), 315-344.

건강보험심사평가원(2013). 살찌는 것이 두렵다: 20대 섭식장애 여성, 남성의 9배. http://www.hira.or.kr.

김인혜, 이영호(2014). 사회 문화적 영향, 신체불만족, 대처방식 및 이분법적 사고가 폭식행동과 절식행동에 미치는 영향. 한국심리학회지: 임상, 33(2), 315-339.

김율리(2013). 섭식장애의 생물학적 및 정서적 병인기전에 대한 새로운 지견. 생물정신의학, 20, 74-79.

김정안(2012). 성인애착과 폭식행동의 관계에서 충동성과 감정표현불능성향의 매개효과. 경북대학교 대학원 석사학위논문.

김하영, 박기환(2009). 완벽주의, 충동성, 섭식절제와 폭식행동의 연관성. 한국심리학회지: 건강, 14(1), 73-88.

김정택(1990). 단기가족치료: MRI 모델과 치료기법. 인간이해, 11, 13-27.

김정택, 심혜숙(1992). Murray Bowen의 정신역동적 가족치료 모델. 인간이해, 13, 33-46.

김혜숙(2008). 가족치료 이론과 기법. 서울: 학지사.

민성길(2015). 최신정신의학. 서울: 일조각.

문소현, 정영해, 김정혜(2009). 학령기 후기 아동의 분노, 분노표현에 따른 섭식장애. 아동간호학회지, 15(2), 127-135.

보건복지부(2011). 정신질환실태 역학조사. 서울: 보건복지부.

백명은(2013). 저학년 초등학생(2, 3학년)의 다이어트 관심도 및 실행 여부. 경희대학교 대학원 석사학위논문.

손은정(2011). 완벽주의, 자기비난, 자기의식, 신체불만족 및 신경성 폭식증 증상 간의 관계. 한국심리학회, 30(1), 165-183.

안미경, 최승원(2012). 섭식장애 발생에 영향을 미치는 가족적 요인 분석: 남녀고교생 섭식장애 가족치료 사례연구를 통해. 사회과학연구, 18, 45-76.

이삼연(2004). 신경성 폭식증 치료를 위한 심리치료접근법. 인문논총, 18, 193-213.

이지영, 권석만(2006). 정서조절과 정신병리의 관계: 연구현황과 과제. 한국심리학회지: 상담 및 심리치료, 18(3), 461-493.

이종원(2013). 결혼초기 남녀의 부부갈등 관련변인 연구: Bowen과 Satir 모델의 이론적 연계성 탐구. 서울대학교 대학원 석사학위논문.

이현지, 하은혜(2014). 여고생의 정서조절곤란이 폭식행동에 미치는 영향에서 우울증상의 매개효과. 청소년상담연구, 22(1), 227-246.

임소영, 오수성(2008). 폭식행동 경향이 있는 미혼 여성의 사회향성과 사회적 불안. 한국심리학회지: 일반, 27(2), 569-587.

제석봉(1989). 자아분화와 역기능적 행동과의 관계: Bowen의 가족체계이론을 중심으로. 부산대학교 대학원 박사학위논문.

한영숙(2007). 부부의 자아분화 수준에 따른 부부갈등과 결혼만족도에 관한 연구. 한국생활과학회지, 16(2), 259-272.

American Psychiatric Association. (2013). *Diagnostic and Statistical Manual of Mental*

Disorders (5th ed.). Washington. DC: American Psychiatric Publishing.

Armstrong, J., & Roth, D. M. (1989). Attachment and separation difficulties in eating disorders: A preliminary investigation. *International Journal of Eating Disorders, 8*(2), 141-155.

Bowen, M. (1985). *Family Therapy in Clinical Practice*. New York: Jason Aronson.

Creswell, J. W. (2013). *Qualitative Inquiry and Research Design: Choosing among Five Traditions*. Thousand Oaks, CA: Sage.

Dallos, R. (2001). ANT-attachment narrative therapy: Narrative and attachment theory approaches in systemic family therapy with eating disorders. *Journal of Family Psychotherapy, 12*(2), 43-72.

Dare, C. & Eisler, I. (1995). *Family Therapy and Eating Disorder: Eating Disorder and Obesity*, New York: Guilford Press.

Diebel-Braune, E. (1991). Einige kritische ueberlegungen zum stand der psycho-anaytischen bulimiel diskussion. *Zeitschrift Fuer Psychosomatische Medizin, 37*, 292-304.

Eisler, I. C., Dare., & Hodes, M. (2000). Family therapy for anorexia nervosa in adolescents: The results of a controlled comparison of two family interventions. *Journal of Child Psychology and Psychiatry, 41*, 727-736.

Fairburn, C. G., Cooper, Z., & Shafran, R. (2003). Gognitive behaviour therapy for eating disorders: A transdiagnostic theory and Treatment. *Behaviour Research and Therapy, 41*, 509-528.

Fairburn, C. G. (2008). **섭식장애를 위한 강화: 인지행동치료** (*Cognitive Behavior Therapy and Eating Disorders)*. (이정현 역). 서울: 하나의학사.

Felker, K. R., & Stivers, C. (1994). The relationship of gender and family environment to eating disorder risk in adolescents. *Adolescence, 29*, 821-834.

Grissette, N. I., & Norvell, N. K. (1992). Perceived social support, social skills and quality of relationships in bulimic women. *Journal of Consulting and Clinical Psychology, 60*(2), 293-299.

Holtom-Viesel, A., & Allan, S. (2014). A systematic review of the literature on family functioning across all eating disorder diagnoses in comparison to control families. *Clinical Psychology Review, 34*(1), 29-43.

Jacob, T., & Tennenbaum, D. L. (1988). *Family Assessment, Rational Methods and Future*

Directions. New York: Plenum.

Katzman, M. A., & Wolchik, S. A. (1984). Bulimia and binge eating in college women: A comparison of personality and behavioral characteristics. *Journal of Consulting and Clinical Psychology*, *52*(3): 423-428.

Kerr, M. E., & Bowen, M. (1988). *Family Evaluation: An Approach based on Bowen Theory*. New York: Norton.

Kog, E., & Vandereycken, W. (1989). Family interaction in eating disorder patients and normal controls. *International Journal of Eating Disorders, 8*(1), 11-23.

Kotler, L. A., Cohen, P., Davies, M., Pine, D. S., & Walsh, B. T. (2001). Longitudinal relationships between childhood, adolescent, and adult eating disorders. *Journal of the American Academy of Child and Adolesent Psychiartry*, *40*(12), 1434-1440.

Laliberte, M., Boland, F. J., & Leichner, P. (1999). Family climates: Family factors specific to disordered eating and bulimia nervosa. *Journal of Clinical Psychology*, *55*(9), 1021-1040.

Larson, B. J. (1991). Relationship of family communication pattern to eating disorder inventory scores in adolescent girl, *Journal of American Diet Association*, *91,* 1065-1040.

Le Grange, D., & Schwartz, S. (2003). Family therapy for identical twins with anorexia Nervosa, *Eating and Weight Disorders*, *8*(1), 84-87.

Lilenfeld, L. R., Wonderlich, R. S., Riso, L. P., Crosby, R., & Mitchell, J. (2006). Eating disorders and personality: A methodological and empirical review. *Clinical Psychology Review*, *26*(3), 299-320.

Lock, J., Le Grange, D., Agras, W. S., & Dare, C. (2001). *Treatment Manual for Anorexia Nervosa: A Family-based Approach*. New York: Guilford Press.

Massing, A., Reich, G., & Sperling, E. (1994). *Die Mebrgenerationen Familient Therapie* (3.Aufl). Goettingen: Vandenhoeck and Ruprecht.

Melanie, A., Katzman, A., Sharlene., & Wolchik. (1984). Bulimia and binge eating in college women: A comparison of personality and behavioral characteristics. *Journal of Consulting and Clinical Psychology*, *52*(3), 423-428.

Minuchin, S., Baker, L., Bernice, L., Rosman, B. L., Liebman, R., Milman, L., & Thomas, C. (1975). A conceptual model of psychosomatic illness in children: Family organization and family therapy. *Archives of General Psychiatry*, *32*(8), 1031-1038.

Minuchin, S., Rosman, B. L., & Baker, L. (1978). *Psychosomatic Families: Anorexia Nervosa in Context.* Cambridge: Harvard University Press.

Nichols, M. P. (2012). *Family Therapy: Concepts and Methods* (10th ed.). Boston: Allyn and Bacon.

Ogden, J., & Steward, J. (2000). The role of the mother-daughter relationship in explaining weight concern. *Journal of Eating Disorders*, *28*(1), 78-83.

Polivy, J., & Herman, C. P. (2002). Causes of eating disorders. *Annual Review of Psychology*, *53*, 187-213.

Reich, G. (2001). Psychodynamische Aspeckte der Bulimie und Anorexie. In G. Reich, & M. Cierpka (Hrsg.), *Psychotherapie der Essstorungen*, (pp. 51-67). Stuttgart: Thieme.

Rhodes, P., Brown, J., & Madden, S. (2009). The maudsley model of family-based treatment for anorexia nervosa: A qualitative evaluation of parent-to-parent consultation. *Journal of Marital and Family Therapy*, *35*(2), 181-192.

Robin, A. L. (2003). Behavioral Family Systems Therapy for Adolescents with Anorexia Nervosa. In A. E. Kazkin & J. R. Weisz (Eds.), *Evidence-based Psychotherapies for Children and Adolescents* (pp. 358-373). New York: Guilford Press.

Russell, G. F., Szmukler, M. G., & Dare, C. (1987). An evaluation of family therapy in anorexia nervosa and bulimia nervosa, *Archives of General Psychiatry*, *44*(12), 1047-1056.

Schwartz, R. C., Barrett, M. J., & Saba, G. (1985). Family Therapy for Bulimia. In D. M. Garner & P. E. Garfinkel (Eds.), *Handbook for Anorexia Nervosa and Bulimia* (pp. 280-307). New York: Guilford Press.

Silverstein, B, L., Perdue, B. Peterson., & Kelly E. (1986). The role of the mass media in promoting a thin standard of bodily attractiveness for women. *Sex Roles, 14*(9/10), 519-532.

Thompson, D. A., Berg, K. M., & Shatford, L. A. (1987). The heterogeneity of bulimic symptomatology: Cognitive and behavioral dimensions. *International Journal of Eating Disorders*, *6*(2), 215-234.

Treasure, J., Ulrike, S., & Eric, V. F. (2003). *Handbook of Eating Disorders* (2nd ed.). New Jersey: John Wiley and Sons.

Treasure, J., Sepulveda, A. R., MacDonald, P., Whitaker, W., Lopez, C., Zabala, M., Kyriacou, O., & Todd, G. (2008). The assessment of the family of people with eating disorders. *European Eating Disorders Review, 16,* 247-255.

Treasure, J., Claudino, A. M., & Zucker, N. (2010). Eating disorders. *The Lancet, 375*(9714), 583-593.

Tylka, T. L., & Subich, L. M. (2004). Examining a multidimensional model of eating disorder symptomatology among college women. *Journal of Counseling Psychology, 51*(3), 314-328.

Wagener, A. M., & Much, K. (2010) Eating disorders as coping mechanism. *Journal of College Student Psychotherapy, 24*, 203-212.

Wiederman, M., & Pryor, T. (2000). Body dissatisfaction, bulimia, and depression among woman: The mediating role of drive for thinness. *International Journal of Eating Disorders, 27*, 90-95.

Wolff, G. E., Crosby, R. D., Roberts, J. A., & Wittrocks, D. A. (2000). Differences in daily stress, mood, coping, and eating behavior in binge eating and nonbinge eating college women. *Addictive Behavior, 25*(2), 205-216.

6장

직장상사와의 관계에 어려움을 겪고 있는 기혼남성의 우울증 진행과정에 대한 질적 연구

문정화 · 박태영

이 연구는 직장상사와의 관계에 어려움을 경험하고 있는 기혼남성(내담자)의 우울증에 영향을 미친 요인과 진행과정을 탐색하였다. 이 연구는 직장생활 중 적응장애와 우울증 진단을 받고 정신과 치료를 받아 오던 기혼남성의 가족치료 사례를 질적 사례연구방법을 활용하여 분석하였다.

이 연구결과는 내담자의 원가족 경험, 핵가족 경험 그리고 직장생활 경험이 내담자의 우울증에 영향을 미친 것으로 나타났다. 한편, 내담자의 우울증 진행과정은 '원가족 경험에 기인된 불안의 잠재단계' '핵가족 경험에 기인된 불안의 확대단계' '직장생활 경험에 기인된 우울증 발현단계'의 과정을 거치는 것으로 나타났다. 내담자의 우울증은 다양하고 복합적인 사회환경에서의 대인관계 특성에 기인되며 전 생애주기에 따른 점진적인 단계를 거쳐 발현되는 것으로 나타났다. 이러한 결과를 바탕으로 이 연구는 기혼남성의 우울증 치료를 위한 가족치료 전략을 제공하였다.

문정화, 박태영(2016). 직장상사와의 관계에 어려움을 겪고 있는 기혼남성의 우울증 진행과정에 대한 질적 연구. 한국가족복지학, 52, 343-374.

I. 서론

우울증은 일생을 통해 한 번 이상은 경험할 수 있는 가장 흔한 정신질환으로 한국 사회에서도 1990년대 중반 이후부터 크게 증가하고 있다. 최근 들어 우울증의 발병률이 46.9%로 상담이 높은 것으로 보고되고 있다(Kim, Lee, Chang, Park & Ju, 2002). 미국의 경우도 1990년도 이후에 우울증으로 인한 자살로 사망, 직장에서의 자기 결근, 생산성 상실 등으로 인한 간접 비용으로 313억, 약물치료 등의 직접 비용으로 124억 달러가 소모된 것으로 조사되었다(Greenberg et al., 1993). 최근 조사에서는 거의 15명 성인 중에 한 명(전체 인구의 6.7%)이 지난 12개월 동안에 주요 우울장애 기준에 속하는 것으로 나타났다(Kessler et al., 2005; Whisman & Beach, 2015). 이는 현대인들의 경우 다양한 생활사건과 사회환경적 스트레스에 빈번하게 노출되고 있기 때문으로 여겨진다. 우울증은 정신과 질환 중 전 연령대에서 빈번하게 발병되는 흔한 정신질환으로 여겨지고 있으며 우울증의 증상은 슬프고 공허하거나 과민한 기분이 있고, 개인의 기능 수행 능력에 영향을 주는 신체적 · 인지적 변화가 동반되는 것이다(American Psychiatric Association, 2013). 이러한 증상은 대인관계의 문제와 사회적 역할 수행을 약화시키는 결과를 야기할 뿐만 아니라 심각한 경우 자살까지 유발할 수 있다. 실제로 우울증 환자 중 10~15% 정도가 자살에 이르고 있는 것으로 보고되고 있을 만큼 심각한 사회문제로 발전하고 있다(이현주, 2001; 공보금, 2004; 전신현, 2007, 김진영, 2009).

최근 국내의 경우 정신의학계의 적극적인 치료 대상인 우울증 환자가 연평균 8% 이상을 차지하고 있으나 우울증 진료율은 30~40% 정도이며 우울증의 치료율은 15%에 못 미치고 있는 것으로 나타났다. 우울증 환자 중에서 치료의 범주에서 벗어나 있는 환자가 전체의 80% 이상으로 추산되고 있다(정성원 외, 2009; 김기웅, 2010). 따라서 우울증의 발병 요인을 파악하고 효과적인 치료적 개입 방안을 모색하여 초기 개입 시 극복이 가능한 우울증 환자가 방치되지 않고 적절한 치료를 받을 수 있도록 해야 한다.

우울증은 다양한 요인들이 복합적으로 작용하여 발병되는 정신질환으로 인식되어 왔다. 즉, 우울증은 유전적 요인과 사회환경적 요인이 조합되어 뇌의 구조나 기능, 신경계 및 신경전달물질 이상 등이 생기고 심리적 스트레스가 자극제가 되어 일어나는 다면적 정신질환이라는 의견이 지배적이다. 따라서 우울증을 이해하고 치료하는 데 있어서 뇌의 병소만을 고려하는 것은 적절하지 않으므로 약물치료와 심리사회적 치료 등 다양한 방법들을 병행하여 왔다(박혜경, 2012).

우울증이 보편적인 정신질환으로 인식됨에 따라 우울증에 관한 다양한 연구들이 있다. 예를 들어, 사회적 자본이 우울에 미치는 영향에 관한 연구(손용진, 2010; 이진향 외, 2011), 커뮤니케이션 능력이 대인불안 및 우울증과 같은 심리사회적 문제와의 관련성 연구(김민규, 김주환, 2008; Dillard & Spitzberg, 1984; Segrin, 1990; Spitzberg & Cupach, 1989, 2002; Bagwell et al., 2005), 노인의 사회참여와 가족의 지지가 노인의 우울증에 미치는 효과성을 검토한 연구(정영미, 2007; 문수경 외, 2008; 김진영, 2009), 자아분화와 대인관계 및 우울 · 불안 간의 관계를 다룬 연구(김남재, 1996; 김은정, 권정혜, 1998; 배미예, 이은희, 2009; 고기숙, 정미경, 2011), 대상관계 및 대인관계 갈등 시 대처방식과 우울증 관련 연구(박경순, 2009; 김가을 외, 2013), 사회적 스트레스와 기혼 직장인의 정신건강문제에 관한 연구(이미숙, 2003; 전해옥, 2011), 우울증의 생의학적 의료화 형성과정을 살펴본 연구(박혜경, 2012), 우울증 변화에 영향을 미치는 요인 분석 연구(박재규, 이정림, 2011), 우울증과 상담치료에 관한 연구(나동광, 2004; 박태영, 신건철, 2008) 등이 수행되었다.

이러한 선행연구들의 다수가 우울증에 영향을 미치는 다양한 요인, 대인관계와 우울 간의 관계와 관련된 연구들로 나름의 긍정적 의미를 갖는다. 하지만 우울증은 유전적 요인뿐만 아니라 사회환경적 요인의 조합에 의한 다면적 정신질환이라는 점을 고려할 때 복합적인 요인들을 고려하여 우울증의 진행과정을 평가하고 이에 적절한 치료적 개입을 시도할 필요가 있다. 즉, 개인의 인생주기 전반을 살펴보고 우울증에 영향을 미친 특정 맥락을 고려하여 우울증을 예방하거나 효과적으로 치료할 수 있는 방안을 모색할 필요가 있으나 이와 관련된 연구가 미미한 실정이다. 특히 우울증은 성별에 따라 발생빈도에 차이가 있는데 여성이 남성에 비해 2배 정도 많이 발생하는 정신질환이다(Park & Lee, 2011). 그러나 최근 여성에 비해 남성의 우울증이 증가하고 있는 상황이며 일부 병원 조사에 따르면 남성 우울증 환자의 비율이 60~70%로 조사된 결과를 통해 우울증 환자의 성비가 역전되는 상황을 확인할 수 있다(조선일보, 2009년 2월 3일). 남성 우울증의 특성은 여성과 다른 양상을 보일 수 있으며, 문화적 은폐와 오진의 문제 등으로 표면적으로 드러나지 않은 특징들이 있을 수 있다(최정헌, 2012). 최근 경제 불황과 고용 불안 등의 사회적 변화에 따라 남성 우울증이 지속적으로 증가할 것으로 예상되므로 남성의 우울증에 주목해야 하며, 특히 미혼남성에 비해 더 많은 스트레스 상황에 처할 수 있는 기혼남성의 우울증에 대한 더 많은 관심을 기울여야 할 필요가 있다. 그러나 남성의 우울증에 대한 연구는 매우 부족한 실정이다.

따라서 이 연구에서는 기혼남성이 이직한 직장에서 상사와 갈등을 겪는 과정에서 적응장애 및 우울증 진단을 받고 입원치료와 약물치료를 받는 중에 가족상담을 받은 사례를 중심으로 비우울증 상태에서 우울증 상태로 이행되는 과정과 요인을 살펴보고 기혼남성의 우울증 치료를 위한 가족치료 전략을 모색하고자 하였다.

II. 문헌고찰

1. 남성과 우울증

우울이라는 말은 일상생활에서 우리가 흔히 사용하는 용어이며 20% 정도의 사람들이 평생에 걸쳐 한 번 정도 걸릴 수 있는 질병이다(Irwin & Barbara, 2001). 우울증과 같은 정신질환에 소비되는 사회적 비용은 모든 암에 드는 비용의 1.5배가 되며, 정신질환의 평생유병률의 경우 48.0%를 차지하며 이 중에서 주요 우울장애는 17.1%, 불안장애는 24.9%로 높은 비율을 차지하는 것으로 볼 수 있다(Kessler, 1994).

2006년 국내에서 시행한 KECAS(Korean Epidemiologic Catchment Area Study)에 의하면 18~64세에 해당하는 한국인 중 평생 동안 한 차례 이상의 우울증을 앓았던 병력을 가진 경우가 6.2%로 나타났다. 이는 2001년도 조사 결과에 비해 1.4% 증가한 것으로 볼 수 있다(조맹제 외, 2009; Cho et al., 2007). 이러한 우울증의 유병률은 지속적으로 증가하고 있으며 여성에 비해 남성의 증가폭이 더 큰 것으로 조사되었다(보건복지부, 2001; 2006). 2001년에서 2006년 사이의 성별 차이에 따른 우울증 유병률의 변화에 관한 조사에 의하면 여성의 우울증 유병률의 경우 40대가 3.1%에서 2.5%, 60대가 4.8%에서 3%로 감소하였으나 남성의 우울증 유병률은 40대가 0.6%

에서 2.0%, 50대가 0.5%에서 2.6%, 20대가 1.5%에서 2.3%로 증가한 것으로 나타났다(보건복지부, 2001; 2006). 이는 우울증이 여성형 정신장애라는 사회적 인식에 대한 반전을 보여 주는 결과이다. 그러나 남성 우울에 관한 연구는 매우 미약한 상황이다. 여성 대상의 우울증 연구와 달리 남성 우울과 관련된 연구들 중 발달적 관점에서 취업 여부 변수가 우울에 영향을 미치며(Han et al., 2002), 퇴직을 하지 않은 남성에 비해 정년 퇴직을 한 중년 남성의 우울과 불안 정도가 더 높게 나타났다(김미선 외, 1990). 이러한 연구결과들을 통해 기혼남성 우울의 경우 직장생활경험 변수가 미치는 영향이 두드러진 특징임을 짐작해 볼 수 있다. 또한 남성은 여성에 비해 자신의 감정에 대해 무감각하며 행동 수준이 높아 자살행동에 더 취약할 수 있다(최정헌, 2012). 특히 한 가정의 생계를 책임지고 있는 기혼남성의 경우 미혼남성에 비해 더 많은 스트레스를 경험할 수 있고 우울증으로 인해 직장을 그만두게 될 경우 사회적 역할 상실로 인한 스트레스까지 가중되어 최악의 경우 가정해체에 이르게 될 수 있는 우려가 있다. 이에 따라 기혼남성이 겪는 우울증의 원인과 진행과정에 대한 심층적 연구를 통해 임상적 지원방안을 모색할 필요가 있다.

박재규와 이정림(2011)은 한국 성인 남녀의 우울증 변화에 영향을 미치는 요인을 분석하였는데, 우울증은 남성과 여성 모두 연령이 높은 경우, 학력 수준이 낮을 경우, 배우자 없이 독거할 경우, 일자리가 없거나 고용이 불안정한 경우, 노동시장에서 퇴출당한 경우, 저소득가구일 경우, 건강과 가족관계 및 사회적 관계의 만족도가 낮을 경우 우울증에 빠지거나 지속되는 경향이 있다는 결과를 제시하였다. 특히 남성의 경우 가족관계의 영향이 우울증 지속 및 우울증 진입에 더 중요한 영향을 미치는 것으로 나타났다. 실제로 중국인 부부를 대상으로 한 연구결과를 보면 부부관계의 질이 우울 증상과 유의미한 관계가 있는 것으로 나타났다(Miller et al., 2013). 즉, 부부의 응집력과 친밀감의 정도가 악순환적인 스트레스를 발생시키며 이는 우울증 발생에 영향을 미치거나 우울증을 악화시킬 수 있다(Whisman & Beach, 2015). 이와 같이 가족구성원들의 과도하게 표현된 감정과 비판에 대한 인식은 우울증 진행과정에 중요한 요인으로 작용될 수 있다(Hooley & Teasdale, 1989; Renshaw, 2008). 실제로 우울증을 가진 기혼자들에게 있어서 부정적인 의사소통행동(예를 들어, 비아냥, 철회, 언어적 공격)의 빈도가 긍정적인 의사소통행동(예를 들어, 자기노출, 문제해결행동, 웃음, 눈맞춤)의 빈도보다 더 높은 것으로 나타났다(Rehman, Gollan, & Mortimer,

2008). 이처럼 우울장애를 가진 사람들의 경우 우울장애를 가지지 않는 사람들보다 인간관계의 질이 더 낮은 것으로 나타났다(Whisman, 1999, 2007). 이는 인간관계의 특성은 우울증 발생에 영향을 미칠 수 있음을 예측할 수 있는 결과이다(Beach et al., 2003; Overbeek et al., 2006; Whisman & Uebelacker, 2009). 즉, 대인관계의 질과 정서적 지지 그리고 스트레스의 정도는 주된 우울증 유발요인임을 알 수 있다(Whisman & Beach, 2015).

일반적으로 정신질환의 원인은 외부로부터 발생하는 스트레스 및 학대와 같은 심리·사회·환경적 요인으로 언급되어 왔지만 의학계에서는 신경생물학적 원인에 의한 질병으로 강조해 왔다(American Psychiatric Association, 2000). 미국에서는 우울증을 신경생물학적 원인으로 인식하는 경우가 2006년 기준으로 67% 정도이며(Pescosolido et al., 2010), 한국의 경우 정신질환의 원인에 대해 신경계통 이상으로 여기는 경우가 점차 감소하였고 오히려 부모의 이혼과 양육방식과 같은 가족의 요인, 사회적 고립과 무관심, 스트레스 등과 같은 심리·사회·환경적 요인으로 더 높게 인식하는 것으로 보고되었다(국가인권위원회, 2008). 이러한 결과는 신문기사 분석을 통해 우울증의 원인을 분석한 김성완 등(2000)의 연구에서도 일치된 것으로 나타났다. 즉, 우울증 발병의 원인을 신경생물학적 관점에서 기술한 경우는 24%로 나타났으며, 나머지 76%의 기사에서 스트레스나 심리적 충격, 가정문제, 집단따돌림과 같은 심리·사회·환경적 요인을 밝히고 있는 것으로 나타났다. 이와 같이 복합적인 요인에 의해 발현되는 우울증은 정서적 이상 징후, 사고의 이상 징후, 신체적 행동장애 등 여러 가지 복합적인 증상으로 나타난다. 즉, 자아존중감 감소, 수면과 식욕 저하, 에너지 감소, 대인기피문제로 인해 일상생활의 어려움을 겪게 된다(Jack, 1991; 송지영, 이광철, 2002; 김해란, 2003; 이경미 외, 2004).

이에 따라 기혼남성의 심리·사회·환경적 요인에 따른 우울증의 원인과 진행경로에 대해 시간의 경과에 따른 전 생애주기를 고려하여 역동적으로 분석할 필요가 있다. 즉, 어린 시절 원가족 경험에서부터 결혼 이후 핵가족 경험, 특히 직장생활 경험까지 함께 고려하여 우울증에 영향을 미치는 특정한 맥락변수들을 고찰하여 임상적 개입 방안을 모색해야 한다.

2. 우울증의 진행과정

우울증은 특정 맥락에서 더 민감하게 반응하는 질환으로 생애의 특정 시점에서 임상적 우울 증세를 보이기도 하며 대인관계의 특성에 영향을 받기도 한다. 대체로 여성의 9~26%, 남성의 5~12%가 생애의 특정 시점에서 임상적인 우울 증세를 보인다(Maguire, 1996). 인생주기로 볼 때 30대를 전후해서 우울증의 발병이 높게 나타나며 그 이후 낮아졌다가 노년기에 다시 증가하는 양상을 보이는 것으로 나타났다(Roesch, 1991). 이와 관련된 국내 우울증 연구에서는 남자의 경우 50대에서 가장 높고 40대를 제외하고 연령별로 큰 차이가 없는 것으로 나타났다. 반면, 여성의 경우 30대 이후부터 우울증이 높게 증가하였으며 나머지 연령에서는 큰 차이가 없다가 70대에서 가장 높은 것으로 나타났다(질병관리본부, 2011). 또한 우울증 환자들은 낯설고 불편한 사람과 함께 일할 때보다 지지적이고 친절한 사람들과 함께할 때 우울증 증세가 훨씬 감소하는 것으로 나타났다(Coyne, 1982). 최정헌(2012)의 남성 우울의 극복과정에 관한 연구에 의하면 불행했던 어린 시절에 기인된 잠재적 단계, 촉발사건에 의해 우울증이 유발되는 폭발단계, 수치심과 죄책감을 느끼고 심지어 자살충동을 느끼게 되는 갈등단계를 거쳐 우울증이 진행된다고 하였다. 더불어 그는 스스로 우울증을 극복하기 위해 노력하고 자살충동에 대해 전략적으로 극복하려고 도움을 요청하는 극복의 단계, 자신과 같은 처지에서 고통받는 사람들에 대한 돌봄의 마음을 가지는 성숙의 단계를 거쳐 우울증을 극복하는 과정을 제시하였다(최정헌, 2012). 이를 통해 우울증은 전 생애주기에 걸쳐 단계적으로 진행됨을 알 수 있다.

어린 시절 원가족 내에서의 경험은 개인의 심리적 문제와 관련된다. 이는 Freud가 현재의 문제를 개인의 과거와 연관되어 있다는 이론을 전개한 후로 과거의 경험 중 원가족 경험에서 심리적 문제의 원인을 찾는 경향이 나타났다. 즉, 원가족에서 기인된 정서적 불안이나 단절은 가족투사과정을 통해 자녀에게 이어지게 되며, 다세대 전수과정을 통해 가족의 정서과정이 새로 형성된 가정으로 대를 이어 전개되므로 가정 내 불안 수준은 더욱 높아지게 된다. 이러한 과정의 반복은 만성 알코올 중독, 조울증, 강박증, 조현병과 같은 정신병을 유발하는 수준에 이르게 될 수 있다(조소희, 정혜정, 2008). 인생 초기에 통제하기 어려운 사건을 자주 경험하게 될 경우 일반화된 자기통제감의 상실로 인해 결국 만성적인 불안 또는 그와 유사한 부정적 정서를 경험할 위험성에 처할 수 있다(Chorpita et al., 1998). 따라서 우울증의 증세 또한 세대간 전이 관점에서 살펴볼 필요가 있다.

또한 결혼 이후 핵가족 내 부부관계의 특성은 기혼남성의 우울의 촉발요인이 될 수 있으며 어린 시절 부모와의 관계 경험은 부부관계에 영향을 미친다. 즉, 어린 시절 부모로부터 좌절된 부분들이 억압되었다가 부부관계에 영향을 미치게 될 수 있다는 것이다(Dicks, 1967). 어떤 대인관계에서보다 정서적 개입이 큰 부부관계에서의 상처 경험은 우울, 불안, 분노와 같은 감정에 노출되기 쉽고, 이러한 부정적 정서가 오랜 시간 해소되지 못하고 지속될 경우 개인의 정서문제와 대인관계에 부정적 영향을 미칠 수 있다(오영희, 2006).

다음으로 누적된 가족 경험에 기인된 불안과 스트레스는 직장생활에서의 직무 스트레스와 상사 또는 동료와의 갈등관계에서 적절한 해결책을 찾지 못할 때 심각한 심리적 갈등을 겪는 과정에서 우울증 발현에 영향을 미칠 수 있다. 실제로 직장에서의 스트레스로 인한 정신건강문제를 겪고 있는 근로자들의 비율이 점차 증가하고 있는 실정이며 직장에서의 직무스트레스는 우울증과 같은 정신건강문제를 발생시킬 위험성이 2배 정도 높은 것으로 나타났다(Shigemi et al., 2000; Melchior et al., 2007). 영국에서 발표된 보고에 의하면 530,000명 정도가 직무스트레스로 인해 우울 또는 불안과 관련된 질병을 일으킬 수 있다고 하였다(구정완, 2010). 캐나다에서는 정신질환 관련 장애 소송이 30% 가량을 차지할 정도이며 연간 150억 달러에서 330억 달러의 비용이 지출되고 있다(Dewa et al., 2004). 국내에서도 245개 사업체의 근로자 6,977명을 대상으로 한 연구에서 22%(1,346명) 정도가 심각한 수준의 스트레스를 경험하고 있는 것으로 보고되었다(장세진 외, 2005). 이는 업무상 정신질환 발생 비율이 점차적으로 증가될 것을 예측할 수 있는 결과이다.

이에 따라 직무스트레스와 관련된 우울 및 불안 장애를 겪고 있는 근로자의 조기 발견 및 치료를 위한 다차원적인 노력이 필요하다.

Ⅲ. 연구방법

1. 연구대상 및 사례개요

이 연구는 이직한 회사에서 상사와의 갈등과 직무스트레스로 극심한 스트레스를 받아 오던 내담자가 신경정신과에서 적응장애 및 우울증 진단을 받고 입원치료와 약물치료를 받아 오다 친척의 권유로 상담자에게 가족상담을 의뢰하여 총 8회기 동안 진행된 상담내용을 분석하였다. 상담에는 남편(36), 부인(36), 아들(6)이 참여하였으며, 남편(1, 2회기), 부인(3, 4, 7회기), 아들(7회기)을 대상으로 개인상담과 부부상담(5, 6, 8회기)으로 진행되었다.

이 연구는 가족환경 및 직장환경 등 다양한 사회환경적 맥락은 기혼남성의 우울증에 유의미한 영향을 미칠 수 있으므로 내담자가 참여한 상담회기를 중심으로 내담자가 인식하는 원가족과 핵가족에서의 가족관계의 특성, 그리고 직장생활 경험을 진술한 내용에 초점을 두고 분석하였다. 더불어 내담자의 부인이 참여한 상담회기에서 부부관계의 특성과 부인이 관찰해 온 내담자의 대처방식에 대한 특성에 초점을 두고 분석하여 우울증의 원인과 진행경로를 심층적으로 분석하였다.

2. 연구질문

직장상사와의 관계에서 어려움을 겪고 있는 기혼남성의 우울증에 영향을 미친 요인은 무엇이며, 어떤 과정을 거쳐 우울증이 진행되었는가?

3. 분석방법

이 연구의 목적은 직장상사와의 관계에서 어려움을 겪고 있는 내담자의 우울증 진행과정을 분석하여 우울증에 영향을 미친 원인과 치료개입 방안을 모색하고자 하는 것이다. 이러한 목적을 수행하기 위해 질적 사례연구방법을 적용하였다(Stake, 1995). 그 이유는 기혼남성의 우울증 진행 경로를 분석한 국내 연구가 많지 않다는 것과 전 생애주기를 통해 우울증에 영향을 미친 상황적 맥락에 대해 내담자가 경험한 주관적 의미에 더 많은 관심을 갖고 있기 때문이다. 또한 질적 사례연구를 선택한 이유는 연구자들이 직접 인터뷰를 통해 자료를 수집한 것이 아니라 이미 전사 처리된 2차적 자료인 상담축어록을 활용하였다는 특수성과 사례연구는 그 사례 자체를 이해하는 것이 핵심이기 때문이다.

자료분석방법으로는 연구자 중 한 사람이 직접 상담을 진행한 총 8회기 상담축어록을 활용하여 코딩을 하면서 줄 단위 비교와 전체를 비교함으로써 우울증 진행 경로와 우울증에 영향을 미친 사회환경적 요인을 중심으로 주요 개념을 도출하였고 유사한 개념을 묶어 하위범주를 도출한 다음 하위범주를 다시 재분류하여 상위범주로 범주화하였고 매트릭스를 통하여 범주를 나열하였다. 또한 연구자들은 상담 중 기록한 메모를 참고하면서 지속적인 점검 및 논의과정을 통해 분석 결과에 대한 정확성을 도모하고자 하였다.

4. 연구의 엄격성 및 윤리적 고려

이 연구는 상담자료라는 특수성을 고려하여 연구의 전 과정에서 엄격성을 의식하며 연구를 진행하고자 하였다. 즉, 연구의 진실성과 엄격성을 높이기 위해서 1회기부터 8회기까지의 축어록, 상담기록지를 활용하였으며, 상담과정에서 진술된 내용들을 인용문으로 제시하면서 자료의 삼각화를 시도하였다. 또한 상담자인 공동연구자와의 지속적인 의견 교환 및 토론을 통해 분석결과를 점검하면서 연구의 타당성을 고려하였다. 더불어 현상학, 근거이론, 질적 사례연구 등의 질적 연구 경험이 있는 연구자들에 의한 연구자의 삼각화를 시도함으로써 연구자의 편견을 줄이고자 노력하였다.

연구의 윤리적 측면에 있어서는 이 연구를 진행하면서 상담자였던 연구자는 연구 자료로 이용될 것에 대해 내담자에게 고지하고 동의를 받았다. 더불어 연구자는 내담자 가족에게 연구 이외의 목적에 자료를 이용하지 않을 것과 익명성 보장에 대해서도 고지하였다. 이를 위해 연구자들은 내담자들을 보호하기 위해 상담내용을 통해 내담자들을 추정할 수 있는 인적 사항들은 삭제하였다.

Ⅳ. 연구결과

분석결과 내담자의 우울증의 진행과정은 원가족 경험에 기인된 불안의 잠재단계, 핵가족 경험에 기인된 불안의 확대단계, 직장생활 경험에 기인된 우울증 발현단계로 분석되었다.

표 6-1 직장상사와의 관계에 어려움을 겪는 기혼남성의 우울증 요인 및 진행과정

상위범주	하위범주	개념
원가족 경험에 기인된 불안의 잠재단계	모의 심리적 불안의 전이	걱정이 많고 신경이 예민함, 불면증, 심한 감정기복
	누나로부터의 억압과 위축	누나와의 갈등, 쪼아 대는 누나, 직설적이고 분노조절이 안 되는 누나
핵가족 경험에 기인된 불안의 확대단계	배우자에게 전이되는 미해결 정서	모와 누나처럼 쪼아 대는 부인, 친정부처럼 뚱해 있는 남편, 조모에게 배려받지 못했던 서운한 감정을 남편에게도 느낌
	불안감을 부추기는 부부의 대화방식	부인에게 속마음을 털어놓지 못하고 삭힘, 부인과 절충하지 못하고 회피함, 부인의 훈계, 부인의 짜증스러운 표현, 부인의 대화차단방식
	남편의 미분화와 삼각관계	남편의 불안과 미분화, 남편의 삼각관계
직장생활에서 기인된 우울증 발현단계	상사와의 갈등 및 심리적 소진	질책하는 상사에 대한 무력감, 무시하는 상사로부터 오는 좌절감, 협박하는 상사로부터 오는 극심한 압박감
	자신의 감정에 대한 억압과 위축의 재현 및 자아상실	자신의 감정에 대한 억압과 타인에 대한 배려, 스트레스 상황에서 사직, 상사에 대한 부정적 감정을 부인에게 표현하지 못함, 상사에게 속마음을 표현하지 않고 회피함
	우울 증상 발현	자신감 상실, 부정적 사고, 미래에 대한 불안

1. 원가족 경험에 기인된 불안의 잠재단계

내담자의 어머니는 늘 걱정이 많았고 걱정거리가 있을 때마다 잠을 이루지 못하는 특성을 보였으며 평소 감정기복이 심한 편으로, 내담자는 어머니를 늘 배려하며

지내 왔다. 이러한 과정에서 내담자가 어머니의 심리적 불안을 흡수하며 성장해 온 것을 예측할 수 있다.

또한, 내담자는 누나와도 사이가 좋지 않아 자주 다투며 지냈고 내담자가 결혼한 이후에도 다툼이 계속됐다. 특히 내담자와 누나가 다툴 때 누나는 쪼아 대는 방식을 주로 사용하였으며, 평소에도 직설적이고 버럭하는 방식을 사용해 왔다. 이와 같은 누나의 의사소통방식은 내담자를 심리적으로 억압하고 위축시켰다. 내담자는 어려서부터 다른 가족구성원에게 자신의 입장을 분명하게 표출할 수 없었고 이러한 원가족과의 경험이 심리적 불안을 내재화시켰다고 볼 수 있다.

1) 모의 심리적 불안의 전이

(1) 걱정이 많고 신경이 예민함

남편: 어머니가 걱정이 좀 많고, 신경을 굉장히 많이 쓰시는 편이에요. (남편-1회기)

(2) 불면증

남편: 뭔가 하나가 걱정이 있으면 잠을 못 주무시고 오래 생각하는 그런 면이 있었어요.

상담자: 불면증도 있으셨을까요?

남편: 스트레스 받는 일이 있으시면, 잠을 못 주무시고 하는 부분이 있는 거 같아요. (남편-2회기)

(3) 심한 감정기복

상담자: 부모님 두 분 중에서 감정기복이 있으신 분이 어느 분이실까요?

남편: 어머니시죠. 어머니가 감정기복이 심하셨어요. (남편-6회기)

2) 누나로부터의 억압과 위축

(1) 누나와의 갈등

상담자: 누나와 사이는 어떠세요?

남편: 누나랑 사이는 어렸을 때 많이 싸웠었죠.

남편: 첫아이를 낳고도 싸웠었죠. 첫애를 원주에 계신 어머니가 봐주시기로 해서

원주에 데려다 놔야 하는데 누나가 개를 키우고 있었기 때문에 걱정이 돼서 치웠으면 좋겠다고 했다가…… 그래서 누나도 애 낳아 보라고 했었죠. (남편-1회기)

(2) 쪼아 대는 누나

상담자: 혹시 집안에서 팀장처럼 쪼아 대는 사람이 있었나요?

남편: 누나하고 어릴 때 티격태격했어요. (누나가) 조금 쪼아 댔었죠. (남편-2회기)

(3) 직설적이고 분노조절이 안 되는 누나

상담자: 누나도 직설적이고 지시적이고 급하고 그랬나요?

남편: 어렸을 때도 좀 직설적이었어요. 급하기도 하고, 버럭버럭할 때도 있었구요. (남편-1회기)

2. 핵가족 경험에 기인된 불안의 확대단계

내담자는 어머니와 누나의 의사소통방식을 비슷하게 사용하는 부인에게 자신의 힘든 상황을 솔직히 표현할 수 없었다. 또한 내담자는 부인의 친정부(장인)처럼 평소 말이 없고 무뚝뚝하여 부인은 친정아버지 모습을 닮은 남편의 모습을 싫어하였다. 한편, 부인은 고부갈등에서 부인의 편을 들어 주지 않는 남편에 대하여 서운한 감정을 가지고 있었다. 이는 부인이 어린 시절 할머니와 친정부가 사이가 좋지 않아 할머니가 자신을 미워했을 때 느꼈던 서운한 감정을 재경험하게 하였다. 즉, 이러한 느낌은 부인이 원가족에서 미해결된 할머니에 대한 부정적 정서가 남편에게 전이된 것으로 볼 수 있다.

이처럼 불안하고 억압된 가정환경에서 성장한 부부는 갈등상황에서 불안감을 부추기는 대화방식을 사용하였고, 이러한 대화방식으로 부부는 서로에게 스트레스를 더욱 가중시키고 있었다. 특히 내담자는 직장에서 받고 있는 스트레스를 부인에게 솔직하게 털어놓지 못하였고, 부인을 회피하였다. 반면, 부인은 남편이 못마땅할 때 짜증스럽게 표현하거나, 무능해 보이는 남편에게 훈계와 충고하는 방식을 사용해 왔다. 이와 같이 내담자의 회피하는 방식과 부인의 짜증스러운 표현과 훈계하는 방식으로 부부는 대화하기가 더욱 힘들어지고 있었다. 또한 어린 시절부터 신경이 예민하고 불안해했던 어머니를 늘 배려해 왔던 내담자는 고부갈등 상황에서 부인보다 어머니 편을 들었다. 이와 같이 내담자의 미분화로 인하여 내담자와 부인 그리고 시어머니 사이에 삼각관계가 형성되었고 이러한 삼각관계가 부부갈등을 더욱 악화시키고 있었다.

이와 같이 부부가 원가족에서 해결되지 못한 감정이 배우자에게 전이되는 것과 부부관계를 악화시키는 부부의 대화방식, 그리고 내담자의 미분화와 삼각관계가 내담자의 불안을 증폭시켰다고 볼 수 있다.

1) 배우자에게 전이되는 미해결 정서

(1) 모와 누나처럼 쪼아 대는 부인

남편: 와이프가 약간 그런 식으로(엄마와 누나처럼 쪼아 대는) 얘기했던 것 같아요. '왜 못한다 그러냐? 왜 또 이러냐?'고요.

남편: 움츠리게 하는 건 잘 모르겠고 하여튼 제 힘든 상황을 와이프에게 얘기하는 것이 불안했어요. (남편-2회기)

(2) 친정부처럼 뚱해 있는 남편

부인: 남편은 별로 얘기를 안 해요. 웃지도 않고 그냥 어떨 때는 집에 들어오면 우울 증상이 있어서 그런 건지 모르지만, 전에는 술을 마시고도 들어오면, 제가 바랬던 건 저희 아빠랑 좀 다른 사람이에요. 술을 마시고 오더라도 웃으면서 들어와서 애들하고도 장난치고 이런 사람이요.

부인: (남편이) 술 마시고 오면 (아빠처럼) 뚱해 있는 것이 비슷해요. 어떨 때는 쳐다보기도 싫어요. (부인-4회기)

(3) 조모에게 배려받지 못했던 서운한 감정을 남편에게도 느낌

부인: 할머니 집에 자주 갔었는데 할머니가 저희 아버지랑 별로 좋은 관계가 아니어서인지 저희까지 항상 미워하시는 거예요. 뭘 하나 사 줘도 자기 딸들과 아들(고모와 삼촌)이 더 먼저였고 저희는 뭐 사 주는 게 없었어요.

부인: 제가 한번 얘기했었어요. 어머니는 왜 집안일이 있으면 제가 있는 자리에서

얘길 안하냐고요. 어머니는 남편하고 따로 얘기해서 제가 남편한테 얘기했어요. 그랬더니 자기는 그렇게 느끼지 않는다고 하더라구요. (부인-6회기)

2) 불안감을 부추기는 부부의 대화방식

(1) 남편

• 부인에게 속마음을 털어놓지 못하고 삭힘

남편: 직장에서 스트레스 받는 것을 와이프에게 말하지 못했죠. 미안해서요. (남편-1회기)

• 부인과 절충하지 못하고 회피함

상담자: 선생님의 표현하는 방식이 와이프하고 부닥쳐서 절충하기보다는 회피를 해 버리는 방식이네요.

남편: 네. (남편-1회기)

(2)부인

• 부인의 훈계

남편: (와이프가) 능력이 안 되니까 좀 배워라. 다시 공부하라고 하는데, 그런 얘기를 해도 귀에 들리지 않아요. (남편-3회기)

• 짜증스러운 표현

상담자: 선생님, 못마땅할 때 좀 짜증스럽게 표현하실 거 아니예요. 뭐 누구나 다 그렇잖아요.

부인: 네, 그렇죠. (부인-4회기)

• 부인의 대화차단방식

남편: 늘 보면 문제가 있고 뭔가 사건이 발생하면 인제 화가 나요. 불편한 상황이 발생하고 나서 그 상황에서는 더 이상 대화를 하려고 해도 와이프는 마음을 닫아 버려요. (남편-6회기)

3) 남편의 미분화와 삼각관계

(1) 남편의 불안과 미분화

남편: 선발제 고등학교 들어가서 많이 뒤처졌었죠. 그래서 주눅이 들었었던 것 같기도…….

상담자: 선발제 고등학교 다니면서 중압감을 느꼈을 텐데, 어머니께선 걱정이 많으셨단 말이에요. 불안하고, 잔소리도 있으시고. 그러니 선생님은 늘 불안한 엄마를 배려해야 된다는 마음이 작용하지 않았을까 하는데…….

남편: 그렇죠. (남편-5회기)

(2) 남편의 삼각관계

상담자: 부군께서 시어머니와의 문제에서 지금 와이프 편을 충분히 들어 주지 못한다는 생각이 드는데요?

부인: 네, 항상 어머니 입장을 더 고려해요. (부인-4회기)

3. 직장생활에서 기인된 우울증 발현단계

내담자는 전 직장에서 승진 지체의 문제로 퇴사하였지만 재직 당시 직장상사로부터 능력을 인정받았고 원만한 대인관계를 유지하며 10년간 직장생활에 잘 적응하였다. 그러나 내담자는 이직한 직장에서는 상사와의 갈등으로 인한 스트레스가 지속되면서 정신과 진료를 받게 되었고 결국 적응장애 및 우울증 진단을 받게 되었다. 내담자는 직장에서 한 살 위인 팀장에게 무시를 당하면서 심한 좌절감을 느끼게 되었다. 내담자는 입사 초기부터 자신을 경계하고 무시하는 상사로 인한 무력감, 지속되는 협박 수준으로 느껴질 정도의 심리적 압박감을 반복적으로 느껴 왔다. 내담자는 지속되는 대인관계 및 직무스트레스로 인한 어려움을 부인에게 솔직히 표현하지 못하고, 혼자 고민하다 결국 직장을 그만두었다. 내담자는 이직한 직장에서 상사로부터 오는 스트레스와 불안을 억압하고 위축된 상황에서 갈등을 회피하는 대처방식을 사용하고 있었다. 내담자의 스트레스 상황에서 회피하는 대처방식은 가족관계에서 어머니와 누나, 그리고 부인으로부터 정서적 지지를 받기보다 잔소리, 질책, 훈계를 들어 왔으며 갈등상황에서 자신의 감정을 솔직히 표현하기보다 타인을 더 배려하며 부정적 감정을 억눌러 오는 대처방식이 반복되고 있는 것을 볼 수 있다.

점차적으로 내담자는 일에 대해 무관심해지고 결국 일이 싫어지는 상황에서 자신감을 상실하게 되어 사직하였다. 또한 내담자는 불확실한 미래에 대한 걱정으로 인하여 스트레스가 더욱 심화되었고 심각한 불안으로 인하여 우울증상이 발현되었다.

1) 상사와의 갈등 및 심리적 소진

(1) 질책하는 상사에 대한 무력감

남편: (상사가) 넌 이태리 회사에서 있다가 온 애가 뭐 이런 것도 못하냐고 그러고 저런 것도 모르냐고 하고……. 예전 직장에서는 같이 일하던 동료들과 외부 전문가들과 네트워크 형성이 잘 되었거든요. 모르는 거 있으면 어디든 전화해서 물어보고 알아보고 찾아보고 했었는데, 여기서는 본인이 스스로 알아서 다 해야 했어요. (남편-2회기)

(2) 무시하는 상사로부터 오는 좌절감

남편: 전 직장을 다닐 때는 잘 다녔었고, 잘한다고 칭찬도 많이 받아서 자신감이 굉장이 컸었어요. 옮긴 회사의 팀장님하고 비슷한 위치에 있는 사람들을 보면서 좌절했죠. "내가 지금까지 해 온 게 별거 아니었구나."라는 생각이 들었죠. 그리고 저랑 한 살 차이 나는 과장이 팀장이 됐는데 티격태격하기도 하고 입사했을 때 저를 경계하고 무시를 하는 거예요. (남편-1회기)

(3) 협박하는 상사로부터 오는 극심한 압박감

남편: 또 인제 압박을 막 하는 거죠. 거의 막 협박 수준으로 느껴질 정도로 본인이 다 관리하고 싶고 신경쓰지 말라고 하니까……. (남편-1회기)

2) 자신의 감정에 대한 억압과 위축의 재현 및 자아상실

(1) 자신의 감정에 대한 억압과 타인에 대한 배려

남편: (팀장이) 정말 싫었는데도 그냥 그 사람 배려하려는 마음이 들었었던 것 같아요. 욕을 막 하고 뭐 그래야 되는데 그런 맘이 잘 안 들고 그게 뭐 생각해

보니깐 내가 상처받아 가면서 '정말 내가 쓸데없는 배려를 했구나.' 하는 생각이 들었어요. (남편-5회기)

(2) 스트레스 상황에서 사직

남편: 인수인계를 받는데 눈에 들어오지도 않고 답답하고, 이해도 안 되고 그러면서 자꾸 다른 생각이 들기 시작하는 거죠. 마음이 무너지고 이쪽 일 자체가 다 싫어지고, 제가 하는 일 자체가 다 싫어지면서 이 일을 안 하고 무슨 일을 할 수 있을까 뭘 해야 하나 고민하다가 지금은 그만두고 싶다고 얘기를 했어요. (남편-1회기)

(3) 상사에 대한 부정적 감정을 부인에게 표현하지 못함

상담자: 두 번째 직장에서 상사와의 관계에서 위기가 들어왔을 때 그 위기상황을 와이프한테 털어놓으셨나요?

남편: 말을 못했죠. (남편-1회기)

(4) 상사에게 속마음을 표현하지 않고 회피함

남편: 나가지 말라고 말리는 다른 팀장하고 대화를 할 때도 그 사람들이 먼저 그만두려는 이유를 물어봐 주기 전에는 제가 그 얘기를 먼저 안 했던 거죠. 못하는 거죠. (남편-5회기)

3) 우울 증상의 발현

(1) 자신감 상실

남편: 인수인계를 받는데 눈에 들어오지도 않고 답답하고, 이해도 안 되고 그러면서 자꾸 다른 생각이 들기 시작하는 거죠. 마음이 무너지고 이쪽 일 자체가 다 싫어지고, 제가 하는 일 자체가 다 싫어지면서 이 일을 안 하고 무슨 일을 할 수 있을까 뭘 해야 하나 고민하다가 지금은 그만두고 싶다고 얘기를 했어요. (남편-1회기)

(2) 부정적 사고

남편: 어떤 날 아침에는 회사도 가기 싫고, 어떤 날은 내가 회사 가다가 사고라도 났으면 좋겠다는……. (남편-3회기)

(3) 미래에 대한 불안

남편: (생략) …… '만약에 이 일을 못하면 당장 내가 돈도 못 벌고 앞으로 내가 무엇을 할 수 있을까? 아무것도 못하면 어떻게 하지?'에 대한 걱정과 고민과 스트레스가 컸어요. (남편-2회기).

V. 결론

1. 연구요약과 함의

이 연구는 직장상사와의 관계에서 어려움을 가지고 있는 내담자의 우울증에 영향을 미친 요인은 무엇이며, 어떤 과정을 거쳐 우울증 증세가 나타났는지에 대해 살펴보았고 그 연구결과는 다음과 같다.

먼저, 이 연구결과에서 내담자의 원가족 경험, 핵가족 경험 그리고 직장생활 경험이 내담자의 우울증에 영향을 미쳤으며, 이 세 가지 요인들 간에 역동적인 상호작용 과정을 거쳐 점진적으로 임상적 우울 증상이 유발된 것으로 나타났다. 이러한 연구는 정신질환의 원인을 신경계통 이상으로 인식하는 경우가 감소하고 가족요인, 사회적 고립과 무관심, 스트레스와 같은 심리 · 사회 · 환경적 요인이 우울증에 영향을 미친다(국가인원위원회, 2008)는 결과를 보여 주고 있다.

다음으로 우울증 진행과정은 불안의 잠재단계, 불안의 확대단계, 우울 증상의 발현단계로 분석되었다. 이러한 진행경로는 가족생활 및 직장생활 경험과 상호 관련되었고, 이에 대한 구체적인 내용은 다음과 같다.

첫째, 불안의 잠재단계는 내담자의 어린 시절 원가족 경험에서 기인되었다고 볼 수 있다. 내담자는 평소 걱정이 많고 불면증 증세를 보이며 감정기복이 심했던 어머니에게 자신의 욕구와 감정을 표출하지 못하고 억압해 왔다. 또한 내담자는 어릴 때부터 누나와의 갈등으로 인하여 많은 스트레스를 받아왔다. 누나의 직설적이고 버럭하는 표현방식과 쪼아 대는 표현방식이 내담자를 위축시켰고, 그로 인하여 내담자는 누나에 대한 부정적 감정을 억압해 왔다. 따라서 내담자는 어머니와 누나로부터 이해와 수용의 경험이 미흡했던 것으로 나타났다. 특히 내담자는 어머니와의 정서적 애착관계를 충분히 형성하지 못하고 오히려 어머니의 심리적 불안을 흡수하며 미분화되었다고 볼 수 있다. 이와 같은 결과는 원가족에서 기인된 정서적 불안이 가족투사과정을 통해 자녀에게 이어져 정신병을 유발하게 된다(조소희, 정혜정, 2008)는 연구결과와 일치됨을 알 수 있다.

둘째, 불안의 확대단계는 결혼 이후 핵가족 경험에 기인된 세 가지의 요인으로 배우자에게 전이되는 미해결된 정서, 불안감을 부추기는 부부의 대화방식, 남편의 미분화와 삼각관계와 관련된다고 볼 수 있다.

원가족에서 어머니와 누나로부터 정서적 지지를 받지 못하고 성장한 내담자는 결혼 이후에도 어머니와 누나와 유사한 방식을 사용하는 부인에 대한 거부감으로 인해 원만한 부부관계를 형성하지 못하였다. 특히 내담자는 부인의 친정부(장인)처럼 무뚝뚝하여 부인은 남편에게서 친정부에게 느꼈던 부정적 감정을 경험하였다. 한편, 부인은 어린 시절 할머니로부터 미움을 받아 거부당했던 경험으로 인해, 고부갈등 상황에서 무조건 시어머니 편을 드는 남편에게 거부당하는 상황에서 전이를 경험하고 있다고 볼 수 있다. 이와 같은 결과는 원가족 정서과정을 통해 자신의 내면에 억압되었던 갈망하는 자아(exciting ego)가 배우자에게 투사된 결과로 볼 수 있다(Fairbairn, 1944). 이 연구결과는 결혼생활을 통해 배우자에게 원가족에서 미해결된 정서, 즉 억압된 부분을 대리만족할 수도 있지만 낮은 자아분화 수준을 가진 부부의 경우 서로의 개별성을 인정하고 수용하기보다 지나친 정서적 관여를 통한 융합의 양상을 보이게 되며, 그 결과 불안이 증폭되고 서로에게 더 의존하고 더 많은 요구를 하게 되면서 결혼 갈등을 유발할 수 있다(Bowen, 1978)는 것을 보여 주고 있다.

다음으로 이 연구결과에서 부부갈등 상황에서 사용된 불안감을 부추기는 부부의 대화방식이 불안감을 확대시킨 요인으로 나타났다. 내담자와 부인은 상대방에 대한 불만이나 부정적 감정을 표현하는 데 있어서 역기능적인 의사소통방식을 사용함으로써 부부갈등을 악화시켜 왔다. 내담자는 직장에서 겪고 있는 어려움을 솔직하게 털어놓지 못하고 속으로 삭히며 대화를 회피하는 방식을 사용하였다. 한편, 부인은 남편의 무능함과 불만에 대해 짜증, 훈계, 충고, 대화단절의 방식으로 대처해 왔다. 이와 같이 부부가 갈등상황에서 역기능적인 의사소통방식을 시도한 것은 비슷한 자아분화 수준을 가지고 있기 때문이라고 볼 수 있다. 즉, 스트레스 상황에서 감정과 사고를 적절히 분리하지 못하고 배우자에게 감정반사적 행동을 표출하게 된다. 이는 배우자를 선택하는 과정에서 무의식적으로 자아분화 수준이 비슷한 사람을 선택하는 경향이 있다는 Bowen(1978)의 자아분화이론과 관련된다. 즉, 이 연구결과는 원가족의 정서과정은 다세대 전수과정을 통해 새로 형성된 핵가족으로 전개되어 가정 내 불안 수준에 영향을 미치게 된다고 볼 수 있으며(조소희, 정혜정, 2008), 자녀들의 자아분화 수준에 직접적인 영향을 미칠 수 있다는 결과를 보여 준다. 이 연구결과는 원가족에서 가족들과의 관계에서 충족되지 못한 미해결된 정서적 욕구의 억압으로 인한 불안과 스트레스는 결혼 이후 부부관계에서 투사와 내사의 과정을 거치면서 결혼갈등을 촉발시키거나 악화시킬 수 있음을 알 수 있다. 따라서 부부관계는 어린 시절 부모와의 관계 경험과 관련되며 부부관계의 특성은 배우자 각자가 경험한 대상관계의 질적 수준과 연관된다고 볼 수 있다(Dicks, 1967; Scharff et al., 1991).

그리고 내담자는 고부갈등 상황에서 부인의 입장을 편들기보다 무조건적으로 어머니의 입장을 옹호함으로써 부인을 낙담시켜 왔고 부부갈등을 유발하는 결과를 가져왔다. 이는 내담자가 어머니와의 정서적 미분화로 인한 삼각관계에서 기인된 결과로 볼 수 있다. 한국문화에서 부모에 대한 효사상은 가치 있는 미풍양속이다. 그러나 부모에 대한 효행이 왜곡된 양상을 가질 경우 부모에 대한 내재화된 공격성을 억압하거나 분리시키는 방어기제의 수단이 되며, 이러한 억압된 공격성은 부부갈등이나 고부갈등에 영향을 미칠 수 있다(박경순, 2009)는 내용을 이 연구결과에서 볼 수 있다.

셋째, 우울 증상의 발현단계는 직장생활의 스트레스와 연결되는 것을 볼 수 있다. 전 직장에 인정받고 잘 적응했던 내담자는 새로운 직장에서 상사로부터 업무능력에 대한 비난과 무시를 당했고 이에 대한 심리적 압박감과 부정적 감정을 부인을 비롯한 타인에게 표출하지 못함으로써 결국 우울증이 발현하게 되었다. 이는 직장환경에서의 스트레스는 우울 또는 불안과 관련된 질병을 발생시키며(구정완, 2010), 직무스트레스는 우울 증상의 빈도를 4배 정도 증가시킨다는 연구결과들과 일치된다(Karasek & Theorell, 1990). 내담자는 심각한 스트레스 상황에서 자신의 감정을 표출하지 못하고 상사를 배려하는 태도를 보이며 갈등을 회피하는 방식은 오히려 역효과를 가져왔다. 이러한 내담자의 방식은 어려서부터 모와 누나와의 갈등상황에서 시도해 왔던 문제해결방식이었으며, 결혼하고 나서 부인과의 갈등상황에서도 나타났던 유사한 표현방식임을 알 수 있었다. 이와 같이 내담자가 문제를 해결하려고 시도해 왔던 방식은 결국 상사와의 갈등을 해결하지 못하고 무력감, 좌절감, 압박감 등으로 인한 심리적 소진 상태에 이르게 하였다.

결과적으로 이직한 직장상사와의 갈등이 내담자의 실직에 대한 불안을 유발시키고 결국 우울증을 발현시킨 요인이며, 이는 원가족 경험에서 불안했던 어머니와 분노조절이 안 되었던 누나와의 갈등과 그 해결되지 못하였던 감정이 누나와 유사했던 부인에게 다시 걸리는 것을 볼 수 있다. 한편, 내담자 부인 또한 조모에게 거절되었던 감정을 남편이 시모편을 들게 됨으로써 재경험하게 되었다. 부인은 무뚝뚝한 내담자의 모습에서 과거 싫었던 친정아버지의 모습을 보게 되면서 내담자에 대한 부정적인 감정이 심화되었다. 이처럼 원가족과 핵가족의 해결되지 못하였던 내담자의 감정이 직장상사와 다시 재현되면서 내담자는 무기력감과 죽음을 생각하게 되었고 미래에 대한 불안과 함께 우울 증상이 발현된 것으로 볼 수 있다. 즉, 가족관계에서 억압된 미해결 정서는 직장 동료와의 관계에서 투사와 내사의 과정을 거치면서 내담자의 불안과 스트레스를 증가시키고 역기능적인 대처방식의 강화로 우울증이 유발될 수 있다는 것을 알 수 있다.

2. 제언

이 연구결과는 상담자가 기혼남성 우울증 환자 가족을 대상으로 임상적 개입을 할 경우 원가족과 핵가족 그리고 직장환경까지 고려하여 내담자의 전 생애주기의 역동성을 체계적 관점을 가지고 고찰할 필요가 있다는 점을 보여 준다. 특히 특정 맥락 변수로써 원가족 경험에 기인된 미해결된 억압된 정서는 개인의 만성적 불안에 영향을 미치게 되며 부부관계를 포함하여 직장 내 동료관계에서 역동적인 투사와 내사의 과정을 거치며 대인관계 갈등을 야기시키게 된다는 것을 알 수 있다. 또한 원가족에서 충분히 학습되지 못한 의사소통방식은 대인관계 갈등에서 문제를 해결하기보다 오히려 갈등을 유지시키고 악화시키는 결과를 가져오게 되고 우울증 발현에 직접적인 영향을 미치게 된다. 따라서 상담자는 내담자가 경험해 온 다세대 가족의 정서과정을 평가함으로써 내담자의 신체적, 정서적 질환과 사회적 행동문제에 영향을 미치는 변인을 파악할 필요가 있다. 이는 가족을 한 단위로 보고 서로 엮여 있는 관계의 연결망으로 규정하는 가족체계이론을 토대로 개인을 가족체계에 영향을 받는 존재로 이해하므로 개인의 정신건강문제 해결을 위한 가족치료 개입이 필요하다는 것을 보여 준다. 따라서 이와 같은 연구결과를 바탕으로 직장 내 대인관계 어려움을 겪는 기혼남성의 우울증 문제 해결을 위한 임상적 개입전략에 대해 다음과 같이 제언하고자 한다.

첫째, 우울증은 어린 시절 경험에서 직장생활 경험에까지 한 개인의 전체 생애주기 동안 점진적인 과정을 거쳐 발생하며, 특히 특정 맥락에서의 의미 있는 대상과의 관계에서 억압된 정서로 인한 불안과 스트레스와 밀접하게 연관되어 있다. 따라서 적절한 시기에 개입하지 못할 경우 내담자는 누적된 감정의 폭발로 병리적 증상을 드러내기 쉽다. 따라서 상담자는 내담자의 문제를 사정할 경우 통합적 관점을 가지고 접근할 필요가 있으며, 특히 개인에게 가장 큰 영향을 미치는 가족변수를 고려하여 전략적인 가족치료 계획을 수립할 필요가 있다.

둘째, 상담자는 내담자가 어렸을 때 부모와 형제로부터 걸려 있던 감정과 관계가 배우자에게, 그리고 이러한 관계가 다시 직장 동료들에게도 전이된다는 점을 인식할 필요가 있다. 이런 점에서 상담자는 대상관계 가족치료이론을 중심으로 내담자가 근본적으로 걸려 있는 원가족 및 핵가족, 그리고 타인과 어떻게 연결되고 있는가를 확인할 필요가 있다. 심지어 상담자는 내담자의 배우자에게도 같은 관점을 적용하여 배우자의 원가족을 탐색하여야 할 것이다.

셋째, 상담자는 가족치료과정에서 내담자의 원가족의 정서과정을 탐색하여 어린 시절 가족들과의 관계에서 해결되지 못한 정서적 얽힘의 문제를 인식하고 가족치료과정에서 이를 해소할 수 있는 치료 전략을 모색할 필요가 있다. 이를 위해 전체 가족을 하나의 정서적 유기체로 보고 가족 내 주요 문제를 불안과 정서적 융합으로 평가하는 Bowen의 가족체계이론을 준거틀로 삼아 다세대의 정서체계 맥락에 초점을 두고 개입할 필요가 있다. 이를 통해 세대에 걸쳐 누적된 불안을 감소시키고 정서적 융합에서 벗어나 자아분화의 촉진을 도모해야 한다. 특히 상담자는 우울증을 겪고 있는 남자내담자에 대하여 부모에 대한 효사상이 어떻게 영향을 미치고 있는가를 탐색하여 내담자로 하여금 효사상으로부터 좀 더 자유로워져야 한다는 점을 인식시켜 주어야 할 필요성이 있다.

넷째, 상담자는 핵가족의 정서과정을 탐색하여 감정적으로 연결되어 있는 부부관계의 특성과 부부가 시도하는 문제해결방식으로써의 의사소통방식을 평가할 필요가 있다. 즉, 상담자는 내담자로 하여금 부부관계에서 불안을 유발하는 요인과 역기능적인 의사소통방식을 통찰할 수 있도록 하여야 한다.

다섯째, 가족관계에서 해소되지 못하고 내재화되었던 심리 · 정서적 문제는 직장환경의 특성과 직무스트레스의 정도에 따라 병리적 증상으로 표출될 수 있다. 따라서 직장생활에 효과적으로 적응하도록 돕기 위한 치료 개입 방안이 필요하다. 우선적으로 직장 내 가족 친화적 분위기 조성을 위한 노력이 필요하며 이는 기업의 생산성과 직접적인 관계가 있을 수 있다. 더불어 직장 내 개인상담 및 가족상담 프로그램을 운영하거나 외부의 상담센터와 연계하여 기업상담 시스템을 체계적으로 운영하는 방법을 제안할 수 있다. 이를 통해 직장에서 발생하는 복합적인 문제로 인한 스트레스 해소 및 대처능력을 향상시킬 수 있는 결과를 가져올 수 있을 것이다.

이 연구는 직장상사와의 갈등 및 직장생활 적응의 어려움을 겪는 기혼남성에 대한 단일사례를 분석하였기 때문에 연구결과를 일반화하는 데 한계가 있다. 따라서 향후 다중사례연구를 통해 신뢰성 있는 연구결과가 도출되기를 기대하며 이를 통해 우울증을 앓고 있는 기혼남성의 가족을 위한 효과적인 임상적 실천을 위한 토대가 마련될 수 있기를 바란다.

참고문헌

고기숙, 정미경(2011). 현역 병사들의 자아존중감, 대인관계불안, 우울과 군 생활적응의 관계. 한국콘텐츠학회논문지, 11(12), 294-306.

공보금(2003). 여성 우울증. 인제의학, 24(2), 17-26.

구정완(2010). 사무직 근로자의 직업병. Hanyang Medical Reviews, 30(1), 274-283.

국가인권위원회(2008). 정신질환자에 대한 차별과 편견 실태조사.

질병관리본부(2011). 국민건강통계. 보건복지부.

김가을, 권정혜, 양은주(2013). 대인관계갈등에서의 회피적 갈등대처방식이 우울에 미치는 조절효과:온오프라인 환경과 성차를 중심으로. 한국심리학회지: 여성, 18(2), 279-294.

김기웅(2010). 치매노인실태조사. 보건복지부.

김남재(1996). 대인불안에서의 귀인양식 그리고 우울과의 관계. 사회과학연구, 4, 19-34.

김미선, 김미영, 박선영, 박진숙, 홍윤정, 황경아(1990). 정년퇴직에 따른 중년남성의 우울과 불안에 대한 연구. 이화간호학회지, 23, 60-76.

김민규, 김주환(2008). 커뮤니케이션 능력이 대인불안과 우울증을 매개로 알코올 중독 성향에 미치는 영향. 한국언론학보, 52(4), 205-222.

김성완, 윤진상, 이무석, 이형영(2000). 최근 일간지에 보도된 정신병에 대한 기사 분석. 신경정신의학, 39(5), 838-848.

김용태(2000). 가족치료 이론. 서울: 학지사.

김은정, 권정혜(1998). 우울증상과 관련된 대인관계 특성. 한국심리학회지: 임상, 17(1), 139-153.

김은정, 김진숙(2010). 아동기 외상과 초기 성인기 우울수준과의 관계: 초기부적응도식과 정서표현 양가성 및 회피대처방식의 매개효과. 한국심리학회지: 상담 및 심리치료, 22(3), 605-630.

김진영(2009). 한국 성인 집단에서의 연령과 우울의 관계. 보건과 사회과학, 26, 87-113.

김해란(2003). 여성 우울증에 대한 비판적 고찰. 성생활연구, 25, 17-41.

나동광(2004). 중독자 가족의 우울증과 상담치료. 한국기독교상담학회지, 8, 35-54.

문수경, 정재은, 손의성(2008). 중풍장애노인의 생활스트레스와 우울간의 관계–사회참여와 가족지지의 매개효과 검증, 한국가족복지학, 12, 223-248.

박경순(2009). 대상관계 이론적 시각에서 본 한국 가정의 결혼갈등과 주부우울증. 스트레스연구, 17(2), 185-198.

배미예, 이은희(2009). 청소년의 자아분화와 대인관계 및 우울/불안간의 관계: 자기통제력의 매개효과. 한국청소년연구, 20(1): 85-112.

박태영, 신건철(2008). 우울증을 겪는 노년기 여성의 가족치료 사례연구. 한국사회복지학회 학술대회 자료집, 155-156.

박재규, 이정림(2011). 한국 성인 남녀의 우울증 변화에 영향을 미치는 요인 분석. 보건과 사회과학, 29, 99-128.

박혜경(2012). 우울증의 생의학적 의료화 형성 과정. 과학기술학연구, 12(2), 117-157.

보건복지부(2001). 정신질환실태 역학조사. 보건복지부 통계포털.

보건복지부(2006). 정신질환실태 역학조사. 보건복지부 통계포털.

손용진(2010). 사회적 자본이 도시와 농어촌 노인의 우울증에 미치는 영향에 관한 연구: 성인 자녀 관계망 및 사회적 관계망을 중심으로. **GRI 연구논총, 12**(3), 311-339

송지영, 이광철(2002). 여성에게 왜 우울증이 많은가? **경의의학, 18**(3, 4), 170-181.

오영희(2006). 한국인의 상처와 용서에 대한 조사. **교육심리연구, 20**(2), 467-486.

이경미, 최윤경, 강희언, 이민수(2004). 지역사회 기혼여성의 우울 증상에 영향을 미치는 변인. **신경정신의학, 43**(2), 220-236.

이미숙(2003). 사회적 스트레스와 중년기 남성의 정신건강: 피고용 직장인을 중심으로. **한국사회학, 37**(3), 25-56.

이진향, 박기수, 김록범, 김봉조, 전진호(2011). 개인수준의 사회적 자본이 우울증에 미치는 영향. **농촌의학 · 지역보건, 36**(2), 73-86.

이현주(2001). 여성주의적 관점에서의 여성 우울증 연구. **대구보건대학 논문집, 21**, 19-35.

장세진, 고상백, 강명근, 차봉석, 박종구, 현숙정, 박준호, 김성아, 강동묵, 장성실, 이경재, 하은희, 하미나, 우종민, 조정진, 김형수, 박정선(2005). 우리나라 직장인 스트레스의 역학적 특성. **예방의학회지, 38**(10), 25-37.

전신현(2007). 이혼의 우울에 미치는 영향에 있어서의 남녀차이. **보건과 사회과학, 20**, 5-27.

전해옥(2011). 기혼 직장인의 라이프스타일에 따른 직무스트레스. 직장-가정 갈등 및 정신건강 간의 관계. **한국콘텐츠학회논문지, 11**(12), 378-385.

정성원, 이은정, 최윤경, 성형모, 김대현, 최정식, 김정범(2009). 우울증의 진단평가 지침: 우울증 평가도구를 중심으로, **정신병리학, 18**(1), 21-38.

정영미(2007), 여성노인의 우울에 따른 건강상태 및 우울관련 요인. **한국노년학, 27**(1), 71-86.

조맹제, 장성만, 함봉진(2009). 한국 주요정신장애의 유병률 및 관련요인: 2006 전국정신질환역학조사. **신경정신의학지, 48**, 143-152.

조선일보(2009). 당신의 건강가이드 헬스조선, http://health.chosun.com.

조소희, 정혜정(2008). 기혼남녀의 원가족 경험과 자기분화가 핵가족의 부부관계와 부모자녀관계에 미치는 영향. **한국생활과학회지, 17**(5), 873-889.

최정헌(2012) 남성우울 극복과정과 비판적-구성적 성찰, **한국기독교상담학회지, 23**(3), 281-322.

American Psychiatric Association. (2000). *Diagnostic and statistical manual of mental disorders* (4th ed.)(DSM-VI-TR). Washington, DC: American Psychiatric Publishing.

American Psychiatric Association. (2013). *Diagnostic and statistical manual of mental Disorder* (5th ed.). Washington, DC: American Psychiatric Publishing.

Bagwell, C. L., Bender, S. E., Andreassi, C. L., Kinoshita, T. L., Montarello, S. A., & Muller, J. G. (2005). rendship quality and perceived relationship changes predict psychosocial adjustment in early adulthood. *Journal of Social and Personal Relationships, 22*(2), 235-254.

Beach, S. R. H., Katz, J., Kim, S., & Brody, G. H. (2003). Prospective effects of marital satisfaction on depressive symptoms in established marriages: A dyadic model. *Journal of Social Personal Relationships, 20,* 355-371.

Bowen, M. (1978). *Family Therapy in Clinical Practice*. New York: Jason Aronson.

Cho, M. J., Kim, J. K., & Jeon, H. J. (2007). Lifetime and 12-month prevalence of DSM-VI psychiatric disorders among Korean adults. *Journal of Nervous and Mental Discase, 195*, 203-210.

Chorpita, B. F., Albano, A. M, & Barlow, D. H. (1998). The structure of negative emotions in a clinical sample of children and adolescents. *Journal of Abnormal Psychology, 107*, 74-85.

Coyne, J. C. (1982). A critique of cognitions as causal entities with particular reference to depression. *Cognitive Therapy and Research, 6*, 3-13.

Dewa, C. S., Lesage, A., Goering, P., & Craveen, M. (2004) Nature and prevalence of mental illness in the workplace. *Health, 5*(2), 12-25.

Dicks, H. V. (1967). *Marital Tensions: Clinical Studies Towards a Psychoanalytic Theory of Interaction*. London: Routledge and Kegan Paul.

Dillard, J., & Spitzberg, B. H. (1984). Global impressions of social skills: Behavioral predictors. *Communication Yearbook, 8*, 446-463.

Fairbairn, W. R. D. (1944). Endopsychic Structure Considered in Terms of Object-relationships. In Psychoanalytic Studies of the Personality (1952), (pp. 82-136). London: Tavistock,

Greenberg, P. E., Stiglin, L. E., Finkelstein, S. N., & Berndt, E. R. (1993). The economic burden of depression in 1990. *Journal of Clinical Psychiatry, 54,* 405-418.

Han, Q., Rossow, W. B., Zeng, J., & Welch, R. (2002). Three different behaviors of liquid water path of water clouds in aerosol-cloud interactions. *Journal of the Atmospheric Sciences, 59*, 726-735.

Hooley, J. M., & Teasdale, J. D. (1989). Predictors of relapse in unipolar epressives: Expressed emotion, marital distress, and perceived criticism. *Journal of Abnormal*

Psychology, 98, 229-235.

Irwin, G. S., & Barbara, R. S. (2001) *Abnormal psychology: The problem of maladaptive behavior* (10th ed.). Upper Saddle River, N. J.: Prentice Hall.

Jack, D. C. (1991). *Slicing the Self: Women and Depression*. New York: Harvard University Press.

Karasek, R., Theorell, T. (1990). *Health work: Stress productivity and the reconstruction of working life*. New York: Basic Books.

Kessler, R. (1994) The national comorbidity survey of the united states. *International Review of Psychiatry, 6*, 365-376.

Kessler, R. C., Berglund, P., Demler, O., Jin, R., Merikangas, K. R., & Walters, E. E. (2005). Lifetime prevalence and age-of-onset distributions of DSM-IV disorders in the national comorbidity survey replication. *Archives of General Psychiatry, 62*(6), 593-602.

Kessler, R. C., Chiu, W. T., Demler, O., Merikangas, K. R., & Walters, E. E. (2005). Prevalence, severity, and comorbidity of 12-month DSM-IV disorders in the national comorbidity survey replication. *Archives of General Psychiatry, 62*(6), 617-627.

Kim, H. S., Lee, K. S., Chang, S. H., Park, S. K., & Ju, Y. R. (2002). *Prevalence of depression using zung's self rating depression scale in chungju-city*. Poster session presented an annual meeting of primary prevention.

Maguire, A. (1996). **사회지지체계론: 기초이론과 실천사례**. (장인협, 오세란 역). 사회복지실천연구소.

Melchior, M., Caspi, A., Milne, B. J., Danese, A., Poulton, R., & Moffitt, T. E. (2007). Work stress precipitates depression and anxiety in young, working women and men. *Psycholgical Medicine, 37*, 1119-1129.

Miller, R. B., Mason, T. M., Canlas, J. M., Wang, D., Nelson, D. A., & Hart C. H. (2013). Marital satisfaction and depressive symptoms in china. *Journal of Family Psychology, 27*, 677-682.

Overbeek, G., Vollebergh, W., de Graaf, R., Scholte, R., de Kemp, R., & Engels, R. (2006). Longitudinal associations of marital quality and marital dissolutions with the incidence of DSM-III-R disorders. *Journal of Family Psychology, 20*, 284-291.

Park, C. K., & Lee, J. R. (2011). Analysis of factors affecting the change of depression of korean adult male and female. *Journal of Health and Social Sciences, 29*, 99-128.

Pescosolido, B. A., Martin, J. K., Long, J. S., Medina, T. R., Phelan, J. C., & Link, B.

G. (2010). A disease like any other? A decade of change in public reactions to schizophrenia, depression, and alcohol dependence. *The American Journal of Psychiatry, 167*(11), 1321-1330.

Rehman, U. S., Gollan, J., & Mortimer, A. R. (2008). The marital context of depression: Research, limitations, and new directions. *Clinical Psychology Review, 28*, 179-198.

Renshaw, K. D. (2008). The predictive, convergent, and discriminant validity of perceived criticism: A review. *Clinical Psychology Review, 28*, 521-534.

Roesch, R. (1991). *The encyclopedia of depression.* New York: Facts on File.

Scharff D. E., & Scharff J. S. (1991). *Object relations couple therapy.* Northvale N. J. : Jason Aronson Inc.

Segrin, C. (1990). A meta-analytic review of social skill deficits associated with depression. *Communication Monographs, 57*(4), 292-308.

Shigemi, J., Mino, Y., Ohtsu, T., & Tsuda, T. (2000). Effects of perceived job stress on mental health. A longitudinal survey in a japanese electronics company. *European Journal of Epidemiol, 16*, 371-376.

Spitzberg, B. H., & Cupach, W. R. (1989). *Handbook of interpersonal competence research.* New York: Springer Verlag.

Spitzberg, B. H., & Cupach, W. R. (2002). Interpersonal skills. In M. L. Knapp & J. A., Daly (Eds.), *Handbook of interpersonal communication* (pp. 564-611), Thusand Oaks, CA: Sage.

Stake, R. E. (1995). *The art of case study research.* Thousands Oaks, CA: Sage.

Whisman, M. A. (1999). Marital dissatisfaction & psychiatric disorders: Results from the National Comorbidity Survey. *Journal of Abnormal Psychology, 108*, 701-706.

Whisman, M. A. (2007). Marital distress and DSM-IV psychiatric disorders in a population-based national survey. *Journal of Abnormal Psychology, 116*, 638-643.

Whisman, M. A., & Uebelacker, L. A. (2009). Prospective associations between marital discord and depressive symptoms in middle-aged and older adults. *Psychology and Aging, 24*, 184-189.

Whisman, M. A., & Beach, S. R. H. (2015). Couple Therapy & Depression, In A. S. Gurman, J. L., Lebow & D. K. Snyder (Eds.), *Clinical handbook of couple therapy* (5th ed.)(pp. 585-605). New York: The Guilford Press.

7장

예비부부 갈등해결을 위한 가족치료 사례연구

안현아 · 박태영

이 연구는 예비부부의 결혼 전 갈등에 대하여 가족생활주기이론, Bowen의 가족체계이론, MRI 모델을 적용하여 개입한 가족치료 단일사례를 질적으로 분석하여 예비부부의 갈등양상과 갈등유발요인, 상담자의 개입방법, 개입의 효과를 찾고자 하였다. 연구결과는 다음과 같다. 첫째, 예비부부의 갈등양상 및 유발요인으로는 역기능적 의사소통방식과 원가족요인이 나타났다. 둘째, 상담자의 개입방법으로는 직접적 갈등유발요인 통찰 촉진, 간접적 갈등유발요인 통찰 촉진, 그리고 새로운 의사소통방식 모색 촉진이 나타났다. 셋째, 상담자의 개입에 의한 효과로서는 예비부부의 인지적 변화와 행동적 변화, 예비부부의 갈등이 완화되었다. 이 연구의 의의는 갈등이 있는 예비부부에 대한 가족치료의 맥락과 효과를 보여 주었다는 데 있다.

안현아, 박태영(2015). 예비부부 갈등해결을 위한 가족치료 사례연구. 경성대학교 사회과학연구, 31(5), 329-358.

I. 서론

결혼은 독립된 두 성인이 부부가 되는 의례를 통해 가족과 친지, 사회에 새로운 가정을 만들었음을 공표하는 과정이다. 일반적으로 결혼을 통해 사회의 최소단위인 '가정'이 만들어지기 때문에 결혼은 예로부터 사회적으로 중요시되어 왔다. 결혼은 인생의 중요한 전환기이며 예비부부는 최소한 결혼 이전보다 행복한 삶을 기대하며 결혼을 선택한다(김미정, 염동문, 2015). 그러나 "결혼은 해도 후회하고, 안 해도 후회한다."라는 소크라테스의 말과 같이 결혼이 곧 행복한 결혼생활을 보장해 주는 것은 아니다. 행복한 결혼생활을 위해서는 부부의 사랑을 바탕으로 하여 서로의 문화와 가치를 조정하고 조화시키려는 노력이 필요하다. 이러한 노력은 보통 개인적인 노력으로 한정되어 생각되기 쉬우나 결혼예비교육이나 결혼예비상담과 같은 전문가의 체계적인 조력을 통해 더욱 성공적인 결과를 얻을 수 있다. 이에 대한민국 입법부에서는 불어나는 이혼율을 감소시키고 '건강가정'을 확산하기 위하여 국가 및 지방자치단체에서 결혼준비교육을 실시하도록 하는 법령을 제정한 바 있다(국가법령정보센터, 2012).

2013년 우리나라의 혼인율은 전년 대비 1.3% 감소한 반면, 이혼율은 전년보다 0.9% 증가하였으며 혼인 기간을 4년 단위로 나누어 보았을 때 4년 이하인 신혼 이혼율이 전체 이혼율의 23.7%를 차지하는 것으로 나타났다. 이는 전년 대비 3.2% 감소한 것이지만 그럼에도 불구하고 전체 혼인기간 이혼율 구성비로 보았을 때 여전히 가장 높은 수치이다. 뿐만 아니라 혼인지속기간 30년 이상의 황혼이혼도 10년 전에 비해 1.8배 규모인 전체 이혼율의 8.1%를 차지하면서 전년 대비 8.4%로 가장 크게 증가한 것으로 나타났다(통계청, 2014).

이혼의 사유 중 가장 높은 비율을 차지하는 것은 '성격차이'로 2013년 전체 이혼 건수의 약 46.7%가 성격차이를 이유로 이혼하였다(통계청, 2014). 성격의 핵심을 이루는 인간의 감정, 행동방식이 의사소통방식을 통해 설명된다고 볼 때 성격차이로 인한 불화는 주로 역기능적 의사소통방식의 사용과 관계된 것으로 볼 수 있다(박태영, 김선희, 2013). 이와 같은 결과는 단순히 혼인기간이 증가한다고 해서 부부의 갈등대처능력이 향상되는 것은 아니며 오히려 결혼 전부터 시작된 작은 갈등들이 별

다른 대처방법 없이 누적될 때 자녀의 독립 후 황혼이혼이라는 사회적 문제로서 불거질 수 있는 가능성을 시사한다. 따라서 로맨스로 시작하여 이혼으로 맺지 않는 행복한 결혼생활을 증가시키기 위해서는 결혼 전부터 상대방을 이해하고 갈등대처능력을 향상시킬 수 있는 적절한 예방적 개입이 확산되어야 할 것이다.

결혼 전에 결혼생활에 관한 정보를 제공하고 서로에 대한 이해를 증진시키며 의사소통기술을 습득하게 하는 등의 예방적 개입은 개입의 질이나 참여자의 자발성에 따라 차이가 있지만 일반적으로 커플이 결혼 후 겪을 수 있는 갈등요인이나 이혼의 위험성에 직면할 수 있도록 함으로써 결혼 후 관계의 질을 향상시키도록 도울 수 있다(Calvert & Bridges, 2006; Schumm & Silliman, 1997; Senediak, 1990; Tambling & Glebova, 2013). 결혼 전 상담에 참여하는 예비부부들은 대체로 심리적 건강에 대해 긍정적이며(Stahmann, 2000) 심각한 관계적 문제를 가지고 있지 않지만(Senediak, 1990) 이들은 결혼에 대하여 비현실적인 기대를 가지고 있기 쉽고(DMin, 2003), 부모의 이혼과 같은 원가족 경험이나(장은경, 박태영, 2014; Sanders, Halford, & Behrens, 1999) 커플의 개인적 성향 차이(Ashby, Rice, & Kutchins, 2008) 등으로 인하여 향후 결혼관계에서 심한 갈등을 겪거나 이혼의 위기를 맞을 수 있다.

결혼예비교육과 결혼예비상담은 모두 예비부부에 대한 치료적 개입을 제공한다(Murray & Murrea, 2004). 그 중에서도 결혼 전 상담은 예비부부의 개별적 특성을 고려하여 예비부부의 준비정도에 따라 알맞은 주제를 다룰 수 있기 때문에 특히 유용하다. 일반적으로 예비부부 상담에서 다룰 수 있는 주제는 경력관리, 재정, 우정과 사회적 지지, 부모됨과 자녀, 종교, 원가족 이슈, 결혼에 대한 믿음과 태도, 젠더 역할 기대, 성격적 특성, 가치관, 의사소통기술, 갈등해결기술, 상황대처능력, 정서 다루기, 여가생활, 로맨스, 성관계 등이다(Murray, 2006).

결혼이 '개인 간의 결합'이 아니라 '가문 간의 결합'으로 간주되는 한국사회의 현실에서 예비부부의 갈등은 원가족의 문화와 관계 및 의사소통방식에 많은 영향을 받을 수밖에 없다. 예비배우자들이 각자 자신의 원가족문제에서 벗어나지 못한 미분화 상태에 있는 경우 상대예비배우자의 모습에 원가족구성원의 부정적인 모습이 전이되어 갈등을 야기할 수 있으며 결혼 이후에도 이전의 부모-자녀관계가 그대로 유지되어야 한다는 사고가 결혼 이후 부부관계를 더욱 어렵게 만들 수 있다(박태영, 2003).

우리 사회의 혼인구조는 여자가 결혼을 하면 '시집간다'고 표현을 할 만큼 여전히 남성중심성이 강하다. 비록 남아선호가 강했던 유교적인 문화에서 딸을 선호하는 문화로 변화하는 조짐이 보이기도 하지만 고부갈등이 옹서갈등으로 변화되는 등 우리 사회의 혼인문화는 결혼 이후에도 여전히 자율성, 독립성보다는 부모와 자녀의 밀착관계가 더 보편적이며 이러한 밀착관계는 부부의 결혼만족도를 낮추는 원인이 된다(유연지, 조현주, 권정혜, 2008). 또한 원가족문화의 배경 차이에서 비롯되는 결혼 초기 부부갈등(김혜정, 2008; 박태영 외, 2009)은 결혼을 준비하는 예비부부에게서도 충분히 나타날 수 있는 문제로 개별적인 원가족 이슈를 깊이 다룰 수 있는 결혼 전 상담의 필요성을 부각시켜 준다.

결혼 전 상담은 결혼을 앞둔 예비부부들에게 결혼에 앞서 그들의 관계에 대한 관점을 비교하고 평가할 수 있는 기회를 제공하는(Bushby et al., 2007; McGeorge & Carlson, 2006; Stanly et al., 2006) 의미 있는 개입방법인 만큼 연구를 통하여 임상에 참고할 수 있는 이론적인 틀을 제공하는 것이 중요하다. 그러나 결혼 전 상담은 물론이고 국내외에서 실시되는 다양한 유형의 결혼예비 프로그램 중 확립된 이론이나 연구에 기반한 프로그램은 매우 적다(Amato, 2007; McGeorge & Carlson, 2006; Risch & Riley, 2003).

이에 이 연구에서는 갈등관계에 있는 예비부부에 대한 가족치료 사례를 중심으로 예비부부 갈등의 양상과 유발요인, 치료과정 그리고 치료효과를 살펴보았다. 이러한 연구의 결과를 근거로 저자는 향후 예비부부 상담에 대한 가족치료적 접근틀을 제공하고자 한다.

II. 이론적 배경

1. 선행연구

예비부부에 대한 결혼 전 개입에 관한 연구가 국내외를 통틀어 기독교계의 연구에 치중되어 있으며 결혼 전 상담보다는 교육 프로그램의 개발이나 평가 부분에 집중되어 있기 때문에 결혼 전 상담에 대한 이론적 배경을 설명하기에는 어려움이 있다. 따라서 이 절에서는 결혼 전 상담뿐만 아니라 결혼예비교육을 포함하는 결혼예비 프로그램에 대한 선행연구를 보충적으로 다루어 결혼 전 상담에 대한 이론적 근거를 제시하고자 한다.

미국의 경우 대부분의 결혼식이 교회를 통하여 이루어지며 주정부나 목회자에 의해 결혼예비상담에 참여할 것이 권장되고 있다(Calvert & Bridges, 2006; Schumm et al., 2010; Williams, 2007). 따라서 결혼예비상담의 대다수가 사제나 목회자를 통해 제공되며(Stahmann, 2000) 목회자가 교회세팅에서 어떻게 결혼예비상담을 제공할 것인가에 대한 연구가 비종교적 세팅에서의 상담이나 이론적 틀을 제공하는 연구보다 상대적으로 활발한 실정이다.

예비부부의 결혼 전 상담에 대한 국내의 연구는 다음과 같다. 한지혜(2003)는 결혼기간 2년 이내인 20쌍의 부부를 인터뷰하여 한국의 혼인문화와 기독교인들의 혼인준비에 대한 경향성을 조사하였다. 이 연구자는 한국의 혼인문화 중 긍정적인 것으로 가족구성원에 대한 존경과 애정, 신중한 혼인문화를 꼽고 변화해야 할 것으로 혼인과 혼인예식의 의미를 재발견할 것, 결혼을 통한 관계성을 새로이 할 것, 교회자원을 충분히 활용할 것을 제시하였다. 김호진(2005)은 기독교 내 가정사역의 입장에서 결혼 전 상담에 대하여 접근하였는데 결혼생활의 위기와 예비부부 상담의 필요성과 역량을 갖춘 상담자의 양성을 제안하였다. 남상임(2004)은 국내 각 교회에서 진행되는 결혼예비상담 프로그램을 소개하고 결혼관에 대한 과학적인 접근을 위해 PREPARE 질문지를 이용하는 새로운 프로그램을 제시하였다. PREPARE(Premerital Personal and Relationship Evaluation)는 커플의 대화 촉진과 관계증진을 위해 개발된 진단적 도구로서 예비부부 상담을 위한 도구로 고안되어 외국에서 결혼예비상담과 교육의 기초자료로서 널리 사용되고 있으나 국내의 미혼남녀에 대해서는 효과성이 검증되지 않은 한계를 지닌다.

PREPARE를 활용하여 교육 프로그램을 개발한 김혜숙과 이은정(2011)은 PREPARE에 기반한 예비부부 역량강화의 준거로서 관계강점영역과 성장필요영역, 커플 간 중요한 주제, 의사소통과 갈등기술을 설정하였다. 이 연구는 또한 집단 프로그램 실행 후 양적 방법과 질적 방법으로 효과성을 입증하였다. 변영숙(2009)은 교회에 출석하는 6년 이내의 부부들 128명을 대상으로 결혼예비교육이 결혼초기부부의 결혼생활만족도에 미치는 영향을 연구하였다. 연구결과 결혼예비교육을 받은 경우가 그렇지 않은 경우에 비해 전체적으로 높은 결혼만족도를 보이는 것으로 나타났다.

김희수(2003)는 Bowen 이론과 Satir 이론을 바탕으로 하여 결혼에서 갈등을 일으킬 수 있는 주요 주제를 중심으로 개입하는 7회기의 집단 프로그램을 개발하였다. 이현욱(2010)은 7회기의 기독교 결혼예비 프로그램을 구성하였는데 이론적 배경으로서 가족생활주기이론 및 성경적 결혼관에서 Bowen의 가족체계이론과 연관된 부분을 제시하였다. 또한 이현욱(2010)은 PREPARE 검사와 한국형 자기분화척도 검사를 사용하여 프로그램의 실효성을 검토하였다.

장은경과 박태영(2014)은 실제로 예비부부에게 가족치료적으로 개입한 사례를 중심으로 예비부부를 위한 효과적인 가족상담의 이론적 틀로서 심리역동적 가족치료모델, MRI의 의사소통모델, Bowen의 가족체계이론을 제시하였다. 모의희(2004)는 결혼 전 상담에 대한 해결중심접근을 배우자가 안정되고 만족스러운 결혼생활을 할 수 있도록 돕는 유용한 이론으로서 제시하였다.

결혼 전 상담에 대한 국외의 연구로서 Murray(2006)의 결혼 전 상담을 진행하는 목회상담자가 중요하게 다루어야 할 이슈들을 제시한 연구가 있다. 또한 Bruhn과 Hill(2004), Calvert와 Bridges(2006), DMin(2003), Sauerheber와 Bitter(2013), Schumm과 Silliman(1997), Williams(2002, 2007), Wilmoth와 Smyser(2010)도 교회 내에서 사역자가 결혼 전 상담에 효과적으로 접근하는 방법과 집중해야 할 이슈 등을 제시하였다.

국외에서 결혼 전 상담에 대한 이론적 틀을 제시하는 연구로는 Barnacle과 Abbot(2009), Murray와 Murrea(2004)의 연구가 있다. Barnacle과 Abbot(2009)는 'Gottman의 건전한 결혼가정이론(Gottman's theory of the sound marital house)'을 바탕으로 결혼준비 프로그램을 제시하였다(Barnacle & Abbot, 2009). Murray와 Murrea(2004)는 결혼 전 상담에 대한 해결중심적 접근틀과 해결중심질문, 피드백의 제공, 커플자원지도 그리기 등의 구체적인 개입방법을 제시하였다(Murray & Murrea, 2004).

PAQ(Premarital Assessment Questionnaire)를 사용한 결혼 전 상담에 대한 연구로서 Rowden, Harris와 Stahmann(2006)의 연구와 Larson, Kigin과 Holman(2008)의 연구가 있다. Rowden 등(2006)은 결혼 전 집단상담의 리더들을 설문하여 PAQ 중 하나인 RELATE(Relationship Evaluation) 척도를 집단에서 사용할 때의 장단점을 평가

하였다. Larson 등(2008)은 사전에 RELATE를 작성하여 이혼의 가능성이 높은 50명의 표본을 선정하고 설문을 통하여 결혼 전 개입과 RELATE 실시 이후의 결혼준비행동에 대한 장애물을 조사하였다. 연구결과, RELATE의 실시는 결혼 전 개입에서 위험요소와 동기에 대한 자각을 증가시키는 것과 상관이 있는 것으로 나타났다.

그 밖에 Ashby, Rice와 Kutchins(2008)는 결혼 전 적응에서 완벽주의형 커플조합과 비완벽주의형 커플조합의 관계의 질에 대한 연구를 하였다. Murray(2006)는 결혼 전 상담을 실시하는 방식에 대한 발견들이 임상전문가들에게 주는 영향에 대한 연구를 하였다. 또한 Sanders, Halford와 Behrens(1999)는 원가족의 이혼경험이 예비부부의 의사소통에 미치는 영향에 대한 연구를 하였다. Blair와 Córdova(2009)는 결혼예비교육의 효과성에 대한 연구를 하였다. Slater와 Aholou(2009)는 결혼 전 상담에서 성적인 건강에 대한 이슈를 표면화하는 것에 대한 연구를 하였다. Tambling과 Glebova(2013)는 예비부부에게 선호되는 결혼 전 상담의 유형과 주제 및 콘텐츠에 대하여 조사하였다.

2. 치료의 이론적 틀

1) 가족생활주기이론

개인은 발달과정에서 필연적으로 가족체계 및 구성원과 상호적으로 영향을 주고받기 때문에 가족구성원의 발달을 가족생활주기의 관점에서 이해할 필요가 있다(박태영, 2003). 가족생활주기는 가족치료에 발달이론을 접목시킨 것으로 구조적, 전략적 접근법에 대한 설명적 배경으로 삼고자 사회학으로부터 빌려 온 이론이다(Nichols, 2014). 한 개인이 출생하여 죽음에 이르기까지 여러 발달단계를 거치듯이 두 사람의 성인이 결합하여 새로운 가족이 생성되고 부모의 죽음으로 한 세대가 소멸하기까지 가족은 끊임없이 변화하며 일정한 발달단계를 거치게 된다. 가족은 시간의 흐름과 같이 움직이는 체계로서 출생, 입양, 결혼에 의해 새로운 구성원이 추가되고 죽음을 통해 체계를 떠난다. 이러한 과정에서 가족의 경계선이 변화하고 하위체계 내의 역할이 끊임없이 재정의된다(McGoldrick, Heiman, & Carter, 1993).

Carter와 McGoldrick(1989)은 미국의 일반적인 중산층 가족들의 생활주기를 여섯 가지 단계로 나누고 발달단계에 따른 발달과업을 제시하였다. 이들에 의하면 가족생활주기의 첫 번째 단계는 독립된 젊은 성인의 단계이다. 이 단계에서 성인은 물리적 또는 재정적으로 독립을 이루었으나 정서적으로는 아직 원가족에 속해 있는 독특한 위치를 가지고 있다. 따라서 이 단계의 중요한 발달과업은 원가족으로부터의 건강한 정서적 독립이다. 두 번째 단계는 신혼부부 단계로 독립된 두 성인이 친밀감을 발달시키며 결혼이라는 관문을 통해 새로운 가족을 탄생시키는 단계이다. 이 단계에는 특별한 친밀감을 형성시킨 두 성인이 결혼을 준비하고 시행하는 과정이 포함되며 결혼을 하는 커플에게는 새로이 형성한 가족체계에 대한 헌신이 요구된다. 이 단계에 들어선 커플은 건강한 친밀감과 의사소통과정에 기반한 부부 하위체계를 형성하고 배우자를 포함하기 위하여 친구와 확대가족의 관계를 재구성할 필요가 있다. 신혼부부 단계의 부부사이에서 자녀가 출생하면 가족의 발달단계는 세 번째 단계인 어린 자녀를 둔 단계로 이동하게 된다. 어린 자녀를 둔 단계에서 부부는 자녀를 위한 공간을 마련할 수 있도록 부부체계를 조정하면서 또한 새로이 부모자녀하위체계를 형성해야 한다. 네 번째 단계는 사춘기 자녀를 둔 단계로 부모는 자녀가 가족체계의 안과 밖을 자유로이 넘나들 수 있도록 부모-자녀관계를 재조정해야 한다. 또한 중년기에 이른 부부는 부부생활과 경력문제에 재초점화해야 하며 노부모를 보살피기 위한 변화를 시작해야 한다. 가족생활주기의 다섯 번째 단계는 자녀가 집을 떠나는 단계이다. 자녀를 독립시킨 부부는 두 사람만의 고유한 부부체계를 재협상해야 하며 자녀와의 관계를 성인 대 성인의 관계로 변화시켜야 한다. 또한 자녀의 배우자 및 손자녀를 가족으로서 받아들이고 노부모의 노쇠를 다루어야 하는 발달과업을 가지게 된다. 가족생활주기의 마지막 단계는 노부부만 남은 단계로 이 단계의 부부는 자신의 노쇠를 받아들이고 다음 세대에게 역할을 전수하며 인생을 회고하여 통합해야 한다. 또한 배우자나 자신의 죽음을 받아들일 수 있어야 한다(박태영, 2003).

이 연구 사례의 예비부부는 결혼을 준비하는 과정을 포함하는 가족생활주기의 두 번째 단계 바로 전에 속해 있다. 이 시기는 가족에 대한 예방적 개입의 최적기임에도 불구하고 소수의 사람들만이 결혼을 준비하는 단계에서 결혼 전 상담을 원한다. 결혼을 준비하는 과정에서 예비부부가 겪는 갈등은 결혼 후 예상되는 갈등을 매우 잘 반영하며 이 시기에는 갈등에 대한 전문가의 개입을 지나치게 개인적인 것으로 받아들이지 않기 때문에 결혼을 준비하는 단계에서 예비부부의 갈등에 개입하는 것은 매우 효과적일 수 있다(Carter & McGoldrick, 1989).

2) Bowen의 가족체계이론

Bowen은 가족을 정서적인 관계의 체계로서 보고 확대가족에서 세대를 거쳐 전수되는 핵가족의 정서적 체계를 설명하기 위하여 여덟 가지의 핵심적인 개념을 제시하였다. 여덟 가지의 핵심개념은 자아분화, 삼각관계, 핵가족 정서체계, 가족투사과정, 정서적 단절, 다세대 전수과정, 형제서열, 사회적 퇴행이다. 가족체계모델의 관점에서는 개별성과 연합성의 균형을 찾기 위하여 시도되는 필연적인 과정으로서 만성불안이 가족체계 안에서 세대를 거쳐 전수된다고 본다(Kerr & Bowen, 1988).

Bowen의 가족체계이론에서 가족평가과정은 객관적이고 중립적으로 진행되어야 하며 상담자는 가족체계의 바깥에 위치하도록 노력함으로써 삼각관계를 비롯한 가족의 정서망 안으로 끌려들어 가지 않도록 노력해야 한다. 가족의 긴장이 높을수록 상담자는 삼각화되기 쉽다. 상담자는 객관적이고 중립적으로 내담자의 문제를 재명명하며 주요 삼각관계를 찾아 탈삼각화와 분화를 도와야 한다. 일반적으로 가족체계이론을 활용하는 상담자들은 가계도를 사용하여 가족의 역동과 관계를 시각화하는 방식을 사용한다(이영분 외, 2008; Goldenberg & Goldenberg, 2013).

Bowen의 가족체계이론을 기반으로 하는 부부치료에서 상담자는 부부간의 관계를 정의하고 명료화하며 부부가 자기를 가족 정서체계로부터 탈삼각화하도록 돕는다. 상담자는 부부가 원가족으로부터 성공적으로 분화하도록 하기 위해 정서체계의 기능을 교육하고 각 배우자가 '자기위치 지키기'를 하도록 지지할 수 있다. '자기위치 지키기'란 핵가족의 정서적으로 융해되고 고정된 삼각관계에 있는 가족구성원이 상대를 비난하거나 회피하지 않으면서 자신의 견해를 표현하고자 하는 노력을 의미한다. 또한 상담자는 감정투사가 일어나지 않도록 하면서 중립된 태도로 자신의 생각을 표현하도록 돕는 '과정질문'을 배우자에게 번갈아 던져 각 배우자가 체계 내에서 자신과 상대의 위치를 이해하도록 돕고 상대방의 마음 깊은 곳의 진짜 이야기를 들을 수 있도록 지원한다(이영분 외, 2008).

가족체계이론의 관점에서 볼 때 예비부부는 새로운 가정을 이루기 전에 각기 원가족과의 관계에서 단절되지 않으면서도 정서적 독립성을 유지해 나갈 수 있는 균형점을 찾아 나가야 한다. 이를 위해서는 예비신랑과 예비신부 모두가 삼각관계를 포함한 원가족의 역동을 이해하여 새롭게 형성하는 가정이 원가족의 역동 안으로 끌려들어 가는 정서적 역기능의 세대전수가 일어나지 않도록 하는 노력이 필요하다.

3) MRI 모델

MRI 모델은 1950년대 미국의 캘리포니아 Palo Alto 지역에 설립된 Mental Research Institute의 조현병 환자와 그 가족을 중심으로 한 의사소통연구에 그 뿌리를 두고 있다. MRI 집단의 이 연구로부터 의사소통 가족치료의 주요 개념, 이론적 틀, 치료적 기법이 발달되었고 가족치료와 관련된 많은 개념이 발견되었다(박태영, 2001).

MRI의 상호작용적 가족치료모델은 가족문제 자체보다는 문제를 다루어 온 '시도된 해결책'에 주목하여 가족갈등에 개입한다. 이 모델은 역기능적인 가족 안에 가족생활주기 상의 위기와 같은 가족문제가 발생했을 때 가족원들이 이를 잘못 다룸으로써 문제를 해결하기보다는 갈등을 심화시키는 방향으로 상호작용을 하여 문제를 악화시킨다고 보고 이러한 역기능적인 '시도된 해결책'에 전략적으로 개입하여 문제를 해결할 수 있는 새로운 방식을 찾고 연습하도록 한다. '시도된 해결책'에서 핵심적인 것은 의사소통이다. 의사소통은 일차적 의사소통과 이차적 의사소통으로 나뉘는데 일차적 의사소통은 전달되는 메시지 그 자체를 의미하며 이차적 의사소통은 내용보다는 정서의 형태로서 전달되는 화자의 이면의 감정상태를 의미한다. 흔히 역기능적 상황에서는 일차적 의사소통과 이차적 의사소통이 상반된 메시지를 전달하여 청자에게 혼란을 일으키고 갈등을 심화시키게 된다(이영분 외, 2008).

MRI 단기 가족치료모델은 문제를 해결하기 위하여 가족이 반복적으로 사용하는 가족규칙과 일련의 의사소통 패턴을 찾아내는 것을 상담자의 일차적 역할로 본다. MRI 단기 가족치료모델에서는 가족에 의해 행동적으로 정의된 문제의 제거를 치료의 목표로서 설정하고 현재의 구체적인 문제를 치료하고자 한다. MRI 단기 가족치료모델의 대표적인 학자인 Watzlawick은 내담자의 문제를 잘못된 현실인식에서 기인한 것으로 보고 이러한 현실인식의 수정은 언어의 수정을 통해 가능하다고 보았다. 따라서 이 모델에서는 내담자의 언어와 의사소통을 변화시키는 것이 치료의 주요 기법이 된다(박태영, 2001).

이 연구의 상담자는 예비부부의 결혼 전 갈등에서 역기능적인 의사소통방식의 반복적 사용이 세대를 거쳐 전수되고 있다고 보았다. 또한 이것이 예비부부의 갈등을 악화시킨다고 보고 '시도된 해결책'으로서의 역기능적인 의사소통방식에 초점을 두고 상담을 진행하였다.

Ⅲ. 연구방법

1. 연구대상 및 사례개요

이 연구의 대상은 예비부부로 인구사회학적 특성은 〈표 7-1〉과 같고 예비부부의 가계도는 [그림 7-1]과 같다. 상담자는 20년 이상 가족치료와 연구를 병행해 온 가족치료 전문가로서 1회기는 예비신부, 2~3회기는 커플, 4회기는 예비신부 단독회기로, 5회기는 커플회기로 상담을 진행하였다.

예비부부는 상담을 의뢰하기 약 10개월 전부터 친구의 소개로 만나 이성교재를 해 왔고 상담을 의뢰할 당시에는 결혼을 약속하고 신혼집 마련과 같은 구체적인 사안에 대해 의논하는 단계에 있었다. 예비부부는 서로의 소비행동에 관여하는 문제로 종종 다투었는데 사소한 다툼에서 시작된 불만이 결혼을 준비하면서 커플 간 갈등으로 표출되어 상담을 의뢰하게 되었다. 상담자는 결혼을 앞둔 예비부부의 이러한 갈등에 대하여 갈등을 일으킨 사건 하나하나보다는 그 이면에 있는 반복적인 역기능적 의사소통방식에 주목하여 가족치료적 개입을 시도하였다. 가족치료과정을 통하여 예비부부는 자신의 역기능적 의사소통방식과 원가족의 요인을 탐색하면서 상대방을 자극하는 자신의 방식에 대하여 통찰을 하게 되었으며 새로운 의사소통방식을 사용하면서 행동의 변화를 보였다.

표 7-1 상담을 의뢰한 예비부부의 인구사회학적 특성

구분	연령	학력	직업	연애기간
예비신랑	30세	대졸	회사원	10개월
예비신부	29세	석사 재학	전문직	

2. 연구질문

첫째, 예비부부의 갈등유발요인은 무엇인가?
둘째, 예비부부 갈등에 대한 상담자의 가족치료적 개입방법은 무엇인가?
셋째, 상담자의 가족치료적 개입으로 인한 변화는 무엇인가?

3. 분석방법

이 연구는 예비부부의 갈등에 대한 가족치료 사례를 Miles와 Huberman(1994)이 제시한 질적 자료분석법을 사용하여 자료를 분석하였다. 또한 질적 연구방법론으로서 사례연구의 방법을 사용하였다. 사례연구는 명확한 경계가 있는 체계 내에서 사례를 통해 탐색된 이슈를 다루는 데 적합한 연구방법론으로서(Cresswell, 2007), 예비부부 갈등에 대한 가족치료 사례를 중심으로 상담의 효과성을 드러내고자 하는 이 연구의 목적에 부합하는 연구방법론이다.

Miles와 Huberman(1994)의 자료분석방법은 먼저 수집된 정보를 코딩하여 범주화한 후 데이터가 배열된 매트릭스를 만들고 각각의 증거를 알맞게 배치하는 방식이다. 또한 흐름차트(flowchart)와 그래픽 형식의 네트워크를 작성하여 목적에 맞게 정보를 나열함으로써 자료를 효과적으로 디스플레이할 수 있다. 이 질적 자료분석

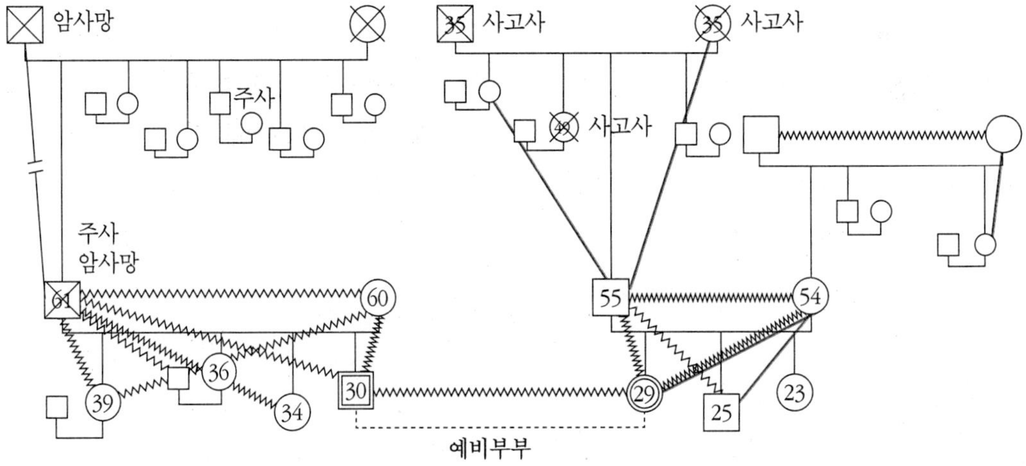

[그림 7-1] 가계도

법의 특징은 자료의 환원, 디스플레이, 결론의 도출, 확인을 동시에 발생하는 분석 활동의 흐름으로 본다는 것이다. 연구의 초반부터 시작되는 자료환원의 과정은 마지막 보고서가 완성될 때까지 계속되며 연구자는 압축된 정보의 조합인 매트릭스와 네트워크의 작성을 통해 무엇이 발생하는가를 이해하고 더 분석할 것인지에 대한 결정을 내릴 수 있다. 이러한 과정을 통해 연구초기의 모호하고 불완전한 결론이 규칙성과 패턴, 설명, 인과적 흐름, 가정의 과정을 통해 보다 명확해지고 근거가 있어진다(Miles & Huberman, 1994; Yin, 2009).

이 연구에서는 효과적인 디스플레이의 방법으로서 전체적인 상담의 흐름을 보여 줄 수 있는 인과 네트워크를 사용하였으며 상담자의 가족치료적 개입의 결과로 나타난 변화를 보여 주기 위하여 효과 매트릭스를 사용하였다. 예비부부의 결혼 전 갈등에 대한 가족치료의 맥락을 드러내기 위하여 일차적으로 축어록과 상담자의 메모 등 연구자료 내용을 코딩하여 범주화하였고 네트워크와 매트릭스 안에 코딩된 데이터를 배치하면서 계속적으로 자료를 환원하여 결과가 명료해지기까지 데이터를 재분석하고 재배열하는 과정을 거쳤다. 작성된 인과 네트워크와 효과 매트릭스를 통해 자료를 디스플레이함으로써 분석된 사례의 사례 내 맥락을 충분히 드러내고자 노력하였다.

4. 신뢰도 검증 및 윤리적 고려

이 연구의 신뢰도를 높이기 위하여 연구자료와 연구자의 삼각화를 도모하였다. 연구의 자료는 상담내용 비디오 녹화자료와 축어록 5회기분, 상담자의 메모를 사용하였다. 연구과정에서 질적 연구 경험이 풍부한 교수와 동료연구자 간 토론을 통해 코딩과 주제선정에 관한 검증을 실시하였다. 또한 연구에 사용된 모든 자료는 내담자의 자발적인 동의를 얻어 연구에 활용하였고 연구결과에 지장을 주지 않는 범위에서 내담자의 성명과 정보를 가공하여 사용함으로써 익명성이 보장되도록 노력하였다.

Ⅳ. 연구결과

1. 전체적인 상담내용에 대한 개요

전체적인 상담내용에 대한 개요는 [그림 7-2]와 같다. 예비부부는 원가족에서 학습한 역기능적 의사소통방식을 예비배우자에게 사용하여 갈등을 겪고 있었으며 원가족과의 미분화로 원가족과 유사한 방식이 상대에게서 나타나면서 갈등이 더욱 심화되었다. 상담자는 예비부부에게 이러한 갈등에 대하여 직접적 갈등유발요인과 간접적 갈등유발요인을 통찰할 수 있도록 도왔다. 또한 예비부부는 지금까지 사용해 보지 않았던 새로운 의사소통방식을 사용하면서 갈등이 완화되었다.

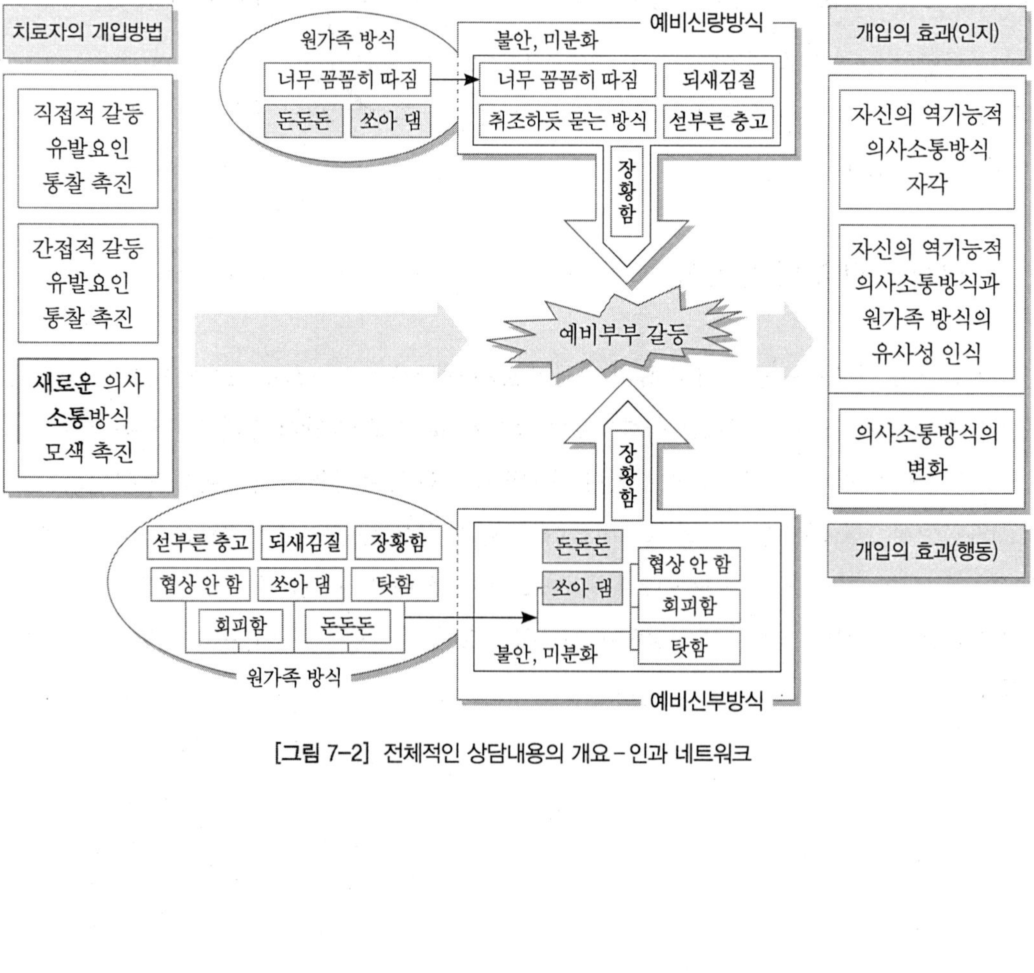

[그림 7-2] 전체적인 상담내용의 개요 - 인과 네트워크

2. 예비부부의 갈등유발요인

예비부부의 갈등을 촉발시키는 상황과 사건들은 다양했지만 다양한 문제 이면에 반복적으로 갈등을 유발시키는 것은 문제를 해결하려고 시도했던 예비부부의 역기능적인 의사소통방식인 것으로 나타났다. 또한 예비부부가 특정한 역기능적 의사소통방식을 사용하는 배경에는 원가족의 역기능적 의사소통방식이 있었다. 예비배우자가 자신의 원가족과 유사한 방식으로 문제를 해결하려고 할 때 부부간의 갈등은 더욱 심화되었다. 분석의 결과, 예비부부의 갈등유발요인으로서 예비부부의 역기능적 의사소통방식과 원가족요인이 나타났다. 예비부부의 역기능적 의사소통방식에 대한 하위범주로서 예비신랑과 예비신부의 역기능적 의사소통방식, 그리고 예비부부의 공통적 의사소통방식이 도출되었으며 원가족요인의 하위범주로서 원가족의 미분화와 삼각관계, 원가족의 역기능적 의사소통방식이 도출되었다. 예비부부의 갈등유발요인에 대한 범주화 내용은 〈표 7-2〉와 같다.

표 7-2 예비부부의 갈등양상 및 갈등유발요인 범주화

상위범주	하위범주	개념
예비부부의 역기능적 의사소통방식	예비신랑의 역기능적 의사소통방식	• 예비신랑의 너무 꼼꼼히 따지는 방식과 되새김질, 섣부르게 충고하는 방식, 취조하듯이 묻는 방식이 예비신부를 자극하여 갈등을 악화시킴
	예비신부의 역기능적 의사소통방식	• 예비신부의 돈돈돈 하는 방식, 쏘아 대는 방식, 회피하고 협상을 안 하는 방식, 탓하는 방식이 예비신랑을 자극하여 갈등을 악화시킴
	예비부부의 공통적인 역기능적 의사소통방식	• 예비부부가 공통적으로 불안을 가지고 있고 장황한 설명방식을 사용하여 갈등을 악화시킴
원가족요인	원가족의 미분화와 삼각관계	• 원가족의 미분화와 삼각관계가 예비부부의 관계에 영향을 미쳐 갈등을 악화시킴
	원가족의 역기능적 의사소통방식	• 원가족에서 학습한 역기능적 의사소통방식이 예비부부의 방식에서도 자동적으로 나타나 갈등을 악화시킴

1) 예비부부의 역기능적 의사소통방식

예비신랑이 사용하는 역기능적 의사소통방식에는 너무 꼼꼼히 따지는 방식과 되새김질, 섣부르게 충고하는 방식, 취조하듯이 묻는 방식, 장황하게 설명하는 방식이 포함되었다. 예비신랑은 물건을 살 때 결정을 미루면서 조건을 꼼꼼히 따져 현명한 결정을 하려고 하였지만 이러한 방식이 예비신부의 감정을 상하게 하여 갈등을 유발하였다. 또 예비신랑의 되새김질하는 방식으로 인하여 예비신부와 다투게 되었고 예비신랑은 예비신부를 위하여 충고하려고 하였지만 이러한 방식은 오히려 예비신부를 자극하고 있었다. 예비신부가 대화를 회피할 때 예비신랑은 취조하듯이 묻는 방식으로 예비신부의 생각과 마음을 알아내려 했지만 이러한 방식은 오히려 예비신부의 감정만을 상하게 하였다. 또한 예비신랑은 예비신부를 납득시키기 위하여 장황하게 설명하는 방식을 사용하였지만 이 역시 예비신부의 부정적 감정을 자극하는 결과를 낳았다.

예비신부의 역기능적 의사소통방식으로는 돈돈돈 하는 방식, 쏘아 대는 방식, 협상이 안 되는 방식, 회피하는 방식, 탓하는 방식, 장황하게 설명하는 방식이 나타났다. 예비신부는 경제적인 안정감을 획득하는 방식으로서 즉시 융통이 가능한 돈의 중요성을 강조하였는데 이런 부분이 예비신랑에게 반감을 일으켜 갈등만 증폭시켰다. 예비신부가 감정이 상했을 때 사용하는 쏘아 대거나 탓하는 방식 역시 예비신랑을 자극하였다. 갈등상황을 회피하려는 예비신부의 태도는 갈등을 잠재우려는 의도였지만 예비신랑은 그 방식으로 인하여 답답함을 느꼈다. 예비부부 모두가 사용하는 장황하게 설명하여 상대를 납득시키려는 방식은 두 사람 모두 피로감을 느끼게 하였다.

(1) 예비신랑의 역기능적 의사소통방식

• 너무 꼼꼼히 따지는 방식

예비신부: 한 번 더 생각해 보고 오자고 그래서 몇 번 나왔어요. 그리고 같은 곳을 두 번째 갔어요. 분명히 일주일 전보다 더 가격이 확 다운된 거예요. 들어가서 사고 싶어서 막 이야기하고 있는데 이 사람은 듣지도 않고 "그냥 조금만 더 생각해 보자. 너 지금 이렇게 사면 충동구매야. 다시 한 번 생각해 봐." 그게 그거 하나뿐 아니라 저희가 보드를 사러 돌아다니다가 …… (중략) ……

제가 괜찮다고 생각하는 가격대인데 또 '다시 생각해 보라'는 거예요. 결국에 저는 그냥 살 생각에 부풀어서 갔는데 아무것도 못 사고 나오니까 막 짜증이 나는 거예요. (예비부부–2회기)

• 되새김질

상담자: 되새김질은요?

예비신부: 그걸로 싸운 적도 있어요. …… (중략) …… "내가 옛날에 너 이렇게 해서 신지 말라고 얘기했는데……." 그 상황부터 끝까지 또 얘기를 하고 앉아 있는 거예요. 너무 짜증나서 차에서 내렸어요. (예비신부–4회기)

• 섣부르게 충고하는 방식

예비신랑: 자기는 다른 식으로 말했는데 전 그런 식으로 받아들였거든요. 저는 당연스럽게 그런 거죠. '니가 그렇게 말하면서 그 사람들 권위의식 내세운다고 말하면 안 되지 않느냐'고 하니깐 이제 또 시끄러워지는 거예요. …… (중략) …… 그 당시는 뭐를 원하는지는 알았는데 저라도 그 말을 안 해 주면 얘가 똑같은 길을 밟고 있다는 것을 모를 것 같더라고요. (예비부부–5회기)

• 취조하듯이 묻는 방식

상담자: 본인이 질문하는 데 있어서 변화가 있었다는 거예요?

예비신랑: 네.

상담자: 그전 같았으면 네 의견이 뭐냐 이렇게 했어요?

예비신랑: 사람 취조하듯이 물어봤는데 "내 생각은 이러니까 네 생각은 뭐냐?"라고 묻죠. (예비부부–5회기)

• 장황하게 설명하는 방식

상담자: 그럼 남자친구랑 비율로 따지면 얼마나 말을 해요. 10이면?

예비신부: 원래는 제가 6이고 상대방이 4인데. 근데 자꾸만 그쪽이 더 많아져요. 그쪽이 점점 6이 되고 제가 4가 되요. 짧게 끝나는 얘기를 장황하게. (예비신부–4회기)

(2) 예비신부의 역기능적 의사소통방식

- 돈돈돈 하는 방식

예비신부: (부모로부터 물려받을) 땅이나 산을 내 이름으로 돌려준다고 그랬거든요. "니가 정 못 믿겠으면 결혼을 하고 네 이름으로 돌려놓으려고 한다." 그런 얘기를 했는데 저는 땅 다 필요 없어요. 그냥 지금 유통될 수 있는 돈이 필요한 거예요. (예비신부-1회기)

- 쏘아 대는 방식

예비신부: "자기가 지금 없다고 이야기하고 있나?" 이런 생각이 드니까. 속으로는 "이 이야기를 먼저 한다는 거는 지금 어쩌자는 거야?"라고 이 생각이 딱 드니까 거기서 삐딱하게 받아들여지고 톡톡톡 쏘게 되는 거예요. (예비신부-1회기)

- 협상이 안 됨

예비신랑: 제가 대화를 시도하려고 해요. 예를 들어서 사소한 것에 짜증이라도 냈으면 하는데 자기가 싫은 점이 있으면 대화를 단절시켜 버리니까. 제 입장에서는 답답한 거죠. …… (중략) …… 자기가 가진 생각을 나한테 좀 말을 해주고 같이 이야기를 좀 했으면 좋겠는데 항상 지 맘대로 결정해 놓고 거의 통보하다시피. 협상의 여지가 없습니다. 그냥 단절입니다. (예비부부-2회기)

- 회피하는 방식

예비신부: 그것 때문에 싸우기도 좀 하는 것 같고 빈정 상해서 대화를 제가 피해 버리는 성향을 많이 보이고 있고 싸움이 커지는 것 같아요. (예비신부-1회기)

- 탓하는 방식

예비신랑: "너 때문에 못 바꾸고 나왔다. 너 때문에 거기서 나왔다." 하니까 내가 환장하는 거죠. 이유도 알 수 없고. (예비부부-2회기)

- 장황하게 설명하는 방식

예비신랑: 얘 개념은 그런 거예요. 자기가 40이라는 커트라인을 그어 놓고 거기서

오바가 되면 "거기서 오바가 된 금액만 있으면 이 금액으로 뭘 할 수 있고, 뭘 할 수 있고, 뭘 할 수 있고, 그리고 이 금액을 써 버리면 몇 달을 허리를 졸라 매야 하며……." 뭐 이런 이야기를 줄줄줄줄 4절까지 해 버리니깐. 1절만 해도 되는데 4절까지 해 버리니깐 저는 이제, 하! 이래……. (예비부부–5회기)

2) 원가족요인

예비부부 갈등에 간접적으로 영향을 미치는 원가족요인으로서 원가족의 미분화와 삼각관계, 내재된 불안, 역기능적 의사소통방식이 나타났다. 원가족의 미분화와 삼각관계, 내재된 불안은 관계를 더 긴장하게 함으로써 예비부부 갈등에 간접적으로 영향을 미치는 요인이 될 수 있다. 예비부부가 상대방에게 사용했던 역기능적 의사소통방식은 상당부분 원가족에서 학습한 방식이었으며 동시에 상대방의 원가족이 사용하는 역기능적 의사소통방식과 유사한 부분도 있어 갈등을 더 악화시키는 데 영향을 미쳤다.

(1) 원가족의 미분화와 삼각관계

• 예비신랑 원가족의 미분화와 삼각관계

예비신랑: '그렇다.'라고 이해는 하는데 엄마의 삶을 나에게 강요를 하는 게 너무 싫은 거죠. (예비부부–5회기)

• 예비신부 원가족의 미분화와 삼각관계

예비신부: 근데 아빠를 집에서 컨트롤할 수 있는 건 저밖에 없어요. 제가 잠재워야 될 것 같고. 패턴은 아빠는 계속 쏘아 대고 엄마는 그냥 듣고 있고 엄마가 얘기를 해요. 핑계를 대거나 아니면 저한테 미뤄요. 뭔가 자기가 크게 사고를 친 거 같다 그러면 저한테 상의를 해요. …… (중략) …… 아빠는 동생 일이 더 잘되길 바라면서 동생을 자꾸 핸들링해요. 동생하고 엄마하고 관계는…….

상담자: 밀착관계예요?

예비신부: 네. (예비부부–2회기)

(2) 원가족의 내재된 불안

• 예비신랑 원가족의 내재된 불안

상담자: 그럼 평상시 불안한가요?

예비신랑: 예, 항상 그렇습니다. (예비부부-2회기)

• 예비신부 원가족의 내재된 불안

예비신부: 그거를 항상 중재하는 입장이 이제 제가 첫째 딸이니까, 장녀고. 그거를 만날 하는 과정 중에 너무 지친 거예요. …… (중략) …… 왠지 못살 것 같은 그런 불안한 기분이 많이 들어서 스스로 되게 압박하고 지내는 것 같아요. (예비부부-5회기)

(3) 예비신랑 원가족의 역기능적 의사소통방식

• 아버지의 너무 꼼꼼히 따지는 방식

상담자: 그럼 지금 예비신랑님이 아버님처럼 꼼꼼하다는 이야기인가요? 상식적으로 들었을 때 예비신랑님은 굉장히 꼼꼼하고 계획적이거든요. 돌다리도 두들겼다가 탄탄해도 건너가지 않고 다시 돌아오고 있거든요. 근데 그런 게 아버지 방식이라는 이야기죠?

예비신랑: 네. 아버지가 일하실 때. (예비부부-2회기)

• 어머니의 돈돈돈 하는 방식

상담자: 누가 돈돈돈 해요?

예비신랑: 엄마가요. 제가 그 소리, 돈돈돈에 약간 노이로제가 있습니다. (예비부부-5회기)

• 어머니와 누나의 쏘아 대는 방식

예비신랑: 자기랑 의견이 틀리면 "넌 왜 그리 말을 못 알아듣냐?" 말을 쏴붙이기 시작하는 거죠. (예비부부-2회기)

(4) 예비신부 원가족의 역기능적 의사소통방식

• 아버지의 돈돈돈 하는 방식

예비신부: 사고 싶은 게 있어도 (아버지와) 같이 쇼핑을 가면 엄마는 "당신 이거 사고 싶다고 그랬잖아, 왜 안 사?" 이렇게 얘기하면 (아버지가) "아, 너무 비싸!" 이렇게 하고 안 사요. 돈이 없는 것도 아닌데. 안 사면 나는 "아! 그러면 왜 간 거야?" 답답하고 또다시 돌아오고. (예비신부-1회기)

• 아버지의 쏘아 대는 방식

예비신부: (친정 부모님이) 싸움이 되게 많고 아빠가 일방적으로 엄마에게 막 쏘아 대는 스타일이에요. (예비신부-1회기)

• 아버지의 탓하는 방식

예비신부: "너네 엄마랑 결혼해 가지고 내가 이 모양 이 꼴이 났다. 엄마 빚 다 갚아 주느라고 우리 더 좋은 집에 이사 못 가고 내가 지금 집 투자해서 망하고 있다." 아빠가 엄마한테 "당신 때문에 이렇게 됐어!"라고 말하는데 저도 엄마한테 그렇게 얘기해요. (예비신부-1회기)

• 아버지의 되새김질하는 방식

예비신부: 아빠가 잔소리가 예전에는 되게 심했는데 제가 직장인이 되고 나서는 많이 안 하세요. 근데 한번 시작하면 길게, 깊게 하세요. 예전 일부터.

상담자: 되새김질하시네요. (예비신부-4회기)

• 아버지의 섣부르게 충고하는 방식

상담자: 저렇게 충고를 했던 저 남자친구 방식이 혹시 엄마 아버지 중에서 아버지가 가깝지 않을까 싶은 생각이 드는데?

예비신부: 똑같죠. 그러니까 뭔가 챙겨 주는 의미는 알겠는데, 아빠가 항상 그래요. 걱정해서 하는 말은 알겠는데 기분 나쁜 거 있잖아요. 뭔가 찝찝한 거예요. (예비부부-5회기)

• 아버지의 장황하게 얘기하는 방식

예비신부: 장황한 거는 아빠가 좀 그러세요. 했던 말 또 하고. (예비신부-4회기)

• 아버지의 협상이 안 되는 방식

상담자: 협상 불가능한 방식을 쓰고 있다는 거죠? 누가 그렇게 협상을 못하나요? 엄마나 아빠 중에.

예비신부: 아빠가 거의 아예 들을 생각도 안 해요. (예비신부-1회기)

• 어머니의 회피하는 방식

예비신부: 아빠랑 싸우면 엄마가 한마디도 말을 안 해요. (예비부부-5회기)

3. 상담자의 가족치료적 개입방법

상담자는 예비부부의 갈등을 해결하기 위하여 예비부부가 직 · 간접적인 갈등유발요인을 통찰하도록 촉진하고 새로운 의사소통방식을 모색하도록 도왔다. 상담자의 개입방법에 대한 범주화 내용은 〈표 7-3〉과 같다.

표 7-3 상담자의 가족치료적 개입방법 범주화

상위범주	하위범주	개념
직접적 갈등유발요인 통찰 촉진	불만진술 촉진	• 나를 자극하는 상대의 의사소통방식을 함께 있는 자리에서 진술하게 하게 함
	의사소통방식 반영하기(mirroring)	• 상대를 자극하는 나의 의사소통방식에 대한 통찰을 촉진함
간접적 갈등유발요인 통찰 촉진	자신의 원가족 경험과 비교 촉진	• 자신이 사용하는 방식이 원가족에서 스스로 역기능적이라고 생각했던 방식임을 통찰하게 함
	상대방 원가족 경험과 비교 촉진	• 예비배우자가 원가족에서 경험한 역기능적인 방식과 자신의 방식의 유사성을 통찰하여 배우자가 느낄 수 있는 부정적 감정을 짐작케 함

새로운 의사소통방식 모색 촉진	자기 욕구 진술 촉진	• 자신이 원하는 것을 자각하여 상대방에게 명확히 말하도록 촉진함
	합의점 탐색 촉진	• 합의점에 도달할 수 있는 방법을 함께 모색하도록 촉진함
	시범 보이기	• 상담자의 시연을 통해 상대방에게 기능적인 의사소통방식을 보여 줌
	새로운 의사소통방식 연습시키기	• 치료과정에서 발견된 새로운 기능적 의사소통방식을 연습시킴

1) 직접적 갈등유발요인 통찰 촉진

상담자는 예비부부에게 직접적 갈등유발요인을 통찰할 수 있도록 촉진하는 방법으로서 불만을 직접 진술할 수 있는 기회를 제공하고 현재 사용하는 의사소통방식을 반영해 주는 방법을 사용하였다.

(1) 불만진술 촉진

상담자: 또 나를 화나게 하는 방식이 뭐냐 이거예요? (예비부부-5회기)

(2) 의사소통방식 반영하기

상담자: 근데 예비신랑님이 쓰는 방식은 화를 풀리게 하는 거보다는 어떻게 하는 거 같아요?

예비신랑: 화를 돋구죠. (예비부부-2회기)

2) 간접적 갈등유발요인 통찰 촉진

상담자는 예비부부에게 원가족 경험과의 비교를 통해 자신의 의사소통방식이 원가족에서 효과가 없었음을 깨닫고 상대의 원가족에서 사용된 방식과의 유사성을 자각하게 하여 상대방에게 미치는 부정적 감정을 통찰하도록 돕는 방법을 사용하였다.

(1) 자신의 원가족 경험과 비교 촉진

상담자: 지금 그 방식이 남자친구를 굉장히 자존심 상하게 할 수 있는 방식이란 걸

알고 계셨나요?

예비신부: 그래서 저도 얘기를 안 하고 참았어요. 그래서 제가 회피하게 되는 거예요. 그런데 쌓이다 쌓이다 보니깐…….

상담자: 폭발하는 거예요, 그게?

예비신부: 네.

상담자: 그 방식이 또 누구 방식이에요?

예비신부: 아빠요. (예비신부-1회기)

(2) 상대방 원가족 경험과 비교 촉진

상담자: 분명한 것은 여자친구를 나름대로 좋게 하고 좀 변화시키려고 하는 남자친구의 방식이 친정아빠가 사용했던 방식이라는 거예요. 어려서부터 아빠는 내 편을 들어 주기보다는 중간적 입장에서 정의를 해 주셨다는 것이에요. 거기다 충고까지 얹어서. 그런데 그 방식에 상처를 받는 거예요. …… (중략) …… 그렇게 다그치는 사람이 집에서 누가 있었어요? "왜 말을 안 하냐? 너는 말을 하지."

예비신부: 그게 아빠가 그랬지요. (예비부부-5회기)

3) 새로운 의사소통방식 모색 촉진

상담자는 예비부부에게 새로운 의사소통방식을 모색하도록 돕기 위하여 자기 욕구를 직접 진술하게 하였고 합의점을 탐색하도록 촉진시켰다. 또한 상담자는 예비부부에게 직접 새로운 의사소통방식의 시범을 보이거나 바로 연습하도록 하였다.

(1) 자기 욕구 진술 촉진

상담자: 남자친구가 어떻게 해 줬으면 좋겠어요?

예비신부: 그냥 그 파는 사람 앞에서 안 해 줬으면 좋겠어요.

상담자: 그전에 그걸 요구해 본 적 있나요? (예비부부-2회기)

(2) 합의점 탐색 촉진

상담자: 이것을 어떻게 조율할 거냐 이거예요. 이쪽은 예를 들면, 50% 세일했다고

하면 많이 했다라고 본 거예요. …… (중략) …… 그럼 그걸 서로 기분 상하지 않고 풀 수 있는 방법은 뭐가 있을까요?

예비신부: 음, 그걸 살 이유를 설명해 줘야 할 거 같아요. (예비부부-2회기)

(3) 시범 보이기

예비신부: 팀장님이 "우리팀 주말에 다 갑니다." 리플을 맘대로 다신 거예요.

상담자: 자기가 뭔데?

예비신부: 제가 좀 황당하잖아요?

상담자: 황당하지요.

예비신부: 저도 자리에 없었던 상황이고 의견을 물어보지 않고 한 건 "웃긴다! 화가 난다!" 남자친구니까 (앞에서) 짜증을 냈죠.

상담자: 응, 응. 그게 짜증나는 거지요. (예비부부-5회기)

(4) 새로운 의사소통방식 연습시키기

예비신부: 그건 되게 미안했어요.

상담자: 자, 그거 미안했다고 했는데 실제로 그거 미안하다고 말을 했어요?

예비신부: 아니요.

상담자: 직접 한번 해 보세요.

예비신부: 미안해.

상담자: 좀 더요. 미안해한 것 다 싸잡아서 "미안해." 그러면 진정성이 안 와 닿아요. (예비부부-5회기)

4. 상담자의 가족치료적 개입으로 인한 변화

상담자의 개입으로 인해 예비부부가 인지적 변화와 행동적 변화가 나타났다. 갈등관계에 있던 예비부부는 개입의 결과로서 자신의 역기능적 의사소통방식을 자각하였으며 자신의 방식과 원가족 방식이 어떻게 유사한지를 인식하였다. 이러한 인식의 변화는 의사소통방식의 변화라는 행동적 변화를 가져왔다. 상담 의뢰 당시 예비신랑은 지나친 주도면밀함을 가지고 자신의 의견만이 옳다고 생각하는 경향이 있었는데 상담자의 개입 이후 예비신부의 의견을 경청하는 변화가 나타났다. 예비신부 역시 상담 초기에는 의견이 다를 때 단절하고 침묵하는 방식을 사용하여 예비신랑을 자극하였는데 개입 이후 다그치기 전에 자신의 의견을 먼저 피력하는 변화를 보였다. 상담자의 개입으로 인한 변화의 내용을 보여 주는 효과 매트릭스는 〈표 7-4〉와 같다.

1) 인지적 변화

(1) 자신의 역기능적 의사소통방식 자각

- 예비신랑의 섣부르게 충고하는 방식과 어머니의 역기능적 의사소통방식의 유사성 인식

예비신랑: 얘도 그럴까 봐 혼자 노파심에서 (충고를) 하는 거예요.

상담자: 네, 그러면…….

예비신부: 어후, 답답해 죽을 것 같아요.

상담자: 그러네요. 그러면 그렇게 올바른 길로 가기 위해서 그렇게 충고를 해 주는 방식이 어머니나 누나 중 누가 그렇게 충고를 해 주셨을까요?

표 7-4 치료자의 개입으로 인한 효과-효과 매트릭스

변화의 범주 \ 변화 대상		예비신랑의 변화	예비신부의 변화
인지적 변화	자신의 역기능적 의사소통방식 자각	• 예비신부에게 섣부르게 충고하는 자신의 방식이 어머니가 자신에게 사용했던 역기능적 의사소통방식과 유사함을 인식함	• 예비신랑에게 사용했던 탓하고 비교하는 방식이 아버지가 자신에게 사용했던 역기능적 의사소통방식과 유사함을 인식함
	자신의 역기능적 의사소통방식과 원가족 방식의 유사성 인식	• 예비신부에게 사용했던 장황하게 충고하는 방식이 예비신부의 아버지가 사용했던 역기능적 의사소통방식과 유사함을 인식함	• 예비신랑에게 사용했던 돈돈돈 하는 방식이 예비신랑의 어머니와 누나가 사용했던 역기능적 의사소통방식과 유사함을 인식함
행동적 변화	의사소통방식의 변화	• 취조하듯이 묻는 대신 자신의 의견을 먼저 제시하고 묻게 됨 • 예비신부의 말을 경청하게 됨	• 침묵하고 협상이 불가능한 방식을 사용하는 대신 성의 있게 대답하려고 노력하게 됨 • 예비신랑의 말을 경청하게 됨

예비신랑: 어머니가 좀 그렇습니다. 좀 상황이 있으면 그냥 할 말은 딱 하는 스타일이라서.

…… (중략) ……

상담자: 그럼 본인이 엄마랑 이야기할 때 엄마가 의도했던 거와 본인이 의도했던 것 하고 딱 맞아 들어갔어요?

예비신랑: 잘 없죠.

상담자: 없잖아요! 본인이 여자친구의 마음을 부들부들하게 녹이는 것보다도 여자친구를 화나게 하는 방식이라는 거예요. 그러면 그 화나게 하는 방식 뒤에는 누가 있냐면 엄마가 딱 버티고 있지 않냐 이거예요. 엄마가 내 기분을 팍팍 상하게 하지 않았냐 이거예요. (예비부부–5회기)

상담자: 지금 본인이 쓰시는 방식이 탓하는 방식과 비교하는 방식이에요. 비교하는 방식을 누가 썼냐 이거예요?

예비신부: 아빠가요. (예비신부–1회기)

(2) 자신의 역기능적 의사소통방식과 원가족 방식의 유사성 인식

• 예비신랑의 장황하게 충고하는 방식과 예비신부 아버지 방식의 유사성 인식

상담자: 분명한 것은 여자친구를 나름대로 좋게 하고 좀 변화시키려고 하는 예비신랑의 표현방식이 친정아빠 방식이라는 거예요. 어려서부터 아빠는 내 편을 들어 주기보다는 중간적 입장에서 정의를 해 주셨다는 것이에요. 거기다 플러스 충고까지 얹어서. 그런데 그 방식에 상처를 받는 거예요. (예비부부–5회기)

• 예비신부의 돈돈돈 하는 방식과 예비신랑 어머니, 누나의 방식의 유사성 인식

상담자: 여자친구가 혹시 엄마나 누나같은 표현이 있을까요?

예비신랑: 딱 하나 있습니다.

상담자: 어떤 거요?

예비신랑: 돈돈돈 하는 거. (예비부부–5회기)

2) 행동적 변화

(1) 의사소통방식의 변화

• 예비신랑이 먼저 의견을 제시하고 묻게 됨

예비신부: 그게 좀 바뀌었어요. 본인 얘기를 먼저 하고 "나는 이렇게 이렇게 해야 한다고 생각해. 너는 어떻게 생각해?"라고 물어보는 게 많아졌어요. (예비부부-5회기)

• 예비신부가 침묵하지 않으려고 노력하게 됨

상담자: 그럼 지금 여자친구의 대화방식이 조금 변화가 있나요?

예비신랑: 그냥 조금 성의있게 대답해 줍니다. (예비부부-5회기)

• 예비부부가 서로의 의견을 경청하게 됨

상담자: 오늘 여기서 대화하는 것하고 평상시 두 분이 대화하는 것하고 차이점이 뭐가 있었어요?

예비신랑: 경청이요. (예비부부-5회기)

V. 논의 및 결론

이 연구에서는 예비부부의 결혼 전 갈등에 대하여 가족생활주기이론, Bowen의 가족체계이론, MRI 모델을 적용하여 치료한 사례를 분석하여 예비부부 갈등의 유발요인, 상담자의 개입과정 및 개입의 효과를 살펴보았다. 예비부부는 독립된 성인 단계에서 신혼부부 단계로 이행하려는 과도기에서 갈등을 경험하고 있었다. 갈등을 촉발시키는 소재는 다양했지만 갈등의 이면에는 공통적인 역기능적 의사소통방식이 있었다. 예비부부의 문제를 해결하려고 시도했던 방식은 예비부부의 원가족이 시도해 왔던 해결책으로 연결되어 있었고 이러한 표현방식이 갈등을 유발시키고 심화시키는 요인이 되었다. 상담자는 MRI 의사소통이론의 관점에서 갈등의 소재가 되는 문제보다는 갈등을 유지시키고 악화시켜 온 예비부부의 의사소통방식에 대한 인식과 변화에 초점을 두었다. 또한 상담자는 Bowen의 가족체계이론에 따라 원가족의 미분화와 내재된 불안이 예비부부 갈등에 기여하고 있다고 보았다. 이러한 개입의 결과로 예비부부의 인식과 행동에 변화가 나타났으며 분석의 결과를 요약하면 다음과 같다.

첫째, 예비부부의 갈등 양상 및 갈등유발요인으로서 예비부부의 역기능적 의사소통방식과 원가족요인이 나타났다. 예비부부의 역기능적 의사소통방식에 대한 하위범주로는 예비신랑의 역기능적 의사소통방식과 예비신부의 역기능적 의사소통방식이 나타났으며 원가족요인의 하위범주로서 원가족의 미분화와 삼각관계, 원가족의 내재된 불안, 원가족의 역기능적 의사소통방식이 나타났다. 예비신랑은 예비신부와의 의사소통에서 너무 꼼꼼하게 따지는 방식과 되새김질, 섣부르게 충고하는 방식, 취조하듯 묻는 방식, 장황하게 설명하는 방식을 사용하였다. 예비신부는 예비신랑에게 돈돈돈 하는 방식, 쏘아 대는 방식, 회피하고 협상을 안 하는 방식, 탓하는 방식, 장황하게 설명하는 방식을 사용하여 신랑을 자극하였다.

둘째, 예비부부의 결혼 전 갈등에 대한 상담자의 개입방법으로는 직접적 갈등유발요인 통찰 촉진, 간접적 갈등유발요인 통찰 촉진, 새로운 의사소통방식 모색 촉진이 포함되었다. 직접적 갈등유발요인 통찰 촉진의 하위범주로서 불만진술 촉진, 의사소통방식 반영하기(mirroring)가 나타났다. 간접적 갈등유발요인 통찰 촉진의 하위범주로서 자신의 원가족 경험과 비교 촉진, 상대방 원가족 경험과 비교 촉진이 나타났다. 새로운 의사소통방식 모색 촉진의 하위범주로서 자기 욕구 진술 촉진, 합의점 탐색 촉진, 시범 보이기, 새로운 의사소통방식 연습시키기가 나타났다.

셋째, 상담자의 개입으로 인한 예비부부의 변화는 인지적 변화와 행동적 변화로 나타났다. 인지적 변화에는 역기능적 의사소통방식의 자각, 역기능적 의사소통방식과 원가족 방식의 유사성 인식이 포함되었다. 행동적 변화에는 의사소통방식의 변화가 포함되었다. 예비부부는 상담자의 개입을 통하여 자신이 문제를 해결하려고 시도했던 방식이 원가족으로부터 학습되었던 역기능적 의사소통방식과 유사할 뿐 아니라 예비배우자 원가족의 역기능적 의사소통방식과도 유사성이 있어 갈등을 더욱 악화시키는 역할을 해 온 것을 통찰하고 새로운 의사소통방식을 시도하게 되었다.

이와 같은 연구의 결과를 통하여 예비부부의 결혼 전 갈등에 대한 개입에서 가족생활주기이론, Bowen의 가족체계이론, MRI 모델의 관점을 적용하여 개입을 시도하는 것이 효과적일 수 있음을 알 수 있었다. 이러한 결과는 예비부부 갈등에 영향을 미치는 요인으로서 역기능적 의사소통방식 및 원가족과의 미분화와 독립의 이슈를 제기한 장은경과 박태영(2014)의 연구와 일치한다. 기존의 예비부부를 위한 교육이나 상담 프로그램들은 예비부부가 겪을 수 있는 갈등의 주제들을 중심으로 프로그램이 구성되어 있으며 의사소통을 그러한 주제 중 하나로 다루고 있는 경우가 많다. 그러나 이 연구의 결과를 통해 알 수 있듯이 지금까지 사용해 왔던 역기능적인 의사소통방식을 새로운 의사소통방식으로 변화시키는 것이 예비부부의 갈등을 해결하는 근본적인 대안이 될 수 있다. 또한 이 연구결과로 예비부부와 원가족이 사용하고 있는 의사소통방식의 맥락을 살펴봄으로써 예비부부의 원가족에서의 분화정도와 학습된 역기능적인 방식에 대한 이해를 도울 수 있다는 것을 알 수 있었다. 그러므로 예비부부의 갈등에 대한 개입을 계획할 때 예비부부가 거시적인 맥락에서 원가족과 자신의 의사소통방식과 분화 수준을 인식하도록 돕고 새로운 기능적인 의사소통방식을 습득하도록 돕는 것이 매우 중요하다. 향후 예비부부를 위한 프로그램이나 상담자들은 단지 예비부부만의 의사소통방식이 아닌 원가족의 의사소통방식까지 다룸으로서 예비부부에게 자신들의 방식을 이해할 수 있는 거시적인 안목을 제공할 필요가 있다.

상담사 또는 사회복지사들은 예비부부를 위한 개입에서 예비부부 자신의 원가족뿐 아니라 상대방의 원가족을 이해할 수 있도록 하는 것이 매우 중요하다. 더불어 원가족을 이해하는 데 있어서 의사소통방식을 중심으로 접근하는 것은 예비부부가 원가족의 역동을 쉽게 이해할 수 있도록 도울 뿐 아니라 자신들의 방식을 돌아보고 새로운 방식을 시도할 수 있는 동기를 제공할 수 있다. 무엇보다 의사소통방식을 통해 문제를 해결하려는 시도는 가족생활주기상 어떠한 발달단계에 있든지 공통적으로 해당되기 때문에 예비부부 단계에서 기능적인 의사소통방식을 습득하게 하는 것은 향후 예비부부가 만들어 갈 건강한 가족발달에 크게 기여할 수 있는 개입방식이다.

예비부부의 결혼 전 상담에 대한 국내외의 연구가 존재하지만 수가 많지 않고 대부분 종교적인 관점에서 서술되었을 뿐 아니라 문헌연구나 프로그램 기획의 수준에서 그치는 것이 다수인 상황에서 실제로 예비부부의 결혼 전 갈등에 개입한 사례를 분석하여 개입의 맥락과 효과성을 검증하였다는 점에 이 연구의 가장 큰 의의가 있다. 이 연구는 실제의 사례를 분석함으로써 한국적 상황에서 예비부부가 겪는 갈등의 양상과 갈등유발요인을 드러내었을 뿐 아니라 이에 대한 효과적인 가족치료적 개입이 어떻게 이루어지는지를 보여 주어 향후 임상가들이 현장에서 예비부부에 대한 상담을 제공할 때 적용해 볼 수 있는 지침을 제공하였다.

이 연구의 한계는 상담 종료 후 추후상담에 대한 정보가 연구에 포함되지 않았기 때문에 사례의 예비부부의 결혼 전 갈등에 대한 개입의 효과성이 결혼 이후에도 유지되고 있는지는 확인하기는 어렵다는 점이다. 커플갈등에 대한 개입은 결혼을 준비하는 예비부부에게 가장 효율적이라는 Carter와 McGoldrick(1988)의 연구와 사례에서 상담자의 개입으로 이미 예비부부의 역기능적 의사소통방식이 개선되고 갈등이 완화된 결과로 미루어 볼 때 사례의 예비부부가 가족치료를 받지 않았을 경우보다 이후 결혼생활에서 더 갈등해결능력이 향상되었을 것이라고 짐작할 수 있지만 추수회기를 통한 효과의 지속성에 대한 검증이 명확하지 못한 점은 한계로 남는다. 또한 이 연구가 단일사례연구이기 때문에 사례의 예비부부 갈등에 대한 개입방법과 효과를 예비부부상담에 일반화시키기는 어렵다는 한계를 지닌다. 따라서 후속 연구에서는 이와 같은 관점을 가지고 예비부부 갈등에 개입한 다양한 사례연구를 통하여 예비부부 갈등을 해결할 수 있는 모델의 효과성을 보여 주기를 바란다.

참고문헌

김미정, 염동문(2015). 결혼이주여성의 결혼만족도에 미치는 영향에 대한 메타분석. **사회과학연구**, 31(3), 1-25.

김혜숙, 이은정(2011). 예비부부를 위한 관계향상 프로그램 개발 및 효과-PREPARE 도구를 기초로. **상담학 연구**. 12(4), 1193-1210.

김호진(2005). 예비부부의 결혼을 위한 상담. 장로회신학대학교 목회전문대학원 석사학위논문.

김혜정(2008). 가족 간 갈등대화의 구조와 책략 연구: 고부 · 부부 간 갈등대화를 중심으로. 인제대학교 대학원 박사학위논문.

김희수(2003). 성숙한 결혼생활을 위한 교회 내 예비부부교육 프로그램-보웬과 사티어 이론을 중심으로. 서울여자대학교 기독교대학원 석사학위논문.

남상임(2004). 행복한 결혼생활을 위한 가족복지적 접근-결혼예비상담을 중심으로. 명지대학교 사회복지대학원 석사학위논문.

모의희(2004). 예비부부를 위한 해결-중심 혼전 상담. **대학생활연구**. 22, 119-135.

변영숙(2009). 기독교 결혼예비교육이 결혼초기부부의 결혼생활만족도에 미치는 영향. 총신대학교 사회복지대학원 석사학위논문.

박태영(2001). **가족치료 이론의 적용과 실천**. 서울: 학지사.

박태영(2003). **가족생활주기와 가족치료**. 서울: 학지사.

박태영, 김태한, 김혜선, 박소영, 유명이, 은선경, 이재령, 장윤영, 정선영, 조성희, 조용길(2009). **가족치료사례와 질적분석**. 서울: 학지사.

박태영, 김선희(2013). 이혼의향이 있는 목회자부인에 대한 가족치료 사례분석. **한국가족복지학**, 18(2), 5-39.

유연지, 조현주, 권정혜(2008). 부부의 원가족 특성과 고부, 옹서 갈등이 결혼만족도에 미치는 영향. **한국심리학회지: 여성**. 13(4), 433-451.

이영분, 신영화, 권진숙, 박태영, 최선령, 최현미(2008). **가족치료: 모델과 사례**. 서울: 학지사.

이현욱(2010). 보웬이론에 기초한 기독교 결혼예비교육 프로그램 제안. 장로회신학대학교 대학원 석사학위논문.

장은경, 박태영(2014). 유사한 가족배경을 가진 예비부부에 대한 커플치료 사례연구. **한국사회복지학회 추계학술대회**.

한지혜(2003). 예비부부를 위한 혼전상담연구. 감리교신학대학교 대학원 석사학위논문.

Amato, P. R. (2007). Decreasing nonmarital births and strengthening marriage to reduce poverty. *The Future of Children, 17*(2), 117-141.

Ashby, J. S., Rice, K. G., & Kutchins, C. B. (2008). Matches and mismatches: partners, perfectionism, and premarital adjustment. *Journal of Counseling Psychology, 55*(1), 125-132.

Barnacle, R. E. S., & Abbot, D. A. (2009). The development and evaluation of a Gottman-based premarital education program: A pilot study. *Journal of Couple & Relationship Therapy, 8*(1), 64-82.

Blair, J. M., & Córdova, J. V. (2009). Commitment as a predictor of participation in premarital education. *The Family Journal: Counseling and Therapy for Couples and Families, 17*(2), 118-125.

Bushby, D. M., Ivey, D., Harris, S., & Ates, C. (2007). Self-directed therapist-direct, and assessment based interventions for premarital couples. *Family Relations, 56*(3), 279-

290.

Bruhn, D. M., & Hill, R. (2004). Designing a premarital counseling program. *The Family Journal: Counseling and Therapy for Couples and Families, 12*(4), 389-391.

Calvert, E. Z., & Bridges, S. K. (2006). Mandated premarital therapy and early marital adjustment: Implications for therapy. *Journal of Couple & Relationship Therapy, 5*(4), 23-41.

Carter, B., & McGoldrick, M. (1988). *The changing family life cycle* (2nd ed.). Boston: Allyn & Bacon.

Cresswell, J. W. (2007). *Qualitative inquiry and research design* (2nd ed.). New York: Sage.

DMin, F. G. (2003). Complementary delusions in premarital counseling. *American Journal of Pastoral Counseling, 6*(4), 51-71.

Goldenberg, I., & Goldenberg, H. (2013). *Family therapy: An overview* (8th ed.). Pacific Group, CA: Brooks/Cole.

Kerr, M. E., & Bowen, M. (1988). *Family Evaluation.* New York: W. W. Norton & Company.

Larson, J. H., Kigin, M. L., & Holman, T. B. (2008). Increasing the awareness of risks and need for premarital interventions of individuals at risk for relationship dysfunction: An exploratory study. *Journal of Couple & Relationship Therapy, 7*(4), 281-296.

McGeorge, C. R., & Carlson, T. S. (2006). Premarital education: An assessment of program efficacy. *Contemporary Family Therapy: An Intervention Journal, 28*(1), 165-190.

McGoldrick, M., Heiman, M., & Carter, B. (1993). The changing family life cycle: A perspective on normalcy. In F. Walsh (Ed.), *Normal Family Processes* (pp. 405-443). New York: The Guilford.

Miles, M. B., & Huberman, A. M. (1994). *Qualitative data analysis.* Thousand Oaks. CA: Sage.

Murray, C. E. (2006). Professional responses to government-endorsed premarital counseling. *Marriage & Family Review, 40*(1), 53-67.

Murray, C. E., & Murrea, T. L. Jr. (2004). Solution-focused premarital counseling: Helping couples build a vision for their marriage. *Journal of Marital and Family Therapy, 30*(3), 439-358.

Nichols, M. (2014). *Family therapy: Concepts and methods* (10th ed.). Essex, England: Pearson.

Risch, G. S., & Riley. L. A. (2003). Problematic issues in the early years of marriage: Content for premarital education. *Journal of Psychology & Theology, 31*(3), 253-269.

Rowden, T. J., Harris, S. M., & Stahmann, R. F. (2006). Group premarital counseling using a premarital assessment questionnaire: Evaluation from group leaders. *The American Journal of Family Therapy, 34*(1), 47-61.

Sanders, M. R., Halford, W. K., & Behrens, B. C. (1999). Parental divorce and premarital couple communication. *Journal of family Psychology, 13*(1), 60-74.

Sauerheber, J. D., & Bitter, J. R. (2013). An Adlerian approach in premarital counseling with religious couples. *The Journal of Individual Psychology, 69*(4), 305-327.

Schumm, W., & Silliman, B. (1997). Changes in premarital counseling as related to older cohorts of married couples. *Journal of Sex & Marital Therapy, 23*(2), 98-102.

Schumm, W. R., Walker, A. B., Nazarinia, R. R., West, D. A., Atwell, C., Barko, A., & Kriley, A. (2010). Predicting the short-and long-term helpfulness of premarital counseling: The critical role of counseling quality. *Journal of Couple & Relationship Therapy, 9*(1), 1-15.

Senediak, C. (1990). The value of premarital education. *Australia and Newzealand Journal of Family Therapy, 11*(1), 26-31.

Slater, L. M., & Aholou, T. M. C. (2009). What you don't know may kill you; The importance of including sexual health in premarital counseling. *The Family Journal: Counseling and Therapy for Couples and Families, 17*(3), 236-240.

Stahmann, R. F. (2000). Premarital counseling: A focus for family therapy. *Journal of Family Therapy, 22*(1), 104-117.

Stanley, S. M., Amato, P. R., Johson, C. A., & Markman, H. J. (2006). Premarital education, marital quality, and marital stability: Findings from a large, random household survey. *Journal of Family Psychology, 20*(1), 117-126.

Tambling, R. B., & Glebova, T. (2013). Preferences of individuals in committed relationships about premarital counseling. *The American Journal of Family Therapy, 41*(4), 330-340.

Williams, L. M. (2002). Premarital counseling with interchurch couples: Clinical implications from recent research. *The Journal of Couple & Relationship Therapy, 1*(1), 45-64.

Williams, L. (2007). Premarital counseling. *The Journal of Couple & Relationship Therapy. 6*(1-2). 207-218.

Wilmoth, J. D., & Smyser, S. L. (2010). Use of premarital assesment questionnaires by clergy in marriage preparation. *Journal of Couple & Relationship Therapy, 9*(3), 252-267.

Yin, R. K. (2009). *Case study research: Design and methods* (4th ed.). New York: Sage.

국가법령정보센터(2012). "건강가정기본법", http://www.law.go.kr/lsInfoP.do?lsiSeq=152338# 0000(검색일: 2015. 9. 30.)

통계청(2014). "인구동향조사:시/도 이혼사유별 이혼", http://kosis.kr/statHtml/statHtml.do?orgId=101&tblId=DT_1B85004&vw_cd=MT_ZTITLE&list_id=A24_3&seqNo=&lang_mode=ko&language=kor&obj_var_id=&itm_id=&conn_path=E1(검색일: 2015. 9. 30.)

통계청(2014). "2013년 혼인 · 이혼 통계", http://kostat.go.kr/portal/korea/kor_nw/2/1/index.board?bmode=read&bSeq=&aSeq=313207&pageNo=1&rowNum=10&navCount=10&currPg=&sTarget=title&sTxt=(검색일: 2015. 9. 30.)

8장

폭음문제를 가진 성인자녀에 대한 가족치료 사례연구

임아리 · 박태영

이 연구는 폭음을 하는 성인자녀(내담자)에 대한 가족치료 사례연구로서, 내담자의 폭음 증상에 영향을 미친 요인, 상담자의 개입방법 그리고 가족치료로 인한 내담자와 부모의 변화를 살펴보았다. 이 연구의 상담사례는 2013년 8월부터 11월까지 총 9회기 동안 이루어진 개별상담, 부모상담, 모녀상담, 부녀상담, 가족상담이 이루어졌다. 이 연구는 상담축어록과 음성녹취 자료를 함께 활용하여 분석하였고, 분석한 결과는 Miles와 Huberman(1994)의 질적 분석 방법을 활용하였다.

이 연구의 분석 결과, 내담자의 폭음에 영향을 미친 요인으로는 가족의 역기능적 의사소통방식과 원가족과 미분화된 정서문제로 인한 잘못된 양육태도, 마지막으로 내담자 가족의 특수한 환경 및 문화가 나타났다. 또한 상담을 통한 상담자의 개입으로는 내담자의 문제 인식시키기, 부모의 원가족문제에 대한 통찰 및 이해시키기, 과

임아리, 박태영(2015). 폭음문제를 가진 성인자녀(딸)에 대한 가족치료 사례연구. 한국가정관리학회지, 33(3), 31-48.

거(원가족)와 현재 연결시키기, 기존의 시도된 해결책 확인하기, 새로운 변화 인식시키기, 새로운 의사소통방식의 시도를 들 수 있다. MRI의 상호작용적 가족치료모델과 Bowen의 가족체계이론을 이용한 상담자의 개입을 통해 나타난 내담자 가족의 변화로는 상담에 참여한 가족구성원 모두 인식의 변화가 나타났고, 변화된 인식을 바탕으로 의사소통방식과 행동의 변화가 나타났다. 이러한 가족의 변화를 통해 내담자는 술을 마시는 횟수와 음주 양이 현저히 줄어들어, 폭음을 해결할 수 있게 되었다.

I. 서론

현대사회는 여성들의 고학력화로 인한 여성의 사회참여와 경제활동 참여가 활발해지고 있다. 그에 따라 여성음주자의 비율 역시 자연스럽게 증가하면서, 여성의 폭음과 고위험음주율문제 또한 지속적으로 증가하고 있다. 통계자료를 살펴보면, 19세 이상 성인 여성의 연간 음주율은 1998년 기준 59.3%에서 2010년 83.8%로 빠르게 증가한 것을 알 수 있다(Park & Lee, 2011). 더불어 KCDH(2013)에 따르면, 우리나라 만 19세 이상 성인 여성의 고위험음주율은 5.4%로 1995년 3.4%에 비해 증가하였으며, 월간 폭음률 추이 또한 1995년 17.2%에서 2013년 21.9%로 증가하였다.[1)]

알코올 중독 및 폭음과 같은 문제성 음주행동은 여성에게 있어 다양한 문제를 야기시킬 수 있다. 여성의 신체적 특성상 남성에 비해 높은 체지방률과 낮은 수분으로 인해 체내에서 알코올 희석되는 속도가 더디며(Ryu, Kang, & Lee, 2011) 체내에서 알코올을 분해해 주는 알코올분해효소(ADH) 또한 남성보다 50% 정도 적게 분비되기 때문이다(Park & Lee, 2011).

우리가 대표적으로 인식하고 있는 문제성 음주행동인 알코올 중독뿐만 아니라 한 번에 많은 양의 술을 마시는 폭음 또한 심각성을 가지고 있다. 음주를 하게 되면 일반적으로 감정을 자제하기가 어려우며, 주의산만하게 되고 판단력이 흐려지는 현상이 나타난다. 이에 따라 망각, 충동 및 폭발적 행동을 하게 되어, 가족 및 타

---

1) 고위험음주율: 1회 평균 음주량이 7잔 이상(여자 5잔)이며, 주 2회 이상 음주하는 분율, 만 19세 이상

인에게 위험을 초래할 수 있다(Kim, 2012). 폭음의 경우 이러한 음주의 일반적인 문제뿐만 아니라, 개인의 건강과 대인관계에도 좋지 않은 영향을 미친다(Park & Shin, 2011). 더욱이 폭음을 해결하기 위한 적절한 개입이 없을 시 향후 알코올 중독으로까지 더 심각한 문제를 초래할 수 있기 때문에 적절한 대처법과 감소시킬 수 있는 대안이 필요하다.

한편, 개인의 폭음은 대인관계—특히 가족관계—에 부정적인 영향을 미칠 수 있으나 반대로 가족관련 요인들로 인해 폭음문제가 나타날 수도 있다(Park & Park, 2011). 선행연구들에 따르면, 가족기능과 가족 의사소통은 자녀의 폭음과 같은 문제성 음주와 매우 밀접한 관련이 있으며(Laghi et al., 2012), 가족구성원들의 관계와 부모의 행동이 자녀들의 음주에 중요한 영향요인이라는 것은 이미 많은 연구를 통해 입증되어 왔다(Ary et al., 1993; Dielman, 1994; Riefman et al., 1998; Laghi et al., 2009; Moore, Rothwell, & Segrott, 2010). 이미 서구사회에서는 1970년대부터 음주문제를 가족체계적 접근 및 가족치료적 개입의 효과성을 검증하는 연구들이 이루어져 왔다(Keller, 1974). Edwards와 Steinglass(1995)의 연구에서는, 가족치료가 알코올 중독에 있어 어떤 결과를 도출하였는지를 연구하였으며, 2000년대에는 가족치료의 개입이 알코올 중독과 폭음문제를 해결하는 데 효과적인 방법임을 증명하는 연구들이 이루어져 왔다(O'Farrell & Fals-Stewart 2003; O'Farrell & Clements, 2012). 특히 가족치료적 접근은 음주문제를 가지고 있는 여성에게 더욱 효과적인 것으로 나타났다(Rotunda & O'Farrell, 1997).

하지만 현재 우리 학계의 문제성 음주행동에 관한 연구는 대부분 알코올 중독에 국한된 연구들만이 주를 이루었으며, 음주문제의 원인을 가족기능을 중심으로 규명하고 적절한 개입방안을 제시한 연구 자체가 부족한 현실이다. 더욱이 문제성 음주행동을 가지고 있는 내담자의 실제 사례를 바탕으로 한 연구가 극히 드문 현 상황에서, 이 연구는 그동안 국내에서 시도되지 않았던 폭음문제를 가진 딸에 대한 가족치료 개입을 바탕으로 폭음문제를 살펴보고자 한다. 그에 따라 이 연구에서는 내담자의 폭음에 영향을 미친 가족요인과 가족치료 개입 이후 나타난 성인자녀(딸)와 가족의 변화를 파악하여 딸의 폭음문제 해결요인들을 도출해 내고자 한다.

Ⅱ. 이론적 배경

1. 여성 폭음에 대한 일반적 특성 및 가족체계적 접근

폭음을 비롯한 문제성 음주행동과 관련된 선행연구들에 의하면, 한 개인이 가지고 있는 개인적, 사회적 환경 전체가 음주문제와 밀접한 관계를 가지고 있고(Jeon & Lee, 2010), 그에 따라 스트레스는 음주문제의 주요한 요인으로 설명되고 있다(Mulia et al., 2008). 특히 개인의 정서적 스트레스는 폭음을 비롯한 음주문제와 매우 밀접한 관련이 있는 것으로 나타났으며(Yang & Song, 2013), 정서적 스트레스 중에서도 우울과 불안은 폭음과 같은 음주문제와 관련성이 높은 것으로 나타났다(Han, Lee, & Shin, 2005). 개인의 우울은 음주에 있어 매우 주요한 요인으로, 우울과 분노 같은 부정적 감정을 내포한 사람은 그렇지 않은 사람과 비교하여 감정문제를 극복하기 위해 음주 등에 의존할 가능성이 높다고 하였다(Brown et al., 1980; Kushner, Sher, & Erickson, 1999; Lewis & O'neil, 2000; Jeong, 2006; Park & Shin, 2011). 즉, 우울과 역기능적 태도의 상관관계가 알코올 중독문제에 영향을 미치는 요인으로 분석되었다(O'Farrell & Fals-Stewart, 2003). 이러한 우울과 음주의 상관관계는 남성음주자에 비해 여성음주자의 경우 더 높은 것을 알 수 있다. Lipton(1994)에 따르면, 여성의 문제성 음주행동이 발생하는 여러 복합요인 중 대부분의 경우 외로움이나 슬픔, 우울과 같은 감정스트레스를 해소하고자 음주를 하게 되며, 남몰래 혼자 음주를 하는 경우가 많다고 한다. 한국에서도 이와 비슷한 선행연구 결과를 찾을 수 있는데, 특히 한국사회에서는 여성의 음주가 부정적으로 인식되어 왔기 때문에 여성들은 주로 혼자 음주를 하는 것으로 나타났다(Kim, 1996; Lee & Kim, 2000; Park & Lee, 2011). 이렇게 혼자 술을 마시는 여성음주의 특성상 그 심각성이나 중독성은 인식하지 못한 상태에서 진행되며 쉽게 드러나지 않는다(Lee & Kim, 2000). Lim, Cho 그리고 Lee(2005)의 연구와 Shin과 Kim(2009)의 연구에서도 비슷한 결과를 찾을 수 있는데, 여성 알코올 중독자들은 정서, 심리적 스트레스로부터의 도피처로 음주를 시작하고 그 패턴이 반복되면서 알코올 중독자가 되는 것으로 나타났다.

다음으로, 여성의 알코올 중독은 남성과 달리 환경적 측면의 영향이 강한 것으로 나타났다. 다시 말해 여성의 음주는 남성의 음주패턴과 다르게 생활스트레스 사건에 영향을 많이 받으며, 여성들은 인간관계의 문제를 경험하면서 더 많은 음주를 하는 것으로 나타났다. Kim, Choi 그리고 Choi(2003)에 따르면, 연구에 참여한 여성들이 음주를 하게 되는 인간관계의 문제는 대부분 가족과 관련된 사건들로 나타났다. 구체적으로 남성의 경우 문제성 음주행동을 하게 된 배경에 직업이 높은 관련성을 가진 것으로 나타난 반면, 여성의 문제성 음주행동은 가족문제가 큰 영향을 미치는 것으로 나타났다(Park & Lee, 2011). 특히 여성은 배우자나 남자친구를 통해 음주를 시작하게 된다는 연구결과가 도출되었다(Copeland & Hall, 1992). 이를 종합해 볼 때 여성의 음주는 환경적으로 가족과 같이 친밀한 사람의 음주행동에 영향을 받는 것을 알 수 있다. 다시 말해 여성의 음주행동을 이해하기 위해서는 여성의 사회적 지지망, 즉 가족과 같이 친밀한 관계에 대한 통찰이 반드시 수반되어야 함을 알 수 있다(Shin & Kim, 2009). Turnbull(1994)은 여성 알코올 중독을 예측할 수 있는 주요 요인으로 어머니의 알코올 중독과 부모와의 갈등을 꼽았으며, Wilsnack(1982)은 음주를 촉진시키는 배경으로 배우자나 부모의 죽음, 자녀 가출 등 가족 관련 사건들이 주요한 요인으로 나타난다고 하였다. 또한 Skaff, Finney 그리고 Moos(1999)와 Jung(2007)의 연구에서도 여성의 폭음문제는 남성과 달리 가족관계의 문제 및 지인의 사망과 같은 정서적 스트레스에 영향을 받는 것으로 밝혀졌다.

한편, 폭음과 같은 음주문제를 다룸에 있어 폭음을 개인의 문제로 규정하는 접근법과 함께, 문제성 음주행동에 대한 가족체계적 접근의 중요성이 대두되고 있다(Park & Park, 2011; Park & Shin, 2011). 음주와 가족의 상관성을 살펴본 한 선행연구에 따르면, 자녀의 알코올 사용은 부모와의 관계, 가족갈등 등과 밀접한 관련이 있는 것으로 나타났다(Mathijssen et al., 2014). Barnes 등(2006)의 연구에 따르면, 부모의 지지적 양육태도는 자녀의 음주행동에 있어 주요한 영향을 미치는 것으로 나타났다. Scheer, Borden 그리고 Donnermeyer(2000)의 연구는 부모와 자녀 간의 의사소통과 가족갈등은 자녀들의 알코올 및 약물남용과 매우 밀접한 관련이 있으며, 긍정적인 가족관계는 알코올과 같은 물질남용 조절의 요인이라고 말하고 있다. 다시 말해 부모와 자녀 간의 의사소통, 부모양육태도 및 가족기능은 자녀들의 음주행동에 있어 밀접한 관련이 있다는 것이다(Barnes et al., 2000; Scheer et al., 2000; Barne et al., 2006). 더불어 자녀들이 경험하는 부모와의 갈등은 문제성 음주행동을 나타내는 자녀들의 주요 음주요인으로 작용되기도 한다(Tak, 2000; Park & Shin, 2011). 특히 자녀들의 알코올 사용은 자녀의 성별에 따라 차이가 있으며, 가족과의 갈등은 아들보다는 딸의 음주행동에 더 밀접한 연관성이 있는 것으로 나타났다(Kelly et al., 2011).

다음으로 가족 전체를 하나의 체계로 살펴본 연구결과들에 의하면 가족의 지지적 의사소통과 감정교류는 음주문제를 가진 사람들에게 알코올 사용의 성공적인 조절이 가능하게 하는 요인으로 밝혀졌다(Gordon & Zrull, 1991; Tucker, Vuchicich, & Pukish, 1995; Beattie & Longabaugh, 1997; Duttona et al., 2014). 특히 음주문제를 가진 가족은 그렇지 않은 가족에 비해 역기능적 의사소통과 부정적 메시지를 더 많이 사용하는 것으로 나타났다(Sheridana & Greenb, 1993). 즉, 기능적 의사소통은 자녀의 음주문제에 있어 중요한 열쇠임을 알 수 있다(Ackard et al., 2006; Noller & Callan, 1990).

여성의 음주는 그 동기와 패턴 그리고 결과에 이르기까지의 모든 영역이 가족과 밀접한 관련이 있다고 할 수 있다. 따라서 여성의 문제성 음주행동에 대한 효과적 개입을 위해서는 개인으로서의 여성과 그 가족에 대한 정확한 통찰 및 가족 전체를 대상으로 한 개입이 필요하다는 것을 알 수 있다. 이와 함께 가족의 의사소통과 전반적인 가족관계를 살펴보는 개입방법이 자녀의 음주문제 해결에 효과적인 개입방법임을 기대할 수 있다.

2. 치료적 준거틀

1) Bowen의 가족체계이론

Bowen에 따르면 모든 개인은 감정체계(feeling system), 정서적 체계(emotional system) 그리고 지적 체계(intellectual system)로 구성된 세 개의 체계를 갖는다(Aaron, 2005). Bowen의 가족체계이론의 핵심은 자아분화(Differentiation of Self)이다. Bowen은 자아분화를 한 개인이 감정 시스템의 혼란 속에서 동시에 객관적 감정을 유지하는 것이라고 주장했다(Bartle-Haring & Lal, 2010; Bowen, 1978). 다시 말해, 자아분화는 두 가지 요인들 가운데 균형을 유지하는 것으로서, (a) 인지적 기능에서의 감정과 사고의 균형, (b) 관계에서의 친밀함과 자율성 사이의 균형이라고 규정하였다(Bartle-Haring & Lal, 2010; Bowen, 1978). 그러므로 자아분화는 높은 수준의 융합

(fusion)을 중시하는 중요한 관계에서도 한 개인이 자율적 주체가 되는 것을 말한다(Bartle-Haring & Lal, 2010). Bowen은 낮은 자아분화 수준을 융합이라고 표현하였다. Bowen의 이론의 또 다른 개념은 한 가족은 그 가족의 삶의 방식을 다음 세대에도 전수시킨다는 것이다(Kerr & Bowen, 1988). Bowen은 개인주의적 접근과 다르게 가족을 하나의 체계로 이해하였고, 한 개인을 전체 가족체계의 한 부분 요소로 보았으며 가족을 하나의 정서체계로 묶어 이해하였다(Kim, 2002; Park & Yu, 2012). 특히 가족의 분화 수준은 개인의 성장에 영향을 미치며, 원가족에서 잘 이루어진 분화경험을 가진 개인은 새로운 가족체계에서 또한 감정적으로 밀착되거나 융해되지 않는다(Park & Yu, 2012). 그러나 원가족에서 미분화된 개인은 다른 사람들과 정서적으로 융합하는 것으로 감정체계를 이루고자 한다. Bowen은 가족구성원들이 그들이 이성적 생각과 감정을 가족체계로부터 분리시키는 것에 어려움을 경험한다고 하였다(Aaron, 2005). 미분화된 가족을 경험한 개인은 성인이 되어 새로운 가족을 이룬 후에도 감정적으로 의존하고자 하며, 삼각관계를 만들어 불안을 극복하고자 한다. 하지만 이러한 삼각관계를 Bowen은 가장 불완전한 관계 체계로 보았다. 삼각관계를 통해 개인은 일시적인 불안 감소 및 스트레스 감소를 경험할 수는 있으나, 장기적으로는 오히려 가족 정서체계에 더욱 혼란을 가중시켜 증상이 나타나게 한다고 주장하였다(Goldenberg & Goldenberg, 2013).

이와 같이 Bowen의 가족체계이론은 원가족으로부터의 자아분화와 다세대 전수과정에 초점을 두는 모델로서(Park, 2001), 이 연구의 분석 사례에 적합한 가족치료 모델로 사료된다. 이 연구의 사례를 살펴보면, 내담자 어머니의 원가족 내 미해결된 모녀관계(내담자의 외할머니–내담자의 어머니)가 현재 핵가족 내의 모녀관계(내담자 어머니–내담자)에도 동일하게 나타나고 있기 때문이다. 또한 이러한 모녀관계의 문제가 내담자의 폭음을 증폭시키는 주요한 요인으로 도출되었기 때문에, 원가족을 통찰하여 현재의 문제를 이해하는 Bowen의 가족치료모델이 더욱 효과적으로 작용할 수 있을 것이라 판단된다. 따라서 이 연구에서는 가족체계이론을 적용하여 내담자의 폭음을 한 개인의 신체적, 심리적 문제가 아닌, 가족체계적 상호작용으로 살펴보고자 한다.

2) MRI 상호작용적 가족치료모델

MRI(Mental Research Institute) 모델은 의사소통과 체계 개념에 기반을 두고 내담자의 증상에 초점을 맞춘 단기치료 접근법이다(Park, 2009). 다시 말해 가족체계 내에서 관찰되는 현재의 상호작용(관계)에 관심을 두고(Park, 2001), 가족 내의 명료한 의사소통이 가능하도록 하는 것에 치료의 목적을 둔다.

MRI 집단에서는 가족의 문제는 그 문제를 해결하고자 가족구성원들이 지속적으로 시도해 온 방식에 의해 오히려 문제가 유지된다고 본다. MRI 관점에 의하면, 문제는 두 가지의 방법으로 인해 발달된 것으로 문제를 잘못 다루는 것과 문제해결 시도의 실패와 동일한 문제해결방식의 적용이다(Watzlauick, Weakland, & Fisch, 1974). 즉, 문제는 사람들이 그것을 해결하기 위해 시도해 온 방식들로 인해 유지되거나, 또는 악화되기까지 한다는 것이다. 그래서 MRI 모델을 적용하는 상담자는 내담자가 고수해 오던 기존의 해결책을 대체할 새로운 해결책을 제시하는 일차적 의무를 갖는다(Weakland, 1993).

한편, 선행연구들에 따르면 부모와 자녀 간의 의사소통은 자녀의 음주문제에 밀접한 관련이 있다(Anderson & Henry, 1994; Jessor, Trubin, & Costa, 1998). 특히 자녀의 성별이 여성일 경우, 가족갈등이 음주문제와 더욱 밀접한 연관성이 있는 것으로 나타났다(Kelly et al., 2011). 따라서 가족체계 내 의사소통에 초점을 둔 본 치료모델은 내담자(성인 여성)와 내담자 가족의 역기능적인 의사소통방식을 파악하는 데 유용하며, 그동안 유지되어 온 역기능적 의사소통방식을 기능적으로 변화시켜 내담자가 가지고 있는 폭음문제를 해결하는 데 효과적일 것으로 판단된다. 또한 내담자가 폭음을 하였을 때, 그 문제를 해결하고자 가족들이 시도해 온 기존의 해결책을 파악하고 상담자가 효과적인 새로운 해결책을 제시하는 데 이 이론은 매우 적합할 것으로 생각된다. 따라서 이 연구에서 상담자는 MRI 모델을 치료적 준거틀로 활용해 내담자(딸)가 폭음을 반복하는 문제요인을 탐색하고, 그 문제를 해결하고자 내담자 가족들이 지속해 왔던 기존의 해결책을 발견하고자 했다. 또한 상담자는 가족 구성원들이 지금까지 사용해 왔던 역기능적 의사소통방식의 기능적 변화를 통해 새로운 문제해결방식을 찾을 수 있도록 하였다.

Ⅲ. 연구문제 및 연구방법

1. 연구대상

먼저, 내담자(딸)의 폭음정도는 알코올 중독 수준에 미치지 않았으며, 내담자 가족은 딸의 폭음이 가족관계 스트레스로 인해 발생하는 것으로 판단하여 내담자가 직접 가족치료를 의뢰한 사례이다. 이 사례는 아버지(58), 어머니(56), 딸(30), 아들(26)로 구성된 4인 가족으로 딸의 폭음문제로 내담하게 되었고, 상담진행에 있어 남동생은 학업문제로 참여하지 않았다. 상담은 2013년 9월부터 10월까지 총 9회기가 진행되었고, 모든 상담회기는 60분 이상 진행되었다. 또한 딸(1, 2회기), 어머니(3, 4회기) 아버지(5, 6회기)를 대상으로 개별상담이 진행되었고 모녀상담(7회기), 부녀상담(8회기), 가족상담(9회기)이 진행되었다.

연구자는 내담자와 가족이 가지고 있는 긍정적 자원들을 발견할 수 있었다. 이러한 긍정적 자원들은 내담자 가족의 가족치료가 효과적인 변화를 가지고 오는 데 큰 원동력이 되었다. 내담자의 아버지는 성실하고 부지런하여 가정과 직장을 모두 성공적으로 유지하고 있었다. 따라서 아버지는 가족치료에 적극적으로 참여하였고 내담자(딸)의 문제해결을 위해 스스로를 변화하려는 노력을 하였다. 또한 어머니는 신혼초기부터 지금까지 남편을 깊이 사랑하고 있었고, 타인의 의견을 잘 수용하는 쾌활한 성격을 가지고 있었다. 이러한 어머니의 긍정적 자원은 가족치료를 통해 남편에 대한 자신의 마음을 다시 한 번 새롭게 깨닫는 계기가 되었다. 또한 어머니의 긍정적 자원은 어머니로 하여금 상담자의 의견을 적극적으로 수용하여 딸에 대한 자신의 비효과적인 양육태도를 인지하고 빠르게 변화할 수 있게 하였다. 부모의 이러한 긍정적 자원이 내담자에게도 영향을 미쳐, 내담자는 상담을 통해 부모가 변화되었다고 느끼고 자신 또한 변화하는 모습을 보였다.

표 8-1 내담자 가족에 대한 치료자 개입의 효과성

가족구성원	특성
아버지(58세)	외도, 원가족의 유일한 희망, 지나친 잔소리, 폭발적 분노표출, 자식들에 대한 불만족, 아내와의 대화에 한계를 느낌, 무뚝뚝함, 생활력 강함, 성실함, 사회적 성공
어머니(56세)	원가족의 차별 경험(교육기회 박탈), 원가족(친정어머니)과의 해결되지 않은 상처, 남편에 대한 깊은 사랑, 아들과 딸을 차별함, 생활력 강함, 남편과의 사회적 지위 차이(직업), 쾌활한 성격
딸(내담자, 30세)	폭음, 자신감 결여, 가족에게 스트레스를 터놓지 못함, 20대 때 남자친구로부터의 폭력 경험, 남동생과의 차별로 인한 스트레스 경험, 아버지를 무서워함, 무뚝뚝함, 생활력 강함
아들(26세)	(상담과정 미참여)

2. 연구질문

첫째, 딸의 폭음에 영향을 미친 가족요인은 무엇인가?
둘째, 가족의 변화를 위한 상담자의 개입방법은 무엇인가?
셋째, 가족치료의 개입 이후 나타난 성인자녀(딸)와 가족의 변화는 무엇인가?

3. 분석방법 및 신뢰도 검증

이 연구는 내담자(딸)의 폭음문제에 영향을 미친 요인을 살펴보기 위해 사례연구 방법을 적용하였다. Creswell(2012)에 따르면, 사례연구는 명확한 경계선이 있는 하나 또는 다중사례의 현상을 탐험하는 방법론이다. 또한 사례연구는 연구자가 하나 또는 다중사례의 경계선 안에서 세부적이고 심층적인 데이터 수집이 이루어진다. 연구자는 상담자가 가족치료과정에서 적용한 MRI의 상호작용적 가족치료모델과 Bowen의 가족체계이론에 초점을 두고 내담자 가족체계에서 나타난 역기능적 의사소통방식과 해결되지 않은 원가족문제를 분석하고 개념을 도출하였다. 연구자는 도출된 개념들의 범주화를 통해 개념을 추출하는 과정을 반복하여 상위범주를 발견하였고, 발견된 개념들은 Miles와 Huberman(1994)이 제시한 매트릭스와 네트

워크 방법을 사용하여 개념 간의 상호작용과 인과관계를 효과적으로 보여 주고자 하였다. 네트워크 방법은 통합적 접근에 적합하며, 여러 변인들 사이에서 일어나는 상호작용을 보여 주어 사례연구에 적절하다. 또한 매트릭스는 다양한 변인들의 교차 및 상호작용을 보여 주기 때문에 변인을 도출하는 분석에 매우 유용하다(Miles & Huberman, 1994).

이 연구에서는 신뢰도를 높이고 상담의 효과성과 진행과정에서의 변화를 도출해 내기 위해 상담축어록 9회기 분과 음성녹취 자료, 그리고 상담자의 상담일지를 함께 활용해 자료의 삼각화를 꾀하였고, 상담 시에 진술된 내용들은 필요에 따라 이 연구에 제시하였다. 또한 연구과정에서도 상담자와 연구자 및 동료연구자들이 토론을 통해 연구자의 삼각화를 시도하였다. 이 연구에 참여한 가족상담자는 사회복지를 전공하고 20년 동안 가족치료 임상현장에 종사하고 있는 대학교 교수이며, 삼각화에 참여한 동료연구자들은 모두 사회복지를 전공하고 가족치료에 대한 질적 연구 경험이 있는 연구자들로서 질적 연구의 객관성을 높이고자 하였다. 더불어 이 연구는 윤리적 측면을 고려하여 내담자 가족에게 동의를 구하고 상담자료를 활용하였으며, 내담자 가족의 개인정보가 노출된 부분은 모두 삭제하였다.

Ⅳ. 연구결과

1. 사례에 대한 개요

내담자는 친구들 또는 가족들과의 술자리에서 지나치게 많은 양의 술을 마시고, 때론 혼자 자기 방에서 가족 모르게 폭음을 하고 쓰러지는 형태가 반복되었다. 특히 내담자는 어머니를 답답해하였고 남동생과의 차별대우로 인해 가정에서 매우 심한 스트레스를 받고 있었다. 내담자는 어린 시절부터 부모의 잦은 부부싸움을 목격하였고, 그 과정에서 아침상을 뒤집어엎고 물건을 집어던지는 아버지의 폭력성과 아버지에게 당한 폭력적 체벌로 인해 부친에 대한 두려움을 가지고 있었다. 게다가 아버지의 외도로 인해 가족 간의 관계가 매우 소원해졌고, 그 과정에서 어머니는 외도를 한 남편에 대한 분노를 내담자에게 전달하였다. 한편, 내담자의 부모는 모두 술

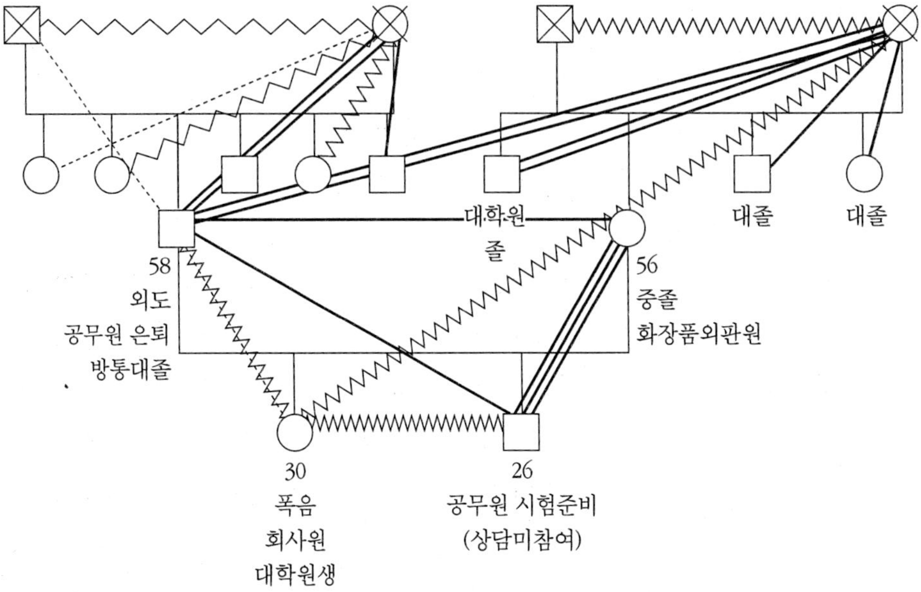

[그림 8-1] 가계도

을 좋아하며 내담자의 가족은 함께 술을 마실 때 비로소 대화가 가능하였다. 또한 내담자는 어린 시절부터 성인기까지 줄곧 부모로부터 인정받지 못하였고 자신감이 부족하였으며, 가족들에게 어린 시절부터 자신의 스트레스나 어려움 등을 이야기하지 못했다. 그로 인해 내담자는 초등학교 시절에는 도벽이 있었으며, 성인이 된 후에는 남자친구에 대한 집착과 폭력을 경험하였고, 현재는 폭음을 하는 방식으로 자신의 스트레스를 해소하고 있었다.

2. 내담자(딸)의 폭음문제에 영향을 미친 가족요인

내담자의 폭음문제에 영향을 미친 가족요인으로는 가족구성원들의 역기능적 의사소통과 원가족과의 미분화된 정서문제로 인한 비효과적인 양육태도, 그리고 특수한 가정환경과 가족문화가 나타났다. 이와 같은 요인들은 Bowen의 가족체계이론과 MRI 의사소통이론에 근거하여 가족 내 불안과 스트레스를 야기시킬 수 있다고 판단되는 주요 개념들을 중심으로 도출하였다. 또한 내담자 가족의 특수한 가족환경과 가족문화요인은 내담자가 어머니와의 관계에서 스트레스를 받게 된 요인과 그 집안에서 내려오는 스트레스를 해결하는 방식을 근거로 도출하였다. 또한 이 연

표 8-2 내담자 폭음에 영향을 미친 요인

<table>
<tr><th>상위개념</th><th>중위개념</th><th>하위개념</th><th>개념</th></tr>
<tr><td rowspan="5">가족의 역기능적 의사소통</td><td rowspan="2">부부의 역기능적 의사소통 방식</td><td>싸움을 일으키는 강(强) vs 강(强) 말투</td><td>직구를 던지는 듯한 어투, 신혼초기부터 서로 지지 않는 강한 말투 사용</td></tr>
<tr><td>무시당하는 아내</td><td>아내의 지식 수준에 대해 무시하는 말투, 공부하라고 종용하는 남편</td></tr>
<tr><td rowspan="3">부모－자녀 간의 역기능적 의사소통방식</td><td>자녀를 인정하지 않고 무시하는 말투</td><td>자녀들을 포기함, 부모 모두 자녀에게 칭찬하지 않음</td></tr>
<tr><td>돌아 버리게 만드는 지나친 잔소리</td><td>진절머리 나는 잔소리, 온 가족이 잔소리가 심함</td></tr>
<tr><td>가슴 속 이야기를 터놓지 못하는 자녀</td><td>어려서부터 딸의 감정에 무관심, 혼자 술을 마시며 묻고 가는 딸</td></tr>
<tr><td rowspan="3">원가족과 미분화된 정서문제로 인한 잘못된 양육태도</td><td rowspan="2">원가족으로부터 미분화된 정서</td><td>친정어머니에게 차별받고 자란 모(母), 대우받고 자란 부(父)</td><td>4남매 중 유일하게 고등교육을 받지 못한 어머니(중졸), 6남매의 장남으로 온 집안의 지원을 받고 자란 아버지</td></tr>
<tr><td>친정어머니와 관계를 풀지 못한 모(母)</td><td>풀지 못한 친정어머니(사망)에 대한 미움, 분노</td></tr>
<tr><td>잘못된 양육태도</td><td>남존여비사상의 잘못된 양육태도</td><td>아들과 딸에 대한 경제적 지원 차별, 가사노동의 책임을 딸에게만 부여하는 부모(집에서 아무것도 안 하는 남동생)</td></tr>
<tr><td rowspan="4">내담자 가족의 특수한 환경 및 문화</td><td rowspan="2">아버지의 외도로 희생양이 된 내담자</td><td>어머니의 신문고가 되어 버린 딸</td><td>아버지의 외도로 인한 스트레스와 불안을 딸에게 일방적으로 토해 내는 어머니</td></tr>
<tr><td>방치된 딸</td><td>아버지의 외도로 인해 어머니가 자녀들에게 관심을 두지 못함, 스스로 다 해결해야만 했던 딸</td></tr>
<tr><td rowspan="2">술과 친숙한 가족문화</td><td>술＝대화의 윤활유</td><td>평소에는 말을 안 하지만, 술을 마셔야 대화가 됨, 친구들과도 술이 있어야 말을 함</td></tr>
<tr><td>술문화</td><td>조모, 외조모 모두 술을 좋아함, 가족들이 술을 좋아하고 관대함</td></tr>
</table>

구는 내담자 가족 내에서 나타나는 음주문화가 내담자의 음주에 자연스럽게 영향을 미쳤을 것으로 판단되어 주요 개념으로 도출하였다.

1) 가족구성원들의 역기능적 의사소통

가족구성원들의 역기능적 의사소통은 부부의 역기능적 의사소통방식과 부모-자녀 간의 역기능적 의사소통방식이 포함되었다. 먼저, 부부의 역기능적인 표현방식을 보면, 아버지와 어머니 모두 신혼초기부터 서로 지지 않으려는 '강(强) vs 강(强) 말투'로 인한 다툼이 잦았다. 그 사이에서 내담자는 극심한 공포와 아버지의 폭력적 분노표현을 수차례 목격하였으며, 아버지와의 관계에서 무조건 순종하며 자신의 생각을 표현하지 않았다. 또한 아버지(남편)의 경우 어머니(아내)를 무시하는 말투를 많이 사용하였으며, 아버지의 이러한 의사소통방식이 자녀들에게도 영향을 미쳐 어머니를 은근히 무시하는 의사소통방식을 사용하고 있었다. 부모와 자녀 사이에서는 아버지와 어머니가 내담자(딸)를 인정하지 않고 무시하는 말투를 사용하였으며, 그로 인해 내담자는 자신감이 결여되어 있었다. 또한 가족구성원들 모두 지나친 잔소리— '돌아 버리게 만드는 잔소리'를 사용하여 듣는 상대로 하여금 더 이상 대화를 나누고 싶지 않도록 하는 의사소통방식을 사용하였고, 가족구성원들이 서로 속 이야기를 터놓고 나누지 못하였다. 그 결과 내담자는 자신의 문제를 혼자 고민하고 스트레스를 받을 때 폭음을 하며 해소하는 방식을 선택하였다.

(1) 부부의 역기능적 의사소통

• 싸움을 일으키는 강(强) vs 강(强) 말투

딸: (부모의 관계가) 안 좋으셨죠. 계속 부딪치셨죠. 진짜 싸우신 기억밖엔 없어요. 그리고 또 워낙 말투가 두 분 다 강하시니까. …… (생략) (딸-1회기)

어머니: 그러니까(부부가 충돌할 때 어머니의 의사소통방식이) 완전 직구를 던지니까 그렇지, 조금 이렇게 돌아가면 쉽게 해결할 수도 있을 것 같은데. 뭐 하고 싶은 말 바로 팍 해 버린다거나. …… (생략) (모-4회기)

• 무시당하는 아내(어머니)

어머니: 남편하고, 특히 사회적인 문제. 뭐 이런 거 있잖아요. 시사 이런 거 이쪽으로 남편이 아무래도 박식하잖아요. (남편이) 진짜 한국사 같은 것도 너무 잘 알고 있거든요! 아 진짜 그때도 많이 아, 내가 역시나 무식하구나. 그런 거

많이 느껴요. 무시할 때도 있었죠. (남편에게) 무시당한다고 생각했어요. (모-4회기)

아버지: 제가 (아내를) 좀 무시했습니다. 공부를 좀 해라. 공부를 좀 해라. (부-5회기)

(2) 부모-자녀 간의 역기능적 의사소통

• 자녀를 인정하지 않고 무시하는 말투

내담자: (소개팅 상대 남성에 대한 어머니의 반응) 그러니까 뭐 어릴 때부터 일을 해 가지고 뭐 월급은 과장인가 그렇더라고요. 근데 이제 그거 하나만 보고서 너가 그런 남자를 만날 수 있겠어? 이렇게 말을 하는 거예요. 저는 그게 진짜 너무 제일 충격받은 게 그거였어요. (딸-1회기)

내담자: 그러니까 학교에서는 선생님들한테 되게 인정을 많이 받았어요. 영어선생님이나 다른 선생님들도 저 되게 좋아하셨고, 또 이미지가 모범생 이미지니까 좋아하셨는데, 집에 오면 뭔가 이렇게 무시당하는 게 컸던 것 같아요. 항상. (모녀-7회기)

• 돌아 버리게 만드는 지나친 잔소리

내담자: 네. 대박 잔소리예요. 시끄러울 정도로. …… (중략) …… 우리 집이 다 그래요. 잔소리 한번 터지기 시작하면은. 동생도 보면 그렇고. (딸-1회기)

내담자: 저는 진짜 잔소리 안 하는 타입이에요. 제가 싫어서. 너무 질려서. 그러니까 아빠한테도 질렸고, 엄마한테도 질리고, 동생한테도 질려서. (딸-2회기)

• 가슴 속 이야기를 터놓지 못하는 자녀

내담자: 다른 가족 같았으면 혹시 무슨 일 있니? 물어볼 수도 있잖아요. 우리 집은 그런 건 없는 것 같아요. 확실히.

어머니: 응, 그러니까 챙길 줄을 몰라.

내담자: 아, 그런가 보다. 얜 왜 또 이렇게 화가 나 있지? 그냥 거기서 끝나는 것 같아요. 뭔 일 있니? 이렇게 물어봐 줘야 되는데 그런 게 없는 것 같아요. (모

녀-7회기)

상담자: 근데 그럴 때 본인은 어떻게 대처하시나요?

내담자: 옛날 같으면 저도 짜증 팍 냈죠. 요즘은 안 내잖아. 대신에 술을 마시죠. 저 혼자 그냥 묻고 가는 거죠. (모녀-7회기)

2) 원가족과의 미분화된 정서문제로 인한 잘못된 양육태도

이 사례에서 내담자의 부모는 모두 원가족으로부터 미분화된 정서문제를 가지고 있었다. 내담자의 어머니의 경우, 어릴 적부터 친정어머니로 인해 늘 가족의 희생양이 되어야만 했고 다른 형제들과 심한 차별을 경험하였다. 그로 인해 4남매 중 유일하게 고등교육을 받지 못하고 중학교를 졸업할 수밖에 없었다. 또한 아들만 챙기는 친정어머니로부터 스트레스를 받았던 어머니는 자녀들을 양육함에 있어서도 딸보다 아들을 더 챙기는 모습을 보였다. 특히 어머니는 가사와 관련하여, 현재 무직으로 공무원 시험을 준비하는 아들은 자신이 먹은 그릇 하나 씻지 못하게 하였으나 대학원과 직장을 병행하고 있는 내담자에게만 가사에 대한 책임을 지게 하였고 그와 관련하여 내담자를 비난하였다. 또한 어머니는 사망한 친정어머니에게 여전히 미움을 가지고 있었으며, 늘 자신을 가족의 희생양으로 삼았던 친정어머니로 인해 모녀관계의 애틋함을 경험해 본 적이 없었다. 그로 인해 내담자 어머니는 딸과 친밀한 모녀관계를 맺는 방법을 모르고 있었다. 한편, 내담자의 아버지는 이와 반대로 원가족에서 장남이라는 이유로 절대적인 지지를 받으며 성장하였고, 6남매 중 가장 사회적으로 성공을 하였다. 아버지의 원가족 또한 여자 형제들의 희생을 당연히 여기는 남존여비 문화를 가지고 있었으며, 현재 자녀들을 양육하는 방식에서도 아들과 딸을 차별하는 방식을 사용하고 있었다. 그로 인해 내담자는 자신의 어머니가 친정어머니로부터 경험했던 부정적인 감정을 똑같이 경험하고 있었으며, 부모로부터 아들인 동생과의 차별로 인해 스트레스를 받고 있었다.

(1) 원가족으로부터 미분화된 정서

- 친정어머니에게 차별받고 자란 모(母), 대우받고 자란 부(父)

내담자: 외가를 보면, 이모 세 분은 다 대학교까지 졸업을 하셨는데, 저희 엄마만

또 집안일 하시느라 고등학교 졸업 못 하시고서. (딸-2회기)

내담자: 근데 우선은 친가는 아버지 중심. 아버지가 잘 나셨으니까. 다른 식구들은 일을 할 때 아빠 혼자서 공부하셨다고 그러시더라고요. 그러니까 고모들도 우리 아빠가 대단하다고 생각을 해요. 어릴 때부터 공부를 잘하셨으니까. (딸-2회기)

어머니: 그래서 오빠가 또 대학 가게 되니까 제가 고등학교 가잖아요. 그래서 둘이는 또 못 보낸다 그래 가지고 제가 희생(중학교만 졸업하게) 된 거죠. (모-3회기)

• 친정어머니와 관계를 풀지 못한 모(母)

어머니: 저는 아직도 나이가 50이 넘었는데도 제가 진짜 엄마를 안 좋아했거든요! 근데 지금은 엄마한테 가면 울고 오고 그러는데도. 마음속에는 아직도 엄마에 대한 원망이 있어요. 그걸 풀어야 되는데 그걸 못 풀고 있네요. (모-3회기)

아버지: 얼마 전까지만 해도 어머니(장모님)에 대해서 원망을 많이 했죠. (부-5회기)

• 남존여비사상의 잘못된 양육태도

내담자: 그냥 여태까지 그랬던 마음들이 한 번에 다 확 터진 듯한 느낌? 그냥 이번에 등록금도 원래 학자금 대출을 못 받았었어요. 그것도 이제 아빠한테 빌려달라고 얘기를 하는데 그 과정도 되게 힘들었거든요. 그래도 엄마가 도와주셔 가지고 아빠한테 얘기를 했고. 그러니까 그 돈에 대한 아빠의 쪼잔함? 네. 그러면서 어떻게 보면 동생(아들)한테는 지금 공무원 준비한다고 학원, 인터넷 강의 듣는 거, 대 주시고 하는데 나 대학원 간다는 거에 대해서 빌려준다는 것조차 그렇게 힘드신가 하는 생각이 드는 거예요. (딸-7회기)

내담자: 그러니까 동생(아들)은 하는 게 아무것도 없어요. 보면 걔는 공부한다고 있어요. 그 이유 때문에 아무것도 안 시켜요. (딸-8회기)

3) 내담자 가족의 특수한 환경 및 문화

내담자의 아버지는 약 8년 간 한 여성과 외도관계를 지속해 왔고, 가족들은 이 사실을 모두 알고 있었다. 내담자 아버지의 오랜 외도로 인해 어머니는 극심한 스트레스에 시달렸으며 가족의 역기능적 의사소통은 더욱 악화되었다. 특히 어머니는 남편의 외도로부터 오는 스트레스와 하소연을 내담자에게 표현하였다. 그리고 어머니는 남편의 외도로 인해 자녀들을 신경쓰지 못하고 방치하였다. 그로 인해 내담자는 아버지와 어머니 사이에서 극심한 스트레스를 받았으며, 감정을 혼자 삭이고 스트레스를 스스로 해결하는 방식을 지속하게 되었다.

또한 내담자의 가족은 친가와 외가 모두 술에 관대한 문화를 가지고 있었다. 특히 친조부와 외조부는 술을 잘 못하지만, 친조모와 외조모는 음주와 흡연을 모두 즐겼고 상대적으로 여성의 음주에 대해 관대한 가족문화를 가지고 있다. 또한 내담자의 가족은 평소에는 속마음을 서로 터놓고 이야기하지 못하지만, 술을 마시면 서로에게 이야기를 터놓는 가족문화를 가지고 있었다. 이러한 가족문화의 영향으로 내담자는 술을 마시는 것에 대한 거부감이 없었으며, 가족들과 술을 마시고 이야기를 나누는 것에 익숙해져 있었다. 하지만 내담자는 술을 대화의 윤활유로 사용하는 다른 가족구성원들과 다르게 스트레스를 받으면 충동적으로 폭음을 하였다.

(1) 아버지의 외도로 희생양이 된 내담자

• 어머니의 신문고가 되어 버린 딸

어머니: 그러니까 아빠가 그 일이 있고 나서부터, 중2 그때부턴 거 같아요. 또 그리고 계속해서 딸한테 아빠를 나쁜 사람이라고 욕했던 거예요. 그러면 또 딸은 그걸 다 듣고 엄마가 얘기할 데가 없으니까 다 얘기하는 거예요. (모-3회기)

아버지: 좀 불안했겠죠. 근데 자녀들이 불안해하는데 그 당시에 애들은 약간 엄마 편을 들면서, 서로 엄마 알아서 해결하라는 식으로 이야기하더라고요. (부-6회기)

• 방치된 딸

내담자: 네. 그때 엄마는 또 신경 쓸 틈이 없으셨고.

상담자: 엄마는 아빠문제가 터져 버리면 온통 신경이 거기로 다 가고 우울증까지 오실 수 있지요.

내담자: 네. 어릴 때 그런 환경이다 보니까 지금까지도 얘기를 쉽게 터놓지 않고 그냥 혼자 해결해 버리자 이런 생각인 것 같아요. 친구들한테도 잘 얘기 안 했었어요. 옛날에. (모녀-7회기)

(2) 술과 친숙한 가족문화

• 술 = 대화의 윤활유

상담자: 양쪽이 다 문화가 술문화군요.

내담자: 네. 그러니까 저희 집은 술을 마셔야.

상담자: 얘기가 되요?

내담자: 네. 저도 그래서 친구들 만날 때도 평소에 말을 잘 안 하다가 술을 마셔야 얘기를 해요. 그러다 보니까 술을 마시는 거예요. (딸-1회기)

아버지: 우리(가족)가 뭐 소주 한잔 하면서 서로 이런저런 이야기를 하죠. (부-5회기)

• 술문화

내담자: 외할머니도 (술) 잘 드세요. 같이 많이 마셨어요. 우리 아버지랑 같이. 술도 담그시고. (딸-1회기)

어머니: 아빠(남편)와 저도 술을 좋아하거든요. 집안이 술문화가 되어 있어요. (모-3회기)

3. 가족의 변화를 위한 상담자의 개입방법

상담자가 활용한 개입방법으로는 내담자의 문제 인식시키기, 원가족문제에 대한 통찰하기, 원가족문제와 현재를 연결시키기, 문제를 해결하려고 시도해 왔던 방식에 대해 질문하기, 새로운 의사소통방식 및 변화 인식시키기를 사용하였다. 이러한 개입방법으로 인하여 내담자 가족은 내담자 폭음문제에 대한 이해와 더불어 변화가 일어났다.

표 8-3 내담자 가족에 대한 치료자 개입의 효과성

개입방법	내용
내담자의 문제 인식시키기	부모로부터 딸이 스트레스를 받고 있다는 것을 인식, 딸의 폭음 원인에 대한 인식, 알지 못하고 있던 새로운 문제 인식
부모의 원가족문제에 대한 통찰 및 이해시키기	아내에게 남편의 원가족 이해시키기, 남편에게 아내의 원가족 이해시키기, 딸에게 부모의 원가족 이해시키기, 부모에게 자신의 원가족 이해시키기
과거(원가족)와 현재 연결시키기	어머니의 원가족에서 해결되지 못한 미분화된 감정과 문제들이 현재 딸과 관계에서 동일하게 나타나고 있음을 설명, 부모의 원가족으로부터 전수되어 내려온 남존여비 양육태도 설명
기존의 시도된 해결책 확인하기	딸의 폭음문제를 해결하기 위해 시도되었던 해결책에 대한 질문, 구체적인 예를 들도록 하여 내담자들이 자신들의 기존 문제해결 방식을 다시금 떠올리고 역효과를 이해하도록 함
새로운 변화 인식시키기	가족치료의 개입 이후, 새롭게 나타난 변화들에 각 가족구성원들에게 질문함, 대답을 구체적으로 할 수 있도록 하여, 스스로 인지하지 못하고 있던 변화를 발견하게 함. 가족상담(7, 8, 9회기)에서 새롭게 나타난 변화에 대해 지속적으로 질문하여 내담자가 느낀 변화를 다른 가족구성원들도 함께 인식할 수 있도록 함
새로운 의사소통 방식의 시도	기존의 가족 대화법과 다른 새로운 방식을 시도하도록 권유함, 딸의 현재 스트레스를 어머니에게 이야기하는 의사소통방식을 시도해 봄, 딸의 폭음 원인을 해결할 수 있도록 자신의 감정을 터놓을 수 있는 의사소통방식을 함께 고민함, 딸 이야기를 터놓을 때 아버지가 편들어 주는 새로운 의사소통방식을 제안

1) 내담자의 문제 인식시키기

상담자는 내담자와 부모에게 현재 표면적으로 나타난 내담자의 폭음문제는 가족 내 스트레스 및 해결되지 못한 감정문제 등으로 인해 발생된다는 것을 인식시켰다. 즉, 내담자의 폭음문제는 가족 내 숨겨진 문제들로 인한 결과물이라는 것을 이해시키고, 가족구성원들의 숨겨진 문제들을 밝혀내고 인식하도록 하는 개입기법을 활용하였다.

> 상담자: 그렇지요. 근데 어머니께서 그와 같은 스트레스 받았을 때 자녀들한테 그 스트레스가 내려가지 않았느냐 이거에요?

어머니: 애들한테 진짜 많이 내려갔죠. 그러니까 딸아이가 도피처가 없었겠지요.

상담자: 그럼 따님이 그 불안한 엄마아빠 사이에서 자신의 문제를 내놓을 틈이 있었냐는 거에요? 그렇게 못하지 않았을까요?

어머니: 맞아요. 희생양이었죠. (모녀-7회기)

상담자: 근데 저는 따님이 사실 저한테 상담을 의뢰한 이유 중에 하나가 부모님으로부터 인정을 받지 못한 것 같다라는 거고. 그거로 인해서 자신감이 결여돼 있고, 또 하나는 그 부모님으로부터 인정받지 못한 거로 이성 친구에 대해서 집착을 하고 스트레스를 받게 되면 음주로 간다라는 거에요. (부녀-8회기)

상담자: 상담하면서 느꼈던 건데, 따님이 의외로 아빠한테 대화를 좀 삼간다고 할까요? (부녀-8회기)

2) 원가족문제에 대한 통찰 및 이해시키기

상담자는 가족구성원들로 하여금 원가족에 대한 이해를 할 수 있도록 도왔다. 이 개입기법은 가족구성원들이 자신의 원가족문화 및 해결되지 못한 문제들에 대해 통찰할 수 있도록 하였다. 또한 상담과정에서 필요할 경우, 상담자가 서로 다른 원가족문화와 경험에 대해 다른 가족구성원에게 전달해 주는 역할을 수행하였다. 이러한 개입기법은 내담자와 내담자 가족은 그동안 서로 이해하지 못하고 배척해 오던 상대방의 행동 및 사고방식을 이해하는 데 중요한 촉매제 역할을 하였다.

상담자: 어머님하고 아버님 집안 상황은 완전히 반대라는 거에요. 아버님은 오히려 집안에서 아버님이 가장 고학력이시고 직업적으로도, 신분적으로도 가장 상승하신 분이고, 어머니 쪽에서는 오히려 반대로 이쪽 집은 다른 형제들은 다 대학을 나왔고 나는 능력이 있음에도 불구하고 중학교밖에 못 나왔다라는 거죠. 그러면 상황이 가정적으로 볼 때 어머니, 아버님의 위치가 반대였다라는 거죠. 그런데 지금 따님하고 걸려 있는 이면에는 어머니가 친정어머니하고 관계가 크게 걸려 있었다는 거거든요. (부-5회기)

상담자: 지금 엄마가 할머니와의 관계에서 할머니가 불같으시고 악바리 근성이 있

고 과도한 역할을 하는 여장부 스타일이셨단 말이에요. 근데 엄마도 또한 불 같단 말이지요. 그럼 엄마가 스트레스 받았을 때 외할머니한테 속상한 마음을 내놓고 얘기를 주거니 받거니 해 보셨겠냐고요? (모녀-7회기)

3) 과거(원가족)와 현재의 연결

상담자는 내담자 가족들로 하여금 원가족문제에 대한 통찰과 이해를 바탕으로, 현재 가족이 겪고 있는 문제 및 스트레스 상황이 과거 원가족에서도 지속되어 왔었다는 것을 인식시켰다. 상담자는 과거(원가족)와 현재의 연결시키기 기법을 활용해, 가족 내 문제 발생 시 서로에게 탓을 돌리며 비난하는 방식을 자신의 원가족과 연결하여 인식하게 되면서, 현재의 가족문제가 상대방 때문이 아니라 원가족에서 걸려 있는 관계가 다시 걸리고 있다는 점을 가족구성원들에게 인식시켰다.

상담자: 저는 지금 들으면서, 따님이 꼭 어머니가 자라 오셨을 때 오빠 때문에 채인 것처럼 딸도 지금 동생 때문에 채인 것 같은 느낌이 드는데요?

어머니: 네네.

상담자: 맞지 않나요?

어머니: 네. 네네. 그런 게 있겠네요. 네. 그래 왔기 때문에, 네 맞아. (모-3회기)

상담자: 근데 지금 제가 느낌이 뭐냐면, 어머니하고 친정어머니 관계하고, 어머니하고 따님하고 관계가 지금 삼대가 어떻게 보면 유사한 모습인 거고. 따님이 어머니에게 느끼는 게 동생과 차별대우 받았다는 거고 어머니 또한 오빠하고 차별대우 받았다라는 거죠. (모-3회기)

4) 기존의 시도된 해결책 확인하기

상담자는 본 가족치료에서 활용된 MRI 의사소통모델의 '가족의 문제는 그 문제를 해결하고자 시도해 온 해결책에 의해 오히려 문제가 유지된다'는 이론에 근거하여 내담자 가족이 내담자의 폭음문제를 해결하고자 시도해 온 해결책을 확인하였다. 또한 상담자는 내담자와 부모에게 지금까지 시도해 온 해결책에 대한 구체적인 예를 들어 설명하도록 하여, 그동안 시도해 온 해결책이 문제해결에 도움이 되지 않았다는 것을 인식시켰다.

어머니: 그러면 지(딸)는 벌써 내가 (술을) 안 먹으려고 하는데, 엄마가 그래서 더 오기가 생겨서 더 먹는다 뭐 이런 식으로.

상담자: 더 먹어요! 그랬을 때 어머님은 일단 따님한테 어떻게 표현하시나요? 따님이 정리정돈이 안 되거나 술을 먹고 또 자기 방 가서 또 술을 먹었을 때 어머니가 어떻게 표현하시나요?

어머니: 막 그냥 있는 그대로 감정을 다 드러내는 거죠.

상담자: 그러니까 따님한테 어떻게 표현하시는데요?

어머니: 왜 술 먹고 그렇게 사냐고. 몸도 더 비만해질 텐데 그러고 있냐고. (모-3회기)

5) 새로운 변화 인식시키기

상담자는 가족치료가 후반부로 진행되며, 그동안의 진행되어 온 상담을 통해 내담자와 가족구성원들에게 일어난 변화들을 확인하였다. 상담자는 내담자와 가족구성원들에게 변화된 점을 질문하여 내담자와 부모가 인지하지 못하고 있었던 변화를 파악할 수 있게 하였다. 또한 본 개입기법은 다른 가족구성원들의 언어를 통해 자신의 변화를 확인하는 과정으로서, 듣는 사람뿐만 아니라 말을 하는 사람에게도 서로에 대한 긍정적인 감정을 이끌어 내는 데 영향을 주었다.

상담자: 어머니께서 혹시 따님하고 최근에 어떤 변화나 차이점이 있으실까요? (모녀-7회기)

상담자: 그럼 상담하기 전과 어머니께서 따님 입장을 좀 이해를 하시고 나서, 표현방식에서 차이나 변화가 있을까요? 옛날 같았으면 이런 상황이었으면 대화가 딱 끊기고. 이런 것들이. (모녀-7회기)

상담자: 따님도 어떻게 엄마의 변화를 느끼실까요?

딸: 네. 상담 갔다 오시고 나서 내가 외할머니하고도 사이가 안 좋았지? 이러시면서 저한테도 그럴 수 있었겠다. 엄마랑 사이가 안 좋듯이, 저랑 엄마랑 사이도 그렇게 안 좋을 수 있었겠다. 이렇게 이해를 하시는 것 같더라고요. (모녀-7회기)

6) 새로운 의사소통방식의 시도

상담자는 MRI 의사소통모델을 바탕으로, 문제해결을 위해 내담자와 가족구성원들이 새로운 의사소통방식을 시도하도록 하였다. 상담자는 내담자 가족구성원들로 하여금 지금까지 사용해 왔던 의사소통방식이 효과 없는 역기능적인 의사소통방식임을 인식시키고, 새로운 의사소통방식을 연습시켰다. 그리고 상담자는 가족구성원들로 하여금 향후 가족치료가 종결된 후에도 효과적인 새로운 의사소통방식을 지속적으로 사용하도록 조언하였다.

어머니: 스트레스에 대해 전혀 얘기 안 했어요. 그냥 스트레스 좀 받는다는 얘기만 들었어요. 지가 어떤, 어떠한 일이 있어. 엄마 나 어떻게 해야 돼? 이것도 안 해요. 진짜.

상담자: 자, 오늘 한 번 말씀해 봅시다. 엄마가 일단 이해를 하시도록. 엄마 보시고 (모녀-7회기)

상담자: 그럼 엄마하고요. 어떻게 하면 좀 더 편안하게 내 속에 있는 걸 내놓으실 수 있을까요? (모녀-7회기)

상담자: 그러니까 아버님 따님이 엄마한테 억울한 거 동생한테 억울했을 때 아버님이 객관적으로 말씀하지 마시고 따님의 감정이 나오게끔만 해 주시라는 거죠. 그게 쉽지는 않습니다. (부녀-8회기)

4. 가족치료로 인한 성인자녀(딸) 및 가족의 변화

본 사례에서는 아버지, 어머니와 딸의 변화를 통해 상담자의 개입효과를 살펴볼 수 있었다. 상담자의 개입효과를 살펴보면, 가족구성원들(아버지, 어머니, 딸) 모두 인식, 의사소통, 행동 영역에 있어 변화가 나타났다. 부모와 자녀 모두 공통적으로 상담자의 개입을 통해 서로의 원가족을 이해할 수 있었으며, 원가족과 현재를 연결하여 서로의 입장을 이해하는 인식의 변화가 나타났다.

또한 변화된 인식 구조를 통해 가족구성원들 간의 의사소통방식에서도 변화가 나타났는데, 짜증과 비난 섞인 메시지를 전달하던 의사소통방식이 감소하였고, 다른 가족구성원들을 인정하고 지지하는 의사소통은 증가하였다. 더불어 가족구성원들의 행동에서도 변화가 나타났다. 가족구성원들은 공통적으로 가족들과 더 많은 시간을 함께 보내기 위해 노력하였다. 특히 내담자의 경우는 가족구성원들의 이러한 변화를 바탕으로 가족치료 개입 전 스트레스를 받으면 가족들에게 털어놓지 못하고 혼자 폭음을 하던 음주습관이 사라졌다. 또한 내담자는 가족구성원들에게 자신의 감정을 대화를 통해 터놓을 수 있게 되었다. 가족치료 개입의 효과는 〈표 8-4〉와 같다.

표 8-4 내담자 가족에 대한 치료자 개입의 효과성

상위개념	하위개념	개념
아버지의 변화	인식변화	원가족에 대한 이해와 현재의 연결, 아내에 대한 이해가 깊어짐
	의사소통방식 변화	자녀와 다정한 목소리로 대화가능, 농담이 많아짐, 가족과 대화가 증가함
	행동변화	휴무일에 가사를 분담함, 가족모임(외식)을 자주하려고 노력함
어머니의 변화	인식변화	상대방의 입장에서 생각하게 됨, 자녀의 자율성 인정, 원가족에 대한 깊은 통찰
	의사소통방식 변화	딸의 입장에서 이야기하게 됨, 짜증내는 말투가 줄어듦, 감정을 솔직하게 말함
	행동변화	남편과 함께하는 시간이 많아짐. 가족구성원들에게 친절해짐
딸의 변화	인식변화	부모의 원가족에 대한 이해, 어머니에 대한 배려 및 이해심이 생김, 어머니와 감정이 편해짐, 쾌활해짐
	의사소통방식 변화	부모님과 충돌했을 때 먼저 사과함, 감정을 터놓을 수 있게 됨, 어머님의 입장을 이해하고 대변함
	행동변화	방 정리정돈이 잘됨, 스스로 집안일을 함, 술 마시는 횟수와 양이 현저히 줄어듦(폭음 해결)

1) 아버지의 변화

(1) 아버지의 인식변화

아버지: 이번 기회에 저도 교수님하고 대화하는 과정에 있어서 잊어버렸던 옛날 부모님하고의 관계, 가족들과의 관계, 그 다음에 제 내면에 있는 관계, 자식들과의 관계를 대화를 나눌 수 있어 가지고 상당히 좋은 기회가 된 것 같습니다. (부-6회기)

(2) 아버지의 의사소통방식 변화

내담자: 특히 아빠 같은 경우에는 그 전날 한번은 아빠 혼자 술 드시면서, 퇴근하고 집에 왔는데 술 혼자 드시면서 밥 드시고 계시더라고요. 근데 약간 술 취한 상태시니까 기분이 좋으셨겠지만, "어, 밥은 먹었어?" 이러면서 막 되게 반가운 목소리로 말을 걸어 주시는데 되게 좋더라고요. (가족-9회기)

어머니: (상담하면서) 또 조금씩 상대방을 배려하는 거 같아요. 와이프의 입장에 서서 생각해 주고, 빨래도 같이 널다 보면 뭐 농담도 하고 뭐 뒤집어 준다거나 그러면 그거는 내가 할 일인데 왜 당신이 뒤집냐 그러고 또 웃고 그러다 보니까 생활이 서로 유머를 통해서 더 부드러워지는 것 같아요. (가족-9회기)

(3) 아버지의 행동변화

내담자: 근데 요즘은 아빠가 또 쉬시는 날 해 주시니까 이게 부딪치는 일이 크게 없어요.

상담자: 아빠가 가사분담을 해 주세요?

어머니: 많이 분담해 줘요. (가족-9회기)

아버지: 그래서 가끔 가족들끼리 회식이라든가 이런 거라도 해서 대화를 자주 하려고 저도 노력하고 있습니다. (가족-9회기)

2) 어머니의 변화

(1) 어머니의 인식변화

내담자: 네. 엄마가 상담 갔다 오시고 난 이후 딱 첫마디가 "아, 내가 외할머니하고도 사이가 안 좋았지." 이러시면서 저한테도 그럴 수 있었겠다. '엄마랑 사이가 안 좋듯이' 저랑 엄마랑 사이도 그렇게 안 좋을 수 있었겠다. 이렇게 이해를 하시는 것 같더라고요. (모녀-7회기)

어머니: 그리고 될 수 있는 대로 얘한테 부담을 안 주려고 지금은. 딸이 자율적으로 하도록 지켜보고 있어요. (모녀-7회기)

어머니: 한 번 더 생각하게 되고, 서로 더 보게 되고 내가 옛날에 몰랐던 걸 그걸 집어내 주시니까 내가 딸한테 그걸 못 겪어서 딸한테 그걸 못했구나. (가족-9회기)

(2) 어머니의 의사소통방식 변화

내담자: 그래서 그 뒤로부터는 진짜 엄마가 화가 나시거나 저한테 답답한 부분이 있으면 예전 같으면 짜증을 내셨다면, 지금 같은 경우에는 "아, 이렇게 했으면 좋겠는데?" 엄마가 원하시는 말을 좀 더 솔직하게 말하시는 것 같아요. 저도 솔직하게 말을 하고. (모녀-7회기)

어머니: 그래서 어젠 저도 운동하고 나서 맥주를 찾았는데 (딸이) 먹고 있더라고요. 옛날 같았으면, "너 술 먹어?" 이럴 텐데 "그냥 ○○야, 한잔 줘. 남았어?" (모녀-7회기)

(3) 어머니의 행동변화

어머니: 이 상담으로 인해 조금은 이해가 되는 것 같아요. 배려, 더 이쪽 편에 서서 제가 얘기, 행동하게 되고. 딸도 좀 엄마를 감싸면서 얘기하는 것 같고, 상대방을 서로 배려하는 것 같아요. (모녀-7회기)

내담자: 엄마는 가끔씩 이제 예전처럼 짜증내시고 하실 때도 있는데 요즘은 확실히 조금 덜하신 것 같아요. (가족-9회기)

3) 내담자의 변화

(1) 내담자의 인식변화

아버지: 그래서 딸도 그걸 스스로 느꼈던 모양이에요. 딸이 교수님하고 몇 번, 집사람도 상담 두 번 했다고 하더라고요. 그리고 요즈음은 딸도 예전보다 조금 많이 성격이 쾌활해졌고 대화도 좀 잘하는 거 같아요. (부-5회기)

내담자: 제가 솔직히 이 상담을 의뢰한 거는 저 때문에 바뀌길 원해서 의뢰한 게 아니라, 서로 이렇게 이해를 하기 위해서 한 거거든요. 상담의 목적이란 건 그런 거니까. 저도 변할 게 있으면 변하고 엄마아빠도 변할 게 있으면 변하고. 저는 엄마아빠를 이해할 수 있고 그게 솔직히 목적이잖아요. 원가족을 알고 나서 솔직히 엄마랑도 되게 많이 편해졌어요. (가족-9회기)

(2) 딸의 의사소통방식 변화

어머니: 한 번 또 부딪쳤거든요. 그랬는데 보니까 정리 다 했고 그리고 자기가 스스로 잘못했다고. 옛날에는 딸이 고집이 굉장히 셌었는데, 그걸 굽히지 않았는데. 엄마한테 잘못했다고 문자 보내고 또 아빠한테도 보내고 이러니까. 아빠도 많이 이해하시더라고요. (모녀-7회기)

내담자: 동생이 "우리 집은 왜 이렇게 더러워?" 이러는 거예요. 자기가 좀 치우면 좋을 거를. 그냥 빈정빈정대요. 그래서 "아니, 엄마가 일하시니까 그렇지." 이랬더니 "그렇구나." 그러더니 들어가더라고요. (가족-9회기)

(3) 내담자의 행동변화

어머니: 딸은 그러니까 방부터가 좀 달라지더라고요, 방 정리정돈이 좀 되고, 정리대를 사 가지고 며칠 전에 싹 정리를 했더라고요. 방에 들어가 보니까. (모녀-7회기)

어머니: 딸이요? 뭐 하라하라 하는 것보다 어제처럼 자기가 알아서 치워 주고 이런 거 고맙죠. (가족-9회기)

상담자: 그러면 술은?

내담자: 술은 예전보다 많이 줄었어요.

아버지: 요즘은 자제하고 있더라고요.

내담자: 아니 그러니까 별로 생각이 안 나요. 기분이 이렇게 평온하니까 그냥 일 끝나고서 뭐 그 다음 날 쉬는 날일 때 "아, 한잔하고 싶다." 그럴 때나 마시지. 네, 뭐 무슨 기분 안 좋아서 그런 건 없어요. (가족-9회기)

표 8-5 내담자 가족에 대한 치료자 개입의 효과성

회기	가족치료이론	개입방법
1	보웬 가족체계이론	과거(원가족)와 현재 연결시키기
2		
3	보웬 가족체계이론, MRI 상호작용적 가족치료이론	과거(원가족)와 현재 연결시키기, 시도된 해결책 파악하기
4	보웬 가족체계이론	부모의 원가족문제 통찰 및 이해시키기, 과거(원가족)와 현재 연결시키기
5	보웬 가족체계이론	부모의 원가족문제 통찰 및 이해시키기
6	보웬 가족체계이론, MRI 상호작용적 가족치료이론	부모의 원가족문제 통찰 및 이해시키기, 시도된 해결책 파악하기
7	보웬 가족체계이론, MRI 상호작용적 가족치료이론	부모의 원가족문제 통찰 및 이해시키기, 가족문제 파악하기, 가족 내 변화 인식시키기 새로운 의사소통 패턴 시도하기
8	MRI 상호작용적 가족치료이론	가족문제 파악하기, 새로운 의사소통 패턴 시도하기
9	MRI 상호작용적 가족치료이론	가족 내 변화 인식시키기

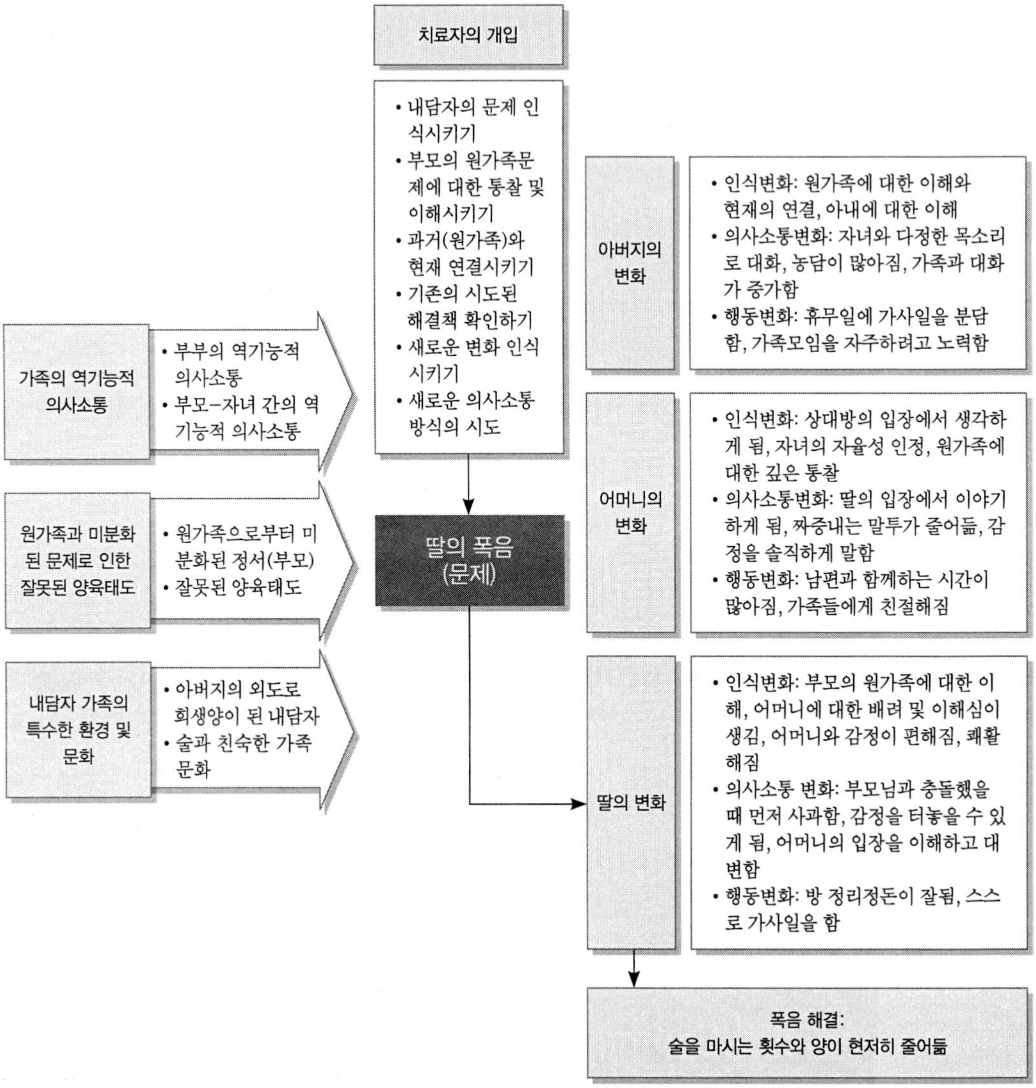

[그림 8-2] 분석 네트워크

V. 논의 및 결론

이 연구는 내담자의 폭음문제에 영향을 미친 가족요인과 상담과정에서 개입한 가족상담자의 개입방법, 그리고 가족치료 후 내담자 가족 변화를 분석하였고 결과는 다음과 같다.

첫째, 내담자의 폭음문제에 영향을 미친 가족요인에 대한 분석은 다음과 같다. 내담자의 폭음은 Bowen의 가족체계이론 및 MRI 의사소통이론에 근거하여 가족구성원들의 역기능적 의사소통방식과 원가족과의 미분화된 정서문제로 인한 비효과적인 양육태도가 도출되었고 내담자의 폭음에 영향을 미칠 수 있는 스트레스와 음주습관과 관련 있는 내담자의 특수한 가정환경 및 가정문화에서 기인한 것으로 도출되었다. 가족구성원들의 역기능적 의사소통방식은 부부 및 부모-자녀 간의 의사소통으로 구분되었다. 부부는 역기능적 의사소통으로 인하여 신혼 초기부터 싸움이 잦았으며, 남편은 아내를 무시하는 말투를 사용하였다. 부모와 자녀 사이에서는 부모가 자녀들을 인정해 주지 않아 내담자는 자신감이 결여되어 있었으며, 부모 모두 매우 심한 잔소리를 사용하여 내담자는 극한의 스트레스를 받아 왔다. 또한 내담자는 부모님에게 속 이야기를 터놓지 못하고 혼자 삭이며 술을 마시는 방식을 사용하고 있었다. 한편, 내담자의 어머니는 어려서부터 친정어머니에게 차별대우를 받았으며, 특히 친정어머니의 남아선호사상으로 인해 늘 희생양이 되어야만 했다. 현재도 친정어머니에 대한 미움과 분노를 가지고 있어 그 감정이 해결되지 못하였다. 더욱이 원가족으로부터 모녀관계 형성에 대한 학습이 없어, 현재 내담자(딸)와도 스트레스 주는 관계를 맺고 있었다. 또한 어머니는 친정어머니와 마찬가지로 딸과 아들을 심하게 차별하여 딸에게 스트레스를 주고 있었다. 다음으로, 내담자는 폭음과 관련해 특수한 가족환경과 가정문화를 가지고 있었다. 내담자는 아버지의 외도로 인해 의도치 않게 어머니와 밀착관계가 형성되었다. 어머니는 남편의 외도에서 오는 모든 스트레스를 일방적으로 딸에게 풀었고, 남편의 외도로 인해 자녀들을 신경 쓸 여유가 없었다. 그로 인해 내담자는 혼자 방치되었고 동시에 자신의 감정을 혼자 삭이는 방식에 익숙해졌다. 더불어 내담자의 가족은 술과 매우 친숙한 가족문화를 가지고 있었는데, 가족에게 술은 대화의 윤활유 역할을 하고 있었다. 또한 외가와 친가 모두 술문화를 가지고 있었다.

이 연구결과는 낮은 가족 지지와 과도한 음주 사이에는 높은 관련성이 있다는 기존 연구의 결과와 일치하고 있다(Foxcroft & Lowe, 1991; Scheer & Greenb, 1993). 한편, 이 연구결과는 알코올 사용에 있어 가장 큰 영향을 미치는 위험요인으로 개인의 성격과 가족환경을 연구해야 한다는 선행연구(Jang, Vernon, & Livesely, 2000)와 음주문제를 가지고 있는 가족은 역기능적인 의사소통방식과 문제해결방식을 사용하고 있다는 결과와도 일치하고 있다(Rotunda, Scherer, & Imm, 1995).

. 둘째, 가족치료 개입효과는 다음과 같이 정리된다. 가족치료의 개입 이후 내담자 가족은 각 구성원들의 인식, 의사소통방식, 행동의 변화가 나타났다. 먼저, 아버지의 경우 상담을 통해 자신의 원가족과 아내의 원가족에 대한 인식을 바탕으로 아내에 대한 이해가 깊어졌다. 더불어 아버지는 변화된 인식을 바탕으로 의사소통방식과 행동변화도 발견할 수 있었다. 아버지는 평소의 무뚝뚝한 말투 대신 내담자에게 다정한 목소리로 대화를 나누었으며, 부부사이에서도 농담이 많이 늘어났고, 가족구성원들과 대화 시간을 늘리려는 노력을 하였다. 또한 아버지는 휴무일에는 아내를 도왔으며, 외식과 같은 가족모임을 많이 갖는 변화가 나타났다. 다음으로, 어머니는 상담자의 도움으로 원가족에 대한 깊은 통찰을 통해 다른 가족구성원들의 입장에서 생각하게 되었으며 내담자의 자율성을 인식하고 인정하는 변화가 생겼다. 또한 어머니는 내담자의 입장에서 이야기하게 되었고, 짜증을 내는 의사소통방식이 줄었으며, 자신의 감정을 솔직하게 표현하는 변화가 나타났다. 또한 어머니는 아버지(남편)와 함께하는 시간이 많아졌고, 가족구성원들은 어머니에게서 친절한 행동변화를 느꼈다. 내담자의 경우, 부모의 원가족에 대한 인식, 어머니의 입장에 대한 배려 및 이해심이 생겼고, 어머니에 대한 감정이 변화되었다. 또한 내담자는 부모님과 충돌하였을 때 먼저 사과하였고, 혼자 삭이던 자신의 감정을 솔직하게 표현하게 되었다. 더불어 내담자는 어머니의 입장을 이해하게 되었고, 다른 가족구성원들에게 어머니를 대변하는 변화까지 생겼다. 특히 내담자는 스스로 방 정리정돈을 하며 가사를 돕는 변화가 나타났다. 이러한 변화들과 함께 궁극적으로 내담자는 술을 마시는 횟수와 주량이 현저히 줄어들어 폭음이 해결되는 변화가 나타났다.

이 연구는 폭음과 같은 음주문제에 대한 가족치료적 개입방법의 효과성을 강조한 기존의 연구결과를 확인할 수 있었다(Rotunda & O'Farrell, 1997; O'Farrell & Fals-Stewart, 2003). 특히 이 연구결과는 폭음문제를 가진 내담자의 문제를 해결하는 데 있어 MRI의 상호작용적 가족치료모델과 Bowen의 가족체계이론모델의 효과성을 입증하였다.

이 연구에서 입증된 연구결과를 바탕으로 폭음문제를 해결하는 데 있어 가족치료의 개입을 좀 더 적극적으로 활용할 필요가 있다. 이러한 가족치료의 활용은 개인의 폭음문제 해결뿐만 아니라, 궁극적으로 가족복지의 증진에도 기여할 수 있을 것으로 기대된다.

한편, 이 연구는 몇 가지의 한계성을 가지고 있다. 먼저 4인 가족 중 남동생이 개인적 이유로 상담에 참여하지 못하여 4인 가족과 오누이 관계, 부자, 모자 관계에 대한 심층적 분석이 이루어지지 못하였다. 또한·이 연구는 단일사례연구이므로 폭음문제를 가진 모든 사례에 대한 가족치료적 효과성을 일반화하기에는 한계가 있다. 하지만, 그럼에도 불구하고 이 연구의 자료가 실제 가족치료 임상현장에 근거한 자료라는 것은 사회복지의 실천적, 학문적으로 큰 의미를 지닌다고 할 수 있다. 이 연구가 사회복지 가족치료 임상 현장에 좋은 자료로 활용되길 바라며, 향후 후속 연구들을 통해 가족치료의 개입이 폭음문제에 효과성이 있음을 입증할 수 있게 되길 기대한다.

참고문헌

Aaron, C. G. (2005). *Differentiation, marital satisfaction and depressive symptoms: An application of bowen theory*. Doctoral dissertation, Ohio State University.

Ackard, D. M., Neumak-Sztainer, D., Story, M., & Perry, C. (2006). Parent-.child connectedness and behavioral and emotional health among adolescents. *American Journal of Preventive Medicine, 30*, 59-66.

Anderson, A. R., & Henry, C. S. (1994). Family system characteristics and parental behaviors as predictors of adolescent substance use. *Adolescence, 29*(114), 405-420.

Ary, V. D., Tildesley, E., Hops, H., & Andrews, J. (1993). The influence of parent, sibling, and peer modeling and attitudes on adolescent use of alcohol. *International Journal of the Addictions, 28*, 213-228.

Barnes, G. M., Hoffman, J. H., Welte, J. W., Farrell, M. P., & Dintcheff, B. A. (2006). Effects of parental monitoring and peer deviance on substance use and delinquency. *Jounal of Marriage and the Family, 68*(4), 1084-1104.

Barnes, G. M., Reifman, A. S., Farrell, M. P., & Dintcheff, B. A. (2000). The effects of parenting on the development of adolescent alcohol misuse: A six-wave latent growth model. *Jounal of Marriage and the Family, 62*(1), 175-186.

Bartle-Haring, S., & Lal, A. (2010). Using bowen theory to examine progress in couple therapy. *The Family Journal, 18*(2), 106-111.

Beattie, M. C., & Longabaugh, R. (1997). Interpersonal factors and post-treatment drinking and subjective wellbeing, *Addictions, 92*, 1507-1521.

Bowen, M. (1978). *Family terapy in clinical practice*. Jason Aaronson, New York.

Brown, S. A., Goldman, M., Inn, A., & Anderson, L. (1980). Expectations of reinforcement by alcohol: Their domain and relation to drinking patterns. *Journal of Consulting and Clinical Psychology, 48,* 419-426.

Copeland, J, & Hall, W. (1992). A Comparison of Predictors of Treatment Dropouts of Women Seeking Drug and Alcohol Treatment of Women Specialist Women's and Two Mixed Sex Treatment Service, *British Journal of Addition, 87*, 883-890.

Creswell, J. W. (2012). Qualitative inquiry and research design: Choosing among five approaches. Thousand Oaks, CA: Sage.

Dielman, T. E. (1994). School-based research on the prevention of adolescent alcohol use and misuse: Methodological issues and advances. *Journal of Research on Adolescence, 4*(2), 271-293.

Duttona, E. C., Adams, T., Bujarski, S., Badour, L. C., & Feldnera, T. M. (2014). Posttraumatic stress disorder and alcohol dependence: Individualand combined associations with social network problems. *Journal of Anxiety Disorders, 28*(1), 67-74.

Edwards, M., & Steinglass, P. (1995). Family therapy treatment outcomes for alcoholism. *Journal of Marital and Family Therapy, 21*, 475-509.

Foxcroft, D. R., & Lowe, G. (1991). Adolescent drinking behaviour and family socialization factors: A meta-analysis. *Journal of Adolescence, 14*(3), 255-273.

Goldenberg, I., & Goldenberg, H. (2013). *Family Therapy: An overview*. Pacific Group, CA:Brooks/Cole.

Gordon, A. J., & Zrull, M. (1991). Social networks and recovery: one year after inpatient treatment. *Journal of Substance Abuse Treatment, 8,* 143-152.

Han, S. Y., Lee, M. K., & Shin, H. C. (2005). Gender differences in the effect of risk factors on drinking problems in college students. *Korean Journal of Counseling and Psychology, 7*(4), 1009-1019.

Jang, K. L., Vernon, P. A., & Livesely, W. J. (2000). Personality disorder traits, family environment, and alcohol misuse: a multivariate behavioural genetic analysis. *Addiction, 95*(6), 873-888.

Jeon, K. S., & Lee, H. Y. (2010). Associated factors of binge drinking and problem drinking among korean men and women. *Korean Society for Health Education and Promotion, 27*(1), 91-103.

Jeong, W. C. (2006). The actural condition and the impact of psychosocial factors on problem drinking among the college students. *Korean Journal of Social Welfare, 58*(1), 347-372.

Jessor, R., Turbin, M. S., & Costa, F. M. (1998). Protective factors in adolescent health behavior. *Journal of Personality and Social Psychology, 75*(3), 788-800.

Jung, S. K. (2007). Factors influencing problem drinking among female college students in Korea. *Mental Health & Social Work, 27*(12), 176-198.

KCDH. (2013). *Korea Health Statistics 2013 : Korea National Health and Nutrition Examination Survey.* Retrieved from *https://knhanes.cdc.go.kr/knhanes/index.do*

Keller, M. (Ed). (1974). *Trands in treatment of alcoholism.* In Second special report to the U.S Congress on alcohol and health, Department of Health, Education, and Welfare, Washington, DC.

Kelly, A. B., Toumiourou, J. W., O'Flaherty, M., Patton, G. C. , Homel, R, Connor, J. P., & Williams, J. (2011). Family relationship quality and early alcohol use: Evidence for gender-specific risk processes. *Journal of Studies on Alcohol and Drugs, 72*(3), 399-407.

Kerr, M. E., & Bowen, M. (1988). *Family Evaluation.* Norton, New York.

Kim, H. J. (2012). Study on The Interrelationship Between Alcohol and Crimes: Focus on the Admissibility and Tolerant Recognition on the Alcohol-Related Crimes. *The Korean Civic Ethics Society,* Vol. 25, 1-30.

Kim, H. R., Choi, Y. J., & Choi, J. K. (2003). A Study on the Characteristics of Women Problem Drinker and Their Environment. *Journal of Korean Alcohol Science, 4*(2), 115-118.

Kim, K. K. (1996). A Public Health Approach to Drinding Patterns and Alcohol-related Problems. *Korean Public Health Research, 22*(1), 162-192.

Kim, Y. T. (2002). *Family Therapy.* Seoul: Hakjisa.

Kushner, G. M., Sher, J. K., & Erickson, D. J. (1999). Prospective analysis of the relation between DSM-III anxiety disorders and alcohol use disorders. *American Journal of Psychiatry, 156*(5), 723-732.

Laghi, F., Baiocco, R., D'Alessio, M., Bonacina, B., & Gurrieri, G. (2009). Binge drinking, alcohol expectancies and parenting styles in adolescence: An evaluation among high school students. *Bollettino di Psicologia Applicata, 259*, 20-9.

Laghi, F., Baiocco, R., Lonigro, A., Capacchione, G, & Baumgartner, E. (2012). Family functioning and binge drinking among Italian adolescents. *Journal of Health Psychology, 17*(8), 1132-1141.

Lee, J. S, & Kim S, J. (2000). The Drinking Experience of Women Alcoholics. *Journal of Korean Academy of Psychiatric and Mental Health Nursing, 9*(4), 409-427.

Lewis, B. A., & O'neil, K. H. (2000). Alcohol expectancies, lining and social deficits relating to problem drinking among college students. *Addictive Behaviour, 25*(2). 295-299.

Lim, S. Y., Cho, H. S., & Lee, Y. H. (2005). A Case Study about Female Alcoholic`s Alcohol Addictive Process. *The Korean Journal of Clinical Psychology, 24*(4), 869-886.

Lipton, R. I. (1994). The Effects of Moderate Alcohol Use on the Relationship Between Stress and Depression. *American Journal of Public Health, 84*, 1913-1917.

Mathijssen, J. J. P., Janssen, M. M., van Bon-Martens, M. J. H., van Oers, H. A. M., de Boer, E, & Garretsen, H. F. L. (2014). Alcohol segment-specific associations between the quality of the parent-child relationship and adolescent alcohol use. *BMC Public Health, 14*, 872-880.

Miles, M. B., & Huberman, A. M. (1994). *Qualitative data analysis*. Thousand Oaks, CA: Sage Publication.

Moore, G. F., Rothwell, H., & Segrott, J. (2010) An exploratory study of the relationship between parental attitudes and behaviour and young people's consumption of alcohol. *Substance Abuse Treatment, Prevention and Policy, 5*, 1-4.

Mulia, M., Schmidt, L., Bond, J., Jacobs, L., & Korchal, R. (2008). Stress, social support and problem drinking among women in poverty. *Addiction, 103*(8), 1283-1293.

Noller, P., & Callan, V. (1990). Adolescents'perceptions of the nature of their communication with parents. *Journal of Youth and Adolescence, 19*, 349-361.

O'Farrell, T. J., & Fals-Stewart, W. (2003). Alcohol abuse. *Journal of Marital and Family Therapy, 29*(1), 121-146.

O'Farrell, T. J., & Clements, K. (2012). Review of outcome research on marital and family therapy in treatment for alcoholism. *Journal of Marital and Family Therapy, 29*(1), 121-146.

Park, H. R., & Lee, J. J. (2011). When Woman Drink: What to Drink in What Context is?. *The Korean Journal od Woman Psychology, 16*(3), 243-263.

Park, T. Y. (2001). *Family therapy theories and practices*. Seoul: Hakjisa.

Park, T. Y. (2009). Family Therapy for a Drug-Using Son: A Case Study. *Journal of Korean family therapy, 17*(1), 57-95.

Park, T. Y., & Park, J. Y. (2011). A Case Study on the Family Therapy for Couple Conflict due to Alcoholic Problem. *Korean Journal of Family Social Work, 33*, 95-129.

Park, T. Y., & Shin, W. J. (2011). Family Therapy for a Family with an Adult Child with Alcohol Problems. *Korean Journal of Family Therapy, 19*(2), 63-92.

Park, T. Y., & Yu, J. H. (2012). A Case Study on Family Therapy for Parents with a Daughter Suffering from Multiple Tic Disorder. *Journal of Korean Home Management Association, 31*(5), 47-63.

Reifman, A., Barnes, G. M., Dimcheff, B. A., Farrell, M. P., & Uhteg, L. (1998). Parental and peer influences on the onset of heavier drinking among adolescents. *Journal of Studies on Alcohol, 59*, 311-317.

Rotunda, R. J., & O'Farrell, T. J. (1997). Marital and family therapy of alcohol use disorders: Bridging the gap between research and practice. *Professional Psychology: Research and Practice, 28*(3), 246-252.

Rotunda, R., Scherer, D., & Imm, P. (1995). Family systems and alcohol misuse: Research on the effects of alcoholism on family functioning and effective family interventions. *Professional Psychology: Research and Practice, 26*, 95-104.

Ryu, J. S., Kang, K. G., & Lee, J. H. (2011). Factors of Problem Drinking among Korean Adults. *Journal of Korean Acohol Science, 12*(1), 29-42.

Scheer, S. D., Borden, L. M., & Donnermeyer, J. F. (2000). The Relationship Between Family Factors and Adolescent Substance Use in Rural, Suburban, and Urban Settings. *Journal of Child and Family Studies, 9*, 105-115.

Sheridana, M., & Greenb, R. (1993). Family dynamics and individual characteristics of adult children of alcoholics: An empirical analysis. *Journal of Social Service Research, 17*(1/2), 79-97.

Shin, Y. J., & Kim, Y. S. (2009). The process of addiction among alcohol dependent females-Focusing on Grounded Theory approach. *The Korean Journal of Woman Psycoloy, 14*(4), 683-170.

Skaff, M. M. K., Finney, J. W., & Moos, R. H. (1999). Gender differences in Problem drinking and depression: Different vulnerabilities?. *American Journal of Community Psychology, 27*(1), 25-54.

Tak, J. K. (2000). The Effects of Personality Traits and Life Events on Drinking Motives. *Korean Journal of Health Psychology, 58*(1), 347-372.

Tucker, J. A., Vuchicich, R. E., & Pukish, M. M. (1995). Molar environmental con-texts surrounding recovery from alcohol problems by treatment and untreated problem drinkers. *Experimental and Clinical Psychopharmacology, 3*, 195-204.

Turnbull, J. E. (1994). Early Background Variables as Predictor of Adult Alcohol Problems in Women. *International Journal of the Addictions, 29*(6), 707-728.

Watzlauick, P., Weakland, J., & Fisch, R. (1974). *Change: Problems formation and problem reslution*. New York: W. W. Norton.

Weakland, J. H. (1993). Conversation-but what kind?. In S. Gilligan and R. Price (Eds.), *Therapeutic Conversations* (pp. 136-145). New York: Norton.

Wilsnack, S. C. (1982). *Alcohol Abuse and Alcoholism in Women,* In E. M. Pattison & E.

Yang, N. M., & Song, Y. I. (2013). Qualitative Research about Experiences of Heavy and Frequent Binge Drinking among College Students. *Korean Journal of Counseling and Psychology, 25*(1), 83-109.

9장

원가족의 역기능적 의사소통방식으로 인해 대인기피증이 있는 딸에 대한 가족치료 사례연구

유진희 · 박태영

이 연구는 대인기피증이 있는 딸의 문제로 어머니가 상담을 의뢰하여 개입한 가족치료 사례연구이다. 이 연구에 참여한 가족은 부모, 남매로 구성된 4명이며, 상담은 총 10회기 실시하였다. 이 연구는 10회기의 상담축어록과 상담 시 기록한 메모를 근거로 형성된 범주들을 Miles와 Huberman (1994)이 제안한 매트릭스와 네트워크 방법을 사용하여 분석하였다. 가족 내에서 대화상대가 없었던 딸은 마음속의 이야기를 단 한 번도 솔직하게 내놓지 못했으며, 가족구성원들의 역기능적인 의사소통방식은 딸의 문제를 더욱 악화시켰다. 상담자는 가족구성원들로 하여금 가족구성원들의 의사소통방식이 원가족에서 전수된 방식으로 문제를 해결하기보다는 오히려 더 악화시키는 방식임을 인식시켰다. 또한 가족구성원들은 상담자가 제안한 새로운 의사소통방식을 사용함으로써 가족구성원들의 변화와 딸의 대인기피증이 점차 호전되는 결과를 보였다.

유진희, 박태영(2015). 원가족의 역기능적 의사소통방식으로 인해 대인기피증이 있는 딸에 대한 가족치료 사례연구. 가족과 가족치료, 23(1), 217-238.

I. 서론

인간은 태어나서 죽을 때까지 발달주기에 따라 과업을 가지며, 발달주기에 맞게 가족구성원들의 지위와 관계가 변화할 때 가족은 보다 잘 기능할 수 있게 된다. 하지만 발달과정에서 장애요소가 나타났을 때 가족들이 변화하는 새로운 환경에 적응하는 데 어려움을 겪고, 잘 대처하지 못하면 적응상의 문제가 발생한다(박태영, 2006). 문제해결을 위해 가족들은 의사소통을 함으로써 가족체계 내에서 자신이 어느 정도 적응을 할 수 있는지 판단하게 되고 규칙, 역할, 관계 등을 규정하며 유지하려고 한다. 특히 자녀들의 경우 성인이 되어 건강한 인간관계를 형성하고, 각 발달주기에 따른 과업을 잘 수행하기 위해서는 부모와 원만하고 지속적인 관계를 이루어 기능적인 의사소통을 통한 상호작용을 해야 함에도 불구하고 쉽지가 않다.

그런데 많은 연구결과들을 보면 부모-자녀 간 의사소통에서 일치된 개방형 의사소통을 할 때 자녀의 문제행동을 줄일 수 있고, 자녀가 지각하는 부모의 의사소통과 부모가 지각하는 자신의 의사소통이 개방형으로 일치할 때 자녀의 문제행동이 적게 나타났다(김현주, 손정희, 2009). 또한 부모와 자녀의 기능적인 의사소통 유형은 서로의 가치관과 견해를 수용하고 이해함으로써 갈등을 감소시키고(공인숙 외, 2005), 자아존중감을 높이며(한주리, 허경호. 2005), 심리적 안정감을 높이고 사회성을 발달시킨다(김연, 황혜정, 2005). 이렇듯 청소년기에 부모와의 갈등이 높게 나타나더라도 부모-자녀 간의 의사소통이 기능적인 가정의 청소년은 심리 · 사회적 적응에 긍정적인 결과를 보이는 것으로 나타났다(이영미 외, 2005). 반면, 개방적인 의사소통이 적고 역기능적인 의사소통이 이루어질 때 자녀의 문제행동은 높은 것으로 나타났고, 부모-자녀 간의 갈등은 높았다(장영애, 이영자, 2011). 이러한 부모-자녀 간의 역기능적 의사소통은 자녀의 자아존중감을 낮추고(이영숙, 김정옥, 2002), 우울성향을 유발한다(최규련, 1998).

또한 여러 가족치료 사례연구에서도 부모-자녀 간의 역기능적인 의사소통방식은 자녀가 성장함에 있어서 다양한 문제행동에 영향을 미치는 것으로 나타났다(박태영, 박진영; 2010, 박태영, 신원정, 2011, 박태영, 문정화, 2010). 이러한 선행연구들의 결과는 대체로 자녀의 문제행동은 부모-자녀 간의 의사소통과 밀접한 관계가 있다는 것을 보여 준다. 이렇듯 부모-자녀 간의 의사소통은 부모-자녀 간의 관계를 결정짓는 데 중요한 역할을 하므로(박민자, 2008) 자녀의 올바른 성장과 원만한 가족관계를 향상시키는 데 있어서 중요한 요인임을 알 수 있다.

더불어 Bowen의 가족체계이론에서는 부부가 원가족으로부터 개별화되지 않고 정서적으로 미분화된 자아를 가졌을 때, 스트레스 상황에 놓이게 되거나 문제가 발생하면 이를 해결하지 못하고 자녀와의 삼각화를 통해 부부의 미분화에서 오는 갈등을 자녀에게 투사시켜서 자녀가 부적응이나 문제행동을 나타내게 된다고 보았다(Kerr & Bowen, 1988). 즉, 자녀의 문제행동에 영향을 미치는 가족특성과 관련한 요인으로 부모의 낮은 자아분화 수준은 부부간의 갈등을 초래하고 정서적 문제를 자녀에게 투사하며 자녀 또한 불안정한 자아를 형성하게 된다고 보았다(이영분 외, 2008). 이러한 어린 시절의 자아분화 수준은 성인이 된 후 대인관계에도 영향을 미치게 되며, 자아분화 수준이 낮은 성인은 이성적인 대처보다는 감정·행동 표출, 회피 등의 역기능적인 행동을 보인다(전춘애, 1994). 또한 박민자(2008)는 낮은 자아분화를 이룬 사람은 정서적으로 융합되어 때에 따라 자신의 신념과 견해에 따라 이성적으로 의사소통하지 못하며, 신체적 감정적 역기능을 보이고 갈등의 표면화로 이어진다고 하였다. 그리고 자아분화 수준이 낮을수록 갈등상황 시 부정적 감정이나 행동을 표출하여 가족들이 정서적 문제를 겪는 것으로 나타났으며(이혜경, 이은희, 2011), 가족관계 속에서 형성된 자아분화는 가족관계뿐만 아니라 대인관계를 비롯한 사회생활에 많은 영향을 미치는 것으로 나타났다(남상철, 유영달, 2007). 이처럼 미분화된 원가족에서의 경험은 작은 스트레스 상황에도 불안을 심하게 느끼게 되고 그 불안을 해소하기 위해 고정된 관계방식을 사용하며, 다음 세대의 핵가족에게 투사되는 과정을 거쳐 가족 증상으로 나타난다(김용태, 2002).

이와 같이 자녀들은 가정이라는 환경 속에서 인간관계와 사회생활을 배우고 경험하기 때문에 가족환경체계는 자녀가 성장함에 있어서 많은 영향을 미친다. 앞에서 언급한 많은 선행연구들에서도 알 수 있듯이 부모가 자녀와의 문제를 해결하려고 시도했던 역기능적인 의사소통방식과 세대에서 다음 세대로 전수되는 원가족 경험은 자녀의 문제행동에 직접적으로 영향을 미치는 중요한 요인임을 알 수 있다.

따라서 이 사례연구는 부모가 문제를 해결하려고 시도했던 역기능적인 방식과 원가족에서 전수된 경험적 특성으로 인해 문제행동을 보이는 내담자에 대한 사례로서 자녀의 문제행동을 변화시키기 위한 상담자의 개입방법과 효과성을 분석하고자 한다. 또한 무엇보다도 부모-자녀 간의 역기능적인 의사소통방식으로 인해 나타나는 자녀의 문제행동과 상담자의 개입을 통한 변화과정을 살펴보고 새로운 의사소통방식을 사용하면서 변화된 가족의 모습을 분석하고자 한다.

Ⅱ. 이론적 배경

이 연구에서 내담자 가족구성원들 치료를 위한 이론적 준거틀은 MRI의 상호작용적 의사소통이론과 Bowen의 가족체계이론이다.

1. MRI의 상호작용적 의사소통모델

MRI집단은 문제의 초점을 역기능적 의사소통에 두며 어려움을 잘못 다루는 것, 즉 문제를 해결하려는 시도의 실패와 똑같은 문제해결방식의 계속적인 적용으로 악순환을 유발시켜 더욱 악화시킨다는 것이다(Goldenberg & Goldenberg, 2012). 또한 어려움을 잘못 다루는 것과 문제를 해결하려는 시도의 실패와 똑같은 문제해결방식의 계속적인 적용, 이 두 가지 방법에 의해 문제를 발달시키는 것으로 본다(Watzlawick, Weakland, & Fisch, 1974). 따라서 상담자는 문제해결을 위해 새로운 행동으로 기존의 행동을 대체하거나 지금까지 시도되지 않았던 새로운 해결책을 소개하는 일차적인 임무를 가지며(Weakland, 1993), 내담자들이 문제를 해결할 수 없었던 역기능적 의사소통방식을 찾아서 상호작용을 변화시키는 데 초점을 두고 새로운 방식으로 문제를 해결하는 접근법이다(이영분 외, 2008).

이 사례에서는 원가족 경험으로 나타나는 역기능적 의사소통방식이 부부갈등을 더욱 악화시키고 자녀의 문제행동에 영향을 미치고 있다. 따라서, 상담자는 가족구성원들이 지금까지 문제를 해결하기 위하여 사용하였던 역기능적인 의사소통방식을 탐색하고 지금까지 시도해 보지 않았던 새로운 문제해결방식을 습득하도록 함으로써 내담자의 문제를 완화하고 가족구성원들을 변화시키는 데 초점을 두고 전략적인 치료적 개입을 하였다.

2. Bowen의 가족체계이론

Bowen의 가족치료모델에서는 한 개인을 가족이라는 전체 체계의 한 부분으로 보고 전체 가족체계를 중심으로 가족을 하나의 정서단위로 묶어서 보았다(김용태, 2000: 328). 또한 현재 핵가족에서 상호작용하는 방식은 원가족 경험으로부터 비롯되어 세대 간의 전수되었다고 보았다. 세대 간을 뛰어넘는 강한 모자관계는 다음 세대의 모자관계에서도 나타남으로써 가족관계의 양상이 다음 세대에서도 계속된다고 보고 있다(김유숙, 2007). Bowen의 가족체계이론에서는 원가족에서 형성된 관계의 패턴은 세대를 넘어 전수된다고 보고 있기 때문에 가족구성원들과 세대 간 상호관계에 초점을 둔다(Harvey & Bray, 1991; Lawson, 1999). 이렇듯 Bowen의 가족체계이론의 치료핵심은 다세대 간의 전수되고 있는 가족의 정서과정을 파악하여 자아분화 수준을 높여 가족체계를 변화시키는 것이다. 원가족 정서적 관계에서 발생하는 갈등요인들이 핵가족 정서체계에서도 그대로 나타나기 때문에 다세대 정서과정이라는 개념은 가족치료에서 중요한 의의를 지닌다고 볼 수 있다(남순현 외, 2011: 311). 이러한 의미에서 상담자는 Bowen의 가족체계이론을 근거로 부모의 원가족 경험과 가족체계적 상호작용을 파악하고 내담자의 문제를 해결하기 위해 전략적인 치료적 개입을 하였다.

3. 선행연구

가족체계 간의 역기능적인 상호작용은 가족구성원들의 갈등을 유발시키며 이러한 갈등은 또 다른 양상을 나타내기 마련이다. 특히 부부갈등과 가족 간 역기능적 상호작용은 자녀의 스트레스와 문제행동에 영향을 주는 것으로 나타났다(장영애, 이영자, 2011). 자녀의 문제행동은 양극성장애, 집단따돌림, 도벽, 거짓말, 신경성 식욕부진증, 대인관계 회피 등 다양하게 나타나며, 이러한 문제행동을 해결함에 있어서 기능적인 가족 상호작용은 매우 중요하다. Bowen(1985)은 가족 내에서 발생하는 문제는 한 구성원의 문제가 아니라 가족체계적 증상으로 보며, 한 구성원의 변화 역시 가족 전체 체계의 변화에 영향을 미치는 것으로 보고 있다.

또한 부모-자녀 간 역기능적 의사소통방식은 자녀의 문제행동의 증가를 가져오며(박희숙, 하정희, 2007), 정서적으로도 불안정하며 심리적으로도 동요되어 다른 상황과 결탁하여 문제행동을 촉진시킨다고 하였다(문영숙, 2008). 이와 같이 가족체계 간의 역기능적인 상호작용과 부부간의 역기능적인 의사소통은 부부갈등에 영향을 미치며, 부모-자녀 간의 의사소통에도 부정적인 영향을 미쳐 자녀의 문제행동에 영향을 주는 것을 알 수 있다. 따라서 문제행동을 보이는 자녀에 대한 치료적 개입에 있어서 가족구성원 간의 기능적인 상호작용을 할 수 있는 방안을 제시할 필요가 있다. MRI 의사소통모델과 Bowen의 가족치료모델을 통합적으로 적용한 다양한 가족치료 사례연구에서 가족체계의 상호작용에 초점을 두고 개입하여 부부갈등이 완화되고 자녀의 문제행동이 호전됨으로써 가족관계의 긍정적인 변화가 나타나는 결과가 제시되었다(박태영, 2014; 박태영, 김선희, 2013; 박태영, 문정화, 2010; 박태영, 박진영, 2010; 박태영, 신원정, 2011; 박태영, 조지용, 2012)

이러한 선행연구 결과를 바탕으로, 특히 이 사례에서는 대인관계의 어려움과 불안으로 나타나는 대인기피증 증상을 완화함에 있어서 가족체계에서 나타나는 상호작용방식을 탐색하고, 지금까지 문제를 해결하기 위해 시도했던 방식을 인식하고 새로운 방식으로 표현할 수 있도록 개입하여 문제를 해결하고자 했다. 이처럼 자녀의 문제행동을 해결하기 위해 실천현장에서 가족치료적 적용방법을 모색하는 것은 매우 의미 있는 일이라고 볼 수 있다.

III. 연구방법

1. 연구대상 및 상담기간

이 연구에 참여한 가족은 부모, 남매로 구성된 4명의 핵가족이며, 상담은 2011년 7월부터 8월까지 10회기로 개별상담, 부부상담, 부모와 자녀를 포함한 가족상담으로 진행되었다. (1~2회기: 모와 딸, 3회기: 모, 4회기: 남동생, 5회기: 부, 6회기: 부부, 7~8회기: 모와 남매, 9회기: 부와 남매, 10회기: 부모와 남매)

2. 연구질문

내담자의 가족은 상담을 통해 딸의 대인기피증이 완화되길 원하였으며 가족들 간의 기능적인 상호작용을 통해 가족관계가 개선되기를 원하였다. 이를 위한 이 연구의 연구질문은 다음과 같다.

첫째, 내담자의 대인기피증에 영향을 미친 요인은 무엇인가?

둘째, 내담자와 가족 간의 의사소통방식의 변화를 이끌어 낸 상담자의 개입방법은 무엇인가?

셋째, 상담자의 개입 후 내담자와 가족구성원들의 변화된 모습은 무엇인가?

3. 분석방법 및 신뢰도 검증

이 연구는 내담자의 대인기피증 증상에 영향을 미친 요인과 상담자의 개입방법, 치료의 효과성을 분석하기 위해 질적 자료분석방법 가운데 사례연구를 적용하였다. 이 연구는 상담자와 연구자가 다르기 때문에 연구자는 상담자가 적용한 Bowen의 가족체계이론과 MRI의 의사소통모델에 초점을 맞추어 내담자에게 나타나는 문제와 가족들 간의 상호작용방식에 대해 분석을 하고 개념을 도출하였다.

이 연구는 연구질문과 관련 있는 주제들을 파악하기 위하여 축어록을 중심으로 코딩을 하였으며, Miles와 Huberman(1994)이 제안한 매트릭스와 네트워크를 통해 내담자의 문제에 영향을 미친 요인, 가족치료 개입방법과 변화된 모습을 분석하였다. 한편, 이 연구는 연구의 객관성과 신뢰성을 높이기 위해 가족치료와 질적 연구 경험이 있는 전문가의 피드백을 통한 연구자의 삼각화와 상담축어록, 상담메모, 상담녹화자료를 사용하여 자료의 삼각화를 실시하였다. 또한 윤리성 확보를 위해 상담내용의 사용에 대한 내담자의 사전 동의를 받았으며, 사생활 보호를 위해 내담자의 개인적 정보는 삭제하였다.

4. 사례 개요

이 연구는 우울증, 환청, 대인기피증 증상이 나타나는 딸의 문제로 어머니가 상담

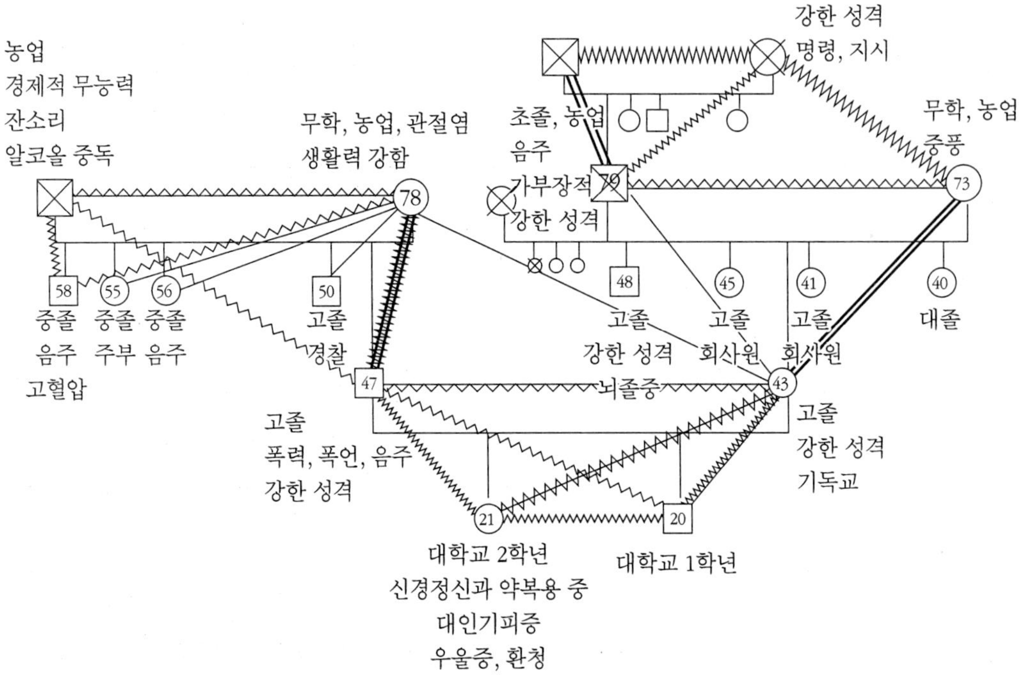

[그림 9-1] 가계도

을 의뢰하여 상담자가 개입하여 가족구성원들 간의 상호작용에 대해 분석한 가족치료 사례연구이다. [그림 9-1]의 가계도와 같이 내담자의 부모는 원가족에서 대화상대가 없었으며, 기능적인 대화방법을 습득하지 못했고 이러한 영향은 자녀들과 갈등으로 이어지고 있었다. 아버지의 원가족에서는 아버지가 매일 술을 마셨고 잔소리가 심했으며, 집안일은 하나도 도와주지 않았고 경제적으로 무능력하여 자식들이 아버지를 무시하였다. 어머니는 매우 강한 성격으로 명확한 기준으로 자녀를 양육하였고 과도한 역할을 수행하고 있었으며, 집안일을 거의 혼자 다 했으며 이로 인한 부부갈등이 있었다. 부모와 자녀, 형제, 자매, 남매간에 거의 대화가 없었으며, 기능적인 대화하는 방법을 학습하지 못했다. 아버지는 사업을 하면서 7~8년 동안 집에는 거의 들어오지 못했고 가족들과 떨어져서 생활하였다. 내담자 아버지는 사업이 부도가 난 후 어머니와 함께 가게를 운영하면서 밤 12시가 거의 되어 집에 들어오기 때문에 자녀들과 대화를 할 시간이 없었다. 아버지는 자녀들에게 화가 나면 직접 표현을 못하고 음주 후 소리를 지르고 폭언을 하였다. 이러한 아버지의 역기능적인 의사소통방식으로 인해 내담자는 아버지를 '두려운 존재'로 인식하게 되었고,

대인기피증, 환청 등의 증상을 보여 신경정신과 약을 복용하게 되었다.

한편, 어머니는 원가족에서 가족관계는 원만하였으나 순응하면서 살아왔으며, 기능적인 의사소통을 하지 못하고 있었다.

Ⅳ. 연구결과

1. 대인기피증이 있는 내담자에게 영향을 미친 요인

대인기피증이 있는 내담자에게 영향을 미친 요인은 [그림 9-2]에서와 같이 아버지의 역기능적인 의사소통, 어머니의 역기능적인 의사소통, 남동생의 역기능적인 의사소통, 부모의 원가족 경험, 대화대상자의 부재, 초등학교 때 성추행 사건으로 분석되었다.

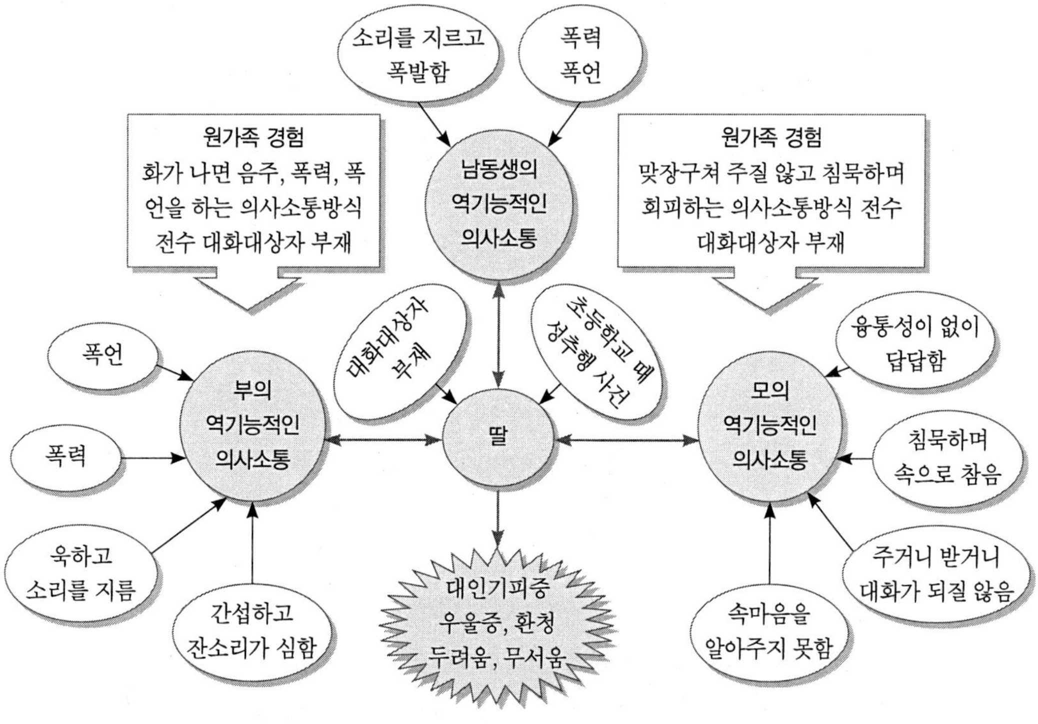

[그림 9-2] 대인기피증이 있는 내담자에게 영향을 미친 요인-네트워크

1) 부(父)의 역기능적 의사소통방식

아버지의 역기능적인 의사소통방식은 원가족 경험에서 비롯된 것으로 세대 간에 전수되어 할아버지, 아버지, 아들이 똑같이 사용하고 있었다. 특히 아버지의 폭력과 폭언, 갑자기 욱하여 소리를 지르는 표현방식은 내담자에게 항상 아버지를 두려움과 공포의 존재로 인식하게 하였다. 이로 인해 아버지는 자녀들과 대화가 전혀 되지 않았고 자녀들에게 무시당한다는 느낌을 받았다.

(1) 폭언

상담자: 아빠가 무섭고 두려운 존재이셨나요?

딸: 교회 가는 것도 싫어하셔서 조금만 뭔가 교회 관련된 것만 보이면 바로 막 화내고 소리지르고 그러셨어요. 아빠 목소리가 조금만 높아져도 막 놀라고 무섭고 그랬어요. 떨리고…….

상담자: 아빠가 지금도 두려워요?

딸: 화나면 무서워요. (모녀-2회기)

아버지: 내가 좀 입이 거칠어 가지고 욕 같은 거를 많이 했어요. 욕 같은 거 이런 거는 내가 보고 이제 애들한테도 욕도 많이 하고 했죠. (부-5회기)

(2) 폭력을 사용

딸: 고등학교 때 한 번 학교 안 갔을 때 아빠한테 맞았어요.

상담자: 어떻게 어디를 맞았어요? 뭐로?

딸: 손바닥으로 뺨을…….

상담자: 몇 대나?

딸: 한 대 때리고 소리지르고 상 엎고. (모녀-2회기)

(3) 욱하고 소리를 지름

딸: 아빠가 뭔가 하고 가라고 했는데 안 치우구 안 하고 그러면 아빠는 막 저 사람이 나쁘다고 그러는데 "아니야!" 그러면 뭐라고 화내요.

상담자: 아빠 의견에 따라 주지 않을 때는 아빠는 못 참으시는군요. 그때 아빠는 포악스러워져요?

딸: 화를 못 참아서 크게 소리지르고 화내고 물건 던지고 눈이 빨개지고 그래요. (모녀-2회기)

(4) 간섭하고 잔소리가 심함

상담자: 아버지께서 또 애들한테 간섭을 하시는 편이라고 보세요?

아버지: 간섭……. 거의 좀 많이 이야기하죠. 자기가 목표나 뭔가 기준을 잡고 공부를 할 거 아니에요. 그런 이야기를 좀 하죠. 나는 네가 그 목표를 정했으면 그 목표를 향해서 가라 노력해라. 그럼 네가 진짜 그 목표를 하려면 진짜 열심히 해라. (부-5회기)

2) 모(母)의 역기능적 의사소통방식

어머니는 지금까지 자식들을 위해 헌신하며 살아왔지만 자식들은 어머니가 속마음을 알아주지 못한다고 생각했으며, 주거니 받거니 대화가 되질 않아 답답하다고 생각하고 있었다. 또한 아버지에게 화가 나도 표현하지 않고 차곡차곡 쌓아 두며 속으로 참았지만, 오히려 그것이 서로 간의 갈등을 유발하고 있었다.

(1) 융통성이 없이 답답함

상담자: 지금 공통적으로 부군하고, 아드님 따님이 엄마하고 대화는 되지만 때로는 답답함을 느낀다는 겁니다. 그 이야기를 저는 어떻게 해석을 했냐면 어머니께서 곧고 바른 것까지는 알겠는데 융통성에 있어서 조금…….

아버지: 맞아요. 그거예요.

상담자: 그런 거예요?

아버지: 조선시대 여자. (부부-6회기)

(2) 침묵하며 속으로 참음

상담자: 어머니는 꾸물꾸물한 감정을 어떻게 해결하셨어요?

어머니: 지금은 듣고만 있는 상태고 …… (중략) …… 애 아빠가 욱하고 큰 소리를 내면 나만 참으면 되지 하고 생각해요. 시간이 해결해 줄 거라고, 조금 시간이 지나면 나 나름대로 합리화를 시켜요. (모-3회기)

상담자: 엄마도 아빠에 대해서 불만이 있으면 차곡차곡 쌓아 두시는 거 같나요?
아들: 제가 보기에는요. (남동생-4회기)

(3) 주거니 받거니 대화가 되질 않음

상담자: 어렸을 때 일단 엄마아빠하고 대화가 된다 하고 느껴진 적이 있어요?
딸: 아니요. (모녀-1회기)

상담자: 따님은 학교에서 왕따를 당한거나 스트레스 받았던 거, 아빠한테 화난 걸 엄마한테 내놓았을 때 엄마가 어떻게 반응해 주셨던 것 같아요?
딸: 니가 이해해라.
상담자: 니가 이해해라 이런 식이에요? 그럼 따님은 뭐라고 반응하셨어요?
딸: 말 안 했어요. (모와 남매-8회기)

(4) 속마음을 알아주지 못함

상담자: 엄마가 내 속마음을 알아준다 하고 느껴 본 적 있어요?
딸: 아니요.
상담자: 엄마가 내 속마음을 몰라준다고 생각하는 게 뭐 때문에 그런 거 같아요?
딸: 내가 속상해서 엄마한테 말하면 나에게 '그럼 안 된다'고. 엄마가 그런 식으로. (모녀-2회기)

3) 남동생의 역기능적 의사소통방식

남동생은 아버지의 표현방식을 그대로 닮아 화가 나면 폭력을 사용하고 소리지르며 폭언을 하였다. 이로 인해 딸은 동생을 아버지처럼 두려운 존재로 인식하고 있었고 서로 안 좋은 관계를 유지하고 있었다. 다행히 남동생이 지방대에 다녀서 공간적으로 분리가 되어 싸움이 줄어들었지만 실질적인 관계는 호전되지 않았다.

(1) 폭력, 폭언

상담자: 동생도 아빠랑 표현방식이 비슷해요?
딸: 동생도 화나면 계속 때리고 그래서……, 동생도 전에 화나서 싸우다가 저를 때

려 가지고 멍들었어요.

상담자: 어딜 때렸는데요?

딸: 몸.

상담자: 몸을 뭐로?

딸: 손으로. (모녀-2회기)

상담자: 언제 욕이 왔다갔다할까요?

딸: 욕은 격해져서.

상담자: 욕설이 왔다갔다하나요? 동생은 어떠시나?

아들: 네 격해지면. (모와 남매-7회기)

(2) 화가 나면 참았다가 폭발함

아들: 이야기를 잘 못하는 스타일 아시죠? 뭐 불만이 있는데 이야기를 못하고 저 혼자 삭혀두고 있다가 열받아서 폭발하는 게 있어요. (남동생-4회기)

4) 부모의 원가족 경험

아버지는 조모와 밀착된 관계로 분화가 되지 않았고 조부는 화가 나면 욱하는 표현방식을 사용하고 있었다. 아버지의 화가 나면 사용하는 방식은 조부모로부터 전수되어 내려온 방식으로 핵가족 내에 아들도 똑같은 방식을 사용하고 있었다. 한편, 외조부는 강한 성격과 명확한 기준을 가지고 있어 외조모와 갈등이 있었지만 외조모는 참으며 살아왔다. 그렇지만 이로 인해 외조모는 화병을 얻었고 중풍으로 고생했다. 이러한 외조모의 방식은 어머니에게 그대로 전수되어 똑같은 표현방식을 자녀들에게 사용하였다. 더불어 부모 모두 원가족 내에서 속마음을 터놓고 이야기할 대화대상자가 없었으며, 이로 인해 기능적인 대화방법을 습득하지 못했다.

(1) 부의 원가족 경험: 화가 나면 음주, 폭력, 폭언을 하는 의사소통방식 전수 및 대화대상자 부재

아버지: 아버지하고 말다툼이 많았어요. 아버지가 성질나면 아버지한테 대놓고 뭐라고 하고 아버지한테 승질내서 그렇게 한 적이 많아요. 집에서 아버지뿐만 아니고 솔직히 형들한테도 싸움 거는 게 아니고 안 좋으면 이렇게.

상담자: 방식이 퍽?

아버지: 대놓고 이렇게 식구들한테 그렇게 했어요. (부–5회기)

아버지: 내 기억에는 아버지 술 드시는 거밖에 기억 안 나는데.

상담자: 매일 드셨나요?

아버지: 매일 드시니까, 매일.

상담자: 음. 알코올 중독이시겠네요?

아버지: 그건 잘 모르고 좌우지간 돌아가시는 날까지 드셨으니까요. (부부–6회기)

상담자: 아빠하고 아버지 관계는 어떠셨어요?

아버지: 나도 저희 식구들하고 대화가 없었어요.

상담자: 아버지하고 대화해 본 적은 있으세요?

아버지: 없어요. (부–5회기)

(2) 모의 원가족 경험: 맞장구쳐 주지 않고 침묵하고 회피하는 의사소통방식 전수 및 대화대상자 부재

상담자: 친정어머님하고 대화하실 때요. 속상하신 걸 내놓으실 때가 있죠? 친정어머니는 어떻게 반응했어요?

어머니: 엄마는 그냥 참아라가 우선적이였죠.

상담자: 참아라!

어머니: 니가 많이 좀 참아야 된다. 그렇게. (1회기–모녀)

상담자: ○○이 어머니와 할머니는 안 좋으셨겠네요?

어머니: 웬만하면 대화를 안 했어요. 저는 할머니하고 대화할 수 없었어요. 내가 만약 이야기를 하면 더 크게 나한테 상처를 주니까 이야기를 안 했던 거 같아요. 피해다닌 거나 마찬가지죠. (모–3회기)

상담자: 어려서부터 ○○이 어머니는 동생이나 어머니에게 속에 있는 이야기를 안 하시고 사셨나요?

어머니: 네. 별로 이야기 안 하고. (모–3회기)

5) 초등학교 때 성추행 사건

딸: 그냥 뭔가 닿는 게 싫어서 지금도 그런 게 있어서 남자들이 약간만 이렇게 닿으면 막 계속 씻고 막 털고 그러는데 그게 아빠한테도 그랬었나 봐요. 무의식중에 그런 건데 저는, 아빠가 그것 때문에 상처를 받았는지 그 이야기 엄마가 하니까 자기가 더 상처받았다고.

딸: 그 일 있고서 아빠가 좀 만지려고만 해도 피하고 그랬었는데, 아빤 그게 상처받았었나 봐요.

상담자: 어렸을 때 성추행 경험이 컸었나 보네요?

딸: 그랬나 봐요. (모와 남매-7회기)

6) 대화대상자 부재

상담자: 본인이 엄마한테 이야기를 계속하려고 하나요?

딸: 그렇지는 않아요. 말 안 했어요.

상담자: 안 한 이유가 뭐예요.

딸: 엄마가 바빠서, 늦게 들어오시고 그러셔서 그랬어요. (모녀-2회기)

2. 대인기피증이 있는 내담자와 가족구성원들에 대한 상담자의 개입 방법

1) 원가족 탐색하기

상담자는 원가족을 통하여 가족구성원들에게 반복되는 의사소통방식을 파악하였다. 또한 상담자는 내담자에게 나타나는 문제가 자신만의 문제가 아니라 가족체계적 관점에서 세대에 걸쳐 반복적으로 나타나고 있음을 인식하게 하고 변화할 수 있도록 하였다.

상담자: 어찌됐든 표현에 걸리기 때문에 술이 동반이 된다는 거죠. 저기 ○○이 아버지께서는 아버지하고 표현방식에 있어서 유사성은 못 느끼시나요?

아버지: 거의 비슷해요. 나도 술 먹으면 이야기하는데.

상담자: 술 안 드신 상태에서는요?

아버지: 술 안 드신 상태에서는 이야기는 하긴 하는데 잘 안 해요. 술 먹어야 그나마 좀.

상담자: 좀 나오시죠?

아버지: 네. (부부-6회기)

상담자: 친정을 쭉 보니까요. 자녀들이랑 엄마아버지 관계가 막혀 있는 게 없네요. 근데 단 하나 표현하는 데 있어서 주거니 받거니가 안 되는 거 외에는 동생들 부부관계도 좋고 언니도 이 정도는 별로 문제가 없는 거 같고. (모-3회기)

2) 다세대 전수과정 설명

상담자는 가족구성원들에게 Bowen의 다세대 전수과정 설명, 즉 원가족에서 형성된 관계의 패턴은 세대를 넘어 다음 세대로 전수되어 가족구성원들과 세대 간 상호관계에 영향을 미치는 것에 대해 설명하였다. 또한 상담자는 부모에게 화가 나면 폭력, 폭언을 하는 아버지의 표현방식과 주거니 받거니 대화가 되지 않는 어머니의 표현방식은 원가족에서 전수된 방식이라는 것을 설명하였고 그 표현방식이 자녀들에게도 나타나고 있음을 인식시켰다.

상담자: 아빠와 아버지 관계와 아빠와 아들 관계가 어떻게 비슷하다고 보세요?

아버지: 지금 그게 거의 100% 맞는 거 같아요. (부-5회기)

상담자: 아들이 화가 나면 도중에 박차고 일어나서 문을 쾅 닫고 들어간다고 되어 있거든요. 아들이 참다가 폭발한다는 거죠?

아버지: 서로 대화가 안 되니까.

상담자: 참다가 폭발하는 방식이나 박차고 문 콱 닫고 들어가는 방식이 엄마아빠 두 분 중에 어느 분의 방식이라고 볼 수 있을까요?

아버지: 그건 내 방식이죠.

상담자: 거의 똑같으세요?

아버지: 제가 좀 그런 게 많지요.

상담자: 그럼 부자가 화가 났을 때 표현하는 방식은 유사하다고 볼 수 있을까요?

아버지: 어제 그 이야기하더라고, 그 아버지에 그 아들이라고. (부-5회기)

표 9-1 대인기피증을 보이고 있는 딸에 대한 상담자의 가족치료과정

회기	참여자	상담내용 및 가족치료적 개입방법
1	모와 딸	• 모를 통해 딸의 문제를 확인하고 가족의 상호작용방식을 파악함 -문제사정, 가족 간의 의사소통방식 탐색, 유사사례들기(성폭력)
2	모와 딸	• 내담자(딸)를 통해 부부간의 의사소통방식을 탐색하고 내담자가 호소하는 문제사정 -가족관계, 가족 내에서 의사소통방식 탐색
3	모	• 모를 통해 딸의 변화내용 확인 • 모의 원가족 특성 파악 및 정보 수집 · 부의 상호작용방식 파악 -가계도 활용, 유사사례들기, 상담자의 자기개방, 다세대 전수과정 설명
4	남동생	• 남동생의 표현방식을 탐색함으로써 내담자와의 상호작용방식 탐색 • 남동생의 진술로 부부간, 부모-자녀 간의 상호작용방식 탐색 -다세대 전수과정 설명(표현방식이 부의 영향), 상담자의 자기개방
5	부	• 부의 진술로 부부, 부와 자녀 간의 관계 탐색, 부의 의사소통방식 탐색 -유사사례들기, 상담자의 자기개방, 새로운 표현방식 제안
6	부부	• 부의 원가족 탐색(매일 술마시는 아버지와 형, 대화가 전혀 없으며 잔소리만 심한 부모, 가족들 간의 관계가 좋지 않음) -부부관계사정, 핵가족의 상호작용방식 인식(폭언, 폭력 등의 방식 인식)
7	남매	• 남동생의 진술로 부모의 변화된 내용 확인(대화를 하며 화를 내지 않고 부드럽게 표현하는 방식으로 변함) • 남동생의 진술로 내담자의 변화된 내용 확인(활발해지고 말도 자주 하고 많이 밝아짐) • 내담자의 변화된 내용 확인(약을 거의 먹지 않고 있으며, 불안감이 사라짐) -상담자의 자기개방, 새로운 의사소통방식(솔직하게 표현하기, 편안하게 대화하기)을 사용할 것을 제안
8	모와 남매	• 변화내용 확인(모와 남매 간의 대화가 잘 이루어짐, 관계가 개선됨) • 핵가족의 상호작용방식 인식 -유사사례들기, 다세대 전수과정 설명, 중재하기, 기능적인 의사소통방식(주거니 받거니 맞장구쳐 주기, 편들어 주기)을 지속적으로 사용할 것을 제안
9	부와 남매	• 부를 통해 내담자의 변화된 내용 확인(내담자의 변화, 의사소통방식의 긍정적인 변화) • 핵가족의 상호작용방식 인식 -유사사례들기, 다세대 전수과정 설명, 기능적인 의사소통방식을 지속적으로 사용할 것을 제안
10	부모와 남매	• 가족관계의 변화된 내용 확인(내담자의 대인기피증 증상완화, 가족구성원의 변화 및 가족관계 개선) • 새로운 표현방식을 지속적으로 유지할 것을 제안

3) 내담자의 통찰 돕기

상담자는 자신의 경험을 예로 들어 내담자들이 문제에 대해 쉽게 인식할 수 있게 하였으며, 내담자와 유사한 문제점을 가진 사례를 제시함으로써 내담자의 이해를 촉진시키고 변화를 유도하였다.

(1) 상담자의 자기개방

상담자: 제가 한 8년 전에 미국에 갔었어요. 제 딸이 친구 6명과 함께 1박2일로 친구 집에서 지낸대요. 금요일에 딸을 데려다 줬어요. 그 집에 수영장까지 있더라고요. 토요일에 딸을 데리러 갔더니 똥 씹은 표정이에요. 야, 왜 그래? 무슨 일 있었냐? 딸이 울먹울먹하더니 앙 울어요. 내가 딸에게 "무슨 일 있었는데?" 딸은 수영복을 가지고 오란 말을 못 들었대요. 다른 애들은 수영복을 갖고 왔고 자기들끼리 "쟤 수영도 못하나 봐!" 얘만 수영복이 없는데, 뒤에서 궁시렁거린 거예요. 그런데 다음 날 딸을 데리러 갔을 때 내 딸 얼굴이 이상해서 내가 딸에게 "무슨 일 있었니?" 하니깐 딸이 어제 속상했던 게 막 나온 거예요. 우리는 딸 입장에서 상대방을 씹어 줄 때 합세해서, 벌떼처럼 상대방을 완전 작살내 줘요. …… (중략) …… 아빠, 엄마 심지어 오빠까지 다 딸을 편들어 주니까, 그러더니 얘가 얼굴이 다 펴졌어요. 이해되십니까?

어머니: 네, 알아요. (모와 남매-8회기)

(2) 유사사례들기

상담자: 예를 하나 들어드리면 간질 환자인 41세 딸이 있었는데, 결혼했다가 간질이 발생해서 이혼을 당했어요. 36세부터 친정에서 살았어요. 친정엄마는 심장병이 있는 거예요. 딸이 간질 환자니까 어쩔 때는 딸이 가스불 틀어 놓고 나간 적도 있어요. 그런데 부모가 교회에 갔는데 딸이 교회에 안 왔더래요. 집에 가 봤더니 딸이 간질로 쓰러진 거예요. 이 친정엄마는 딸에 대하여 온통 걱정인 거예요. 빽하면 모녀가 싸우는 거예요. 친정아빠가 저한테 와서 하는 말이 자기는 딸하고 와이프하고 싸우면, 와이프한테 "왜 쟤 간질 환자인데 당신이 참지." 하면서 딸 편을 들어 줬어요. 딸한테는 "니 엄마도 심장병에다가 당뇨인데 니가 참아야지." 친정아빠는 모녀 둘 사이를 화해시키려

고 했는데, 딸은 아빠한테 '아빠는 엄마 편만 든다'고 난리치고 와이프는 '왜 딸 편만 드냐'고 난리치더라, 이거지요. 이런 가운데 아빠가 택한 방법이 뭐냐 이제 빠지는 거예요. 자기가 껴 봤자 모녀가 더 싸우니까 밖에서 산책하고 온다는 거예요. 아빠는 어려서부터 자기가 속상했던 걸 안 내놓는다는 거예요. 부인에게도 직장에서 스트레스 받는 거를 이야기를 안 한다 이거예요. 자기도 골치 아파 죽겠는데, 왜 와이프까지 스트레스 받게 하냐 이거예요. 이해되십니까? (모-3회기)

4) 역기능적인 의사소통방식 설명

상담자는 가족구성원들로 하여금 부모가 지금까지 문제를 해결하기 위해 시도해 왔던 해결방법인 폭력, 폭언, 잔소리 등의 역기능적인 의사소통방식은 비효과적임을 인식시켰다.

상담자: 내 의미는 전달은 안 되고 관계는 관계대로 악화되더라는 겁니다. 뭣 하러 그 방법을 쓰냐 이거예요. 그러면 내 의도가 안 먹혀들어 가고 관계는 관계대로 악화되는 방식을 누굴 위해 쓰냐 이거예요? 먹히지도 않는 방법 "야! 공부해라!" 이런 건 접어 두자는 거죠. 그거 안 먹혀요, 그렇다고 공부 안 하거든요. 그렇지 않아요? 잔소리해서 공부했음 다 공부했게요. 저는 잔소리를 빼고 자녀 이야기를 듣자 이거예요. 자녀가 무슨 애로 사항이 있고 친구관계 이야기를 하면 자기 나름대로 스트레스가 풀린다는 거예요. 어떤 애들은 철이 빨리 들면 군대 갔다 오고 철들면 아니 나도 속 차려야겠구나 정신을 차려서 뭔가 해야겠다. 깨달을 때까지 기다려야 하는데 대부분의 부모들이 답답해서 그걸 못하더라구요. (부-5회기)

상담자: 이조시대 여자처럼 아주 참한 분들은 다 참고 넘어간다는 거죠. 그런 분들이 보면 여러 가지 면이 갖춰지긴 했는데 융통성이 부족하세요. 친정에서의 표현방식에 있어서도 상대방 편들어 주는 게 약하시다는 거죠. (부부-6회기)

5) 중재하기

상담자는 부모와 자녀들 간의 중재를 통해 가족구성원들로 하여금 서로의 표현방식이 역기능적인 표현방식임을 인식시켰고, 상담자는 가족구성원들이 솔직하게 표현하도록 하였다.

상담자: 자녀들하고 대화할 수 있는 시간이 없는 거 같고 그리고 자녀 두 분을 통해서 제가 느끼는 거는 엄마하고 대화가 되지만 때로는 답답하다는 거예요. 그게 뭘까요? 아드님? 엄마한테 답답함을 느낀다는 게 그게 뭐냐 이거예요? 어떨 때 답답하다는 거예요?

아들: 다 이야기했잖아요.

상담자: (나에게는 했지만) 엄마한테는 안 했잖아요?

아들: 약간 보수적……. (모와 남매-8회기)

상담자: 아빠한테 하고 싶은 말 있으면 해 보세요.

딸: 엄마랑 얘기하거나 무슨 일 있을 때 아빠가 속상한 거 나도 엄마한테 느끼니까 알고 있었는데 그냥 가만히 있고 아빠 말도 안 들어 주고 피하기만 해서 죄송해요.

아버지: 죄송은 죄송할 게 뭐가 있어? (부와 남매-9회기)

6) 새로운 의사소통방식을 제안

상담자는 지금까지 문제를 해결하기 위해 시도해 왔던 의사소통방식과 전혀 다른 새로운 의사소통방식을 제안하였다. 상담자는 가족구성원들로 하여금 화가 나면 참지 말고 속마음을 솔직하게 표현하기, 주거니 받거니 맞장구쳐 주기, 편안하게 대화하기, 서로 의도적으로 편들어 주기 등의 새로운 의사소통방식을 통해 변화를 유도하였다.

(1) 속마음을 솔직하게 표현하기

상담자: 저는 극복할 수 있는 계기라는 게 엄마하고 아빠하고 동생하고 서로 내놓고 스트레스를 풀 수 있는 그 통로만 된다면 자존감이 올라간다는 거죠. 그게 자긍심이라고 볼 수 있는데 대인관계에서도 표현력이 걸린다는 거죠. 대

인관계에서 걸리고 그게 이제 집에 와서 스트레스 못 풀고 환청, 환각까지 오지 않았나 하는 거예요. 저는 본인 말고 저를 찾아오는 모든 사람을 그렇게 봅니다. (부모와 남매−10회기)

(2) 주거니 받거니 맞장구쳐 주기

상담자: 본인의 스트레스를 본인이 다 떠안지 않았냐 이거예요. 표현은 못 하고 집에서 주거니 받거니도 안 되고 그게 핵심이지 않냐 이거예요. 오늘처럼 조금씩 억울했던 이야기를 내놓으면서 눈물 흘리고 감정을 표출하는 방법이 엄마하고도 되고, 아빠와 동생도 표현하는 방식에서 변해서 본인이 밖에서 스트레스 받고 집에서 내놓을 때 가족이 내 감정을 이해해 주고 우리 가족하고 이야기하면 숨이 트이는구나! 그걸 느끼기 시작하면 표현력이 증진이 될 거라는 거지요, 이해됩니까? (모녀−2회기)

(3) 편안하게 대화하기

상담자: 엄마 아빠하고 대화하는 방법이 다 바뀌어서 따님이 아빠를 두려움 없이 편하게 대할 수 있고 일단 가족 내에서 스트레스를 안 받으면 굳이 대인기피증 같은 증상들이 나타나지 않는다는 거죠. 왜 그러냐면 증상이 나타나기 전에 대화로써 풀어 버린다는 거예요. (모−3회기)

(4) 편들어 주기

상담자: 아빠가 어렸을 때부터 속상한 게 있으면 내놓는 게 있으셨나요?

아버지: 없어요.

상담자: 없으셨잖아요. 자식들하고 한편이 되시라는 거죠. 또 따님과 아드님이 못마땅할 때 엄마하고 한편이 되서 자식들에 대하여 뒷담화를 할 필요도 있는데 아직은 편드는 게 약하지 않나 이 얘기예요. 따님은 제 의견에 대해서 어떻게 생각해요?

딸: 그런 거 같아요.

상담자: 그런 거 같아요? 아드님은 어떠세요?

아들: 동감해요. (부와 남매−9회기)

3. 상담자의 개입 후 내담자와 가족의 변화된 모습

상담자의 개입을 통해 가족들에게 많은 변화가 일어났는데 그 중, 특히 역기능적인 의사소통방식을 사용해 왔던 가족구성원들이 점차적으로 기능적인 의사소통방식을 사용하게 되었다. 대화가 전혀 이루어지지 않았던 부모-자녀 간에 대화의 양이 증가하였으며, 부모-자녀 간에 새롭게 시도한 의사소통방식(속마음을 솔직하게 표현하기, 주거니 받거니 맞장구쳐 주기, 편안하게 대화하기, 편들어 주기)은 내담자(딸)의 문제를 완화시키는 데 큰 역할을 하였다. 그 결과 가족구성원의 변화가 나타났으며, 이를 효과 매트릭스로 나타내면 〈표 9-2〉와 같다.

표 9-2 치료자의 개입 후 내담자와 가족의 변화된 모습

변화내용 / 대상	역기능적 의사소통 → 기능적 의사소통	
	전	후
내담자(딸)	• 밖에 나가는 것이 두렵고 사람을 대하는 것이 어려움 • 환청, 환각이 있음 • 신경정신과를 다니며 약을 복용함 • 속마음을 솔직하게 내놓고 대화를 한 적이 없음	• 밖에 나가는 횟수가 늘어나고 사람들을 만나며 일상생활을 보냄 • 환청, 환각이 사라짐 • 신경정신과를 다닐 필요가 없어졌으며 약을 복용하지 않음 • 솔직한 표현을 하며 편안하게 대화의 양이 증가함
부	• 화가 나면 욱하고 소리를 지름 • 화가 나면 폭력, 폭언을 함 • 간섭하고 잔소리가 심함	• 표현하는 방식이 부드럽고 편안하게 변화함 • 화가 나도 폭언을 하지 않고 자녀들의 입장에서 이해하며 대화로 풀려고 함
모	• 융통성이 없이 답답함 • 침묵하며 속으로 참음 • 주거니 받거니 대화가 안 됨 • 속마음을 알아주지 못함	• 자녀의 생각을 인정해 주고 속마음을 알아줌 • 속마음을 솔직하게 표현하고 주거니 받거니 대화가 됨
남동생	• 화가 나면 폭력, 폭언을 함 • 화가 나면 참았다가 폭발함 • 밤 12시가 되도 귀가하지 않고, 부모가 전화를 하면 받지도 않음	• 속마음을 내놓고 솔직하게 이야기함 • 화가 나도 폭발하지 않고 서로 이해하려고 하며 끝까지 이야기를 하고 참음 • 웃음이 많아졌고 늦은 귀가횟수가 줄어듦

1) 내담자(딸)의 변화

내담자는 가족구성원들 간의 기능적인 의사소통이 전혀 이루어지지 않았으며, 특히 폭력, 폭언 등의 역기능적인 의사소통방식을 사용하는 아버지를 '두려운 존재'로 인식하고 있었다. 이로 인해 내담자는 대인기피증, 환청 등의 증상을 보이고 신경정신과 약을 복용하고 있었다. 하지만 가족치료 후 부모가 새로운 의사소통방식을 사용하게 됨으로써 내담자는 속마음을 솔직하게 내놓고 표현할 수 있었으며, 심리적으로 불안했던 마음이 안정되면서 신경정신과 약을 복용하지 않게 되었다. 또한 내담자는 밖에 나가는 횟수가 늘어나고 사람들을 만나며 일상생활을 하게 되었고, 가족구성원들 간의 주거니 받거니 대화가 이루어지면서 대화의 양이 증가하였다.

(1) 신경정신과 약을 복용하지 않아도 됨

상담자: 요즘 약 드시는 거는 어떠세요? 한 번도 안 드셔요? 잘 때도?

딸: 좀 괜찮아졌어요.

상담자: 빠르네, 병원에 한번 다녀오셨었나요?

딸: 그때는 의사선생님이 반응속도가 빠르다고 호전되었다고 하셔서 한 달 후로 잡으셨어요.

딸: 네, 안 가도 되고.

상담자: 안 가도 될 것 같아요? (웃음) 그래요. 본인은 어떻게 해서 그렇게 약을 안 먹게 되고 얼굴이 좀 더 편해졌다고 느끼거든요? 얼굴이 좀 밝아지고 미소도 좀 있고 어떻게 해서 이렇게 된 것 같아요?

딸: 계속 불안하고 무섭고 그런 게 좀 많이 사라진 거. (모와 남매-7회기)

(2) 환청, 환각이 사라지고 외부활동을 함

상담자: 어머니가 보시기에 따님은 좀 어떠세요?

어머니: 제가 볼 때요? 처음 하기 전 상태로 좀 좋았고요. 그니까 심하게 소리 들리거나 그러기 전 상태.

상담자: 환청이 없어진 건가요?

어머니: 예, 환각 환청도 없어진 상태니까 고 전 단계로 변했어요.

상담자: 상담 받으시러 여기에 7월 6일에 오셨는데 1개월 반도 안 되었단 말예요.

근데 상담 전과 후의 차이는 분명히 느끼세요?

어머니: 그렇죠? 정확히 보이죠. 전과 후가.

상담자: 병원은 가실 필요 없다고 생각하세요?

어머니: 예, 아예 안 가는 상태가 됐어요.

상담자: 따님이 밖에 나가는 횟수가 늘었나요?

어머니: 네네. (부모와 남매-10회기)

(3) 솔직한 표현을 하며, 편안하게 대화가 이루어짐

상담자: 일단은 아버님이 보실 때 따님은 어떠세요? 어떤 변화가 있나요?

아버지: 조금 나아진 것 같은데요.

상담자: 그래요? 따님이 어떻게 나졌을까요?

아버지: 일단은 말을 해요.

상담자: 아빠한테요?

아버지: 말도 하고 웃기도 하고.

상담자: 웃기도 하고요? 따님 대하시기가 좀 더 편해지셨나요?

아버지: 아무래도 그러니깐 낫지요. (부와 남매-9회기)

2) 부의 변화

아버지는 딸의 문제가 본인의 역기능적인 의사소통방식(폭력, 폭언, 지나친 잔소리와 간섭)으로 인해 나타나게 되었음을 인식하게 되었고 가족치료 후 변화하기 위해 노력하였다. 가족치료 후 아버지는 표현하는 방식 자체가 부드러워졌으며, 자녀들의 입장을 이해하면서 마음속의 이야기를 솔직하게 내놓는 등 기능적인 대화방식을 사용하면서 가족구성원 간의 대화양이 증가하였다.

(1) 부드럽고 편안하게 표현

아버지: 이제는 얘들한테 거의 잔소리는 안 하다시피 하고.

상담자: 자식들이 상전이 되었네요.

아버지: 엊그제도 아들하고 또 많이 이야기했어요. 딸 옆에 있는데 아들이 욕도 많이 했었다고 이야기를 하더라고요.

상담자: 좀 부드러워졌네요.

아버지: 그전보다 나아진 거죠.

상담자: 그전보다 대화에 차이가 있다는 걸 느끼셨어요?

아버지: 그전……. 말도 잘해야 되겠다고 생각하죠. (부-5회기)

(2) 솔직한 표현하기

상담자: 어찌되었든 따님도 자기 속마음에 있는 걸 자연스럽게 표현을 했네요. 따님도 아빠랑 그런 시간을 가지셨나요?

딸: 그때 동생방에 들어가고 나서 말하는 방식이 잘못되었던 것 같다고 그러면서 아빠가 잘못했다고 그러셨어요.

상담자: 아빠가 그런 이야기를 했어요?

딸: 네.

상담자: 본인도 놀랍지 않아요? 아빠의 변화가?

딸: 놀라워요. (모와 남매-7회기)

(3) 자녀의 입장에서 생각하고 표현하기

상담자: 아빠 표현방식에 있어서 변화가 있나요?

아들: 나아지신 것 같아요.

상담자: 어떻게 나아지신 것 같아요?

아들: 말이 많아지신 것 같아요.

상담자: (아빠가) 긴장되나요? 최근에도 아빠가 톤이 좀 올라가요?

딸: 요즘은 안 그러세요. 아빠 생각대로 막 하려고 하지 않고 들어 주려고 하고 말도 되게 온순하게 하시고 며칠 전에는 사과하셨어요.

상담자: 뭐라고요?

딸: 욕해서 미안하다고. (모와 남매-7회기)

(4) 주거니 받거니 대화가 이루어짐

상담자: 지난번에 아버님하고 따님하고 다녀가고 나서 좀 더 이야기는 했나요?

아버지: 이야기요? 딸이 말을 많이 걸어오죠. 걸어오다 보면 내가 거기서 이야기를

많이 하고.

상담자: 아버님 입장에서 따님하고 관계에서 편안함을 느끼세요?

아버지: 여기 다니면서 좀 뭐라고 해야 하나? 내가 다닌 거 같아요. 딸이 치료된 게 아니고 여기 다니면서 다들 치료된 것 같아요. 내가 변한 거 같아요. 여길 다니면서부터 우리 애들 이야기도 듣고 그러니까 내가 변해야 된다. 이런 게 조금 생기더라고 내가 말 좀 조심해야 하는 거 이런 게 좀 생기더라고요. 지금도 가끔 애들한테 요놈아 이놈아 저놈아 그런 거는 하지만 내가 이야기하고 한다고 한 거니까 근데 내가 변하는 것 같아 다 치료한 것 같아 딸이 치료된 게 아니라. (부모와 남매-10회기)

3) 모의 변화

어머니는 강한 성격으로 융통성이 없으며, 명확한 기준으로 자녀들의 입장을 이해해 주지 않았고 자신의 생각을 강요하였다. 하지만 상담자의 개입 후 어머니는 솔직하게 속마음을 이야기하고 주거니 받거니 맞장구쳐 주면서 자녀와 대화하는 양이 증가하였으며, 자녀들의 입장에서 생각하고 인정해 주었다.

(1) 주거니 받거니 대화가 이루어지고 대화의 양이 증가함

아버지: 전보다 뭔가 이 사람이 딸에 대해서 하는 게 많아요. 전에 보다 말도 많이 하고, 안 하던 전화도 자주 하고 여기 오면서부터 뭐 하루에 기본적으로 한두 번 전화 통화 꼭 하고 최대한으로 말도 많이 하고. 얘가 전에는 말도 별로 안 하고 그랬는데 애랑 그런 변화가 많이 왔어요. 말도 하고 전화통화도 하고 그런 게 많아졌어요. (부모와 남매-10회기)

(2) 자녀의 입장에서 생각하고 대화하기

상담자: 요즘 엄마가 어떻게 대해 주는 것 같아요?

딸: 좀 더 많이 저의 생각을 좀 엄마 생각보다 인정해 주려고.

상담자: 그전에는 엄마 생각을 좀 더 강요하셨다고 보세요?

딸: 약간은 그랬어요. 엄마는 그게 아닌 거 같은데 그런 거.

상담자: 그럼 덜 강요하시는 거예요?

딸: 네.

상담자: 본인의 생각을 인정해 주시고?

딸: 네. (모와 남매–7회기)

4) 남동생

남동생의 표현방식 역시 아버지의 표현방식처럼 화가 나면 폭언, 폭력을 사용하였고 소리를 지르며 폭발하였는데 상담자의 개입 후 표현방식의 변화를 가져왔다. 남동생은 솔직한 마음을 내놓고 이야기하였으며, 폭발하지 않고 참고 이해하려고 노력하였다. 또한 남동생은 늦은 귀가시간으로 부모와 갈등이 있었는데 늦은 귀가 횟수도 줄어들었으며 가족구성원들 간의 대화가 이루어짐으로써 편안한 마음을 가지게 되었다.

(1) 속마음을 내놓고 솔직한 표현하기

상담자: 아들이 그렇게 아빠한테 솔직하게 이야기해 보기는 근래 처음인가요?

아버지: 그렇게 대놓고 이야기한 것은 처음이죠. (부–5회기)

(2) 화가 나도 폭발하지 않음

상담자: 요즘 동생하고는 부딪치지 않아요?

딸: 서로 참는 것 같아요.

상담자: 서로 참는 것 같아요? 어떻게 참는지 예를 들어 주실 수 있을까요?

딸: 제가 소리지르면 가만히 있고, 아니면 동생이 계속하면 싸우지 않으려고 일부러 그러는 것 같아요.

상담자: 서로 자극을 안 하게 된다는 거죠?

딸: 가만히 있어요. (모와 남매–7회기)

(3) 서로 이해하려고 하며 대화가 이루어짐

상담자: 아드님도 표현하는 데 변화가 있나요?

어머니: 전에는 이야기하는 톤이 자기도 받아들이지 않으면 한 마디 탁 던지고 돌아서는 성향인데 지금은 말을 다 듣고 누구 이야기든 다 듣고 그래서 나중

에 한마디하는 거죠. 그러고서 이해시키려고 많이 하고 있어요. (부모와 남매-10회기)

V. 결론

이 연구에서는 가족구성원들이 문제해결을 위해 시도해 왔던 역기능적인 표현방식이 세대 간 전수되어 대인기피증을 보이는 내담자(딸)에 대한 가족치료 개입을 통한 가족치료의 효과성을 살펴보고자 하였으며, 가족치료의 진행과정과 결과는 다음과 같다.

첫째, 대인기피증을 보이는 내담자에게 영향을 미치는 요인은 아버지의 역기능적인 의사소통방식(폭력, 폭언, 욱하고 소리를 지름, 간섭하고 잔소리가 심함), 어머니의 역기능적인 의사소통방식(융통성이 없어 답답함, 침묵하며 속으로 참음, 주거니 받거니 대화가 되지 않음, 속마음을 알아주지 못함), 남동생의 역기능적인 의사소통방식(폭력, 폭언, 소리를 지르고 폭발함), 대화대상자 부재와 초등학교 때 성추행 사건, 그리고 아버지의 원가족 경험(화가 나면 음주, 폭력, 폭언을 하는 의사소통방식 전수 및 대화대상자 부재)과 어머니의 원가족 경험(맞장구쳐 주지 않고 침묵하며 회피하는 의사소통방식 전수와 대화대상자 부재)으로 나타났다.

둘째, 대인기피증을 보이는 내담자와 가족구성원들을 위하여 상담자는 원가족 탐색하기, 다세대 전수과정 설명, 내담자의 통찰 돕기, 역기능적인 의사소통방식 설명, 중재하기, 새로운 의사소통방식을 제안하였고, 가족구성원들의 객관적인 통찰을 도와 문제를 인식하게 하였으며, 기능적인 의사소통방식을 사용하게 함으로써 가족구성원들의 변화를 유도하였다.

셋째, 대인기피증을 보이는 내담자에 대한 상담자 개입의 효과성은 가족구성원들이 기능적인 의사소통방식을 사용함으로써 가족구성원들의 변화로 이어졌다. 가족구성원들은 상담자의 개입 이후 속마음을 솔직하게 표현하기, 주거니 받거니 맞장구쳐 주기, 편안하게 대화하기, 편들어 주기의 기능적인 의사소통방식을 사용하기 위해 노력하였고, 각자 서로의 입장에서 생각하고 배려하기 위해 노력하였다. 이러한 노력으로 인하여 부부간, 부모-자녀 간 의사소통방식이 기능적으로 변화되면서 가족구성원들의 대화의 양이 증가하였다. 이는 가족구성원들 간의 긍정적이고 개방적인 의사소통방식의 변화를 통해 신뢰감을 형성하여 공통적 이해를 도모하고 좀 더 원만한 부모-자녀관계를 형성할 수 있다(노윤옥, 전미경, 2005: 14)는 연구결과와 일치하고 있다.

이와 같은 결과를 통해서 알 수 있듯이 가족치료를 통하여 가족구성원들은 문제를 해결하기 위해 시도했던 해결책이 문제를 더욱 악화시켰음을 인식하였고 새로운 의사소통방식을 사용하게 됨으로써 문제를 완화시킬 수 있었다. 이는 부모와의 개방적인 의사소통을 통해 자녀가 수용받고 지지받는다는 느낌을 경험함으로써 자아존중감이 높아지고 자신에 대한 긍정적인 평가를 내리게 되므로 부모와의 개방적인 의사소통은 매우 중요하다(유계숙, 최유진, 2007: 62)는 연구결과와도 일치하고 있다. 이 사례에서 내담자의 대인기피증 증상이 가족구성원 간의 상호작용과 관련이 있다는 결과를 알 수 있었다. 이는 자녀의 문제행동을 해결하기 위해서는 가족 간의 기능적인 의사소통방식을 사용해야 하며, 지금까지 사용하지 않았던 새로운 의사소통방식을 사용해야 함을 보여 준다. 또한 상담자는 Murray Bowen의 가족체계이론을 적용하여 대인기피증을 보이는 내담자의 문제를 가족구성원 개인의 문제로 인한 결과가 아닌 가족체계적 관점에서 통찰할 수 있도록 개입함으로써 가족구성원들의 인식을 변화시킬 수 있었다.

이 연구의 결과는 가족의 문제는 한 사람만의 문제가 아닌 가족구성원 전체의 문제라는 사실과 모든 가족구성원이 함께 문제를 인식하고 변화해야 된다는 것을 보여 준다. 이처럼 실천현장에서 자녀의 문제행동을 해결하기 위해 개입할 때 자녀 개인에 대한 접근이 아니라 부모의 원가족과 핵가족체계를 분석하고 접근해야 한다. 마지막으로 이 연구는 가족구성원의 새로운 효과적인 의사소통방식의 변화를 통하여 가족구성원 간의 관계회복을 통한 내담자의 대인기피증이 감소될 수 있는 개입방안을 제시하였다는 데 의의가 있다. 특히 이 연구는 대인기피증 증상을 보이는 자녀의 문제를 해결할 수 있는 기능적인 의사소통방식의 효과성을 입증하였으며, 내담자의 문제를 인식시키고 변화할 수 있도록 하는 방안에 대한 시사점을 제시하였다. 그러나 이 연구는 단일사례를 중심으로 자녀의 문제행동을 완화하기 위한 치료적 개입의 효과성을 분석하였기에 이 연구결과를 일반화하는 데 한계가 있다. 따라서 후속연구에서는 대인기피증을 보이는 자녀문제에 대한 다양한 가족치료모델의 적용 사례들이 연구되고 개입의 효과성을 보여 줄 수 있는 연구가 진행되길 기대한다.

참고문헌

공인숙, 이은주, 이주리(2005). 청소년의 부모와의 갈등 및 의사소통과 자아개념. **한국생활과학학회지, 14**(6), 925-936.

김연, 황혜정(2005). 부모와 자녀가 지각한 촉진적 의사소통이 아동의 문제행동에 미치는 영향. **열린유아교육연구, 10**(4), 69-88.

김용태(2000). **가족치료**. 서울: 학지사.

김유숙(2007). **가족치료이론과 실제**. 서울: 학지사.

김현주, 손정희(2009). 부모 및 부모자녀 간 의사소통 일치유형과 청소년의 문제행동에 관한 연구. **인문사회과학연구, 22**, 316-342.

남상철, 유영달(2007). 부모와 자녀의 양육태도 기작 및 대학생의 자아분화가 대인관계문제에 미치는 영향, **한국가족관계학회지, 12**(2), 51-75.

남순현, 전영주, 황영훈(2011). **보웬의 가족치료이론**. 서울: 학지사.

노윤옥, 전미경(2005). 청소년 자녀가 지각한 부부갈등과 부모-자녀간 의사소통에 관한 연구. **한국가정과교육학회지, 18**(1), 1-16.

문영숙(2008). 부모-자녀 의사소통이 청소년의 자아개념, 문제 적응에 미치는 영향. **아동간호학회지, 14**(4), 405-414.

박민자(2008). 자아분화와 의사소통. **열린정신인문학연구, 227**, 15-20.

박태영(2006). **가족생활주기와 가족치료**. 서울: 학지사.

박태영(2014). 신경성 식욕부진증을 가진 딸에 대한 가족치료 사례연구. **한국가족치료학회지, 22**(2), 131-171.

박태영, 김선희(2013). 양극성장애를 겪고 있는 딸에 대한 가족치료 사례연구. **한국가족치료학회지, 21**(2), 147-176.

박태영, 문정화(2010). 부모의 이혼진행과정에서 내면화 · 외현화 문제를 보이는 아동의 가족치료 사례연구. **한국가족치료학회지, 18**(1), 107-130.

박태영, 박진영(2010). 부모와 갈등을 겪는 청소년 자녀를 둔 가족에 대한 사례연구: 부모-자녀 간 '대화장벽' 허물기. **한국가족관계학회지, 15**(1), 149-174.

박태영, 신원정(2011). 대인관계 갈등을 경험하고 있는 여고생에 대한 가족치료 사례연구. 한국가족치료학회지, 19(3), 233-265.

박태영, 조지용(2012). 부적응행동(집단따돌림 · 도벽 · 거짓말)을 하는 초기 청소년자녀에 대한 가족치료 사례연구. 한국가족치료학회지, 20(3), 329-354.

박희숙, 하정희(2007). 부모-자녀 간 의사소통 수준과 정서적 자율성이 청소년의 분노표현방식과 비행행동에 미치는 영향. 한국청소년연구, 18(2), 89-110.

송성자(1998). 가족과 가족치료. 서울: 법문사.

유계숙, 최유진(2007). 청소년이 지각한 부모-자녀 간 의사소통과 자아존중감, 친구 간 갈등해결 전략이 교육만족도에 미치는 영향. 한국가정관리학회지, 25(3), 59-75.

이영미, 민하영, 이윤주(2005). 부모간 갈등과 부모자녀간 의사소통에 따른 후기 청소년의 심리 · 사회적 적응. 한국가정관리학회지, 23(5), 53-62.

이영분, 신영화, 권진숙, 박태영, 최선령, 최현미(2008). 가족치료: 모델과 사례. 서울: 학지사.

이영숙, 김정옥(2002). 부모-자녀간 의사소통 유형이 청소년 자녀의 심리적 복지에 미치는 영향. 한국가족관계학회지, 7(2), 133-159.

이혜경, 이은희(2011). 부모의 자아분화수준과 자녀의 문제행동과의 관계에서 갈등대처행동과 부부갈등의 매개역할. 한국청소년연구, 22(3), 43-68.

장미희, 김정옥(2002). 부모-자녀간 의사소통 유형이 청소년 자녀의 심리적 복지에 미치는 영향. 한국가족관계학회지, 7(2), 133-159.

장영애, 이영자(2011). 아동이 지각한 부부갈등 및 부모-자녀간의 의사소통이 아동의 스트레스와 문제행동에 미치는 영향. 한국가족치료학회지, 19(3), 183-205.

전춘애(1994). 부부의 자아분화수준과 출생가족에 대한 정서적 건강 지각이 결혼 안정성에 미치는 영향. 이화여자대학교 대학원 박사학위논문.

최규련(1998). 가족체계유형과 부모-자녀간 의사소통이 청소년 자녀의 심리적 복지수준에 미치는 영향. 한국가족관계학회지, 3(1), 120-142.

한주리, 허경호(2005). 가족 의사소통 패턴과 자녀의 자아존중감, 자아노출, 내적 통제성 및 의사소통능력과의 관계. 한국언론학회, 49(5), 202-227.

Bowen, M. (1985). *Family therapy in clinical practice*. New York: Jason Aronson.

Goldenberg, I., & Goldenberg, H. (2012). *Family therapy: An overview*. Pacific Grove, CA: Brooks/Cole.

Harvey, D. M., & Bray, J. H. (1991). Evaluation of an intergenerational theory of personal development: Family process determinants of psychological and health distress. Current issue feed. *Journal of Family Psychology. 4*(3), 298-325.

Kerr, M. E., & Bowen, M. (1988). *Family Evaluation*. New York: Norton & Company.

Lawson, D. M. (1999). Integrated Intergenerational Family Therapy. In D. M. Lawson & F. F. Prevatt (Eds.), *Casebook in family therapy* (pp. 27-50). New York: Brooks/Cole.

Miles, M. B., & Huberman, A. M. (1994). Qualitative data analysis. Thousand Oaks, CA: Sage.

Watzlawick, P., Weakland, J., & Fisch, R. (1974). *Change: Principles of problem formation and problem resolution*. New York: Norton.

Weakland, J. H. (1993). Conversation-but what kind? In S. Gilligan & R. Price (Eds.), *Therapeutic conversations* (pp. 136-145). New York: Norton.

10장

자살시도를 하는 고등학생에 대한 가족치료 사례연구

박수선 · 박태영

이 연구는 남자 고등학생의 가족치료 사례에 초점을 맞추어 자살과 관련된 위기상황, 가족의 반응, 위기상황에 영향을 주는 가족 관련 요인 및 상담자의 개입방법과 효과를 조사했다. 그 결과, 가족구성원들 사이의 대화는 역기능적이었고, 부모 간의 불화와 끊임없는 갈등으로 인해 아이들은 정서적으로 억압되었다. 내담자는 부모에 의하여 누나와 비교되었고 가족 안에서 희생양으로 취급되었다. 상담자는 부모의 원가족에서 나타나는 역기능적인 의사소통 방법을 면밀히 조사하여 새로운 의사소통방법을 제안하였다. 또한, 부모와 자녀, 그리고 두 자녀 사이의 관계 조사를 통하여, 상담자는 부모가 자녀의 상황을 인식하고 형제 하위 시스템을 강화함으로써 가족 상호관계를 개선하기 위한 통찰력을 유도하였다. 개입의 결과로, 부모는 자신의 역기능적인 의사소통방법과 그들의 원가족과의 관계에 대해 인식하고, 명확한 경계와 기능적 의사소통방법을 시행한 후 내담자의 자살행동이 점차 감소했다.

박수선, 박태영(2015). 자살시도를 하는 고등학생에 대한 가족치료 사례연구. **가족관계학회지, 19**(4), 75-100.

I. 서론

전 세계적으로 매년 약 백만여 명이 자살하는 상황(Hughes & Asarnow, 2013)에서, 자살은 미국 내 청소년(10세부터 24세까지)을 사망에 이르게 하는 세 번째 요인으로(Centers for Disease Control, 2010; Hughes & Asarnow, 2013), 청소년 12명 중 1명이 매년 자살을 시도한다(Berman, Jobes, & Silverman, 2006; Centers for Disease Control, 2009). 또한 청소년뿐 아니라 25세에서 35세에 해당하는 미국 젊은 성인들에게 자살은 죽음에 이르는 두 번째 요인이기도 하다(Hughs & Asarnow, 2013). 2011년 Youth Risk Behavior Survey에 따르면, 미국 고등학생들 중 7.8%가 자살을 시도했고, 15.8%는 자살을 심각하게 고려하였다고 하였다(Eaton et al., 2012). 캐나다의 Newfoudland와 Labrador 지역에서는 자살이 청소년들을 죽음에 이르게 하는 두 번째 요인이며, 청소년들이 가장 높은 자살시도율을 가진 연령집단 중 하나로 알려져 있다(Statistics Canada, 2010).

이렇듯 자살은 청소년기에 현저하게 증가하고 있으며(Kessler et al., 1999). 심각한 문제가 된다(Buchanan & Harris, 2014). Miller 등(2013)은 어린 시절 성적 학대, 신체적 학대, 정서적 학대 그리고 방임이 청소년기의 자살 생각과 자살시도와 관련이 있다고 하였다. 중학교와 고등학교에서 많은 학생들이 엄청난 스트레스를 경험하고 있으며, 이와 관련된 심각한 문제인 자살위험에 대한 정신건강문제를 캐나다 통계에서는 매우 중요하게 보고하고 있다(Statistics Canada, 2010). 자살은 청소년들이 정신과에 입원하게 되는 제1차적인 위험요인들 중 하나이다(Peterson et al., 1996; Yalch et al., 2014).

한국의 경우도 최근 10년간 청소년의 자살률은 급격히 증가하여 10세에서 19세 인구 10만 명당 자살자 수는 2001년 3.19명에서 2011년 5.58명으로 57.2% 증가하였다(Korea National Statistical Office, 2012). 또한 잠정적인 자살군에 대한 위험도 역시 높게 나타나 한국보건의료연구원의 청소년 건강형태 온라인 조사(2011)에서도 75,643명의 대상자 중에 자살을 진지하게 생각하는 대상은 19.6%를 차지하는 것으로 나타났다(Yeo, 2012). OECD Health Data(2014)에 따르면, 2012년 한국의 인구 10만 명당 자살 사망자는 29.1명으로 OECD 평균 12.1명의 2.4배에 이르며, 자살

사망자가 가장 적은 터키 1.7명의 17배에 이른 것으로 나타났다(Park & Choi, 2014, p. 276에서 재인용). Korea National Statistical Office(2013)에 따르면, 10년 전에는 자살이 우리나라 사망원인의 8위에서 현재는 4위로 급상승한 것으로 나타났으며, 자살이 청소년기에 해당되는 10~19세의 사망원인 1위를 차지하는 것으로 나타났다.

자살의 요인에 대하여 살펴보면, 자살은 단 하나의 요인이 아닌 다차원적인 요인에 의해 발생하며(Keon & Lee, 2012), 자살행동에 영향을 미칠 수 있는 위험요인은 개인적 요인에서부터 사회환경적 요인에 이르기까지 다양하다(Yeo, 2012; Yoo, 2003). 특히 청소년 시기는 급격한 신체발달과 더불어 아직은 미성숙한 정서, 인지발달로 인해 심리적 불편함을 경험하는 동시에 자아정체성을 찾아가면서 심리적 혼란과 갈등을 겪는 시기이다(Erikson, 1968). 또한 청소년 시기는 기존 사회질서와 규범을 습득해야 하고 대학입시와 관련된 과다한 학습량, 학교생활에서 부딪치는 스트레스 및 부모의 기대와 사회적 요구를 수용해야 하는 많은 발달과업을 가진 시기이다(Park & Kwon, 2013). 이러한 발달적 특성이 자신을 둘러싼 개인적, 가정적, 사회적 환경의 스트레스 상황과 맞물리면서, 청소년들은 우울, 불안, 위축, 분노, 흡연, 음주 등 다양한 문제를 보이게 된다(Kim, 1999).

자살을 시도했거나 자살을 시도하는 가장 높은 위험에 속한 청소년들의 경우를 살펴보면 중요한 시간을 홀로 지내거나 사회적 지지가 부족하였다(Buchanan & Harris, 2014). Joiner Jr.와 Van Orden(2008)는 자살하려는 욕망은 자신이 부담스러운 존재이며 소속감이 없는 데서 파생되고 있는데 자살을 시도했던 경험이 있는 청소년들은 자신들에게 사회적 지지가 부족하였다고 느끼고 있었다(Bostik & Everall, 2007). 또 다른 연구결과, 청소년들의 자살생각(Orbach et al., 2007)과 자살행동(Tamás et al., 2007)은 정서조절장애와 관련이 있는 것으로 나타났다. 이러한 청소년기의 문제행동과 우울과 같은 심리사회적 취약성은 자살과 깊은 관련이 있으며(Yeo, 2012; Lee & Cho, 2004), 특히 자녀들의 어린 시절부터 부모가 자녀들에게 정서적 지지를 보이지 않으며, 거부적 행동 등 바람직하지 못한 양육태도를 보이고(Kim & Chae, 2010; Kim, 1999; Smocheck et al., 2000), 부모와 부정적인 관계를 유지할수록 청소년 자녀들은 자살시도가 많은 것으로 나타났다(Oh & Lee, 2010).

최근 청소년 자살은 환경적 및 심리적 특성 모두가 영향을 미치므로 청소년 자살을 분석해야 할 때는 포괄적인 분석이 필요하다는 주장이 제기되고 있다(Park &

Kwon, 2013: Yeo, 2012). 충동적 성향을 보이는 청소년 자살시도 특징(Kim & Kim, 2013)을 고려해 볼 때, 청소년 생활과 가까운 환경 중 하나이며, 과거부터 지속적인 영향을 주고 있는 가족환경에 대한 실제적인 접근과 분석이 이루어져 청소년 자살 선택과 같은 위기상황을 미연에 방지할 수 있는 완충기능을 기대해 볼 수 있다.

이에 이 연구에서는 청소년 자녀의 자살시도로 인해 위기를 겪고 있는 가족 전체를 대상으로 MRI의 상호작용적 가족치료모델과 Bowen의 가족체계이론을 적용하여 가족관련 문제 원인 및 해결과정을 제시하는 과정을 분석하고자 한다. 이러한 시도는 청소년의 자살시도 문제해결을 위한 가족치료의 실제적인 효과성을 검증함으로써 자살시도를 하는 청소년들의 가정문제를 해결하는 데 도움을 줄 수 있는 가족치료 실천모델을 제공하는 데 의의가 있다.

Ⅱ. 선행연구 고찰

1. 청소년 자살 관련 요인

최근 청소년의 높은 자살률이 사회문제로 대두되면서 청소년 자살과 관련된 국내 선행연구들이 증가하고 있다. 이에 관한 연구들을 살펴보면 청소년 자살관련 문헌들을 정리하고 고찰한 연구(Yeo, 2012; Yoo, 2003)가 있으며, 자살과 관련 변인들의 관계성 정도를 분석한 연구(Kim & Chae, 2010; Lee & Lee, 2002; Yim & Jung, 2002; Hong, 2005), 자살관련 예측요인을 분석한 연구(Park & Kwon, 2013; Chung, An, & Kim, 2003)가 있다. 또한 아동의 자살과 관련된 연구로서 자살시도 의사를 밝힌 아동에 관한 가족치료 사례연구가 있다(Park, 1999). 자살관련 변인들로 사용된 변수로는 소외, 우울, 비행, 학교성적 및 학교생활 스트레스, 스트레스 취약성, 가족환경, 부모양육행동 등 다양한 것으로 나타났으며, 자살이 시도되는 데에는 단 한 가지 요인이 작용하기보다는 여러 요인들이 상호작용하여 나타나는 결과임을 알 수 있다(Yeo, 2012).

구체적으로 보면, 생활스트레스가 주요 원인으로 자살생각을 유발하게 되는데, 관련 하위 요인에는 친구, 동료 영역이 가장 큰 영향력을 주며 부모나 친구의 사회적 지원이 생활스트레스 감소와 함께 자살생각을 저하시키는 것으로 나타났다(Hong, 2005). 또한 청소년 자살생각에 대한 가장 큰 영향력을 미치는 요인은 우울이었으며(Park & Kwon, 2013; Lee & Lee, 2002), 학교성적 및 음주여부도 자살충동을 예측하는 위험요인으로 나타났다(Chung, An, & Kim, 2003).

2. 청소년 자살과 가족환경

자살생각이나 자살계획을 유발시키는 개인환경 유발 변인군은 부정적인 개인적 변인과 가족적 변인으로 구분된다(Kim & Kim, 2013). 이 중 가족적 변인은 가족자살력, 부부폭력, 부모와의 갈등, 학대경험, 가족스트레스 등 부정적 가족관계(Moon, 2011, 2012; Lee & Lee, 2009) 등이며, 청소년 자살생각을 유발시키는 데 가족변인이 직·간접적으로 많은 영향을 주는 것으로 나타나고 있다(Moon, 2011). 부모의 수용 및 일상생활에 대한 관심과 소통이 부족할 때 청소년들은 심리사회부적응을 가지게 되어, 비행과 같은 문제상황에 놓이게 되며(Kim, 1999), 가정에 관한 스트레스가 청소년 자살충동에 영향을 미치는 예측요인으로 나타났다(Chung, An, & Kim, 2003). Park(2008)은 청소년 자살에 가장 효과적인 보호요인이 가족이라고 하였으며, 부모의 지지가 자살사고에 직접적인 영향을 미친다고 하였다. Cho, Bai와 Chang(2010)도 부모와 자녀관계에서 애착, 우울과 같은 정서적 요인이 자살사고를 유발하는 중요한 변수라고 하였다. 한편, Yoo(2003)는 청소년 자살에 영향을 미치는 가정적 요인으로 가족해체와 결손가족, 사랑의 대상 상실, 사회적·정서적 지지 결핍, 자살의 가족력을 제시하였으며, 기타 요인으로는 경제적 요건, 과도한 스트레스 유발 생활사건, 외로운 독립공간 거주 등을 포함시켰다.

부부와 자녀 및 자녀들의 형제자매간 애정, 의사소통, 가치관 일치정도 등 배우자, 자녀 및 자녀들의 형제자매간 유대관계가 원만할수록 만족스러운 가족생활을 영위할 수 있으나 그렇지 못할 때는 극도로 낮은 자아존중감과 우울 증상으로 인하여 극단적인 자살생각으로 이어질 수 있다(Cho & Kwon, 2000).

청소년의 경우는 가족환경의 스트레스, 가족 간 불화, 부모 간 불화가 다른 어떤 가족환경 변인보다 청소년의 자살생각에 영향을 많이 주는 요인으로 나타났다(Korea Youth Counseling Institute, 2007). 특히 부모갈등을 자주 경험하는 청소년들이 문제행동을 일으킬 가능성이 높은 것으로 나타났는데, 부모와 의사소통에 큰 문제가 있고 자녀양육태도가 비난적, 적대적, 부모중심적이며, 부모갈등이 심할수록 자녀들이 자살생각을 많이 하는 것(Lee & Lee, 2002)으로 나타났으며, 부모갈등이 높을수록 청소년의 자살생각뿐 아니라 자살시도 비율도 더 높은 것으로 나타났다(Kang, 2007).

또한 가족원 자살시도 경험집단의 가족위기 대처능력은 그렇지 않은 집단보다 약화되어 자살생각에 매우 민감하게 작용하는 것으로 나타났다(Chun & Park, 2014).

3. 자살관련 치료모델

Linehan(1993a, 1993b)에 의하여 개발된 변증법적 행동치료(Dialectical Behavior Therapy)는 경계성 성격장애와 정서조절장애를 가진 만성적으로 자살을 시도하는 성인들을 위하여 만들어졌다. 변증법적 행동치료는 일반적으로 표현기술의 일반화와 강화, 그리고 청소년 환경구조를 증진시키기 위한 복합가족 기술훈련집단 안에 부모와 가족구성원이 포함된다(Miller et al., 2007). 이 방식 안에서 부모들은 표현기술을 활용함으로써 청소년 자녀들을 위한 모델과 코치로서 모범을 보여 줄 수 있다(Steinberg et al., 2011). 변증법적 행동치료에서 가족세션의 목적은 가족 상호작용을 위하여 청소년을 준비시키고, 청소년이 정서적으로 상처받기 쉬운 것에 대하여 부모들을 이해시키고, 부모의 정서조절장애를 언급하고, 가족 의사소통을 향상시키며, 가족환경의 우연성과 위기관리를 변화시키는 것을 포함한다(MacPherson, Cheavens, & Fristad, 2013). 자살생각과 자살행동에 대한 변증법적 행동치료는 긍정적인 결과를 보여 주었고(Fleischhaker et al., 2011; James et al., 2008; Miller et al., 2000; Woodberry & Popenoe, 2008), 자살생각(Woodberry & Popenoe, 2008)과 자살행동(Fleischhaker et al., 2011)에서 향상되었다는 것을 보여 준다.

애착기반 가족치료(Attachment-Based Family Therapy: ABFT)는 우울하고 자살을 시도하는 청소년을 위하여 특별히 고안된 간단하면서 경험적으로 지지되고 정서적인 면에 초점을 둔 접근법이다(Diamond, 2014). 이 모델의 일차적인 목적은 청소년과 부모 애착관계의 질을 향상시키는 데 있다. 실제로 조사에 따르면, 특히 청소년과 부모관계의 질이 청소년 우울증과 자살생각에 대한 위험에 중요하다는 것을 보여 준다(Allen et al., 2007). 애착기반 가족치료에 대한 연구결과가 이 접근법의 효과성을 보여 주고 있다(Diamond et al., 2002; Diamond et al., 2010). 애착기반 가족상담자의 첫 번째 임무는 관계적인 용어로 치료를 재구성하고 치료의 일차적인 목표로서 애착관계를 구축하는 데 있다. 결과적으로 애착기반 가족상담자는 원인과 증상으로부터 애착관계의 질로 치료의 초점을 전환시킨다. 이러한 변화를 야기시키기 위하여 구성된 개입은 관계적인 재구성으로 이야기된다(Diamond & Siqueland, 1998).

자살과 관련한 국내 가족치료 사례로서는 자살하겠다고 위협하는 아동(7세)에 대하여 MRI 모델을 적용하여 분석한 연구가 있다(Park, 1999). 이 연구에서 자살을 시도하는 아들에 대하여 어머니가 지금까지 시도해 왔던 스트레스를 주는 표현방식을 변화하고, 아버지가 아들과 함께하는 시간을 증가하며, 아들에게 체벌을 다른 적합한 벌로 대치함으로써 부모와 아들과의 관계 변화가 일어났다. 부모는 아들과의 대응방식에서 사용해 왔던 표현방식이 역기능적이라는 것을 인식한 후에 새로운 표현방식을 사용함으로써 아들과의 관계가 개선되자 아동의 자살시도문제가 해소되었다. 이 연구에서는 부모와 아동과의 변화와 함께 부부관계 향상이 함께 수반되는 결과가 나타났으며, 또한 자살을 하겠다는 아동에 대한 MRI 의사소통모델의 효과성을 보여 주고 있다(Park, 1999).

Park과 Choi(2014)는 자살사고를 가진 초기청소년 1명과 그 가족을 대상으로 Johnson의 정서중심치료를 적용하고 치료과정과 결과를 분석하였다. 치료는 총 8회기로 이루어졌으며, 치료효과를 분석하기 위하여 초기청소년의 자살사고척도(Scale for Suicide Ideation)와 우울척도(Children Depression Inventory)를 활용하여 측정하였다. 치료 결과 초기청소년은 자살사고와 우울의 정도가 치료 전보다 완화된 것으로 나타났다.

III. 치료의 이론적 틀

이 연구에서 치료에 적용된 이론적 준거틀은 Murray Bowen의 가족체계이론과 MRI의 상호작용적 가족치료모델이다. 첫째, 상담자는 청소년 자녀의 자살시도를 유발한 원인을 파악하여 이를 해결하기 위하여 Murray Bowen의 가족체계이론을 적용하였다. 둘째, 상담자는 내담자 부부가 지금까지 자녀의 문제행동 발생 시 대응하였던 가족구성원들 간의 역기능적인 의사소통방식을 파악하고 기능적인 의사소통방식으로 변화할 수 있도록 돕기 위해 MRI 상호작용적 가족치료모델을 적용하였다.

1. Bowen의 가족체계이론

Bowen의 가족체계이론에서는 개인의 증상을 개인의 문제가 아닌 가족 전체의 정서적인 과정과 구조의 문제라고 본다. Bowen은 개인이 나타내는 부적응적 행동이나 역기능적 증상은 자아가 분화되지 못한 데서 기인한 것으로 보고 가족구성원들의 자아분화 수준에 따라 기능적인 가족과 역기능적인 가족으로 구별하였다(Bowen, 1982). 가족은 분화되지 않은 자아덩어리(ego mass)로 감정이라는 덩어리에 얽혀 있으며 이러한 가족의 자아덩어리로부터 자신을 구별해 내는 과정을 자아분화라고 하였다(Kerr & Bowen, 1988). 또한 원가족의 영향을 강조하여 현재 가족의 상호작용 유형이나 개인의 병리적 증상들을 원가족과의 관계 또는 그 이상의 윗세대 관계망의 맥락에서 이해하려고 하였다.

Bowen의 가족체계이론의 주요 개념으로는 자아분화를 비롯하여, 부모가 자아분화 수준이 낮을 경우 부부갈등으로 인한 정서적인 문제를 자녀에게 적용하는 투사와 이로 인한 삼각화, 또한 이러한 핵가족 정서체계 패턴이 세대 간에 전수되는 다세대 전수과정이 있으며, 이는 형제순위와 관계있고 정서적 단절현상을 유발하기도 하며, 사회적 퇴행이 일어날 수 있다. 즉, Bowen의 가족체계이론에서 상담자는 가족의 정서과정을 탐색하고 가족 내의 구조 및 관계의 맥락을 파악하여 내담자로 하여금 가족으로부터 정서적으로 분화하여, 탈삼각화를 유도하고, 현재 상황에 원활히 적응할 수 있도록 자아분화 수준을 높이는 것에 치료목표를 둔다.

2. MRI의 상호작용적 가족치료모델

MRI 상호작용적 가족치료모델은 행동의 변화에 초점을 둔 모델로 현재 나타난

가족의 문제는 역기능적인 가족구성원들 간의 상호작용으로 인해 발생한 것이며, 그 해결책 또한 상호작용의 변화를 도모함으로써 수행될 수 있다고 본다. 이 모델에서는 문제의 원인보다는 문제를 지속시켜 온 방법을 변화시키는 데 초점을 두고 있으며, 현재 이루어지는 가족 간의 의사소통은 지금의 가족관계가 기반이 된 것으로 가족 내에서는 대칭적 관계와 보완적 관계가 있으며, 가족체계 내에서 관찰할 수 있는 현재의 상호작용에 초점을 두고 해결책을 의사소통방식에서 찾고자 하였다.

그러므로 상담자는 내담자 가족구성원들이 지금까지 시도해 온 역기능적인 상호작용방식을 탐색하고 그 결과를 확인하여, 지금까지의 방법과는 다른 새로운 기능적인 의사소통방식을 통해 가족구성원들 간에 연쇄적인 상호작용 방식의 변화를 도출하여, 가족관계의 변화를 유도하는 데 치료의 초점을 둔다.

Ⅳ. 연구방법

1. 사례개요

이 사례의 내담자는 여러 차례의 자살시도로 인하여 정신과 상담을 받고 있으나 진전을 보이지 않아 내담자가 다니는 학교상담사를 통해 상담자에게 의뢰되어 가족치료를 받게 되었다. 이 연구의 대상은 아버지(50), 어머니(49), 딸 (20), 아들(18)로 구성되었다([그림 10-1]). 상담자는 2012년 9월부터 11월까지 총 12회기의 개별상담(7회), 부부상담(1회), 남매상담(1회), 부모자녀상담(2회), 전체 가족상담(1회)을 진행하였다.

상담 의뢰자인 어머니가 호소한 주요 문제는 최근 친한 친구의 자살로 인해 둘째 자녀인 아들이 쇼크를 받았고 그 후 여러 번의 자해를 통한 자살시도 및 자살사이트 가입 등으로 인해 가족구성원들(부모와 딸)은 아들(내담자)이 학교에도 가지 않고 부모와 거의 대화를 하지 않는 상황에서 자살시도가 다시 일어날지 모른다는 불안감과 두려움을 갖고 있는 것으로 나타났다.

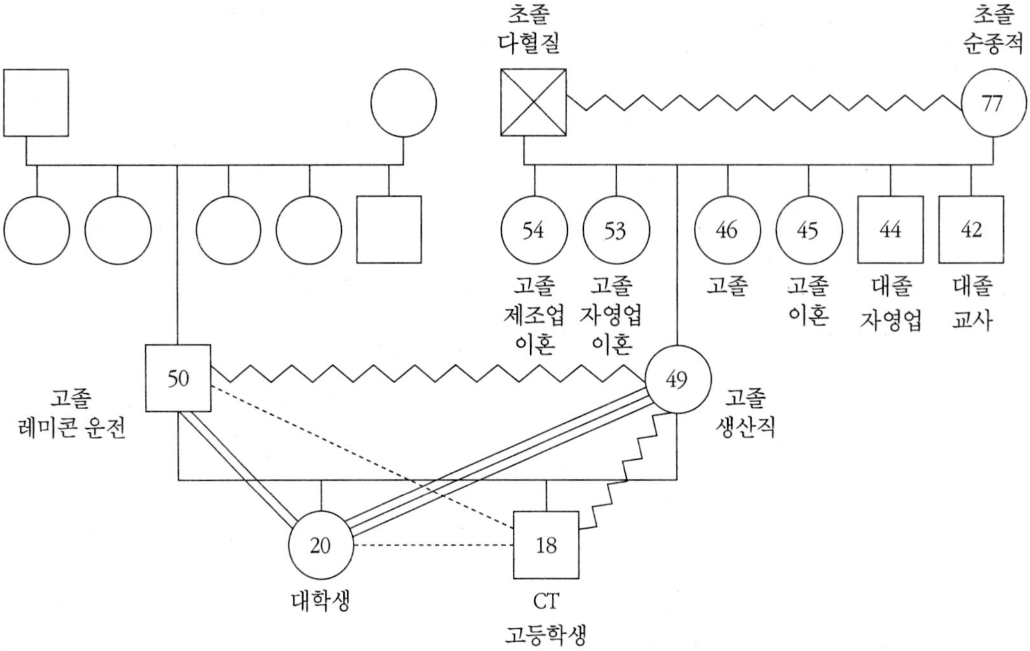

[그림 10-1] 가계도

2. 연구질문

첫째, 내담자의 위기상황 내용과 이에 대한 가족의 대응은 어떠한가?

둘째, 내담자의 위기상황 발생에 영향을 미친 가족관련 요인은 무엇인가?

셋째, 내담자의 위기상황 완화 및 해결을 위한 상담자의 개입방법과 효과는 무엇인가?

3. 분석방법

이 연구는 가족치료에 참여한 가족구성원들의 상담내용을 중심으로 분석하였으며, 자료분석과정은 질적 연구 분석 소프트웨어인 MAXQDA를 이용하였다.

첫 번째 단계에서 연구자는 연구문제들을 중심으로 MAXQDA상에서 축어록을 반복적으로 읽으면서 자녀의 위기상황에 영향을 미친 가족체계 내의 요인 및 의사소통방법 등을 중심으로 생각이나 느낌을 기록하였다. 두 번째 단계에서 연구자는 코딩기능을 사용하여 내용과 의미에 따라 자료를 분리하고 범주를 도출하였다. 마지막으로 연구자는 MAXQDA의 코드체계와 범주를 연결하고 분석하는 과정을 지속하면서 주제를 도출하였고, 연속적으로 읽으면서 주제별로 재조정하고 재분류하였다. 이렇게 형성된 개념들을 토대로 이 연구에서는 연구문제 3번인 가족치료 개입방법과 치료의 효과를 체계적으로 분석하기 위하여 사례연구에 적합한 질적 연구 디스플레이 방법인 Miles와 Huberman(1994)의 매트릭스와 네트워크 방법을 활용하여 설명하였다.

연구자는 자료분석 전 과정 동안 타당도와 신뢰도 향상을 위한 동료검증을 수행하여 합의과정을 진행하였다. 또한 연구의 윤리성 확보를 위해 상담내용의 사용에 대해 내담자의 동의를 받았으며 내담자의 사적인 정보는 삭제하였다.

V. 연구결과

1. 가족치료 회기별 진행개요

이 연구에서 시행된 가족치료의 목표는 내담자의 자살시도행동과 관련된 가족체계의 문제를 파악하고 가족체계의 변화를 통해 내담자의 자살생각 및 시도를 없애는 것으로, 이를 달성하기 위하여 상담자가 진행한 각 회기마다 참여한 가족, 목표, 개입방법, 회기 개요, 발생한 변화 등은 다음 〈표 10-1〉과 같다. 초기에는 가족원 개별상담이 1~2회기 진행되었고, 그 후 남매, 부부, 부 또는 모와 자녀가 같이 참여하는 회기가 이루어졌으며, 후반부에 가족 모두가 참여하는 회기가 이루어졌다.

2. 자녀의 위기상황 내용과 가족의 대응

1) 위기상황의 내용

상담 의뢰자인 어머니가 호소한 주요 문제는 최근 친구의 자살로 촉발된 아들(내담자)의 지속적인 자살시도로써, 현재 내담자는 정신과 치료를 받고 있는 상황이다.

또한 내담자는 고등학교 때부터 학교생활에 적응하지 못하여 현재 학업에 대한 대안을 찾고 있는 중이었다. 내담자는 성적이 우수하고 부모에게 인정받는 누나에 대한 열등감이 높았고 가족에게 솔직하게 이야기하지 못하였다.

(1) 내담자의 지속적인 자살의도 및 시도

내담자는 친구의 자살로 인한 죄책감에 시달리고 있었으며, 그 후 여러 번의 자해행동 및 자살사이트 가입을 통하여 지속적인 자살시도를 하였으며, 내담자 스스로도 여전히 자살을 하고 싶다는 생각을 가지고 있었다.

표 10-1 가족치료 회기별 개요

회기	참여자	목표	개입방법	회기 세부내용	제시된 결과
1	어머니	아들의 학교 생활, 친구 및 가족관계 이해	아들의 우정과 가족관계 이해	고등학교 1 학년 때의 아들의 학교부적응과 가장 친한 친구의 자살, 누이에 대한 아들의 열등감, 현재 높은 자살 위험으로 약물치료를 받는 아들	아들의 자살시도의 원인에 대한 어머니의 인식
2	아들	아들의 자살과 관련된 요인 이해	MRI의 커뮤니케이션 모델을 통한 가족 내 의사소통 방법이해	부모의 상처를 주는 발언으로 인한 감기약 과다 복용의 자살시도 등으로 인해 가족과 제대로 대화를 하지 못함	아들의 자살시도 뒤에 숨어 있는 가족문제에 대한 통찰력 확보
3	아들	부모의 결혼 관계와 형제 관계 이해	형제 자매, 부모, 부모-자녀 간의 역기능적 의사소통	타협할 수 없는 어머니, 아버지의 신체적 및 언어적 학대, 어머니와 누나의 격분한 표현, 빈번한 결혼 갈등	부모-자녀 문제를 해결하기 위한 아들의 인식
4	어머니	원가족과 핵가족 간의 관계 이해	아내의 부모와 부부, 그리고 사위의 문화 사이의 표현방법의 유사성 이해	내담자의 아버지, 어머니 및 외할아버지가 이중구속 메시지를 사용함	어머니는 그녀가 아버지의 표현방법을 사용했고 자기 주장적이라고 인정함
5	아버지	가족관계 이해하기	가족 내 의사소통 방법 및 양육태도 이해	내성적인 아들은 새로운 환경에 적응하는 데 어려움을 겪었고, 어머니는 형제들을 비교하고 가족들에게 자극적인 표현방법을 사용했고, 아버지는 변덕스러움	아들은 강아지를 사 준 이래 부모와 더 많은 대화를 시도했는데, 아버지는 아들에 대한 신경질적인 표현이 아들을 괴롭혔다는 것을 알게 됨

6	딸	내담자의 문제와 부모의 표현방법 이해하기	부모-자녀 및 부모 간의 의사소통 방법 이해하기	아버지는 다른 사람들을 비난하고 신경질적임 아버지와 아들은 내성적, 어머니와 딸은 외향적임 어머니는 아들이 아버지와 닮았다고 비난함	아들은 현재 아버지와 대화를 시도하고 있음
7	아들과 딸	형제 자매 관계의 변화를 유도하려고 시도함	자녀들이 서로 부모에 대한 그들의 느낌을 표현하도록 함	어머니가 이중구속 메시지를 사용함을 알게 됨 부모는 경멸을 나타내며 서로 비난함	두 아이는 부모에 대한 부정적인 감정을 공개하고 서로 공감하고 지지함
8	어머니, 아들, 딸	어머니와 아이들 사이에 솔직한 감정을 교환하려고 시도함	자녀들이 부모에 대한 자신의 감정을 어머니에게 표현하도록 도움	자녀들은 부모의 질문이 화가 나게 한다고 표현함	아이들은 솔직히 어머니에게 표현하기 시작했고, 어머니는 아이들의 표현을 받아들이기 시작함
9	아버지	그의 원가족을 통해 자신의 결혼관계를 이해하는데 도움을 줌	어머니(아내)와의 3세대 및 역기능 관계를 통한 가족관계 이해	어머니는 타협할 수 없었고 아버지는 부부갈등을 겪은 후 집을 떠남 어머니는 친척들에게 친절하였음 어머니는 배우자가 순종하지 않았을 때 결혼갈등을 일으킴	아버지는 결혼갈등의 배경을 이해하고 그의 표현방식이 어머니(아내)와 아이들을 괴롭혔다는 통찰력을 얻음
10	아버지, 아들, 딸	아버지와 자녀 사이에 솔직한 대화를 시도함	아이들이 부모에 대한 그들의 감정을 아버지에게 표현하도록 도움	아이들은 어머니와 함께 아버지에게 고통을 표현했고 아버지는 아이들의 감정을 이해함	아버지는 자녀들의 솔직하고 직접적인 표현방식으로 인해 자신의 표현방식을 인정했고, 자녀들은 솔직한 대화를 나눌 수 있었음
11	아버지 어머니	아버지와 어머니 사이에 솔직한 대화를 시도함	부부가 모호한 표현을 분명히 하고 생략된 표현을 하도록 도움	부부는 자신의 문제를 해결하기 위해 자신의 역기능 표현방법을 이해함	아들이 직업학교에 가기로 결심함
12	아버지 어머니 아들 딸	가족구성원 간에 솔직한 감정을 교환하려고 시도함	가족구성원들이 자신의 감정을 서로에게 순조롭게 교환하고 서로 주의 깊게 들어 주는데 도움을 줌	어머니와 아들은 걱정을 해결하였고, 가족 내 의사소통은 더욱 기능적이 됨	아들은 자살을 시도하지 않고 직업학교에 출석하기로 결정한 후 희망을 갖게 되었고 더 이상 자살을 생각하지 않음

어머니: 우리 아들친구가 아들하고 마지막 카톡을 했대요. '나 죽고싶다!'고. 그런데 우리 아들이 이제 애들이 흔히 하는 얘기니까 그걸 무시하고 잤대요. 그런데 걔가 아침 6시 반에 아파트에서 투신을 한 거예요. 그래 가지고 그날부터 애가 힘들어하는 거예요……. 자기가 걔를 구할 수 있었는데 농담으로 받아들이고 못 구했다는 죄책감. 내가 너를 살릴 수 있었는데 못 살렸다. 이런 것도 있고 제일 친했는데, 니가 갔으니 나는 다시 또 외톨이가 됐다……. 그것 땜에 같이 따라가려고 하는 게 심해요. (모-1회기)

어머니: 지금 9월 들어서 처음에 손을 이렇게 긋더라구요……. 뭐로 그었는지 말도 안 해요. 물어봐도 말도 안 하는데 그러니까 펀으로 그은 건지 깊지는 않아요. 9월초에 한번 그러더니, 지난주에 한 월요일인가? 그때쯤 한 번 또 많이 그었더라구요. 그러더니 목요일날 또 완전 많이 막 낫지도 않은 데다가 많이 긁어놨어요. 이 손이 완전 다 상처예요. (모-1회기).

어머니: 저녁 먹고 설거지하는데 경찰이 왔어요. ○○가 자살사이트에 가입을 했는데 오늘 만나기로 했대요. (모-4회기)

상담자: 지금 지난번에 다녀가고 나서 일주일 동안 또 자살하고 싶은 생각은 했니?
내담자: 그런 생각은 가끔씩 들어요. (내담자-3회기)

(2) 내담자의 학교부적응

어머니의 이야기에 따르면 내담자는 고등학교 진학 후 교우관계 형성에 어려움을 경험하였고, 내담자 자신도 저조한 학교출석률과 낮은 의욕으로 인해 학교적응에 악순환을 경험하고 있었으며, 이로 인해 죽고 싶다는 생각도 갖고 있었다고 말했다.

어머니: 아들이 중학교 때 친구들이 가장 친해 가지고 고등학교 때 적응을 못했거든요. 관심도 없고, 1년 또 꿇었기 때문에 몸이 안 좋아서. 학교가도 친구들이 없었어요……. 고등학교 1학년 들어가면서, 학교 적응 못 하면서 반항도 하고 막, 말을 안 듣는 거죠. (모-1회기)

내담자: 그냥 고등학교 가니까 뭔가 적응도 쫌 그렇고, 중학교 때가 그립고. 이런 생각으로 학교도 잘 안 나가고……. 2학년 올라왔을 때 방황하다가 제가 거기서도 그냥 학교도 잘 안 나가고 …… (중략) …… 그냥 학교 다니는 것도 그렇고 출석률이나 이런 거 등급 이런 것도 다 낮고 그런데 하고 싶은 것도 없고, 다니기도 싫고 여러가지 다 힘들고 이렇게 살 바에는 죽는 게 나을 거 같다고 생각했어요. (내담자-2회기)

(3) 누나에 대한 내담자의 열등감

내담자는 무엇이든 잘하는 누나에게 강한 열등감을 느끼고 있었으며, 자신은 애교를 부려야만 가족들에게 사랑을 받는다고 이야기하면서 남매관계에서의 긴장과 열등감 등으로 인해 가족 안에서 적응하지 못하고 있었다.

어머니: 중학교 때 그런 얘기를 많이 했대요. 자기는 잘하는 게 없고, 누나만 잘하는 거 같다. 그래서 그거 때문에 자기는 칭찬받을 일이 없고, …… (중략) …… 어쩔때는 집에 가기도 싫다고 얘기도 했었대요. (모-1회기)

어머니: 제가 얼마 전에 아들 친구한테서 들었어요. 누나 칭찬하고 그럴 때 자기는 너무 소외감 느끼고 그랬다고. 누나가 대학 갈 때 가방도 사야 되고, 옷도 사야 되고, 신발도 사야 되고, 준비할 게 많잖아요. 고등학교랑 틀리니까. 그런 걸 사러 다니는데도 아들은 잘하는 게 없기 때문에 사 달라는 말도 못했고. 근데 그때도 누나만 사 주기 뭐하니까 아들도 똑같이 사줬었는데, 자기는 잘하는 게 없기 때문에 당당하게 사 달라는 말을 못한다라고 친구한테 말하면서 되게 열등감을 느끼더래요. 부모한테 칭찬도 못 받고, 나는 애교만 부려야 되는, 그래서 사랑을 받아야 한다. 잘하는 게 없으니까. 꿈도 없고. (모-1회기)

2) 자살시도에 대한 대응

내담자가 언제 또 자살을 시도할지 모르는 상황에서 가족 전체가 높은 불안감과 염려를 갖고 있었으며, 신체적 증상이 나타나기도 하였다. 자녀의 자살시도에 대한 불안이 지속되는 상황에서 부모는 자녀에게 역기능적인 반응을 되풀이하였다.

(1) 내담자의 자살시도에 대한 불안감, 무서움

내담자의 지속적인 자살시도로 인해 어머니는 높은 불안감과 공포를 가지고 있었고, 내담자인 아들에게 자살시도행동에 대한 언급조차 어려워하는 상황이었다.

어머니: 저는 그거 볼 때마다 끔찍하고, 애가 무서워요……. 그저께도 팔 그은 거 보고 야단을 치면 오히려 저기할까 봐 말도 못하고 (아들은) 혼자 잠을 못 자는 거예요. 자려다가 이제 못 자고 거실로 나가서 혼자 자더라구요……. 지금 같은 경우에는 제가 별다르게 하지도 않았는데 말 붙이러 방에 들어가면요, 눈에 막 살기가 보여요. 저녁때 퇴근해 가지고 현관문 열면, 아들이 안에 있다는 팔 긋고 막 그러니까 더 아들이 무서워요. 아침에 일어나서도 거실에 나오기가 무섭고. 아들의 그런 모습을 안 보다가 봐서 그런지, 아들이 무서워요. (모-1회기)

(2) 자녀의 자살시도에 대한 부모의 역기능적인 반응

내담자인 아들의 지속적인 자살시도로 불안이 높은 상태에서 내담자가 감기약을 먹었고 부모는 약을 이용한 자살시도로 오해하는 상황이 있었는데, 사실을 안 내담자의 아버지가 아들에게 역기능적인 정서를 그대로 표출함으로써 문제를 악화시키고 있었다.

아버지: 너무 황당한 거죠. 저는 단지 그때는 친구 문제로만 저기하는 거로만 알고 있었던 거죠. 그니까 애가 너무 황당한 거죠. 자살시도로 수면제도 아니고 감기약. 종합 감기약을 먹었다고 하길래 그게 뭐냐. 놀래서 '그게 뭐하는 짓이냐. 그냥 죽고 싶으면 뛰어내려서 죽어! 너 엄마아빠 속 긁어 놓는 거 아니냐'고. 너무 그렇잖아요. (부-2회기)

(3) 내담자에 대한 걱정과 불안으로 인한 신체적 증상

내담자의 계속되는 자살시도에 대한 불안감으로 인해 어머니의 경우 신체적인 증상이 나타나고 있었는데, 이는 가족 전체를 더욱 불안하게 만드는 요인이 될 수 있다.

아버지: 요즘에 아마 집사람이 제일 걱정이 되는 게 제가 여름에 다친 거 때문에 금전적인 거? 그리고 이제 또 아들이 저렇게 된 거? 지금은 이제 아들 학교 문제 때문에 지금 엄청 저기가 돼 가지고. 저번 주 밤에 저는 잠자고 있는데 막 이렇게 화장실 가서 토를 했다고 그러더라구요. (부-9회기)

3. 증상발생의 가족관련 요인

1) 부모-자녀의 역기능적인 의사소통방식

내담자 증상발생의 대표적인 가족관련 요인으로 자녀에 대한 부모의 역기능적인 의사소통방식을 들 수 있는데, 부모가 자녀들에게 자신의 감정을 여과 없이 표현하고 자녀의 의사를 무시하거나 정서를 억누르며, 자녀를 충분히 공감해 주지 못하여 자녀와 개방적인 의사소통을 하지 못하고 있었다.

(1) 부정적 감정을 여과 없이 자녀에게 표현하는 부(父)의 의사소통방식

내담자의 자살행동을 지속시키는 요인 중 하나가 아버지의 여과 없는 내담자에 대한 부정적인 감정표현이었는데, 내담자 역시 이에 대해 즉각적인 부정적인 반응을 하여 문제를 증폭시키고 있었다. 내담자는 아버지의 이러한 의사표현방식이 자신을 미쳐 버리게 만드는 요인이라고 이야기하였다.

내담자: 저는 아빠가 (나에게) 왜 사는지 모르겠다고 하시니까. 그러니까 저도 잘은 못 들었는데 아들 놈이 하나 있는데 지금 이러고 있는 것도 깝깝하고, 그런 식으로 얘기하셨을 때 제가 민폐끼치는 게 있기도 하고, 여러 가지 생각도 드니까. 화가 나서 그냥. 죽고 싶으면 그냥 차라리 차로 어디 들이박으라고 그렇게 얘기했어요. 엄마아빠 표현하시는 방식이 날 아예 돌아 버리게 하니까 얘기를 안 하고 싶어요. (내담자-3회기)

(2) 자녀의 의사를 무시하는 모(母)의 의사소통방식

자녀들 모두 어머니의 일방적이고 자녀의 의사를 무시하는 의사소통방식으로 인해 어려움을 겪고 있었고, 이로 인해 어머니가 자녀인 자신들을 인정해 주지 않는다고 생각하고 있었다.

딸: 동생이 자기 얘기를 해도 엄마가 자기 생각에 안 맞으면 그 의견을 무시해 버리는 게 되게 많으니까……. 엄마가 고모가 입었던 옷을 나보고 입으라고 가져와요. 근데 제가 봤을 때는 이쁜 게 없었는데 엄마가 봤을 때는 "너가 입으면 이거 이쁘겠다." 그러는데 나는 이거 안 이쁜 거 같으니까 "안 입을래." 이랬는데 엄마는 이해가 안 됐나 봐요. "너는 이쁘기만 한데 왜 안 입으려고 그래?" "내가 봤을 땐 안 이뻐." 이랬더니 엄마가 그 말에 갑자기 화를 내는 거예요. "너는 배가 불렀어." 이러면서 "앞으로 옷 사 달라는 소리 하기만 해봐." 그런 식으로. (딸–6회기)

내담자: 만약에 예를 들어, 유리를 깼다 그러면 제가 안 했는데 (엄마가) 거짓말치지 말라고 그러고. 학교에서 예를 들어, 교복 같은 걸 줄이면 줄인 게 아닌데 엄마는 줄인 거 같다고. 계속 그런 식으로. (내담자–3회기)

상담자: 그럼 니가 아니라고 말을 했을 때 엄마가 니가 맞다 니 말이 옳다라고 인정해 주신 적은 있을까?
내담자: 그런 적은 없었어요. (내담자–7회기)

(3) 억눌린 자녀의 정서표현

부모의 역기능적인 의사표현으로 인해 자녀들의 정서표현은 억압되어 있었고, 사실대로 이야기를 해도 혼나는 경우가 많아서 아예 표현을 하지 않거나 잘못했다고 미리 이야기하는 행동을 보이는 등 가족체계 내에서 역기능적 의사교류가 진행되고 있었다.

딸: 엄마나 아빠한테 동생이 많이 자기 의견이 눌렸으니까. 그래서 자신감도 없고 그러다 보니까 얘가 계속 딱 자신 있게 못 그러는……. 억압이라기보다 엄마 아빠는 우리가 무슨 말을 했을 때 틀린 말이거나 엄마 아빠가 공감이 안 가면 그냥 엄마 아빠가 아니라고 계속 그러면 동생이 무슨 말을 자신 있게 할 수 있겠어요? (딸–12회기)

내담자: (엄마가 제가) 워낙 어렸을 때부터 황당하게 우기시는 게 있어서……, 그러

니까 제가 잘못한 게 아닌데, 너가 거짓말치지 말라고 계속 그러니까. 맞고, 혼나고 어릴 때 그렇게 되니까, 혼날 거 같으니까 제가 했다고, 잘못했다고 그런 거니까. (내담자-2회기)

2) 부부간 기능적인 의사소통방법의 부재

부부는 타인의 입장을 고려하기보다는 남 탓을 하면서 자신의 의견만을 주장하는 역기능적인 대화방법을 사용하고 있었다. 이러한 역기능적인 대화방식으로 부부간에 대화가 안 되고 빈번한 갈등이 일어났고 이로 인하여 자녀들은 늘 불안감을 느꼈다. 또한 이러한 부모의 역기능적인 대화방식은 자녀들에게도 전수되고 있었다.

(1) 부(父)의 비난형 의사소통방식

아버지는 어머니에게 비난형 의사소통방식을 사용하고 있었는데, 상대의 잘못을 계속 탓하는 역기능적 의사소통방식으로 인해 가족 전체 분위기 역시 부정적인 영향을 받고 있었다.

딸: 추석 때 되면 길이 막히잖아요. 근데 아빠는 빨리 가고 싶었나 봐요. 근데 제가 그 전날에 아르바이트를 늦게까지 해서 엄마는 제가 좀 더 자고 가길 원해서 조금 더 늦게 깨웠대요. 아빠가 원하는 시간보다. 근데 아빠는 그거부터 마음에 안 들었나 봐요. 그래서 계속 빨리 깨우고 빨리 가지 그렇게 좋게좋게 얘기했어요, 처음에. 그러다가 차타고 내려가다가 진짜 차가 조금씩 막히는 거예요. 거기에서 아빠가 갑자기 그랬나 봐요. 엄마한테 자꾸 이게 다 당신 탓이라고. 출발하기 전에 엄마한테 고속도로 상황을 알아보라고 했는데, 엄마가 찾아봤을 때는 고속도로가 막히지 않았나 봐요. 그래서 어디로 가면 막히지 않을 거라고 해서 가고 있는데 거기가 되게 막혔어요. 그래서 엄마한테 계속 뭐라 하는 거예요. "알아보라고 했더니 잘 알아보지도 않고. 다 당신 때문이라고, 애를 빨리 깨우는 거부터 해서 왜 그러지를 못하느냐고. 이게 다 너가 게을러서 그런 거라고." 엄마한테 계속 그러는 거예요. 저도 좀 아침에 준비를 빨리 하려고 노력을 했는데 준비할 게 여자들은 많으니까……. 그렇게 하는데 아빠는 그것도 좀 그랬나 봐요. "얘가 그러는 것도 다 당신 때문이

야." 가면서 계속 그랬어요. 분위기가 되게 안 좋았어요. (딸-7회기)

(2) 부부의 다툼형 의사소통방식

내담자 부모들은 부부간에 싸움이 잦았고 소통하면서 문제를 풀어 가는 방식이 아닌 충돌하고 다투는 방식을 계속 사용하였고, 심지어 자녀에게 이혼 후 어떤 부모를 따라갈 것인지 직접 묻기도 하면서 불안정하고 역기능적인 부부체계를 계속 나타내었다.

내담자: 초등학교 2학년 때 두 분이서 부부싸움이 있었어요. 그때 예를 들면 아빠가 "이혼하면 누구 따라갈 꺼냐?" 어머니가 열 받았을 때 불같은 성격과 후벼파는 방식, 쏘는 방식, 아버지가 욱하는 방식, 충돌하면 합의하지 않고……. 계속 싸워요. (내담자-2회기)

3) 세대전수된 모의 의사소통방식

어머니의 자기주장이 강하고 자녀의 의사를 무시하는 대화방법은 친정아버지의 다혈질적이며 자기중심적인 대화방식이 전수되어진 것이고 이러한 어머니의 대화방식은 자녀들에게도 유사한 패턴을 보여 주고 있다.

어머니: 아버지가 버럭하셨어요. 막무가내로 하시고……. 다른 자식들은 아버지를 외면을 한 거죠. 저는 그걸 따지고 파고들었고. 다른 자식들은 아버지 원래 그러니까, 포기를 한 거고. 저는 아버지는 왜 그렇게 하냐 이런 식으로 따지는 형이었고. 그러니까 저한테는 수긍을 하셨어요. 그걸 (제가) 아들에게 하는 것 같아요. (모-12회기)

다음 제시한 〈표 10-2〉는 지금까지 기술한 내담자의 문제 증상에 영향을 미친 가족관련 요인을 정리한 내용이다.

표 10-2 자녀의 자살시도 증상에 영향을 미친 가족관련 요인-개념추출과 범주화

상위 범주	하위범주		개념
역기능적 의사소통	부모 자녀 간	부모의 감정을 여과 없이 자녀에게 표현함	부모가 화가 나면 자녀에게 감정을 여과 없이 드러내어 자녀로 하여금 정서적 불안감에 휩싸이게 함. 부모와의 대화를 닫아 버리게 하는 원인이 됨
		자녀의 의사를 무시하는 의사소통방식	자녀의 의견이 부모 의견과 맞지 않는 경우 자녀 의견은 무시하고 인정해 주지 않음
		억압된 자녀들의 정서적 표현	부모의 역기능적인 대화로 인해 자녀들의 정서적 표현이 억압됨
	부부간	남 탓을 하는 의사소통방식 사용	생활에서 일어난 크고 작은 일들을 타인의 탓으로 돌리고 비난함
		충돌하는 의사소통방식	부부간에 의견 충돌이 발생할 때 타인을 배려하지 않고 자기주장만을 함으로써 합의가 되지 않고 충돌이 발생함
원가족 관계	세대전수된 역기능적인 의사소통방식		어머니의 자녀를 대하는 역기능적인 대화방식은 친정아버지의 대화방식이 전수됨

4. 치료적 개입방법과 효과

1) 치료적 개입방법

(1) 역기능적인 의사소통방식에 대한 원인 탐색

상담자는 가족구성원들로 하여금 부모의 자녀에 대한 역기능적인 의사소통방식의 근본적인 원인 탐색을 위해 가족체계의 상호작용 패턴을 탐색하고 현재 가족체계를 명확히 인식할 수 있도록 도왔다.

상담자: 결국엔 두 분의 지금까지 표현하는 방식이 문제를 해결할 수 없는 방식으로 대처를 하셨다는 거거든요. 아드님의 자살하겠다는 생각을 변화시키는 방법은 어머니 아버님 두 분이 좀 더 표현이 잘되고 협상이 되는 방식만 된다면 그 방법으로 인해 애들이 엄마, 아빠하고 협상이 가능하다 이거거든요. 근데 거기서 버럭버럭 또 그러면 애들은 다시 움츠러들 꺼라는 거죠. “어, 우

리 엄마아빠 안 되네."라면서 단념한다는 거죠. 사실은 그게 가장 걸려 있는 거예요. (부모-12회기)

또한 상담자는 부모-자녀 간의 의사소통의 어려움에 대한 원인이 원가족구성원과의 부정적인 경험과 관련 있다는 것을 설명하였다.

상담자: 어머니 비교하는 표현방식이 친정엄마 아버지 중에서 어느 분의 방식과 유사할까요?

어머니: 아버지죠.

상담자: 어머니가 쓰고 있는 표현방식이 일단 자기주장이 강하고 자기가 옳으면 그건 아니라는 거죠. 그리고 또 비교를 했다는 거예요……. 아드님이 지금 어머니의 타협하지 못하는 방식과 비교하는 방식으로 인해 아드님이 "상당히 힘들었겠구나."라는 거를 느끼시나요? (모-11회기)

(2) 모의 미성숙한 대응방법을 직면시킴

상담자는 어머니 스스로 갈등상황에서 대응하는 방법을 돌아보게 하여 그동안 자녀에게 사용한 미성숙한 대응방법을 재인식하도록 도움을 주었으며, 바람직한 부모역할 및 대응방법에 대해 조언하였다.

상담자: 지금 아버지 말씀이나 따님이나, 아드님이나 똑같은 맥락이에요. 무슨 말이냐면 어머니가 자기 기준이 딱 세워지면 그게 옳은 거예요. 그리고 거기에서 반항을 하면 애들이 말대꾸한다고 생각하는 거예요. 타협은 없고, 자기가 옳으니까 따라오라는 거예요. 그게 몸에 안 좋을 거다. 밥을 먹어야지, 속도 편하고. 여기까지 이해는 하지만 사람이 습성이 다 다른 건데 그걸 인정을 안 하고 다 잘못됐다고 하는 거예요. 그런데 이쪽은 돌아 버리는 거죠. 아드님 문제도 거기서 걸리는 거거든요. (모-11회기)

상담자: 대화도 안 되고. 그럼 저는 옷이 됐든 밖에 나가는 거가 됐든 먹는 거가 됐든. 자기가 원하면 일단 놔두자는 거예요. 좋은 사람은 나가자는 거예요. 싫

은 사람은 놔두고. 근데 그 분리 작업을 지금부터 들어가셔야 된다는 거죠. 근데 어머니는 이게 좋은 거니까 모두 다 같이 하자라는 거거든요. 근데 자녀들은 지금 어머니 말씀도 그렇고 따라 주는 나이는 지나가고 있다는 거죠. (모-11회기)

(3) 가족 하위체계 간 명확한 경계선 형성을 통한 상호작용 패턴 변화 유도

상담자는 부모-자녀 및 남매간 하위체계에 대한 명확한 경계선 형성을 시도하였다. 가족원 중 누나가 내담자의 편을 들어 형제 하위체계를 강화하여 위계구조를 변화함으로써 상호작용패턴의 변화를 도출하고 이를 통해 갈등상황을 해결할 수 있는 새로운 의사소통방법을 시도할 수 있다.

상담자: 근데 지금 내 얘기는 지금 두 사람 간에 어떻게 보면은 소위 형제라고. 형제 하위체계를 강화시키는 차원에서 좀 보자고 한거야. 무슨 얘기냐면 ○○가 엄마한테 본의 아니게 지금 피해를 입고 있다고 보면 누나는 동생편을 들어 줄 필요가 있어. (남매-10회기)

(4) 효과적인 의사소통방식 연습하기

상담자는 가족구성들원 간의 역기능적인 의사소통방식을 변화시키기 위해 상담 중에 부부에게 기능적이고 효과적인 의사소통방법을 연습할 수 있게 하였다. 이 방법은 MRI 가족치료모델에서의 대상의 관계에 기반한 상호작용 패턴을 파악하고 문제 지속요인을 변화시켜 문제를 해결하려는 시도로써, 상담자는 부부간의 대칭적 관계로 기인된 갈등적 의사소통방법이 아닌 새로운 의사소통방법을 시도함으로써 문제의 지속을 저해시키는 데 도움을 주고자 하였다.

상담자: 오늘은 서로 순차적으로 얘기를 한 거예요. 어머니 말씀하시고, 아버님 말씀하시고 또 제가 얘기를 하고. 하여간 계속 돌아간 건 아니지만 한번 얘기하면 거기에 반응하고. 근데 여기에서 보면 감정을 자극하는 건 없었잖아요. 그렇지 않나요? (부모-11회기)

2) 치료의 효과

(1) 부모의 아들 문제에 대한 통찰과 기능적인 의사소통 시도

부모는 상담자의 개입과정을 통해 자신들의 의사소통방식이 효과적이지 못하다는 것을 인식하게 되었다.

> 어머니: 저는 요즘에 와서 아들이 이렇게 힘든 거에 대해서 생각을 엄청 많이 했어요. 얘가 돌이 되기 전부터 일을 했거든요. 그래 가지고 아들하고 놀아 주지도 않고, 저는 오로지 일만 했던 거죠. 그런 거부터 다 이제 후회가 되고, 제가 어머니한테도 그랬어요. 제가 자식을 다시 키우면 정말 잘 키울 것 같다고. 지금 이러는 게 다 제 탓인 거 같다고. 제가 그런 얘기를 했었어요. (모-11회기)

가족구성원들이 의사소통의 문제점을 인식한 후 부모와 자녀 간에 현실적인 주제들에 대한 실제적이고 개방적인 대화가 시도되어, 부정적인 가족관계가 긍정적으로 변하였다. 가족치료 개입을 통해 제시된 것 같은 어머니와 내담자 간의 진솔한 대화가 이루어질 수 있었다.

> 어머니: 너가 낮에 하루종일 집에 그러고 있으니까 걱정도 되고, 또 밤에 산책 나가면 얘가 또 밤에 다른 생각을 하지 않을까 이런 걱정 때문에 항상 전화를 하거든. 나는 너 목소리 들으면 좋은데 그게 아들은 또 아닌가 봐.
>
> 내담자: 엄마 하고 싶은 대로 해도 좋긴 좋은데, 시간이 흘러도 엄마 말대로 내가 좋아지는 것도 아니고 여러 가지 그런 거 엄마아빠 앞에서 잘 지내는 척 지금은 이러고 있지만 생각하는 것도 많고 여러 가지가 복잡하니까, 되게 죄스럽고……. 엄마가 하고 싶은 대로 해도 좋은데 그렇게 많이 안 했으면 좋겠어. (모자-12회기)

> 아버지: 저도 마음이 좀 후련해지고. '어떻게 하면 아들이랑 되도록 많은 대화를 할 수 있을까?' 어떻게 보면 이제 아들하고 아빠가 좀 가까워지고, 대화도 이제 좀 했던 얘기 또 하더라도 뭐 자꾸 같이 저녁 때 나가서 산책 다니고 하다 보니까 아들이 산책하는 거 안 좋아하는 거 같으면서도 "아빠 괜찮다고, 좋다."

고 또 얘기해 주고 그러니까 저도 기분이 좋아지더라구요. (부-12회기)

(2) 자녀들의 솔직한 의사 표현

상담자의 가족구성원들에 대한 적극적인 공감과 통찰적 해석과정을 통해 자녀들은 부모에게 자신의 속마음을 솔직하게 표현할 수 있게 되었다.

딸: 엄마가 우리가 말을 하면 공감도 좀 많이 해 주고 잘 들어 주고, 그렇게만 해도 훨씬 많이 좋을 것 같아요. (딸-11회기)

내담자: 너는 그렇게라도 표출을 해야지 그나마 조금이라도 마음이 풀릴 거 아니야? 그러지 않으면 더 미치지.

상담자: 그럼 답답하죠. (내담자-12회기)

(3) 부(父)-내담자 간 긍정적 관계 형성 시도

아버지는 가족치료를 통해 자신의 뜻대로 되지 않는 자녀의 문제를 내려놓고 자녀를 있는 그대로 수용하려는 자세를 갖게 되었다. 이러한 아버지의 변화는 부부간에도 영향을 주어, 부부가 충돌을 하지 않고 대화를 할 수 있었다.

아버지: 아들이 모든 걸 힘들어하고 그러면 집사람도 그걸 못 견디어 하더라구요. 저도 처음에 속도 상하고 막 미치겠다더라고요. 이럴 정도로 힘들 때가 있었거든요. 그래서 제가 집사람한테도 얘기한 적이 있지만 나 이제 아들에 대해서 마음 비우고 만약에 얘가 학교에 정 적응하기 힘들면 나 학교 안 보낸다. 그러면 얘가 집에 있으면 다른 거 할 수 있는 거를 우리가 잘 정리해 줘야지. 그 뒤로 제가 마음을 확 정리해 놓고 그때부터 이제 완전히 저는……. (부-12회기)

또한 자녀들은 가족치료를 통해 부모와 의사소통방식의 변화로 인하여 부모와 솔직하게 대화하기 시작하였으며, 내담자의 경우 자발적으로 아버지와 함께 산책을 가기도 하는 등 부모-자녀 간에 긍정적인 변화가 일어났다.

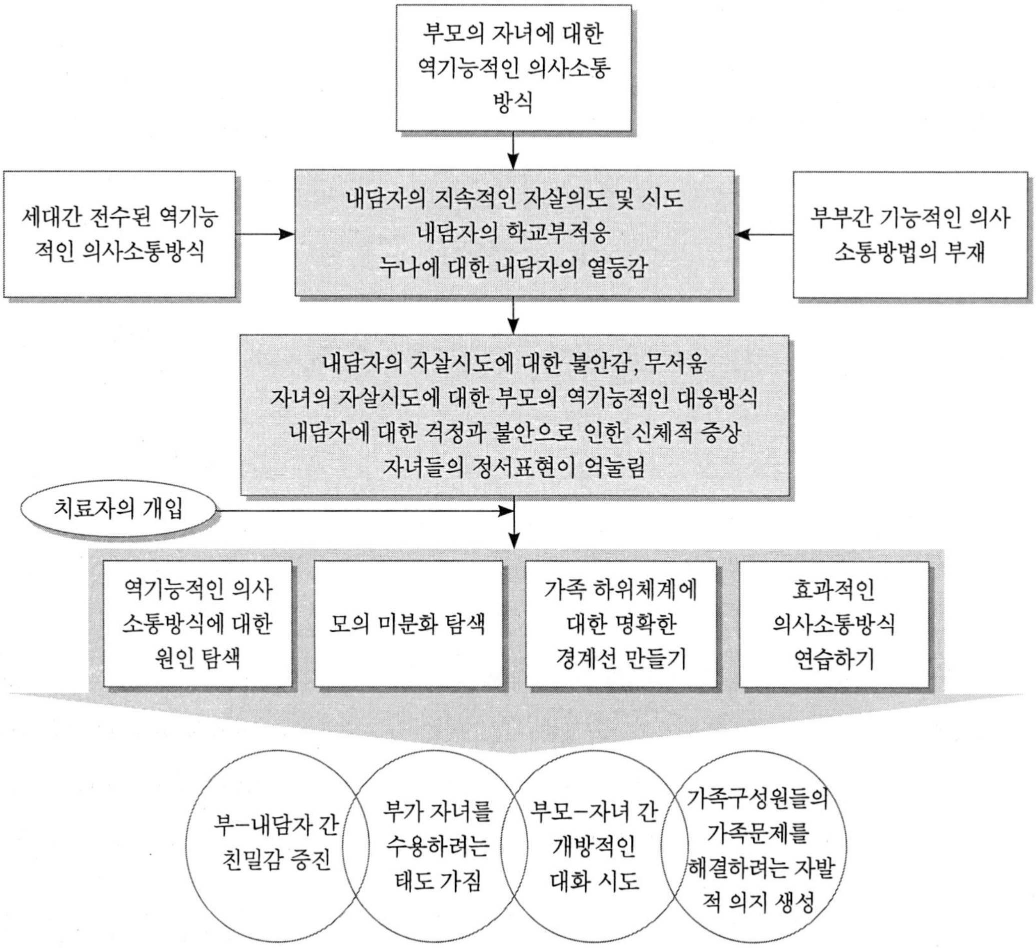

[그림 10-2] 자녀의 자살시도로 위기를 겪고 있는 내담자에 대한 가족치료 효과 네트워크

아버지: 우연히 제가 이제 1층에서 막 나오는데 아들이 걸어와요. 아들이 아빠 어디 가냐고 하길래 아빠 산에 잠깐 갔다올게 그러니까 아들이 아빠 그럼 같이 가재요 그래서 같이 동네 산을 한 바퀴 돌았어요. (부-12회기)

3) 가족구성원들의 가족문제를 해결하려는 자발적 의지 생성

가족치료를 통해 남 탓을 하는 대화방식에서 벗어나 적극적으로 가족문제를 해결하고자 하는 자발적 의지가 형성되어 역량 있는 가족으로써 자질과 능력을 갖추게 된 것으로 보여진다.

아버지: 이제 우리 방식이 이게 잘못된 거니까 고쳐 나가야죠. …… (중략) …… 하여튼간 뭐 저기 힘들었는데 우리가 그 방법을 고쳐서 좀 잘해 보자. (부-11회기)

치료과정 중 내담자의 자살시도는 한 번도 일어나지 않았으며, 내담자는 학교부적응문제로 대안을 찾던 중 위탁학교를 자발적으로 선택하고 다니게 됨으로써 진로에 대한 불안감이 해소되고 생활적응력이 향상되었다.

딸: 제가 봤을때는 동생이 예전만큼 그렇게 어둡지 않아요. (딸-12회기)

아버지: 아들과 이렇게 대화를 해 보니깐 뭔가 홀가분했어요. 또 위탁학교에 간다고 결정하고 나서 아들이 더 좋아진 것 같구요. (부-12회기)

결과적으로 이 연구에서 시행된 가족치료의 목표는 긴급한 내담자의 문제인 자살시도행동과 관련된 가족체계의 문제를 파악하고 기능적인 변화를 이끌어 내어 내담자의 자살시도를 소멸시키는 것이었는데, 가족치료 진행을 통해 이 목표가 이루어졌다. 치료과정에서 수행된 상담자의 개입내용과 치료효과를 정리하였으며(〈표

표 10-3 내담자 가족에 대한 치료자 개입의 효과성

	부모	부부	자녀
개입 전	-부모의 감정을 여과 없이 자녀에게 투사함 -자녀의 의사를 무시하는 의사소통방식	-남 탓으로 돌리는 의사소통방식 -충돌하는 의사소통방식 -세대전수된 역기능적인 의사소통방식	-억눌린 정서표현 -내담자의 지속적인 자살시도
개입내용	-역기능적인 의사소통방식에 대한 원인 탐색 -어머니 반응에 대한 직면	효과적인 의사소통방식 연습하기	가족 하위체계에 명확한 경계선 만들어 상호작용 변화 유도하기
치료효과	-부모의 아들 문제에 대한 인식과 기능적인 의사소통방식 -부모-내담자 간 친밀감 증진 부가 자녀를 수용하려는 태도를 갖게 됨	-부부간 대화 시 상의 시도 -가족구성원들의 가족문제를 해결하고자 하는 자발적 의지 생성	-자녀들이 솔직하게 표현할 수 있게 됨 -내담자의 위기상황 안정 및 생활적응력 향상

10-3〉 참조), 가족치료에서 진행된 내용에 대해 전체적으로 과정별로 명시한 네트워크 효과분석 체계도를 제시하였다([그림 10-2] 참조).

구체적으로 〈표 10-3〉은 가족치료 효과와 내담자 및 가족의 변화를 제시한 매트릭스로 부모와 부부(남편-아내), 그리고 자녀 각각의 입장에서 가족치료 개입전의 대표적인 문제상황을 제시하고 개입내용과 치료효과를 동일한 맥락에서 기록함으로써 대상별 치료의 효과를 명확하게 파악할 수 있다. 또한 [그림 10-2]는 질적 연구 중 사례연구에 활용도가 높은 네트워크 디스플레이 방법을 활용하여 대상가족의 증상, 가족관련 원인, 가족치료 개입내용 및 효과 등에 대해 쉽게 파악할 수 있도록 영역 간의 관계를 체계적으로 그림으로 작성한 네트워크 효과분석 체계도로 가족치료 사례의 전체 과정의 맥락을 알 수 있다.

VI. 결론 및 제언

이 연구는 청소년 자녀 자살시도로 인하여 위기상황에 처한 가족을 대상으로 가족치료를 시행하여 자살문제와 관련된 가족관계 요인을 파악하였으며 치료적 개입기법에 따른 치료의 효과를 살펴보았다. 이 연구의 주요 결과는 다음과 같다.

첫째, 내담자의 증상내용은 지속적인 자살의도 및 시도, 내담자의 학교부적응, 누나에 대한 내담자의 열등감으로 나타났다. 둘째, 내담자의 증상에 영향을 미친 요인은 부모-자녀의 역기능적인 의사소통방식, 부부간 기능적인 의사소통방법의 부재, 세대 간 전수된 어머니의 역기능적인 의사소통방법을 들 수 있다. 구체적으로 부모의 자녀에 대한 역기능적인 의사소통방식에는 아버지의 경우 부정적인 감정을 여과 없이 자녀에게 표현하였고, 어머니는 자녀의 의사를 무시하는 의사소통방식을 사용하는 것으로 나타났다. 이로 인해 자녀들의 정서는 억압되어 있었고 역기능적인 의사교류가 진행되고 있었다. 또한 부부간 기능적인 의사소통방법 부재에는 비난형 의사소통방식과 충돌하는 다툼형 의사소통방식이 있었다. 마지막으로 세대 간 전수된 역기능적인 의사소통방법으로는 어머니의 경우 친정아버지의 부정적인 대화방식이 딸(어머니)에게 전수되어 자녀에게 행해지고 있었다. 셋째, 상담자의 치료적 개입방법은 역기능적인 의사소통방식에 대한 원인 탐색, 모의 미성숙한 대응방법 직면, 가족 하위체계 간 명확한 경계선 형성을 통한 상호작용 패턴 변화 유도, 효과적인 의사소통방식 연습하기가 포함되었다. 가족치료의 효과로는 부모의 아들 문제에 대한 통찰과 기능적인 의사소통 시도, 자녀들의 솔직한 의사표현, 부-내담자 간 긍정적 관계 형성 시도, 그리고 가족구성원들의 가족문제를 해결하려는 자발적 의지 생성이 나타났다.

상담자는 가족구성원들에게 내담자의 증상에 영향을 미친 요인들 중 부부간 그리고 부모-자녀 간의 역기능적인 대화방식에 대하여 Bowen의 가족체계이론 중 다세대 전수과정의 개념을 들어 부모의 원가족과의 문제가 다세대로 전수되고 있다는 것을 설명하여 가족구성원들의 인식변화에 도움을 주었다. 특히 상담자는 모에게 모의 엄격한 기준을 아들에게 적용할 때 아들이 힘들어한다는 점을 인식시켰다. 또한 상담자는 MRI 상호작용적 가족치료모델을 적용하여 내담자와 내담자 가족구성원들로 하여금 기존의 방법이 아닌 새로운 해결책을 시도할 수 있도록 하였다. 가족치료 결과 내담자 어머니는 자신의 원가족 경험이 자신에게 미친 영향력뿐 아니라 자신이 남편과 자녀에게 미치는 부정적인 영향력을 인식하게 되었고 의사소통방식에서 변화가 일어났다.

결국 자녀의 자살시도 사례로 가족치료가 시작되었지만 부모갈등, 부정적인 부모-자녀관계, 역기능적인 상호작용, 원가족과의 지속된 문제 등이 이 사례와 깊이 연관되어 있었으며, 가족치료의 효과적인 개입을 통해 이러한 문제들을 해결함으로써 주 호소문제인 내담자의 자살 증상이 완화되고 가족체계의 변화가 일어났고 치료효과가 입증되었다.

이와 같은 연구결과를 토대로 다음과 같은 시사점을 제시할 수 있다.

첫째, 자살은 단 하나의 요인이 아닌 다차원적인 요인에 의해 발생하지만(Keon & Lee, 2012), 이 연구를 통해 청소년기 자녀의 자살시도의 경우 부모의 의사소통과 정서적 지지 등이 밀접한 관련이 있다는 것을 실제적으로 검증할 수 있었다. 이는 어린 시절부터 부모의 정서적 지지 부재, 거부적 행동 등 바람직하지 못한 양육태도를 경험하거나(Kim & Chae, 2010; Kim, 1999; Smocheck et al., 2000), 부와 부정적인 관계를 유지할수록 자살시도가 많다(Oh & Lee, 2010)는 연구결과와 일치하는 것이다.

따라서 청소년 자살시도 위기상황 발생 시 학교상담 등 개인상담과 함께 부모-자녀관계에 관한 가족치료를 의무적으로 시행하는 것이 바람직할 것이다. 그러한 방법이 시행된다면 이 연구에서와 같이 가족치료 현장에서 내담자의 현재 문제 상황에 대한 자각과 기능적인 의사소통 훈련 시도 등과 같은 상담자의 개입을 통해 가족체계맥락에서 접근하여 가족전체를 기능적으로 변화시킬 수 있을 것이다. 특히 청소년기에 가족환경의 문제로 인해 자살생각과 시도를 경험하는 경우가 많으며(Korea Youth Counseling Institute, 2007) 자살시도 후 가족구성원의 위기 대처방법이 역기능적인 경우가 다수 발생할 수 있으므로(Chun & Park, 2014) 이에 대한 접근이 시급히 시도되어야 할 것이다.

둘째, 이 연구를 통해 자살을 시도하는 자녀의 위기상황에는 부모의 역기능적인 의사소통방식뿐 아니라 부정적인 부부관계도 큰 영향을 미친다는 것을 알 수 있었다. 이러한 불안정한 부부관계가 지속될 경우 자녀에게 심각한 불안감이 가중되어 자녀에게 위기상황이 나타날 수 있다. 특히 청소년 자살의 경우 충동적 성향을 보이고 돌발되는 변수에 의해 자살시도까지의 걸리는 시간이 짧은 청소년 자살의 특징(Kim, 2013)을 고려해 볼 때, 긴급한 위기상황 해소 후 반드시 부부관계 회복을 위한 심층적 가족치료 접근이 필요하다. 가족 전체체계에 대한 맥락적 접근을 시도하여 향후 발생할 수 있는 위기상황 발생을 예방하는 것이 필수적인 과정이 될 것이다.

셋째, 이 연구결과에서는 갈등상황에서 부부간 역기능적인 상호작용을 통하여 부부만의 개방적인 대화방식을 형성하지 못한 채 결혼생활을 지속함으로써 부부갈등이 가중되는 현상이 일어난 것으로 나타났으며, 이것이 자녀들에게 부정적인 영향을 연쇄적으로 미치는 것으로 보인다. 그러므로 결혼초기 부부를 대상으로 부부 및 부모-자녀 간 의사소통방식에 대한 교육과 갈등대처방법에 대한 가족생활교육 프로그램을 확대 실시하여 결혼생활에 대한 적응도를 높이고 부부갈등 및 부정적인 부모-자녀관계를 예방할 수 있어야 할 것이다. 또한 프로그램 구성 시 인지적 측면뿐 아니라 실제적이고 행동적인 측면에서도 교육내용에 따라 소규모 집단을 대상으로 기능적인 의사소통방법을 원활히 할 수 있으며, 충분한 실습을 통해 실제 생활 적용까지 연결 가능한 부모교육을 포함한 가족생활교육 프로그램을 개발하고 실시할 필요가 있다.

그러나 이 연구는 단일사례를 대상으로 하였으며, 분석과정 시 축어록을 활용하여 연구함으로써, 기록되지 않은 부분을 충분히 반영하지 못하였고, 개인정보 보호로 인해 자세한 내용을 나타내기 어렵기 때문에 심층적인 다각도의 분석이 제한적이라는 한계점이 있다. 따라서 후속연구에서는 자녀 위기상황 해결과 예방을 위한 다양한 가족치료모델을 여러 대상에게 적용하고 그 효과를 비교분석하는 연구가 시도되어야 할 것이다.

참고문헌

Allen, J. P., Porter, M., McFarland, C., McElhaney, K. B., & Marsh, P. (2007). The relational of attachment security to adolescents' paternal and peer relationships, depression, and externalizing behavior. *Child Development, 78,* 1222-1239.

Berman, A. L. Jobes, D. A., & Silverman, M. M. (2006). The epidemiology of adolescent suicide. In A. L., Berman, D. A. Jobes, & M. M. Silverman (Eds.), *Adolescent suicide: Assessment and intervention* (2nd ed.)(pp. 13-42). Washington, DC: American Psychological Association.

Bostik, K. E., & Everall, R. D. (2007). Healing from suicide: Adolescent perceptions of attachment relationships. *British Journal of Guidance & Counselling, 35,* 79-96.

Bowen, M. (1982). *Family Therapy in clinical practice.* New York: Aronson.

Buchanan, K., & Harris, G. E. (2014). Teachers' experiences of working with students who have attempted suicide and returned to the classroom. *Canadian Journal of Education, 37*(2), 1-28.

CDC. (2010). National Center for Injury Prevention and Control. Web-based injury statistics query and reporting system(WISQAR).

Centers for Disease Control and Prevention. (2009). Injury Prevention & Control: Data & Statistics(WISQARSTM). Retrieved from http://www.cdc.gov/injury/wisqars/indes.html.

Cho, J. Y., & Kwon, J. D. (2000). A Study of Factors Influencing the Life Satisfaction of the Aged. *Journal of the Korean Gerontological Society, 20*(3), 61-76.

Choi, S. J., Bai, D. S., & Chang, M. S. (2010). Relationships between the Parent Attachment, Dysfunctional Beliefs, Depression and Suicide Ideation, *Korea Journal of Counseling, 12*(2), 571-582.

Chun, S. K., & Park, B. G. (2014). Factors Associated With Suicidal Ideation of the Middle Age in Family History of Suicide Attempts-A Mediator Effect of Family Crisis Coping

Abilities, *Social Science Research* , *30*(2), 1-27.

Chung, H. K., An, O. H., & Kim, K. H. (2003). Predicting Factors on Youth suicide Impulse, *Korean Journal of Youth Studies, 10*(2), 107-123.

Diamond, G. M. (2014). Attachment-based family therapy interventions. *Psychotherapy, 51*(1), 15-19.

Diamond, G. S., & Siqueland, L. (1998). Emotions, attachment and the relational reframe: The first session. *Journal of Systemic Therapies, 17*, 36-50.

Diamond, G. S., Reis, B. F., Diamond, G. M., Siqueland, L., & Isaacs, L. (2002), Attachment-based family therapy for depressed adolescents: A treatment development study. *Journal of the American Academy of Child & Adolescent Psychiatry, 41*, 1190-1196.

Diamond, G. S., Wintersteen, M. S., Brown, G. K., Diamond, G. M., Gallop, R., Shelef, K., & Levy, S. (2010). Attachment-based family therapy for adolescents with suicidal ideation: A randomized controlled trial. *Journal of the American Academy of Child & Adolescent Psychiatry, 49*, 122-131.

Eaton, D. K., Kann, L., Kinchen, S. Shanklin, S., Flint, K. H., Hawkins, J. et al. (2012). Youth risk behavior surveillance-United States, 2011. *MMWR SURVEIL SUMM, 61*(4), 1-162.

Erikson, E. H. (1968). *Identity: Youth and crisis.* NY: W. W. Norton.

Fleischhaker, C., Böhme, R., Sixt, B., Brück, C., Schneider, C., & Schulz, E. (2011). Dialectical behavioral therapy for adolescents(DBT-A): A clinical trial for patients with suicidal and self-injurious behavior and borderling symptoms with a one-year follow-up. *Child and Adolescent Psychiatry and Mental Health, 5*(3). 125-131.

Hong. Y. S. (2005). The effects of life stress and social support for adolescent suicidal ideation. *Korean journal of Crinical Social Work, 6*(1), 159-181.

Hoyert, D. L., & Xu, J. (2012). Deaths: Preliminary data for 2011. *National Vital Statistics Reports, 61*(6), 1-51.

Hughes, J. L., & Asarnow, J. R. (2013). Enhanced mental health interventions in the emergency department: Suicide and suicide attempt prevention. *Clinical Pediatric Emergency Medicine, 14*(1), 28-34.

James, A. C., Taylor, A., Winmill, L., & Alfoadari, K. (2008). A preliminary community study of dialectical behaviour therapy(DBT) with adolescent females demonstrating persistent, deliberate self-harm(DSH). *Child and Adolescent Mental Health, 13*, 148-

152.

Joiner Jr., T. E., & Van Orden, K. A. (2008). The interpersonal-psychological theory of suicidal behaviour indicates specific and crucial psychotherapeutic targets. *International Journal of Cognitive Therapy, 1*, 80-89.

Kang. M. S. (2007). The effects of parental conflict and school adjustment on adolescent's suicide ideation, Unpublished master dissertation Sungkyunkkwan University, Korea.

Keon, J .M., & Lee, A. R. (2012). Decision making factor of potential suicide attempter. *Studies on Life and Culture, 23*, 100-138.

Kerr, M. E., & Bowen, M. (1988). *Family Evaluation,* New York: Norton.

Kessler, R. C., Borges, G., & Walters, E. E. (1999). Prevalence of and risk factors for lifetime suicide attempts in the National Comorbidity Survey. *Archives of General Psychiatry, 56*(7), 617.

Kim, K. M. (2013). Factors of suicide ideation and suicide attempts among Korean adolescents, Unpublished doctoral dissertation Inje University, Korea.

Kim, H. J. (2011). Relations among suicidal ideation, parental attachment, and self-identity of college students, *Journal of East-West Nursing Research, 17*(2), 132-138.

Kim, H. Y., & Chae, K. M. (2010). A study on the relationships among the suicidal ideation, schema, family cohesion-adaptability and stress vulnerability. *Cognitive Behavior Therapy, 10*(1), 39-55.

Kim, H. Y. (1999). A Study of influences of parenting behavior perceived by the early youth on their psychosocial maladaptation. Unpublished doctoral dissertation Ewha University, Korea.

Kim, J. H., & Kim, K. H. (2013). Analysis on influence of triggering variables related the suicidal ideation and suicidal plan: Focusing on psychological status & family related variables, *Family and Culture, 25*(4), 246-272.

Korea National Statistical Office. (2012). Youth's Statistics.

Korea National Statistical Office. (2013). 2012 Cause-Sprcific Mortality http://kostat.go.kr.

Korea Youth Counseling Institute. (2007). Korea Youth Suicide Survey.

Lee, E. J., & Lee, E. S. (2002). Correlation between alienation and depression, suicidal ideation and delinquency in high school students, *The Korean Journal of Fundamentals of Nursing, 9*(1), 56-65.

Lee, J. H., & Lee, J. Y. (2009). The relationship between academic stress and suicidal ideation among adolescents: Mediating effects of relationships with parents or peer and cognitive crrors. *Korea Journal of Counseling, 10*(2), 113-1126.

Lee, J. H., & Heo, J. H. (2009). Family risk factors for child suicidal ideation. *The Korea Journal of Youth Counseling, 11*(2), 85-95.

Lee, K. J., & Cho, S. H. (2004). Psychological characteristics of high risk group in adolescent suicide. *Korean Journal of Counseling and Psychology, 16*(4), 667-685.

Linehan, M. M. (1993a). *Cognitive-behavioral treatment of boderline personality disorder.* New York: Guilford Press.

Linehan, M. M. (1993b). *Skills training manual for treating borderline personality disorder.* New York: Guilford Press.

MacPherson, H. A., Cheavens, J. S., & Fristad, M. A. (2013). Dialectical behavior therapy for adolescents: Theory, treatment, adaptations, and empirical outcomes. *Clinical Child and Family Psycholgy Review, 16*, 59-80.

Miles, B. M., & Huberman, A. M. (1994). *Qualitative data analysis.* Thousand Oaks, CA: Sage.

Miller, A. B., Esposito-Symthers, C., Weismoore, J. T., & Renshaw, K. D. (2013). The relation between child maltreatment and adolescent suicidal behavior: A systematic review and critical examination of the literature. *Clinical Child Family Psychology Reveiw, 16*, 146-172.

Miller, A. L., Rathus, J. H., DuBose, A. P., Dexter-Mazza, E. T., & Goldklang, A. R. (2007). Dialectical behavior therapy for adolescents. In L. A. Dimeff, & K. Koerner (Eds.), *Dialectical behavior therapy in clinical practice: Applications across disorders and settings* (pp. 245-263). New York: Guilford Press.

Miller, A. L., Wyman, S. E., Huppert, J. D., Glassman, S. L., & Rathus, J. H. (2000). Analysis of behavioral skills utilized by suicidal adolescents receiving dialectical behavior therapy. *Cognitive and Behavioral Practice, 7,* 183-187.

Ministry for Health and Welfare (2014). OECD Health Data 2014.

Mohler, B., & Earls, F. (2001). Trends in adolescent suicide: Misclassification bias?. *American Journal of Public Health, 91,* 150-153.

Moon, D. K. (2011). A meta-regression analysis on related variables of adolescents' suicidal ideation. Unpublished doctoral dissertation Chungbuk University, Korea.

Moon, D. K. (2012). A Meta-Regression Analysis on related triggering variables on the suicidal ideation of older adults. *Journal of Welfare Aged, 38,* 133-158.

Oh, S. H., & Lee, C. H. (2010). A Study on Discriminant Factors of Juvenile Suicide Impulse, *Korean Journal of Criminal Psychology, 6*(2), 147-170.

Orbach, I., Blomenson, R., Miklincer, M., Gilboa-Schechtman, E., Rogolsky, M., & Retzoni, G. (2007). Perceiving a problem-solving task as a threat and suicidal behavior in adolescents. *Journal of Social and Clinical Psychology, 26*, 1010-1034.

Park, B. R., & Choi, J. S. (2014). Case Study on EFT(Emotionally Focused Therapy) for Family of Adolescent with Suicidal Ideation, *Journal of Korean Family Therapy, 22*(3), 275-300.

Park, E. O. (2008). The Influencing Factors on Suicide Attempt among Adolescents in South Korea, *Journal of Korean Academy of Nursing, 38*(3), 456-473.

Park, T. Y. (1999). Application to MRI Model and Family Therapy toward Child with Trying to Suicide, *Mental Health & Social Work, 8,* 105-134.

Park, Y. S., & Kwon, Y. H. (2013). Validation of a Path Model for Adolescents Suicidal Ideation. *Journal of Korean Acad Community Health Nurs, 24*(3), 255-263.

Peterson, B. S., Zhang, H., Lucia, R. S., King, R. A., & Lewis, M. (1996). Risk factors for presenting problems in child psychatric emergencies. *Journal of the American Academy of Child & Adolescent Psychiatry, 35,* 1162-1173.

Smochek, M. R., Oblaczynski, C., Lauck, D. L., Green, P. T., Early, J. A., & Smity, J. E. (2000). Interventions for risk for suicidal and risk for violence. *Nursing Diagnosis, 11*(2), 60-68.

Statistics Canada. (2010). *Suicide and suicide rate, by sex and by age grroup.* Ottaw, ON: Statistics Canada, Health Statistics Division.

Steinberg, J. A., Steinberg, S. J., & Miller, A. L. (2011). Orienting adolescents and families to DBT telephone consultation: Principles, procedures, and pitfalls. *Cognitive and Behavioral Practice, 18,* 196-206.

Tamάs, Z., Kovacs, M., Gentzler, A. L., Tepper, P., Gάdoros, J., Kiss, E. et al. (2007), The relations of temperament and emotion self-regulation with suicidal behavors in a clnical sample of depressed children in Hungary. *Journal of Abnormal Child Psychology, 35,* 640-652.

Woodberry, K. A., & Popenoe, E. J. (2008). Implementing dialectical behavior therapy with adolescents and their families in a community outpatient clinic. *Cognitive and*

Behavioral Practice, 17, 277-286.

Yalch, M. M., Hopwood, C. J., Fehon, D. C., & Grilo, C. M. (2014). The influence of borderling personality features on inpatient adolescent suicide risk. *Personality Disorders Theory, Research, and Treatment, 5,* 26-31.

Yeo, E. K. (2012). Review on the current study and theory of Adolescent Suicide, *The Study of Chld-Family Therapy , 11,* 1-16.

Yim, S. B., & Jung, C. S. (2002), A Comparison of Stressors and Coping Behaviors of the High School Students who have Suicidal Ideation vs those who do not, *Journal of Korean Academy of Nursing, 32*(2), 254-264.

Yoo, S. H. (2003). Domestic policy of suicide, *Journal of Social Science, 6,* 69-80.

11장

외도한 남편에 대한 가족치료 사례연구

박태영 · 유웅희

이 연구는 남편의 외도와 관련된 가족갈등을 가족치료 관점을 통하여 서술한다. 이 연구의 목적은 남편의 외도와 가족갈등에 영향을 미치는 요인을 발견하는 데 있다. 또한 이 연구에서는 가족관계에 있어서 긍정적인 변화에 영향을 미치는 요인을 발견하고자 하였다. 자료는 개별, 부부, 가족상담 세션을 포함한 21회기의 축어록, 상담노트로 구성되었다. 이 연구는 연구결과를 보여 주기 위하여 개방코딩 방법뿐만 아니라 Miles와 Huberman이 개발한 매트릭스 디스플레이를 사용하였다. 상담자는 가족을 치료하기 위하여 MRI의 상호작용적 의사소통모델과 Murray Bowen의 가족체계이론을 적용하였다.

이 연구의 결과로는 남편의 외도, 자아의 미분화 및 역기능적인 의사소통이 가족갈등에 영향을 미치는 요인으로 나타났다. 개입의 결과로서, 가족구성원들은 자아분화와 기능적인 의사소통방법을 사용하게 되었다. 이러한 경험을 통해 가족구

Park, T. Y., & Ryu, W. H. (2014). A Case Study on Family Therapy for Husband with Infidelity Problems: Focused on Changes in Family Relationship. 한국가족치료학회지, 22(4), 301-330.

성원들은 관계가 개선되었다. 이 사례연구는 MRI의 상호작용적 의사소통모델과 Murray Bowen의 가족체계이론이 한국인 부부의 외도사례에 적용가능할 수 있는 모델이라고 제안한다.

I. 서론

외도는 결혼생활에서 발생되는 공통적인 현상이다(Dupree et al., 2007; Gordon, Baucom, & Snyder, 2004; Wilkinson, Littlebear, & Reed, 2012). 평생유병률이 20%에서 40%에 이르며(Blow & Hartnett, 2005a), 심지어 45%에서 60%까지 이른다는 보고도 있다(Gordon, Baucom, & Snyder, 2004; Linquest & Negy, 2005). 외도는 관계에 대한 심각한 결과를 낳게 되며(Peluso & Spina, 2008), 부부가 부부치료를 받게 되는 가장 공통적인 요인들 중 하나이다(Whisman, Dixson, & Johnson, 1997). 또한, 외도는 상담자가 치료하기가 세 번째로 가장 힘든 부부문제이며 부부에게 두 번째로 가장 많은 피해를 주는 문제이다(Whisman, Dixon, & Johnson, 1997). 종종 외도의 피해는 해결되지 않은 채로 남아 있으며 부부관계를 파경에 이르게 한다(Wilkinson, Littlebear, & Reed, 2012).

외도는 성(gender)을 포함한 다양한 요인들과 관련되고, 남성들 사이에 더 많이 발생되며(Atkins, Baucom, & Jacobson, 2001), 결혼생활에 대한 불만족과 관련된다(Blow & Hartnett, 2005a, 2005b; Bron, 2001). 외도는 일상생활의 모든 압박과 스트레스에서 벗어날 수 있는 이상적인 피난처로 여겨지며, 결혼생활에서 얻기 힘든 특별한 기쁨과 흥분이 있고 또한 가정의 굴레를 벗어나 자유롭게 즐길 수 있는 관계라고 하였다(Subotnik & Harris, 1999).

그런데 많은 연구자들이 남성과 여성이 배우자의 외도를 발견했을 때 전형적으로 다른 반응을 한다는 것을 발견하였다. 여성은 외도의 정서적인 연관성에 더 많은 강조를 하는 반면에, 남성은 외도의 성적 경험을 더 중요하게 여긴다(Blow & Hartnett, 2005). 한편, 외도에 대한 배우자들의 반응은 우울증으로 나타나며(Christian-Herman, O'Leary, & Avery-Leaf, 2001; Gordon, Baucom, & Snyder, 2004), 외도로 인한 우울증의 비율은 일반인들의 우울증보다 실제적으로 훨씬 더 높은 것으로 나타났다(Christian-

Herman, O'Leary, & Avery-Leaf, 2001). 부부들은 종종 외도를 외상적으로 경험하며 (Dean, 2011; Snyder, Baucom, & Gordon, 2008), 외상후 스트레스장애 증후군을 겪는다(Gordon, Baucom, & Snyder, 2004; Snyder, Baucom, & Gordon, 2008).

비록 혼외성교를 하는 명백한 이유는 일차적인 관계 혹은 파트너와의 불만족, 더 빈번하거나 다양한 성교에 대한 갈망, 그리고 혼외 파트너에 대한 사랑과 같은 문제로 집약되는 경향이 있을지라도, 혼외성교에 대한 개인적인 이유들은 다양하다 (Bart & Kiene, 2005; Glass & Wright, 1992). 그런데 혼외성교와 이혼은 매우 연관되어 있는 것으로 보이며, 이혼하거나 별거한 개인들이 이혼에 대한 이유로서 외도를 들거나 외도가 이혼 전에 발생하는 것으로 나타났다(De Graaf & Kalmijin, 2006; Janus & Janus, 1993; Marin, 2010; Sweeney & Horwitz, 2001). 실제로 Amato와 Previti(2003)는 외도가 이혼에 대한 가장 공통적인 요인이라는 것을 발견하였다. 결혼하고 결코 이혼을 하지 않았던 개인들에게 혼외성교는 별거할 가능성, 이혼하고 재혼하지 않을 가능성, 그리고 이혼했으나 재혼할 가능성 순으로 높았고, 혼외성교를 한 남성과 여성들의 과반수 이상이 배우자와 별거 또는 이혼을 한다(Allen & Atkins, 2012). 이혼한 사람들 중 1/3 이상이 전 배우자들 중 한 사람이 결혼생활을 끝내기 전에 외도와 관련되었다(Previti & Amato, 2004). 비록 외도와 이혼 사이에 관련이 있다고 할지라도, 외도가 부부 사이를 소원하게 한 원인 혹은 결과라는 것인지에 대해서는 아직까지 결정되지는 않았다(Amato & Previti, 2003). 그렇지만 외도가 가장 공통적으로 보고된 이혼의 원인이라는 것이 발견되었으며, 관계에 있어서 이혼의 위험을 증가시키는 것으로 보였다(Amato & Previti, 2003; Previti & Amato, 2004).

지금까지 외도에 관한 연구는 대부분이 양적 연구에 치중되어 있다. 예를 들어, Blow와 Hartnett(2005a)는 1980년부터 진행된 대부분의 외도에 관한 모든 연구들을 조사하였는데 그 가운데 단지 4개의 질적 연구를 발견하였다. 외도를 경험한 부부들이 포함된 질적 연구의 부족이 관심이 가는데, 왜냐하면 이러한 질적 연구가 임상실천의 어려운 부분을 알려 줄 수 있는 가능성을 제공하며, 회복과정의 심도 깊은 탐색과 분석을 보여 주기 때문이다(Abrahamson et al., 2012). 상담에 있어서 외도를 다루는 방법과 관련된 연구는 드물다(Juhnke et al., 2008). 외도 후 치료와 관련하여 쓰여진 대부분의 연구는 이론적이거나(Brown, 2001; Duba et al., 2008, Glass, 2002) 사례연구의 형태로 된 질적 조사(Abrahamson et al., 2012;, Linquest & Negy, 2005;

Olmstead, Blick & Mills, 2009; Olson et al., 2002) 혹은 문헌조사(Armstrong, 2006; Blow & Hartnett, 2005)이다.

Abrahamson, Hussain, Khan, 그리고 Scholfield(2012)는 배우자의 외도를 경험한 후에도 함께 동거하고 있는 부부들의 경험에 대하여 연구를 하였다. 그들은 외도를 했음에도 불구하고 부부가 관계를 유지하는 이유는 함께 머물려는 동기, 친절한 행동을 소중히 여기는 것, 의미 만들기 그리고 사회적 지지라고 하였다. 그렇지만 화해과정은 고통스러웠으며, 용서, 상담을 의뢰하는 것, 기억을 처리하기, 대리학습, 그리고 부부역동성 변화시키기가 포함되었다(Abrahamson et al., 2012).

외도와 관련된 국내 연구로 박태영(2006)은 외도를 한 중년부인에 대한 가족치료 사례연구에서 외도에 영향을 미친 요인들과 상담 후 부부관계의 변화에 영향을 미친 요인을 분석하였다. 또한 박태영과 조성희(2005)는 두 개의 외도사례를 분석하였는데 외도라는 특수사건이 부부관계에서 신뢰성을 회복하는 데 많은 시간이 요구되지만, 공통적으로 부부간의 자아분화문제에서 부부가 자신에게 좀 더 많은 시간을 투자하고 의사소통의 변화로 두 부부간의 관계가 변화할 수 있었다고 하였다. 정은(2011)의 연구에서는 외도의 직접적인 원인이 억압되었던 아동기의 정서적 외상사건의 경험이었다고 하였다. 김병수(2009)는 남편의 외도를 경험한 10명의 아내들에 대한 이혼에 대한 태도에 관한 사례연구를 하였는데, 연구결과 아내들의 이혼에 대한 태도가 '이혼체념' '이혼불가' 그리고 '이혼보류'라는 세 가지로 나타났다.

그렇지만 Atkins, Baucom과 Jacobson(2001)은 외도는 결혼생활에서 흔한 현상이지만 충분하게 이해되지 않고 있다고 하였다. 외도와 관련된 연구들은 연구의 초점이 다양하며 많은 제한된 연구디자인이 포함되어 있고 모순적인 결과를 보여 주고 있다. 이러한 결과들은 실천을 하고 있는 임상가들에게는 많은 함의를 주지 못한다(Blow & Harnett, 2005; Park, 2006). 이와 같이 국내외 연구를 통하여 외도를 한 배우자들의 치료와 관련된 실증적인 연구들은 매우 드물다(Atkins et al., 2005; Gordon et al., 2004).

따라서 이 연구에서는 배우자의 외도 자체를 해결하기보다 외도를 가족갈등의 다양한 원인 중 하나의 요인으로 바라본 상담자의 관점에서 가족갈등에 영향을 미친 요인들과 가족관계 변화에 영향을 준 상담자의 개입방법, 그리고 외도한 남편에 대한 가족치료의 효과성을 살펴보고자 한다.

Ⅱ. 이론적 배경

1. 외도의 개념과 유형

외도라는 단어는 일반적으로 '불륜'이나 '바람'과 같은 단어로 사용되기도 하는데, Blow와 Hartnett(2005)에 따르면, '외도'란 이성과의 혼외성교를 의미한다고 하였다. 즉, 배우자가 아닌 다른 사람과 맺는 모든 형태의 혼외성관계라고 정의할 수 있다. 외도는 크게 성적 외도(sexual infidelity)와 정서적 외도(emotional infidelity)로 성관계의 유무로 구분되어지며, 정서적 외도의 경우 성적 외도로 진행될 가능성을 내포하고 있어 두 가지 외도 모두 부부생활에 미치는 영향은 매우 위협적이다(Buss et al., 1992). 미국 내에서 혼외성교(extramarital sex)가 일반적으로 허락되지 않음에도 불구하고 대표적인 표본을 가진 연구는 더 나이든 집단에 속한 남성의 34%, 그리고 여성의 19%가 그들의 삶의 어느 시점에서 혼외성교와 관련되어 있다고 보고하였다(Wiederman, 1997; Allen & Atkins, 2012). 한편, 여성들은 가장 스트레스를 받는 상황에서 정서적인 외도를 선택할 가능성이 있는 반면에 많은 남성들은 가장 스트레스를 받는 경우에 성적인 외도를 선택할 가능성이 있다(Cann, Mangum, & Wells, 2001).

정서적 외도가 배우자에게 미치는 영향을 살펴보면 정서적 외도라 할지라도 이미 성관계를 경험했을 가능성과 성적 외도로 발전할 가능성을 내포하고 있기 때문에 성적 외도와 함께 결혼생활에 매우 위협적인 것으로 나타나고 있다(Buss et al., 1992). 한편, 결혼하거나 동거하고 있는 미국인들에 대한 성적인 외도관계를 연구한 Treas와 Giesen(2000)은 좀 더 강한 성적인 관심과 더 허용적인 성적 가치관을 가지고 있으며, 더 많은 성적인 기회를 가지고 있는 사람들이 성적 외도에 대한 좀 더 높은 가능성을 가지고 있는 것으로 보였다고 하였다. 특히 성적 외도와 정서적 외도가 함께 유지되는 외도의 경우 결혼생활에 가장 부정적인 영향을 미쳤으며, 반면 성적 외도만 있는 경우 결혼생활에 미치는 영향이 가장 적은 것으로 나타났다(Thompson, 1984).

2. 외도와 가족관계에 대한 영향과 치료적인 접근법

전통적인 가족규범이 지배적인 한국사회의 가족구조에서 배우자의 외도는 가족갈등에 직접적인 영향을 미치게 되며 배우자의 폭력과 함께 이혼에 직접적인 영향을 주는 원인으로 나타났다(Kim, 2009). 그런데 일반적으로 외도가 발생했을 때 배우자는 상대방의 배우자가 바람기가 있기 때문이라고 보는 경우가 많으며 이러한 일방적인 면을 부각시키는 경우가 많다.

배우자의 외도가 발생했을 때, 가족구성원이 갖게 되는 불신과 분노 그리고 혼란은 가족관계에 급격한 변화를 초래하게 되며, 심한 경우 이혼 및 자살 등의 극단적인 문제로 나타날 수 있다. 이러한 극단적인 결과가 초래되지 않고 가족관계를 유지한다 해도 가족갈등은 매우 심각한 수준에 처하게 되며 가족구성원의 자생력만으로는 가족관계의 회복이 불가능한 상황에 처할 수도 있다. Schneider와 동료들(1999)에 따르면, 배우자들이 외도를 폭로한 이후에 부정적인 결과를 경험하였다고 하였다. 외도를 폭로한 후에 부정적인 결과로서 외도를 경험하는 가족의 경우 가족갈등의 원인을 외도라는 하나의 사건으로 말하기란 쉽지 않으며, 가족 내 잠재되어 있던 가족갈등이 외도로 인하여 표면화되고 이러한 가족갈등을 해결하기 위하여 시도되었던 가족구성원 간의 역기능적인 의사소통방식과 자아분화문제 등은 가족갈등을 더욱 악화시킨다(Park, 2006).

배우자의 외도에 관한 선행연구를 통하여 외도가 부부관계에 미치는 영향을 살펴보면 부부관계가 악화되는 것이 일반적이지만 대처방식에 따라 부부관계가 더 강화되기도 한다는 연구결과도 있다(Charny & Parnass, 1995; Natarius & Markman, 1993). 외도에 대한 부정적인 결과로서, 배우자의 외도로 인한 분노와 불신 그리고 가족관계의 변화로 야기되는 가족갈등은 그 어떠한 갈등보다도 위기상황이며 부정적인 대처방법을 사용할 경우 이혼, 별거, 자살과 우울증 등의 극단적인 결과가 발생될 수 있다(Cano & O'Leary, 2000). 그렇지만 결혼생활에 대한 외도의 부정적인 충격은 배우자들이 외도에 어느 정도 관련되었는가에 따라 달라질 수 있다(Charny & Parnass, 1995).

반면에, 외도에 대한 긍정적인 결과로서 외도를 경험하는 부부들 중 소수는 실제로 부부간의 일차적인 관계가 나아졌다고 보고하였다(Charny & Parnass, 1995). 그리고 여전히 외도를 경험하는 모든 부부가 그들의 관계를 끝내지는 않는다(Bunk, 1987; Charny & Parnass, 1995). 또한 외도를 솔직하게 말한 부부들은 치료 중에 있는 다른 스트레스를 받고 있는 부부들보다 더 빠르게 변화하였다(Atkins et al., 2005).

외도를 경험한 가족의 회복관계를 살펴보면 첫 번째 단계로 '정서적으로 급변하는 단계'를 경험하게 되며 이 단계에서 외도에 대한 많은 부정적인 감정의 결과들이 가장 분명하게 나타나는 시기이다. 두 번째 단계는 '유예기간(moratorium)'으로 외도의 의미를 이해하기 위한 시도를 시작한다. 세 번째 단계는 '신뢰감 형성' 단계로 신뢰관계를 회복하기 위해서 오랜 시간이 소요되고 어려움을 겪는 과정일지라도 신뢰감의 재형성은 가능하다고 설명하고 있다(Olson et al., 2002).

Atkins와 동료들(2005)에 따르면, 외도를 경험했던 부부들을 치료할 때 상담자들은 단지 외도에 초점을 맞추기보다는 전체로서의 관계에 초점을 두는 것이 필요하다고 하였다. 그리고 외도의 의미에 대한 통찰이 왜 외도의 문제가 발생하였는가에 대한 대안적인 이야기와 재명명이 부부관계를 발전시키는 데 많은 도움이 될 수 있다(Allen & Baucom, 2004). Olson과 동료들(2002)은 외도를 경험한 배우자들을 위한 치료에서 상담자가 부부를 지지해 주어야 한다는 것과 상담진행을 천천히 진행해야 할 필요성에 대하여 부부들에게 특별한 지침서를 제공할 것과 관계를 치료할 시간과 용서를 위한 필요성에 대한 시간을 허용할 것을 제안하였다(Park, 2006, p. 97에서 재인용).

Ⅲ. 연구방법

1. 연구대상 및 상담기간

이 연구에 참여한 가족구성원들은 부모, 딸 2명으로 구성된 4인 가족이며, 상담은 2009년 6월부터 12월까지 총 21회기가 진행되었다(1~2회기: 남편, 3~4회기: 부인, 5회기: 자매, 6회기: 부부, 7회기: 남편과 자매, 8회기: 부인과 자매, 9회기: 남편, 10회기: 부부, 11회기: 둘째 딸, 12회기: 부인, 13회기: 남편, 14회기: 부부, 15회기: 남편과 둘째 딸, 16회기: 부인, 17회기: 부인과 자매, 18회기: 남편, 19회기: 부부, 20회기: 부인, 21회기: 가족).

2. 연구질문

첫째, 가족갈등에 영향을 미친 요인은 무엇인가?
둘째, 가족관계 변화에 영향을 준 상담자의 개입방법은 무엇인가?
셋째, 가족치료의 효과성은 무엇인가?

3. 분석방법과 신뢰도 검증 및 윤리적 고려

이 연구는 단일집단 사례연구로서 가족갈등의 원인과 가족관계 변화에 영향을 준 상담자의 개입방법, 가족갈등에 대한 상담자의 개입효과를 축어록을 중심으로 개방코딩과 범주화를 활용하여 기본적인 개념들을 명명하였다. 또한 코딩을 통한 이러한 개념과 범주들을 Miles와 Huberman(1994)이 제안한 매트릭스와 네트워크 방법을 활용하여 도식화하였다. 또한 저자는 상담자와 연구자의 토론, 질적 연구 경험이 있는 전문가의 피드백을 통하여 개인적 편견을 배제하여 연구자의 삼각화를 실시하였다. 한편, 상담축어록과 상담녹화자료, 상담메모의 사용을 통하여 자료의 삼각화를 실행하여 연구의 객관성과 신뢰도를 높였다. 마지막으로, 연구의 윤리성 확보를 위하여 상담내용의 사용에 대한 내담자의 동의를 받았으며 사생활 보호를 위해 내담자의 사적 정보를 삭제하였다.

IV. 사례 개요

이 사례는 남편(49), 부인(48), 첫째 딸(27), 둘째 딸(24)로 구성된 4인 가족이며, 가족구성원들의 미분화문제와 역기능적인 의사소통으로 인하여 잠재되어 있던 가족갈등이 남편의 외도라는 사건으로 인하여 표면화되면서 심각한 가족갈등을 겪고 있는 상태였다.

남편의 원가족 특성을 살펴보면 부모가 모두 외도를 하였고 외도로 인하여 이혼을 하였다. 아버지는 이혼 후에도 두 차례의 재혼과 외도를 하였으며, 원가족 구성원 8명 중 6명이 외도를 하였고 외도에 대하여 개방적인 원가족문화를 가지고 있었다. 남편은 사춘기 때부터 원가족 내에서 문제아로 낙인화되어 가족들로부터 폭력과 폭언을 경험하였고 무시를 당하였으며 원가족으로부터 기능적인 의사소통기술을 습득할 수 없는 환경에서 성장하였다.

부인의 원가족 특성을 보면 아버지가 온순하였고, 어머니는 가정에 충실한 전업주부로서 부모관계가 원만한 가정에서 성장하였으며, 부인은 친정부모와 친밀한 관계를 가지고 있었다. 부인은 어려서부터 전업주부로 가정에 최선을 다하는 어머니의 모습을 이상적인 여성상으로 인식하고 있어 자신의 삶을 포기하고 가족들에게 자신을 희생하면서 살고 있었다.

이러한 원가족의 문화 차이는 부부의 외도에 대한 인식 차이와 원가족으로부터 전수되는 역기능적 의사소통방식을 사용함으로써 가족갈등이 더욱 심화되었다.

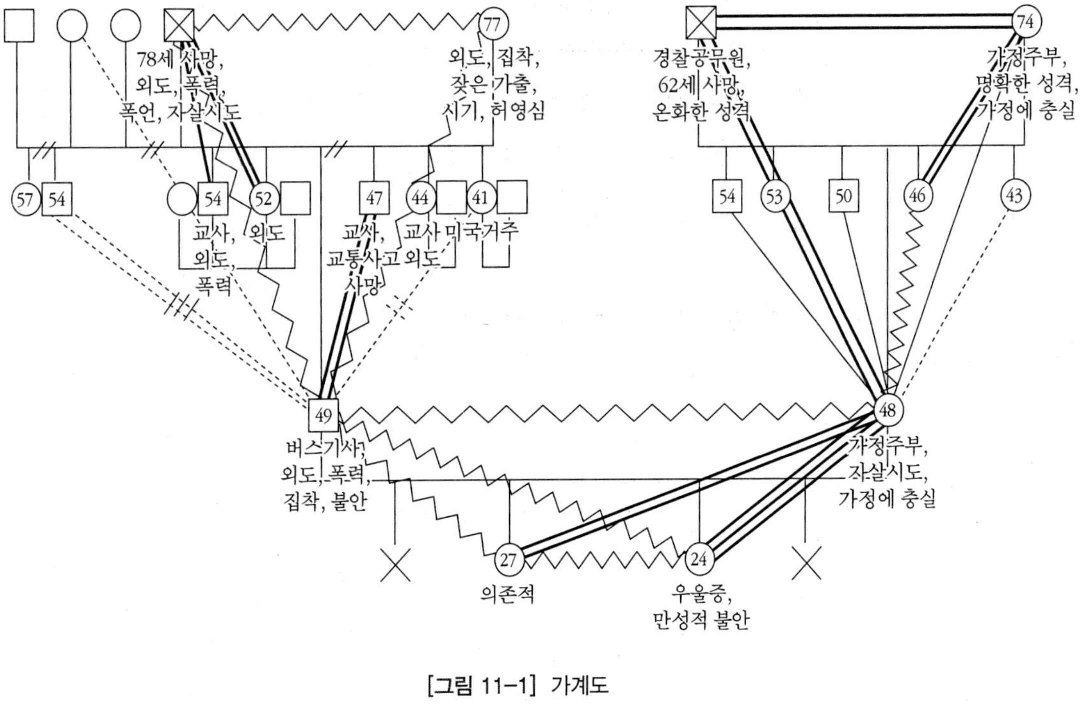

[그림 11-1] 가계도

V. 연구결과

1. 가족갈등에 영향을 미친 요인들

가족갈등에 영향을 미친 요인들에 대하여 3개의 상위범주와 9개의 중간범주 26개의 하위범주가 도출되었다. 분석결과 가족갈등에 영향을 미친 요인으로는 남편의 외도문제, 가족구성원들의 미성숙한 자아분화와 역기능적인 의사소통방식으로 나

표 11-1 가족갈등에 영향을 미친 요인-개념추출과 범주화

상위범주	중간범주	하위범주	개념
남편의 외도문제	외도에 대한 잘못된 인식	외도의 경험이 많은 원가족문화	• 원가족 내에서 부모와 형제의 외도를 경험하며 외도에 대한 죄의식을 갖고 있지 않음
		남성의 외도에 대하여 개방적인 직장 내 문화	• 남편은 직장 동료들 중 대부분 외도를 경험하고 있다고 인식하고 있으며, 남성의 외도에 대하여 수용적인 태도를 보임
		성에 대한 잘못된 인식	• 성적 요구에 대하여 상대방이 응하지 않을 경우 폭행 등을 통하여 강제적으로 성적 욕구를 해결함
		외도에 대한 자기 합리화	• 부정적인 성행동에 대하여 남편이나 원가족에게는 수용적이나, 그 외의 사람의 경우에는 용납되지 않음
		과도한 집착	• 남편은 여자, 노름, 술, 친구, 컴퓨터 등에 집착하는 경향을 보임
	원가족과의 문제	아버지의 미성숙한 양육태도	• 자녀에게 폭력, 폭언을 사용하여 양육함
		부모 · 형제와의 정서적 단절	• 사춘기 때 잦은 문제행동으로 인하여 원가족 내에서 '문제아'로 낙인화되어 정서적으로 단절된 상태임
	핵가족과의 문제	부부간의 만족스럽지 못한 성관계	• 부부간의 성관계에 있어서 성적인 만족을 하지 못함
		대화상대의 부재	• 핵가족 내에서 남편은 대화상대가 없이 따돌림을 당함

미분화 문제	남편의 미성숙한 자아분화	부인에 대한 구속	• 부인의 외부활동에 대하여 부정적인 반응을 보이며 정숙하기를 바라고 구속함
		자녀에 대한 구속	• 자녀를 성인으로 인정하지 않으며 자녀들이 원하지 않는 스킨십과 애교를 강요함
	부인의 미성숙한 자아분화	남편에 대한 구속	• 회사에 가는 것 이외에 남편이 외출하는 것을 싫어하며 함께 있기를 원함
		자신에 대한 구속	• 가정에 충실하고 개인의 삶을 포기하는 것이 여자로서 올바른 삶이라고 생각함
	자녀의 미성숙한 자아분화	엄마와 공생관계	• 엄마의 자살시도를 발견하고 둘째 딸이 엄마 곁을 떠나는 것에 대하여 두려워함
		이성에 대한 불신과 거부감	• 아버지의 외도로 인하여 이성에 대한 불신과 거부감으로 이성의 접근을 두려워함
역기능적인 의사소통 문제	남편의 역기능적인 의사소통 방식	폭력적인 행동	• 분노조절을 못하고 화가 나면 집안의 물건들을 부수거나 밖으로 집어던짐
		강요하기	• 자신이 원하는 대답을 들을 때까지 반복적으로 같은 질문을 하여 본인이 원하는 대답을 들음
		변명과 남 탓하기	• 자신이 잘못한 것을 알고 있으면서도 잘못을 인정하지 않고 변명을 하거나 남을 탓함
		서툰 감정표현	• 마음속으로는 미안하고 잘못한 것을 알고 있으나 오히려 부인에게 화를 냄
		삐치기	• 가족들이 자신의 의지대로 되지 않으면 삐지고 집안분위기를 망침
		회피하기	• 진지한 이야기에 대하여 듣기를 어려워하고 다른 이야기로 회피함
	부인의 역기능적인 의사소통 방식	침묵하기	• 남편이 화가 났을 때 침묵으로 일관함
		비위 맞추기	• 남편이 화를 내거나 삐치지 않게 하기 위해서 자신의 의지와 상관없이 비위를 맞춤
		무조건적인 사과하기	• 남편이 잘못한 일인데도 남편의 화를 가라앉히기 위해서 무조건적인 사과를 함
	자녀의 역기능적인 의사소통 방식	간접적인 의사전달	• 진지한 이야기를 회피하는 아빠에 대하여 엄마를 통하여 자신의 의견을 전달함
		비위 맞추기	• 본인들은 원하지 않는 스킨십과 애교를 아빠의 비위를 맞추기 위해 억지로 함

타났으며, 〈표 11-1〉과 같다.

1) 남편의 외도 문제

(1) 외도에 대한 잘못된 인식

남편은 청소년기 친모의 외도로 인한 가출과 아버지의 두 차례 재혼과 외도를 경험하며 성장하였으며, 남편을 포함한 형제 6명 중 4명이 외도의 경험을 가지고 있다. 남편은 외도의 경험이 많은 원가족문화와 외도에 개방적인 직장 내 문화로 인하여 남성의 외도에 대하여 수용적인 태도를 보이며 죄의식을 갖고 있지 않았다. 또한 남편은 성적 욕구에 대하여 상대방이 응하지 않을 경우 폭행이나 추행을 통하여 강제적으로 성적 욕구를 해결하려는 폭력적인 표현방식을 사용하였다.

• 외도의 경험이 많은 원가족문화

상담자: 남편 원가족의 문화는 여자, 남자 양쪽이 모두 복잡하네요. 시부모님, 그리고 지금 형제들 부부관계도 안 좋잖아요. 그리고 외도문제가 다 걸려 있고, 이 가족의 문화가 외도하는 게…….

부인: 아무렇지 않게 받아들이는 거죠. (부인-3회기)

• 남성의 외도에 대하여 개방적인 직장 내 문화

남편: 우리 회사에 기사가 800명이 되는데요. 13명 정도 빼고는 다 애인이 있어요. 솔직히 저는 일반가정 보통 남자보다도 더 깨끗한 사람 같은데 애들 엄마는 워낙 그런 것을 모르고 그러다 보니까 충격적인 일로 받아들여요. (남편-1회기)

• 성에 대한 잘못된 인식

부인: 결혼 전에 저를 만나면 성관계를 가지려고 했어요. 그래서 하기 싫어서 한 번은 가기 싫다고 반항을 했어요. 제가 심하게 반항을 해서 구두굽이 다 부러지고 그랬는데도 저를 때려서 코피가 나는데도 저를 여관으로 끌고 갔어요. 너무 많이 맞아서 얼굴이랑 다 부었는데도 성관계를 강제로 했어요. 그리고 나중에 알게 된 사실인데 제 여동생이 남편에게 성폭행을 당할 뻔했대

요. 남편이 갑자기 밤에 찾아와서 현관문을 열어 주었더니 제 동생 손을 낚아채서 안방으로 밀쳐 놓고 강제로 성폭행을 하려고 해서 동생이 막 반항하고 밀쳐 내고 그랬대요. 그래서 다행히 성폭행을 당하지 않았지만(한숨) 이게 정상은 아니지 않나요? (부인-3회기)

• 외도에 대한 자기 합리화

부인: 회사에서 남자 직원들이 식당 아줌마를 성추행했대요. 그러면서 그 사람을 만나면 내가 만나서 뭐라고 해야겠다고 했어요. 그 순간 저는 자기나 잘하지 자기는 더 했으면서 왜 그 사람들을 욕하고 비난할까 그런 생각이 들어요.

상담자: 똥 묻은 개가 겨 묻은 개 나무란다. 그거 아니에요? (부부-10회기)

둘째 딸: 아빠는 기본적으로 '남들이 하면 안되지만 내가 하면 괜찮다.'라는 생각을 가지고 있거든요. 그런 성향이 있기 때문에 외도문제도 텔레비전에서 보면 "저런 죽일 놈 미친놈이네."라고 하거든요. 그러면서도 자기는 그런 행동을 하는 걸 보면 기본적으로 자기의 행동에 대한 죄책감이 상실된 사람 같아요. (부인과 자녀-8회기)

• 과도한 집착

부인: 남편은 뭔가에 항상 집착하는 것 같아요. 그 대상이 여자건 노름이건 간에 언제나 한 가지에 집착을 하며 살아가는 사람 같아요. 여자, 노름, 술, 친구, 컴퓨터까지 항상 집착을 하며 살아왔어요. (부인-4회기)

(2) 원가족과의 문제

남편은 특수부대 출신의 무뚝뚝한 아버지와 외도로 인하여 이혼한 어머니 그리고 아버지의 두 차례 재혼과 외도 등의 복잡한 가족문화에서 속에서 성장하며 집안에서 유일하게 문제를 일으키는 '문제아'로 낙인화되어 부모 · 형제들에게 폭력, 폭언, 무시를 당하며 정서적으로 단절된 상태였다. 이러한 원가족에서의 경험은 남편이 올바른 자아를 형성할 수 없는 원인이 되었으며, 외도를 한 이성과 정(情)에 이끌려 쉽게 관계를 끝내지 못하는 상황을 초래하였다.

• 아버지의 미성숙한 양육태도

남편: 아버지를 굉장히 무서워했지요. 얼마만큼 무서워했냐면 집에서 밥 먹다가도 아버지가 들어오면 그냥 뒷문으로 도망가 버렸어요. 아버지한테 허리띠로 맞은 적도 있으니까요. 제가 형 영어사전이랑 괘종시계랑 몰래 팔아먹고 학교도 안 가고 그러니 아버지랑 큰형님한테 많이 두들겨 맞았죠. 두들겨 맞을 것을 알면서도 전 제가 하고 싶은 걸 꼭 해야 해요. 나쁜 맘이 있는 건 아닌데 순간적으로 그걸 못 이겨요. (남편-2회기)

• 부모 · 형제와의 정서적 단절

부인: 시댁식구들 전체가 애들 아빠를 개망나니 취급을 했어요. 그래서 저도 같이 그런 취급을 받았다고 해야 하나요? "저런 개망나니 자식이 데리고 온 여자가 뻔하지." 그런 식으로 해서 시댁식구들이 애들 아빠를 개망나니 취급을 했어요. (부인-3회기)

상담자: 친할머니 할아버지 부부관계가 상당히 안 좋으셨네요? 그리고 할아버지가 ○○에 다니신 건 아시죠?

첫째 딸: 아니요. 잘 모르겠어요.

상담자: 잘 모르시나요?

둘째 딸: 저희가 친가랑 외가 다 안 친해서요. (자매-5회기)

(3) **핵가족과의 문제**

남편의 핵가족을 살펴보면 부부간의 불만족스러운 성관계와 남편의 핵가족 내에서 따돌림문제를 볼 수 있다. 부부간의 성관계에 있어서 부인은 항상 본인의 의사와는 상관없이 남편의 요구에 응하여 주지만 성에 대하여 아직은 미숙한 상태로 남편의 성적 욕구를 충족시키는 데 어려움이 있다. 그리고 핵가족 내의 가족관계에 있어 부인과 두 자녀가 밀착되어 남편을 밀어내는 가족구조를 보이며 남편은 핵가족 내에서 대화상대가 없는 상태이다. 이러한 핵가족 내 문제들이 남편의 외도에 영향을 미친 것으로 나타났다.

• 부부간의 만족스럽지 못한 성관계

부인: 부부간에 성적인 관계는 그렇게 문제가 있지는 않아요. 단지 저는 남편이 요구할 때 받아 주는 스타일이에요. 남편과 성관계를 갖다 보면 가끔 통증이 있을 때도 있는데 저는 그냥 참아요. 사실 저는 성에 대해서는 숙맥인 거 같아요. (부인-4회기)

• 대화상대의 부재

부인: 남편은 감정기복이 너무 심해요. 그래서 저나 애들이 모두 아빠를 별로 좋아하지 않아요. 애들 아빠가 감정기복이 심하니까 애들이나 저나 남편을 대하는 게 너무 힘들어요. 어떻게 보면 저와 우리 애들은 애들 아빠를 따돌리는 것 같아요. (부인-4회기)

2) 미분화문제

이 사례에서 가족구성원들의 미성숙한 자아분화로 인하여 자신과 다른 가족구성원들을 구속하는 방식을 사용하였고 둘째 자녀의 경우에는 엄마와 미분화되어 공생관계를 유지하였으며, 아버지의 외도로 인하여 발생된 이성에 대한 불신과 거부감을 가지고 있었다. 이러한 자아분화문제는 가족갈등을 더욱 악화시켰다.

(1) 남편의 미성숙한 자아분화

• 부인에 대한 구속

부인: 애들 아빠는 신혼 때부터 제가 동네 아줌마들하고 같이 다니는 것도 싫어했어요. 항상 나를 집에 가둬 놓으려고 하는 느낌이었는데 그래서 제가 집에 혼자 있는 버릇이 생겼어요. (가족-21회기)

• 자녀에 대한 구속

부인: 애들 아빠가 저녁에 퇴근해서 오면 "○○야, ○○야 아빠 잔다. 뽀뽀~" 이러거든요. 그런데 만약에 안 해 주잖아요. 그럼 계속 뽀뽀를 강요해요. 그러면 애들은 하기 싫은데도 아빠가 삐져서 집안분위기가 안 좋아질까 봐 가서 억지로 뽀뽀를 해요. (부인-3회기)

(2) 부인의 미성숙한 자아분화

• 남편에 대한 구속

남편: 보통 여자들은 남편이 낚시를 하러 가거나 친구를 만나러 간다고 하면 남편이 있어도 그만 없어도 그만이니까 다녀오라고 하지 않습니까? 그런데 애들 엄마는 내가 나간다 하면 싫어해요. 같이 있고 싶어 하고요. 오로지 같이 있어 주는 것 떨어지면 허전하고 올 때까지 쪼그리고 앉아서 기다리고 있어요. (남편-2회기)

상담자: 남편과 같이 있으면 그때 외도에 대한 사실을 잊어버린다는 거죠? 근데 남편 입장에서는 항상 같이 있을 수 없다는 거죠. 잘못하면 질식할 수도 있다는 거예요. (부부-10회기)

• 자신에 대한 구속

부인: 애들 아빠가 동네아줌마들과 모여서 수다 떨고 하는 것을 안 좋아하더라고요. 그래서 저는 성격이 남편한테 맞추려고 하고 남편이 싫어하는 걸 안 하려고 하는 성격이라 애들 아빠가 "어떤 여자들 이래서 싫더라." 이러면 제가 그런 것은 안 하려고 대체로 맞추려고 해요. (부인-6회기)

(3) 자녀의 미성숙한 자아분화

• 엄마와 공생관계

상담자: 딸의 입장에서 볼 때 아빠의 외도문제가 있고 나서 엄마의 가출과 자살시도를 통해서 '엄마가 우리를 버리고 도망가거나 자살할 수도 있겠구나!'라고 생각하게 되죠. 딸의 입장에서 얼마나 두렵겠어요. 그래서 엄마 곁을 떠나는 게 두렵고 엄마 곁을 지켜야 하니까 자신의 삶이 엉망이 되고 있는 거예요. (부인-12회기)

둘째 딸: 엄마랑 아빠가 싸워서 사이가 안 좋아지면 제가 몸이 아파요. (자매-5회기)

• 이성에 대한 불신과 거부감

둘째 딸: 남자친구가 있었는데 헤어졌어요. 남자는 다 똑같은 것 같아요. 저한테

다가오는 남자들에게도 거부감이 생겨요. 내가 순수하게 좋아서 다가오는 것이라는 생각이 안 들어요. 남자들은 그저 본능에 충실한 동물 같아요. (둘째 딸-11회기)

3) 역기능적인 의사소통문제

이 사례에서 가족갈등에 영향을 주는 요인으로 문제를 해결하기 위해 사용하였던 가족구성원들의 역기능적인 의사소통방식이 있었다. 남편의 역기능적 의사소통방식으로는 폭력적인 행동, 강요하기, 변명과 남 탓하기, 서툰 감정표현, 삐치기, 회피하기를 사용하고 있었으며, 부인의 경우에는 침묵하기, 비위 맞추기, 무조건적인 사과하기, 자녀의 경우에는 비위 맞추기, 간접적인 의사전달방식을 사용하고 있었다. 가족구성원들의 이와 같은 역기능적인 의사소통방식은 가족갈등과 가족관계를 더욱 악화시켰다.

(1) 남편의 역기능적인 의사소통방법

• 폭력적인 행동

부인: 그렇게 만취한 상황도 아니었어요. 그런데 올라와서 나를 때려 죽인대요. 살림 다 때려 부수고 던지고 자기 손에 죽기 싫으면 나가래요. 그러면서 막 욕을 하고 그러더라고요. 그리고 자전거를 들고 18층에서 아래로 던지려고 했어요. 그래서 전 자전거 잡고 일단 가라앉혀야 되니까 무조건 잘못했다고 했어요. (부부-19회기)

• 강요하기

부인: 남편은 자기가 듣고 싶은 말을 들을 때까지 계속 같은 질문을 해요. 만약에 싸우고 난 뒤에는 저에게 잘못했다는 사과를 들을 때까지 전화를 열 번이고 백 번이고 해요. 그게 저를 미치게 만들어요. 그래서 전 어쩔 수 없이 사과를 하고 전화를 끊어요. 애들도 아빠한테 선물을 받고 나면 표현을 안 할 수도 있잖아요? 그런데 계속 "아빠가 선물 사 줘서 좋아? 아빠 좋아?" 하면서 반복적으로 질문을 하니 애들도 힘들어해요. (부인-4회기)

• 변명과 남 탓하기

부인: 만약 예를 들어, 제가 남편이 다른 여자랑 발가벗고 있는 현장을 목격하더라도 아니라고 이 여자는 모르는 여자라고 변명하는 스타일이에요. 변명이 무지 강하고 그걸 다른 사람 탓으로 돌려요. 저한테 돌리죠. 자기 탓이 아니고 남 탓을 해요. (부인-3회기)

• 서툰 감정표현

남편: 여자 문제 솔직히 제가 잘못했죠. 제가 잘못한 걸 아는데도 애들 엄마에게 화를 내면서 "그래, 내가 나갈게. 이혼하자."며 소리를 질러요. 그러면서도 속으로는 '내가 미쳤나 보다 어쩜 내가 먼저 그런 말을 하나' 그런 생각이 들어요. 그런데 제 입에서 나오는 말은 반대예요. (남편-1회기)

• 삐치기

부인: 애들 아빠가 장난을 좋아해서 우리한테 장난을 쳤는데 안 받아 주면 삐져요. 그러면 집안 분위기도 안 좋아지구요. 그래서 저나 애들은 남편한테 맞출 수밖에 없어요. (부인-3회기)

• 회피하기

첫째 딸: 아빠는 진지한 이야기가 나오면 이야기를 듣다 말고 손장난을 치거나 갑자기 벌떡 일어나서 뭘 가지고 온다거나 왔다갔다해요. 그래서 아빠랑은 진지한 이야기를 못 해요. (자매-5회기)

(2) 부인의 역기능적인 의사소통방법

• 침묵하기

부인: 남편이 화가 나 있으면 전 그냥 가만히 있어요. 그냥 침묵하고 있어요. (부인-3회기)

• 비위 맞추기

부인: 애들 아빠는 화가 나면 살림을 부수고 난리를 쳐요. 살림도 제일 비싸고 귀

중한 거 있지요? 그런 것들만 부숴요. 그러니까 달래지 않으면 안 돼요. 비위를 거스르면 안 되니까요. (부부−6회기)

• 무조건적인 사과하기

부인: 분명 애들 아빠가 잘못했는데 나보고 잘못했다고 하래요. 사과 안 하면 옷 다 찢어 놓고 휘발유 뿌린다고 그래서 집에 휘발유 뿌리고 옷도 찢고 그랬어요. 그래서 전 남편이 화나면 무조건 사과해요. 살림 하나를 부숴도 내가 손해니까. 정말 애들 아빠한테 대들고 싸워 봤으면 좋겠어요. (부인−3회기)

(3) 자녀의 역기능적인 의사소통방법

• 간접적인 의사전달

첫째 딸: 아빠가 진지한 성격이 아니에요. 그게 어릴 때부터 습관화가 되어 버린 것 같아요. 이야기가 잘 안 되는 사람, 그래서 항상 엄마가 중간다리가 돼 줘서 내 이야기를 엄마가 듣고 아빠한테 하거든요. 나보다는 엄마가 아빠랑 이야기가 더 잘돼서 그런 것 때문인지는 모르겠는데 항상 엄마가 중간에서 이야기를 해야 해요. (자매−5회기)

• 비위 맞추기

부인: 남편 여자 문제 터지고 제가 집을 나가고 나서 애들이 아빠한테 소리를 지르고 자기들도 집을 나가겠다고 짐을 싸 가지고 이모 집으로 갔대요. 그러니까 애들 아빠가 문 비밀번호 바꿔 놓고 애들 화장품 냉장고 집어던져서 때려 부수고 그랬대요. 그런데 애들이 이모 집에서 생각해 보니까 지들이 이렇게 행동한 게 엄마한테 영향이 있을 거라고 생각해서 정말 싫은데 아빠한테 현관 밖에서 빌고 집으로 들어왔대요. 정말 싫은데 엄마한테 영향이 있을까 봐……. (부인−3회기)

2. 가족관계 변화에 영향을 준 상담자의 개입방법

가족관계 변화에 영향을 준 상담자의 개입방법에 대하여 3개의 상위범주와 10개

표 11-2 가족관계 변화에 영향을 준 치료자의 개입방법–개념추출과 범주화

상위범주	하위범주	개념
다세대 전수과정 설명	원가족 바라보기	• 부부가 경험한 원가족 내 성장과정을 설명함으로써 부부 간의 외도에 대한 인식차이를 보여 줌
	표현방식의 세대 간 전수	• 폭력, 남 탓하기, 집착 등의 표현방식이 세대 간 그대로 전수되고 있음을 인식시킴
가족관계 재구성	시도된 해결책의 직면	• 부부관계, 부모–자녀관계의 갈등을 해결하려고 했던 방식들이 서로 자극하고 화를 나게 하는 방식임을 인식시킴
	새로운 역할 부여	• 가족구성원들 간의 적절한 역할 부여를 제안함
	상대방의 변화 인식시키기	• 상담 후 가족구성원들의 변화에 대한 가족구성원들의 노력을 인식시키기
치료자의 비지시적 기법	중재	• 주관적인 해석을 통해 판단한 내용에 대해 차이점을 설명하고 표현하는 방식에 대한 중재자 역할을 함
	감싸주기	• 가족구성원들에게 일방적인 공격을 당할 수 있는 내담자를 감싸 줌으로 동맹관계를 형성
	충격주기	• 내담자가 알지 못하는 사실에 대하여 치료자를 통해 드러냄으로써 내담자의 변화를 유도
	자기노출	• 치료자의 개인적 경험을 통해 내담자가 문제를 인식하고 이해할 수 있도록 함
	칭찬하기	• 가족구성원들의 변화에 대한 적절한 지지를 통하여 더 큰 변화의 유도

의 하위범주가 도출되었다. 분석결과 가족구성원들의 인식변화에 영향을 미친 요인으로는 상담자를 통한 다세대 전수과정 설명과 가족관계 재구성, 상담자의 비지시적 기법으로 크게 구분되어 나타났으며, 구체적인 내용은 〈표 11-2〉와 같다.

1) 다세대 전수과정 설명

이 사례에서 상담자는 다세대 전수과정에 대하여 가족구성원들이 이해할 수 있도록 원가족 바라보기와 표현방식의 세대 간 전수 인식시키기의 치료적 개입방법을 활용하였다. 그럼으로써 가족구성원들 상호 간의 이해와 가족갈등의 원인에 대한 이해의 기회를 제공하여 가족관계 변화와 가족갈등을 완화하는 데 직접적인 영향을 주었다.

• 원가족 바라보기

상담자: 남편의 원가족이 성적으로 문란한 환경에서 자랐으니 이걸 무시할 수 없거든요. 이 원가족문화에서 보면 외도라는 것은 큰 죄책감을 느끼지 않고 저지를 수 있는 문화예요. 그런데 부인의 원가족은 부부관계가 좋고 외도라는 것은 상상할 수도 없는 문화예요. 남편입장에서는 외도가 큰 죄는 아니라고 생각할 수 있어요. 남편의 원가족문화와 직장문화가 그러니까. 하지만 부인입장에서는 외도는 죽음보다 더한 충격일 수 있는 거죠. (부부–14회기)

• 표현방식의 세대 간 전수

상담자: 지금 남편분이 화가 났을 때 사용하는 방식이 집안 살림을 부수는 등 폭력을 사용하시잖아요. 이 방식이 바로 남편분의 아버지가 사용했던 방식이라는 거죠.

남편: 네. 아버지랑 비슷한 것 같아요. 그래도 전 가족들을 직접적으로 때리지는 않는데…….

상담자: 강도의 차이는 있겠죠. 남편분이 그렇게 무서워하고 싫어서 도망가던 아버지, 그 모습을 아내와 자녀분들이 남편분이 화났을 때 경험하고 있다는 거죠.

부인: 남편이 화가 났을 때는 정말 숨도 못 쉴 정도로 너무 무서워요. 애들도 아빠가 무섭다고 해요. (부부–6회기)

2) 가족관계 재구성

상담자는 가족관계 재구성을 위하여 시도된 해결책의 직면, 새로운 역할 부여, 상대방의 변화 인식시키기의 개입방법을 사용하였으며, 이러한 개입방법은 가족구성원이 가족갈등에 대한 문제를 인식하고 새로운 방식의 가족관계를 구성하여 가족구성원 상호 간에 이해를 돕고 가족갈등을 완화하는 데 기여하였다.

• 시도된 해결책의 직면

상담자: 지금 부인께서는 남편과 함께 자원봉사나 성당 등 함께 여기저기 가자는 주문이 많아지고 있어요. 이렇게 주문이 늘어난 이면에는 뭐 때문에 그러신 거예요?

부인: 이런저런 경험을 함께했으면 좋겠다는 생각을 했어요.

상담자: 만약 함께하는 시간 동안은 딴 잡념이나 다른 짓을 못할 수도 있잖아요. 그런 의도는 없으시고요?

부인: 저는 애들 아빠가 자원봉사나 성당에 다니면서 상대방의 상처와 아픔을 차츰 깨우쳐 갔으면 좋겠어요.

상담자: 남편분은 혹시 이런 요구에 대해서 굴레 쓴다는 구속감을 받는 것을 때때로 느끼세요?

남편: 제가 언제까지 맞춰서 살아야 하나 지금 당장이야 다 들어줄 수 있지만 언제까지 할 수 있을지는 솔직히 고민이 돼요.

상담자: 아내분의 요구사항이 좋은 의도인데도 불구하고 남편 입장에서는 본인을 구속한다고 생각할 수 있어요. 근데 제가 생각하는 건 아무리 좋은 거라 할지라도 근신차원에서 당분간 갈지 모르지만 아내분의 요구가 10개면 10개를 다 받아들일 수 없다는 거죠. 왜냐하면 사람인 이상 어쩔 때는 피곤해요. (부부–10회기)

• 새로운 역할 부여

상담자: 지금 부인께서 남편하고 너무 얽혀져 있거든요. 남편밖에 없었으니까. 남편한테 느끼는 배신감이 더 크고 그거에 대한 보상이 남편을 더 집착하고 있는 모습이 보이거든요. 제가 염려스러운 것은 두 분이 이렇게 한 사람처럼 생활하시다가 남편분이 힘들어진다는 거죠. 이게 시간이 지나면 남편분이 스트레스가 쌓이고 결국 다시 폭발하게 된다는 거예요. 두 분이 함께 자원봉사가 되었든 취미활동이 되었든 함께하는 것은 좋은데 지금은 시기가 적절하지 않다는 거예요. 지금까지 자신의 삶을 포기하고 살아오셨지만, 지금부터는 자신의 삶을 찾아서 자원봉사든 운동이든 혼자서 할 수 있는 생활을 찾는 게 더 효과적이라는 거죠. (부인–12회기)

• 상대방의 변화 인식시키기

부인: 애보고 살림하는 여자는 따로 있고 밖에서 노는 여자는 따로 있고 당신 생각은 그거야?

남편: 그건 아닌데. 밖에서는 시간 때우면서 술 먹고 노는 거지. 어떻게 집이랑 비교를 해. 지금도 옛날 같으면 성내고 그랬을 텐데(웃음).

상담자: 남편분 진짜 많이 변하셨어요. 어머님도 그건 인정하시죠? 오늘 보니까 아버님이 그전에 사용하시던 반응하고 많이 달라지셨어요. 그전 같았으면 여기서도 확 올라오셨을 텐데.

부인: 그건 인정해요. 요즘 그래도 남편이 많이 참는 거 같아요. (부부-19회기)

3) 상담자의 비지시적 기법

상담자의 비지시적 기법으로 사용된 중재, 감싸주기, 충격주기, 자기노출, 칭찬하기를 통하여 내담자는 상담과정에서 나타날 수 있는 내담자의 저항을 최소화하고 가족치료의 효과를 높였다.

• 중재

부인: 애들 아빠가 성격이 정말 욱하잖아요. 화가 정말로 났을 때는 감정조절을 잘 못해요. 그럴 때는 정말 제가 감당이 안 돼요.

상담자: 그것 때문에 지금 어머님께서 하고 싶은 대로 밀어붙이지 못하는 거라면 제가 지난번 아버님하고 상담했을 때 일단 들으시겠다는 약속은 받았거든요. 그런데도 지금 후한이 두렵다 뭐 그런 것 아니에요?

남편: 후한이 두려울 게 뭐가 있습니까? 얘기해 봐. 정말 나중에 안 그럴 테니까(웃음). (부부-19회기)

• 감싸주기

상담자: 지금 아빠 말씀에서 난 남자로서 아빠 편이 아니라 아빠의 직업에서의 문화뿐만 아니라 대부분 한국남성 문화라는 게 보통 두 따님이나 엄마가 생각한 만큼 한 와이프만 바라보고 다른 여자관계 애인이든 술집의 순간 여자관계든 깨끗하진 않아요. 그러니 아빠는 따님과 와이프로 인해서 나름 열심히 생활하셨다는 거야. (남편, 자매-7회기)

• 충격주기

남편: 애들 엄마는 저랑 이혼 못해요. 지금도 싸우면 제가 이혼하자고 하면 저를 잡고 말려요. 애들을 생각해서라도 참고 살자고요.

상담자: 그럼 혹시 아내분이 자살시도를 하신 것 아세요? 매트리스 밑에 넥타이가 엮여 있는 걸 둘째 따님이 본 거예요. 그래서 지금 둘째 따님은 당장이라도 엄마가 죽거나 자기를 버리고 도망갈까 봐 걱정하고 있는 거예요. 지난번 외도 문제가 있고 나서 아내분은 이혼이 문제가 아니라 자살까지도 생각하고 있어요. 이건 아주 심각한 문제예요.

남편: ……. (남편-13회기)

• 자기노출

상담자: 어떤 문제에 대하여 화가 났을 때 다른 걸로 괴롭힌다는 거죠. 예를 들면, 제가 어렸을 때 우리 엄마가 밤 11시인가 12시 가까이 늦게 왔어요. 근데 어린 마음에 제가 화가 난 거예요. 근데 그건 엄마가 늦게 와서 화가 난 거잖아요. 근데 그걸 직접적으로 화를 안 내고 "엄마 라면 끓여줘. 엄마 뭐 해 줘, 뭐 해 줘." 이렇게 다른 식으로 화를 전달한 거죠. 하지만 상대편은 알거든요. 내가 늦게 와서 화났는데 다른 걸로 나를 괴롭히고 있다는 걸 알거든요. 일종의 그런 거잖아요? (부부-14회기)

• 칭찬하기

상담자: 근데 아버지가 예전 같으면 정말 얼굴이 붉으락푸르락 하셨을 텐데 지금 얼굴표정처럼 많이 참으시고 소화를 하더라는 거지. 그럼 아빠 입장에서는 내가 싫은 소리임에도 불구하고 일단은 수용하고 받아들이려고 애를 많이 쓰는 거지.

부인: 느껴요. 진짜. 남편이 변화되고 있다는 걸 느껴요.

상담자: 오늘도 사실 아빠 입장에서는 상당히 불편한 내용이 나왔어요. 따님이나 와이프 입장에서는 편안하게 되지만 아빠 입장에서는 편안하게 감당하기 어려운 내용들이었는데 아빠 표정 지금 보시라고요. 이게 억지로 참는 게 아니라 많이 순화시키는 것 같아요. (가족-21회기)

3. 가족치료의 효과성

외도에 대하여 개방적인 남편의 직장 내 문화와 남편과 아내의 원가족문화 차이는 외도로 인하여 발생한 부부갈등을 더욱 악화시켰고, 이러한 문제를 해결하기 위하여 사용된 역기능적 의사소통방식은 가족구성원들 간의 갈등을 더욱 심화시키고 있었다. 이러한 문제에 대하여 상담자는 내담자의 가족구성원들이 문제를 올바로 인식할 수 있도록 치료적 개입을 시도하였으며, 그 결과 가족구성원들의 변화, 가족

표 11-3 가족갈등에 대한 치료자 개입의 효과 매트릭스

구분		가족치료자 개입 후 효과성	
		전	후
가족 구성원의 변화	남편의 인식변화	• 폭력, 강요 등 항상 역기능적인 표현방식의 사용으로 가족 간에 대화가 단절됨 • 술을 먹고 늦게 귀가하는 경우가 많음 • 아내와 자녀를 존중하지 않음	• 역기능적인 표현방식이 감소하고 가족 간의 대화에 동참함 • 귀가시간이 빨라지고 술을 먹거나 늦어지는 경우 집에 연락함 • 아내와 자녀를 존중함
	부인의 인식변화	• 가족을 위해 자신의 삶을 포기함 • 자신의 속마음을 표현하지 않고 마음속에 담아 둠	• 자신의 독립적인 삶을 위해 노력함 • 자신의 속마음을 표현함
	자녀의 인식변화	• 부모가 함께 있는 경우 발생할 문제를 걱정하고 부모의 곁을 떠나지 못함 • 이성에 대한 불신과 거부감을 가지고 있음 • 우울증이 발생함	• 부모의 문제와 자신의 문제를 구별함 • 이성에 대한 불신과 거부감이 감소함 • 우울증이 완화됨
가족 관계의 변화	부부관계 변화	• 부인은 남편의 분노폭발에 대응하지 못하였으며 무조건적인 사과를 함 • 부부가 서로를 구속함	• 남편은 분노조절을 위해 노력하고 부인은 자신의 의사를 명확하게 표현함 • 부부 개인의 삶을 존중함
	부녀관계 변화	• 엄마를 통해서 아빠에게 의사를 전달함 • 자녀를 성인으로 인정하지 않고 스킨십이나 애교를 강요함	• 직접적인 의사전달과 진지한 대화가 가능해짐 • 자녀를 성인으로 인정하고 적당한 거리를 유지함
	모녀관계 변화	• 엄마와 미분화되어 공생관계를 유지함 • 엄마와 밀착관계를 맺고 아빠를 밀어냄	• 엄마와 적당한 거리를 두고 자신의 삶을 살아감 • 부모와 적당한 거리를 유지함

관계의 변화가 나타나 가족갈등이 완화되었다. 이러한 변화와 효과를 매트릭스로 나타내면 〈표 11-3〉과 같다.

1) 가족구성원의 변화

(1) 남편의 인식변화

남편은 폭력, 강요하기, 남 탓하기, 회피하기 등의 역기능적 의사소통방식을 사용하였는데 가족치료 후 가족갈등을 완화하기 위해서는 자신의 의사소통방식과 행동이 변화되어야 한다는 것을 인식하고 아내와 자녀를 존중하고, 가족 간의 진지한 대화에도 참여할 수 있게 되었다.

> 둘째 딸: 이번 크리스마스 때 가족끼리 마니또를 했어요. 근데 엄마 마니또가 아빠시더라고요 그런데 아빠가 돈이 없어서 엄마선물을 못 사잖아요. 예전 같았으면 신경을 안 써요. 그런데 이번에 엄마한테 속옷 사 준다고 치수를 물어봤나 봐요. 그래서 결국 엄마가 엄마선물을 샀지만 엄마한테 선물을 하려고 치수를 물어봤다는 것이 너무 좋았어요.
>
> 부인: 저는 애들 아빠한테 선물을 받아 본 적이 없어요. 물론 속옷 치수를 물어봐서 결국 제 선물을 제가 샀지만, 저한테 속옷 치수를 물어봐 주는 게 전 사실 좋았어요. 정말 기분 좋았어요. (가족-21회기)

> 부인: 남편이 상담을 통해서 좀 변했다는 걸 느껴요. 집에서 꽁꽁 묶어 놓는 마누라가 아닌 동료적인 입장, 파트너 같은 느낌을 받았어요. 그리고 요즘은 약속을 하면 지키려고 노력하는 게 느껴져요. (가족-21회기)

(2) 부인의 인식변화

부인은 가족을 위해 주부로서 올바른 삶이 자신의 삶은 포기한 채 가족을 위해 살아가는 것이라는 잘못된 인식과 남편이 화났을 때 사용하는 역기능적인 의사소통방식에 대하여 무조건적인 사과를 하였으나, 가족치료 후 가족과 독립된 자신의 삶을 계획하고 행동하며 자신의 의사를 명확히 표현하였다.

부인: 저도 이제 제 삶을 위해 많이 노력하고 있어요. 모임도 나가고, 자전거도 타고, 요즘에는 성당에 일주일에 두 번은 가고 성당에 행사 있으면 참석해요. 전 운동을 좋아해서 헬스도 하니까 재미있더라고요. 그리고 동사무소에서 풍물을 한다고 해서 그것도 신청했어요. (부인-20회기)

부인: 남편이 전처럼 무조건 화를 내지 않으니까 이제 저도 제 맘속에 있는 말을 표현해요. 단지 남편이 전처럼 화를 내지 않아서가 아니라 이제는 남편이 내 이야기도 들어 줄 거라는 믿음이 생긴 것 같아요. (부인-20회기)

(3) 자녀의 인식변화

아빠의 외도로 인하여 부부갈등이 심해지고 엄마의 자살시도를 인식하게 된 자녀는 본인이 없을 때 부부싸움이 발생하거나 혹은 엄마의 가출이나 자살을 걱정하며 부모를 항상 감시하며 자신의 삶을 독립적으로 살지 못하고 엄마와 공생관계를 유지하며 불안해하였다. 가족치료 후 자신의 행동이 부부갈등에 도움이 되지 않는 것을 인식하고 부모의 문제와 자신의 문제를 명확히 구분함으로써 자신의 독립적인 삶을 영위하고 우울증이 감소할 수 있게 되었다.

부인: 그래도 요즘 둘째가 좀 나아진 것 같아요. 전에는 불안해서 학교도 잘 안 나가고 했는데 요즘은 ○○에서 아르바이트를 해요. 그래서 매일 나가잖아요. 그리고 다시 직장도 다니고 학교도 다니고 아르바이트도 한다고 자기 계획을 세워 놓았더라고요. (부인-20회기)

2) 가족관계의 변화

(1) 부부관계 변화

외도라는 가족 내 위기상황에서 역기능적인 의사소통방식은 부부갈등을 더욱더 악화시켰고 이로 인하여 부부간에 서로를 구속하는 방식으로 진행되었다. 하지만 가족상담자의 개입 이후 부부의 의사소통방식은 서로를 존중하는 방식으로 변화되었고 부부간에 독립적인 삶을 인정하기 시작하여 부부갈등이 완화되고 부부간의 신뢰가 형성되기 시작하였다.

둘째 딸: 옛날 같으면 엄마가 속마음을 숨기고 아빠가 듣고 싶은 대답을 했었는데 요즘은 엄마가 하고 싶은 말을 정확히 표현하시는 것 같아요. (가족-21회기)

부인: 남편이 이제 변화하려는 게 느껴져요. 요즘 남편이 약속을 하면 지키려고 노력을 해요. 지난번에도 술 한 잔하고 온다고 하면서 "몇 시까지 갈까?" 하더라고요. 그래서 3시쯤이면 되지 않을까 했더니 정말 3시까지 왔더라고요. '이제 약속을 하면 지키는구나!'라는 믿음이 좀 생겨요. (가족-21회기)

(2) 부녀관계 변화

자녀들은 자녀를 성인으로 대하지 않고 진지한 대화를 회피하는 역기능적인 의사소통방식을 사용하는 아버지에 대하여 항상 엄마를 통해 자신들의 의사를 간접적으로 전달하는 방식을 사용하고 있었다. 가족상담자의 개입 후 아버지가 자녀를 성인으로 인정하고 존중해 줌으로써 부녀관계에는 진지한 이야기를 나눌 수 있는 편안한 관계로 변화하는 계기가 되었다.

부인: 남편이 상담받기 전에는 애들을 어린애 취급했어요. 그런데 남편이 상담을 받고 나서 자기들을 성인 취급해 주고 한 사회인으로서 취급해 주는 게 너무 편하대요. 아빠가 자기들 수준에 맞게 대해 주는 게 너무 편하대요. (부인-19회기)

첫째 딸: 옛날에는 남자친구 이야기는 금기시되었는데 요즘은 남자친구 언제 사귀냐 이런 이야기를 아빠가 좀 자연스럽게 하시구요. 예전에는 아빠한테 뽀뽀해 주고 그런 게 저희가 나이가 몇인데 좀 부담스러웠거든요. 근데 요즘엔 없어서 편하고 너무 좋아요. (가족-21회기)

(3) 모녀관계 변화

아버지의 외도로 인한 어머니의 자살시도와 가출을 경험한 자녀는 불안이 나타났고, 이러한 불안은 엄마와 자녀의 공생관계를 형성하게 하게 되어 부모를 감시하고 자녀 스스로 자신의 삶을 포기하게 되었다. 가족상담자의 개입 후 자녀는 어머니의 자살과 가출에 대한 불안 그리고 우울증이 감소하였고 어머니와 자녀 간에 적당한 거리관계를 유지하면서 자녀 스스로의 독립적인 삶을 계획하고 살아가는 계기가 되었다.

상담자: 요즘 둘째 따님은 좀 어떠세요? 아직도 부부관계를 감시하나요?

부인: 그래도 아직까지 약간의 불안은 있는 것 같은데 그래도 많이 좋아진 것 같아요. 최근에는 졸업전시회 할 때 임원이라 너무 바쁘고 또 전화도 하루에 한두 번 정도 전에 비해서 자주 하는 편은 아닌 것 같아요. 저랑 남편이 사이가 좋지 않으면 조금 더 신경을 쓰는데 그래도 전보다는 훨씬 덜 하구요.

상담자: 원래 둘째 따님이 민감하다 보니 다시 아빠에 대한 신뢰를 회복하기까지는 시간이 좀 걸릴 것 같아요. (부인-20회기)

남편의 외도로 인하여 가족갈등을 경험하고 있는 가족구성원들 간의 역기능적인 상호작용과 가족갈등을 해결하기 위하여 상담자가 개입한 치료과정 전체 네트워크는 [그림 11-2]와 같다.

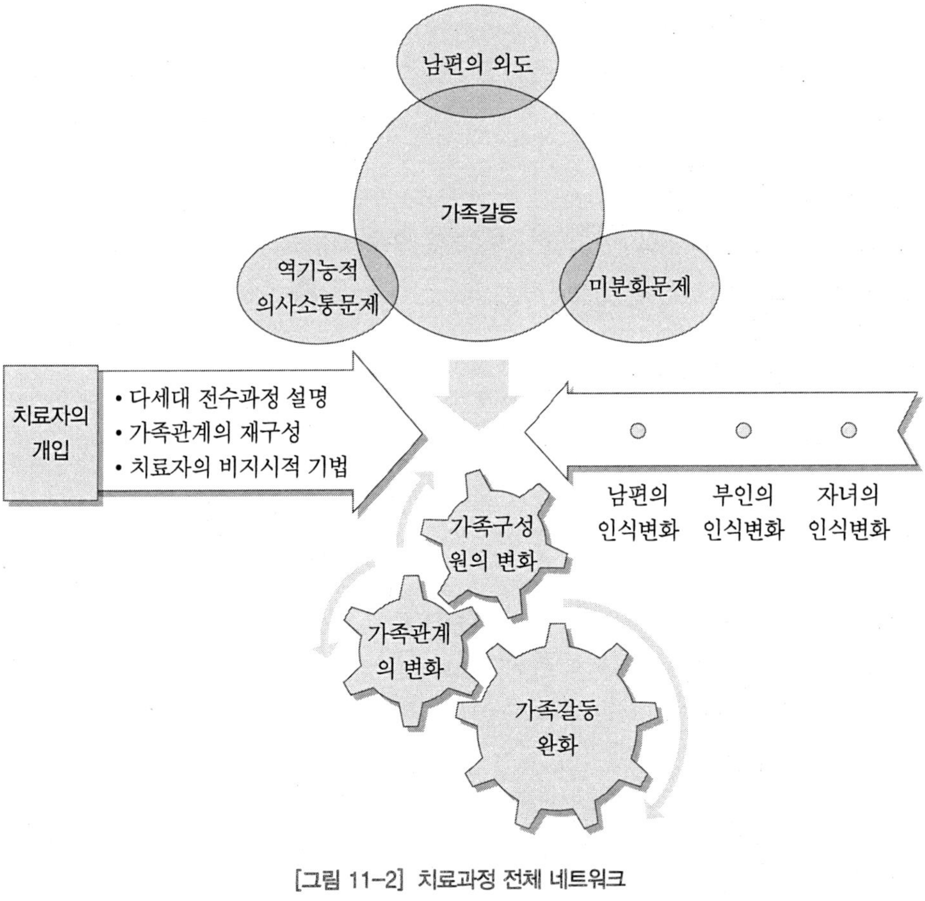

[그림 11-2] 치료과정 전체 네트워크

Ⅵ. 결론 및 논의

이 연구에서는 가족갈등의 원인을 남편의 외도 문제, 가족구성원의 미분화문제, 역기능적인 의사소통문제로 살펴보았다. 특히 남편의 외도문제는 잠재되어 있던 가족갈등에 영향을 주었다. 이와 같은 외도는 부부 또는 가족관계에 심각한 결과를 낳는다(Peluso & Spina, 2008)는 내용을 뒷받침해 주며, 그로 인하여 부부가 부부치료를 받게 되는 가장 공통적인 요인들 중 하나임(Whisman, Dixson, & Johnson, 1997)을 반영하고 있기도 하다. 물론 이 연구에서는 남편의 외도라는 사건이 가족관계를 더욱 악화시키는 촉발요인이 되었고 이러한 가족생활주기상의 위기와 함께 그전부터 잠재되어 있었던 가족구성원들 간의 의사소통문제와 미분화문제가 가중하여 가족관계를 더욱 악화시키는 결과를 낳았다고 볼 수 있다. 특히 부인은 남편의 외도로 인하여 심한 우울증과 자살시도를 준비하였다. 이러한 내용은 외도에 대한 배우자들의 반응은 우울증으로 나타난다(Cano & O'Leary, 2000; Christian-Herman, O'Leary, & Avery-Leaf, 2001; Gordon, Baucom, & Snyder, 2004)는 내용과 심한 경우 이혼 및 자살 등의 극단적인 문제로 나타날 수 있다(Schneider, Irons, & Corley, 1999)는 내용을 입증해 주는 결과이기도 하다. 또한 부부들은 종종 외도를 외상적으로 경험하며, 외상후 스트레스장애 증후군을 겪는다(Snyder, Baucom, & Gordon, 2008)의 결과를 뒷받침해 주고 있다.

Treas와 Giesen(2000)은 더 강한 성적인 관심과 더 허용적인 성적 가치관을 가지고 있으며, 더 많은 성적 기회를 가지고 있는 사람들이 성적 외도에 대한 좀 더 높은 가능성을 가지고 있는 것으로 보였다고 하였다. 이와 같이 이 연구의 남편 또한 원가족에서 부모가 모두 외도를 하여 이혼을 하였고 6남매 중 4명이 외도를 하였으며, 직장문화 또한 외도가 자연스러운 문화 속에서 자라나서 외도에 대한 죄책감이 거의 없다시피 한 문화에서 성장을 하였다는 것이다.

상담자는 남편의 외도로 인하여 표면화되어진 가족갈등을 완화하기 위하여 다세대 전수과정 설명, 가족관계 재구성, 상담자의 비지시적 기법을 통하여 가족구성원들의 인식변화에 영향을 주었으며, 이러한 가족구성원들의 인식변화는 단순한 인식의 변화로 그치지 않고 가족관계의 변화를 일으켜 가족갈등을 완화시키는 결과를 야기시켰다. 이와 같은 결과는 외도가 부부관계를 악화시키는 경우가 일반적이지만, 대처방식에 따라 부부관계가 더 강화될 수도 있다(Charny & Parnass, 1995; Natarius & Markman, 1993)는 연구결과를 뒷받침해 주고 있다.

가족치료의 효과성을 분석해 보면 남편의 경우에는 폭력, 강요 등의 역기능적인 표현방식의 사용이 감소하였고, 귀가 시간이 빨라졌으며, 술을 먹어 늦어지는 경우 집에 미리 연락을 하는 등 아내와 자녀를 존중하는 표현을 함으로써 가족 간의 대화가 가능해지는 변화를 보였다. 아내의 경우에는 치료 이전에 가족을 위해 자신의 삶을 포기하는 생활방식에서 자신의 독립적인 삶을 위해 노력하였고, 남편에게 자신의 속마음을 솔직하게 표현하기 시작하였다. 이러한 부부의 변화로 인하여 어머니와 공생관계에 있던 둘째 딸은 부모에 대한 신뢰감이 형성됨으로써 부모와 자신의 문제를 구별하기 시작하였고, 이성에 대한 불신과 거부감이 감소하였으며, 우울증이 완화되는 변화를 보이기 시작하였다.

이러한 가족구성원들의 변화로 인하여 가족관계가 변화하였고, 부부관계에 있어서 남편의 분노조절을 위한 노력, 아내의 정확한 의사표현을 바탕으로 한 부부간의 상호존중을 통하여 부부관계가 긍정적으로 변화하기 시작하였다. 부녀관계에 있어서 아빠가 자녀를 성인으로 인정하며 적당한 거리를 유지함으로써 엄마를 통해서 아빠에게 의사를 전달하던 간접적인 의사전달방식이 직접적인 의사전달방식으로 전환되어 아빠와 자녀 간에 진지한 대화가 가능해짐로써 부녀관계에도 긍정적인 변화가 나타났다. 모녀관계에 있어서 엄마와 미분화되어 공생관계를 유지하고 아빠를 밀어내는 방식을 사용하던 둘째 딸의 경우에도 부모관계의 긍정적인 변화를 자녀가 인식함으로써 엄마와 적당한 거리를 두고 자신의 삶을 계획하고 행동하는 변화를 보였으며, 우울증이 완화되는 등의 긍정적인 변화가 나타났다. 이와 같은 결과는 Atkins와 동료들(2005)이 말했듯이, 외도를 경험했던 부부들을 치료할 때 상담자들은 단지 외도에 초점을 맞추기보다는 전체로서의 관계에 초점을 두는 것이 필요하다는 점을 다시 한 번 확인시켜 준다. 그리고 외도를 경험한 배우자들을 위해서 상담자가 부부를 지지해 주어야 한다는 점과 상담진행을 가능하면 천천히 진행할 필요성이 있다(Olson et al., 2002)는 점을 보여 주고 있다.

이 연구는 남편의 외도에 대한 가족치료 사례연구로서 가족갈등에 영향을 미친 요인들과 가족치료를 통한 가족구성원들의 인식변화, 그리고 인식변화에 따른 가족관계 변화에 초점을 맞추었다. 특히 연구자들은 가족구성원들의 변화를 위하여 적용한 MRI의 상호작용주의적 모델과 Murray Bowen의 가족체계이론을 중심으로 남편의 원가족문제, 자아분화문제 그리고 문제를 해결하려고 시도했던 역기능적인 의사소통방식을 중심으로 분석하였다. 외도와 관련된 다양한 가족치료 접근법이 있겠으나, 이 연구에서는 가족갈등의 원인을 외도라는 하나의 사건으로 보기보다는 원가족과 핵가족 그리고 내담자의 사회적 관계 속에서 찾아내고, 가족구성원들 간의 잠재되어 있는 가족갈등을 완화시킴으로서 보다 폭넓은 치료의 효과를 나타내게 되었다.

그러나 이 연구는 단일사례이기 때문에 남편의 외도로 인한 가족갈등에 대한 개입의 효과성으로 일반화하는 데는 한계가 있다. 따라서 후속연구에서는 외도로 인한 가족갈등에 대한 다양한 가족치료모델의 적용 사례들이 연구되고 개입의 효과성을 볼 수 있는 연구가 진행되길 기대한다.

참고문헌

Abrahamson, I., Hussain, R., Khan, A., & Scholfield, M. (2012). What helps couples rebuild their relationship after infedelity? *Journal of Family Issues*, *33*(11), 1494-1519.

Allen, E. S., & Atkins, D. C. (2012). The association of divorce and extramarital sex in representative U.S. Sample. *Journal of Family Issues*, *33*(1), 1477-1493.

Allen, E. S., & Baucom, D. H. (2004). Adult attachment and patterns of extradyadic involvement. *Family Process, 43,* 467-488.

Amato, P. R., & Previti, D. (2003). People's reasons for divorcing: Gender, social class, the life course, and ajustment. *Journal of Family Issues*, *24,* 602-625.

Armstrong, L. (2006). Barriers to intimate-based sexuality: Concerns and meaning-based counseling approaches. *The Humanistic Psychologist*, *34*, 281-298.

Atkins, D. C., Baucom, D. H., & Jacobson, N. S. (2001). Understanding infidelity: Correlates in a national random sample. *Journal of Family Psychology, 15,* 735-749.

Atkins, D. C., Eldridge, K. A., Baucom, D. H., & Christensen, A. (2005). Extramarital affair and behavioral couple counseling: Optimism in the face of betrayal. *Journal of Counseling and Clinical Psychology, 73,* 144-150.

Blow, A., & Hartnett, K. (2005). Extramarital affair in committed relationships II: A substantive review. *Journal of Marital and Family Counseling, 31,* 217-233.

Barta, W. D., & Kiene, S. M. (2005). Motivations for infidelity in heterosexual dating couples: The roles of gender, personality differences, and sociosexual orientation. *Journal of Social and Personal Relationships, 22,* 339-360.

Blow, A. J., & Hartnett, K. (2005a). Infidelity in committed relationships I: A substantive review. *Journal of Marital & Family Therapy, 31,* 217-233.

Blow, A. J., & Hartnett, K. (2005b). Infidelity in committed relationships II: A methodological review. *Journal of Marital & Family Therapy, 31,* 183-216.

Bunk, B. (1987). Conditions that promote breakups as a consequence of extradyadic involvements. *Journal of Marital and Family therapy, 31*(2), pp. 217-233.

Buss, D., Larsen. R. J., Westen, D., & Semmelroth, J. (1992). Sex difference in jealous: Evolution, physiology, and psychology. *Psychological Science, 3,* 251-255.

Cann, A., Mangum, J. L., & Wells, M. (2001). Distress in response to relationship infidelity: The roles of gender and attitudes about relationships. *The Journal of Sex Research, 38*(3), 185-190.

Cano, A., & O'Leary, D. (2000). Infidelity and separations precipitate majordepress episodes and symptoms of nonspecific depression and anxiety. *Journal of Consulting and Clinical Psychology, 68,* 774-781.

Charny, I. W., & Parnass, S. (1995). The impact of extramarital relationships on the continuation of marriage. *Journal of Sex and Marital Therapy, 21,* 100-115.

Christian-Herman, J. L., O'Leary, D., & Avery-Leaf, S. (2001). the impact of sever negative sevents in marriage on depression. *The Journal of Social and Clinical Psychology, 30,* 24-40.

De Graaf, P. M., & Kalmijin, M. (2006). Divorce motives in a period of sising divorce: Evidence from a Dutch life-history survey. *Journal of Family Issues, 27,* 483-5-5.

Dean, C. (2011). Psychoeducation: A first step to understanding infidelity-related systemic trauma and grieving. *The Family Jounral: Counseling and Therapy for Couples and Families, 19*(1), 15-21.

Duba, J., Kindsvatter, a., & Lara, T. (2008). Treating infidelity: Considering narratives of attachment. *The Family Journal, 16,* 293-299.

Dupree, W. J., White, M. B., Olsen, C. S., & Lafluer, C. T. (2007). Infidelity treatment patterns: A practice-based evidence approach. *American Journal of Family Therapy, 35,* 327-341.

Glass, P. (2002). Couple counseling after the trauma of extramarital affair. In A. S. Gurman & N. E. Jacobson (Eds.), *Clinical handbook of couple counseling* (3rd ed.)(pp. 488-507). New York, NY: Guilford Press.

Glass, S. P., & Wright, T. L. (1992). Justifications for extramarital relationships: The association between attitudes, behaviors, and gender. *Journal of Sex Research, 29,* 361-387.

Gordon, K. C., Baucom, D. H., & Snyder, D. K. (2004). An intergrative intervention for promoting recovery from extramarital affairs. *Journal of Marital & Family Counseling, 30,* 213-231.

Janus, S. S., & Janus, C. L. (1993). *the Janus report on sexual behavior.* New York, NY: Wiley.

Juhnke, G. A., Coll, K. M., Evans, M., Sunich, M. F., Hansen, K. D., & Valadez, A. (2008). A modified infidelity debriefing process for couples who have recently experienced infidelity disclosure. *Journal of Family Psychology, 15,* 241-253.

Jung, E. (2011). Healing the effects of an extramarital affair: A tao psychotherapy approach. *The Korea Journal of Family therapy, 19*(2), 1-17.

Kim, B. S. (2009). Wives' attitudes toward divorce after husbands' extramarital affairs. *The Korea Journal of Family therapy, 17*(1), 157-185.

Linquest, L., & Negy, C. (2005). Maximizing the experiences of an extrarelational affair: An unconventional approach to common social convention. *Journal of Clinical Psychology, 61,* 142-148.

Marin, R. A. (2010). Infidelity and marital therapy: *Post-therapy adjustment 5-years after therapy. Unpublished dissertation.*

Miles, B. M., & Huberman, A. M. (1994). *Qualitative data analysis.* Thousand Oaks, CA: Sage.

Natarius, C. & Markman, H. (1993). We can work it out: making sense of marital conflict. Putnam.

Olmstead, S. B., Blick, R. W., & Mills, L. I. (2009). Helping couples work toward the forgiveness of marital extramarital affair: Therapists' perspective. *The American Journal of Family Counseling, 37*, 48-66.

Olson, M. B., Russell, C. S., Kiggins-Kessler, M., & Miller, R. B. (2002). Emotional processes following disclosure of an extramarital affair. *Journal of Marital and Family Counseling, 28*(4), 423-434.

Park, T, Y. (2006). A case study on family therapy for a Middle-aged wife with infidelity problem. *The Korea Journal of Family therapy, 14*(2), 91-133.

Park, T, Y., & Jo. S. H. (2005). A case study on family therapy for a infidelity problem. *The Korea Journal of Social Welfare, 2005*(4), 773-798.

Peluso, P. R., & Spina, P. (2008). Understanding infidelity: Pitfalls and lessons for couple counselors. *The Family Journal, 16*, 324-327.

Previti, D., & Amato, P. R. (2004). Is extramarital affair a cause or a consequence of poor marital quality? *Journal of Social and Personal Relationships, 21*(2), 217-230.

Snyder, D. K., Baucom, D. H., & Gordon, K. C. (2008). an integrative approach to treating infidelity. *The Family Journal, 16*, 300-307.

Schneider, J. P., Irons, R. R., & Corley, M. D. (1999). Disclosure of extramarital sexual activities by sexually exploitative professionals ad other persons with addictive or compulsive sexual disorders. *Journal of Sex Education and Therapy, 24*, 277-287.

Subotnik, R., & Harris, G. G. (1999). *Surviving infidelity.* Holbrook. MA: Adams Media.

Sweeney, M. M., & Horwitz, A. V. (2001). Infidelity, initiation, and the emotional climate of divorce: Are there implications for mental health? *Journal of Health and Social Behavior, 42*, 295-309.

Thompson, A. P. (1984). Emotional and Sexual Components of Extramarital Relations. *Journal of Marriage and Family, 46*, 35-42.

Treas, J., & Giesen, D. (2000). Sexual infidelity among married and cohabiting Americans. *Journal of Marriage and the Family, 62*(1), 48-60.

Whisman, M. A., Dixon, A. E., & Johnson, B. (1997). Therapists'perspectives of couple problems and treatment issues in couple therapy. *Journal of Family Psychology, 11*, 361-366.

Wiederman, M. W. (1997). Extramarital sex: Prevalence and correlates in a national survey. *Journal of Sex Research, 34*, 167-174.

Whisman, M. A., Dixon, A. E., & Johnson, B. (1997). Therapist's perspective of couple problems and treatment isuues in couple counseling. *Journal of Family Psychology, 11*, 361-366.

Wilkinson, R. T., Littelbear, S., & Reed, S. (2012). A review of treatment with couples post-affair: An emphasis on the use of disclosure. *The Family Journal: Counseling and Therapy for Couples and Families, 20*(2), 140-146.

12장

학대행위 중단을 위한 가족치료적 접근방법과 효과성에 대한 사례연구

박태영 · 심다연

이 연구는 아들을 학대하는 어머니(내담자)에 대한 가족치료 사례를 분석한 연구이다. 이 연구의 목적은 내담자의 아들을 학대하는 행위에 영향을 미친 요인들과 가족상담자의 개입방법, 그리고 가족구성원들의 변화요인들을 살펴보는 데 있다. 가족상담자는 내담자의 학대행위 중단을 위해 정신분석적 대상관계이론, 가족체계이론, 상호작용적 의사소통모델을 적용하였다. 연구결과는 다음과 같다. 첫째, 내담자의 자녀 학대행위에 영향을 미친 요인으로는 원가족에서 미해결된 정서, 전이된 감정, 부부갈등, 원가족에서 전수된 방식으로 나타났다. 둘째, 내담자의 자녀 학대행위의 중단을 위한 상담자의 개입기법으로 원가족에서 미해결된 정서와 전이된 감정을 다루고 역기능적이었던 방식을 기능적인 새로운 방식으로 변화시키는 것 등이었다. 셋째, 가족들의 변화된 내용은 내담자의 경우 미해결된 정서를 해결하게 된 것이며 다른 가족구성원들은 내담자를 이해하

박태영, 심다연(2014). 학대행위 중단을 위한 가족치료적 접근방법과 효과성에 대한 사례연구. 아동복지학, 48, 1-31.

고 변화를 위해 노력하게 된 것이었다. 이러한 변화과정을 통해 내담자는 자녀에게 학대행위를 중단하게 되었고 감정조절이 안 되었던 자녀의 증상도 완화되었다. 결론적으로 이 연구는 자녀를 학대하는 내담자에 대한 가족치료적 개입방법의 효과성을 보여 준다.

I. 서론

아동학대가 아동에게 심각한 외상을 입힐 수 있음에도 불구하고 한국사회에서 아동학대의 문제는 사회문제로 심각하게 인식되지 못했던 것이 사실이다. 이와 같은 배경에는 학대가 발생하더라도 지극히 개인적인 가정사로 치부하여 왔고 가족 내에서 해결할 문제라고 인식해 온 한국의 문화적 특징 때문이라고 볼 수 있다(이봉주, 김세원, 2005). 그러나 지난 2000년 「아동복지법」이 개정되면서 아동학대의 개념을 규정하고 아동학대에 대한 사회적인 개입의 법적 근거가 마련됨에 따라 아동학대가 심각한 사회문제라는 인식이 조금씩 자리 잡기 시작했고, 최근에는 학대로 인한 아동의 사망사고가 잇따라 발생하면서 심각한 사회문제로 재조명되고 있다.

아동학대의 심각성에 대한 사회적인 관심이 집중되면서 학대받는 아동을 보호하기 위한 방법으로 사회가 적극적으로 개입하여야 한다는 관점과 일차적으로 부모의 권리를 보장하여 아동이 가족 내에서 보호받아야 한다는 관점 간의 논쟁이 있어 오긴 했지만, 우리나라의 경우 아동을 부모로부터 분리하기보다 부모와 가족, 지역사회가 아동에게 양육적인 환경으로 변화하도록 지원하여 가족을 보존하는 것을 아동보호의 기본 목적으로 삼고 있다(강미경, 2009). 그러나 학대행위자의 80.3%가 부모이며, 학대로 인한 아동보호서비스가 종결된 이후 가정으로 되돌아간 아동이 또다시 학대를 당하여 재신고되는 사례가 전체 아동학대 신고사례의 14.4%를 차지한다(보건복지부, 2013). 그런데 아동보호서비스를 제공받았음에도 불구하고 재학대가 일어나는 것은 기존의 서비스가 학대의 재발을 충분히 예방하지 못하고 있으며 이를 예방하기 위해서는 아동학대의 발생 원인에 대해 심층적으로 파악하여 차별화된 서비스를 제공할 필요가 있다는 것을 시사한다.

아동학대가 발생하는 요인에 대해서는 그간 다양한 차원에서 광범위한 연구들이 진행되어 왔지만 아동학대의 발생요인은 매우 다양하고 복잡하기 때문에 특정 요인으로 설명하기 어렵다(황혜자, 조수진, 2007). 그럼에도 불구하고 아동학대의 발생은 가해자와 피해자뿐만 아니라 가족구조나 가족 내 상호작용 등 다양한 가족 요인에 의해 발생하다는 점에서는 의견이 일치되고 있다(윤혜미 외, 2013). 특히 최근 발표된 보건복지부 전국 아동학대 현황 보고서(2014)에 따르면 학대의 발생 원인으로 부적절한 양육태도와 사회 · 경제적 스트레스, 부부갈등 등의 순서로 나타났으며 그밖에도 중독이나 성격문제, 부모의 어릴 적 학대경험 등이 있었다. 즉, 아동학대는 아동학대행위자인 부모 자신의 아동기 학대경험, 부부간의 갈등이나 가족경계, 가족구조의 문제(김혜영, 석말숙, 2003; 황혜자, 조수진, 2007; 문영숙, 2011) 등과 같이 다양한 요인에 발생하는 것이므로 아동학대의 문제는 복합적인 가족의 문제로 다루어야 하며 각 요인들 간의 상황적인 조건이나 요인을 함께 파악하는 것이 중요하다.

그러나 무엇보다 아동학대의 문제를 해결하기 위해서는 학대행위자가 스스로 행위를 중단하게 하는 것이 필요하며, 이를 위해서는 학대행위자에 대한 다양한 측면에서의 심도 깊은 이해와 가족 내 존재하는 갈등해결이 선행될 필요가 있다. 즉, 학대행위자의 학대 발생 메커니즘을 이해하고 학대행위를 중단하도록 하기 위해 학대의 피해아동과 학대행위자뿐만 아니라 가족구성원들 간의 상호작용을 파악할 필요가 있으며 이를 위해서는 전체 가족구성원이 개입과정에 참여할 필요가 있는 것이다.

이에 이 연구에서는 아동학대에 대하여 가족체계론적인 접근을 중심으로 학대행위자인 부인과 피해자인 자녀뿐만 아니라 남편과 친정부모, 시모까지 참여한 가족치료 사례를 질적 연구 패러다임으로서의 사례연구방법으로 분석하였다. 이러한 가족치료 사례를 통해 아동학대에 영향을 미친 요인들과 가족상담자의 개입방법, 그리고 아동학대행위를 중단하게 된 요인들을 발견하고, 아동학대문제에 있어 가족치료 접근방법의 효과성을 살펴보고자 한다.

II. 선행연구

1. 아동학대의 발생 원인과 개입방법

아동학대가 발생하는 원인에 대해서 설명하기 위한 시도는 꾸준히 이루어지고 있으며 대표적인 이론은 학대행위자의 정신병리 상태가 주요 원인이라고 보는 정신병리학적 이론과(O'Leary, 1993), 아동을 둘러싼 사회환경으로 인해 학대행위가 유발된다고 보는 사회학적 이론(Gelles, 1997), 학대행위자 자신이 공격적이고 폭력적인 가정에서 양육된 경우 모델링과 강화를 통해 부모가 된 이후 학대행위가 발생하게 된다고 보는 사회학습이론 등이 있다. 이처럼 많은 학자들이 학대행위의 발생 원인에 대해 관심을 갖고 다양한 이론들을 제시하는 것은 학대행위자의 특성에 대해 심층적으로 이해가 선행되어야만 학대행위 중단을 위한 전문적인 개입을 개발할 수 있기 때문이다.

이러한 이론들을 바탕으로 아동학대행위자의 특징에 대해 많은 연구들이 이루어졌다. 정신병리학적 이론에 바탕을 둔 연구들은 아동학대행위자의 정신장애나 약물남용(노충래, 2002; Fenton et al., 2013; Laslett et al., 2014), 낮은 자존감이나 분노조절의 문제(Asawa et al., 2008), 사회학적 이론에 바탕을 둔 연구들은 빈곤이나 이혼율과 같은 사회구조적인 문제(이봉주, 김세원, 2005; Cancian et al., 2013; Eckenrode et al., 2014), 사회학습이론에 바탕을 둔 연구들은 가족구조나 부부갈등과 같은 가족 특성(김혜영, 석말숙, 2003; 문영숙, 2011), 학대행위자 자신의 아동기 학대 피해 경험(Bert et al., 2009), 부정적인 양육방식(황혜자, 조수진, 2007; 김재엽 외, 2007; Thornberry & Henry, 2013; Calheiros, 2013)을 아동학대를 유발시키는 원인으로 제시하고 있다. 특히 아동기에 학대를 당했던 피해자가 성인이 되어 자기 자신이 또 다른 학대의 가해자가 되는 것은 학대경험으로 인한 부정적인 영향으로 볼 수도 있다(Thornberry & Henry, 2013).

그렇지만 아동학대행위는 단순히 하나의 이론으로만 그 원인을 설명하기는 어렵다. 다양한 이론들이 제시되고 있지만 아동학대행위의 원인이 매우 다양하고 복잡하기 때문에 특정 요인으로 설명하기는 어렵다(황혜자, 조수진, 2007). 그렇기 때문에 특정 요인만으로 아동학대행위에 대해 설명하려고 하기보다 학대행위자의 다양하고 복합적인 측면을 살펴보고 심층적으로 이해하는 것이 필요하다.

우리나라의 아동학대에 대한 대처는 크게 정부 차원과 민간 차원의 대처로 나눠지는데 민간 차원에서는 나눔의 집, YMCA 청소년 쉼터, 굿네이버스 등이 아동학대에 대처하기 위해 다양한 활동을 하고 있으며 정부 차원에서는 「아동복지법」에 근거하여 아동보호전문기관을 설치, 운영하고 있다. 「아동복지법」에서는 아동보호전문기관의 업무를 아동학대 신고접수, 현장조사 및 응급보호, 피해아동 및 행위자, 가족을 위한 상담, 치료, 교육, 아동학대 예방의 교육 및 홍보, 피해아동 가정의 사후관리 등을 제시하고 있다(아동복지법, 2014).

이와 같이 아동보호전문기관에서는 아동학대 신고가 접수되면 피해아동의 다양한 생활환경 등을 파악하여 피해아동의 보호 및 회복과 학대행위자의 재학대 방지를 위한 조치를 취하고 있다. 보건복지부와 중앙아동보호전문기관(2014)에서 발행한 '2013 전국아동학대현황보고서'에 따르면 피해아동의 72.8%가 원가정 보호의 조치를 받았고, 학대행위자의 76.8%는 아동과의 분리 없이 지속관찰 조치를 받았다. 학대행위자인 부모에 대해 고소나 고발 조치를 하기보다 상담이나 교육을 통한 교정에 더욱 비중을 두고 있기 때문이다. 이러한 조치 외에 상담서비스, 의료서비스, 심리치료서비스, 가족기능강화서비스, 일시보호서비스, 고소고발 지원서비스 등을 제공하고 있는데, 피해아동의 경우 46.1%가 상담서비스, 31.5%가 일시보호서비스를 받았으며, 학대행위자의 경우 84.9%가 상담서비스를 받은 것으로 나타나 상담서비스가 주로 제공되고 있음을 알 수 있었다. 상담서비스는 개별상담, 집단상담, 기관상담, 주변인상담 등으로 이루어지지만 대부분이 개별상담을 이용한 것으로 나타났다.

이처럼 대부분의 학대 피해아동이 학대 신고 이후 원가정 보호 조치를 받았고 학대행위자 역시 분리 조치 없이 원가정에 아동과 함께 생활하도록 조치를 받았는데, 조치 이후 이들에게 제공되는 서비스는 개별상담이 주를 이루고 있다. 하지만 학대 신고 접수된 사례 중 다시 신고된 재학대 사례가 2010년 503건에서 2013년 980건으로 크게 증가하고 있으며 2013년 전체 학대사례 6,796건 중 14.4%에 달했다. 즉, 아동학대 신고 이후 이루어진 개입방법이나 종결 이후의 사후관리 및 모니터링이 학대행위를 중단시킬 만큼 충분히 이루어지지 못하고 있음을 보여 준다고 할 수 있다.

물론 학대행위자에 대한 엄격한 법적 처벌도 필요하겠지만 학대행위자가 부모일 경우에는 학대발생요인을 파악하여 적절한 교정 프로그램이 우선적으로 필요한 것이다(박혜숙, 김보기, 2013).

미국의 경우, 「아동학대 예방 및 치료법(Child Abuse Prevention and Treatment Act: CAPTA)」이 제정된 1970년대부터 아동학대의 개입방법에 대한 다양한 연구들이 이루어져 왔다. 특히 미국은 아동학대가 아동과 양육자 간의 잘못된, 혹은 부족한 상호작용으로 인해 발생하는 것으로 보고 부모-자녀 간의 관계를 개선하기 위해 가정 전문가들이 직접 집으로 방문하여 코칭 및 모델링을 통한 교육을 실시해 왔다(Asawa et al., 2008; Lanier et al., 2014). 최근 들어서는 이와 더불어 지지체계 마련을 위한 개입방안과 부모교육 등을 추가하여 가정방문 프로그램이 더욱 체계화되었고 사례마다 다양한 차이를 고려하여 개별적인 서비스를 제공하기 위한 방안들이 논의되고 있다(Toth et al., 2013).

미국의 이러한 개입 방향은 대부분의 서비스가 개별상담에 치우쳐 있는 우리나라의 경우와는 달리 가족관계 내에서의 상호작용에 초점이 맞춰져 있다. 앞서 언급한 바와 같이 아동학대가 발생하는 데에는 단순히 학대행위자, 혹은 피해아동 개인의 문제가 아니라 다양하고 복합적인 원인이 존재하므로 개별상담만으로는 학대행위를 중단시키기에 충분하지 않을 수 있다. 학대가 발생하는 다양한 원인들을 충분히 고려하지 않은 채 개인적인 특성에만 초점을 맞추고 있는 현재의 서비스는 가족 내의 역기능적인 상호작용과 가족기능, 가족구조 등을 파악하기에 미흡한 실정이다. 아동학대의 발생이 가족 전체의 기능 손상에서 비롯된다(Smith & Testa, 2002; Goldman et al., 2003)는 점을 고려한다면 모든 가족구성원과 가족체계 전체에 대한 접근이 필요하다.

국내에서는 최근 이야기치료를 바탕으로 한 가족치료 프로그램을 개발하여 전국의 아동보호전문기관의 총 60가구를 대상으로 진행하고 그 효과성에 대해 연구한 바 있다(윤혜미 외, 2013). 이 연구에서는 가해부모뿐만 아니라 비가해부모가 치료과정에 참여함으로써 가족구성원들 전체의 입장을 이해하고 가족관계 향상을 가져올 수 있었다고 보고하고 있다. 즉, 학대 가해부모와 피해아동 외의 모든 가족구성원이 참여하는 가족치료 세션의 효과성을 제시하고 있다. 그러나 국내는 물론 국외에서도 현재까지 아동학대가 발생하는 가족들을 대상으로 가족 전체가 참여하여 가족의 구조와 기능, 구성원간 상호작용 등을 체계적으로 파악하여 접근한 가족치료적 접근방법에 대한 연구는 미흡한 실정이다.

2. 가족치료적 접근에 대한 이론적 틀

1) 정신분석적 대상관계 가족치료이론

대상관계이론은 태어나면서 개인들이 다른 사람들, 특히 엄마와의 사이에서 관계를 맺고 애정을 형성하게 된다고 본다. 여기에서 주요 초점은 관계에 대한 외부의 관점이 아니라 아동이 그 관계를 이해하거나 의식적 또는 무의식적으로 내면화하는 방법에 있다. 특히 관심을 두는 부분은 아동의 초기 내면화된 관계가 성인이 되었을 때에도 영향을 미치고 성격을 형성하는 과정이다(Sharf, 2012; 천성문 외 공역, 2014). 어린 시절 부모를 통해 형성된 내면은 이후 사람들과의 관계에서, 특히 결혼 이후 배우자와의 관계에서 다시 나타나게 된다. 부부는 서로 어린 시절의 욕구를 분열을 통해 상대방에게 투사하게 되는 것이다. Freud는 이를 전이라는 개념으로 설명하였는데 다른 사람을 마치 그 사람이 과거에 중요했던 그 사람인 것처럼 느끼고 대하게 되는 것이다(박태영, 2014). Freud는 전이의 개념을 내담자가 과거의 중요했던 사람에 대한 감정을 상담자에게 느끼게 되는 것으로 보았지만 대상관계 가족치료이론에서는 전이의 개념을 내담자의 가족 내 투사에 초점을 둔다(Heru, 1980).

원가족에서 부모와의 경험에서 가졌던 감정이 부부관계에, 혹은 자신의 자녀와의 관계에 전이되어 현재 핵가족 안에서 재현되는 것이다. 따라서 정신분석적 대상관계 가족치료에서는 현재 가족에서 나타나는 문제를 해결하기 위해서는 어린 시절 부모와의 관계에서 내면화된 무의식적인 대상관계를 탐색하고 해결할 필요가 있다(김용태, 2000). 이러한 과정을 통하여 부모들은 현재 가족체계 내에서 갈등이 그들의 원가족으로부터 발생하는 옛날의 갈등을 지배하기 위한 그들의 무의식적인 시도와 어떻게 연결되는가를 인식하게 된다(Aponte & VanDeusen, 1987).

이 연구에서는 대상관계이론을 적용하여 내담자의 학대행위를 살펴보았다. 즉, 내담자가 원가족에서 부모에게 느꼈던 부정적 정서가 내면화되어 이러한 감정이 핵가족에서 남편과 아들에게 전이된 것이라고 본 것이다. 따라서 이 연구에서는 내담자의 원가족에서 부모와의 관계 및 내면화된 정서를 탐색하여 학대행위의 근본적인 원인을 밝히고자 하였으며 이러한 정서를 치료과정을 통해 변화시킴으로써 학대행위를 중단시키고자 하였다.

2) Murray Bowen의 가족체계이론

Murray Bowen의 가족체계이론은 가족을 하나의 정서적 체계, 즉 분화되지 않은 가족자아덩어리(family ego mass)에 얽혀 있다고 보는데, 이러한 가족자아덩어리로부터 자신을 구별해 내는 과정을 자아분화라고 하며, 자아분화를 통해 확고한 자아를 확립시키는 것을 치료의 목표로 둔다(Kerr & Bowen, 1988). Bowen은 자아분화 수준이 낮을수록 감정적으로 반응하고 지속적인 관계능력이 결핍된다고 보았다. 특히 부모가 자아분화 수준이 낮으면 부부갈등으로 인해 발생하는 정서적인 문제를 자녀에게 투사하여 삼각관계를 형성하게 되고, 이로 인해 불안정한 자아를 형성하게 된 자녀는 속죄양이 되어 역기능적인 증상이 발생하게 된다. 이 자녀는 부모의 영향을 가장 많이 받게 되고 진정한 자기로서 기능하는 능력을 키우지 못하게 된다. 또한 이러한 삼각관계는 대를 이어 전달되어 세대를 통해 반복되게 된다(이영분 외, 2010). 즉, Bowen의 가족체계이론에서는 개인의 증상을 개인의 문제가 아닌 가족 전체의 정서적인 과정과 구조의 문제라고 보는 것이다. 따라서 상담자는 가족의 정서과정을 탐색하고 가족 내의 구조를 파악하여 내담자로 하여금 자신의 가족 전체 체계의 구조와 과정에 대해 통찰하고 가족으로부터 정서적으로 분화할 수 있도록 하는 데에 치료목표를 둔다(Kerr & Bowen, 1988).

이 연구는 내담자의 학대행위가 개인의 문제가 아니라 가족 전체의 정서적인 과정과 구조의 문제라고 보는 Bowen의 관점에서 이 사례에 접근하였다. 즉, 학대행위자인 내담자의 원가족에서의 정서적 미분화문제와 세대 간 전수, 부부갈등으로 인한 삼각관계 형성 등 Bowen의 가족체계이론에서 설명하고 있는 개념이 이 사례에서 내담자의 학대행위를 가족체계적 시각으로 설명할 수 있을 것으로 보았다. 따라서 학대행위자인 내담자뿐만 아니라 내담자의 남편의 원가족 경험을 탐색하고 원가족에서의 미분화된 정서체계가 현재 핵가족에 미치고 있는 영향을 Bowen의 가족체계이론을 적용하여 살펴보았다.

3) MRI의 상호작용적 가족치료모델

MRI 상호작용적 가족치료모델은 의사소통과 체계 개념에 기반을 두고 있으며, 가족체계 내에서 관찰할 수 있는 현재의 상호작용에 초점을 둔다(Goldenberg & Goldenberg, 2012). 가족의 문제는 가족 내에서의 상호작용으로 인해 발생하며 그 문제를 해결하기 위해 오랫동안 지속해 온 바람직하지 못한 해결책에 의해 이루어져 왔다는 것이다. 즉, 내담자가 가진 문제는 어려움을 잘못 대처하여 생겨났고 이를 해결하기 위해 시도된 해결책 자체가 오히려 문제를 지속시키고 심지어 더욱 악화시킨다는 것이다(Goldenberg & Goldenberg, 2013).

따라서 문제를 해결하기 위해서는 문제를 유지시켜 왔던 행동이 적절히 변화될 필요가 있으며, 작은 문제의 해결이 가족체계 내에 전반적으로 긍정적인 영향을 준다고 본다(Watzlawick et al., 1967). 특히 문제의 기원이 개인의 정신 내부적인 문제가 아니라 사람들 사이의 상호작용 안에 있는 것으로 보기 때문에 내담자의 의사소통방식의 변화를 주된 치료기법으로 하며, 이러한 의사소통의 변화가 상호작용을 변화시키고 변화된 상호작용이 개념과 결과를 변화시킨다고 본다(이영분 외, 2010). 그러므로 MRI의 주된 치료기법은 내담자의 의사소통방식의 변화이며, 지금까지 지속되어 온 역기능적인 상호작용방식을 탐색하여 내담자가 새로운 해결책으로 대체할 수 있도록 하는 데에 치료의 초점을 둔다(Weakland, 1993).

이 연구에서는 학대행위자인 내담자와 가족구성원들이 문제를 해결하기 위해 시도해 온 방식이 역기능적이었으므로 이를 기능적인 방식으로 변화시킴으로써 가족의 문제를 해결하고자 하였다. MRI 상호작용적 가족치료모델을 근거로 가족구성원들의 역기능적인 방식을 탐색하고 이러한 가족의 방식을 효과적인 방식으로 변화시키기 위한 상담자의 개입방법을 살펴보았다.

Ⅲ. 연구방법

1. 연구질문

첫째, 내담자의 아들 학대에 영향을 미친 요인은 무엇인가?

둘째, 내담자의 아들 학대행위의 중단을 위한 가족치료적 개입방법은 무엇인가?
셋째, 가족의 변화내용과 치료의 효과는 무엇인가?

2. 연구대상 및 상담기간

이 사례연구는 가족치료에 참여한 가족구성원들의 상담내용을 중심으로 분석한 것이다. 연구대상은 아들을 학대하는 내담자인 부인(34)과 남편(36), 아들(5), 친정모(63), 친정부(65), 시모(63)로 구성되었다. 상담기간은 2012년 9월부터 2013년 2월까지였으며, 총 상담횟수는 18회기로서, 1~2회기 내담자 개인상담, 3회기 아들상담, 4~5회기 남편상담, 6회기 부부상담, 7회기 내담자와 아들상담, 8회기 부부상담, 9~10회기 친정모상담, 11~12회기 친정부상담, 13회기 친정부모상담, 14회기 내담자와 친정모상담, 15회기 내담자와 친정부상담, 16회기 내담자와 친정부모상담, 17~18회기 시모상담, 19회기 내담자 개인상담으로 진행되었다.

3. 분석방법 및 신뢰도 검증

이 연구는 질적 자료분석방법 가운데 사례연구를 적용한 것이다. 사례연구는 다중적인 정보원을 포함하는 심층적인 자료수집을 통해 사례의 맥락 속에서 경계지어진 체계나 단일 혹은 다중사례를 탐색하는 방법이다(Creswell, 2014). 사례에는 프로그램이나 사건, 활동, 개인 등이 포함되며 이 연구에서 사례는 '아동학대문제로 의뢰한 내담자의 가족치료 세션'이라는 일련의 사건이며 회기의 제한된 시간과 상담실이라는 제한된 공간에서 이루어졌다. 따라서 이 연구에는 이러한 사례연구방법이 적절하다고 판단하였다.

사례연구에서의 자료수집은 가장 복합적인 방법을 활용한다. 이 연구에서도 자료는 상담내용 축어록과 상담 중 메모한 자료 등을 활용하였다. 이 연구에서 자료분석은 연구문제와 관련 있는 주제들을 발견하기 위해 자료들을 반복하여 상세히 읽고 같은 의미의 개념들을 분류하여 범주화하였다. 또한 이 연구는 요인들 간의 관계와 전체적인 변화과정을 나타내기 위해 Miles와 Huberman(1994)이 제안한 매트릭스와 네트워크를 활용하였다. 질적 자료를 디스플레이하는 형태는 배열된 행과 열로 이루어진 매트릭스와 선으로 연결된 점으로 이루어진 네트워크로 분류될 수 있다. 매트릭스는 둘 이상의 차원을 교차하여 이들의 상호작용을 보여 주기 때문에 변인지향적 분석과 사례지향적 분석에 용이하고 네트워크는 사례지향적인 통합적 접근에 적절하며 시간의 흐름에 따른 내용을 종합해 줄 수 있다(Miles & Huberman, 1994). 이 연구에서는 가족구성원별 상담자의 개입방법과 변화내용, 치료의 효과성을 시각적으로 보여 주기 위해 매트릭스와 네트워크를 활용하였다.

한편, 이 연구는 연구의 신뢰성과 엄격성을 높이기 위해 상담축어록과 녹화자료, 상담 메모 등을 활용하여 자료의 삼각화를 하였고, 상담과정에서 진술된 내용을 인용문으로 제시하였다. 또한 이 연구는 상담자와 연구자의 토론, 전문가 집단의 피드백을 통해 연구자의 삼각화를 시도하여 연구자의 편견을 줄이고자 하였다. 한편, 이 연구는 연구의 윤리성 확보를 위해 상담내용의 사용에 대해 내담자의 동의를 받았으며 내담자의 사적인 정보를 삭제하였다.

Ⅳ. 연구결과

1. 사례에 대한 맥락적 이해

가족은 내담자인 부인(34), 남편(36), 아들(6), 딸(2)로 구성되어 있다. 내담자는 아들에게 폭언과 폭력을 행사하고 있었고 이로 인해 아들 역시 감정조절이 되지 않고 심하게 울면서 성질을 내는 등 증상이 나타나기 시작하고 있었다. 이에 본인이 문제의 심각성을 느끼고 직접 가족치료를 의뢰한 사례이다. 자녀에 대한 폭언과 폭력은 내담자의 친정모 역시 마찬가지였는데, 친정모는 시댁관련 스트레스와 남편과의 부부갈등의 스트레스로 인해 자녀들을 매우 강압적이고 폭력적인 방법으로 양육하였다. 친정부는 가정 일에는 무관심하고 자신의 일에만 몰두하는 이기적인 성향을 가지고 있었다. 또한 친정부는 내담자를 어렸을 때부터 간헐적으로 성추행을 해 왔다. 하지만 내담자는 솔직하게 표현하거나 맞장구쳐 주는 가정문화가 형성되어 있지 않아 성장하는 동안 자신의 스트레스를 가족이나 타인에게 한 번도 표현하지 못한 채 성장하였다.

내담자는 친정부와는 달리 자상하고 순진했던 남편에 대해 호감을 가지고 결혼생활을 시작하였으나 결혼 이후 자신의 친정부와 매우 유사한 모습의 남편에게 실망감을 느끼게 되었다. 더군다나 시댁 가까이에 살면서 잔소리와 간섭이 심한 시모로 인해 첫째 아이를 임신했을 때부터 극심한 스트레스를 받았다. 한편, 남편은 시부모의 부부갈등으로 인한 삼각관계 형성으로 시모와 밀착관계를 유지하고 있었고 이로 인해 시댁과 관련된 내담자의 스트레스를 이해하거나 배려해 주지 못하고 있었다. 또한 남편의 입장에서는 다혈질적인 아버지(시부)와 여동생(시누이)과 갈등이 심했는데 내담자의 분노조절이 되지 않는 모습이 시아버지와 여동생(시누이)과 유사하게 나타나고 있어 부부갈등의 요인 중 하나가 되고 있었다.

이러한 갈등상황에서 이를 해결하기 위해 시도해 온 내담자의 방식은 자신의 감정이나 의사를 솔직하게 표현하지 않고 삐치다가 폭발하면 폭언과 폭력을 휘두르는 방식이었고, 남편은 그 상황을 모면하기 위해 진실성이 없이 슬쩍 넘어가는 방식이었는데 이러한 방식은 내담자으로 하여금 더욱 분노를 일으키게 하는 방식이었

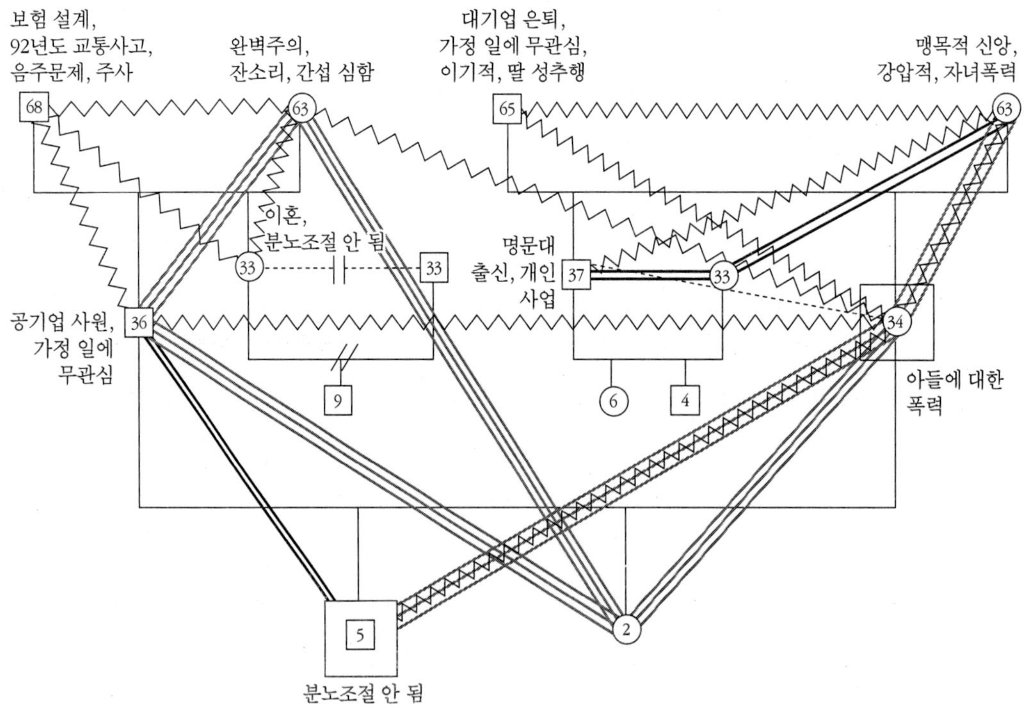

[그림 12-1] 가계도

다. 이러한 상황에서 내담자는 자신의 분노를 아들에게 폭언과 폭력으로 쏟아붓고 있음을 인지하고 이를 해결하고자 상담을 의뢰하였다.

2. 내담자의 아들 학대행위에 영향을 미친 요인

1) 원가족에서 미해결된 정서

내담자가 아들을 학대하는 행위의 이면에는 원가족에서의 미해결된 정서가 있었다. 내담자는 원가족에서 긍정적인 정서를 거의 느끼지 못하고 불안, 분노, 원망 등의 부정적인 정서를 주로 느끼며 성장한 것으로 나타났다. 내담자의 친정부모의 부부관계는 신혼 초부터 갈등이 심해서 어린 시절부터 부인은 불안을 느끼게 되었다. 또한 강압적이고 폭력적인 친정모에 대한 분노와 함께 친정부와의 갈등으로 힘들어하는 친정모에 대한 안쓰러움이 있었다. 반면, 친정부는 대기업에 종사하고 있어서 늘 바빴고 집에 들어오면 TV로 바둑이나 골프를 시청하느라 가정 일에는 항상 무관심했다. 내담자가 어린 시절부터 친정부가 성추행을 하면서 친정부는 공포의 대상이자 원망의 대상이었다. 그러나 내담자는 친정부의 성추행에 대해 원가족 중 누구에게도 솔직하게 털어놓은 적이 없었다. 이러한 배경에는 친정오빠 역시 친정부처럼 집안일에 무관심했고 친정모는 자신을 지지해 준 적이 한 번도 없었기 때문이다. 내담자의 부정적인 원가족 경험은 현재까지 해결되지 못한 채로 내면에 남아 있었다.

(1) 친정부모의 부부갈등으로 인한 불안

내담자: 주일날에 아빠는 놀러가고 싶은데 엄마는 교회 가는 것 때문에 많이 싸우셔 가지고 그런 기억들이 많아요. (내담자-2회기)

내담자: 제가 엄마 아빠 싸우는 모습을 보고 굉장히 힘들어했었거든요, 어렸을 때……. (부부-7회기)

(2) 친정모에 대한 양가감정

내담자: 엄마도 좀 안타깝게 사셨는데 그 상처까지 같이 주고 싶지 않아서……. 그

냥 아빠한테 사랑 못 받고……(울먹임). 너무 불쌍해요. (내담자-2회기)

내담자: 아빠가 엄마를 위해서 뭘 해 주시지 않으셨어요. 돈을 투자한다거나 선물을 한다거나……. 아빠는 혼자 하고 싶은 거 골프 치러 다니시고 화분 맨날 사시고 그러는데 엄마는 맨날 아끼고 아끼고 아끼고……. 집에서도 두 분의 삶이 너무 대비가 되니까 안쓰러웠던 것 같아요. (내담자-2회기)

(3) 친정부에 대한 분노와 원망

어머니: 우리 딸도 아빠를 많이 싫어해요. 아빠가 엄마한테 잘하지 않는다는 이유로 엄마를 좀 많이 상처 준다고 아빠를 싫어하는 것 같아요. (친정모-8회기)

(4) 친정오빠에 대한 서운함

내담자: 서운했던 것 같아요. 학교에선 아는 체도 안 했어요. 중학교 이후로는 말도 잘 안 했던 것 같아요. (내담자-2회기)

2) 전이된 감정

내담자는 친정부가 가정 일을 돌보지 않고 이기적이었던 모습에 분노와 원망이 남아 있었는데 이와 비슷한 모습의 남편에게 친정부에 대한 원망과 분노가 전이되어 더욱 민감하게 받아들이고 있었다. 뿐만 아니라 친정부의 성추행문제가 있었기 때문에 5세 어린 아들이 엄마에게 하는 스킨십조차 징그럽고 혐오스럽게 느끼고 있었다. 더군다나 남편을 닮은 아들의 모습에서 부부갈등으로 인한 남편에 대한 미움을 아들에게 모두 전이시킴으로써 아들에게 폭력을 행사하면서 자신의 분노를 표현하고 있었다.

(1) 친정부에서 남편으로 전이: 친정부와 유사한 남편의 모습

내담자: 아빠는 TV 보고 하루 종일 자기 하고 싶은 거 하고 솔직히 가정은 뒷전이셨어요. 남편이 딱 보니까 비슷한 모습이 많더라구요. TV 좋아하고 자기 취미생활 좋아하고……. (내담자-2회기)

(2) 친정부에서 아들로 전이: 아들의 엄마에 대한 스킨십

상담자: 접촉할 때 아들로 보이는 게 아니라 남자로 보이지 않나요?

내담자: 그런 것까지는 모르겠는데 신경질이 막 나고 징그러워 가지고……. (부부–5회기)

(3) 남편에서 아들로 전이: 아들의 끈질긴 투정

상담자: 남편이 TV를 보시고 아들이 계속 놀아 달라고 징징대면 남편에 대해 속상한 마음이 아들한테 더 화풀이가 가지 않나요?

내담자: 대부분 그래요. (부부–5회기)

3) 부부갈등

부부는 신혼 초부터 대화가 잘 되지 않았고 갈등을 겪고 있었으며, 부부의 역기능적인 의사소통방식이 부부갈등을 야기시키는 요인 중 하나였다. 또한 내담자의 원가족 경험에서 오는 미해결된 정서와 마찬가지로 남편 역시 원가족 경험에서 오는 미흡한 역할, 시모와의 밀착관계 등이 있었다. 시모는 아들(남편) 부부 사이에서 과도한 역할과 지나친 간섭을 하면서 내담자를 힘들게 하였다. 그러나 남편은 시모와 내담자 사이에서 내담자의 편을 들어 주지 못했고 이로 인해 내담자의 스트레스가 가중되었다. 또한 남편의 미흡한 역할로 인해 내담자는 더욱 과도한 역할을 하면서 혼자 스트레스를 감당하고 있었는데, 이로 인해 부부갈등이 심해지고 있었다.

(1) 부부의 역기능적인 의사소통방식

• 부인(내담자)의 삐치거나 회피하다가 폭발하는 방식

내담자의 표현방식은 본인의 감정이 상할 때는 삐쳐서 대화를 회피하다가 폭발하는 방식이었다. 내담자가 삐쳐서 말을 안 할 때 남편은 답답함을 느끼고 자신을 무시하는 것 같아 감정이 상해 갈등을 키우게 되는 것이었다. 그러다 내담자는 갑자기 남편에게 폭발하면서 폭언을 하는 방식을 사용하였다.

남편: (아내가) 잘 대꾸를 안 해 줘요. 어떤 때 보면 제가 느끼기에는 무슨 벽에다 대고 얘기하는 거 같은 느낌을 받을 때가 있어요. 나를 무시하나? 이런 느낌

이죠. (부부-5회기)

남편: 그러니까 싸우기만 하면 그게……. 알 수 없이 저렇게 분노가 지금 상담받는 것도 그렇지만 분노조절이 안 되면서 저한테 막 쏘아붙이면서 막……. 그러니까 정말 정신이 나간 사람처럼 컨트롤이 안 돼요. (남편-4회기)

• 남편의 진정성 없이 어물쩍 넘어가는 방식

남편의 의사소통방식은 내담자의 감정이 상했을 때 그 순간을 모면하려고 하는 방식이었고 이러한 방식에 대해 내담자는 남편이 진정성 없이 흘려듣는다고 생각하였다. 이러한 남편의 방식은 오히려 내담자의 감정을 더욱 상하게 했고 결국 내담자로 하여금 폭발하게 만드는 방식이었다.

내담자: 대화가 잘 안 통했어요. 얘기를 하면 저희 남편은 대충 흘려듣거나 아니면 제가 화가 나면 그냥 어, 알았어, 알았어, 모면하고 나중에 보면 안 바뀌어 있으니까 저는 더 화를 내고 남편은 이해를 못하고……. (내담자-1회기)

상담자: 신랑하고 대화할 때는 어때요? 신랑이 내 속마음을 이해해 주고 맞장구쳐 준다고 느끼세요?

내담자: 아니요. 잘 못 알아들어요. (내담자-2회기)

(2) 남편의 시모와의 밀착관계 vs 시모의 지나친 간섭으로 인한 부인(내담자)의 스트레스

남편은 원가족에서 분노조절이 안 되는 아버지로 인해 어머니에 대한 안쓰러움을 가지고 있었고 어머니를 지켜 주겠다는 생각으로 인해 어머니와 과도하게 밀착된 관계를 맺고 있었다. 어머니 역시 자신의 남편과의 부부갈등이 심해지자 아들(남편)과의 삼각관계를 형성하면서 남편보다 아들을 더 의지해 왔다. 그러면서 어머니는 아들의 모든 것을 챙기고 간섭했는데 이러한 관계는 아들이 결혼하고 난 후에도 지속되어 아들의 부부갈등을 부추기고 있었다.

남편: 부모님이 싸우시면 어머니가 저한테 결혼을 하고 난 다음에도 전화를 해서

한 번 와라, 그러면 제가 또 뛰어가면 해결이 되는 거죠. 어떻게 보면 출동하는 거죠, 구하러. (부부-7회기)

내담자: 시어머니가 워낙 저희 가정 모든 것에 신경을 너무 쓰셔서……. 제가 싫으면 싫다고 얘기를 했어야 했는데 시어머니한테 상처가 될까 봐 저도 좀 참고 있었던 거죠. 근데 남편은 우리 엄마 굉장히 쿨한 분이신데 왜 그래? 이러니까……, 원형탈모증까지 생겼었어요. (모자-6회기)

(3) 남편의 미흡한 역할 vs 부인(내담자)의 과도한 역할

남편은 어머니와의 관계에서 어머니가 과도한 역할을 하면서 모든 것을 챙겨 주다 보니 자연스럽게 미흡한 역할을 하게 되었는데 이런 미흡한 역할은 결혼 이후까지 이어지고 있었다. 반면, 내담자는 과도한 역할을 하였고 이러한 과정에서 많은 스트레스를 받았으며 부부갈등이 발생하였다.

내담자: 어머님이 공부 외에는 거의 다 모든 걸 해 주셨거든요.
상담자: 남편이 마마보이인가요?
내담자: 네, 좀 그래요. (내담자-1회기)

상담자: 그럼 남편은 보통 미흡한 역할을 하나요?
내담자: 네. 물도 다 떠다 줘야 해요. (내담자-2회기)

내담자: 저도 제가 맡은 살림에 대해서는 웬만해서는 놓지 않아요. 적당히 해도 되는데 애 업고서라도 신랑 오기 전에 저녁 준비를 다 해 놔야 마음이 편해요, 신랑 와서 애들 맡기고 해도 되는데……. 그것 때문에 스트레스 받아서 애들한테 자꾸 화를 내고 혼자 계속……. 그런 점이 있어요. (내담자-1회기)

4) 전수되어 오는 학대방식

(1) 친정모의 화를 폭력으로 해결하려는 방식

내담자는 원가족에서 친정모의 강압적이고 폭력적인 방식으로 인해 많은 상처를 받았음에도 불구하고 아들에게 모의 방식과 유사한 방식을 사용하였다. 친정모는 시댁스트레스와 부부갈등으로 인한 스트레스를 딸(내담자)에게 폭력으로 해소하려고 했었고, 내담자 역시 시댁스트레스와 남편과의 부부갈등 상황에서 아들에게 폭언과 폭력을 행사하는 친정모의 학대방식이 전수되었다.

내담자: 그날 아침에 교회 갔다 와서 엄마한테 엄청 맞았어요.
상담자: 어느 정도로 맞으셨나요?
내담자: (울먹이며) 제가 아들 때리는 것만큼 맞은 것 같아요. (내담자-2회기)

상담자: 부인께서 열받았을 때 아들을 때리는 방식하고 친정어머니 방식과 유사성과 차이점이 뭐가 있을까요?
내담자: 유사성은 그냥 보이는 대로 때리는 거죠. 차이점은 제가 좀 폭언이 더 심한 것 같아요. (모자-3회기)

어머니: 제가 그러지 않았나 생각했어요. 딸이 제가 하는 모양대로 하는 것 같다는 생각을 했어요. (친정모-9회기)

3. 내담자의 아들 학대행위의 중단을 위한 가족치료적 개입방법

1) 자녀 학대행위의 중단을 위한 상담자의 가족치료 개입방법

내담자의 아들 학대행위를 중단시키기 위해 상담자는 우선 가족구성원들의 원가족 특성을 Bowen의 가족체계이론에 따른 가족체계적인 맥락에서 이해하고 가족구성원들이 이를 인식할 수 있도록 하였다. 그리고 상담자는 대상관계 가족치료이론에 따른 대상에 대한 감정의 전이를 가족구성원들이 이해할 수 있도록 하였다. 한편, 상담자는 MRI의 상호작용적 가족치료모델을 활용하여 역기능적인 의사소통방식을 새로운 의사소통방식으로 변화시킴으로써 가족구성들 간의 갈등과 스트레스를 감소시키고자 하였다.

(1) 가족구조에 대한 정보 수집하기

상담자는 내담자의 원가족과 핵가족의 가족구조와 상호작용, 미해결된 정서, 나타나는 현상 등을 알아보기 위해 상담 초기 이에 대한 질문을 통해 집중적으로 정보를 수집하였다.

상담자: 신혼 초에 부부관계는 어떠셨어요?
내담자: 굉장히 안 좋았어요. 남편은 불만이 없었던 것 같은데 제가 너무 실망을 했죠.
상담자: 구체적으로 무엇 때문에 실망을 하셨어요? (내담자–1회기)

(2) 내담자의 분노 다루기

상담자는 가족구조에 대한 정보 수집으로 내담자가 원가족 경험에서부터 현재의 부부갈등까지 이어지면서 내재되어 있는 분노가 크고, 이러한 분노가 폭발할 때 자녀에게 폭언과 폭력을 행사하고 있음을 파악하였다. 내담자는 한 번도 이러한 분노의 마음을 누군가에게 위로받거나 공감받은 적이 없었기 때문에 상담 시 이러한 내담자의 분노 감정을 충분히 공감하도록 하였다.

상담자: 그런데 대학 다닐 때까지 엄마한테 당했네요. 찍소리 못하시고. 받아버리고 싶지 않았어요?
내담자: 소리질러 본 적은 있는데 엄마가 더 강하게 나오니까……. (내담자–1회기)

상담자: 그럼 임신 때부터 부인께서 엄청난 스트레스를 받았을 텐데 분노가 막 몸에서 뿜어져 나왔을 거 아닙니까?
내담자: 그렇죠. 계속 생각나면서 청소하다가도 막 짜증이 나고……. 막 계속 어머니한테 이렇게 표출하는 상상도 하고……. (모자–6회기)

(3) 원가족에서 전수되어 오는 방식 보기

상담자는 내담자의 원가족에서 친정모가 사용했던 방식이 내담자에게 전수되어 부부와 자녀와의 관계에서 그대로 사용되고 있음을 탐색하였다. 상담자는 이러한 과정을 통해 내담자로 하여금 자연스럽게 자신의 방식이 원가족에서 전수되어 온 것임을 인식하게 하여 남편과 자녀에 대한 죄책감을 덜고 새로운 방식으로의 변화 의지를 굳힐 수 있도록 하였다. 또한 상담자는 남편에게 현재 자신의 의사소통방식이 원가족에서 전수된 방식임을 인식시켰고 부부갈등 상황에 새로운 방식으로 대처할 수 있도록 도왔다.

- 부인(내담자)에게 친정모 방식의 전수 인식시키기

상담자: 어머님이 열받았을 때 아들을 때리는 방식하고 친정엄마하고 방식의 유사성과 차이점이 뭐가 있을까요?

내담자: 유사성은 그냥 보이는 대로 때렸죠. 차이점은……, 제가 좀 폭언이 더 심한 것 같아요. (모자-3회기)

상담자: 근데 나오는 방식이 화가 치밀어 오르면 분노조절이 안 되고 때리는 방식이에요. 누구 방식이에요?

내담자: 엄마 방식……. (부부-5회기)

- 남편에게 시모 방식의 전수 인식시키기

상담자: 남편께서는요. 표현하는 방식에 있어서 시어머니하고 유사하세요?

남편: 네. 제가 생각해도 좀 유사한 것 같아요. (부부-7회기)

(4) 원가족에서 핵가족으로 전이된 감정 보기

상담자는 내담자가 남편과 자녀에게 느끼는 감정이 단순히 핵가족 내에서 발생하는 갈등상황에서 나타난 것이 아닌 원가족에서 친정부모에게 느꼈던 감정이 전이된 것임을 가족구성원들로 하여금 인식할 수 있도록 하였다. 이러한 과정을 통해 내담자는 자신이 남편과 아들에게 느꼈던 분노의 감정이 원가족에서 해결되지 못한 정서가 내재되어 있기 때문임을 인식하게 되었고, 남편은 자신의 행동이 내담자를 자극했던 원인에 대해 이해하고 변화할 수 있었다. 또한 내담자에게는 남편이 시부와 시누이의 분노조절이 되지 않고 컨트롤이 안 되던 모습이 현재 자신에게 동일하게 나타나고 있고, 남편은 내담자를 통해 아버지(시부)와 여동생(시누이)을 보게 되는 점을 인식시켜 내담자로 하여금 남편이 자신의 그런 모습을 더욱 힘들어할 수밖에 없었던 점을 이해시켰다.

• 남편의 모습에서 발견되는 친정부의 모습 설명하기

상담자: 남편이 나 몰라라 하고 TV보고 컴퓨터 하시잖아요. 그때 누구 모습이 떠오르세요?

내담자: 아빠하고 똑같죠.

상담자: 그렇죠. 친정아빠하고 똑같다는 거예요. 그럼 지금 부인 입장에서는 친정아버지한테 성추행 당한 것도 열받고 아버지가 나 몰라라 하고 TV보고 이기주의자처럼 지내는 모습도 싫었는데 어쩜 그렇게 남편의 모습 속에서 내가 싫어했던 아버지의 모습이 나오느냐는 말이에요. 지금 이게 걸려 있거든요. (부부-5회기)

• 자녀의 스킨십에 대한 부인(내담자)의 거부감 설명하기

상담자: 부인께서는 아버지로 인해 남자에 대해 성적으로 왜곡되어 있으실 거예요. 아들 나이에 엄마젖을 만지면 엄마가 받아 줘야 되는데 엄마는 이런 과거 경험이 있기 때문에 받아 줄 수가 없어요. (부부-5회기)

상담자: 아버지 성추행문제 때문에 아들이 아들로 느껴지기보다 징그러운 남자로 느껴질 수 있다는 거죠. 아버지로 인해서 건강한 성문화가 형성이 안 된 거거든요. (부부-5회기)

• 부인(내담자)의 모습에서 발견되는 시부의 모습 설명하기

상담자: 그러면 지금 또 남편 입장에서는 부인이 뒤집어졌을 때 부인의 모습 속에서 어느 분의 모습이 보이세요?

남편: 아버지…….

상담자: 심한 주사가 있고 엄마를 때리고 다혈질이고. 남편 입장에서는 아버지 모습에서도 질렸는데 그 행태가 와이프한테 또 느껴진다는 거예요. 그렇게 싫었던 우리 아버지 모습, 감정조절 안 되는 모습이. 이게 맞물려 들어 간다는 거예요.

내담자: 제가 생각해도 질릴 것 같아요……. (부부-7회기)

(5) 원가족에서 미해결된 정서 다루기

상담자는 내담자가 원가족에서 친정부모에 대한 부정적인 정서가 내재되어 핵가족에서 남편과 자녀와의 관계에까지 부정적인 영향을 미치고 있었으므로 이러한 내담자의 부정적인 정서를 다루었다. 이를 위해 내담자에게 친정부모 역시 원가족 경험으로 인한 어려움이 있었음을 설명하여 원가족에 대한 이해를 높이고 친정부모를 치료과정에 참여시킴으로써 내담자가 원가족에서 해결되지 못했던 정서를 친정부모와의 직접적인 대화를 통해 해결할 수 있도록 하였다.

• 친정부모의 미안한 감정 전달하기

어머니: 저는 죄책감을 많이 느끼거든요.

상담자: 따님한테 직접 얘기해 보세요.

어머니: 손주 생각하면 너무 불쌍하고 마음이 안 좋고……, 그게 막 마음에 저며 오는 거예요. (친정모와 내담자−13회기)

• 친정부모의 어려운 상황 이해시키기

상담자: 제가 아버님 말씀을 들어 보니까 이해를 할 수 있는 게 뭐냐면, 아버님이 회사에서 살아남기 위해서 너무 힘들었다는 거예요. 그래서 쫓겨나지 않으시려고 무진장 애를 쓰셨대요. 그래서 어머님한테 다 맡겨 놓고 그냥 오로지 회사에 매달리셨다는 거예요. 그런데 어머니는 자녀 교육부터 시댁 챙기는 거, 시댁 가서 그래도 보람이 있으면 좋겠는데 맨 싸가지 없는 큰어머니, 인간 같지 않은 큰 동서가 어머니를 많이 쪼아 댔다는 거예요. (친정모와 내담자−13회기)

• 성추행 사건에 대한 정서 해결하기

상담자: 부인께서 아빠한테 느꼈던 불편함을 본인이 직접 얘기하실 수 있으시겠어요?

내담자: 좀 아빠가 조금……, 무섭고 두려웠죠. 좀……, 많이 공포스럽고…….

아버지: 너는 불편했구나……. 나는 애들이 어릴 때나 컸을 때나 스킨십이 부족했기 때문에 좀 가까워지려고 이렇게 했는데……. (친정모와 내담자−13회기)

상담자: 혹시 아버님께서요. 따님한테 그거로 인해서 사과하실 부분이 있으신지요.

아버지: 그건 내가 잘못했다……. 니가 잘 때 조금 안아 주고 나왔는데 그걸 니가 아는 줄 몰랐다. 내가 미안하다……. 니가 그렇게 생각할 줄 몰랐어. (친정모와 내담자-14회기)

- 표현하지 못했던 미안함에 대해 직접 표현하도록 돕기

상담자: 그럼 일단 어머님께서요. 따님한테 어머니가 과거에 했던 거 사죄하고 싶은 거를 직접 따님을 보시고 어머니께서 말씀을 한번 해 보세요. 무슨 얘기냐면 사과를 받고 안 받고 차원에서 말씀드린 건 아니고 어머님 진심이 전달될 수 있는 표현방식을 연습해 보자는 거거든요. (친정모와 내담자-13회기)

(6) 자녀에게 재현되고 있는 정서 직면하기

상담자는 내담자에게 원가족에서의 갈등상황이나 학대행위가 현재 핵가족에서도 재연되고 있으며, 결국 내담자가 어린 시절 느꼈던 정서를 현재 자녀 역시 느낄 수 있음을 인식할 수 있도록 하였다. 이러한 과정을 통해 내담자는 친정부모의 부부갈등과 학대행위로 인해 느꼈던 불안과 분노가 아들에게 재연되고 있음을 인식하게 되었다.

- 친정모의 방식에서 느꼈던 부인(내담자)의 감정 되살리기

상담자: 아들 모습에서 어렸을 때 내 모습을 못 보세요? 친정엄마도 자기 방식대로 고집이 있지 않았습니까. 지금 부인께서 하시는 방법도 친정어머니와 똑같은 방식이 나오고 있지 않냐는 거죠.

내담자: 네. 맞아요. (모자-3회기)

상담자: 부인께서 친정엄마가 분노조절이 안 돼서 당했어요, 근데 지금 마음에 안 들었을 때 친정엄마가 때렸는데 아들이 마음에 안 들 때 또 엄마가 똑같은 걸 답습하고 있는 거예요. 얘는 영원히 상처를 가지고 가지 않겠냐는 거죠. (모자-3회기)

- 부인(내담자)과 아들의 감정 연결시키기

상담자: 그럼 부인께서도 엄마한테 고집을 피웠을까요?

내담자: 네…….

상담자: 부인께서는 무엇 때문에 그렇게 고집을 피우신 것 같으세요?

내담자: 엄마가 저를 이해를 못해 주니까……(울먹임).

상담자: 아들 입장에서는 엄마가 지금 어떨까요?

내담자: 이해를 못하는 걸로……. (모자-3회기)

(7) 원가족의 내담자에 대한 이해 돕기

상담자는 내담자의 친정부모를 상담과정에 참여하도록 하였다. 내담자에게 내재되어 있는 분노는 원가족에서 해결되지 못했던 감정이 강하게 남아 있기 때문이었다. 친정부모와의 상담을 통해 상담자는 내담자가 겪고 있는 정서적 어려움과 현재의 갈등상황에 대해 친정부모가 인식할 수 있도록 하였으며, 특히 친정부의 성추행 사건을 다룸으로써 친정부로 하여금 내담자의 심리적 어려움을 이해할 수 있도록 도왔다.

- 친정부모에게 딸(내담자)의 원가족 전수와 전이 감정 설명하기

상담자: 따님이 남편의 모습 속에서 아버지 모습을 보고 있는 거예요. 남편이 집에 들어오면 애들을 돌보는 게 아니라 TV만 보는 거예요. TV만 보는 그 모습이 옛날 어렸을 때 아빠 모습인 거예요. 지금 아버님도 TV에서 바둑, 골프만 보고 계시거든요. (친정부-10회기)

상담자: 지금 딸이 쓰고 있는 방식이 누구 방식이냐 하면 바로 친정엄마 방식과 똑같다는 거예요. 화가 났을 때 애를 패는 거죠. 따님이 엄마한테 피해의식이 많거든요. (친정부-10회기)

- 친정부에게 성추행 사건에 대한 딸(내담자)의 감정 전달하기

상담자: 그렇죠. 어머니하고도 스킨십이 없는데 따님을 그렇게 하면 그건 딸을 딸로 느끼는 게 아니라 이성으로 대한다고 기분 나빠 하실 수도 있을 거예요.

그런데 그걸 따님은 성추행으로 생각할 수도 있다는 거죠. 이게 아주 민감한 부분입니다. (친정부-10회기)

(8) 남편의 시모와의 밀착관계에 대한 이해 돕기

부부갈등의 이면에는 내담자의 원가족 경험으로 인한 정서적 어려움도 있었지만, 남편이 시모와 물리적 · 정서적으로 분리되지 못하고 여전히 밀착관계를 유지하고 있기 때문에 부인의 스트레스를 가중시키는 것도 있었다. 따라서 상담자는 남편과 시모의 밀착관계를 분리시키기 위해 삼각관계에 대한 설명을 통해 밀착관계에 대한 이해를 도왔다.

• 남편에게 시모와의 밀착관계에 대한 설명하기

상담자: 남편께서는 부모님의 불안정한 부부관계에서 엄마가 약자라서 엄마하고 밀착관계를 가질 수밖에 없는 상황이고 이게 좀 더 심하면 공생관계거든요. 어떻게 보면 어머니 입장에서는 아들이자 신랑이 되어 버린 거예요. (부부-7회기)

• 시모에게 아들과의 밀착관계에 대한 설명하기

상담자: 결혼한 자녀들이 매주 방문할 때는 지났습니다. 그리고 어머니가 제가 볼 때는 아드님을 아직도 끼고 계세요. 그건 왜 그럴 수밖에 없냐면 아버님하고 관계가 안 좋기 때문에 어떻게 보면 아들이 정서적으로 남편의 역할을 했다고 볼 수도 있어요. 심적으로 아들이 의지가 됐다는 거죠. 근데 아드님 입장에서는 이제 성인이 됐으면 어머니하고 관계가 옅어져야 해요. (시모-16회기)

(9) 새로운 방식으로 변화시키기

상담자는 가족구성원들로 하여금 지금까지 시도해 왔던 방식이 갈등을 해결하지 못하고 오히려 문제를 더욱 유발시키거나 유지해 온 것임을 인식하도록 하였고 새로운 방식으로 변화할 수 있도록 했다. 상담자는 부부에게 표현방식에 있어서는 서로의 감정에 대해 맞장구쳐 주고 편들어 주는 방식을 사용할 수 있도록 하였고 부부의 역할에 있어서 남편의 미흡한 역할과 내담자의 과도한 역할을 조율함으로써 내담자의 스트레스를 줄일 수 있도록 하였다. 또한 상담자는 시모와 남편의 밀착관계를 분리함으로써 핵가족의 경계를 강화할 수 있도록 하였다.

- 역기능적이었던 방식에 대해 설명하기

상담자: 지금 아버님과 어머님이 쓰는 방식이 따님이나 아드님이 속마음을 내놓고 얘기하면 내가 위로받고 내 편 들어 주고 맞장구쳐 주고 또 어머님이 아버님한테 시댁 관련 문제든 자녀 문제든 우리 남편은 내 맘을 이해해 준다, 또는 아버님 입장에서도 우리 와이프한테 내 마음을 내놓으면 내 맘을 이해해 준다, 이게 안 되고 있는 가정이라는 거죠. (친정부-10회기)

- 맞장구치는 의사소통방식의 필요성 설명하기

상담자: 따님이 이런 걸 좀 더 편안하게 내놓으시면 표현하는 방식에 있어서도 아들하고도 훨씬 나아질 수 있다는 거거든요. 욕을 하거나 소리지를 필요 없이 그냥 내가 이래이래 해서 속상하다, 기분 나쁘다, 어쨌다, 라고 행동하기 전에 말로 하면 되는데 이게 지금 생략이 됐다는 거거든요. (친정모와 내담자-13회기)

- 부부의 역할 조율하기

상담자: 부인도 지금 과도한 역할을 하고 있거든요. 남편은 미흡한 역할을 하는 거구요. 그럼 남편께서 어떻게 하면 부인이 덜 힘들겠냐 이거예요. (부부-5회기)

상담자: 일단 남편한테 뭐 요청하실 거, 예를 들면 1시간이라도 아들하고 좀 놀아주고 내가 편할 수 있게 해 달라든지. 남편 보시면서 원하는 걸 말씀해 보세요. (부부-5회기)

- 직접 표현하는 연습 유도하기

상담자: 그걸 남편께서는 융통성 있게 때로는 좀 수정할 수 있겠냐는 거예요. 말씀을 하시라는 거죠. 저는 무슨 얘기냐면 두 분이 서로 대안을 내놓고 협상을 하자는 거거든요. (부부-5회기)

상담자: 자, 따님 입장에서 아들하고 엄마하고 부딪혔을 때 부모님이 어떻게 해 주셨으면 좋겠는지 말씀해 보세요. (친정부모와 내담자-15회기)

• 시모와 물리적, 정서적 분리하기

상담자: 웬만하면 시어머니하고 보는 횟수를 줄이자는 거죠. 그중 하나가 교회를 갈라서는 방법, 주일도 안 보는 방법, 그리고 애 양육문제에 있어서도 웬만하면 엄마아빠에게 일임하고 꼭 필요한 경우, 시어머니한테 요청할 필요가 있는 경우에만 하고 또 하나는 애를 데리러 갈 때도 부인이 싫으면 남편만 가는 거예요. 그걸 조율하자는 거예요. (부부-7회기)

4. 가족치료적 개입으로 인한 가족의 변화내용과 치료의 효과

1) 가족들의 변화과정

(1) 내담자(부인)의 변화내용

내담자는 원가족과 핵가족구성원들이 모두 상담에 참여하면서 가족구성원들이 자신을 이해하게 되고, 특히 원가족에서 미해결되었던 정서들을 친정부모와 상담과정을 통해 해결하게 되면서 내재되어 있던 분노가 가라앉게 되었다. 내담자는 분노가 누그러지면서 화내는 횟수도 줄어들고 화를 내도 그 강도가 약해져서 아들에게 폭력을 행사하는 일도 줄어들게 되었다.

• 원가족에서 미해결된 정서의 풀림

내담자: (울면서) 어릴 때는 너무 밉고 말도 안 통하고 싫었는데 애를 낳아 보니까 엄마 마음이 어땠을지 너무 이해가 가고 그래서 더 안됐고……. 나는 지금 많이 털어 버렸는데 엄마도 치유받고 좀 회복됐으면 좋겠어. (친정부모와 내담자-13회기)

내담자: 결혼하고 나서 지금까지 살면서도 아빠에 대해서 되게 겁나는 마음이 있었어요. 그랬는데 아빠가 살아온 얘기를 들으면서 상처가 있으셨구나, 얼마나 힘들었을까, 그런 생각하면서 많이 용서를 했어요. 그런데 아들 문제로 이렇게 협조해 주시고 그냥 넘어가실 수도 있는데 열린 마음으로 해 주시는

게 참 감사하고……. (친정부모와 내담자-14회기)

• 분노의 정서가 누그러짐

내담자: 확실히 나아졌죠. 왜냐하면 생각을 해 보니까 저희 친정도 그렇고 신랑하고 시댁 다 제 상황을 모두가 인지를 못하고 있던 상황이었잖아요. 그런데 다 인식을 한 것만으로도 저는 마음에 힘이 좀 되는 것 같아요. 어려운 얘기를 저희 신랑도 제 얘기는 안 받아들이는데 전문가를 통해서 들으니까 훨씬 정확하게 짚어 주신달까. 친정부모님 오셨을 때도 제가 울고 갔잖아요. 그날도 제가 얘기할 때는 뭐라고 설명할 수 없었는데 그렇게 짚어 주시니까 훨씬 좋은 것 같아요. 아빠하고도 계속 무덤까지 묻어 두고 갈 얘기였는데 그나마 그렇게 터놓고 얘기할 수 있었다는 거는 진짜 기적일 거예요. 어머님도 많이 바뀌시지는 않았지만 나름대로 노력하시려고 하시는 것도 저한테 힘이 많이 되거든요. 그래서 너무 감사하죠. (부부-18회기)

• 자녀의 정서 이해

내담자: 제가 물어봤을 때는 잘 기억이 안 난다고 그랬거든요. 근데 아들이 상담할 때 사실 제가 충격을 먹었어요. 그냥 엄마랑 사이가 안 좋고 아빠랑도 그런데 엄마아빠 사이가 안 좋다는 말에……. 제가 어렸을 때 엄마아빠 싸우는 모습을 보고 굉장히 힘들어 했었거든요. 근데 저는 그냥 화가 나서 그런다고 생각했는데 애가 사이가 안 좋다고 생각하는 게……, 내가 좀 심했구나……. (부부-7회기)

(2) 남편의 변화내용

남편은 내담자의 내재되어 있던 분노가 원가족 경험에서 해결되지 못한 정서에서 비롯된 것임을 인지하게 되면서 내담자를 이해하고 배려하게 위해 노력하게 되었으며, 자신의 의사소통방식이 역기능적이었음을 알게 되어 내담자에게 진정성 있게 다가가기 위해 노력하게 되었다.

• 부인(내담자)에 대한 이해와 배려의 노력

내담자: 싸우고 나서 이렇게 했어야 했는데, 미안하다. 이렇게 얘기를 하니까 고맙더라구요. 이해를 해 주니까 그게 좀 풀어지더라구요. (부부–5회기)

내담자: 그래도 옛날처럼 아무것도 모르는 게 아니니까 이해하는 것 같더라구요. 저를 자꾸 신경을 쓰려고 애를 쓰는 것 같아요. (부부–18회기)

• 역할 변화의 노력

남편: 지난 주 같은 경우는 제가 11시까지 애들 둘을 어떻게든 데리고 있었어요. 그때까지 좀 자라고. 많이 고마워하더라구요. 노력을 좀 해야 될 것 같아요. 휴식을 좀 줄 수 있게끔……. (부부–7회기)

(3) **친정모의 변화내용**

친정모는 상담과정에서 내담자에 대한 미안한 마음과 죄책감을 갖게 되었다. 표현방식에 있어서 아직 맞장구쳐 주는 방식이 익숙하지 않아 큰 변화는 없었지만 변화의 필요성은 느끼고 있었다.

• 딸(내담자)에 대한 미안함의 표현

어머니: 나 때문에 쟤가 저렇구나, 손자가 또 희생물이 되는구나 싶어서……. 너무 너무 마음이 아픈데 말이 선뜻 안 나오고 자꾸 눈치만 보게 돼요. (친정부모와 내담자–13회기)

어머니: 속도 상하고……. 왜 내가 저 아이를 저렇게 만들도록 살았나 싶어서 제 자신이 한심스럽고 딸에 대한 미안함과 손주에 대한 미안함 이런 것이 뒤섞여서 제가 막 한숨이 나와요. (친정부모와 내담자–15회기)

• 표현방식의 변화에 대한 노력

상담자: 어머님은 따님을 위해 표현하셨지만 전혀 의도와는 다르게 따님이 반응하신 거예요. 그건 또 따님 탓을 해 버리는 거거든요.

어머니: 그건 탓이 아닌데……, 탓으로 들렸는가 봐…….

상담자: 민감하게 들을 수밖에 없죠. 어려서부터 당했으니까. 어떤 면에서는 본인이 피해자였으니까. 어려서부터 왜 내 탓을 하냐는 거죠.

어머니: 그러니까……, 맞아요. 다 내 탓이에요. 엄마 탓이야. 엄마가 미안하다. (친정부모와 내담자-15회기)

(4) 친정부의 변화내용

친정부는 의사소통방식에 있어 본인이 논리적으로 이해되지 않으면 전혀 타협이 되지 않는 완고한 스타일이었지만, 부인의 어려움이 원가족에서 전수된 방식과 자신에 대한 분노로 인한 것임을 깨닫고 변화하려고 노력했다. 친정부는 딸(내담자)뿐만 아니라 가족들과의 대화가 필요하다는 것을 인지하게 되었고 딸에게 직접적으로 과거에 대해 반성하고 사과의 표현을 하였으며 집안일을 돕는 등 적극적으로 변화하려고 노력했다.

- 진정성 있는 대화의 필요성 인지

아버지: 어릴 때부터도 대화가 좀 적었어요. 이야기를 잘 안하고 성질이 지 엄마처럼 삐죽거리면 또 마음을 닫아 버리고 나도 자상하지는 못하고 그래서 대화가 부족한 건 사실이에요. 앞으로 그 장막을 걷어내고 진심으로 대화를 해야 되겠다는 생각을 하고 있습니다. (친정부와 내담자-14회기)

- 과거에 대한 반성과 사과

아버지: 아빠도 부족한 점이 많다. 내가 너한테 해결해 주지 못한 것도 많고……. (친정부와 내담자-13회기)

- 역할 변화의 노력

내담자: 아빠가 좀 적극적으로 하시는 것 같고 옛날에는 움직이지 않으셨는데 요즘에는 많이 움직이시고 엄마가 뭐 하면 적극적으로 하시고…….

상담자: 아빠의 노력하시는 모습을 목격하실 수 있어요?

내담자: 옛날에 비하면 참 많이 좋아졌죠. (친정부모와 내담자-15회기)

(5) 시모의 변화내용

시모의 경우 남편과 시모의 밀착관계로 인한 며느리(내담자)의 스트레스에 대해 인지하게 되었고, 밀착관계를 분리하기 위해 노력하였다. 시모는 상담이 종결될 무렵에 남편(아들)과의 분리로 인해 심리적으로 힘들었으나 의도적으로 며느리(내담자)를 배려하기 위해 노력하게 되었다.

• 며느리(내담자)에 대한 배려

내담자: 저한테 얘기하시는 건 아니고 손주한테 말하듯이 하면서……, 저한테는 전혀 내색을 안 하세요. 뭔가 바꾸시려고 노력하시는구나, 이런 생각이 들었어요. (부부−18회기)

• 의도적 분리의 노력

내담자: 어머님 댁에 오지 말라고 했다고 하더라구요. 이틀 전에 어머님 생일이랑

표 12−1 치료자의 개입전략에 따른 가족구성원들의 변화과정 매트릭스

	가족치료적 전략	변화과정
부인	가족구조에 대한 정보 수집하기 분노 정서 다루기 원가족에서 핵가족으로 전이된 감정 보기 원가족에서 미해결된 정서 다루기 자녀에게 재현되고 있는 정서 직면하기	원가족에서 미해결된 정서의 풀림 분노의 정서 누그러짐 자녀의 정서 이해
남편	가족구조에 대한 정보 수집하기 원가족에서 전수되어 오는 방식 보기 원가족에서 핵가족으로 전이된 감정 보기 시모와의 밀착관계 설명하기	내담자에 대한 이해와 배려의 노력 역할 변화의 노력
친정모	내담자에 대한 이해 돕기	내담자에 대한 미안함 표현 표현방식의 변화 노력
친정부	내담자에 대한 이해 돕기	진정성 있는 대화의 필요성 인지 과거에 대한 반성과 사과 역할 변화의 노력
시모	남편과의 밀착관계 설명하기	내담자에 대한 배려 의도적 분리 노력

제 생일이랑 겹쳤어요. 근데 올해는 너네들끼리 생일해라, 이렇게 말씀하시더라구요. (부부-18회기)

2) 가족치료의 효과

(1) 자녀에 대한 폭언, 폭력 등 학대행위의 중단

본 가족치료 사례에서 내담자가 가족치료를 의뢰하면서 언급했던 상담의 목적은 본인의 학대행위를 중단하는 것이었다. 이 연구결과 내담자의 자녀 학대행위의 원인으로 파악되었던 원가족에서 해결되지 못했던 정서와 부부갈등으로 인한 분노 등은 상담과정에서 해결하게 되었고 그 결과 궁극적으로는 더 이상 자녀를 학대하지 않게 되었다.

내담자: 예전에는 화가 나면 화가 풀릴 때까지 애를 잡았거든요. 근데 지금은 화를 내도 어느 정도에서 좀 멈추게 돼요. (친정모와 내담자-13회기)

내담자: 옛날에 때리던 그런 강도로는 이제 안 때리는 것 같아요. 그 전에는 폭언과 함께 3, 40분 애를 잡았는데 지금은 뭐 적당히 넘어갈 거는 넘어가게 되는 것 같아요. (부부-18회기)

(2) 자녀의 감정조절의 어려움 완화

내담자가 상담을 의뢰하게 된 계기는 자신의 학대행위로 인해 자녀가 감정조절이 되지 않고 투정이 심해서 주변 사람들을 힘들게 하는 것이었다. 상담과정에서 내담자의 자녀 학대행위가 감소하면서 자연스럽게 자녀의 감정조절의 문제도 감소하였다.

어머니: 부잡스러운 것도 그렇고 예전 같으면 아들 손주들 오면 싸우고 그랬는데 그러지도 않고 네 살짜리 남자애하고 제법 잘 놀고 그래요. 조금씩 변화됐다, 애가 좀 나아졌다는 생각을 하고 있어요. 말도 잘하고 전에는 할아버지 할머니 옆에 잘 오지도 않았는데 요새는 막 뽀뽀해도 가만히 있고 옛날하고 달라요.

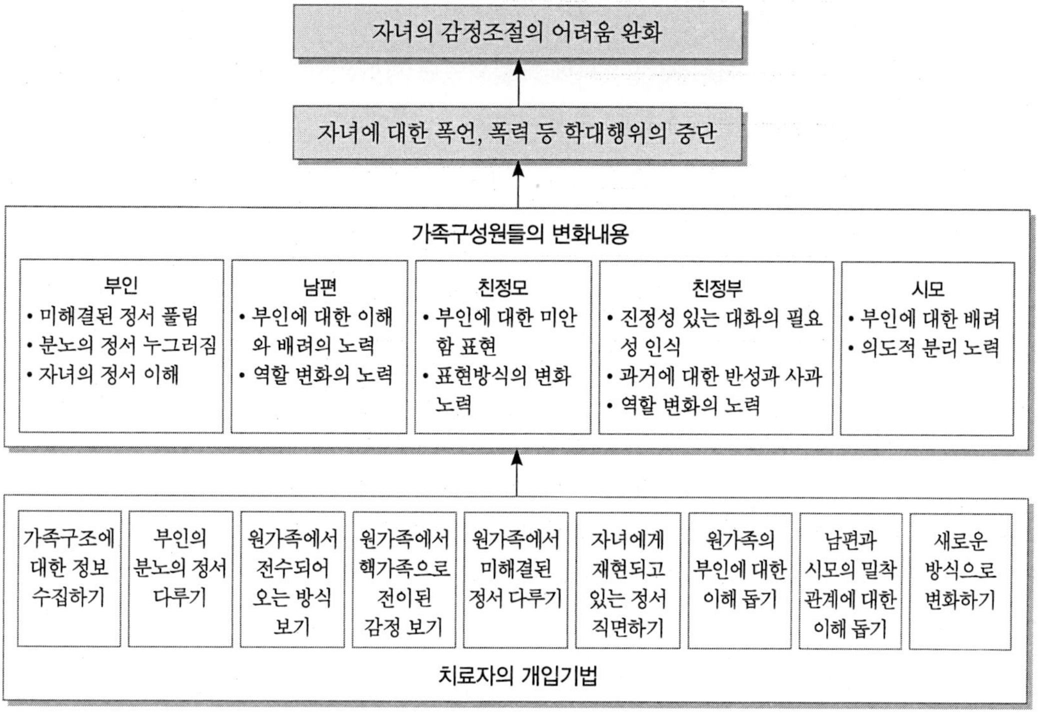

[그림 12-2] 치료기법과 효과에 대한 네트워크

상담자: 좀 안정적으로 됐나 봐요?

어머니: 네. (친정부모와 내담자-15회기)

V. 결론 및 논의

이 연구에서는 자녀 학대에 대한 가족치료 사례를 통해 학대행위에 영향을 미친 요인들과 가족치료적 개입방법, 그리고 이를 통한 가족구성원들의 변화과정과 가족치료의 효과성에 대해 살펴보았다. 먼저 내담자인 부인의 학대행위에 영향을 미친 요인은 원가족에서 미해결된 정서와 전이된 감정, 부부갈등, 원가족에서 전수된 방식이 나타났다.

첫째, 내담자는 원가족 경험에서 친정모의 폭력, 친정부의 성추행, 친정부의 가정 일은 돌보지 않고 TV와 취미생활에만 몰두하는 이기적인 모습, 친정부모의 부부갈등 등으로 인해 불안, 분노, 원망, 양가감정 등의 부정적인 정서가 해결되지 못하고 남아 있었다. 어린 시절 폭력에 노출되었던 경험은 성인이 된 이후에까지 해결되지 못하고 남아 있게 된다(Hooven et al., 2012; Lanoue et al., 2012). 특히 내담자는 친정모의 신체적인 학대와 친정부의 성적 학대로 인하여 불안, 우울 그리고 분노를 경험하였다. 더욱이 학대경험으로 인한 이와 같은 부정적인 정서들을 해결하지 못하면 다시 아들에게 학대행위를 할 수 있는 폭력의 악순환이 이어진다(McWey et al., 2013; 황혜자, 조수진, 2007).

둘째, 내담자의 친정부에 대한 분노와 원망의 마음은 친정부와 유사한 모습의 남편에게 전이되었고 남편에 대한 분노는 또다시 아들에게 전이되어 결국 모든 화를 아들에게 풀고 있었다. 전이의 감정은 다른 사람을 원가족에서 정서적인 어려움을 겪게 했던 대상으로 느끼고 대하게 한다(박태영, 2014). 내담자의 경우도 친정부와 유사한 모습의 남편에게 친정부에게서 느꼈던 분노를 동일하게 느끼고 있는 것이다. 뿐만 아니라 친정부의 성추행 사건으로 인한 내담자의 분노가 엄마와의 스킨십을 원하는 다섯 살 자녀에게 전이되어 아들에게 불쾌함을 느끼고 있었다.

셋째, 내담자와 남편의 역기능적인 의사소통방식과, 남편의 원가족 경험으로 인한 시모와의 밀착관계, 미흡한 역할은 부부의 갈등을 심화시키고 있었다. 이와 같은 결과는 부부간의 불만족스러운 결혼생활이나 갈등상황, 이로 인한 부모의 스트레스가 자녀에 대한 학대로 이어질 수 있다(노충래, 2002; 김혜영, 석말숙, 2003)는 결과와 일치하고 있다.

넷째, 원가족에서 친정모가 내담자에게 했던 폭력적인 방식이 전수되어 내담자 역시 아들에게 같은 방식이지만 더욱 심한 폭언과 폭력의 형태로 나타났다. 이와 같은 결과는 성장기의 학대경험이 자녀 학대의 위험요인으로 작용한다(김혜영, 석말숙, 2003)는 연구결과와 일치하고 있다. 대상관계이론에서는 학대받는 아이가 오히려 학대행위자에 대해 더 강한 욕구를 느껴 강렬하게 매달리고, 친밀감의 욕구는 학대하는 부모를 더욱 확고하게 내사하여 동일시하게 되며, 그 결과 학대받은 아이가 학대하는 부모가 되는 것이라고 볼 수 있다.

이 사례의 가족치료적 개입은 정신분석적 대상관계이론과 Bowen의 가족체계이론, MRI의 상호작용적 가족치료모델을 근거로 한 것이었다. 이러한 세 가지 모델의 통합적 적용은 학대행위에 대한 근본적인 원인을 파악하고 이해할 수 있는 틀을 제시해 주었으며 원가족에서 내면화된 부정적인 정서의 해소와 미해결된 정서의 분화, 그리고 역기능적이었던 방식의 기능적인 방식으로의 변화 등이 학대행위 중단으로 이어질 수 있음을 보여 주었다. 우리나라의 아동학대행위자에 대한 개입은 주로 개별상담이나 집단상담에 치중되어 있지만 이 연구를 통해 학대행위자에 대한 개입에 있어 가족치료적 접근방법이 하나의 대안이 될 수 있음을 알 수 있었다. 즉, 이러한 통합적 가족치료 접근법은 기존에 아동학대에 대한 개입에 있어 피해아동과 가해부모에게 집중되어 있던 개별상담 중심의 서비스 제공에서 벗어나 비가해부모와 가족 전체가 참여하는 가족치료적 개입을 통해 가족구성원 전체가 서로의 입장과 정서를 보다 심층적으로 이해하게 됨으로써 가족관계가 향상되고 더불어 학대행위가 중단되는 치료적 효과를 볼 수 있었다.

현재 아동보호전문기관에서 학대행위자에게 제공되는 서비스 중 대부분은 개별상담에 치중되어 있으며 근본적인 변화를 도모할 수 있는 가족기능강화서비스는 매우 미비하게 제공되고 있다. 가족기능강화서비스도 가정지원이나 자원연결이 전부라서 실상 학대가 발생하고 있는 가족의 기능 향상과 가족구성원들의 관계 개선의 효과를 가져오기는 어렵다. 따라서 아동보호서비스 영역에서 가족의 기능을 강화시키기 위한 가족치료서비스에 보다 많은 관심이 필요하며 근본적으로는 학대가 발생한 가족들을 대상으로 필수적으로 가족치료를 제공할 수 있도록 하는 제도적인 뒷받침이 반드시 필요하다고 할 수 있다. 무엇보다도 학대행위자와 피해자, 그리고 그 외의 모든 가족구성원들의 적극적인 참여 의지가 필요하다. 피해아동의 연령이나 학대행위자의 학대행위 개선의 의지, 의사소통의 능력 등이 가족치료의 효과성에 많은 영향을 미칠 수 있으므로 가족치료적 접근을 위해서는 이러한 부분들이 우선적으로 고려될 필요가 있다. 또한 이러한 가족치료적 접근을 위해서는 훈련받은 전문 상담자들의 확보가 필수적이다.

그러나 이러한 가족치료적 접근이 학대가 발생한 모든 가정에 적합하다고 할 수는 없다. 이 연구도 친정부모와 시모까지 확대가족구성원이 모두 참여한 이례적인 사례였으므로 아동학대행위자들에 대한 개입방법으로 일반화하기에는 어려움이 있다. 또한 이 연구에서 적용한 세 가지 이론의 통합적인 적용은 상담자의 오랜 치료적 경험에 의한 선험적인 접근이므로 선행연구에서 이러한 접근에 대한 치료적 효과의 근거를 찾기 어려웠다. 따라서 이러한 가족치료이론의 통합적 접근법을 활용한 가족치료적 개입의 효과성을 검증하는 사례연구들이 지속적으로 이루어질 필요가 있다. 또한 추후 연구를 통해 좀 더 다양한 가족에 대해 가족치료를 적용한 연구가 이루어질 필요가 있으며 이러한 연구들을 바탕으로 통합적 가족치료적 모델을 적용한 가족치료적 접근법이 아동보호전문기관에서 활발히 이루어지기를 기대한다.

참고문헌

강미경(2009). 아동학대행위 중단과정에 관한 질적연구. **한국아동복지학, 29**, 29-72.

김용태(2000). **가족치료이론**. 서울: 학지사.

김재엽, 이효정, 송아영(2007). 가정폭력 경험이 남자 청소년의 성폭력 가해행위에 미치는 영향: 폭력허용도의 매개효과를 중심으로. **한국사회복지조사연구, 17**, 27-52.

김혜영, 석말숙(2003). 아동기 학대적 경험이 자녀학대에 미치는 영향력에 관한 연구: 개인특성 및 가족관계의 매개효과를 중심으로. **아동복지학, 16**, 71-97.

노충래(2002). 아동 및 가해자의 특성에 따른 아동학대의 심각성 예측요인에 관한 연구. **한국아동복지학, 13**, 123-154.

문영숙(2011). 아동이 지각한 부모의 부부갈등 · 양육태도가 학대경험과 정서적 부적응 행동에 미치는 영향. **아동간호학회, 17**(1), 22-30.

박태영(2014). 신경성 식욕부진증(anorexia nervosa)을 가진 딸에 대한 가족치료 사례연구. **한국가족치료학회지, 22**(2), 131-171.

박혜숙, 김보기(2013). 아동학대의 발생원인과 유형별 분석을 통한 조치방안 연구. **21세기사회복지연구, 10**(2), 287-311.

배화옥, 최재희(2013). 성장기 폭력경험과 대학생 성폭력 경험의 관계 및 공격성의 매개효과 검증. **보건사회연구, 33**(1), 356-379.

보건복지부, 중앙아동보호전문기관(2014). 2013 전국 아동학대현황보고서. 서울: 보건복지부.

아동복지법(2014). 2014. 11. 19. 개정안.

윤진, 양승연, 박병금(2012). 가정폭력경험, 가부장적 성역할 태도, 열등감이 대학생의 데이트폭력 허용도에 미치는 영향. **청소년학연구, 19**(6), 79-107.

윤혜미, 장화정, 고미영(2013). 아동학대 재발방지를 위한 이야기 치료기반의 가족치료 접근. **한국가족복지학, 41**(9), 55-86.

이봉주, 김세원(2005). 아동학대와 방임의 사회구조적 요인: 빈곤과의 상관관계를 중심으로. **아동권리연구, 9**(3), 347-373.

이영분, 신영화, 권진숙, 박태영, 최선령, 최현미(2010). **가족치료: 모델과 사례**. 서울: 학지사.

이정숙, 구형선, 조인주(2013). 대학생의 성장기 아동학대경험이 우울에 미치는 영향의 구조적 관계 분석-가족지지·친구지지·자아정체감의 매개효과를 중심으로. **정신보건과 사회사업, 41**(1), 143-168.

이태영, 심혜숙(2011). 아동기 외상경험이 초기 성인기 대인관계문제에 미치는 영향에서 내면화된 수치심의 매개효과. 상담학연구, 12(6), 2273-2291.

천성문, 김진숙, 김창대, 신성만, 유형근, 이동귀, 이동훈, 이영순, 한기백(2014). **심리치료와 상담이론: 개념 및 사례**. 서울: CENGAGE Learning.

최윤정(2012). 부모로부터의 학대경험이 대학생 자살생각에 미치는 과정 분석-스트레스와 정신건강의 매개효과를 중심으로. **청소년복지연구, 14**(2), 307-333.

황혜자, 조수진(2007). 아동학대와 세대 간 전승에 관한 고찰: 애착이론과 관련하여. **사회과학논집, 26**(1), 1-19.

Aponte, J. H., & VanDeusen, J. M. (1987). *Object relations family therapy,* Northvale, NJ: Jason Aronson.

Asawa, L. E., Hansen, D. J., & Flood, M. F. (2008). Early childhood intervention programs: Opportunities and challenges for preventing child maltreatment. *Education & Treatment of Children, 31*(1), 73-110.

Bert, S. C., Guner, B. M., & Lanzi, R. G. (2009). The influence of maternal history of abuse on parenting knowledge and behavior. *Family Relations, 58*(2), 176-187.

Calheiros, M. M. (2013). Parents' Beliefs on the Causes of Child Maltreatment. *International Journal of Psychology and Psychological Therapy, 13*(1), 1-14.

Cancian, M., Yang, M., & Slack, K. S. (2013). The Effect of Additional Child Support Income on the Risk of Child Maltreatment. *The Social Service Review, 87*(3), 417.

Creswell, J. W. (2012). Qualitative inquiry and research design: Choosing among five approaches. Thousand Oaks, CA: Sage.

Eckenrode, J., Smith, E. G., McCarthy, Margaret E. M. A., & Dineen, M. (2014). Income Inequality and Child Maltreatment in the United States. *Pediatrics, 133*(3), 454.

Fenton, M. C., Geier, T., Keyes, K., Skodol, A. E., Grant, B. F., & Hasin, D. S. (2013). Combined Role of Childhood Maltreatment, Family History, and Gender in the Risk for Alcohol Dependence. *Psychological Medicine, 43*(5), 1045-1057.

Gelles, R. J. (1997). *Intimate Violence in Families.* Thousand Oaks, CA: SAGE Pub.

Goldenberg, I., & Goldenberg, H. (2013). *Family Therapy: An Overview.* Pacific Group, CA: Brooks/Cole.

Goldman, J., Salus, M. K., Wolcott, D., & Kennedy, K. Y. (2003). *A Coordinated Response to Child Abuse and Neglect: the Foundation for Practice.* Washington, DC: Administration for Children & Families.

Gomez, L. (1997). *An Introduction to Object Relations.* London, England: Free Association Books.

Gover, A. R., Kaukinen, C., & Fox, K. A. (2008). The Relationship between Violence in the Family of Origin and Dating Violence among College Students. *Journal of Interpersonal Violence, 23*(12), 1667-1693.

Gowin, J. L., Green, C. E., Alcorn, J. L., Swann, A. C., Moeller, F. G., & Lane, S. D. (2013). The Role of Cortisol and Psychopathy in the Cycle of Violence. *Psychopharmacology, 227*(4), 661-672.

Hamilton, N. G. (1990). *Self and Others: Object Relations Theory in Practice.* Lanham, MA: Jason Aronson.

Heru, A. M. (1980). *Family Therapy: A Comparison of Approaches.* Bowie, MD: Prentice-Hall.

Hooven, C., Nurius, P. S., Logan-greene, P., & Thompson, E. A. (2012). Childhood Violence Exposure: Cumulative and Specific Effects on Adult Mental Health. *Journal of Family Violence, 27*(6), 511-522.

Kerr, M. E., & Bowen, M. (1988). *Family Evaluation.* New York: Norton.

Lanier, P., Kohl, P. L., Benz, J., Swinger, D., & Drake, B. (2014). Preventing Maltreatment with a Community-based Implementation of Parent-Child Interaction Therapy. *Journal of Child and Family Studies, 23*(2), 449-460.

Lanoue, M., Graeber, D., de Hernandez, B. U., Warner, T. D., & Helitzer, D. L. (2012). Direct and Indirect Effects of Childhood Adversity on Adult Depression. *Community Mental Health Journal, 49*(2), 187-192.

Laslett, A., Room, R., & Dietze, P. (2014). Substance Misuse, Mental health Problems and Recurrent Child Maltreatment. *Advances in Dual Diagnosis, 7*(1), 15-23.

Lee, R. D., Walters, M. L., Hall, J. E., & Basile, K. C. (2013). Behavioral and Attitudinal Factors Differentiating Male Intimate Partner Violence Perpetrators with and without a History of Childhood family Violence. *Journal of Family Violence, 28*(1), 85-94.

McWey, L. M., Pazdera, A. L., Vennum, A., & Wojciak, A. S. (2013). Intergenerational Patterns of Maltreatment on Families at Risk for Foster Care. *Journal of Marital and Family Therapy, 39*(2), 133-147.

Miles, B. M., & Huberman, A. M. (1994). *Qualitative data analysis.* Thousand Oaks, CA: Sage.

O'Leary, K. D. (1993). Therough a Psychological Less: Personality Traits, Personality disorders, and Levels of Violence. In R. Gelles & D. R. Loseke (Eds.), *Current Controversies on Family Violence* (pp. 7-30). Newbuery Park, CA: SAGE Pub.

Sharf, R. S. (2012). *Theories of Psychotherapy and Counseling: Concepts and Cases* (5th ed.). Pacific Grove, CA: Brooks/Cole.

Smith, B., & Testa, M. (2002). The Risk of Subsequent Maltreatement Allegations in Families with Substance-Exposed Infants. *Child Abuse and Neglect, 2,* 97-114.

Thornberry, T. P., & Henry, K. L. (2013). Intergenerational Continuity in Maltreatment. *Journal of Abnormal Child Psychology, 41*(4), 555-69.

Toth, S. L., Gravener-Davis, J., & Guild, D. J. (2013). Relational Interventions for Child Maltreatment: Past, Present, and Future Perspectives. *Development and Psychopathology, 25*(4), 1601-1617.

Watzlawick, P., Beavin, J. H., & Jackson, D. D. (1967). *Pragmatics of Human Communication: A Study of Interactional Patterns, Pathologies and Paradoxes.* New York: W. W. Norton.

Weakland, J. H. (1993). Conversation-but what kind? In S. Gilligan & R. Price (Eds.), *Therapeutic conversations* (pp. 136-145). New York: Norton.

13장

신경성 식욕부진증을 가진 딸에 대한 가족치료 사례연구

박태영

이 연구는 신경성 식욕부진증(anorexia nervosa)으로 진단을 받은 고등학생인 딸(내담자)에 대한 가족치료 사례연구로서, 연구의 목적은 내담자의 신경성 식욕부진증에 영향을 미친 요인들과, 가족상담자의 개입방법, 그리고 거식장애가 감소하게 된 요인들을 살펴보는 데 있다. 가족상담자는 내담자와 가족을 치료하는 데 심리역동적 가족치료모델, MRI의 의사소통모델, Murray Bowen의 가족체계이론을 사용하였다. 이 연구는 상담축어록을 중심으로 대화내용을 개념화하였고, 그 개념들을 범주화하는 과정을 거쳤다. 또한 이 연구는 가족치료 사례에 대한 전체적인 과정을 나타내기 위하여 네트워크와 대화내용의 서술과 탐구분석의 효과를 보여 주기 위하여 시간변화에 따른 효과 매트릭스(Time-Ordered Effect Matrix)를 사용하였고 연구결과는 다음과 같다. 첫째, 내담자의 신경성 식욕부진증에 영향을 미친 요인으로는 내담자의 왜곡된 인지구조, 핵가족구성

박태영(2014). 신경성 식욕부진증(anorexia nervosa)을 가진 딸에 대한 가족치료 사례연구. 한국가족치료학회지, 22(2), 131-171.

원들 간의 역기능적인 의사소통방식, 부모 원가족의 경험과 전수된 표현방식, 전이(transference), 내담자의 대응방식, 그리고 내담자의 대화상대자가 없다는 것이 나타났다. 둘째, 신경성 식욕부진증을 감소시키기 위하여 상담자는 개입기법으로 내담자 문제를 인식시키기, 재명명, 부부의 원가족문화에 대한 입장 차이 설명, 그리고 문제를 해결하려고 시도해 왔던 방식에 대한 질문을 사용하였다. 셋째, 신경성 식욕부진증 감소에 영향을 미친 요인으로는 모녀간의 변화, 아버지의 문제에 대한 인식과 변화하려는 노력, 부부간의 역기능적인 의사소통방식에 대한 어머니의 인식과 변화, 시부모와 친정 부모로부터 내려오는 의사소통방식에 대한 어머니의 인식, 부녀간의 의사소통방식의 변화, 그리고 내담자의 변화가 나타났다. 결론적으로 이 연구결과는 신경성 식욕부진증을 가지고 있는 청소년에 대하여 가족치료적인 접근법이 효과가 있다는 것을 단일사례로서 보여 주고 있다.

I. 서론

미(美)가 단지 몸이 날씬한 것으로 묘사되는 시대인 오늘날 극심한 섭식장애의 발병률이 빠르게 증가하고 있다(Cassell & Gleaves, 2000). 특히 신경성 식욕부진증의 발병은 서양(Krch, 1997)과 빠르게 서양화되어 가고 있는 홍콩(Lai, 2000)과 같은 국가들에서 증가하고 있다(Fishman, 2006). 더군다나 신경성 식욕부진증은 정신질환 중에 가장 높은 치사율을 가지고 있고, 신경성 식욕부진증의 끔찍한 결과는 고통을 받고 있는 사람이나 가족에게 심각한 손상을 줄 수 있다(Fishman, 2006). 따라서 과거 20년 동안 섭식장애(신경성 식욕부진증과 신경성 대식증)의 발달에 기여하는 요인들에 관한 연구들이 증가하고 있다(Fulkerson et al., 1999; Haworth-Hoeppner, 2000; Leon et al., 1999; Narduzzi & Jackson, 2000).

일반적으로 섭식장애는 전형적으로 늦은 청소년기와 초기 사춘기 동안에 시작한다(Attia & Walsh, 2007; Van Son et al., 2006). 특히 신경성 식욕부진증은 부적절하게 저체중을 유지하고 무모한 날씬함에 대한 추구, 그리고 체형과 몸무게에 대한 왜곡된 인지로 특징지어지는 심각한 정신질환이다(American Psychiatric Association, 2013; Attia & Walsh, 2007; Gardner & Wilkinson, 2011). 이러한 섭식장애는 종종 뼈손상, 저칼륨혈증 그리고 사망을 포함하는 신체적인 건강문제에 이르게 한다(Golden et al., 2003; Rome & Ammerman, 2003). 신경성 식욕부진증에 대한 치사율은 환자의 평균 8~12%에 이르는 어떤 정신과장애 중에서도 가장 높고, 사망은 심장마비와 자살 때문에 매우 빈번하게 발생된다(Attia & Walsh, 2007; Berkman, Lohr, & Bulik, 2007; Herzog et al., 2000). 또한 섭식장애 중, 특히 신경성 식욕부진증은 잦은 입원으로 인하여 치료하는 데 많은 비용이 든다(Lock, Couturier, & Agras, 2006; Streigel-Moore et al., 2000).

신경성 식욕부진증에 영향을 미치는 다양한 위험요인에는 초기 섭식의 어려움, 불안 증상, 완벽주의적 습성 그리고 부모화 스타일, 문화적 요인, 유전적 요인이 포함되나 이와 같은 어떤 요인도 신경성 식욕부진증에 영향을 미치는 결정적인 요인이라는 것을 보여 주지는 못하였다(Attia & Walsh, 2007; Bennett et al., 2004; Bulik, 2005; Hoek et al., 2005; Jacobi et al., 2004; Lee et al., 2005; Striegel-Moore & Bulik, 2007). 또한 신경성 식욕부진증을 유지시키는 요인들로 신체와 뇌에 대한 부정적인 영향의 의학적인 충격, 회피하는 대처방식과 함께 제한된 정서적 규제, 강박적인 습성(엄격성과 사소한 것에 대한 초점을 두는 것) 그리고 질병에 대한 대인 간의 영향을 들고 있다(Schmidt & Treasure, 2006; Treasure et al., 2012).

Carson, Butcher, 그리고 Mineka(2000)는 섭식장애로 진단받은 환자들의 성격특성으로 높은 순응성을 들고 있다. 섭식장애 환자들은 보통 삶에 있어서 커다란 변화를 회피하고 자신들이 주목받는 것을 원치 않는다. 또한 그들은 위험부담을 피하고 종종 내부의 스트레스에 강하게 영향을 받는다. 그들은 일반적으로 완벽주의적이며, 양자택일식의 사고패턴을 가지고 있다(Carson, Butcher, & Mineka, 2000).

특히 신경성 식욕부진증으로 진단받은 사람들은 종종 일상생활에서 매우 엄격하게 자신을 통제하며 강박적이다. 그들은 강박적이고 충동적인 행동을 보여 줄 수 있으며 매우 내성적이며 어색해한다. 반면에 신경성 대식증으로 진단을 받은 사람들은 동료들을 대할 때 훨씬 덜 어색해할 수도 있으나, 여전히 그들도 종종 충동적인 행동과 함께 다양한 어려움을 가지고 있다(Carson, Butcher, & Mineka, 2000).

비록 많은 연구들이 특별한 개인적인 특성들이 일반적으로 섭식장애를 겪고 있는 사람들의 삶 속에 나타나는 것을 발견해 오고 있다 할지라도 다른 연구들은 섭식장애에 종종 수반되는 가족환경에 초점을 맞춰 왔다(Bailey, 1991; Haworth-Hoeppner,

2000; Lilenfeld et al., 2000; Minuchin, Rosman, & Baker, 1978; Reeves & Johnson, 1992). 개인들이 생활하고 있는 가족환경은 종종 신경성 식욕부진과 신경성 대식증적인 행동과 성격특성의 발달에 몇 개의 주요한 요소들 중의 하나로 간주된다(Gillett, Harper et al., 2009). 예를 들어, 섭식장애 증상들이 그 질병에 대한 가족의 반응에 의하여 유지될 수도 있다(Treasure et al., 2012).

지금까지의 선행연구를 근거로 하여 볼 때, 비록 섭식장애를 가진 아동과 청소년에 대한 특별한 치료개입을 지지하는 체계적인 증거가 여전히 제한적이라 할지라도, 지난 10년 동안 섭식장애에 대한 치료에 있어서 상당한 진전이 있어 왔다. 특히 신경성 식욕부진증을 위한 가족에 근거한 치료는 현재 가족들에게 가장 좋은 접근법으로 보인다(Lock & Fitzpatrick, 2009).

이와 같이 섭식장애를 가진 청소년들에게 가족치료가 효과적인 접근법임에도 불구하고 국내에서는 신경성 식욕부진증을 가진 청소년에 대한 가족치료 사례연구를 거의 찾아볼 수 없다. 따라서 이 연구에서는 가족치료를 통하여 내담자의 신경성 식욕부진증에 영향을 미친 요인들과 가족상담자의 개입방법, 그리고 거식장애가 감소하게 된 요인들을 발견하고자 한다.

Ⅱ. 문헌고찰

1. 섭식장애와 관련된 가족요인과 전문성의 한계

Reeves와 Johnson(1992)은 신경성 대식증 환자를 둔 가족들에게 원가족척도를 실시하였는데, 그 결과 갈등해결능력, 책임감, 감정이입, 타인에 대한 존중, 개방성 그리고 신뢰성과 같은 특성에서 낮은 수준의 점수가 나타났으며, 이와 같은 요인들이 섭식장애를 야기시킬 수 있다고 하였다. Lilenfeld 등(2000)은 이와 같은 요인들 외에 가족목표를 성취하는 데 있어서 비효율성과 완벽주의를 첨가하였다. Waller, Slade, 그리고 Calam(1990)은 섭식장애를 가진 대상자들과 섭식장애가 없는 대상자들을 비교하였는데, 그 결과 섭식장애를 가진 대상자들이 섭식장애가 없는 대상자들에 비하여 가족이 적응하지 못하고, 의사소통이 서투르며, 응집력이 낮았다고 하였다. 또 다른 연구들에서도 가족의 역기능이 증가할수록 섭식 병리가 더욱 심하게 된다고 하였다(Lundholm et al., 2000; Wisotsky et al., 2003). Le Grange, Hoste, Lock, 그리고 Bryson(2011)은 부모의 극적으로 표현된 감정이 신경성 식욕부진증을 가지고 있는 청소년들의 치료탈락률과 저조한 치료결과와 관련이 있다고 하면서 가족 상호작용의 특성이 섭식장애를 가지고 있는 환자들을 위하여 주요한 치료적인 의미를 지니고 있다고 하였다. Haworth-Hoeppner(2000)은 비록 외적인 영향들이 섭식장애행동에 기여할 수 있을지라도, 그러한 외적인 메시지에 대한 가족의 해석이 개인의 섭식장애행동에 직접적으로 영향을 미치는 요인이라고 하였다.

그런데 이러한 사실을 고려해 볼 때, 이상하게도 아동・청소년기에 있어서 섭식장애는 아동・청소년 정신과와 심리학의 중심에 놓여 있지 못하다. 이러한 장애에 초점을 두고 있는 아동과 청소년 정신과와 심리전문가들 대신에, 대부분의 젊은 환자는 성인정신과의사들, 청소년 의학전문가들 그리고 영양사들에 의하여 치료되어 왔다(Lock, 2002). 많은 사례에서, 이러한 임상가들이 예외적이고 잘 알려진 보살핌을 제공하나 또 다른 경우에서는 발달적으로 알려진 심리적 접근법의 부족이 청소년의 자율성에 대한 지나친 강조, 특히 가족과 부모의 중요성에 대한 도외시, 치료에서의 의학적인 면에 대한 지나친 강조, 그리고 아동과 청소년들의 심리적・인지적인 한계에 대한 무지를 낳았다(Crisp, 1980).

게다가 이와 같은 아동과 청소년들에 대한 제한된 발달적 이해를 가지고 있는 제공자들에 의하여 제공되는 임상적인 보살핌의 많은 것 중에서 섭식장애에 관한 정신과 치료에 대한 대부분의 연구는 신경성 식욕부진증과 신경성 대식증을 가진 성인들에게 초점을 맞춰 왔다(Le Grange & Lock, 2005; Lock & Gowers, 2005). 동시에 성인사례들은 전형적으로 섭식장애의 더 만성적이고 저항적인 형태를 나타내기 때문에, 이러한 연구결과들은 아마도 섭식장애를 가진 청소년들에게 적용하기에는 한계가 있다(Herzog et al., 1993). 특히 신경성 식욕부진증에 있어서 이것은 치료대응과 관련하여 일종의 치료적 허무주의를 낳았다. 더군다나 성인모델을 사용하고 있는 접근법들은 대인 간, 법적 그리고 심리적인 성숙의 성인 수준에 적합한 개인치료, 동기, 인지적 치료에 초점을 두어 왔다(Geller, Cocksell, & Drab, 2001; Pike et al., 2004).

2. 신경성 식욕부진증에 대한 치료접근법

한편, 섭식장애를 위한 개인적인 심리치료에는 심리역동적 심리치료, 개인 간 심리치료, 발달적으로 향해진 개별치료, 인지행동치료, 변증법적 행동치료, 영양치료 그리고 가장 최근에 나온 인지적 교정치료가 있다(Levenkron, 2001; Mcintosh et al., 2005; Pike et al., 2004; Robin et al., 1999; Tchanturia, Whitney & Treasure, 2006). 그 외에도 신경성 식욕부진증 치료를 위한 치료에는 애착이야기치료(Dallos, 2001), 최면치료(Barabasz, 2000; Nash & Baker, 1993), 다학제적 치료(Pomeroy, 2001)가 있다. 게다가 약리학치료(Crow & Mitchell, 2001), 인지행동치료(Pike, Loeb, & Vitousek, 2001)가 신경성 식욕부진증 치료에 공통적으로 사용되며 최근의 치료 프로그램에서 가장 경험적 지지를 받아 왔다(Thompson, 2001). 또한 섭식장애와 관련된 가족치료 접근에는 구조적 가족치료, 체계적 가족치료, 가족에 기반을 둔 치료, 복합가족집단치료, 그리고 이야기 가족치료가 있다(Le Grange & Lock, 2007; Lock et al., 2001; Minuchin, Rosman, & Baker, 1978; Selvini-Palazzoli, 1974). 특히 가족치료는 신경성 식욕부진증 치료를 위하여 매우 효과적인 것으로 나타났다(Dallos, 2001; Le Grange & Schwartz, 2003; Robin, 2003).

그런데 섭식장애에 대한 개인심리치료와 가족치료를 비교함에 있어서, 청소년 신경성 대식증을 위한 가족치료가 개인심리치료보다 우세할 수 있다고 보았다(Dare et al., 1990; Dodge et al., 1995; Le Grange, Lock, & Dymek, 2003; Le Grange et al., 2007; Schmidt et al., 2007). 그리고 신경성 식욕부진증을 가진 청소년들을 위하여 가족치료가 효과적이라고 보여 주는 연구가 증가하고 있다(Smith & Cook-Cottone, 2011). 특히 Minuchin의 구조적 가족치료(Minuchin, Rosman, & Baker, 1978; Minuchin et al., 1975), Milan학파의 체계적인 접근법(Selvini Palazzoli, 1974) 그리고 더 최근에 나온 이야기치료모델(Epston, Morris, & Maisel, 1995)을 포함한 가족치료는 신경성 식욕부진증 치료에 대한 긴 역사를 가지고 있다(Rhodes, Brown, & Madden, 2009).

Le Grange 등(2012)은 신경성 식욕부진증을 가지고 있는 청소년들에 대하여 치료를 마친 시점에서 신경성 식욕부진증의 차도에 관한 치료 중재요인을 확인하려는 차원에서 신경성 식욕부진증을 가진 청소년들에 대한 가족치료와 개별적인 치료를 비교하였다. 그러나 이 연구에서 치료결과의 어떠한 중재요인도 확인하지를 못하였다. 입원에 앞서 더 많은 나이와 질병 기간이 결과의 특이하지 않은 예측요인로서 확인되었다. 이러한 점을 감안할 때, 더 심각한 섭식과 관련된 심리병리학을 가진 환자들에게 개별적인 치료보다 행동주의적 가족치료가 더 좋은 결과를 보였다(Le Grange et al., 2012).

또한 Lock, Agras, Bryson, 그리고 Kraemer(2005)는 단기간과 장기간의 가족치료 과정을 비교하였는데, 그들은 신경성 식욕부진증의 결과 측정에 있어서 두 집단 모두가 향상되었다고 하였다. Rhodes, Brown과 Madden(2009)은 신경성 식욕부진증을 위한 가족에 근거를 둔 치료로서 Maudsley 모델을 적용하였는데, 그들은 표준치료를 받은 10명의 부모집단과 부가적인 부모 대 부모 상담을 받은 10명의 집단을 비교하였다. 위의 연구에서 부모 대 부모 상담을 받은 집단이 표준상담을 받은 집단보다 덜 외롭게 느껴졌으며, 더 진전이 있었고, 더 많은 가족 상호작용의 변화를 경험하였다(Rhodes, Brown, & Madden, 2009). 따라서 그들은 가족에 근거를 둔 치료로서 Maudsley 모델이 신경성 식욕부진증을 가진 젊은 환자들을 위한 유용한 모델이라고 하였다(Lock et al., 2001; Rhodes, Brown, & Madden, 2009). 이 접근법은 신경성 식욕부진증이 있는 환자의 부모들에게 자녀가 다시 먹을 수 있게 하는 데 권한을 부여하며, 식사 외의 다른 문제를 포함하여 자녀와 부모 간 관계를 재협상하게 하며, 섭식장애 없이 자녀들이 정상적인 청소년발달을 회복하는 데 도움을 준다(Lock et al., 2005; Lock et al., 2006). 비록 신경성 식욕부진증에 대한 치료연구가 제한되어 있을지라도, Maudsley 병원에서 발달한 가족에 근거를 둔 치료의 특별한 방식이 청소년 신경성 식욕부진증을 위한 효과적인 치료로 보이며 그 뒤에 보급을 위한 매뉴얼화된 형태로 나타났다(Le Grange & Lock, 2005; Lock et al., 2001; Pereira, Lock, & Oggins, 2006).

그렇지만 Lock, Couturier, 그리고 Agras(2006)는 신경성 식욕부진에 대한 차도가 있는 환자들에게조차 많은 환자들이 신경성 식욕부진보다도 다른 오래 지속된 정신질환이 있어 왔고, 이러한 다른 정신질환이 전반적인 정신건강에 있어서 장기간의 진전을 복잡하게 할 것이라고 말하였다(Bergh et al., 2006). Eisler 등(2007)은 40명의 신경성 식욕부진증을 가진 청소년들에게 공동가족치료(conjoint family therapy)와 분리된 가족치료(separated family therapy)를 실시한 뒤 40명의 집단에게 5년간의 추후조사를 통하여 대상자들의 75% 이상이 섭식장애 증상이 사라졌으며, 두 집단 간의 차이가 없었다고 밝혔다. 따라서 그들의 연구에서 신경성 식욕부진증을 가진 청소년들에게 가족치료의 효과성이 확인되었다(Eisler et al., 2007; Fishman, 2006).

신경성 식욕부진증을 가진 젊은 성인들에게 가족에 근거한 치료를 11~20회기 실시한 결과 상담 후 그리고 추후조사에서 참가자의 3/4이 정상적인 몸무게에 있었으며, 3/4이 섭식장애검사에서 비임상적인 범주에 있었고 우울감이 전혀 없거나 아주 약하게 있었다고 응답하였다. 치료 후에 참가자의 2/4가 좋은 심리사회적 기능범주에 있었고, 추후조사에서 3/4이 이 범주에 속하였다. 이러한 결과는 신경성 식욕부진증을 가진 젊은 성인들에게 가족에 근거한 치료가 매우 효과가 있다는 것을 보여 준다(Chen et al., 2010). 14명의 신경성 식욕부진증을 가진 청소년들에 대한 가족에 근거한 치료가 몸무게 회복뿐만 아니라 음식물 규제, 수용의 부족 그리고 성숙에 대한 두려움을 포함한 심리적 증상들을 향상시키는 데 있어서 효과적이었다(Couturier, Isserlin, & Lock, 2010). 신경성 식욕부진증을 가진 32명의 스웨덴의 여자청소년을 대상으로 한 가족에 근거한 치료연구는 3년 후의 추후조사에서 환자들의 75%가 섭식장애 증상과 내재화 문제의 감소와 함께 충분한 차이를 보여 주었으며, 참여자들은 가족구성원들과 거리감을 덜 두게 되었고, 가족 안에서 혼란스러운 분위기를 더 적게 경험하였다. 이러한 결과들은 가족에 근거한 치료가 신경성 식욕부진증을 가진 청소년들에게 효과가 있다는 것을 보여 준다(Paulson-Karisson, Engstram, & Nevonen, 2009). Godart 등(2012)은 섭식징후보다는 가족 내 역동성에 초점을 둔 가족치료 세션을 부가한 다면적인 프로그램이 심각한 신경성 식욕부진증을 가진 소녀들에게 치료효과를 향상시켰다고 하였다. 또한 Lock, Grief, 그리고 Le Grange(2012)는 가족에 근거한 치료가 신경성 식욕부진을 가진 아동과 청소년들을 위한 효과적인 외래치료라고 하였다. 가족을 근거로 한 치료는 섭식장애를 가지고 있는 청소년의 치료를 위하여 10~20회기 동안 진행되는 단기외래 접근법이며, 이 치료에서는 비밀, 비난, 질병의 내재화, 그리고 섭식장애에 대한 지나친 적극적 혹은 소극적인 부모의 대응방식을 포함하는 가족 수준의 변수들을 목표로 하고 이러한 점을 해결하는 데 목적이 있다(Lock, Grief, & Le Grange, 2012). Lock(2011)는 가족개입은 신경성 식욕부진증을 가진 청소년들에게 제1선의 치료방법이며, 가족개입은 다양한 임상현장에 전파될 필요가 있다고 하였다.

Gillett 등(2009)의 연구에서는 섭식장애(신경성 식욕부진증과 신경성 대식증)로 진단을 받은 젊은 성인여성들이 있는 51개 가족과 섭식장애의 진단이 없는 젊은 성인 여성들이 있는 51개 가족에 있어서 암묵적인 가족과정 규칙들(친절성 · 표현성과 연결성 · 구속하는 생각, 감정 그리고 자아 · 부적절한 양육 · 모니터링과 관련한 규칙들)을 비교하였다. 그 결과 섭식장애를 가진 가족들은 섭식장애를 가지지 않은 가족들보다 더 많은 구속적인 가족규칙에 의하여 지배되고 있었다. 게다가 섭식장애를 가진 청소년들이 부모와 형제들이 응답한 것보다 촉진시키는 가족의 부분이 더 낮다는 것과 구속하는 가족의 부분이 더 높다고 보고하였다(Gillett et al., 2009).

이와 같은 연구들을 볼 때 신경성 식욕부진증을 가진 청소년들에게 개인심리치료보다 가족치료가 더욱 효과적일 수 있다는 점을 볼 수 있다.

Ⅲ. 가족치료 접근방법

1. 심리역동적 가족치료모델

가족치료에 대한 심리역동적 접근법에서는 심리역동적 또는 심리분석과 체계적인 사고가 복합되어 있다. 이 관점으로부터 가족병리는 개인의 심리내적인 과정에 입각해 있다(Heru, 1980). 이러한 정신내적인 과정들이 다른 사람들과의 상호작용관계를 형성하며, 특히 가족구성원들 사이의 관계처럼 강렬한 정서적 관계들 안에서 대부분 두드러지게 나타난다. 모든 가족구성원의 집단적인 과정이 '가족신경증'으로 합류된다(Broderick, Weston, & Gillig, 2009).

심리분석이론에 따르면, 현저한 정신내적 과정은 무의식에서 발생된다. 이러한 것들에는 억압, 투사적인 동일시, 어떤 해결되지 못한 슬픔들 그리고 전이가 포함된다. 이러한 과정들에 포함되어 있는 한 중요한 개념은 '정신적 결정주의'이다. 정신적 결정주의에서는 정신적 사건은 임의로 발생되는 것이 아니고 모든 행동은 원인을 가지고 있거나 혹은 개인적인 역사에 묻혀 있는 자원을 가지고 있다고 본다(Broderick, Weston, & Gillig, 2009).

Freud는 정신분석의 핵심적인 요소를 전이와 저항이라고 보았다(Wallerstein, 1992). 대상관계이론에서도 전이의 해석은 치료과정의 초석을 이룬다(Hamilton,

1996; 김진숙 외 공역, 2008). Freud에 의하면, 전이란 내담자가 어린 시절 부모와의 관계에서 발생한 미해결된 갈등을 재경험하고 있는 것이고, 이것이 환자가 경험하는 감정의 강도와 비합리성의 원인이라고 하였다(Gomez, 1997; 김창대 외 공역, 2008). 특히 Heru(1980)에 따르면, 전이는 한 사람의 감정, 생각, 그리고 소망이 개인이 과거의 어떤 사람을 떠올리게 하는 또 다른 사람에게 투사될 때 발생한다. 사람이 다른 사람을 마치 그 사람이 과거에 중요했던 사람인 것처럼 다른 사람(그 '대상')을 느끼고 대하게 된다. 개인적인 심리분석 심리치료에 있어서, 전이는 치료적 관계 안에서 발생하며 정신과의사에 대한 환자의 투사를 말하고 있다. 반면에 가족전이를 언급할 때는 가족 내 투사에 초점을 두며, 정신과의사 혹은 가족상담자에 대한 초점을 두지는 않는다(Heru, 1980).

심리역동적 또는 정신분석적 가족치료에서는 내담자의 현재 가족에 있어서 혹은 그들의 현재 삶에 있어서 관계의 문제를 해결하기 위해서는 초기의 부모-자녀 관계로부터 내면화된 문제가 되는 무의식적인 대상관계의 탐색과 해결이 필요하다(김용태, 2000). 심리역동적 가족치료에서는 개인들의 내적인 면과 개인 간의 상호작용하는 면들이 치료과정에서 탐색된다(Scharff & Scharff, 1987). 심리역동적 가족치료의 과정은 가족구성원들 사이의 무의식적인 갈등을 해석과 같은 기술을 사용하여 의식적인 수준으로 끌어올리는 것을 포함한다. 변화는 각각의 가족구성원들의 무의식적인 전이 왜곡에 대한 탐색과정에 의하여 촉진된다. 이러한 과정을 통하여 부모들은 현재 가족체계 내에서 갈등이 그들의 원가족으로부터 발생하는 옛날의 갈등을 지배하기 위한 그들의 무의식적인 시도와 어떻게 연결되는가를 인식하게 된다(Aponte & VanDeusen, 1987).

이 연구에서는 부모와 원가족관계에서 걸려 있는 경험이 부부관계에 어떻게 전이되고 있는가와 그러한 전이로 인하여 내담자가 어떠한 영향을 받고 있는가를 탐색하였다.

2. MRI의 의사소통모델

MRI의 의사소통모델은 의사소통과 체계 개념에 기반을 두고 있으며, 가족의 문제는 문제를 해결하려고 시도했던 방식에 의하여 오히려 가족의 문제가 유지되거나 악화된다고 보았다(Goldenberg & Goldenberg, 2012). 따라서 문제를 유지시키는 행동이 적절히 변화되면 문제가 해결된다고 보았다(Watzlawick, Weakland, & Fisch, 1974). 그리고 Watzlawick 등(1967)은 상황을 고려하지 않고 현상을 완전히 이해할 수 없다고 하였다. 또한 내담자의 현재의 구체적인 문제를 치료하는 것으로 작은 문제의 해결이 가족의 전반적인 문제에 긍정적인 영향을 준다고 하였다. 한편, MRI의 주된 기법은 내담자의 의사소통방식의 변화이며(박태영, 2001), MRI의 의사소통모델은 의사소통을 명확하게 하도록 돕는 것이 치료의 목적이기 때문에 저항을 최소화할 수 있는 치료이론 중 하나이다(박태영, 유웅희, 박진영, 2013). 따라서 상담자는 내담자에게 지금까지 시도해 왔던 해결책을 대체할 수 있는 새로운 해결책을 소개하는 일차적인 임무를 갖는다(Weakland, 1993).

이 연구에서는 내담자와 가족구성원들 간의 문제를 해결하려고 시도해 왔던 역기능적인 상호작용방식을 탐색하였고 이러한 기존방식을 새로운 방식으로 대체시킴으로써 가족관계와 내담자의 신경성 식욕부진증의 변화를 살펴보았다.

3. Murray Bowen의 가족체계이론

Bowen은 가족을 하나의 정서적 체계로 보고, 핵가족뿐만 아니라 현재 집안에 살고 있는 핵가족과 함께 살고 있지 않는 확대가족으로 구성된다고 보았다. Bowen의 가족체계이론에서의 치료목표는 가족구성원들을 미분화된 가족자아덩어리로부터 분화시켜 확고한 자아를 확립하는 데 있다(Bowen, 1985). Bowen은 가족구성원들 중 한 사람이 분화될 때 그 효과가 가족을 통하여 발생된다고 보았으며, 정신분석적 개념인 '미분화된 가족자아군'이라는 용어를 체계론적인 개념인 '융합과 분화'의 용어로 대체하였다(Kerr & Bowen, 1988). 그리고 가족체계를 변화시키고 가족구성원들의 분화 수준을 향상시키기 위해 중요한 것은 부부가 다른 가족구성원을 끌어들이는 삼각관계로부터 벗어나는 것이다(Goldenberg & Goldenberg, 2012).

특히 Bowen의 가족체계이론은 다양하게 나타나는 증상과 장애가 어떻게 가족 내의 정서기능의 패턴과 관련성이 있는가를 설명해 준다. 즉, 가족구성원들 사이의 역기능적인 상호작용 유형이 지속적으로 이루어지면 가족 내의 불안이 증가되면서 가족 내의 배우자 또는 자녀들을 통하여 증상들이 나타난다(Kerr & Bowen, 1988).

또한 역기능적인 가족일수록 분화 수준이 낮아 가족구성원들이 지나치게 결속을 하게 되어 서로에 대하여 집착을 함으로써 각자의 개별성을 갖기가 힘들다. 그리하여 부모로부터 정서적으로 독립을 하지 못하고 부모 사이에서 갈등이 심한 자녀들은 부적응적 행동이나 증상을 나타낸다(Hoffman & Weiss, 1987). 반면에 원가족과 정서적으로 단절된 사람은 대인관계에서 건강한 관계를 맺는 데 어려움을 겪는다(Framo, 1981).

이 연구에서는 부모의 원가족과의 관계에서 내려오는 문제를 통하여 부모가 걸린 문제 그리고 부모의 불안정한 관계와 부모와 내담자 및 언니와의 관계를 통한 내담자의 불안과 미분화 그리고 그에 대한 증상으로서 나타나는 신경성 식욕부진증의 관계를 살펴보았다.

Ⅳ. 연구방법

1. 연구질문

첫째, 신경성 식욕부진증에 영향을 미친 요인은 무엇인가?
둘째, 신경성 식욕부진증을 감소시키기 위한 상담자의 개입기법은 무엇인가?
셋째, 신경성 식욕부진증 감소에 영향을 미친 요인은 무엇인가?

2. 연구대상 및 상담기간

이 사례연구는 가족치료에 참여한 가족구성원들의 상담내용을 중심으로 분석되었고, 연구대상은 남편(아버지: 53), 부인(어머니: 51), 둘째 딸(내담자: 18)로 구성되었다. 큰딸(24)은 유학을 간 상태여서 상담에 참여를 못 하였다. 상담은 총 6회기를 하였으며, 1회기는 모녀상담, 2~3회기는 모상담, 4회기는 부상담, 5회기는 모녀상담, 6회기는 부모상담을 실시하였다.

3. 분석방법

이 연구는 연구문제와 관련 있는 주제들을 발견하기 위하여 축어록과 상담일지, 그리고 상담 중 메모한 자료 속에서 드러나는 의미에 대하여 개념화하였고, 개념들을 지속적으로 비교하여 유사한 개념들끼리 분류하여 범주화하는 과정을 거쳤다.

또한 이 연구는 신경성 식욕부진증에 영향을 미친 요인들과 신경성 식용부진증을 감소시키기 위한 상담자의 가족치료기법, 그리고 신경성 식욕부진증이 감소하게 된 요인들 간의 관계와 가족치료 사례에 대한 전체적인 변화과정을 나타내기 위하여 네트워크를 활용하였다. 한편, 이 연구는 대화내용의 서술과 탐구분석의 효과를 보여 주기 위한 시간변화에 따른 효과 매트릭스(Effect Matrix)(Miles & Huberman, 1994)를 사용하였다.

4. 신뢰도 검증

이 연구에서는 자료의 신뢰성을 높이기 위한 데이터의 삼각화 방법으로 상담한 축어록과 상담자가 상담을 하면서 기록했던 메모, 그리고 치료과정에서 애매모호했던 상담 부분에 대해서는 상담비디오를 재검토하는 방식을 취하였다. 또한 연구자는 연구자의 신뢰성을 높이기 위하여 질적 연구 경험이 풍부한 교수와 박사수료생들과의 토론을 통하여 코딩과 주제의 선정에 대하여 검증과정을 거쳤다.

V. 상담내용 분석

1. 가계도

가족은 아버지(53), 어머니(51), 큰딸(24), 둘째 딸(18)로 구성되었고, 부모 모두 전문직종에 종사하고 있었다. 아버지는 8남매 중 다섯 번째이자 장남이었고, 어머니는 4남매 중 장녀였다. 시부모의 부부관계는 매우 안 좋았으며, 시아버지는 무뚝뚝한 성격에 일방적인 의사소통방식과 고집이 매우 강하였다. 친정부모의 부부관

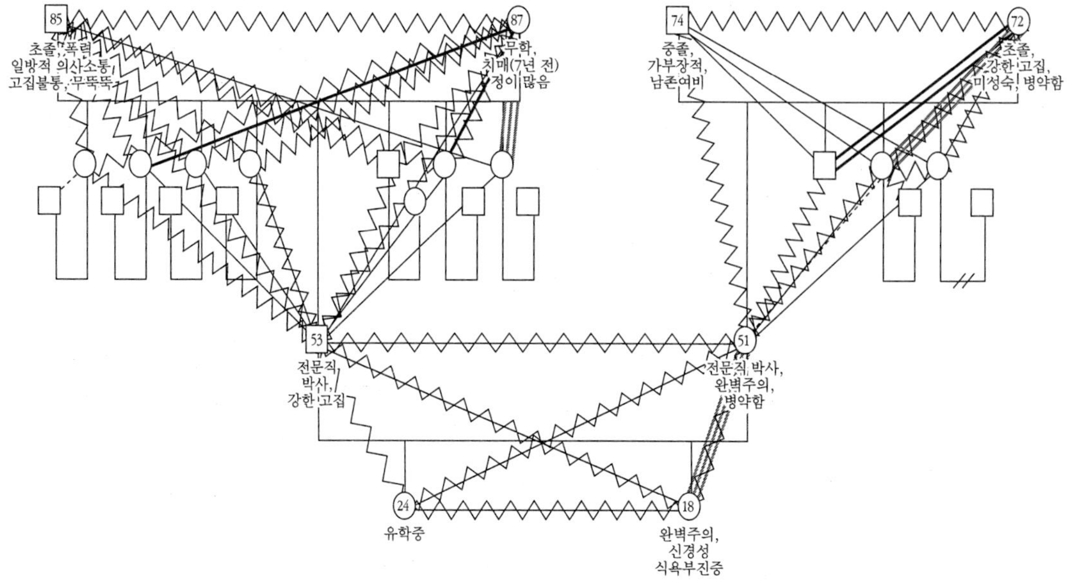

[그림 13-1] 가계도

계 또한 갈등관계를 가지고 있었다. 친정아버지는 매우 가부장적이고 남존여비사상을 가지고 있었으며, 우회적인 의사소통방식을 사용하였다. 이러한 친정아버지의 남존여비사상으로 인하여 어머니는 여성으로서 불평등한 대우를 받게 될 때 참지 못하였으며, 이러한 면이 부부관계에도 영향을 미치고 있었다. 또한 친정아버지의 우회적인 의사소통방식이 남편과 자녀들에게도 나타나고 있었다. 한편, 친정어머니는 막내로서 매우 미성숙하였으며, 남동생을 편애하였다. 어머니는 장녀로서 친정어머니를 오히려 돌봐야 하는 입장이었고 친정어머니로부터 많은 스트레스를 받았다.

2. 전체적인 상담내용에 대한 개요

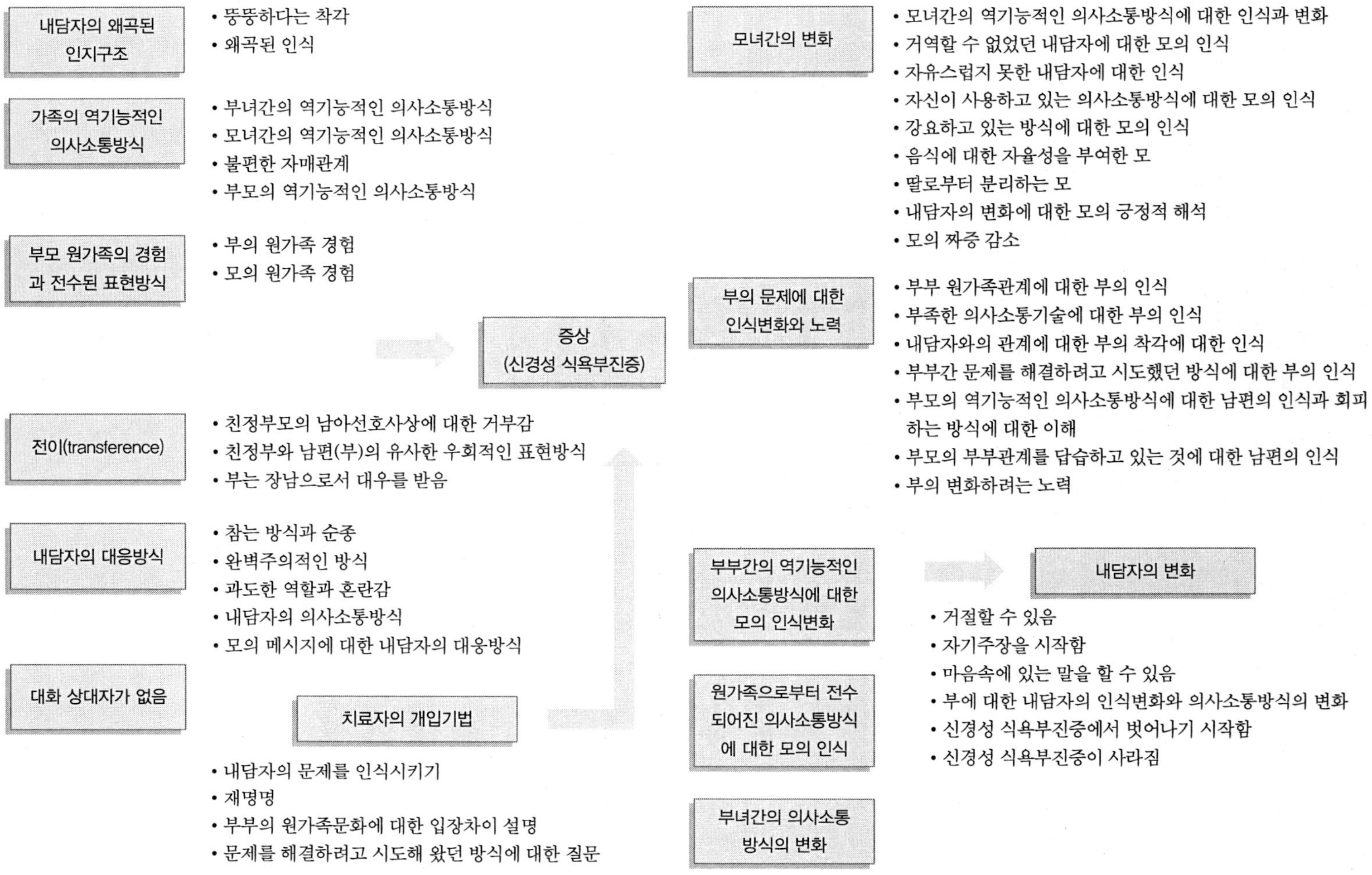

[그림 13-2] 전체적인 분석의 네트워크

3. 증상

내담자는 부모의 불안정한 관계와 부모와 언니의 갈등으로 인해 많은 스트레스를 받고 있었고, 그 스트레스를 말로 표현하지 못함으로 인하여 신경성 식욕부진증의 증상을 가지게 되었다.

어머니: 처음 식이장애 때문에 대학병원 소아정신과에 입원했었고, 다음에 식이장애 전문정신과 병원을 거의 6개월 다녔죠. (모-1회기)

아버지: 애가 엄청나게 스트레스를 받았고 또 받고 있고.
상담자: 그 스트레스를 말로 표현 못하고 증상으로 나타나 버린 거예요.
아버지: 그렇죠. (부-4회기)

이와 같은 내용은 섭식장애 환자들은 위험부담을 피하고, 내부의 스트레스에 심하게 영향을 받는다(Carson, Butcher, & Mineka, 2000)는 내용을 보여 주고 있다.

4. 신경성 식욕부진증에 영향을 미친 요인

1) 내담자의 왜곡된 인지구조

왜곡된 인지구조의 하위개념으로 내담자 본인이 뚱뚱하다는 착각과 왜곡된 인식이 나타났다.

(1) 뚱뚱하다는 착각

어머니: 근데 얘가 느끼는 것 하고 사실과 다른 부분이 굉장히 왜곡돼서 느끼는 게 많거든요. 그러니까 예를 들면 본인이 저체중인데도 불구하고 자기가 굉장히 뚱뚱하게 느낀다든가. (모녀-1회기)

(2) 왜곡된 인식

내담자: 음. 제가 어떤 왜곡된 바디 이미지 같은 것을 갖고 있는 것 같아요. 그리고

가끔씩 확대해석하는 것 같아요. 말라야지 예쁠 것 같고, 약간 통통하면 못 생긴 것 같아요. (모녀–1회기)

2) 핵가족구성원들 간의 역기능적인 의사소통방식

(1) 부녀간의 역기능적인 의사소통방식

부녀간의 역기능적인 의사소통방식의 하위개념으로 아버지의 잔소리, 지나치게 길게 설명하는 아버지의 의사소통방식, 그리고 화를 내는 아버지의 의사소통방식이 나타났다. 이와 같은 아버지의 의사소통방식이 내담자에게 스트레스를 주었고 내담자는 아버지와 관계 맺는 것을 점점 더 힘들어했다.

• 잔소리

내담자: 어떤 얘기를 제가 하면 아빠가 들으시는 것보다 아빠가 설명하시는 게 더.

내담자: 왜 힘든지, 뭐가 힘든지 보다는 무엇을 해야 한다. 자주 아빠의 입장에서만 말씀하시는 것 같아요. (모녀–1회기)

어머니: 혼자서 남편이 애들 둘 데리고 있었는데 아빠가 잔소리가 심해져 버리니까 아빠는 걱정이 되어서 이래라 저래라 하는 건데. 아이들이 일어나고 있는데 "일어나라." 밥 먹으러 오고 있는데 "밥 먹어라." 공부하고 있는데 "공부해라." 이런 식이다 보니까 애들이 미국에서 100일 쯤 되었을 때 난리가 났어요. 저보고 빨리 오라고. (모–2회기)

• 길게 설명함

어머니: 예를 들어, 애가 아빠한테 수소를 H라고 하지? 이러면요 "그래." 하고 끝내면 되는데 남편은 전자가 한 개 있고……. 부가설명이 한참 길어지거든요. 그러면 애는 답을 다 얻었는데 아빠는 계속 이야기를 하고 있으니까. (모–2회기)

• 화를 냄

어머니: 내가 (남편에게) 원하는 것은 애가 왜 집에서 화를 냈는지도 이야기할 수 있고 내가 애에게 왜 그렇게 이야기하는지도 물어볼 수 있는 상황인데 (남편

은) "왜 아빠가 화를 내면 안 되는 거야? 화낼 수도 있지." 이렇게 딱 끊어 버리면. (모-6회기).

(2) 모녀간의 역기능적인 의사소통방식

• 강요와 화를 냄

내담자: 가끔 엄마한테 "왜 맨날 엄마 방식으로 해? 왜 강요하냐고?" 그러면 엄마는 "강요가 아니라 처음엔 엄마가 권유했잖아, 그러다 네가 말을 안 들어서 그렇지! 왜 말을 안 들어!" (모녀-1회기)

어머니: 그 전에 친정엄마가 강요를 했는데 간혹 내가 똑같이 애들에게 하는 말이 "이거 나 엄마한테 받은 것이랑 똑같은데 내가 왜 이러고 있지?" 그런데 그게 컨트롤이 안 되더라고요. (모-3회기)

• 얼굴이 경색됨

내담자: 제가 엄마한테 싫다고 할 때 엄마 얼굴이 굳어져요. (모녀-1회기)

• 자매를 경쟁시킴

내담자: 엄마가 언니를 저와 비교하는 것 같아요. "동생처럼 방청소 좀 해 봐." 그럴 때. 저는 더 잘해야겠다는 생각을 해요. (모녀-1회기)

• 감정을 못 풀어 줌

내담자: 제가 (엄마한테) 힘들다고 하면, (엄마는 저에게) "힘들지만 조금만 지나면 괜찮을 거다."라고 해요. (모녀-1회기)

• 빠져나갈 구멍이 없게 말함

어머니: 학교선생님이 저랑 대화를 하더니 제가 (딸을) 빠져나갈 구멍을 못 느끼게 답답하게 한대요. 애가 느끼는 감정을 자기가 알겠다고 그러시더라고요. 그래서 저도 깜짝 놀랐어요. 난 맞는 말만 했는데 선생님 말씀이 (내가) 논리적으로는 다 맞다는 거예요. (내가) 아이에게 선택권을 주었다고 생각하는데 아이로서는 빠져나갈 곳이 없다는 거죠. (모-3회기)

• 말을 안 하고 삐침

어머니: 저는 제 속마음을 표현을 잘 안 하죠. 그러니까 대학교 때 뭣 때문에 여동생한테 삐졌어요. 그런데 여동생이 풀려고 굉장히 노력을 했는데 제가 한 일주일 동안 말을 안 했어요. (모-3회기)

• 야단침

어머니: 야단치는 방식이 너무나 엄마와 비슷하다는 것을 알겠더라고요. 싫어하면서 닮는다더니 바로 이거네. (모-3회기)

(3) 불편한 자매관계

• 경쟁관계인 자매관계

내담자: 나와 언니관계는 경쟁관계, 경쟁상대로 대해요. (모녀-1회기)

• 무서운 언니

어머니: (언니와) 잘 노는데 애가 언니를 무서워했어요. (2회기)

아버지: 작은애가 언니한테 스트레스를 굉장히 많이 받고 겁이 났다고 해요. 우리가 없는 사이에 큰애가 작은애를 혼냈다고 하더라고요. 그래서 우리가 "왜 그런 이야기를 안 해 줬느냐?" 물었더니 언니도 무섭지만 우리한테 그 이야기하는 것도 의리가 없다고 생각한 거예요. (부-4회기)

• 일방적으로 당함

어머니: 애(내담자)가 큰애한테 일방적으로 당했죠. (모-2회기)

(4) 부모의 역기능적인 의사소통방식

• 부의 빈정댐과 모의 삐침

내담자: 아빠가 빈정대시는 거 같아요. 한번은 아빠가 엄마한테 가정교육 잘못 받았다고 말씀하셨어요. 그러니깐 엄마는 화가 나셔서 이틀 동안 말씀을 안 하셨어요. (모녀-1회기)

- 모의 잔소리와 부의 회피

어머니: (내가 남편에게) 고함지르고 막 신경질 내면 (남편은) 방에 딱 들어가 버려요. (모–6회기)

아버지: 애엄마하고 이야기를 했을 때에는 내가 할 수 있는 방법은 그냥 듣고만 있고 반응을 안 하는 거예요. (부–6회기)

- 부가 모 탓을 함

어머니: (남편이) "너는 성격이 별나고 잔소리가 많고 모가 나고." 이런 식으로 치부해서 (나를) 아예 취급을 안 하려고 하더라고요. 그래서 제가 문을 잠그고 한 3일 동안 문을 안 열어줬어요. (모–2회기)

- 부가 혼자 이야기함

어머니: (남편은) 혼자 다 이야기를 하는 스타일이에요. 갑자기 그 이야기에 자기가 연관되는 무엇인가가 떠오른다 그러면 거기에 대한 설명을 쫙 하기 때문에 우리가 이야기를 꺼낼 때 좀 부담스러워요. (모–2회기)

- 모가 맞장구를 못 침

어머니: 저희 남편이 학교에서 스트레스 받는 일을 이야기하면 "우리 학교 이야기는 학교에서 끝내자. 뭘 스트레스 받는 걸 집까지 가져오냐?"라고 했어요. (모–2회기)

- 모의 우회적인 말투

어머니: 저 같은 경우에는 옛날에는 (남편에게) 직선적으로 얘기하기보다는 아무래도 자꾸 둘러서 얘기했어요. (모–2회기)

- 모가 부를 지적함

어머니: 애아빠한테 제가 좀 "천천히 먹어라."라고 하면 지적이 되는 거니까 기분 나빠해요. (모–5회기)

• 모의 짜증과 부의 비웃음

어머니: (남편이) 안 받아 주니까 나중에는 이야기할 때 짜증이 나죠. 나도 모르게 짜증내면 (남편은) "왜 맨날 나만 보면 짜증 내냐?" 이렇게 되는 것이고. 예를 들면 내가 제일 싫었던 표현이 (남편이) 손가락 딱 4개 내밀면서 "놀고 있네."라고요. 또는 제가 뭐 때문에 확 짜증이 났어요. 그래서 내가 "이러이러한 일 때문에 화가 난다." 그러면 약간 비웃듯이 넘어가 버려요. (모-6회기)

• 모의 농담과 부의 냉소

어머니: 저는 가끔은 장난도 좋아하고 애들하고 시시껄렁한 농담도 하고 그런데 남편은 그것을 굉장히 시니컬하게 받아들여요. (모-6회기)

3) 부모 원가족의 경험과 전수된 표현방식

(1) 부의 원가족 경험

• 시아버지의 표현방식과 유사한 부(남편)의 표현방식

어머니: 남편은 그게 대화인데, 딴 사람한테는 전달이 안 되는 거. 그런데 그게 보니까 우리 (시)아버님 닮은 거죠. (모-2회기)

• 사이가 안 좋은 시부모관계

어머니: 두 분(시부모)이 사이가 굉장히 안 좋으시거든요. 양쪽 두 어른이 거의 10년 이상을 싸우셔서. 그리고 아버님은 때리기도 하셔서 어머님 팔을 부러뜨린 적이 있죠. (모-2회기)

• 시부모의 역기능적인 표현방식

어머니: 우리 어머님도 본인이 왜 화가 났는가를 말씀을 못하고 화만 내시는 거예요. 우리 아버님은 어머님을 나쁜 사람으로 몰아요. 원인 제공은 아버님이 하셔 놓고 어머님이 저렇게 잔소리가 심하고 정신이 없다. 뭐 이런 식으로. (모-2회기)

• 시아버지의 일방적인 의사소통방식과 고집

아버지: 아버지가 평생을 일방적으로 표현하셨고, 주위사람들을 별로 신경 안 쓰고 고집대로 사세요. (부-4회기)

• 남편(부)과 시아버지와 대화가 안 됨

아버지: (아버지와) 커뮤니케이션이 별로 없어요. 한 3분 내지 5분이죠. (부-4회기)

• 남편(부)과 시어머니와 대화가 안 됨

아버지: 어머니가 나하고 의사소통이 되고 그러는 것은 없었어요. (부-4회기)

(2) 모의 원가족 경험

• 친정어머니의 표현방식과 유사한 모의 표현방식

어머니: 제가 애한테 하는 게요, 제가 엄마한테 받았던 것과 똑같이 해요. 제가 '아! 엄마의 방식이 너무 싫었는데 왜 내가 똑같이 하지?' 이런 생각을 하면서 (애들을) 야단치더라고요. (모-2회기)

• 친정부의 외도로 인한 친정모의 스트레스

어머니: 아버지가 외도를 하셨어요. 그런데 한 일 년은 되게 힘들게 싸우셨어요. 엄마는 그게(외도) 화가 나고 그게 우리들한테도 당연히 오는 것이고, 특히 저는 맏이니까 더 심하게 왔고. (모-3회기)

• 친정모와 모의 관계

–의지할 수 없었던 친정모

어머니: 엄마가 지금도 굉장히 어려워요. 엄마가 그러면서 기댈 수가 없죠. (모-3회기)

–비난조의 친정모

어머니: (친정엄마가) 약간 비난조로 그리고 저 야단 많이 받고 자랐어요. (모-3회기)

–친정모의 체벌

어머니: 한번은 엄마 친구들이 저희 집에 놀러왔는데 저한테 학교에서 배운 노래 하나 해 보라고 했는데 제가 "엄마가 선생님이야? 왜 자꾸 나한테 해

보라고 해!" 이런 식으로 말을 했어요. 그래서 제가 엄마 친구들 가고 난 뒤에 맞았죠. (모-3회기)

-친정모의 차별에 대한 서운함

어머니: 학원새벽반에 다니려고 하니까 엄마가 '밥 일찍 못해 준다'고 '학원비 못 준다'고 못 가게 하셨거든요. 그런데 제가 돼지저금통 털어서 학원을 다녔어요. 그런데 남동생은 고등학교 다닐 때 학원비를 다 해 주었어요. 그 때 되게 서운했어요. (모-3회기)

-친정모의 미성숙함

어머니: 엄마는 막내로 자랐고 받는 것이 익숙하고 그리고 제가 어릴 때도 제가 맏이니까 뭘 해 주라는 식이었거든요. 설거지를 해야 한다든지. 예를 들면, 학교에서 조리실습 같은 것을 하면 그거 만들어서 저 다 먹고 오면 큰일 나요. 가져다 줘야 해요. 제가 대학생일 때도 제가 아르바이트를 해서 옷을 샀는데 엄마랑 사이즈가 다른데 엄마가 어느 날 제 블라우스를 입고 가신 거예요. (모-3회기)

-친정모에 대한 부담스러움

어머니: 한 번은 비가 오는데 우산을 안 가져왔단 말이에요. 그런데 버스정류장에 엄마가 우산을 들고 나와 있더라고요. 한편으로는 너무 좋은데 한편으로는 가슴이 막 쿵덕쿵덕 뛰는 거예요. 싫지는 않은데 뭐라고 그래야 하나? 우리 애가 느끼는 것하고 같을 거예요. (모-3회기)

-강압적이고 무서웠던 친정모

어머니: 대학교 1학년 때 저는 정말 하기 싫었는데(엄마가 제 머리를) 잘라서 파마를 시켜 버리고 나는 운동화 신고 싶었는데 구두를 사 주고 신고 다니라고 그러니까 너무 힘든 거예요. 지금도 그러죠. "교수가 왜 그렇게 입고 다니냐?" 엄마가 무서웠죠. 저한테는 엄했어요. (모-3회기)

–친정모와 거리감을 둠

어머니: (친정어머니가 나를) 그냥 안 건드려 주면 고맙죠. 어쩔 때는 남들은 친정가고 싶다는데 나는 왜 안 가고 싶지? 이런 생각을 해요. (모–3회기)

–병약했던 친정모에 대한 모의 짜증

어머니: 나는 엄마가 아프면 "왜 또 아프지?" 그런데 여동생은 "엄마 병원 데리고 가야 해, 엄마 안 아파야 하는데." 이렇게 진심으로 나오는데 나는 말할 때 "병원 가 봐야지!" 하지만 실제로 맘속에는 짜증이 나고. (모–3회기)

–친정 내에서 대화상대자가 없었던 모

어머니: (대화상대자가) 없죠. 남동생이나 여동생이 (나를) 이해를 하겠어요? (모–3회기)

• 친정부와 모의 관계

–공부를 못하게 했던 친정부

어머니: 제가 고등학교 때 공부를 하면 불빛이 아버지 방까지 비치게 돼요. 그러면 아버지가 공부하지 말라고 야단을 쳤어요. 아버지는 늘 저한테 하시는 말씀이 "네가 뭐 되는 것도 싫다. 적당히 사는 것이 좋지 너무 튀는 것은 싫다." (모–3회기)

–무서웠던 친정부

어머니: 아버지가 공부를 가르치셨지만 무서워서 일어나는 것이거든요. "얘야, 일어나라." 그러면 그때는 되게 무서웠던 것 같아요. (모–3회기)

4) 전이

(1) 친정부모의 남아선호사상에 대한 거부감과 남편에 대한 과민한 대응방식

어머니: 저희 집 같은 경우는 남아우월주의가 굉장히 강한 집이었어요. 저는 항상 남동생한테 양보 내지는 걔를 돌봐야 하고 내가 원하더라도 걔가 원하면 주어야 하고. 예를 들어, 책상이 딱 하나 있었는데, 내가 입학하면서 그 책상을

쓰다가도 걔가 입학하면 줘야 했어요. 제가 그러니까 불합리한 것을 못 참죠.

상담자: 남편과의 관계에서도 그런 것을 못 참으실 것 아니에요?

어머니: 그렇죠. 그러니까 이 남자는 제가 왜 이런 조그마한 것에도 그렇게 핏대를 올리는지 모르죠. (모-3회기)

(2) 친정부와 남편(부)의 유사한 우회적인 표현방식

어머니: 저희 남편의 푸는 방식이 친정아버지랑 똑같아요. 예를 들면, 푸는 방법이 은근 슬쩍 넘어간다고 그럴까? (모-3회기)

(3) 부는 장남으로서 대우를 받음(시댁과 친정문화가 유사함)

아버지: 그런데 나 같은 경우는 (아내와) 정반대예요. 나는 8남매 중에 장남이에요. 다섯 번째이지만 내 위에 누나가 4명이에요. 처가의 관계하고 똑같아요. 예를 들면, 가족끼리 식사를 같이 하더라도 아버지하고 나만 식사를 같이하고 나머지 식구는 한 상에서 식사를 해요. 우리 누나들은 공부를 하려고 해도 공부를 안 시켰어요. 처가도 누나들을 공부 안 시킨 이유가 아들 하나 시키기 위해서 딸들은 공부시키면 안 된다는 60~70년대 생각 때문이에요. (부-4회기)

5) 내담자의 대응방식

(1) 참는 방식과 순종

• 언니로 인한 순종

내담자: 언니가 중 · 고등학교 때 부모님이랑 많이 트러블이 있을 때요, 근데 트러블 때문에 집 분위기가 무서웠거든요. 그래서 저는 '문제를 일으키지 말아야겠다'고 생각했어요. (모녀-1회기)

• 엄마의 야단으로 인한 순종

내담자: (엄마가 야단칠 때) "왜 그 모양이니? 넌?" "왜 엄마 말을 안 들어?" 그러면 저는 거의 대게는 엄마한테 짜증 좀 부리면서 거의 엄마 뜻을 따라요. (모녀-1회기)

어머니: 그런데 작은 애는 (하라고 시켰을 경우에) 안 했을 경우가 없었어요. (모-2회기)

• 엄마의 병약함으로 인한 순종

어머니: 저도 엄마 닮아서 기관지가 안 좋거든요. 기관지염이랑 폐렴이 와서 일 년에 봄, 가을 두 번씩 보름간 입원을 하는데, 그런데 애가 추석 때 달뜨는 것 보고 소원 빈 것이 뭐냐 하면 엄마 건강하게 해 달라고 그러면서 애가 상당히 부담스러웠나 봐요. 애가 어릴 때 내가 너무 아팠기 때문에 엄마가 굉장히 병약하다고 생각을. (모-3회기)

• 엄마의 눈치를 봄

내담자: (엄마한테 내가 원하는 옷을) 조르면 사 주실 것 같은데. (엄마가) 기분 나쁘실 것 같아서 못 사요. (모녀-5회기)

어머니: (딸이 고른) 옷을 애(딸)는 무지무지 입고 싶은데 제가 생각할 때 저건 영 아닌데라는 생각이 들 때는 그것을 선택 못하게 하고 second choice나 third choice로 하게 하죠. 그러면 애가 다른 것을 골라요. 그렇게 해서 사고 오면 나중에 그래요 "아, 그거 살걸." 사실은 자기는 계속 그것이 마음에 들었는데. (모녀-5회기)

(2) 완벽주의적인 방식

내담자: 그러니까 제가 작은 실수만 해도 심하게 자책을 해요. 모든 게 완벽해야 해요. (모녀-1회기)

어머니: 거의 (성적이) 탑에 가까웠죠. 자기 딴에는 힘들었겠죠? 그리고 원래 애가 성격상 완벽주의 성격이 좀 있고. 완벽주의 성격이 거식장애를 낳기 쉽데요. (모-5회기)

(3) 과도한 역할과 혼란감

• 과도한 역할

어머니: 엄마를 도와줘야 한다고 생각하고 지금도 그래요. 언니가 철없이 그러니까 자기가 언니가 잘못하는 것을 엄마한테 안 들키도록 막아도 줘야 하고. 상당히 어려운 역할을 했죠. (모-3회기)

• 혼란감

어머니: 큰딸에게는 많이 졌죠. 그래서 애가 혼란 느낀 것도 있어요. 언니가 밤에 야단을 맞았어요. 자기는 밤에 잠도 못 자고 언니를 어떻게 위로해 줄까, 엄마도 또 마음이 상해 있는데 저걸 또 어떻게 위로해 줄까? 했는데 아침에 일어나 보니 언니가 헤헤거리면서 엄마 옆에 있는 걸 보면서 완전히 돌아버린 거예요. (모-2회기)

어머니: 요즘에 제가 요즘 알기론 애가 저에게 애증의 감정을 느끼고 있더라고요. 우연히 애가 병원에 입원했을 때 적은 일기를 봤어요. 봤더니 '엄마가 안 왔으면 좋겠다.' 그러면서 그 혼란스러움을 써놨더라고요. (모-3회기)

(4) 내담자의 이중적인 의사소통방식

어머니: 지난주에 딸이 빵을 보더니 먹고 싶어서 정신을 못 차리는 거예요. 제가 "하나만 먹을 거면 먹고 아니면 참아 보는 게 어떻겠니?" 그랬어요. 결국 안 먹고 잘 넘겼어요. 그런데 애가 써 놓은 일기를 또 우연히 봤어요. 거기에 "전에는 먹으라고 그러더니 지금은 못 먹게 하고 내가 살쪘나?" 문제는 그때는 폭식을 잘 넘겨서 엄마 덕분이라고 고맙다고 웃으면서 말했는데 일기에는 다르게 써 놓으니까. (모-3회기)

(5) 모의 메시지에 대한 내담자의 대응방식

• 모의 권유적인 표현을 명령으로 받아들임

어머니: 그 전에는 보통 제 말에 애가 동의를 했거든요. 저는 애에게 권유형으로 얘기했지만 애는 명령형으로 받아들이더라고요. (모-2회기)

• 모의 의도에 대한 내담자의 지나친 해석

어머니: 애가 자기가 살이 찌니까 엄마가 공부하기를 요구했다고. 그래서 내가 언

제 요구를 했냐? 그러니까 엄마가 책도 사다 줬다는 거예요. 그건 제가 미국 갔을 때 SAT 책이 싸니까 사 가지고 왔거든요? (모-3회기)

• 모와 협상을 못함

내담자: (빵을) 아예 안 먹는 게 나았어요. (빵) 하나 가지고는 성이 안 차니까.

상담자: 예를 들면, 거기서 왜 엄마한테 요것과 저것 두 개 사면 안 돼요? 라고 제안 하지 않았냐는 거야?

내담자: 너무 많이 먹는 것 같아서요. (모녀-5회기)

• 착한 심성과 자기주장을 못함

어머니: 애는 특별히 공부를 하라고 강요를 할 이유가 없었어요. 왜냐하면 방도 너무나 깨끗하게 치우고 저한테는 이렇게 착한 딸이 어디 있나? 싶을 정도에요. 그런데 실제로 의사소통을 못하니까 학교에서도 지금 애는 no를 못하는 너무너무 착한 애거든요. (모녀-5회기)

6) 대화상대자가 없음

상담자: 너는 집에 대화상대자가 있니?

내담자: 없어요. (모녀-1회기)

5. 신경성 식욕부진증을 감소시키기 위한 상담자의 개입기법

1) 내담자 문제를 인식시키기

(1) 내담자 증상의 원인에 대한 설명

• 내담자에게 신경성 식욕부진증에 대한 설명

상담자: 너는 엄마와 친밀하면서도 엄마한테 스트레스를 받고, 또 아빠하고는 겉으로는 대화가 되는 것 같지만, 실제 네가 속마음을 내놓고 대화할 수는 없고. 언니가 중 · 고등학교 때 엄마, 아빠 속을 많이 썩여 가지고 집안이 시끄러우니까 너는 '나라도 엄마 아빠 속을 썩이지 말아야겠다.' 그렇게 생각한 것 같아. 네가 말하고 싶어도 엄마 아빠 눈치봐 가지고 엄마 아빠가 싫어하면 '에

이, 민폐 끼치지 말아야지' 하고 입을 닫아 버렸던 것 같구나! (모녀-1회기)

• 삼각관계 인식시키기

상담자: 엄마나 아빠가 자라 오실 때 협상하는 의사소통방식을 학습 못 받으셨다는 거지. 그런데 너 또한 그런 것이 있다는 거야. 그리고 엄마가 3년 동안 아프셔서 네 눈에는 엄마가 몸이 더 안 좋아지실까 하는 불안함이 있었을 테고. 또 하나는 엄마, 아빠가 다투셨을 때 두 분이 삐지셔서 말씀 안 하시고 냉랭한 분위기에 대해 네가 또 부담을 가지고 있지 않았냐는 거지. 언니에 대한 부담도 네가 가지고 있었고. 네가 덤탱이를 다 쓴 거지. 네가 착한 딸로서 생활을 했지만 그것 가지고는 네가 버틸 수는 없었어. 너도 어느 정도 욕구 충족이 안 되니까 네가 아프게 된 거야. 이해되니?

내담자: 네. (모녀-5회기)

• 통찰력 사용

상담자: 언니가 엄마랑 아빠랑 부딪치니까 네가 그래도 언니는 자기가 원하는 거 획득을 하잖아. 그런데 너는 언니가 엄마, 아빠한테 민폐 끼치니까 '나는 저렇게 하면 안 되겠다, 엄마아빠가 하라면 하라는 대로 해야겠다.'라고 생각했던 것 같아. (모녀-1회기)

상담자: 너는 무의식중에 말로 표현을 안 하고 그 (거식증) 증상으로 파워를 행사하고 있는 거야. 그러면 엄마 아빠는 딸이 거식증이니까 음식을 거부하면 그건 목숨하고도 직결돼 있는 거야. 너의 거식증으로 엄마 아빠는 벌벌 떠시지. 이제는 엄마 아빠가 오히려 너의 눈치를 보시는 거야. 그래서 엄마 아빠가 너 증상만 보면 네가 원하는 대로 해 줄 수밖에 없어. 이해돼?

내담자: 네. (모녀-5회기)

상담자: 내가 생각하기에는 너의 거식증이라는 게 네가 근본적으로 욕구를 충족할 수 있는 의사소통방식이 안 되지 않았냐 이거야. 그러니까 너는 욕구를 다 좌절시켰다는 거야. (모녀-5회기)

• 자신의 사용

상담자: 그렇지. 너 옷을 사는데 왜 엄마 기분까지 신경을 써 드려야 되냐 이거야? 엄마 돈 쓰지만 정작 옷을 입는 사람은 너 아니야? 내가 그러는 너의 심정을 잘 알아. 나도 유학 가기 전까지 우리 엄마에게 맞춰서 살아온 사람이야. 나는 엄마가 하라면 하라는 대로 했어. 그런 내가 너무 많이 바뀌었어. 유학 갔다 오고 난 37세부터 계속 사춘기야. 반항아. 우리 엄마는 놀랬지. 쟤가 왜 저러나. 그런데 (내담자모에게) 저를 보니까 사춘기 때 반항을 하고 다 그런 과정을 겪는 게 오히려 건강하더라고요. 지금 이 나이에 제가 엄마한테 아이씨 왜 이래! 이러는 게.

어머니: 그런데 애아빠는 아직 사춘기를 안 겪은 것 같은데. 아하하. (모녀-5회기)

• 내담자에게 부모의 원가족문화에 대한 설명

-부의 원가족문화 설명

상담자: 엄마 아빠 두 분이 대화가 잘 되진 않잖아. 엄마의 불만은 아빠하고 10분 이상의 대화가 안 된다는 거야. 그런데 아빠 입장에서는 10분 정도밖에 대화가 안 되는 게 당연했다는 거야. 왜냐하면 아빠네 가족문화가 10분 이상 대화하는 가족이 아니야. 이해되니?

내담자: 아……, 네. (모녀-5회기)

-모의 원가족의 예를 들어 가족관계 이해시키기

상담자: 엄마가 장녀여서 어려서부터 모든 걸 항상 참아오셨거든. 엄마가 어렸을 때 찬밥 더운밥이 있으면 남동생은 항상 더운밥을 먹고 엄마는 항상 찬밥만 드셨어. 엄마는 욕구가 있음에도 불구하고 표현을 안 하고 참으셨다는 거지. 그런데 작은 이모는 찬밥 더운밥을 반반 섞어서 먹는 분이야. 작은 이모는 욕구가 있을 때 그것을 표현하고 자신의 몫은 챙겼는데 엄마는 그런 것을 못 하셨다는 거야. 그런데 그 저변에는 할머니 할아버지 관계에서 장녀로써 과도한 역할을 하셨다는 거야. 너 또한 언니도 아빠와 부딪히고 엄마와 부딪히니까 네가 엄마 아빠한테 '나는 그러지 말아야겠다.'라는 것이 있었을 것 아니니?

내담자: 네. (모녀-5회기)

(2) 모에게 내담자 증상의 원인에 대한 설명

• 모에게 내담자 신경성 식욕부진증에 대한 설명

상담자: 애가 지금 집안에서 의사소통할 수 있는 대화 상대가 없다는 게 핵심이에요. 그러면 이 욕구불만으로 인해서 몸에서 음식을 거부한다는 말이에요.

어머니: (남편하고) 사실 대화가 안 돼요. (모녀-1회기)

상담자: 지금 따님의 거식증을 감소시킬 수 있는 방법은 일단은 따님이 엄마와 아빠하고 의사소통하는 방식이 변해야만 하며, 더 중요한 것은 부부의사소통 방식의 변화입니다. (모-3회기)

• 모에게 유사사례들기

상담자: 예를 들면, 딸이 자살을 4번이나 시도한 케이스가 있었어요. 애가 초등학교 때부터 중학교 때까지는 전교 1등에서 10등을 했어요. 걔는 거의 100점에서 97점을 받았는데 엄마, 아빠는 100점은 아무 칭찬이 없어요. 97점 받으면 "이거 왜 틀렸냐?" 이런 식이었단 말이에요. 애는 한 번도 칭찬을 받아본 적이 없고 꼭 못한 것을 지적당했다는 거예요. 또 딸이 자기 방이 작아서 14인치 모니터를 사 달라고 했는데 아빠는 17인치 모니터를 사 줬다는 거예요. 애가 원하는 것은 다 해 줬어요. 그런데 그 사 준 것이 애가 원하는 것이 아니고 아빠가 원하는 기준에 다 맞춰서 사 줬다는 거예요. 딸 생각엔 '나를 위해서 사 준 것은 없고 아빠가 좋아서 사 줬다'는 거예요.

어머니: 그건 우리 애가 아빠한테 그렇게 해요. (모-3회기)

• 과거 관계를 현재 행동과 연결시키기

–시아버지의 의사소통방식과 유사한 남편(부)의 의사소통방식

어머니: 그런 거 있잖아요. 남편은 그게 대화인데, 딴사람한테는 전달이 안 되는 거. 그런데 그게 보니까 우리 아버님과 닮은 거죠. (모-2회기)

어머니: 요즘 생각해 보면 시아버지께서 푸는 방식이 저희 남편이랑 똑같아요.

예를 들면, 은근 슬쩍 넘어 가는 것. (모-3회기)

-친정어머니의 의사소통방식과 유사한 모의 의사소통방식

어머니: 제가 애한테 하는 게요, 제가 엄마한테 받았던 것과 똑같이 해요. 제가, '아! 이거(엄마방식) 너무 싫었는데 왜 내가 똑같이 하지?' 이런 거 생각을 하면서 (애를) 야단치더라고요. (모-2회기)

-친정모와 모 관계와 유사한 모녀간의 관계

상담자: 그러면 어머니는 친정어머니의 비유를 맞추기 위해서 학교에서 만든 빵의 일부분이라도 친정어머니를 갖다 드렸어야 된다는 거예요. 그런데 저는 그것과 방식은 다르지만요, 지금 보니까 상당히 모녀간에도 있어서 유사성을 느끼네요.

어머니: 저도 그게, 선생님하고 상담을 하고 애와는 몇 주를 같이 지냈거든요. 지내면서 문득 아 이게 형태는 다르지만 (딸이) 나와 참 많이 닮았다는 생각이 문득 들더라고요. (모녀-5회기)

-친정부모의 남아선호사상에 대한 거부감과 남편에 대한 과민한 대응방식

어머니: 저희 집은 남아우월주의가 굉장히 강한 집이었어요. 그런데 제가 사실은 그게 당연한 것인 줄 알고 살았어요. 나는 항상 남동생에게 양보 내지는 걔를 돌봐야 하고 내가 원하더라도 걔가 원하면 주어야 하고. 예를 들어, 책상이 딱 하나 생겼어요. 내가 입학하면서 그 책상을 쓰다가도 걔가 입학하면 걔한테 주어야 하고 나는 더 안 좋은 것을 쓴다던지, 제가 그러니까 불합리한 것을 못 참죠.

상담자: 남편과의 관계에서도 그런 것을 못 참으실 것 아니에요?

어머니: 그렇죠. 그러니까 이 남자는 제가 왜 이런 조그마한 것에도 그렇게 핏대를 올리는지 모르죠. (모-3회기)

-삼각관계 인식시키기

어머니: 제가 중학교 2학년 때 아버지가 외도를 하셨어요. 엄마는 그게 화가 나

고 그게 우리들한테도 당연히 오는 것이고. 저는 특히 맏이니까 더 심하게 왔고. (모–3회기)

(3) 부에게 내담자 증상의 원인에 대한 설명

• 부에게 내담자 신경성 식욕부진증에 대한 설명

상담자: 따님은 지금 엄마와 아빠의 사이에서 자신의 솔직한 감정을 내놓고 협상하는 방법을 모르고, 집안에서 대화할 수 있는 상대자가 없다는 것이죠. 따님이 이렇게 되기까지는 엄마, 아빠 두 분이 대화가 안 되고, 또 따님 입장에서는 언니가 엄마, 아빠하고 부딪치니까 '나라도 착하게 살아야겠다' '부모님 말씀 거역하면 안 되겠다'고 생각했었던 것 같아요. 따님의 거식증은 자기도 모르게 욕구불만이 쌓이고 말할 대상이 없기 때문에 음식을 거부하는 증상으로 나타나고 있는 것이죠. 어머님 또한 어려서부터 친정식구와 대화할 수 있는 대상은 없었는데 이런 점에서는 어머니와 따님이 유사합니다.

아버지: 지금 하신 말씀 다 대부분은 제가 수긍하고 전부는 아니지만 전체적인 윤곽을 잘 보신 것 같아요. 저도 지금 생각하면 그런 생각도 들어요. (부–4회기)

• 부에게 유사한 예 들어 주기

상담자: 전환장애를 가지고 있는 부인이 있었는데 남편이 항상 자기 의견대로 밀어 붙인다는 거예요. 그래서 부인이 반대하다가도 남편이 강하게 밀어 붙이면 또다시 자신의 의견을 굽히고 "그래, 당신 방법대로 해!" 이런 것이 누적되다가 지금은 전환장애라는 것이 나타났거든요. 둘째 따님이 거식증 걸린 것처럼. 둘째 따님의 거식증이라든지 부인의 전환장애가 나타날 때는 부모나 남편이 대책이 없는 거예요. 그래서 둘째 따님하고 아빠, 엄마하고 협상하여 서로 양보할 것은 양보하고 얻을 것은 얻자는 거예요. 이것이 해결되면 따님의 거식증은 감소될 것이라고 생각됩니다. (부–4회기)

• 과거 관계를 현재 행동과 연결시키기

–남편과 아버지와의 의사소통

아버지: (아버지와) 커뮤니케이션이 별로 없어요. 공유하는 것이 없으니까 대화

라는 것이 길지 않죠. 한 3분 내지 5분이죠. (부-4회기)

-남편과 어머니와의 의사소통

아버지: 어머니는 (나를) 걱정을 많이 해 주시지만 그렇다고 어머니하고 나하고 의사소통이 되는 것은 없었어요. (부-4회기)

2) 재명명

(1) 친정모의 방식에 대한 재명명

상담자: 분명히 (친정)어머님이 우산을 들고 왔던 것은 큰딸이 비 맞고 올 것이 안쓰러우니까 딸을 위한 사랑의 표시인데 그 전에 그러한 모습을 본 적이 없는 데다가, 예를 들면 남동생에 비해서 너무 차별을 했고 공부하는 것을 받쳐 주는 스타일도 아니고 그런 것으로 인해서 어머니의 사랑을 전혀 못 느끼셨던 것 같네요. 더더군다나 네 살 때부터 여덟 살까지 할머니, 할아버지 사랑을 받으셨는데 그것에 비해서 어머니의 사랑은 할머니 사랑보다는 덜한 것 같고, 어머니는 자식이 넷이니까요, 다른 자식에게도 신경을 써야 했지 않겠나요?

어머니: 그렇죠. 그러니까 엄마한테는 버거웠었던 것 같아요.

상담자: 이해는 하시지만 그게 감정적으로는 속상하신 거죠. (모-3회기)

3) 부부의 원가족문화에 대한 입장 차이 설명

상담자: 아버님은 위에 누나들이 있었지만 실질적으로 장남 역할을 하셨고요. 댁에서 혜택을 많이 보셨던 것 같아요. 그런데 어머님 입장에서는 장녀임에도 불구하고 자기 것을 늘 양보하고 살았다고 보는 거에요. 그러니까 어떻게 보면 장남, 장녀인데 입장은 완전히 반대입니다. (부-4회기)

4) 문제를 해결하려고 시도해 왔던 방식에 대한 질문

상담자: 두 분 간에 대화하는 데 있어서 상대편이 이야기하실 때 그걸 다 듣기보다는 끊으셨을 것 아닙니까?

아버지: 네. 끊고 그리고 내 의견을 말하고 그리고 서로 자존심 상하는 이야기를 하면 서로 이야기 안 하는 거예요.

상담자: 네. 그럼 서로 삐지시는 거예요?

아버지: 서로 삐지죠. 그런데 40대 중반 되니까 그것(삐지는 것)도 길어지더라고. (부-4회기)

6. 신경성 식욕부진증 감소에 영향을 미친 요인은 무엇인가?

내담자의 어머니는 상담을 통하여 원가족에서의 경험과 자신의 의사소통방식을 통찰하게 되었다. 어머니는 원가족과의 경험과 의사소통방식으로 인하여 남편과 자녀와의 관계가 걸려 있다는 것을 이해하게 되면서 자녀의 신경성 식욕부진증에 대한 관점이 달라지고 인식의 변화와 의사소통방식의 변화가 나타났으며 구체적인 내용은 다음과 같다.

1) 모녀간의 변화

(1) 모녀간의 역기능적인 의사소통방식에 대한 인식과 변화

어머니: (딸)얘는 얼마나 나를 답답하게 느꼈을까 사실은 조금 깨달은 상황이에요. 저는 얘가 매우 순종적이고, 말도 잘 듣고, 엄청 착한 애라고 생각을 했는데 그 속에 있는 엄청난 불만을 제가 못 읽었다고 생각해요. 얘가 이렇게 아프면서 많이 깨달았어요. (모녀-1회기)

어머니: 저도 느낀 것은 '아! 내가 애한테 말하면서 항상 토를 다는구나'. 그것을 느낀 거예요. 가능하면 토 안 달고 요즘 같은 경우엔, "엄마, 나 뚱뚱하게 느껴져. 뚱뚱해졌지?" 그러면 제가 "너 뚱뚱하게 느껴져?" 그것으로 끝을 내거든요. (모-2회기)

어머니: 요새 제가 이야기를 하죠. 나는 외할머니가 엄마한테 이렇게 했던 것이 참 서운했다. 엄마가 힘들었을 때도 있었다. 그럼 애가 "엄마, 그랬어요?" 해 주거든요. 그러면서 애가 나를 조금 이해를 해 주고 자기도 조금 더 많이 내놓거든요. (모-3회기)

어머니: 요즘에는 애가 말을 하면은 "너 왜 그렇게 생각하는데?" 들어 보고 나는 이

렇게 생각하지만 네가 정 그렇다면 다시 생각해 보자. 이런 식으로 한다든지 혹은 이야기를 꺼내면 그전 같으면 "그건 나쁜 생각이야. 왜 그렇게 생각해?" 라고 했는데 지금은 가능하면 들어 주고 애 입장에서 다시 한 번 생각을 해 보려고 하는 게 있죠. (모녀-5회기)

아버지: 요즘 애가 굉장히 투정 부리고 말도 안 되는 이야기를 하든 애엄마가 끝까지 들어 주고 걔 기분 맞춰 주려는 점에서 (아내가) 많이 변화했다고 느끼죠. (부모-6회기)

어머니: 그런데 제가 애에게 "너가 화가 나는 것이 있다면 속으로 참지 말고 이야기를 하면 화가 안 쌓인다. 그러니까 가능하면 내가 너에게 싫어하는 것을 시킨다든지 그러면 너는 no를 할 수 있다. 화를 안 내고 그때그때 싫고 좋음을 이야기하는 것이 좋겠다". (부모-6회기)

(2) 거역할 수 없었던 내담자에 대한 모의 인식

어머니: 작은 애는 방학 때 학습지 같을 것을 사 주고 하루에 두 장 풀어라 하고 세 장을 풀면 보너스로 무엇을 줄게. 그러면 작은 애는 세 장을 다 풀어요. 그러면 잘했다고 하면서 더 시켰죠. 그런 식으로 했는데 하기 싫어도 했죠. 저는 그때는 몰랐어요. 그때는 애가 워낙 말을 잘 듣고 아이가 철이 빨리 들었다 생각을 했었는데 거역할 힘이 없어서 그랬다는 것을 몰랐죠. 아이 입장에서 본다면 엄마가 얼마나 숨막히게 했을까? 그런 생각이 들더라고요. (모-2회기)

어머니: 애가 언제 한 번 그러더라고요. 엄마 말에는 반박할 것이 없어서 따르긴 따르는데 자기 마음에서는 이것은 아니라는 거죠. 그래서 요즘에는 가능하면 "네가 이러니까 이렇게 하는 것이 좋겠다". 이런 말을 제가 빼 버리려고 해요. (부모-6회기)

(3) 자유스럽지 못한 내담자에 대한 인식

어머니: 어떨 때는 애가 나를 너무 도와주려고 애쓰는 모습이 아직은 애가 덜 자유롭구나! 그런 느낌이 들어요. (모-2회기)

(4) 자신이 사용하고 있는 의사소통방식에 대한 모의 인식

어머니: 난 맞는 말만 했는데 선생님 말씀이 내 말이 논리적으로는 다 맞다는 거예요. 그런데 빠져나갈 구멍이 하나도 없이 해놓고 아이에게 선택권을 주었다는 거죠. 그래서 그때 느꼈고. 최근에 애 일기를 보고 애가 (저에게) 극렬한 반발심을 가지고 있다는 것을 깨달았어요. (모-3회기)

(5) 강요하고 있는 방식에 대한 모의 인식

어머니: (친정엄마랑) 같아요. 옛날에 내가 똑같이 애들에게 하는 말이 "이거 나 엄마한테 받은 것이랑 똑같은데 내가 왜 이러고 있지?" 그런데 컨트롤이 안 되더라고요. (모-3회기)

(6) 음식에 대한 자율성을 부여한 모

어머니: 그런데 어느 정도 음식에 대해서 자유로워지고 건강을 어느 정도 되찾고 해서 음식에 대해서는 애가 일단 뭐 'no' 하면은 선택권을 어느 정도는 주고 있어요. (모녀-5회기)

(7) 모의 분화

상담자: 예를 들면, 요즘 엄마가 무엇을 먹자고 제안하실 때 너가 "엄마! 나 지금 먹기 싫어!" 하면은 엄마는 혼자 드시니?

내담자: "너 안 먹으면 나도 안 먹어." 그런 건 없어요. (5회기)

(8) 내담자의 변화에 대한 모의 긍정적 해석

어머니: (애가 짜증내는 방식이) 제 방식이죠. 그런데 지금 저는 애를 보면 새로 태어난 느낌이거든요. 왜냐하면 그 전에는 화를 내면 안 되고 정리 정돈을 해야 했는데 지금은 그런 것을 깼단 말이에요. 그래서 애가 갑자기 얼토당토 안 하는 일로 화를 내거든요. 그러면 저야 억울하죠. 화도 나는데 애한테 화를 내서 먹혀들면 화를 내겠는데 분명히 애한테 안 먹혀들고 애가 더 나빠질 거라는 것을 아니까 화를 못 내죠. 그러면 이제 달래야 하는 건데. 어떨 때는 설득을 해 봐도 안 될 때가 있어요. 그러면 답답하죠. 그렇기는 한데 한편으

로는 "네가 얼마나 답답하면 이렇게 하겠냐?" 그러고 일단은 자꾸 달래고 다른 것으로 꼬시고 그러면 좀 지나고 나면 "화내서 미안하다"고 그러면 "네가 화 낼 정도로 무슨 큰일이 있었나 보지?" 이렇게 해서……, 그런데 (나도) 화를 내고 싶은 생각이 드는 거예요. 그런데 순간적으로 '그래, 힘들어도 네가 힘들지 내가 힘드냐?' 라는 생각이 들어요. (부모-6회기)

(9) 모의 짜증 감소

어머니: 네. 그런데 요즘에는 제가 이상하게 나도 모르는데 짜증이 덜 나요. (부모-6회기)

2) 부의 문제에 대한 인식변화와 노력

부는 상담을 통하여 자신의 원가족에서 부모관계로 인하여 자신과 부인과의 관계 및 자녀관계를 이해할 수 있었으며, 특히 자신이 사용하고 있었던 의사소통방식에 대한 통찰을 하게 되었다.

(1) 부부 원가족관계에 대한 부의 인식

아버지: 가족들 간의 커뮤니케이션을 쭉 말씀하셨는데 잘 보신 것 같고. 애엄마와 애엄마 가족들하고의 관계, 나하고 내 부모님과 가족들과의 관계가 거의 유사점이 있어요. (부-4회기)

(2) 부족한 의사소통기술에 대한 부의 인식

아버지: 배우자와의 커뮤니케이션에 대한 스킬은 별로 없었어요. 애엄마의 가장 큰 불만은 이야기를 하면 딱 10분 이상을 이야기할 수 없다는 거예요. 신혼 때도 상대편에 대해 이해하려고 하는 그런 대화는 없었어요. 내가 볼 때는 그런 것이 오래 되었죠. (부-4회기)

(3) 내담자와의 관계에 대한 부의 착각에 대한 인식

아버지: 큰애에 비하면 낫지만 지난 1년을 겪으면서 나와 (둘째 딸이) 가까웠다는 것은 내 일방적인 생각이었다는 생각이 들어요. (부-4회기)

(4) 부부간 문제를 해결하려고 시도했던 방식에 대한 부의 인식

아버지: 그러니까 예를 들면, 상대편 이야기에 대해 긍정적으로 생각을 하면서 내가 듣고 싶어 하는 이야기이든 아니든 인내심을 가지고 일단 다 들어 주어야 하는데 내가 지난 1년 동안 느껴요. '아, 그것이 중요하다.' 그렇지만 나도 못해요. 중간에 하는 이야기를 코멘트를 달고 그러고 나서는 이야기의 본질은 없고 코멘트를 가지고 따지는 거죠. 나도 그렇고 애엄마도 그렇고. (부-4회기)

(5) 부모의 역기능적인 의사소통방식에 대한 남편의 인식과 회피하는 방식에 대한 이해

아버지: 왜냐하면 내가 어렸을 때 우리 부모님들이 평생을 싸우셨어요. 지금도 싸우시고. 내가 어릴 때 어머니, 아버지하고 밥을 먹는데 아버지가 밥상을 뒤집어 엎으셨어요. 내가 부모님 싸움에서 느낀 것 하나는 (부부)싸움에 대해 본능적으로 두려움이 있는 거예요. 차라리 내가 참는 것이 낫지, 싸워 봐야 결론도 없겠다. 나는 우리 엄마, 아버지 싸우는 것을 보고 나서는 감정에 치우쳐서 싸워 가지고는 좋을 것 하나 없다는 것을 내가 알았어요. 차라리 참고 그냥. (부모-6회기)

(6) 부모의 부부관계를 답습하고 있는 것에 대한 남편의 인식

아버지: 우리 부모님이 평생 싸우면서 살았어요. 우리 부모님처럼 소통 안 되는 경우도 참 드물어요. 내가 우리 부모처럼은 안 살겠다는 생각은 하지만 또 살면서 그런 인생을 사는 것이 있죠. 애엄마가 느끼기에는 그렇겠죠. 나도 갑갑할 때 많아요. (부모-6회기)

(7) 부의 변화하려는 노력

어머니: 그런데 애아빠가 애한테는 굉장히 많이 변하려고 노력해요. (모-3회기)

3) 부부간의 역기능적인 의사소통방식에 대한 모의 인식변화

부인은 상담을 통하여 자신과 남편의 원가족 배경과 의사소통방식을 이해하게 되면서 남편에 대한 수용도가 증가하였고 구체적인 내용은 다음과 같다.

어머니: 돌아서 생각해 보면 '아이고, 그래. (남편이) 안됐다.' 오늘 아침에도 애 사건으로 자기(남편) 편이 하나도 없다고 투덜거리더라고요. 그러기에 제가 (남편이) 출근하는데 허그라도 해 줄게. 그러고 제가 잘 갔다 오라고 했는데. 그러면서 한편으로는 '그래, 내가 조금만 더 마음을 넓히자.'라고 생각했어요. (모-2회기)

어머니: '아! 이제 (남편의 이야기를) 들어 주어야겠다.' 그런 생각이 조금 들어요. 조금 들어 주면 사실 굉장히 풀리거든요. 전에는 제가 듣기 싫으면 안 들으려고 하는 게 강했던 것 같아요. (모녀-5회기)

어머니: 저도 그전 같으면 그걸 더 따지려고 하는데 지금은 거기서 그만 끊어 버려요. 끊고 나중에 곰곰이 생각해 보죠. 이걸 이야기를 해야 하나 말아야 하나. 그런데 생각하고 나면 이야기해 봤자 또 그 말 나올 건데 관두지 뭐. 그전 같으면 마냥 제가 그것을 물고 늘어지죠. (부모-6회기)

어머니: 저도 제 성격에서 저희 부모님한테서 받은 것. 지금 시댁어른들의 성격을 이제 알잖아요? 그러다 보니까 (부부간 의사소통방식이) 어디서 온 것인지 대충은 이해가 가더라고요. (부모-6회기)

4) 부녀간의 의사소통방식의 변화

부는 자녀의 신경성 식욕부진증에 대한 원인을 파악하게 되면서 자녀와의 관계에서 자녀의 의견을 경청하게 되었고 자녀와 타협할 수 있는 의사소통방식을 사용하게 되면서 부녀관계의 변화가 나타났다.

상담자: 그럼 그전과 비교해서 요즘 따님하고 대화에 있어서 어떤 차이는 있으세요?
아버지: 애가 많이 아파할 때는 이야기가 안 됐지만 두 달 전부터는 이런저런 이야기를 했어요. (부모-6회기)

어머니: 그러니까 애가 원하는 답은 짧고 핵심적인 것을 요구하는데 애아빠는 부연설명이 많으니까 그런 것에 대해서 좀 싫어하는 경향이 있었는데 애가 몸이 편안해지니까 그런 부분도 받아들여지는 것 같고. 또 하나는 애가 화를

내거나 짜증을 내면 (그전에는) 애아빠가 "어디 아빠한테 그러냐?" 그랬는데 그런 부분이 많이 줄어든 것 같아요. 그리고 애도 조금씩 건강해지면서 이제 아빠에 대해서도 얘기를 하고. (부모–6회기)

아버지: 나도 옛날과는 다르게 걔가 아프다는 것을 알아요. 왜냐하면 옛날에 비하여 애가 바뀌었으니까. 그래서 다르게 대응을 해 줘요. (부모–6회기)

5) 내담자의 변화

(1) 거절할 수 있음

어머니: 예를 들면, 공부하는 시간을 선택할 때 대체로 아이는 오후에 하고 싶은데 제가 아이에게 오후에 하는 것보다 오전에 하는 것이 더 좋지 않겠냐? 지금은 작은 애가 'no'를 해요. 그런데 옛날에는 "그래? 그렇게 해야지. 뭐!" 이런 식의 말을 했죠. (모–2회기)

(2) 자기주장과 분화

내담자: 음……, 엄마가 무엇을 같이 먹자고 하셨는데요. 제가 싫다고 했어요. 그러니까 엄마가 그럼 자기도 안 먹는다고 그랬어요. 그래서 제가 왜 엄마가 먹는 것하고 내가 먹는 것하고 연관을 지으냐고.

어머니: (애가) 엄마 먹고 싶은 것하고 나와 왜 연결을 시켜서 자기가 안 먹는다고 하면 엄마도 안 먹으려고 하냐? 그게 부담스럽다고 하더라고요. 요새는 그래도 (애가) 반항도 해요. 하하하. 그래서 (딸의) 새로운 면을 가끔 봐요. (모녀–5회기)

(3) 마음속에 있는 말을 할 수 있음

내담자: 그래도 전보다 (엄마하고) 속에 있는 말을 더 할 수 있게 됐어요. 예를 들어서 가끔씩 뚱뚱하다는 느낌이 들 때 엄마한테 지금 그런 느낌이 든다고 이야기를 해요. (모녀–5회기)

어머니: (미국 가서) 애들하고 새로 사귀는 것 생각하고 가면서도 "엄마, 나 혹시 왕따 당하면 어떻게 하지?" "엄마, 다른 애들이 나 싫어하면 어떻게 하지?" 또,

기숙사 생활을 할 거니까 "룸메이트들이 자기 싫어하면 어떡하지?" 계속 그런 생각을 하고 갔는데, "싫어할 이유가 뭐 있냐? 거기서 배우는 것은 대충 해라". (부모-6회기)

(4) 부에 대한 내담자의 인식변화와 의사소통방식의 변화

• 내담자의 인식변화

어머니: 그러니까 애가 느끼는 것 하나가 뭐냐면 아빠가 의사소통방식은 자기가 하는 것과 안 맞지만 아빠가 자기(딸)를 위해서 이렇게 해 주는 것에 대해서 깨닫는 것 같아요. (부모-6회기)

• 의사소통방식의 변화

어머니: 옛날에는 당연히 느끼는 것인데 거부감이 드는 것이 있잖아요. 그런 것을 의사소통을 못하고 있었는데 지금은 이제 싫으면 싫다, 좋으면 좋다고 하는 편이죠. 그런데 이제 저는 그런 의사소통하는 것을 (남편에게) 가능하면 막지 말라는 편이고. (물론) 들을 때 좀 짜증나죠. 그래도 한편으로 생각하면 애가 집에서 화를 낼 수 있어야 된다고 봐요. (부모-6회기)

아버지: 그런데 애가 자기가 어떻게 생각하고 있고, 자기 친구가 어떻고, 그런 이야기를 해 줘요. 애가 차이가 있다는 생각도 좀 있고. (부모-6회기)

• 부에게 대듦

아버지: 최근에 청소나 이런 문제로 (딸을) 몇 번 지적을 했어요. "너 그렇게 하지 마라!" 그랬더니 애가 대들은 거죠. (부모-6회기)

(5) 신경성 식욕부진증에서 벗어나기 시작함

• 식사량 증가

어머니: 요즘에는 (애가) 저녁을 상당히 먹어요. 저랑 같이 정말 몇 년 만에 과자뿐만이 아니라 아이스크림도 먹고, 부침개를 정말로 안 먹었거든요. 그런데 부침개도 먹고. (모-3회기)

아버지: 그래도 일단은 (애가) 조금씩 나아져요. 예를 들면, 아이스크림도 먹자고 하고. (부-4회기)

• 몸무게 증가

내담자: 몸무게가 저번에 (여기) 왔을 때보다 한 2kg 정도 늘어서 지금은 42.5kg. (모녀-5회기)

• 다양해진 식성

어머니: 한 달 정도부터 먹는 종류가 굉장히 많아졌어요. (모녀-5회기)

• 왜곡된 인지구조의 변화

상담자: 지금도 뚱뚱하다는 느낌을 받니?

내담자: 항상 그런 것은 아니고요. 가끔씩 그래도 횟수가 줄어들어요. (모녀-5회기)

(6) 신경성 식욕부진증이 사라짐

상담자: 지금 음식 거부하는 것은 있니?

내담자: 거의 없어요. 이제는 별로 가리는 것 없이 먹고 싶은 것 잘 먹어요. (모녀-5회기)

상담자: 지금 애가 식사하는 것은 어때요?

어머니: 잘 먹고 어제 미국 갔어요. (부모-6회기)

위에서 언급한 내용을 중심으로 상담회기에 따른 내담자의 표현방식과 신경성 식욕부진증 및 변화과정을 요약하면 〈표 13-1〉과 같다.

표 13-1 상담회기에 따른 내담자의 표현방식과 신경성 식욕부진증 발생 및 변화과정

회기	내담자의 표현방식과 변화과정	신경성 식욕부진증 발생과 변화과정
1(모녀상담)	언니로 인한 순종, 어머니의 야단으로 인한 순종, 완벽주의적인 방식, 마지못해 순종하는 방식과 짜증내는 방식	2007년 여름에 신경성 식욕부진증 발병 왜곡된 인지구조
2(모상담)	참는 방식과 순종, 어머니의 권유형 표현을 명령으로 받아들임, 거절하지 못했던 방식, 어머니와 통화를 길게 하고 싶어함, 어머니에게 거절할 수 있음	변화가 없음
3(모상담)	내담자의 이중적인 표현방식	식사량의 증가
4(부상담)	아이스크림을 먹자고 제안	식사량의 증가
5(모녀상담)	자기주장을 시작함	몸무게 증가, 다양해진 식성, 왜곡된 인지구조에서의 변화, 신경성 식욕부진증이 사라짐
6(부모상담)	어머니에게 속에 있는 말을 할 수 있음, 아버지에게 대드는 내담자	신경성 식욕부진증이 사라짐

VI. 결론

이 연구결과 거식장애에 영향을 미친 요인으로 내담자의 왜곡된 인지구조, 가족의 역기능적인 의사소통방식, 내담자의 대처방식과 의사소통방식이 나타났다. 첫째, 내담자의 왜곡된 인지구조로 자신이 뚱뚱하다고 느끼고 있었고, 말라야지 예쁠 것이라는 잘못된 인식을 가지고 있었다. 이와 같은 결과는 신경성 식욕부진증은 부적절하게 저체중을 유지하고 날씬한 것에 대한 지나친 추구와 몸무게와 체형에 대한 왜곡된 인지로 특징지어진다(Attia & Walsh, 2007; Gardner & Wilkinson, 2011)는 내용과 일치하고 있다.

둘째, 가족의 역기능적인 의사소통방식으로 아버지는 내담자에게 잔소리와 지나치게 부연 설명하는 방식, 그리고 화를 내는 방식을 사용하고 있었다. 이와 같은 아버지의 의사소통방식으로 인하여 내담자는 아버지와 대화하는 것을 회피하였다. 모녀간의 역기능적인 의사소통방식과 관련하여 어머니는 내담자에게 자신의 의견

을 강요하고 내담자가 순응하지 않았을 경우에는 화를 내거나 얼굴이 굳어지며, 삐치는 방식을 사용하였고, 어머니의 이러한 방식은 외할머니의 표현방식과 유사하였다. 또한 내담자는 어머니의 자매를 경쟁시키는 교육방식으로 인하여 언니와 경쟁관계에 있었다. 그리고 어머니가 외할머니의 의사소통방식을 사용하듯 언니 또한 어머니의 의사소통방식을 사용하여 내담자는 언니를 무서워하였고, 언니에게 일방적으로 당하고 있다고 생각하였다.

부부(부모)간의 역기능적인 의사소통방식으로 남편은 아내에게 빈정대며, 아내 탓을 하는 의사소통방식을 사용하고 있었다. 한편, 부인은 남편을 지적하고 화가 날 때 우회적이며, 맞장구를 칠 줄 모르는 의사소통방식을 사용하였다. 또한 부인은 남편에게 잔소리, 짜증, 농담을 사용한 반면에 남편은 부인에게 무반응 또는 회피, 비웃음 그리고 냉소적인 의사소통방식을 사용하였다. 따라서 이러한 부모의 의사소통방식으로 인하여 내담자는 솔직하게 대화할 수 있는 방법을 습득할 수가 없었다. 이와 같은 결과는 신경성 식욕부진증에 영향을 미치는 요인으로서 부모화 스타일(Attia & Walsh, 2007; Striegel-Moore & Bulik, 2007), 의사소통(Waller, Shade, & Calam, 1990), 역기능적인 가족관계(Lundholm et al., 2000; Wisotsky et al., 2003)가 섭식장애에 영향을 미친다는 내용과 일치하고 있었다. 한편, 이 연구결과는 부모의 극적으로 표현된 감정과 가족 상호작용 특성이 신경성 식욕부진증을 가진 청소년들에게 중요한 영향을 미치는 요인(Le Grange et al., 2011)이라는 점을 보여 주고 있다.

셋째, 내담자는 대처방식과 의사소통방식으로 참고 순종하였는데, 특히 언니가 중학생 때부터 부모와 많은 갈등과 어머니의 병약함으로 인하여 부모, 특히 어머니에게 순종하면서 살아왔고 자신의 속마음을 솔직하게 표현할 수 없었다. 또한 내담자는 완벽주의적인 성향이 있어서 자신의 실수를 용납할 수 없었으며, 과도한 역할로 인하여 혼란감이 가중되었고, 이중적인 의사소통방식을 사용하였다. 내담자는 어머니의 메시지에 대하여 비록 어머니가 권유하는 표현을 하더라도 반드시 어머니의 말을 따라야만 하는 명령형으로 받아들였다. 또한 내담자는 어머니의 의도에 대하여 스스로 지나친 해석을 하였으며, 결과적으로 어머니와 협상을 할 수 없었다. 내담자는 착한 심성을 지녔으며, 부모의 불안정한 부부관계와 언니와 부모의 불편한 관계로 인하여 자기주장을 할 수 없었다. 따라서 가정 안에서 대화할 수 있는 상대자가 부재하였다. 이와 같은 결과는 신경성 식욕부진증 환자가 완벽주의적 습성

(Bulik, 2005; Hoek & Hatten, 2005; Lee, Lee, & Chan, 2005; Lilenfeld et al., 2000)과 성격 특성으로 높은 순응성, 그리고 자신에 대하여 매우 엄격하여 스스로를 통제하며 강박적(Carson, Butcher, & Mineka, 2000)이라는 내용과 일치하고 있다.

신경성 식욕부진증을 감소시키기 위한 상담자의 개입방법으로는 내담자의 문제를 인식시키기, 재명명, 부부의 원가족문화에 대한 입장 차이 설명, 문제를 해결하려고 시도해 왔던 방식에 대한 질문이 포함되었고, 상담자의 개입방법에 대한 구체적인 내용은 다음과 같다.

첫째, 상담자는 내담자의 신경성 식욕부진증의 원인에 대한 설명을 하기 위하여 내담자에게 부모와 부모-언니 사이에서 삼각관계에 연루되었다는 것을 설명했다. 또한 상담자는 내담자에게 삼각관계를 이해시키기 위하여 통찰력 사용하기와 상담자 자신의 예를 활용하였고 부모의 원가족문제에 대하여 설명을 해 주었다. 내담자는 상담자의 이와 같은 상담과정을 통하여 자신이 살아온 방식을 이해할 수 있었다. 한편, 상담자는 어머니에게 내담자 증상의 원인에 대하여 설명하는 데 있어서 어머니의 유사사례를 들었고, 남편에 대한 이해를 도모하기 위하여 시아버지의 의사소통방식과 남편의 의사소통방식의 유사성에 대하여 설명하였다. 또한 상담자는 어머니에게 친정어머니와 어머니 그리고 내담자의 의사소통방식에서 유사성을 설명하였다. 상담자는 어머니에게 친정부모와 남편으로부터 발견되는 남아선호사상에 대한 거부감과 이로 인한 남편에 대한 과민한 대응방식과 친정부모와의 삼각관계에 대하여 통찰할 수 있도록 하였다. 상담자는 아버지에게도 내담자의 증상의 원인에 대하여 설명을 하였고 아버지가 딸의 신경성 식욕부진증을 이해할 수 있도록 유사한 예를 들었다. 그리고 상담자는 아버지에게 자신의 현재 행동을 과거 원가족과의 관계와 연결시키는 과정으로서 친부모와 아버지의 유사한 의사소통방식을 통찰할 수 있도록 하였다. 상담자는 아버지에게 현재 부인과 충돌하는 저변에 있는 장남을 대우해 주는 원가족의 문화가 처가의 문화와 유사하다는 점을 인식시켰다. 둘째, 상담자는 어머니로 하여금 친정어머니를 이해할 수 있도록 하기 위하여 어머니의 행동에 대하여 재명명 기법을 사용하였다. 셋째, 상담자는 부부에게 부부의 원가족문화에 대한 입장 차이와 지금까지 문제를 해결하려고 시도해 왔던 방식에 대하여 질문함으로써 자신들이 역기능적인 의사소통방식을 인식하도록 하였다.

이러한 치료개입으로 인하여 모녀간의 변화, 부녀간의 의사소통방식의 변화가 나타났으며, 부부간의 문제를 해결하려고 시도해 왔던 역기능적인 의사소통방식에 대하여 부모가 인식을 하게 되었다. 상담자는 부부에게 이러한 부부간에 시도해 왔던 의사소통방식은 시부모와 친정부모의 의사소통방식을 전수받은 것이라는 사실을 인식시켰다. 이러한 인식의 변화와 함께 부부는 변화하려는 노력이 나타났다. 이러한 노력으로 인하여 부부간의 의사소통방식이 변화되었고, 부모의 변화와 함께 내담자 또한 변화가 나타났다. 내담자는 부모에게 자신이 원하지 않았을 경우에 거절하였고, 자기주장을 시작하였다. 또한 내담자는 자신의 생각을 부모에게 솔직하게 말할 수 있었으며, 부모에 대한 인식변화가 나타나면서 왜곡된 인지구조의 변화가 나타났고, 식성이 다양해지면서 식사량의 증가와 함께 몸무게가 증가하면서 신경성 식욕부진증이 사라지게 되었다.

이 사례에서 내담자 언니가 유학 중이라 상담에 참여할 수 없었고, 따라서 언니와 부모, 내담자와 언니에 대한 상담은 여건상 이루어질 수 없었다. 그럼에도 불구하고 내담자, 부모와의 가족상담으로 인하여 내담자의 신경성 식욕부진증 증상이 사라졌다는 것에 의의를 둘 수 있겠다.

이 연구는 신경성 식욕장애가 있는 한 여고생을 대상으로 가족치료한 사례연구로서 섭식장애를 가진 대상자들이 가족과 적응하지 못하고 의사소통을 잘하지 못한다(Waller, Slade, & Calam, 1990; Lundholm et al., 2000; Wisotsky et al., 2003)는 기존의 연구결과를 확인할 수 있었다. 한편, 이 연구의 결과로 가족의 상호작용의 특성이 섭식장애를 가지고 있는 환자들을 위하여 주요한 치료적인 의미를 지니고 있다(Le Grange et al., 2011)는 내용을 가족치료과정을 분석하면서 분명히 보여 줄 수 있었다. 또한 가족치료가 신경성 식욕부진증 치료를 위하여 매우 효과적인 것으로 나타났다(Dallos, 2001; Le Grange & Schwartz, 2003; Robin, 2003)는 내용을 다시 한 번 확인할 수 있었다.

특히 이 연구로 인해 신경성 식욕부진증을 가진 청소년을 치료하는 데 있어서 심리역동적 가족치료모델, 가족체계론적인 접근법과 의사소통 접근법을 접목하여 사용함으로써 신경성 식욕부진증의 발병에 대한 원인을 진단할 수 있었다. 궁극적으로 이 연구결과는 가족구성원들 간의 새로운 상호작용방식이 신경성 식욕부진증을 치료하는 데 도움이 될 수 있다는 견해를 제시한다. 그럼에도 불구하고 이 사례는 신경성 식욕부진증을 가진 청소년을 둔 한 가족에 대한 가족치료 사례연구이므로 모든 신경성 식욕부진증을 가진 청소년에 대한 가족치료의 효과성을 일반화시킬 수는 없다. 따라서 이후의 연구에서는 신경성 식욕부진증을 가진 아동과 성인에게까지도 가족치료를 적용함으로써 그 효과를 보여 주는 연구가 이어지기를 기대한다.

참고문헌

김용태(2000). **가족치료이론**. 서울: 학지사.

김진숙, 김창대, 이지연, 윤숙경(2008). **심리치료에서 대상관계와 자아기능**. 서울: 학지사.

김창대, 김진숙, 이지연, 유성경(2008). **대상관계이론입문**. 서울: 학지사.

박태영(2001). **가족치료 이론의 적용과 실천**. 서울: 학지사.

박태영, 유웅희, 박진영(2013). 부부갈등 문제를 가진 남편의 변화 과정 연구: MRI의 의사소통모델과 Bowen의 가족체계이론을 적용한 사례를 중심으로. **한국사회복지질적연구**, 7(1), 57-83.

American Psychiatric Association. (2013). *Diagnostic and statistical manual of mental disorders* (5th ed.). Washington, DC: American Psychiatric Association.

Aponte, J. H., & VanDeusen, J. M. (1987). *Object relations family therapy*. Northvale, NJ: Jason Aronson.

Attia, E., & Walsh, B. T. (2007). Anorexia nervosa. *The American Journal of Psychiatry*, *164*(12), 1805-1810.

Barabasz, M. (2000). Hypnosis in the treatment of eating disorders. In L. M. Hornyak & J. P. Green (Eds.), *Healing from within: The use of hypnosis in women's health care. Dissociation, trauma, memory, and hypnosis book series* (pp. 233-253). Washington, DC: American Psychological Association.

Bailey, C. A. (1991). Family structure and eating disorders: The family environment scale and bulimic-like symptoms. *Youth and Society, 23*(2), 251-272.

Bennett, D., Sharpe, M., Freeman, C., & Carson, A. (2004). Anorexia nervosa among female secondary school students in Ghana. *British Journal of Psychiatry, 185*, 312-317.

Bergh, C., Osgood, M., Alters, D., Maletz, L., Leon, M., & Sodersten, P. (2006). How effective is family therapy for the treatment of anorexia nervosa? *European Eating Disorders Review, 14*, 371-376.

Berkman, N. D., Lohr, K. N., & Bulik, C. M. (2007). Outcomes of eating disorders: A systematic review of the literature. *International Journal of Eating Disorders, 40,* 293-309.

Bowen, M. (1985). *Family therapy in clinical practice.* New York: Jason Aronson.

Broderick, P., Weston, C., & Gillig, P. M. (2009). Family therapy with a depressed adolescent. *Psychiatry, 6*(1), 32-37.

Bulik, C. M. (2005). Exploring the gene-environment nexus in eating disorders. *Journal of Psychiatry & Neuroscience, 30,* 335-339.

Carson, R. C., Butcher, J. N., & Mineka, S. (2000). *Abnormal psychology and modern life* (11th ed.). Neddham Heights, MA: Allyn & Bacon.

Cassell, D. K., & Gleaves, D. H. (2000). *The encyclopedia of obesity and eating disorders* (2nd ed.). New York: Facts On File.

Chen, E. Y., le Grange, D., Doyle, A. C., Zaitsoff, S., Doyle, P., Roehrig, J. P., & Washington, B. (2010). A case series of family-based therapy for weight restoration in young adults with anorexia nervosa. *Journal of Contemporary Psychotherapy, 40*(4), 219-224.

Couturier, J., Isserlin, L., & Lock, J. (2010). Family-based treatment for adolescents with anorexia nervosa: A dissemination study. *Eating Disorders: The Journal of Treatment & Prevention, 18*(3), 199-209.

Crisp, A. H. (1980). *Anorexia nervosa: Let me be.* London: Academic Press.

Crow, S., & Mitchell, J. E. (2001). Pharmacologic treatments for eating disorders. In J. K. Thompson (Ed.), *Body image, eating disorders, and obesity: An integrative guide for assessment and treatment* (pp. 345-360). Washington, DC: American Psychological Association.

Dallos, R. (2001). ANT-Attachment Narrative Therapy: Narrative and attachment theory approaches in systemic family therapy with eating disorders. *Journal of Family Psychotherapy, 12*(2), 43-72.

Dare, C., Eisler, I., Russell, G., & Szmukler, G. I. (1990). The clinical and theoretical impact of a control trial of family therapy in anorexia nervosa. *Journal of Marital and Family Therapy, 16,* 39-57.

Dodge, E., Hodes, M., Eisler, I., & Dare, C. (1995). Family therapy for bulimia nervosa in adolescents: An exploratory study. *Journal of Family Therapy, 17*, 59-77.

Eisler, I., Simic, M., Russell, G. F. M., & Dare, C. (2007). A randomized controlled treatment trial of two forms of family therapy in adolescent anorexia nervosa: A five-year follow-up. *Journal of Child Psychology and Psychiatry, 48*(6), 552.

Eisler, I., Dare, C., Russell, G. F. M., Szmukler, G. I., le Grange, D., & Dodge, E. (1997). Family and individual therapy in anorexia nervosa: A five-year follow-up. *Archives of General Psychiatry, 54,* 1025-1030.

Eisler, I., Simic, M., Russell, G., & Dare, C. (2007). A randomized controlled treatment trial of two forms of family therapy in adolescent anorexia nervosa: A five-year follow-up. *Journal of Child Psychology and Psychiatry, 48*, 552-560.

Eptson, D., Moriis, F., & Maisel, R. (1995). A narrative approach to so-called anorexia/bulimia. *Journal of Feminist Family Therapy, 7*, 69-96.

Fishman, H. C. (2006). Juvenile anorexia nervosa: Family therapy's natural niche. *Journal of Marital and Family Therapy, 32*(4), 505-514.

Framo, J. L. (1981). The integration of marital therapy with sessions with family of origin. In A. S. Gurman & D. P. Kniskern (Eds.), *Handbook of family therapy* (pp. 131-158). New York: Brunner/Mazel.

Fulkerson, J. A., Keel, P. K., Leon, G. R., & Dorr, T. (1999). Eating-disordered behaviors and personality characteristics of high school athletes and nonathletes. *International Journal of Eating Disorders, 26*(1), 73-79.

Gardner, J., & Wilkinson, P. (2011). Is family therapy the most effective treatment for anorexia nervosa? *Psychiatria Danubina, 23*(1), 175-177.

Geller, J., Cocksell, S., & Drab, D. (2001). Assessing readiness for change in the eating disorders: The psychometric properties of the readiness and motivation interview. *Psychological Assessment, 13*, 189-18.

Gillett, K. S., Harper, J. M., Larson, J. H., Berrett, M. E., & Hardman, R. K. (2009). Implicit family process rules in eating- disordered and non-eating disordered families. *Journal of Marital and Family Therapy, 35*(2), 159-174.

Godart, N., Berthoz, S., Curt, F., Perdereau, F., Rein, Z., Wallier, J., & Horreard, A. (2012). *A randomized controlled trial of adjunctive family therapy and treatment as usual following inpatient treatment for anorexia nervosa adolescents.* PLos One/www.plosone.org. 7(1): e28249. doi: 10.1371/journal.pone.0028249.

Golden, N. H., Katzman, D. K., Kreipe. R. E., Stevens, S. L., S., Sawyer S. M., Rees, J.

Nichols, D., & Rome, E. S. (2003). Eating disorders in adolescents: Position paper of the Society for Adolescent Medicine: Medical indications for hospitalization in an adolescent with an eating disorders. *Journal of Adolescent Health, 33*(6), 496-503.

Goldenberg, H., & Goldenberg, I. (2012). *Family therapy: An overview*. Belmont, CA: Brooks/Cole.

Gomez, L. (1997). *An introduction to object relations*. London, England: Free Association Books.

Hamilton, N. G. (1996). *The self and the ego in psychotherapy*. Lanham, MA: Jason Aronson.

Haworth-Hoeppner, S. (2000). The critical shapes of body image: The role of culture and family in the production of eating disorders. *Journal of Marriage and the Family, 62*, 212-227.

Heru, A. M. (1980). *Family therapy: A comparison of approaches*. Bowie, MD: Prentice-Hall.

Herzog, D. B., Greenwood, D. N., Dorer, D. J., Flores, A. T., Ekeblad, E. R., Richards, A. et al. (2000). Mortality in eating disorders: A descriptive study. *International Journal of Eating Disorders, 28,* 20-26.

Herzog, D. B., Sacks, N. R., Keller, M. B., Lavori, P. W., von Ranson, K. B., & Gray H. M. (1993). Patterns and predictors of recovery in anorexia nervosa and bulimia nervosa. *Journal of the American Academy of Child and Adolescent Psychiatry, 32*(4), 835-842.

Hoek, H. W., Van Harten, P. N., Hermans, K. M. E., Katzman, M. A., Matrros, G. E., & Susser, E. S. (2005). The incidence of anorexia nervosa on Curacao. *American Journal of Psychiatry, 162,* 748-752.

Hoffman, J. A., & Weiss, B. (1987). Family dynamics and presenting problem in college students. *Journal of Counseling Psychology, 34*(2), 157-163.

Jacobi, C., Hayward, C., de Zwaan, M., Kraemer, H. C., & Agras, W. C. (2004). Coming to terms with risk factors for eating disorders: Application of risk terminology and suggestions for a general taxonomy. *Psychological Bulletin, 130,* 19-65.

Kim, Y. T. (2000). *Family theropy theories.* Seoul: Hakjisa.

Kraemer, H. C. (2012). Moderators and mediators of remission in family-based treatment and adolescent focused therapy for anorexia nervosa. *Behaviour Research and Therapy, 50,* 85-92.

Kerr, M. E., & Bowen, M. (1988). *Family evaluation.* New York: W. W. Norton.

Krch, F. D. (1997). Eating disorders: Development of the syndrome: Implications for practical application. *Ceska a Slovenska Psychiatric, 93,* 386-396.

Lai, K. Y. C. (2000). Anorexia nervosa in Chinese adolescents: Does culture make a difference? *Journal of Adolescence, 23*, 561-568.

Le Grange, D., Crosby, R., Rathouz, P., & Leventhal, B. (2007). A randomized controlled comparison of family-based treatment and supportive psychotherapy for adolescent bulimia nervosa. *Archives of General Psychiatry, 64,* 1049-1056.

Le Grange, D., Hoste, R. R., Lock, J., & Bryson, S. W. (2011). Parental expressed emotion of adolescents with anorexia nervosa: Outcome in family based treatment. *International Journal of Eating Disorders, 44*(8), 731-734.

Le Grange, D., & Lock, J. (2005). The dearth of psychological treatment studies for anorexia nervosa. *International Journal of Eating Disorders, 37*, 79-81.

Le Grange, D., & Lock, J. (2007). *Treating bulimia in adolescence.* New York: Guilford Press.

Le Grange, D., & Lock, J., Agras, W. S., Moye, A., Bryson, S. W., Jo, B., & Kraemer, H. C. (2012). Moderators and mediators of remission in family-based treatment and adolescent focused therapy for anorexia nervosa. *Behaviour Research and Therapy, 50*(2), 85-92.

Le Grange, D., Lock, J., & Dymek, M. (2003). Family-based therapy for adolescent with bulimia nervosa. *American Journal of Psychotherapy, 67*, 237-251.

Le Grange, D., & Schwartz, S. (2003). Family therapy for identical twins with anorexia nervosa. *Eating and Weight Disorders, 8*(1), 84-87.

Lee, H. Y., Lee, E. L., Pathy, P., & Chan, Y. H. (2005). Anorexia nervosa in Singapore: An eight-year retrospective study. *Singapore Medical Journal, 46,* 275-281.

Leon, G. R., Fulkerson, J. A., Perry, C. L., Keel, P. K., & Klump, K. L. (1999). Three to four year prospective evaluation of personality and behavioral risk factors for later disordered eating in adolescent girls and boys. *Journal of Youth and Adolescence, 28*(2), 181-196.

Levenkron. S. (2001). *Anatomy of anorexia.* New York: Guilford Press.

Lilenfeld, L. R. R., Stein, D., Bulik, C. M., Strober, M., Plotnicov, K., Police, C. et al. (2000). Personality traits among current eating disordered, recovered and never ill first-degree female relatives of bulimic and control women. *Psychological Medicine, 30,* 1399-1410.

Lock, J. (2002). Treating adolescents with eating disorders in family context: Empirical and theoretical considerations. *Child and Adolescent Psychiatric Clinics of North America, 11,* 331-342.

Lock, J. (2011). Evaluation of family treatment models for eating disorders. *Current Opinion in Psychiatry, 24*(4), 274-279.

Lock, J., Agras, W. S., Bryson, S., & Kraemer, H. (2005). A comparison of short-and long-term family therapy for adolescent anorexia nervosa. *Journal of the American Academy of Child and Adolescent Psychiatry, 44,* 632-639.

Lock, J., Couturier, J., & Agras, W. S. (2006). Comparison of long term outcomes in adolescents with anorexia nervosa treated with family therapy. *American Journal of Child and Adolescent Psychiatry, 45,* 666-672.

Lock, J., & Fitzpatrick, K. K. (2009). Advances in psychotherapy for children and adolescents with eating disorders. *Advances in Psychotherapy for Children and Adolescents with Eating Disorders, 63*(4), 287-303.

Lock, J., & Gowers, S. (2005). Effective treatments for adolescent eating disorders. *Journal of Mental Health, 14,* 599-610.

Lock, J., Grief, R., & Le Grange, D. (2012). Transdiagnostic theory and application of family-based treatment for youth with eating disorders. *Cognitive and Behavioral Practice, 19,* 17-30.

Lock, J., Le Grange, D., Agras, W. S., & Dare, C. (2001). *Treatment manual for anorexia nervosa: A family-based approach.* New York: Guilford.

Lock, J., Le Grange, D., Forsberg, S., & Hewell, K. (2006). Is family therapy useful for treating children with anorexia nervosa? Results of a case series. *Journal of the American Academy of Child and Adolescent Psychiatry, 45,* 1323-1328.

Lundholm, L. R., Stein, D., Bulik, C. M., Strober, M., Plotnicov, K., Police, C. et al. (2000). Personality traits among current eating disordered, recovered and never ill first-degree female relatives of bulimic and control women. *Psychological Medicine, 30,* 1399-1410.

Mcintosh, V. W., Jordan, J., Carter, F. A., Luty, S. E. McKenzie, J. M., Bulik, C. M. et al. (2005). Three psychotherapies for anorexia nervosa: A randomized controlled trial.

American Journal of Psychiatry, 162, 741-747.

Miles, M. B., & Huberman, A. M. (1994). *Qualitative data analysis*. Thousand Oaks, CA: Sage.

Minuchin, S., Baker, L., Rosman, B., Liebman, R., Milman, L., & Todd, T. (1975). A conceptual model of psychosomatic illness in children. *Archives of General Psychiatry, 32,* 1031-1038.

Minuchin, S., Rosman, B., & Baker, I. (1978). *Psychosomatic families: Anorexia nervosa in context.* Cambridge, MA: Harvard University Press.

Narduzzi, K. J., & Jackson, T. (2000). Personality differences between eating-disordered women and a nonclinical comparison sample: A discriminant classification analysis. *Journal of Clinical Psychology, 56*, 699-710.

Nash, M. R., Baker, E. L. (1993). Hypnosis in the treatment of anorexia nervosa. In J. W. Rhud, S. J. Lynn & I. Kirsch (Eds.), *Handbook of clinical hypnosis* (pp. 383-394). Washington, DC: American Psychological Association.

Paulson-Karisson, G., Engstram, I., & Nevonen, L. (2009). A pilot study of family-based treatment for adolescent anorexia nervosa: 18-and 36-month follow-ups. *Eating Disorders, 17*(1), 72-88.

Pereira, T., Lock, J., & Oggins, J. (2006). Role of therapeutic alliance in family therapy for adolescent anorexia nervosa. *International Journal of Eating Disorders, 39,* 677-684.

Pike, K., M., Loeb, K., & Vitousek, K. (2001). Cognitive-behavioral therapy for anorexia nervosa and bulimia nervosa. In J. K. Thompson (Ed.), *Body image, eating disorders, and obesity: An integrative guide for assessment and treatment* (pp.253-302). Washington, DC: American Psychological Association.

Pike, K. M., Walsh, B. T., Vitousek, K., Wilson, G. T., & Bauer, J. (2004). Cognitive-behavioral therapy in the posthospitalization treatment of anorexia nervorsa. *American Journal of Psychiatry, 160*, 2046-2049.

Pomeroy, C. (2001). *Anorexia nervosa, bulimia nervosa, and binge eating disorder: An integrative guide for assessment and treatment* (pp.177-203). Washington, DC: American Psychological Association.

Reeves, P. C., & Johnson, M. E. (1992). Relationship between family-of-origin functioning and self-perceived correlates of eating disorders among female college students. *Journal of College Student Development, 33,* 44-49.

Rhodes, P., Brown, J., & Madden, S. (2009). The Maudsley model of family-based treatment for anorexia nervosa: A qualitative evaluation of parent-to-parent consultation. *Journal of Marital and Family Therapy, 35*(2), 181-192.

Robin, A. L. (2003). Behavioral family systems therapy for adolescents with anorexia nervosa. In A. E. Kazkin (Ed.), *Evidence-based psychotherapies for children and adolescents* (pp. 358-373). New York: Guilford Press.

Robin, A., Siegal, P., Moye, A., Gilroy, M., Dennis, A., & Sikand, A. (1999). A controlled comparison of family versus individual therapy for adolescents with anorexia nervosa. *Journal of the American Academy of Child and Adolescent Psychiatry, 38*(12), 1482-1489.

Rome, E., & Ammerman, S. (2003). Medical complications of eating disorders: An update. *Journal of Adolescent Psychiatry, 38*(12), 1482- 1489.

Russell, G. F., Szmukler, G. I., Dare, C., & Eisler, I. (1987). An evaluation of family therapy in anorexia nervosa and bulimia nervosa. *Archives of General Psychiatry, 44*(12), 1047-1056.

Scharff, D. E. & Scharff, J. S. (1987). *Object relations family therapy.* Northvale, NJ: Aronson.

Schmidt, U., Lee, S., Beecham, J., Perkins, S., Treasure, J. L., Yi, I. et al. (2007). A randomized controlled trial of family therapy and cognitive behavior therapy guided self-care for adolescents with bulimia nervosa and related disorders. *American Journal of Psychiatry, 164*(4), 591-598.

Schmidt, U., & Treasure, J. (2006). Anorexia nervosa: Valued and visible. A cognitive-interpersonal maintenance model and its implications for research and practice. *British Journal of Clinical Psychology, 45,* 1-25.

Selvini Palazzoli, M. (1974). Mortality in anorexia nervosa. *American Journal of Psychiatry, 152,* 1073-1074.

Smith, A., & Cook-Cottone, C. (2011). A review of family therapy as an effective intervention for anorexia nervosa in adolescents. *Journal of Clinical Psychology in Medical Settings, 18*(4), 323-334.

Streigel-Moore, R. H., & Bulik, C. M. (2007). Risk factors for eating disorders. *American Psychologist, 62,* 181-198.

Streigel-Moore, R., Leslie, D., Petrill, S. A., Garvin, V., & Rosenheck, R. A. (2000). One-year use and cost of inpatient and outpatient services among female and male patients with an eating disorders: Evidence from a national database of health insurance claims. *International Journal of Eating Disorders, 27,* 381-389.

Tchanturia, K., Whitney, J., & Treasure, J. L. (2006). Can cognitive exercises help treat anorexia nervosa? *Eat Weight Disorder, 11,* 112-117.

Thompson, J. K. (2001). *Body image, eating disorders, and obesity: An integrative guide for assessment and treatment.* Washington, DC: American Psychological Association.

Treasure, J., Whitaker, W., Todd, G., & Whitney, J. (2012). A description of multiple family workshops for carers of people with anorexia nervosa. *European Eating Disorders Review, 20*(1), e17-e22.

Van Son, G. E., Van, Hoeken, D., Bartelds, A. I. M., Van Furth, E. F., & Hoek, H. W. (2006). Time trends in the incidence of eating disorders: A primary care study in the Netherlands. *International Journal of Eating Disorders, 39*(7), 565-569.

Waller, G., Slade, P., & Calam, R. (1990). Family adaptability and cohesion: Relation to eating attitudes and disorders. *International Journal of Eating Disorders, 9,* 225-228.

Wallerstein, R. S. (1992). *The common ground of psychoanalysis.* Northvale, NJ: Jason Aronson.

Watzlawick, P., Beavin, J. H., & Jackson, D. D. (1967). *Pragmatics of human communication: A study of interactional patterns, pathologies and paradoxes.* New York: W. W. Norton.

Watzlawick, P., Weakland, J. H., & Fisch, R. (1974). *Change: Principles of problem formation and problem resolution.* New York: W. W. Norton.

Weakland, J. H. (1993). Conversation-but what kind? In S. Gilligan, & R. Price (Eds.), *Therapeutic conversations.* New York: Norton.

Wisotsky, W., Dancyger, I., Fornari, V., Katz, J., Wisotsky, W. I., & Swencionis, C. (2003). The relationship between eating pathology and perceived family functioning in eating disorder patients in a day treatment program. *Eating Disorders, 11,* 89-99.

14장

복합틱장애 증상이 있는 딸을 둔 부부에 대한 가족치료 사례연구

박태영 · 유진희

이 연구는 복합틱장애 증상이 있는 딸의 문제로 어머니가 상담을 의뢰하여 개입한 가족치료 사례연구이다. 연구에 참여한 가족은 부모, 딸 2명으로 구성된 4명의 핵가족과 할머니를 포함하여 총 5명으로, 상담은 2006년 9월부터 2007년 12월까지 23회기 실시하였으며, 추후상담을 2009년 4월에 1회 실시하여 총 24회 진행되었다. 이 연구는 24회기의 상담축어록과 상담 시 기록한 메모를 근거로 해서 형성된 범주들을 Miles와 Huberman(1994)이 제안한 매트릭스와 네트워크 방법을 사용하여 분석하였다. 원가족과 미분화된 남편으로 인해 부인은 스트레스를 받고 있었고, 역기능적인 의사소통방식, 가치관의 상충, 성생활의 불만족, 대화단절로 부부는 자주 싸움을 하였으며, 이로 인한 부부갈등은 자녀가 복합틱장애 증상을 보이는 데 주된 원인이 되었다. 상담자는 복합틱장애 증상이 있는 자녀의 문제를 해결하기 위해 Bowen의 가족체계이론과 MRI의 상호작용적 의사소

박태영, 유진희(2013). 복합틱장애 증상이 있는 딸을 둔 부부에 대한 가족치료 사례연구. 한국가정관리학회지, 31(5), 47-63.

통이론을 바탕으로 치료목표를 설정하고 원가족 경험탐색, 다세대 전수과정 조명, 역기능적으로 시도된 해결책 설명, 상담자의 자기개방, 유사사례들기, 내담자부의 저항다루기, 새로운 의사소통방식 제안 등의 개입기법을 사용하였다. 내담자부모는 자녀의 문제해결을 위해 원가족과 분리를 하고 새로운 의사소통방식을 사용함으로써 가족구성원 간의 관계를 개선하기 위하여 노력하였다. 이와 같은 치료과정을 통하여 가족관계가 개선됨으로써 자녀의 복합틱장애 증상은 점차 호전되는 결과를 보였다.

I. 서론

급속한 사회환경의 변화로 인해 가족의 형태는 다양하게 변화하였고, 부부갈등, 부모-자녀 간의 갈등, 자녀의 문제행동 등 가족문제에 많은 영향을 미치게 되었다. 이러한 가족문제와 환경의 변화로 인해 자녀는 심한 충격과 정서적으로 불안을 경험하게 되고, 이는 곧 다양한 문제행동으로 표출되었다. 아동의 학습장애, ADHD, 틱(Tic) 등 다양한 정신장애 유병률도 최근에 증가하고 있으며, 이에 따른 사회적 관심도 집중되고 있다. 이와 같이 가족문제는 자녀가 성장함에 있어서 지속적인 스트레스 요인으로 작용한다. 특히 아동기는 정서적으로 급격한 성장을 하는 시기로 부모와 원만한 관계를 맺지 못하면 다양한 문제행동이 표출되고, 이때 해결되지 않은 문제들이 아동의 성장과 더불어 더 큰 사회적 부적응행동이나 문제행동을 유발한다(Ha, 2004: 1). 이러한 문제행동 중 틱 증상은 반복적으로 일어나는 비율, 동적인 근육운동이나 목소리를 내는 것으로 흔히 눈 깜빡임, 킁킁대기, 흠흠과 같은 헛기침 등의 증상으로 나타난다. 특히 복합틱장애는 자신을 때리기, 다른 사람이나 물건을 만지기, 욕설 뱉기 등 복합적인 근육과 음성 틱으로 나타난다(Lee, 2009: 387).

이렇듯 틱장애 증상이 복합적으로 나타나면 자녀가 일상생활을 하고 사회적응을 함에 있어서 장애요소가 될 수 있다. 또한 틱장애 아동은 일반 아동에 비해 자신의 가족분위기를 불안한 것으로 지각하고 가정환경 속에서 부모는 자신을 통제하고 억압하는 이미지로 느끼며, 가족환경에 대한 불만감으로 인해 내재된 불안과 긴장감이 높다(Kim, 2004: 11). 그리고 틱장애 증상이 있는 아동의 가정환경은 일반 아동의 가정환경보다 아동의 욕구를 만족시켜 주는 정서적 분위기 자극이 부족한 것으로 나타났다(Lee, 2005: 47). 또한 틱장애는 유전적 · 기질적 요인보다 심리적 · 환경적 요인에 의해 발생되는 경우가 많은 것으로 나타났다(Lee, 2002: 134). 가족 내에서 다양한 상호작용을 하며 성장하는 자녀에게 가장 많은 영향을 미치는 부모의 갈등을 자녀가 경험하면 극심한 불안감이 발생하고 이에 따라 틱장애를 유발시킨다(Jo & Kong, 2005: 42). 이뿐만 아니라 자녀가 부모갈등의 정도를 높게 지각할수록 자녀의 스트레스와 문제행동이 높게 나타났으며(Jang & Lee, 2011: 183), 여러 가족치료 사례연구들도 부부갈등은 아동의 발달에 부정적인 영향을 미치고, 아동의 외현화 · 내현화 등 다양한 문제행동에 많은 영향을 미치는 것으로 나타났다(Park & Moon, 2010a: 57; Park & Moon, 2010b: 127; Park & Park, 2010: 52; Park & Yu, 2012a: 131, Park & Yu, 2012b: 247). 이와 같이 아동은 가족환경을 주도하는 부모의 영향을 받으며 정서적 · 사회적으로 성장하기 때문에 가족환경체계는 아동의 문제행동에 영향을 미치는 중요한 변인임을 알 수 있다.

더불어 가정 내에서 부모-자녀관계는 가장 기본적인 관계이며, 의사소통을 통해서 부모-자녀는 상호작용을 하고 직접적인 영향을 주고받는다. 가정 내에서 활발하게 이루어지는 원활한 의사소통은 가정을 건강하게 하고 가족관계를 향상시키며 바람직한 인간관계를 갖게 한다(Park, 2008: 230). 이렇듯 자녀에게 정서적 안정감을 제공하기 위해서는 가족구성원들 간의 기능적인 의사소통이 중요하지만, 경우에 따라서 잘못된 의사소통으로 자녀의 심리적 갈등을 심화시키거나 심리적 긴장을 유발시켜 건전한 인격체로서 성장을 어렵게 만드는 원인이 되기도 한다. 따라서 부모와의 역기능적 의사소통은 비행, 공격성 등 아동의 문제행동에 많은 영향을 미친다고 하였다(Kim, 2012: 43). 또한 부모-자녀 간의 긍정적인 의사소통은 자녀의 문제행동을 감소시키고, 부정적 의사소통은 대부분 자녀의 문제행동을 증가시킨다고 하였다(Yang & Park, 2004: 858). 더불어 부부간의 갈등 또한 부모-자녀 간의 의사소통에 영향을 미치는 것으로 나타났는데 자녀가 부부갈등을 높게 지각하고, 부모-자녀 간의 문제형 의사소통이 이루어질수록 자녀가 문제행동을 더 많이 경험하는 것으로 나타났다(Jang & Lee, 2011: 199). 이렇듯 부모-자녀의 역기능적 의사소통은 자녀의 문제행동에 영향을 미치는 요인임을 알 수 있다. 그럼에도 불구하고 지금까지 선행연구에서는 자녀의 틱장애 증상에 대해 가족환경 내에서 원가족 경험과 역기능적인 상호작용으로 인해 나타나는 증상으로 보고 개입하는 연구는 많지 않은 실정이다. 특히 복합틱장애 증상은 조기개입과 치료가 중요한데 일반적으로 의학적인 진단과 진료를 통해 약물로 치료해야 효과적이라고 본다(Sim et al., 2007: 11). 그러나 약물치료로 인한 우울, 불안 및 신경학적 행동 등의 부작용 위험성과(Song et al., 2011: 38) 약물을 복용하면서도 증상을 반복적으로 나타내는 경우가 대부분이다(Lee, 2009: 340).

따라서 이 연구에서는 가족치료를 통해 복합틱장애를 가지고 있는 내담자(딸)에게 영향을 미친 요인과 상담자의 개입방법을 통해 문제행동을 보이는 내담자와 가족구성원들이 변화하는 모습을 살펴봄으로써 가족치료의 효과성을 살펴보고자 한다. 이 연구는 상담자의 개입방법과 연구결과를 통해 틱 증상을 보이는 자녀가 있는 가족에게 구체적인 자료를 제공함으로써 문제를 해결해 나가는 데 조금이나마 도움을 줄 수 있으리라 사료된다. 또한 이런 의미에서 이 연구에서 제시하는 틱장애가 있는 자녀에 대한 가족치료적 개입은 실천현장에서 실천가들에게 중요한 가치가 있다고 본다.

II. 이론적 배경

1. Bowen의 가족체계이론

Bowen의 가족치료이론은 여덟 가지 개념들로 구성되어 있으며 자아분화, 삼각관계, 핵가족정서체계, 가족 투사과정, 다세대 전수과정, 형제지위 등 핵가족과 확대가족에서 일어나는 정서적 과정과 가족과 사회에서 세대를 통해 일어나는 정서과정을 설명하는 정서적 단절, 사회적 퇴행이 있다. 특히 이 중 자아분화는 Bowen의 이론에서 핵심적인 개념으로 가족체계 내에서 개별성과 연합성이 적절히 균형을 이루고 사고와 감정체계를 넘나들면서 스스로를 통제함을 의미한다. 따라서 개인이 기능을 잘할 수 있으려면 원가족에서 분화되어 핵가족과 확대가족 간의 독립성을 발달시키면서 가족 간의 유대관계를 존속해야 하는 것이다(Lee et al., 2008: 137). Bowen은 개인주의적 접근과는 달리 가족을 하나의 체계로 보았는데 한 개인을 가족이라는 전체 체계의 한 부분으로 보고 전체 가족체계를 중심으로 가족을 하나의 정서단위로 묶어서 보았다(Kim, 2002: 328). 특히 가족의 분화 수준은 개인의 성장에 영향을 끼치며, 원가족에서 분화가 잘 이루어진 사람은 가족체계는 적응적이고 융통성이 있으며 감정적으로 밀착되거나 융해되지 않는다. 그러나 원가족에서 미분화한 사람은 정서적으로 쉽게 다른 사람들과 융합하여 감정체제를 만들려고 한다. 이는 해결되지 않은 정서적 애착문제로 인해 성인이 되어 자신의 가족을 이룬 뒤에도 원가족에서 미분화된 관계 특성을 반복하게 된다(Nichols & Schwartz, 2012). 또한 정서적으로 불안한 사람들은 서로 감정적으로 의존하려고 하며, 삼각관계를 형성하여 불안을 줄이려고 하지만 오히려 가족의 정서체계를 혼란스럽게 하여 증상을 나타나게 한다. 즉, Bowen(1976)의 가족치료의 핵심은 가족구성원들로 하여금 보다 높은 수준의 자아분화를 향해 미분화된 가족자아군으로부터 해방을 이루게 하고, 인지적인 기능과 정서적인 기능을 구별할 수 있도록 도와주는 것이며, 삼각화 상태로부터 탈삼각화시키고, 정서적 단절을 개선하는 것이라 할 수 있다. 이와 같이 Bowen의 가족체계이론을 치료의 준거틀로 적용하여 복합틱장애 증상을 보이는 자녀의 문제를 완화하기 위하여 부모의 원가족 경험을 토대로 하여 가족체계적 상호작용을 살펴보고자 하였다.

2. MRI의 의사소통이론

MRI의 의사소통이론은 현재 내담자에게 나타나고 있는 문제에 초점을 두며, 내담자가 생활을 잘 해 나갈 수 있도록 가능한 빨리 효과적으로 내담자가 제시하고 있는 불평을 해결하는 데 그 목적이 있다(Shoham, Rohrbaugh, & Patterson, 1995). 또한 MRI 모델은 내담자가 제안하고 있는 문제에 대해 구체적이고 분명한 묘사를 얻고, 시도된 해결책에 대한 공통된 특징과 취지를 발견하여 상담자의 개입을 통해 새로운 말과 행동으로 표현하게 하는 것이 치료의 중심된 과업이다(Schlanger & Anger-Diaz, 1999).

MRI 집단에 따르면 가족의 문제는 문제를 해결하려는 가족의 시도에 의해 오히려 유지되고 있다는 것이다. MRI 집단은 문제를 둘러싸고 있는 상호작용의 과정을 강조하고 일반적인 시각에서 모든 행동은 사회체계 내에서 더 폭넓게 진행되는 의사소통의 교류 가운데 설명할 수 있는 것으로 본다(Duncan, Solovey, & Rusk, 1993). 또한 어려움을 잘못 다루는 것과 문제를 해결하려는 시도의 실패와 똑같은 문제해결방식의 계속적인 적용, 이 두 가지 방법에 의해 문제를 발달시키는 것으로 본다(Watzlawick, Weakland, & Fisch, 1974). 따라서 상담자는 문제해결을 위해 새로운 행동으로 기존의 행동을 대체하거나 지금까지 시도되지 않았던 새로운 해결책을 소개하는 일차적인 임무를 갖는다(Weakland, 1993).

이 사례에서 상담자는 MRI의 의사소통이론을 바탕으로 가족구성원들이 지금까지 문제를 해결하기 위하여 사용하였던 역기능적인 의사소통방식을 탐색하고 지금까지 시도해 보지 않았던 새로운 문제해결방식을 습득하도록 함으로써 자녀의 문제를 완화하고 가족관계를 개선하는 데 초점을 두고 치료적 개입을 하였다.

Ⅲ. 연구방법

1. 연구대상 및 상담기간

이 연구에 참여한 가족은 부모, 딸 2명으로 구성된 4명의 핵가족과 조모를 포함하여 총 5명으로 상담은 2006년 9월부터 2007년 12월까지 23회기 실시하였다. 그리고, 추후상담을 2009년 4월에 1회 실시하여 총 24회기로 개별상담, 부부상담, 부모와 자녀를 포함한 가족상담으로 진행되었다(1회기: 부모와 첫째 딸, 2~3회기: 모, 4~5회기: 부, 6~7회기: 부부, 8회기: 조모, 9회기: 첫째 딸, 10회기: 조모, 11회기: 부, 12~13회기: 모, 14~16회기: 부부, 17~18회기: 모와 첫째 딸, 19회기: 부, 20~21회기: 모, 22회기: 부, 23~24회기: 부부).

2. 연구질문

내담자의 가족과 합의된 상담목표는 내담자의 복합틱장애 증상을 완화하고 밀착된 부의 원가족과의 분화, 의사소통방식의 변화를 통해 부부관계를 개선하는 것이었다.

첫째, 내담자의 복합틱장애 증상에 영향을 미친 요인은 무엇인가?
둘째, 복합틱장애 증상을 가진 내담자 가족에 대한 상담자의 개입방법은 무엇인가?
셋째, 복합틱장애 증상을 가진 내담자 가족에 대한 치료개입의 효과성은 무엇인가?

3. 분석방법

이 연구는 내담자의 복합틱장애 증상에 영향을 미친 요인과 상담자의 개입방법, 치료의 효과성을 분석하기 위해 질적 자료분석방법 가운데 사례연구를 적용하였다. 연구자는 상담자가 적용한 Bowen의 가족체계이론과 MRI의 의사소통이론에 초점을 맞추어 가족체계 내에서 나타나는 원가족의 문제와 역기능적인 의사소통의 상호작용 방식에 대해 분석을 하고 개념을 도출하였다. 또한 이 연구는 상담자와 연구자가 상이하기 때문에 상담자의 축어록, 상담 중 기록한 상담일지, 메모를 함께 활용하여 지속적인 비교분석방법을 통해 연구질문과 관련 있는 주제들을 파악하고 개념을 도출하였다. 이렇게 도출된 개념을 상담자의 피드백을 통해 다시 자료 전체를 비교하면서 재구성하였고 새로운 개념을 추출하는 과정을 반복하면서 각각 범주화하는 작업을 하였다. 연구자는 이러한 개방코딩 과정을 거쳐 상위범주와 하위범주를 발견하였고 각각의 범주에 대한 내용들은 내담자와 가족들이 진술한 내용을 인용문으로 제시하였다. 이를 바탕으로 내담자의 복합틱장애 증상에 영향을 미친 요인들과 상담자의 개입방법과 관련된 중요한 개념들을 확인하고 공통점에 따라 범주화할 수 있었다. 이렇듯 연구자는 24회기의 상담축어록과 상담 시 기록한 메모를 근거로 하여 복잡한 자료들을 일목요연하게 정리하여 질적 데이터를 디스플레이하는 방법으로 분석하였다.

또한 저자는 가족치료의 효과성을 보여 주기 위하여 Miles와 Huberman(1994)이 제안한 매트릭스와 네트워크 방법을 사용하여 설명하였다. 이 연구에서는 매트릭스를 통해 가족구성원들에 대한 가족치료 개입 전과 후를 비교하여 변화된 모습을 한눈에 볼 수 있게 명시하였다. 한편, 이 연구는 네트워크를 통해 사례의 전체적인 분석틀과 개념의 흐름을 쉽게 이해하고 파악할 수 있게 하였다. 이러한 과정을 통해 복합틱장애 증상을 보이는 자녀의 문제에 영향을 미치는 요인을 탐색하였고 상담자의 개입을 통한 가족치료의 효과성을 보여 주고자 하였다.

4. 신뢰도 검증 및 윤리적 고려

이 연구에서는 연구분석 결과에 대해 가족치료와 질적 연구를 수행한 경험이 있는 전문가의 피드백을 통해 연구자의 삼각화와 상담축어록, 상담메모, 상담녹화자료를 사용하여 자료의 삼각화를 실시하여 연구의 객관성과 신뢰성을 높였다. 또한 연구자는 윤리성을 보장하기 위해 상담내용 사용에 대해 내담자에게 사전에 동의를 구하였으며, 연구분석에 있어서 연구참여자의 사생활이 드러날 수 있는 불필요한 개인적 정보는 생략하고 삭제하였으며 자료의 모든 이름은 ○○으로 대치하여 사용하였다.

5. 사례개요

이 연구는 가만히 앉아서 공부를 하다가 책상을 심하게 치고, 눈을 깜박거리고, 몸을 꼬고, 소리를 지르는 등 7세 때부터 복합틱장애 증상을 보이는 딸(9)의 문제로 어머니(36)가 상담을 의뢰하여 개입한 사례이다. 내담자는 초등학교 1, 2학년 때 선생님으로부터 부정적인 지적을 많이 당해 스트레스를 받았으며, 이러한 상황에 대해 가족들에게 내놓아도 아무도 편들어 주지 않았다. 또한 거의 매일 늦은 귀가로 아버지는 자녀와 대화할 시간이 없었고, 밀착된 아버지의 원가족 경험은 세대 간 전수되어 자녀에게 영향을 미쳤다. 아버지의 원가족은 매우 밀착된 관계로 정서적, 공간적으로도 분리되지 않았으며, 할머니는 가족 내에서 일어나는 모든 일을 좌지우지하였다. 시아버지가 중풍으로 쓰러진 지 20년이 되었고 시어머니는 여장부 스타일로 과도한 역할을 수행하고 있었으며, 모든 일에 있어서 완벽을 추구하였다. 과도한 역할을 하는 아버지와 사사건건 간섭을 하는 할머니, 역기능적인 의사소통을 하는 부모로 인해 가족관계는 더욱 악화되었다([그림 14-1] 참조).

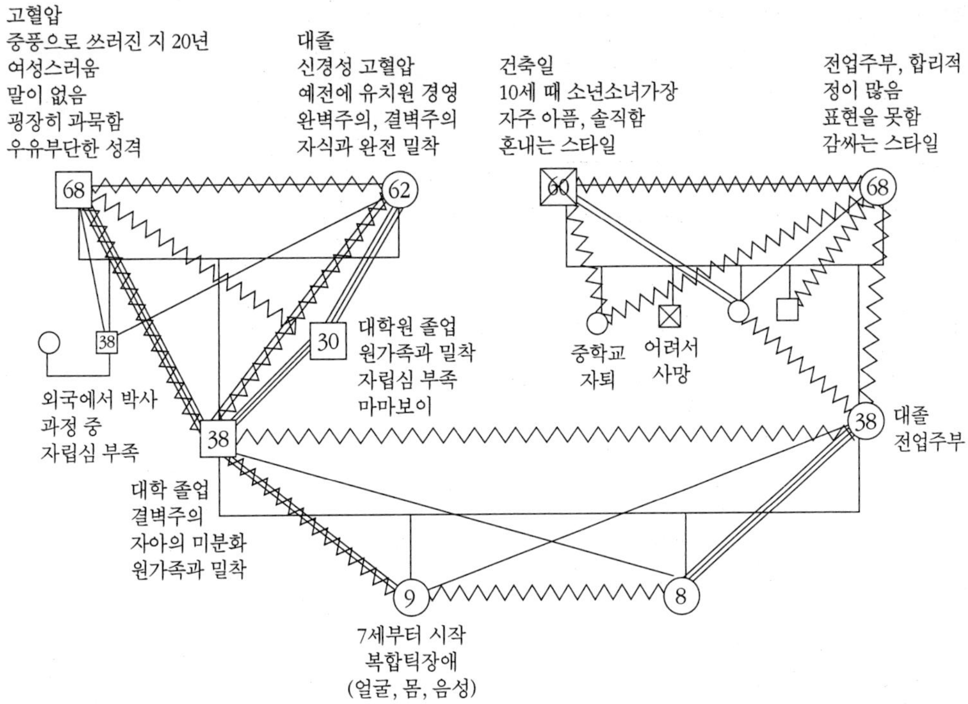

[그림 14-1] 가계도

Ⅳ. 연구결과

1. 내담자의 복합틱장애에 영향을 미친 요인

내담자의 복합틱장애에 영향을 미친 요인은 아버지의 원가족 경험, 부모의 역기능적인 의사소통방식, 잦은 부부싸움으로 나타났으며 〈표 14-1〉과 같이 10개의 하위범주, 3개의 상위범주가 도출되었고 구체적인 내용은 다음과 같다.

1) 부(父)의 원가족 경험

아버지의 원가족은 매우 밀착된 관계로 가족 내에서 일어나는 모든 일에 대해 할머니가 좌지우지하였다. 특히 할머니가 서울로 올라와 같은 아파트 아래층에 거주하면서 아버지는 공간적으로도 분리되지 못하였고 원가족과 더욱더 밀착되었다.

표 14-1 내담자의 복합틱장애에 영향을 미친 요인

<table>
<tr><th>상위범주</th><th colspan="2">하위범주</th><th>개념</th></tr>
<tr><td rowspan="5">부(父)의 원가족 경험</td><td colspan="2">분화되지 않은 남편</td><td>• 주말마다 시댁에 가야 하며, 시댁과 같은 아파트 위, 아래층에 거주하고 있음. 원가족에서 과도한 역할을 수행하고 있음</td></tr>
<tr><td colspan="2">조모의 심한 간섭</td><td>• 조모는 자식들의 모든 일을 일일이 보고받고 알아야 하고, 사사건건 간섭을 해서 모는 개인적인 일을 전혀 할 수 없는 상황임</td></tr>
<tr><td colspan="2">조모의 역기능적인 표현방식</td><td>• 모든 일에 있어서 완벽을 추구하고 남의 이목을 중시하여 밖에서는 화를 참고 가족들에게 화풀이를 하며, 지적을 하는 역기능적인 표현방식을 사용하는데 이는 세대 간의 그대로 전수되고 있음</td></tr>
<tr><td colspan="2">밀착된 형제관계</td><td>• 형제들 간의 밀착된 관계로 부는 부인과 자녀들과 함께 지내는 것보다 남동생과 보내는 시간이 더 많고 매우 밀착되어 있음</td></tr>
<tr><td colspan="2">과도한 신앙생활</td><td>• 조모의 과도한 신앙생활로 인해 부는 오히려 신앙심이 생기지 않고 종교에 대한 신뢰성이 없어짐</td></tr>
<tr><td rowspan="10">부모의 역기능적인 의사소통 방식</td><td rowspan="5">부(父)의 역기능적인 의사소통 방식</td><td>윽박지르기</td><td>• 다른 사람들 앞에서 자녀들을 혼내고 윽박지름</td></tr>
<tr><td>감정적이고 즉흥적인 표현</td><td>• 어떤 일을 하든지 간에 계획적이지 못하고 생각나면 바로 기분이 내키는 대로 즉흥적으로 표현함</td></tr>
<tr><td>우유부단한 표현</td><td>• 어떤 일이든 남이 하는 부탁은 거절하지 못하고 혼자서 어물거리며 망설이기만 하고 결정하지 못함</td></tr>
<tr><td>지적하기</td><td>• 남의 이목을 중시하는 부는 모의 옷 입는 것부터 사소한 것도 지적을 하고 못마땅해함</td></tr>
<tr><td>무시하기</td><td>• 부는 매사에 표현하는 방식 자체가 모를 무시함</td></tr>
<tr><td rowspan="5">모(母)의 역기능적인 의사소통 방식</td><td>침묵하기</td><td>• 한번 화가 나면 일주일이 지나도 말을 하지 않고 입을 닫아 버림</td></tr>
<tr><td>소리지르기</td><td>• 주위사람 의식하지 않고 화가 나면 큰소리로 말함</td></tr>
<tr><td>수용하지 않고 맞받아치기</td><td>• 대화를 할 때 수용하고 받아 주지 않고 열 번이면 열 번을 다 맞받아침</td></tr>
<tr><td>애교가 없고 무뚝뚝한 표현</td><td>• 어떤 이야기를 해도 반응하지 않고 관심이 없으며 상대방에게 살갑게 대하지 않고 애교가 없음</td></tr>
<tr><td>융통성이 없는 표현</td><td>• 고집이 강하고 한번 아니라고 생각한 것에 대해서 절대로 수긍하고 받아들이지 않음</td></tr>
</table>

부모의 잦은 싸움	가치관의 상충	• 체면을 중시하고 외모, 겉치레에 관심이 많은 부와는 달리 모는 체면에는 전혀 신경쓰지 않음. 또한 항상 경제적 개념이 없는 부의 뒷감당을 해야 하는 등 서로 생각하는 가치관이 너무 달라 갈등이 나타남
	성생활의 불만족	• 부는 원하지만 모는 항상 몸이 아프다고 성관계를 거부하는 경우가 많아 부는 성욕구가 해소되지 못함
	대화단절	• 서로 생각하는 기준이 너무 달라서 기본적인 대화가 전혀 되지 않고 서로 불만만 높아져 감

(1) 분화되지 않은 남편

할머니에게 의지하며 살아가는 아버지와 남동생은 자립심이 부족하였고 할머니의 간섭을 오히려 당연한 것으로 받아들이고 있었다. 또한 아버지는 원가족 내에서 과도한 역할을 수행하고 있었으며, 어머니의 입장을 이해하기보다는 원가족의 입장을 수용하고 받아들이고 있었다.

어머니: 결혼해서 이런 사람의 유형을 만나는 게 너무 이해가 안 갔어요. (시어머니가) 결혼해서도 수시로 전화하시는 거예요. 그야말로 하루에도 몇 번씩. ○○이 가질 때는 하루에 열 번씩 전화하시고. 불안하셔서 괜찮니? 하고 물어보고 그런 게 처음에는 힘들었고, 이제 십 년이 지나 어머니에 대해서 잘 아니까 불편하기보다는 과연 이런 문제를 어떻게 풀어가야 하나 하는 문제가 있죠.

상담자: ○○이 어머니가 그런 시댁 문제 있어서 잘 대처해 오셨는데.

어머니: 맨 처음에는 너무 힘들었어요. 전화 올까 봐. 지금 어디 갔다 온다 말하면 되는데 그때는 어디 갔다 오니 하고 물어보시면 말하는 게 좀 힘들었는데. 맨 처음에는 적응이 안 되고 왜 그러실까 생각도 해 보고. (모-2회기)

(2) 조모의 심한 간섭

내담자 가족은 매주 시부모와 함께 시간을 보내야 했으며, 특히 어머니는 자식들의 모든 일을 일일이 보고받고 알아야 하고, 사사건건 간섭을 하는 시어머니로 인해 심한 스트레스를 받고 있었다. 아버지는 이러한 상황으로 인해 상처를 받은 어머니를 이해하기보다는 오히려 무시하고 비판하였다.

상담자: 사사건건 간섭이세요?

아버지: 어머니가 지방에 계셨는데 한 7년 정도 떨어져 지낸 거잖아요. 제가 어머님께 리모콘 좀 그만 만지라고. 전화기가 리모콘이에요. 전화로 늘 동태를 감시하니까. 지금은 몇 시인데 아직도 안 들어가냐 이런 식이니까.

상담자: 하루에 몇 번 씩 전화오세요?

아버지: 한창 심할 때는 뭐, 그래도 하루에 한 번씩은 꼭 전화오시죠. (부-5회)

(3) 조모의 역기능적인 표현방식

할머니는 모든 일에 있어서 완벽을 추구하고 남의 이목을 중시하였다. 특히 밖에서는 화를 참고 모든 사람들에게 친절했지만 집에서는 가족들에게 화풀이를 하며, 비난, 지적을 하는 등 역기능적인 표현방식을 사용하였다. 이러한 할머니의 표현방식은 아버지에게 전수되어 부부갈등과 자녀문제를 증폭시키는 결과를 가져왔다.

어머니: 사람들 앞에서는 지적을 안 하시는데 집에 오시면 좀 그러시는 게 있죠. ○○이 대할 때도 굉장히 잘 대해 주는데 좀 이렇게 얘기할 때 저건 좀 이렇고 이건 좀 그렇고 얘기하시고. …… (중략) …… 애들한테 막 화나셔서 말씀하시는 거예요.

아버지: 화나시면 꼭 표현하셔야 직성이 풀리시니까. (부부-15회기)

(4) 밀착관계의 시동생

아버지는 남동생과 밀착된 관계로 자녀들과 놀아 주는 시간보다 더 많은 시간을 남동생과 보냈다. 이로 인해 어머니는 아버지에게 불만을 가지고 있었으며, 자녀들 역시 아버지와 관계가 소원하였다. 이렇듯 아버지는 원가족과 정서적 분화가 이루어지지 않았으며 이러한 아버지를 어머니는 이해하지 못하고 서운한 감정으로 받아들이고 있었다.

어머니: 시동생이 비자 받으러 외국에서 다시 왔어요. …… (중략) …… 동생이 오랜만에 외국에서 온 것도 있지만 같이 살 때도 찰떡도 그런 찰떡도 없으니까 좋은 찻집에 가서 둘이 마시고 온다든지.

상담자: 형수 모시고 가는 것도 없이요?

어머니: 예, 둘이 워낙 좋으니까.

상담자: 그럼 남편이 ○○엄마한테 같이 가자고 안 그래요?

어머니: 형제끼리 통하는 게 있잖아요. 그러니까 저는 안 통하고 저한테 같이 가자고 해도 전 애들이 있으니까 못 가고 그러는데, 둘이 분리가 안 되니까 전 힘들죠. (모-20회기)

(5) 과도한 신앙생활

할머니는 자식들에게 강압적으로 기독교를 믿을 것을 강요하였고 자식들이 교회에 가지 않으면 큰 벌을 받는 것처럼 항상 감시하듯이 교회에 데리고 다녔다. 이렇듯 할머니의 과도한 신앙생활은 오히려 자식들에게 종교에 대해 반항심을 갖게 하였으며 이러한 아버지의 원가족 경험은 결국 부부간의 갈등으로 이어졌다.

어머니: 제 생각엔 어머니가 기복신앙이신 것 같아요. …… (중략) …… 어머니는 있는 돈 없는 돈 다 끌어서 십일조 내시더라고요. 그런데 십일조 다 안 내서 그렇다고 생각하시더라고요. 전 남녀 문제라고 생각하는데.

상담자: 정죄하신다는 거잖아요.

어머니: 이렇다 저렇다고는 안 하시지만 그런 면이 강하게 있으시죠. 주일에 교회 못 가면 주일을 범했다고 그러시는 거죠. (모- 20회기)

2) 부모의 역기능적인 의사소통방식

(1) 부(父)의 역기능적인 의사소통방식

아버지의 역기능적인 의사소통방식은 윽박지르기, 감정적이고 즉흥적인 표현하기, 우유부단함, 지적하기, 무시하기로 분석되었다. 이와 같은 아버지의 방식으로 인하여 부부는 잦은 싸움을 하였고 부부간의 갈등은 더욱 증폭되었다.

• 윽박지르기

아버지는 주변은 전혀 의식하지 않고 많은 사람들 앞에서도 화가 나면 큰 소리를 지르며 윽박지르는 표현방식을 사용하였다.

어머니: 그냥 윽박지르고 이러니까. 이렇게 해 볼래? 하고 하루에 딱 한 개만 알려 주면 제가 연습해서 단계별로 할 텐데 …… (중략) …… 그런데 이 사람은 그냥 처음부터 끝까지 쫘악, 지가 하는 방식대로 빨리 가르치고 제가 못 따라가면 뭐라 하는 거예요.

상담자: 구박하시는 거죠?

어머니: 구박뿐만 아니라 저를 마치 죄인처럼 취급하는 거예요. (모-19회기)

• 감정적이고 즉흥적인 표현

아버지는 항상 본인의 기분이 내키는 대로 감정적이고 즉흥적이었다. 어떤 일을 할 때도 어머니와는 반대로 계획적으로 하는 것이 아니라 본인의 기분에 따라 진행을 하고 이가 맞추어 주지 못하면 화를 내고 감정을 다스리지 못했다.

어머니: 애들도 어디다 맡겨야 하고. 그런 거 미리 상의해야 하잖아요. 그렇게 설득했더라면 우리 (결혼)십 주년이니까 의미 있게 보내자. 애들 어디에 보내고 멋지게 지내 보자 그러면 그럴 수 있는데……. 차 마시면서 맛없다 어쩌고 저쩌고 이러더니 우리 호텔 갈래? 이러니까 하하하하, 갑자기 머리 맞은 듯한 느낌 있잖아요. 저는 즉흥적인 걸 가장 싫어하는 사람이에요. …… (후략)

상담자: 남편하고 함께하는 게 싫은 게 아니라.

어머니: 그럼요. 호텔 이미지가 불륜 이미지가 좀 있고. 그래서 ○○이 같은 경우에는 엄마만 기다리고 있는데 아홉 시에 들어간다고 하면 아홉 시에 와야 하는데 그때 제가 9시 25분쯤 도착했어요. 그랬더니 애가 난리난 거예요. (부부-6회기)

• 우유부단한 표현

체면을 중요시하는 아버지는 남의 부탁을 거절하지 못하는 우유부단한 성격의 소유자였다. 아버지는 어떤 일이든 남이 하는 부탁은 거절하지 못하고 혼자서 어물거리며 망설이기만 하고 결정하지 못해 스스로 스트레스를 받아 이는 고스란히 가족들에게 전가되었다.

어머니: (남편이) 원래 일 많고 다른 사람 일도 다 해 주는 성격이니까. 내가 봐도 참 착해요.

상담자: ○○이 아빠 같은 경우 노(NO)를 못 하세요?

아버지: 거절이요? 인간관계에 조금이라도 도움이 되면 노를 못 하죠. (부-7회기)

• 지적하기

어머니의 모든 것들이 맘에 들지 않는 아버지는 사소한 것에서부터 어머니가 하는 모든 행동을 사사건건 지적하였고 못마땅해했다.

어머니: 굳이 남편이 싫어하는 옷을 입을 필요는 없어요. 그러면 골라 주면 되잖아요. 감각이 있는 사람이 사 주거나 입혀 주면 되잖아요. 그러면 제가 입으면 되잖아요. 그런데 그렇게 얘기하면 가르쳐야 아느냐는 둥, 사람은 다 타고난 재능이 다르고 당신이 시각적으로 발달되었으면 나에게 알려 주면 되지 않느냐, 내가 발달이 안 된 사람인데. 내가 발달된 사람 눈에 맞추려면 그게 되느냐 이거예요. 자꾸 알려주다 보면 이 사람이 이걸 좋아하는구나! 교육에 의해서 배워지잖아요. 그러면 어느 순간 되지 않을까 희망이 있는데 이 사람은 절망이에요. 너는 가르쳐도 안 돼 하면서. (부부-6회기)

• 무시하기

아버지는 어머니의 행동을 이해하지 않으려 했고 어머니를 무시하는 표현방식을 사용하였다. 이로 인해 어머니는 상처를 많이 받았으며 아버지에 대한 불평과 불만이 늘었고 지속적인 갈등관계를 유지하였다.

어머니: 기본적으로 남편이 이해가 안 돼요. 항상 남편은 저보고 멍충하고 답답하고 벽창호 같다고 저를 매도하는 거예요. (첫째 딸과 모-18회기)

(2) 모(母)의 역기능적인 의사소통방식

어머니의 역기능적인 의사소통방식은 침묵하기, 소리지르기, 수용하지 않고 맞받아치기, 애교가 없고 무뚝뚝함, 융통성이 없음으로 분석되었다. 어머니는 분화가 잘 된 원가족에서 성장하였지만, 결혼을 하면서 밀착된 아버지의 원가족과 출산 후 건강악화로 인해 심한 스트레스를 받고 있었으며 이는 역기능적인 의사소통방식으로 표출되었다.

• 침묵하기

아버지에 대한 불만은 잦은 싸움으로 이어졌고 어머니는 한번 화가 나면 일주일이 지나도 말을 하지 않고 그 상황을 회피하며 입을 닫아 버렸다. 이러한 표현방식은 아버지에게도 악영향을 미쳐 부 역시 대화하지 않고 침묵으로 일관하였다.

어머니: 저희는 무난한데 그래도 한번 틀어질 때는 좀. 저는 딱 말을 안 해 버리거든요. 신혼 초에는 하루 이틀 정도? 이쪽에서 불편하니까 뭐, 요즘에는 서로 오래 살다 보니까 남편도 저를 좀 닮아 가나 봐요. 서로 일주일이고 말을 안 하려고 그래요. (모-2회기)

• 소리지르기

어머니는 한번 화가 나면 주변 사람들은 전혀 의식하지 않고 큰 소리를 지르며 갑자기 폭발하는 표현방식을 사용하였다. 자주 반복되는 어머니의 이러한 표현방식은 아버지를 자극하였고 화나게 만들었다.

아버지: ○○이 캠프 문제로 싸웠는데 (애 엄마가) 차 안에서 소리 빽 지르고.

상담자: 시부모님이 계신데도요?

아버지: 예. 제가 얼굴이 화끈하더라고요. 근데 집사람은 기억 못 하고. 예전에 처갓집 가서도 ○○이가 애기일 때 갔는데 애가 갑자기 없어진 거예요. 전 ○○이 엄마보고 ○○이 보라고 했는데. 애를 잘 보고 있어야지 하고 화냈는데 애 엄마가 슈퍼에서 소리를 고래고래 지르는 거예요. 전 그게 제일 싫거든요. 부모님 앞에서도 화내는 것도 싫어하는데 사람들 앞에서 화를 내고. 그때는

그냥. (부부-16회기)

• 수용하지 않고 맞받아치기

어머니는 아버지와 대화를 할 때 본인의 생각과 맞지 않는다고 생각하면 아버지의 생각을 수용하고 이해해 주는 것이 아니라 맞받아침으로써 아버지를 자극하였다. 부부는 서로의 의견을 수용하지 못하고 맞대응함으로써 서로의 생각의 차이를 좁히는 데 어려움이 많았다. 단 한 번도 아버지의 의견을 받아 주지 않는 어머니의 표현방식으로 인하여 부부는 잦은 싸움을 하였다.

아버지: 제가 보기엔 한 가지 사항을 보고 해결하는 방법이라는 게 일단 좀 불분명한 것 같고 저는 갈등이 있을 때 잘못된 거는 잘못되었다. 여러 가지 얘기가 있을 수 있지만 남자답게 한 마디 할 수 있잖아요. 그러면 미안했어! 하고 넘어가면 좋겠는데 열 번 그러면 열 번 다 받아치니까 나중에 그게 연기되는 거죠. (부모와 첫째 딸-1회기)

• 애교없이 무뚝뚝한 표현

아버지는 어머니가 여성스럽고 애교가 있길 바랐지만 어머니는 아버지에게 살갑게 대하지 않았으며 애교가 전혀 없었다. 또한 아버지가 어떤 이야기를 해도 어머니는 반응하지 않고 관심이 없었으며 무뚝뚝하게 반응하여 아버지를 더욱 자극하였다.

아버지: 사람이라면 때로는 한군데에 집착하고 휘어 잡기도 그러잖아요. 앙탈도 부리고 애교도 부리고 너무 그런 게 없으니까.

상담자: 서운한 마음이 드세요?

아버지: 제가 얘기하다가도 그럴 거면 나랑 결혼 왜 했냐? 제가 빈정거리듯이 얘기하면 별 반응도 없고. 그냥 살다 보니까 그런 생각 많이 들더라고요. (부-5회기)

• 융통성이 없고 답답한 표현

어머니는 고집이 세고 한번 아니라고 생각한 것에 대해서 절대로 받아들이지 않았다. 이러한 어머니의 표현방식으로 인해 아버지는 어머니를 답답하게 생각했으며 무시하였다.

상담자: ○○이 어머니가 어떤 면에서는 융통성이 없으시네요?

아버지: 그렇죠. 겉으로 보는 거와 달라요. 사람들이 봤을 때 우리 와이프 좋다고 어떻게 참한 여자 만났냐고 그러는데 전 속이 터지죠. 자기 고집이 강해요. 애들한테 강압적인 면도 있고요. (부-5회기)

3) 부모의 잦은 싸움

부부간의 가치관과 기준의 차이로 인해 부부는 서로를 이해하고 받아들이는 데 어려움이 있었으며, 이는 곧 잦은 부부싸움으로 이어졌다.

(1) 가치관의 상충

아버지는 미대 출신으로 화려하고 꾸미는 것을 좋아하는 여성스러운 성격이었다. 또한 체면을 중시하고 외모, 겉치레에 관심이 많은 반면, 아버지와는 달리 어머니는 체면에는 전혀 신경쓰지 않는 털털한 성격이었다. 더불어 어머니는 항상 경제적 개념이 없는 아버지의 뒷감당을 해야 했고 이러한 아버지에 대해 항상 불만을 가지고 있었다. 이렇듯 부부는 서로 생각하는 가치관과 기준이 너무나 상반되어 항상 갈등을 빚었다.

어머니: 남편이 제주도에서 외제차를 렌트한 거예요. 이 여행도 마일리지가 있어서 공짜로 간 건데 남편이 외제차를 렌트한 거예요. 제주도에서 딱 1대 있는 차예요. 전 이해가 안 가요. 평상시에도 제주도 여행 가면 그거 빌려서 막 드라이브하고.

상담자: 남편이 그런 겉치레를 좋아하세요?

어머니: 엄청 좋아해요. 전 그거 갖고 뭐라 말하고 싶었지만 말 안 했어요. 제가 가만히 있었던 것이 원체 그게 자기 꿈이었으니까, 하하하하. (모-13회기)

(2) 성생활의 불만족

전업주부인 어머니는 털털한 성격으로 남성스러웠지만, 첫째 딸을 낳으면서 난산을 해 건강이 악화되어 조금만 움직여도 피곤함을 느꼈다. 이와 같은 어머니의 건강악화와 더불어 모는 초저녁잠이 많은 반면에 아버지는 늦은 귀가를 하여 두 사람

간의 성생활이 맞지 않았다. 따라서 아버지는 성생활에 대한 불만이 많았으며 이러한 아버지의 불만스러운 성생활은 부부갈등으로 이어졌다.

> 아버지: 몸이 아파서 못 응해 줄 경우 손으로 해 줄 경우도 있고. 제가 밖에 나가서 해결할게 하고 거실에서 불끄고 한 적도 있고. 요즘은 알아서. (부-4회기)

(3) **대화단절**

신혼 초 부부는 함께 있는 시간이 많아 대화도 자주 하였으며 원만한 관계를 유지하였다. 그러나 아버지의 바쁜 직장생활로 인해 부부는 대화할 시간이 없었으며, 아버지의 늦은 귀가로 인해 어머니는 자녀들과 함께하기보다는 혼자 보내는 시간이 대부분이었다. 또한 아버지는 집에 일찍 귀가해도 항상 자고 있는 부인을 보면 화가 났고 대화가 전혀 되지 않는다고 생각하였다.

> 상담자: ○○이 엄마하고 본인들 얘기는 하세요? 애들 얘기 말고.
> 아버지: 제가 보기에는 안 하려고 해서 안 하는 것보다 기회가 적으니까 그게 제일 큰 것 같고요. 말씀드렸지만 마음의 거리 같은 게 좀 있어요. 얘기는 해도 깊이가 없어요. (부-4회기)

2. 복합틱장애 증상을 가진 내담자 가족에 대한 상담자의 개입방법

부부갈등으로 인해 나타나는 딸의 복합틱장애 증상을 완화하기 위해 상담자는 치료목표를 설정하고 Bowen의 가족체계이론을 적용하여 아버지의 원가족과의 분화, 특히 할머니와 아버지의 자아분화 수준을 높이기 위해 가계도 작성을 통한 원가족 탐색, 다세대 전수과정 설명, 자아분화 강조, 내담자의 통찰을 돕기 위해 상담자의 자기개방, 유사사례들기를 사용하였다. 또한 상담자는 내담자의 저항을 다루었으며, MRI의 상호작용 의사소통모델을 적용하여 부모로 하여금 지금까지 사용하였던 역기능적인 의사소통방식에 대해 인식할 수 있게 하였다. 한편, 상담자는 문제해결을 위한 새로운 의사소통방식과 행동방식을 제안하였으며, 구체적인 내용은 〈표 14-2〉와 같다.

표 14-2 복합틱장애 증상을 가진 내담자 가족에 대한 치료자의 개입방법

상위범주	하위범주	개념
치료목표 설정	문제사정	• 딸이 복합틱장애 증상을 보이는 문제와 본질적으로 부부갈등에 원인이 된 부부간의 의사소통, 부의 원가족과 미분화에 대해 파악하고 치료목표를 설정함
원가족 경험 탐색	부모의 원가족 관계 탐색	• 가계도작성을 통해 부모의 원가족 경험을 탐색하여 가족관계를 파악하고 내담자의 문제에 체계적으로 접근을 함
내담자의 통찰력 강화	상담자의 자기개방	• 상담자의 개인적 경험을 통해 내담자가 문제를 인식하고 이해할 수 있도록 함
	유사사례들기	• 내담자와 유사한 문제점을 가진 사례를 제시함으로써 내담자의 이해를 촉진시키고 변화를 유도함
	내담자의 저항다루기	• 내담자의 저항이 나타나자 치료자는 아동전문가와 연계, 복합틱장애 사례에 대한 논문을 읽게 함으로써 저항을 최소화함
다세대 전수과정 조명	세대 간 전수되는 표현방식 설명	• 가족구성원 간의 표현방식의 유사점을 설명하고, 특히 부와 조모의 표현방식이 유사함을 인식시킴
역기능적으로 시도된 해결책 설명	반복되는 역기능적인 의사소통방식 설명	• 부부간의 역기능적인 의사소통방식은 서로 간의 감정만 상할 뿐 반복되는 악순환이 되고 있음을 설명함
자아분화 강조	부의 원가족과 분리	• 부의 원가족과 분리가 힘이 들지만 자녀의 문제를 해결하기 위해서는 반드시 분리가 되어야 함을 강조함
	자녀와의 분리	• 부모와 공간분리를 통해 자녀가 스스로 성장할 수 있도록 함
	부의 과도한 역할 줄이기	• 원가족과 밀착되어 과도한 역할을 하고 있는 부의 역할을 내려놓음으로써 핵가족에서 역할을 충실히 할 수 있도록 함
새로운 의사소통 방식 제안	주거니 받거니 대화하기	• 서로 참고 주거니 받거니 대화가 되어야 함을 설명함
	솔직한 표현하기	• 마음속에 가지고 있는 것들을 솔직하게 표현하여 서로의 오해를 줄일 수 있게 함
	표현을 명확하게 하기	• 명확한 표현을 함으로써 서로 간의 생각하는 기준차이를 줄이고 생략된 언어, 감정표현을 할 수 있게 함
새로운 행동방식 제안	일찍 귀가하여 자녀와 놀아 주기	• 일찍 귀가하여 자녀와 함께하는 시간을 갖고 놀아 줄 수 있도록 함

1) 치료목표 설정

상담자는 내담자의 복합틱장애 증상에 영향을 미치는 요인이 부모의 갈등배경에 있다는 것을 파악하였고 부부관계 개선을 통한 내담자의 복합틱장애 증상을 완화시키는 것에 목표를 두었다. 상담자는 상담초기에 내담자 부모가 호소하는 주요 문제를 파악하였고 내담자 부모가 원하는 치료목표를 중심으로 상담을 진행하였다.

> 상담자: 저를 찾아오신 이유가 자녀의 틱장애 때문에 오셨단 말이죠. 틱이 없어지면 저와 상담을 안 하셔도 되는 거예요?
>
> 어머니: 그렇죠.
>
> 상담자: 지금 치료목표가 틱을 없애는 거.
>
> 어머니: 네. (부모와 첫째 딸-1회기)

2) 원가족 경험 탐색

상담자는 가계도 작성을 통해 부모의 자아분화 수준, 의사소통패턴 등에 대하여 부모로부터 정보를 수집하고, 부모의 원가족 경험을 파악하여 내담자의 복합틱장애 증상에 영향을 미친 요인에 대해 파악하였다.

> 상담자: ○○이 엄마랑 아빠 관계하고 원가족과의 관계를 볼 겁니다. 지금 ○○이 아빠께서는 상당히 쌓이신 것 같아요. 그게 어디서부터 왜 나오냐 그런 건 원가족으로부터 나와요. 제가 상담을 하면서 발견한 게 ○○이 틱 증상이 발생한 시점하고 ○○이 엄마 아빠하고 대화가 안 되는 시점하고 맞아 들어 갔어요. ○○이 아빠가 팀장을 맡으면서부터 더 바쁘시기 시작했단 거예요. 그때부터 ○○이 증상이 더 심해졌다는 거예요. 그리고 ○○이 엄마 아빠의 의사소통문제가 있거든요. 대화가 안 되기 때문에 어떤 면에서는 서로가 거리가 멀어지고 있다는 거죠. 어떤 면에서는 미울 때가 있는 거예요. 상대편이 미울 때 대화로 풀 수 없다는 거지요. 대화해 봤자 서로 피곤해지는 관계니까요. (부-4회기)

3) 내담자의 통찰력 강화

상담자는 내담자의 상황에 맞는 자기개방하기와 유사사례들기를 통해 내담자 부모의 통찰력을 강화시켰으며, 내담자 부모의 이해를 촉진시키고 변화를 유도하고자 하였다. 그러나 상담이 18회기나 진행되었음에도 불구하고 아버지가 전혀 변화의 의지가 보이지 않았고, 상담자를 신뢰하지 않았다. 아버지는 딸의 복합틱장애 증상에 대해 아동전문가에게 진단을 받아 보길 원해 상담자는 아동신경정신과 의사를 연계시켜 주었다. 한편, 상담자는 아버지에게 틱장애 사례에 대한 논문을 읽게 함으로써 아버지의 저항을 줄이고 가족체계 안에서 문제를 인식하고 해결해 나갈 수 있도록 유도하였다.

(1) 상담자의 자기개방하기

상담자: 저희 어머니와 제가 분리가 안 되었죠. 마마보이였죠. 아들이 넷인데 제가 막내이다 보니까 딸 같은 아들이었어요. 제가 미국 유학 갔다 와서 와이프가 위암을 겪고 변했죠. 나름 효자였는데. 우리 어머니가 사사건건 간섭을 해요. 저희 와이프가 음식하는 것에도 일일이 간섭하죠. 남자들은 그게 뭔지 몰라요. 우리 와이프는요, 나중에는 시엄마를 보기도 싫어할 뿐만 아니라 피부 접촉하는 것도 싫고 목소리 듣는 것도 싫대요. 방에 들어가서 안 나와요. 속이 안 좋아서 병원 갔더니 제 처가 위암이 생긴 거예요. (부부–6회기)

(2) 유사사례들기

상담자: 제가 지금 어떤 사례를 36회나 상담하고 있어요. 남편이 완벽주의자이고 나이가 50대 중반이세요. 진짜 일하고 가정하고 교회밖에 모르세요. 술, 담배도 모르시고 외도란 있을 수 없고 매일 가정예배도 보시고 새벽예배도 보시고 그런데 딸이 자살을 네 번이나 시도한 거예요. 알약도 먹고 동맥도 끊으려고 했고 아빠는 이해 못하는 거예요. 왜 내 딸이 자살시도를 네 번이나 했을까? 고쳐 달라고 저에게 연락이 온 거예요. 이렇게 보니까 아빠가 모든 걸 좌지우지해요. 그 가정에서 말을 조심해야 해요. 남을 먼저 배려하는 가정이에요. 그 아빠는 딸이 원하는 걸 다 사 주었어요. 예를 들면, 딸이 원하는 게 바지였는데 바지는 사 주었으나 딸이 원하는 바지를 사 준 적 없어요.

딸이 "아빠 이 바지가 맘에 들어요." 하면 "야 어떻게 그 바지를 사냐?" 하면서 아빠 마음에 드는 걸로 사 주는 거예요. 딸이 사 달라는 바지, 컴퓨터, 책상 모든 걸 사 주었어요. 그러나 딸이 이제 와서 하는 얘기가 아빠가 날 위해서 사 준 게 없다는 거예요. (모-3회기)

(3) 내담자 부의 저항다루기

상담자: 아동신경정신과 의사한테 가서 한번 들어 보라 이거예요. 저는 남편만 100% 문제라고 보지는 않아요.

어머니: 그렇죠. 원인은 한 사람으로 인해서 그런 게 아니라.

상담자: 서로 맞물려 들어 가고 있다는 거지요. 그게 좀 나을 거 같아요. ○○이 아빠가 개선의 의지가 없으니까. 제가 ○○이 아빠한테 전화해서 말씀드릴게요. 18회까지 했는데도 변화가 없으니까 한번 아동신경정신과 의사에게 가보시라 그리고 얘기를 듣고 거기에 약물투여가 되었든 뭐가 되었든 다시 한 번 얘기해 보자고 말씀드릴게요. 그러고 나서 한 번 보십시다. (첫째 딸과 모-18회기)

상담자: 변화가 없으시니까. ○○이 아빠도 귀가시간이 늦으시고.

아버지: 또 화살이 저한테 돌아오네요.

상담자: 아니, 화살이 ○○이 아빠한테 돌아간다고 보시는 게 아니라 제가 쓴 틱장애 케이스 보셨어요?

아버지: 네. 아빠가 집에 일찍 들어와서 엄마랑 얘기해서 나아진 거. (부-19회기)

4) 다세대 전수과정 조명

상담자는 아버지에게 원가족과 밀착되었고, 특히 할머니의 역기능적인 의사소통 방식이 부에게 전수되어 자녀들에게 사용하고 있음을 인식시키고, 이로 인해 어머니와 자녀들이 스트레스를 받고 있음을 다세대 전수과정 조명을 통해 설명하였다.

상담자: 남편의 이면에 와이프를 자기 명령에 따라야 하는 존재로 보는 거죠. 그건 그분은 모르시는 거고 가정문화가 그러니까.

어머니: 전문가가 얘기하는 건 들으면서, 자기 돌아볼 수 있는 기회인데 생각이나 그런 거 잘 안 해요. 조상 대대로 보면 그런 거 있을 거 같아요. 할아버님, 증조할아버님도 유전적으로 내려오는 맥락 같은 게 있잖아요.

상담자: 다세대 전수과정이란 거예요. 생물학적으로 보면 유전인자도 있지만 우리가 볼 때는 그 분위기, 자아분화 정도, 스킨십까지 다세대 전수가 내려와요. (첫째 딸과 모-18회기)

5) 자아분화 강조

상담자는 Bowen의 가족체계이론에 근거하여 아버지에게 원가족과 분리를 통해 자아분화를 시도하도록 하였다. 상담자는 아버지가 원가족과 분리가 힘든 상황이라는 것을 알고 있지만, 자아분화를 통해 부부관계가 개선되고 자녀의 복합틱장애 증상도 완화된다는 것을 설명하였다. 또한 상담자는 부모에게 자녀 역시 핵가족 내에서 부모와 공간적인 분리를 통해 자녀가 스스로 성장할 수 있도록 하였으며, 원가족 내에서 과도한 역할을 수행하고 있는 아버지의 역할을 줄일 수 있도록 제안하였다.

(1) 부의 원가족과 분리

상담자: ○○이 틱장애는 결국에는 아빠와 친할머니하고 분리가 안 되어 있는 거 플러스 ○○이 볼 때마다 아버지가 답답하고 안타까워서 “너 왜 그러니?” 하고 간섭하는 거, 엄마 아빠 대화 안 되는 문제가 ○○이 틱장애에 영향을 미치지 않았나 싶거든요. 우선 가능하시면 엄마로부터 분리도 못했지만 ○○이하고 분리문제도 들어가셔야 해요. (부-5회기)

상담자: 전 가장 좋은 방법은 (아빠가) 어머니(시어머니)로부터 공간적으로 분리하자는 거예요. 그게 이 부부관계를 안정화시킬 수 있는 하나의 요소라는 거죠. 그게 전부는 아니고. (부-11회기)

(2) 자녀와의 분리

상담자: 자녀들을 분리시켜야 할 거 같아요. 그걸 연습해야 되지 않나 싶거든요. 그래서 ○○이 엄마 아빠로부터 ○○이의 공간을 확립시켜 줘야 한다는 거

예요. 지금 엄마 없으면 잠이 안 온다는 것도 있지만 그 속에서 또 다른 불안을 느낀다는 거거든요. (부-11회기)

(3) 부의 과도한 역할 줄이기

상담자: 내가 내 역할만 하자는 거예요. 아들로서의 역할만. 며느리로서의 역할을 남편이 챙길 필요가 없다는 거예요. 그런데 많은 남편들이 저도 그렇고 내가 우리 와이프 역할까지 하려고 해요. 그거는 지금 ○○이 엄마뿐만 아니라 다른 와이프들도 그렇고 자기가 한두 살 먹은 애들이 아니란 거죠.

아버지: 그런데 그게 2~3주에 한 번 안 가는 게.

상담자: 초점을 자꾸 잘못 생각하시는 게 2~3주에 한 번 가는 게 문제가 아니라 30분 앉아 있다 갈지라도 제 얘기가 무슨 얘기냐면 우리가 가서 2~3주에 한 번 한 시간 정도 있는 게 잘못된 거냐 그런 식으로 얘기하는 게 아니예요? (부-19회기)

6) 역기능적으로 시도된 해결책 설명

상담자는 부모에게 지금까지 문제를 해결하려고 시도했던 역기능적인 의사소통방식이 반복을 통해 악순환되고 있다는 것과 이러한 방식들이 오히려 서로에게 더 상처가 되었으며, 갈등을 야기한 방식이라는 것을 설명하였다.

(1) 반복되는 역기능적인 의사소통방식 설명

상담자: 제가 여기서 느끼는 게 뭐냐면 ○○이에 대해서 아빠가 뭐라고 하실 때면 엄마가 왜 그러냐고 애들한테 너무 그러지 말라고 나오는 거예요. 양쪽이 나오시는 패턴이 똑같지 않냐 이거예요. 지금 그게 계속 악순환된다는 거예요. 아무런 효과도 없고 두 사람이 감정만 상했을 거예요.

아버지: 네. (부-11회기)

7) 새로운 의사소통방식 제안

상담자는 MRI의 상호작용적 의사소통이론에 근거하여 지금까지 문제를 해결하기 위해 시도해 왔던 의사소통방식과 전혀 다른 새로운 의사소통방식을 제안하였다. 상담자는 새로운 의사소통방식을 통해 가족구성원들이 서로의 생각을 내놓고 대화할 수 있도록 하였다.

(1) 주거니 받거니 대화하기

상담자: 전 두 분이 서로 주거니 받거니 하는 대화가 잘 안 된다는 겁니다. ○○이 아빠 부부관계 말씀하시고 제 부부관계 다 말씀드리고 별의별 얘기 다 하잖아요. ○○아빠께서는 ○○이 엄마하고는 그러지 않으셨잖아요? (부−11회기)

(2) 솔직한 표현하기

상담자: 시어머니와 ○○이 엄마 사이에 서로 대화가 안 되는 면이 있습니다. 어머니가 아무리 용납하려고 해도 불쾌한 감정 있을 거 아니에요. 그것뿐만 아니라 좋은 감정도 있으실 거 아니예요. 좋은 감정이든 나쁜 감정이든 서로 솔직하게 말하자는 거예요. 어머님이나 며느님이나 그게 겉돌았을 거라는 거예요. (시모−10회기)

(3) 표현을 명확하게 하기

상담자: 전 이거예요. ○○이 아빠 내외분이 의사소통을 명확하게 안 한다는 거예요. 상대방한테 자기가 원하는 것을 명확하게 표현하세요. 여기서 제가 주로 보는 게 이겁니다. 말하는 내용보다는 표현방식을 보는 겁니다. (부부−14회기)

8) 새로운 행동방식 제안

상담자는 아버지에게 자녀와의 관계 개선을 위해 일찍 귀가하여 자녀와 함께하는 시간을 가질 수 있도록 새로운 행동방식을 제안하였다.

(1) 일찍 귀가하여 자녀와 놀아 주기

어머니: 아빠가 잘 놀아 주고 하면.

상담자: ○○이 아빠가 귀가시간이 빨라져서 일주일에 2번 정도 놀아 주면 ○○이가 좀 달라질 거예요. (부부−16회기)

3. 복합틱장애 증상을 가진 내담자 가족에 대한 상담자 개입의 효과성

가족치료 개입 후 부모는 복합틱장애 증상을 가진 내담자의 문제가 단순히 개인의 문제가 아니라 가족체계 내에 일어나고 있는 아버지의 원가족 경험과 역기능적인 의사소통방식, 잦은 부부싸움으로 인해 나타나고 있음을 인식하게 되었다. 부모는 자녀의 문제를 해결하기 위해 새로운 의사소통방식을 사용하였고 행동을 변화하기 위하여 노력하였다. 그 결과 내담자의 복합틱장애 증상 완화, 부부관계, 부모-자녀 간의 관계가 개선되었다. 치료개입을 통한 효과성은 〈표 14-3〉과 같으며 구체적인 내용은 다음과 같다.

표 14-3 복합틱장애 증상을 가진 내담자가족에 대한 치료자 개입의 효과 매트릭스

구분	의사소통방식의 변화	행동의 변화
내담자(딸)의 변화	• 부모에게 솔직하게 내놓고 대화를 함	• 복합틱장애 증상이 완화됨
부(父)의 변화	• 모를 배려하고 서로 간의 주고받는 대화가 이루어짐	• 원가족과 공간적, 정서적 분리 • 집에 일찍 귀가하는 횟수가 늘어남
모(母)의 변화	• 부와 대화하는 시간이 늘어났으며, 전혀 대화가 되지 않았는데 대화가 가능해짐	• 부의 요구사항을 받아들이고 원하는 것을 맞춰 주려고 노력함
부부관계 개선	• 부부간의 대화가 이루어짐	• 부부싸움이 줄어듦 • 성관계가 원만해짐
부모-자녀관계 개선	• 부모-자녀 간의 대화가 이루어짐	• 자녀와 함께 운동도 하고 같이 놀아 줌 • 자녀의 입장에서 생각하고 행동함 • 취침 시 함께 자지 않고 자녀들과 공간적으로 분리함

1) 내담자(딸)의 변화

내담자는 상담자의 개입 후 부모에게 마음속에 있는 이야기를 솔직하게 내놓고 표현할 수 있게 되었으며, 복합적으로 나타났던 틱장애 증상도 한 가지 틱 증상만 보이고 심한 틱 증상은 사라졌다.

상담자: 네가 억울했던 거, 화난 거, 다 엄마한테 얘기해?

첫째 딸: 예.

상담자: 친구들한테는?

첫째 딸: 친구들한테 너무 상처받은 얘기는 안 해요. 그냥 엄마한테 얘기해요. (첫째 딸-9회기)

상담자: ○○이는 좀 어때요?

어머니: ○○이 많이 좋아졌어요.

상담자: 어떻게 좋아졌습니까?

어머니: ○○이 틱도 한 번 정도만 하고. 한 가지만 해요.

상담자: 아, 그래요.

어머니: ○○이가 밝아졌어요. 다른 사람들도 밝아졌다 그러고.

상담자: 한 가지 틱은 어떤 틱이에요?

어머니: 눈이요.

아버지: 눈에 띌 만큼 뚜렷하게 심한 틱은 없어요.

어머니: 많이 나아졌어요. (부부-23회기)

2) 부(父)의 변화

아버지는 원가족과 밀착되었다는 것을 인식하였고, 이러한 밀착된 원가족 경험으로 인해 딸의 복합틱장애 증상이 나타나고 있음을 인식하였다. 또한 아버지는 사사건건 모든 일에 간섭하는 할머니로 인해 어머니(부인)가 스트레스를 받고 있음을 인식하고 같은 아파트에 살고 있는 할머니와 공간적으로 분리하였고 정서적으로도 분리하기 위해 노력하였다. 아버지는 원가족 내에서 과도한 역할을 최소한으로 줄이면서 원가족과 거리를 유지하고 핵가족 내에서 어머니를 배려하고 대화가 이루어짐으로써 가족구성원들은 기능적으로 상호작용하게 되었다.

상담자: ○○이 아빠가 배려해 주려고 노력한다고 했는데 대화는 어떠세요?

어머니: 대화는 옛날 한창 냉전기보다 조금씩 좋아졌죠. 제가 원하는 건 이거예요. 이러는 건 기분 안 나빠요. (모-20회기)

상담자: 상담하시고 나서 귀가시간의 변화가 있습니까?

아버지: 일찍 들어가는 횟수가 좀 늘어난 것 같아요. (부-5회기)

상담자: 아빠하고 부모님하고의 관계는?

어머니: 가족치료 때문에 분리가 많이 되었죠. 그거는 정말 획기적으로 되었죠.

상담자: ○○이 문제를 며느리 하나가 잘못 들어와서 그렇다고 보시는 거예요?

어머니: 매사를 그렇게 보시니까 제가 말씀드릴 마음이 안 생기잖아요. 다 여자 탓이다 이런 식으로 말씀하시니까. 저도 서운해서 얘기했어요. 그랬더니 어머니는 그게 아니다 라고 말씀하시고. 그래도 치료받기 전보다는 상황들이 많이 변했으니까 나아지셨죠. (모-21회기)

아버지: 저하고요. 불편하더라도 예전하고 다른 점이 있죠. 미안하거나 서운해서라도 어떻게 더 해 드릴 거 같은데 그렇지만 그래도 할 수 없다는 생각으로 지금은 마음에 변화가 있습니다.

어머니: 전 떨어져 있으니까 편하죠. (부부-15회기)

3) 모(母)의 변화

어머니는 아버지와의 가치관이 상충하고 서로 생각하는 기준의 차이가 너무 커 아버지를 이해하고 받아들이는 데 힘이 들었고, 대화가 전혀 되지 않아 잦은 부부싸움이 발생하였다. 그러나 상담자의 개입 후 어머니는 아버지의 원가족 경험을 이해하고 부가 요구하는 사항이 있으면 받아들이고 아버지에게 맞추려고 노력하였다. 이러한 노력으로 서로 간의 대화가 이루어지고 서로를 배려할 수 있게 되었다.

상담자: ○○이 아빠가 요구하는 사항이 있잖아요. 현재 그러한 요구를 솔직하게 받아들이고 계시냐는 거예요?

어머니: 요구사항 있으면 받아들이죠. (부부-23회기)

상담자: ○○이 아빠도 노력하고 있다는 걸 느껴요?

어머니: 예.

상담자: 이 시점에서 ○○이 엄마하고 대화가 잘되고 그러면 남편이 힘을 받기 시

작하는 거예요.

어머니: 저도 그래서 남편이 원하는 걸 맞춰 주려고 노력하는 거예요. 전 솔직히 플라토닉 사랑만 해도 되는데 남편은 그것만으로는 안 되는 거죠. (엄마-20회)

4) 부부관계 개선

어머니는 아버지가 늦게 들어오면 항상 자고 있었는데 이제는 자지 않고 아버지를 기다리고 있으며, 부부간에 싸우지도 않고, 성관계도 원만하게 변화하였다.

아버지: 어쨌든 노력은 많이 해요.

상담자: ○○이 어머니가요? 전에 비해 어떤 변화가 있으신데요?

아버지: 예를 들어서 거의 두세 달 시점으로 보면 그 이전에는 제가 6시 20분쯤 나가거든요. 배웅 나온 거 다섯 손가락에 들 정도인데 그냥 새벽에는 잔다 이거예요. …… (중략) …… 그런데 요즈음은 늦게 들어가도 안 자고 기다리는 거. (부-4회기)

상담자: 네가 봤을 때 엄마 아빠 부부관계는 어떠신 거 같니?

첫째 딸: 좋으신 것 같아요. 요즘은 그냥 말하고요. 싸우지도 않고. (첫째 딸-9회기)

상담자: ○○이 엄마가 ○○이 아빠한테 대하는 거 어떻게 변하셨어요?

어머니: 저도 많이 변했어요. 많이 말하고 안아 주고 스킨십해요.

상담자: 성적인 거는요?

어머니: 그것도 많이 노력하고 있어요.

상담자: ○○이 아빠도 그거는 노력하고 있다는 걸 느껴요? 두 분이 성교하시는 거 횟수 느셨어요?

어머니: 늘었어요. 예전엔 자다가 건드리는 거 싫었는데 지금은 자다가도 하고. (모-20회기)

5) 부모-자녀관계 개선

아버지는 일찍 귀가하여 자녀들과 함께 이야기하고 놀아 주었으며, 어머니도 자녀의 입장에서 생각하고 행동하는 변화가 나타났다. 또한 부모는 잠을 잘 때 자녀와 공간적으로 분리를 하였다.

어머니: 아이들이 이제 따로 자요.

상담자: 언제부터요?

어머니: 지난주부터. 저희가 다른 방에서 자요. ○○이는 잘 때 내가 옆에 있어 주고 일어날 때 옆에서 있어 주니까 따로 자는 거 몰라요. (부부-16회기)

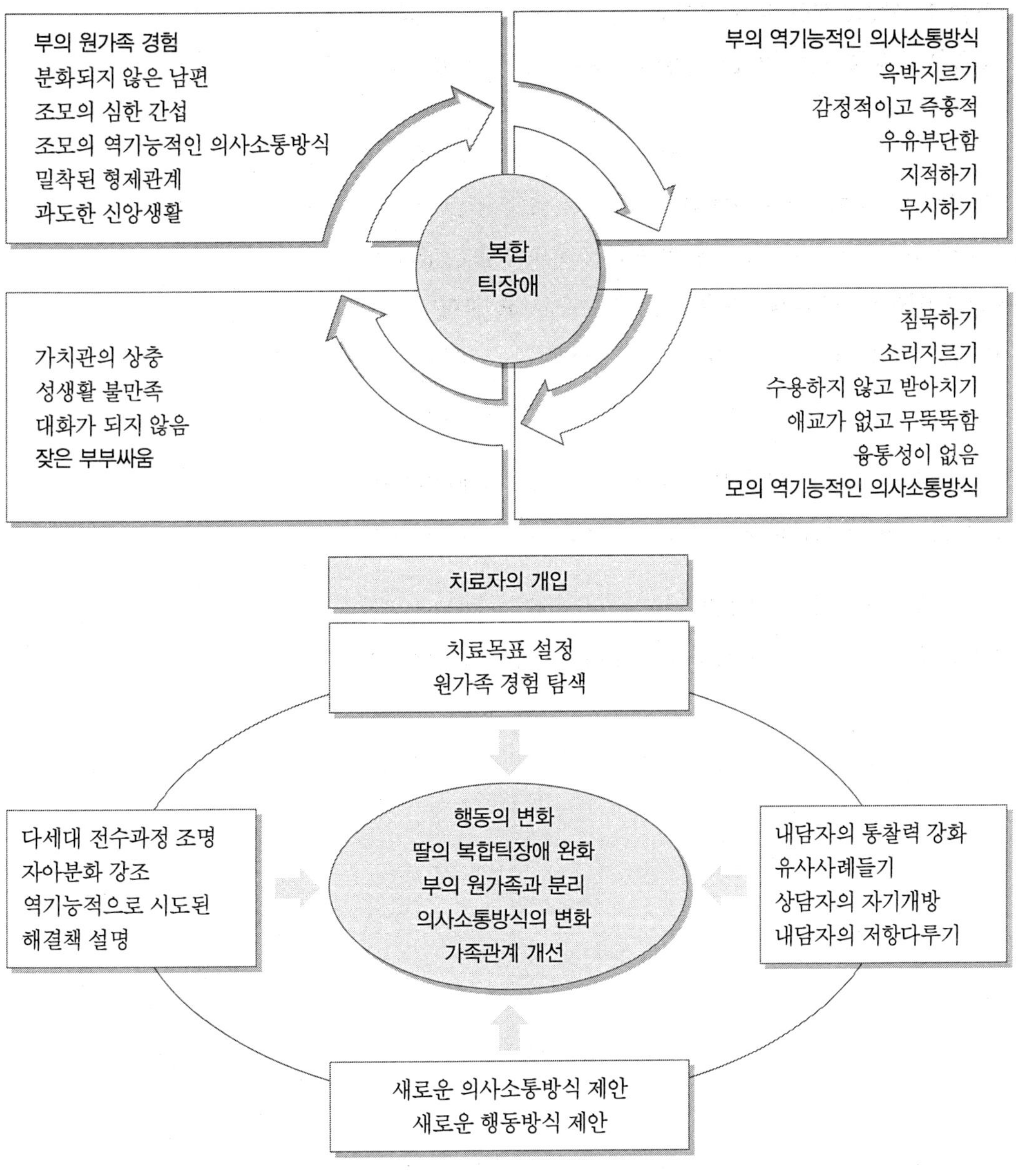

[그림 14-2] 전체적인 분석의 네트워크

상담자: 아빠하고 ○○이하고 관계는 어떠세요?

아버지: 시간이 나는 대로 같이 놀아 줬죠.

상담자: 주중에 시간을 어떻게 내주셨어요?

아버지: 많게는 4~5일, 적게는 2~3일 정도. (부부-23회기)

지금까지 앞에서 언급한 내담자의 복합틱장애 증상을 해결하기 위해 상담자가 개입한 치료과정의 전체적인 분석의 네트워크는 [그림 14-2]와 같다.

V. 결론 및 논의

1. 요약

이 연구에서는 부의 밀착된 원가족 경험과 부모의 역기능적인 의사소통방식, 가치관의 상충, 성생활의 불만족, 대화단절로 잦은 부부싸움을 하는 부모로 인해 복합틱장애 증상을 보이는 딸에 대한 가족치료적 개입과 효과성을 살펴보고자 하였다.

이 연구는 복합틱장애 증상이 있는 딸의 문제로 어머니가 상담을 의뢰하여 개입한 가족치료 사례연구로 참여한 가족은 부모, 딸 2명으로 구성된 4명의 핵가족과 할머니를 포함하여 총 5명이다. 상담은 2006년 9월부터 2007년 12월까지 23회기 실시하였으며, 추후상담을 2009년 4월에 1회 실시하여 총 24회 진행되었다. 이 연구의 사례는 밀착된 아버지의 원가족과 분리를 위하여 Murray Bowen의 가족체계이론을 적용하였고 MRI의 상호작용적 의사소통이론을 근거로 가족구성원들이 문제해결을 위해 지금까지 시도하지 않았던 새로운 의사소통방식을 사용하게 하였다. 이와 같은 개입방법으로 딸의 복합틱장애 증상이 완화되었으며, 그 연구결과는 다음과 같이 요약할 수 있다.

첫째, 내담자의 복합틱장애에 영향을 미친 요인은 아버지의 원가족 경험과 부모의 역기능적인 의사소통방식, 부모의 잦은 싸움으로 나타났다. 아버지의 원가족 경험은 분화되지 않은 남편, 할머니의 심한 간섭, 할머니의 역기능적인 표현방식, 밀착된 형제관계, 과도한 신앙생활로 나타났다. 부모의 역기능적인 의사소통방식은 아버지의 역기능적인 의사소통방식(윽박지르기, 감정적이고 즉흥적 표현, 우유부단한 표현, 지적하기, 무시하기)과 어머니의 역기능적인 의사소통방식(침묵하기, 소리지르기, 수용하지 않고 맞받아치기, 애교가 없고 무뚝뚝한 표현, 융통성이 없는 표현)이 포함되었다. 또한 부모의 잦은 부부싸움에는 가치관의 상충, 성생활의 불만족, 대화단절이 포함되었다. 특히 밀착된 아버지의 원가족 경험은 어머니에게 심한 스트레스를 주었고 부부관계를 더욱 악화시켰으며 딸의 복합틱장애에 많은 영향을 미쳤다.

둘째, 상담자는 개입방법으로 치료목표 설정, 원가족 경험 탐색, 내담자의 통찰력 강화, 다세대 전수과정 조명, 역기능적으로 시도된 해결책을 설명하였고, 가족구성원들로 하여금 가족의 역기능적인 상호작용방식을 인식하게 하였다. 또한 상담자는 자아분화 강조(부의 원가족과 분리, 자녀와의 분리, 부의 과도한 역할 줄이기), 새로운 의사소통방식 제안(주거니 받거니 대화하기, 솔직한 표현하기, 표현을 명확하게 하기), 새로운 행동방식(일찍 귀가하여 자녀와 놀아 주기)을 제안하였다.

셋째, 상담자 개입의 효과성은 가족구성원의 의사소통방식과 행동방식의 변화로 나타났다. 가족구성원들이 상담자가 제안한 새로운 의사소통방식과 행동방식을 사용함으로써 부부관계, 부모-자녀관계가 개선되었고, 이러한 변화는 딸의 복합틱장애 증상 완화로 이어졌다. 상담자의 개입 이후 가족구성원들은 아버지의 원가족과 공간적 · 정서적으로 분리하였고, 자녀와도 공간적으로 분리를 하였다. 또한 문제해결을 위해 상담자가 제안한 새로운 의사소통방식과 행동방식을 사용함으로써 각자 상대방의 입장에서 생각하고 배려하기 위해 노력하였다. 이러한 노력으로 인하여 가족관계는 긍정적으로 변화하였으며 딸의 복합틱장애 증상도 호전되는 결과가 나타났다. 이와 같은 결과는 원가족 경험과 역기능적인 의사소통방식은 부부갈등을 초래하여 자녀의 문제행동에 영향을 미친다(Jang & Lee, 2011)는 연구결과와 일치한다.

2. 함의

이 연구에서 상담자는 부모에게 지금까지 사용하였던 역기능적으로 시도된 해결책에 대해 설명하였고 새로운 효과적인 의사소통방법을 습득하도록 하였다. 이러한 상담자의 다양한 개입방법은 가족구성원들의 의사소통방식과 행동의 변화를 통해 부부간, 부모-자녀 간의 관계에 변화를 일으켰다. 이와 같은 가족구성원들 간의 관계 회복과 변화로 인하여 자녀는 복합틱장애 증상이 감소되는 경험을 하였다. 이렇듯 이 연구에서의 함의는 복합틱장애 증상을 보이는 자녀의 문제를 약물치료가 아닌 가족치료 접근을 통해 증상을 완화할 수 있었다는 것이다. 연구결과 부의 원가족과의 미분화, 부모의 역기능적인 의사소통방식은 세대 간에 전수되어 자녀의 상황을 더욱 악화시켰으며, 자녀에게 부정적인 영향을 미쳐 왔다는 것을 알 수 있었다. 따라서 상담자는 부모의 원가족 경험에 대한 이해와 가족구성원들 간의 의사소통방식의 변화가 내담자(딸)의 틱 증상을 완화시킬 수 있다는 확신을 가지고 일관성 있게 개입하였다. 이러한 개입과정을 통해 Bowen의 가족체계이론과 MRI 모델에 근거한 상담자의 개입방법이 복합틱장애 증상을 보이는 딸의 문제를 완화시키는 데 효과적이었다는 결과를 보여 주고 있다. 이 연구결과는 실천현장에서 틱장애 증상을 보이는 자녀가 있는 가족들에게 매우 유용한 자료로 활용될 수 있을 것이며, 효율적인 접근을 하는 데 있어서 도움을 줄 수 있을 것이라 판단된다.

그러나 이 연구는 단일사례이기 때문에 복합틱장애 증상을 보이는 자녀에 대한 개입의 효과성으로 일반화하기에는 한계가 있다. 따라서 후속연구에서는 복합틱장애 증상을 보이는 자녀문제에 대한 다양한 가족치료모델의 적용 사례들이 연구되고 개입의 효과성을 볼 수 있는 연구가 진행되길 기대한다.

참고문헌

Bowen, M. (1976). Theory in the practice of psychotherapy. In P. J. Guerin (Ed.), *Family Therapy*. New York: Gardner Press.

Duncan, B. L., Solovey, A. D., & Rusk G. S. (1993). *Changing the rules, A client-directed approach to therapy*. New York: The Guilford Press.

Ha, Y. H. (2004). Effects of Parent-Adolescent Relationships and Depression on Adolescents' Problem Behavior. *The Korea Journal of Youth Counseling*, *12*(2), 42-52.

Jang, Y. Y., & Lee, Y. J. (2011). Communication among parents and children: effects on marital conflict and on children's stress and problematic behaviors. *Journal of Korean*

Family Therapy, 19(3), 183-205.

Jo, H. J., & Kong, M. (2005). The case study of tic disorder with child under parental conflicts by using the mutual scribble story making. *Korean Journal of Play Therapy, 9*(2), 31-45.

Kim, J. H. (2012). *The mediating effects of children's ego-resilience between parent-child communication styles perceived by children and children's behavior problems.* Unpublished Master degree dissertation. Sookmyung Women's University, Seoul.

Kim, Y. H. (2004). The comparisons of the characteristics of family awareness between children with tic disorder and normal children by kinetic family drawing. *Journal of Play Therapy, 7*(1-2), 1-12.

Kim, Y. T. (2002). *Family Therapy*. Seoul: Hakjisa.

Lee, E. H. (2009). Tic disorders and Art Therapy. *The Korean Journal of Rehabilitation Psychology, 14*, 387-390.

Lee, K. M.(2002). The effects of family art therapy for mother-child on problem behavior and emotional change in tic disorder. *Korean Journal of Art Therapy, 9*(2), 111-138.

Lee, Y. B., Sin, Y. H., Gwon, J. S., Park, T. Y., Choi, S. L., & Choi, H. M. (2008). *Family Therapy Models and Application*. Seoul: Hakjisa.

Lee, Y. N. (2005). A study of maternal rearing variables and home environments related to tic disorder of children. *Korean Journal of Play Therapy, 8*(1), 37-48.

Miles, M. B., & Huberman, A. M. (1994). Qualitative data analysis. Thousand Oaks, CA: Sage.

Nichols, N., & Schwartz, R. (2012). *Family therapy: Concepts and methods* (10th ed.). Boston: Allyn & Bacon.

Park, M. J. (2008). Self-differentiation and communication. *Open Spirit Humanities Research, 227*, 15-20.

Park, T. Y., & Moon, J. H. (2010a). Family therapy with a couple threatening divorce. *Journal of Korean Family Therapy, 18*(1), 27-62.

Park, T. Y., & Moon, J. H. (2010b). Using family therapy to treat a child's internal and external problems. *Journal of Korean Family Therapy, 18*(1), 107-130.

Park, T. Y., & Park, J. Y. (2010). Family therapy for a child with a tic disorder. *Journal of Korean Family Therapy, 18*(2), 1-30.

Park, T. Y., & Yu, J. H. (2012a). A case study on family therapy for a child with anger controling Problem. *Journal of Korean Home Management, 30*(3), 119-133.

Park, T. Y., & Yu, J. H. (2012b). Family therapy for a child with self-injurious behavior. *Journal of Korean Family Therapy, 20*(2), 225-251.

Schlanger, K., & Anger-Diaz, B. (1999). The brief therapy approach of the Palo Alto Group. In D. M. Lawson & F. F Prevatt (Eds.), *Casebook in family therapy* (pp. 146-168). New York: Brooks/Cole.

Shoham, V., Rohrbaugh, S., & Patterson, J. (1995). Problem-and solution-focused couples therapies: The MRI and Milwaukee models. In N. S. Jacobson & A. S. Gurman (Eds.), *Clinical handbook of couple therapy* (pp. 142-163). New York, The Guilford Press.

Sim, M. Lee, J. H., Kim, T. H., Lyu, Y. S., & Kang, H. W. (2007). A study on Oriental-Medical Understanding of Tic Disorders. *Journal of Oriental Neuropsychiatry*, *18*(2), 91-114.

Song, J. R. Hong, J, W. Doh, J. A. Kim, H. W. Lim, M. H. (2011). Cognitive Behavioral Therapy in Childhood Tic Disorder: A Case of Report. *Journal of child & Adolescent Psychiatry, 22*(1), 38-43.

Watzlawick, P., Weakland, J., & Fisch, R. (1974). *Change: Principles of problem formation and probles resolution*. New York: Norton.

Weakland, J. H. (1993). Conversation-but what kind? In S. Gilligan & R. Price (Eds.), *Therapeutic conversations* (pp. 136-145). New York: Norton.

Yang, H. A., & Park, Y. Y. (2004). The relationships among children's perceived parent-child communication style, stress coping behaviors and behavior problems. *Journal of Korean Living Science, 13*(6), 847-860.

찾아보기

인명

내용

저자 소개

박태영(Park Tai Young)
숭실대학교 사회복지학부 교수

김선희(Kim Sun Hee)
건강장애청소년학교밖배움터 "캔틴스쿨" 연구원
인천재능대학교 외래교수

문정화(Moon Jung Hwa)
숭실대학교 베어드교양대학 조교수

박수선(Park Soo Sun)
서원대학교 사회복지학과 조교수

박양진(Park Yang Jin)
New York University 사회복지학과 박사과정

박진영(Park Jin Young)
국제대학교 사회복지과 조교수

심다연(Shim Da Yeon)
숭실대학교 학생상담센터 비전임상담원
숭실대학교 평생교육원 시간강사

안현아(Ahn Hyun Ah)
숭실대학교 평생교육원 학생상담센터 상담교수

유웅희(Ryu Woong Hee)
수원과학대학교 외래교수

유진희(Yu Jin Hui)
국제대학교 사회복지과 조교수

이부덕(Daniel Lee Boo Duck)
Loyola University 사회복지학과 명예교수

이지하(Lee Ji Ha)
숭실대학교 사회복지학부 부교수

임아리(Lim A Ri)
숭실대학교 평생교육원 시간강사

가족치료 사례연구

Case Study of Family Therapy

2019년 1월 10일 1판 1쇄 발행
2022년 2월 10일 1판 2쇄 발행

지은이 • 박태영 · 김선희 · 문정화 · 박수선 · 박양진 · 박진영 · 심다연
안현아 · 유웅희 · 유진희 · 이부덕 · 이지하 · 임아리

펴낸이 • 김 진 환

펴낸곳 • (주) 학지사

04031 서울특별시 마포구 양화로 15길 20 마인드월드빌딩 5층

대표전화 • 02) 330-5114 팩스 • 02) 324-2345

등록번호 • 제313-2006-000265호

홈페이지 • http://www.hakjisa.co.kr
페이스북 • https://www.facebook.com/hakjisabook

ISBN 978-89-997-1703-1 93180

정가 23,000원

저자와의 협약으로 인지는 생략합니다.
파본은 구입처에서 교환하여 드립니다.

이 도서의 국립중앙도서관 출판시도서목록(CIP)은 서지정보유통지원시스템 홈페이지(http://seoji.nl.go.kr)와 국가자료공동목록시스템(http://www.nl.go.kr/kolisnet)에서 이용하실 수 있습니다.
(CIP제어번호: CIP2018035549)